WILLIAM STERN

PSYCHOLOGIE DER FRÜHEN KINDHEIT

BIBLIOTHEK KLASSISCHER TEXTE

WISSENSCHAFTLICHE BUCHGESELLSCHAFT
DARMSTADT

WILLIAM STERN

PSYCHOLOGIE DER FRÜHEN KINDHEIT BIS ZUM SECHSTEN LEBENSJAHR

Mit Benutzung ungedruckter Tagebücher
von
CLARA STERN

und mit einem Geleitwort
von
GÜNTHER STERN-ANDERS

WISSENSCHAFTLICHE BUCHGESELLSCHAFT
DARMSTADT

Reprografischer Nachdruck 1993 der siebenten Auflage Heidelberg 1952
(Die erste Auflage erschien 1914 in Leipzig)

Die Deutsche Bibliothek – CIP-Einheitsaufnahme

Stern, William:
Psychologie der frühen Kindheit bis zum sechsten Lebensjahr / William Stern. Mit Benutzung ungedr. Tagebücher von Clara Stern und mit einem Geleitw. von Günther Stern-Anders. – Reprografischer Nachdr. der 7. Aufl. Heidelberg 1952. – Darmstadt: Wiss. Buchges., 1993
(Bibliothek klassischer Texte)
ISBN 3-534-06235-3

Bestellnummer 06235-3

Gedruckt auf säurefreiem und alterungsbeständigem Werkdruckpapier
Druck und Einband: Wissenschaftliche Buchgesellschaft, Darmstadt
Printed in Germany

ISBN 3-534-06235-3

MEINER FRAU GEWIDMET

*

Vorwort zur ersten Auflage

Es ist gerade ein Menschenalter her, daß Wilhelm Preyer die Seelenlehre von der frühen Kindheit als Wissenschaft begründete. Sein Buch „Die Seele des Kindes“ ist jetzt bereits historisch geworden; das neue Forschungsgebiet ist seitdem in der Vielseitigkeit der Problemstellungen, in der Schärfe der Beobachtungen und Vorsicht der Deutungen, in der Anwendung neuer Methoden weit über Preyer hinausgewachsen. Aber ein erneuter Versuch einer systematischen Gesamtdarstellung ist in diesen 32 Jahren wenigstens im deutschen Sprachgebiet nicht gemacht worden.

Nun ist gegenwärtig das Bedürfnis nach einer solchen Zusammenfassung auf sehr verschiedenen Seiten rege. Zunächst sind hierbei wissenschaftliche Motive wirksam. Die Kindespsychologie selbst, die lange Zeit in Materialsammlungen und monographischen Untersuchungen aufging, bedarf einer Selbstbesinnung auf Umfang, Inhalt und Bedeutung ihrer Erkenntnisse. Die allgemeine Psychologie ferner muß in engere Wechselwirkung zur Kindeskunde treten; sie empfängt von ihr den Einblick in die Genesis der seelischen Funktionen, deren Struktur und Gesetzlichkeit sie selbst untersucht; sie gibt ihr andererseits die wissenschaftlichen Gesichtspunkte, Theorien und Termini, ohne welche die Kindespsychologie nichts als billiger Dilettantismus wäre. Und neuerdings beginnen sich auch Historiker für die Kindeskunde zu interessieren; denn sie glauben, daß die Parallelen zwischen der Frühentwicklung des Individuums und der Geistesentwicklung der Menschheit weitgehend genug seien, um dem historischen Verstehen neue Bahnen zu eröffnen.

Sodann machen sich pädagogische Interessen geltend. Gebildete Eltern hegen den Wunsch, für die Beobachtung ihrer jungen Kinder eine psychologisch orientierte Anleitung zu besitzen. Die Frühpädagogik in Kinderheim und Kindergarten verlangt, ihre erziehlichen Maßnahmen und insbesondere ihre jetzt so regen Reformbestrebungen auf das Fundament wissenschaftlicher Jugendkunde zu gründen. Aber auch bei jenen Pädagogen, welche es mit höheren Altersstufen zu tun haben, verbreitet sich die Überzeugung, daß die Kenntnis der Frühstadien auch die ganze weitere Entwicklung des Kindes besser verstehen lasse.

Für den Kinderarzt und Heilpädagogen hat die Psychologie des normalen Kindes den Maßstab abzugeben, an dem er erst die Abweichungen und Rückständigkeiten seiner Pfleglinge richtig beurteilen kann.

Schließlich ist das didaktische Bedürfnis zu nennen: seit wenigen Jahren ist die Kindespsychologie als wichtiger Unterrichtsgegenstand in die Lehrerbildungsanstalten, Kindergartenseminare, Frauenschulen, Fortbildungskurse usw. eingeführt worden.

Ich bin mir wohl bewußt, daß das vorliegende Buch nur einem Bruchteil der angedeuteten Forderungen zu genügen imstande ist. Mein Bestreben ging dahin, die wesentlichsten Seiten des kindlichen Seelenlebens, soweit sie bis zum sechsten Jahr zur Ausbildung gelangen, zu erörtern; daß hierbei nicht volle Gleichmäßigkeit der Behandlung erreicht werden konnte, ist durch den gegenwärtigen Stand der Wissenschaft bedingt. Manche Teilgebiete waren ja schon durch die bisherige Forschung so weit gefördert worden, daß auf fester Grundlage weitergebaut werden konnte; für andere mußten erst die Wege gebahnt werden.

Die Beziehungen zur allgemeinen Psychologie versuchte ich innerhalb des mir gewährten Rahmens möglichst herauszuarbeiten. Dagegen habe ich mich – von einigen Ausnahmen abgesehen – der pädagogischen Schlußfolgerungen enthalten; es muß den Praktikern selbst überlassen bleiben, Theorien und Beispiele der Kindeskunde in Normen und Taten der Kindeserziehung umzusetzen. Ebensowenig konnte ich die phylogenetischen Parallelen zur Kindesentwicklung besprechen.

Die Hauptgrundlage meiner Studien bildeten – neben der Literatur und der allgemeinen psychologischen Theorie – die vieljährigen Beobachtungen an den eigenen Kindern Hilde, Günther und Eva; so hoffe ich dem Fehler mancher anderen Schriftsteller – eine Kindespsychologie vom grünen Tisch zu bieten – entgangen zu sein. Die Tagebücher meiner Frau boten, wie schon für frühere monographische Untersuchungen, so auch für diese Zusammenfassung ein Arsenal, das auch jetzt, trotz reichlicher Benutzung, noch nicht annähernd erschöpft ist. Daneben habe ich gelegentlich auch Beispiele von anderen in der Literatur erwähnten Kindern herangezogen, insbesondere aus den sorgfältigen Tagebüchern von G. und E. Scupin über ihren Sohn.

Freilich sind alle eingehenderen wissenschaftlichen Kindesbeobachtungen bisher nur an Kindern der gehobenen Stände ausgeführt worden; und hierin liegt wiederum eine Grenze dieses Buches, das seine Beispiele auch nur aus jenen Schichten zu entnehmen vermag. Es ist ja wahrscheinlich, daß die großen Züge der kindlichen Seelenentwicklung allgemeingültigen Charakter haben; in Einzelheiten aber, namentlich in den zeitlichen Verhältnissen der Entwicklung und in der Bedeutung gewisser Milieubedingungen, werden bei den Kindern des Volkes vermutlich Abweichungen bestehen, die bisher noch wenig bekannt sind. Hier bleibt für künftige Forschung noch ein weites und wichtiges Feld.

Die Altersangaben erfolgen in der jetzt allgemein angenommenen Form, daß die vollendeten Jahre und Monate gezählt werden. So bedeutet 0;7: im Alter von sieben Monaten. 3;4 heißt: im Alter von drei Jahren vier Monaten usw. – Die aus den Tagebüchern meiner Frau entnommenen Beispiele sind durch Anführungsstriche gekennzeichnet; das Wort „Ich" bedeutet in diesen Proben stets die Mutter.

Breslau, den 6. April 1914 **William Stern**

Aus dem Vorwort zur dritten bis fünften Auflage

Die 1921 ausgegebene zweite Auflage war im wesentlichen ein unveränderter Abdruck der ersten gewesen. Als sich 1923 wiederum die Notwendigkeit einer Neuauflage herausstellte, entschloß ich mich zu einer Überarbeitung; einmal in Angriff genommen, ging diese weit über den ursprünglich geplanten Rahmen hinaus.

Fernere Bearbeitungen fanden gelegentlich der vierten Auflage (1927) und bei der jetzt vorliegenden fünften Auflage statt, um jeweilig die wichtigsten Fortschritte der Kinderforschung mit hineinzunehmen. So hat das Buch eine von der ursprünglichen Form stark abweichende Gestalt gewonnen. Der Umfang hat sich beträchtlich verstärkt, das Literaturverzeichnis verdreifacht; das Sachregister wurde umgestaltet.

Inhaltlich erstreckten sich die Veränderungen hauptsächlich auf folgende Punkte:

In der allgemeinen Theorie des kindlichen Seelenlebens wurde der personalistische Standpunkt noch entschiedener als früher durchgeführt; zugleich wurden andere psychologische Theorien weitgehend verwertet, kritisch besprochen, mit dem Personalismus kontrontiert: so die Denkpsychologie, die Gestaltpsychologie, die Psychoanalyse, die Individualpsychologie.

An verschiedenen Stellen wurden die psychologischen und pädagogischen Voraussetzungen der Montessori-Methode kritisch behandelt.

Sehr erweitert sind die Ausführungen über experimentelle Untersuchungen an kleinen Kindern zu Forschungs- und Prüfungszwecken; gerade auf diesem Gebiet haben die letzten $1^1/_2$ Jahrzehnte wichtige Fortschritte gebracht.

Auf die – noch immer sehr spärliche – Literatur über die Psychologie des proletarischen Kleinkindes wurde an geeigneten Stellen Bezug genommen.

Völlig umgeschrieben oder überhaupt neu entstanden sind in den letzten Jahren die meisten Kapitel der Abschnitte „Genießen und Gestalten" und „Trieb-, Gemüts- und Willensleben".

Hamburg, am 27. Juni 1928 **William Stern**

Geleitwort zur siebten Auflage

Dem Buche meines Vaters Worte mit auf den Weg zu geben, wäre anmaßend, läge nicht zwischen der letzten Auflage und dieser neuen die dunkle Zeit des Interregnums; und wäre nicht für diejenigen, in deren Hände nun der Band gelangen wird, sein Autor schon unbekannt oder – so hoffen wir – noch unbekannt.

Vor 1933 hatte das Buch seinen Weg gemacht. Es war weit über den Bereich der Universitäten und über die deutsche Sprachgrenze gedrungen; und für alle, denen Kinder „wichtig" waren, für Eltern, Kindergärtner, Lehrer, Ärzte, Jugendrichter zu einer Art von Grundbuch über das Kind geworden. Also hatte es nicht nur seinen Weg gemacht, sondern, im Sinne der Wegbereitung, den Weg für Viele. Zum ersten Male war das Kind als Wesen sui generis vorgestellt; und die „Welt" des Kindes mit ihren, von den Kategorien der Erwachsenen-Welt verschiedenen, Kategorien dargestellt.

Teilt man meines Vaters Bücher ein in die grundsätzlichen („Person und Sache", 3 Bände) und die zahlreichen speziell psychologischen, dann nimmt dieses Buch, zusammen mit der „Allgemeinen Psychologie", eine Mittelstellung ein. Während die „Allgemeine Psychologie" die Anwendung seiner personalistischen Philosophie auf das Gebiet der Psychologie als ganzes darstellt, ist dieses Buch (dessen Probleme wiederum in der „Allgemeinen Psychologie" mitbehandelt werden) das Grundbuch für die zahlreichen kindespsychologischen Monographien. Gesehen mit den Augen des Philosophen, ist es erstaunlich empirisch; gesehen mit denen des Psychologen, erstaunlich spekulativ, was aber nicht bedeutet, daß die Arbeit einem wissenschaftlichen Niemandsland zugehöre, sondern eine Brücke darstellt; und der Wert einer Brücke besteht eben im „Dazwischen".

Es ist ein philosophisches Buch. Und zwar einmal, weil in ihm (ohne daß dies eigens ausgeführt wäre) der bisherige Mensch-Begriff aufgelockert ist. Der philosophische Ausdruck „Mensch“ hatte (nicht weniger als die ihn umspielenden oder tarnenden Ausdrücke „Subjekt“ oder „Ich“) letztlich immer den erwachsenen, männlichen, denkenden Menschen gemeint. So wenig wie die Tatsache der Geschlechter war das Faktum der Lebensalter in den philosophischen Begriff mit eingegangen. Diese Auslassung, die zumeist verborgen blieb, hatte die Kooperation zwischen der in der Philosophie versteckten und der in den Einzelwissenschaften gemeinten Anthropologie aufs schwerste behindert. Die Tatsache, daß dieses psychologische Buch über eine Lebens-Phase nun zugleich ein philosophisches war, hat diese Sperre ein wenig gelockert.

Philosophisch ist das Buch ferner deshalb, weil es auf eigentümliche Weise „Naturwissenschaft“ und „Geisteswissenschaft“ verflicht, oder besser, weil es diese übliche Unterscheidung neutralisiert. Damit ist das Folgende gemeint:

Gerade das Kind schien für den vom 19. Jahrhundert her naturwissenschaftlich eingestellten Psychologen das ideale Objekt: denn es ist das von der Kultur am wenigsten beleckte und von der geschichtlichen Situation am wenigsten „entstellte“, also das urtümliche menschliche Wesen; in ihm konnte man hoffen, das Naturwesen „Mensch“ zu treffen. Leider aber ist gerade das Kind der naturwissenschaftlichen Methode par excellence: dem „Experiment“, besonders unzugänglich; unvergleichlich viel unzugänglicher als der Erwachsene. Die Durchführung von Experimenten erfordert ein Minimum von Einsicht in die Experimentalsituation sowie Selbstbeobachtung und die Fähigkeit, darüber aussagen zu können – alles Erfordernisse, die dem Kinde nicht nur fehlen, sondern deren Fehlen das Wesen des Kindes geradezu ausmacht. Also hatte man, wollte man dem „Gegenstande“ dennoch nahekommen, andere Methoden einzusetzen; Methoden, die das gesamte (nicht nur durch künstliche Reize hervorgerufene) Benehmen des Kindes registrieren und die das Registrierte deuten. Schon der Ausdruck „deuten“ weist in die Richtung der Geisteswissenschaft.

Natürlich war auch mein Vater Experimentalpsychologe; eine ganze Reihe von Experimentalanordnungen stammt von ihm. Dennoch endete mit ihm jene Phase; in der experimentelle Psychologie und Psychologie als selbstverständlich identisch galten; und die „Psychologie der frühen Kindheit“ ist ein Zeugnis dafür.

In der Tat ist das Buch in weit höherem Maße deskriptiv und interpretativ. Und da Deutungen stets Erdeutungen von Einzelerscheinungen in einem Ganzen sein müssen – ein Vorgang, bei dem Einzelnes und

Ganzes alternierend einander klären und artikulieren – ergab sich, daß das Weltbild und die Kategorien des Wesens „Kind“ immer deutlicher bestimmt werden mußten; und diese Aufgabe gehört der Philosophie an.

Dadurch wurde diese Arbeit, obwohl sie als solche gewiß nicht geplant war, eine philosophisch-geisteswissenschaftliche, die, abgesehen von den aus Eltern und Lehrern bestehenden Lesern, von Sprachwissenschaftlern, Kunstwissenschaftlern und Ethnologen verwendet wurde. Den vielen Alternativ-Neutralisierungen, die für meines Vaters philosophische Arbeit so bezeichnend sind (z. B. der „psycho-physischen Neutralität der Person“), reiht sich also auch die Neutralisierung der Alternative „Naturwissenschaftliche-geisteswissenschaftliche Psychologie“ an. Auch wenn wiederum die philosophische Bedeutung dieser Neutralisierung nicht eigentlich methodisch diskutiert wird, ist das Buch durch diese Neutralisierung philosophisch.

Freilich war es nicht nur ein Mangel des Kindes (dessen Beobachtungs- und Aussageunfähigkeit), der meinen Vater bestimmte, die bloß experimentelle Psychologie durch eine philosophisch interpretative zu ergänzen. Der Grund lag viel tiefer. Sein Begriff des Menschen war mit dem des Experiments nicht zu vereinigen.

Das Prinzip des Experiments besteht darin, der Natur künstliche, wiederholbare, kontrollierbare Bedingungen aufzuzwingen und Antworten aus ihr zu erpressen. Die Natur war dadurch, ipso facto der Methode, die die Methode der Technik ist, zu einem „antwortenden Wesen“ gemacht; und zwar zu einem, das auf gleiche Bedingungen grundsätzlich gleich antwortet. Ehe noch die Antwort ertönte, wußte man bereits, was die Natur war: etwas Reagierendes. Die Methode des Experiments, mindestens deren ausschließliche Verwendung, schien in seinen Augen ein Vorurteil über den Menschen zu enthalten. Denn der Mensch war von vornherein – darin war er Kantianer, freilich einer, der die Freiheit in das Naturwesen selbst verlegte – ein spontanes Wesen; ein Wesen, das nicht nur „antwortet“, sondern selbst „spricht“. Und so wenig den Antworten auf bereits vorgeprägte Fragen entnommen werden kann, was einer zu sagen hat, so wenig den Reaktionen auf sach- (oder besser: person-) fremde Reize. Dies der zweite Grund dafür, daß das Buch nur in zweiter Linie experimentelle Daten enthält, in erster Linie aber die nicht ohne weiteres durchsichtigen, spontanen Selbstäußerungen der Kinder selbst und deren philosophische Interpretation. Der Widerstand meines Vaters gegen die Ausschließlichkeit experimenteller Untersuchungen war, wo es sich um Kindespsychologie handelte, schärfer als auf anderen Gebieten. Denn war der Mensch für ihn frei, so war das Kind der (freie) Mensch in seiner freiesten Phase, nämlich in der des Spiels, wobei er mit dem Wort „Spiel“ eine sehr breite Bedeutung verband, nicht etwa die von Arbeit und Alltag abgesetzte, als Spiel verstandene, Tätigkeit (die wiederum nur der Erwachsene kennt), sondern das, v o r der Differenz von „Ernst“ und „Spiel“ liegende, Sich-Einspielen des Kindes in die Welt, das das Leben des Kindes als Ganzes charakterisiert, auch wenn (oder gerade weil) das Kind sich dieser „Einspiel-Funktion“ seiner Tätigkeit nicht bewußt ist. Dieses Sich-Einspielen aber ist schon deshalb nicht „Reaktion“, weil sich in ihm das Kind vorwegnehmend auf Situationen des späteren Lebens bezieht, die, da sie eben künftige sind, als Reize noch gar nicht in Frage kommen können.

Natürlich lag meinem Vater nichts ferner, als zu behaupten, der Mensch (oder das Kind) sei n u r spontan, also in gar keiner Weise „bedingt“. Der (philosophisch vielleicht zu einfache und zu sehr an ein Parallelogramm der Kräfte erinnernde) Begriff der „Konvergenz“ (S. 75, 123, 269) beweist das zur Genüge; aber überzeugt war er eben, daß die Bedingungen des psychologischen Experiments nur in seltenen Fällen mit den im wirklichen Leben die Spontaneität des Menschen begrenzenden Bedingungen zusammenfallen.

Schließlich gab es noch einen dritten Grund für den Stil der Untersuchungen: einen moralischen. Zwar führten meine Eltern ihre psychologische Arbeit an den eigenen Kindern durch; aber niemals sahen sie in uns einfach das Material oder die Gelegenheit möglicher Forschung; immer achteten sie darauf, daß die psychologiche Beobachtung unspürbar blieb; niemals durfte sie den Eindruck einer isolierten Veranstaltung machen; niemals ihr zuliebe die Unbefangenheit gestört werden; niemals war die Beobachtung etwas anderes als ein Teil der „Achtung“, die die Eltern uns Kindern entgegenbrachten – worunter ich sowohl das Auf-uns-achtgeben verstehe, wie die „Achtung“ im moralischen Sinne, die sie jeder unserer Lebensäußerungen (vielleicht sogar – dies sei voll Dankbarkeit gesagt – in zu hohem Maße) entgegenbrachten. Kurz: immer waren wir und ihre Beziehung zu uns wichtiger als das psychologische Resultat; und da sie uns eben die Freiheit der „Selbstentfaltung“ ließen oder schenkten, die sie mit dem Begriff des Menschen verbanden, da die „Sache“ der Psychologie den „Personen“ dienen sollte, auch denen, von denen die Sachen abgelesen wurden, durfte die Untersuchungsmethode diesen moralischen Prinzipien nicht widersprechen. Nach einem Interregnum, in dem skrupellose Experimente mit Menschen an der Tagesordnung waren, in dem der Mensch, selbst der erwachsene, nur als zu verleitendes Kind behandelt wurde, mag diese entgegengesetzte Haltung, die im Kinde bereits den Menschen respektiert, sonderbar erscheinen. Mir erscheint sie nicht so; und heute weiß ich, daß die Ehre, die ich damals unbefangen akzeptierte, ihnen zukommt: denn zu achten ist der Achtende.

Wie dem auch sei: die Methodik der Untersuchungen war nicht nur durch wissenschaftliche Gründe, sondern durch die moralische Haltung meiner Eltern bestimmt und begrenzt: ein, von psychologischer Vivisektion weiter entferntes Kinderstudium ist nicht denkbar; und wurden Experimente durchgeführt, so ahnten „wir Kinder", meine zwei Geschwister und ich, nichts davon, und jeder Versuch war ein neues, von den Eltern erfundenes, Spiel.

* * *

Eine nur behagliche Beschäftigung war das Lesen über die eigene Kindheit nicht. Es ist schon sonderbar genug, sich als ein gerade geborenes Wesen zu treffen, als ein Wesen, mit dem man sich, obwohl man es selbst ist, doch nicht identifizieren kann, dessen Äußerungen einen wie die eigener Enkelkinder anmuten. Aber dazu kommt, daß durch das Wiederauftauchen der frühen Zeit die geliebten Gestalten der Eltern mit heraufbeschworen wurden, und zwar so, wie sie damals waren: also als die schlechthin „Großen". Zugleich aber erschienen sie doch plötzlich wieder als die sehr jungen Eltern, denn in der Zeit, da sie dies Buch vorbereiteten, waren sie erheblich jünger, als der Schreiber dieser Zeilen heute ist. Kein Wunder, daß bei der Lektüre eine Verschiebung, ja ein Schwindel des Zeit- und Altersbewußtseins eintrat; und das Wissen, daß sie die Älteren waren, und ich der Jüngere bin, zuweilen ganz und gar aus dem Gleichgewicht geriet.

Dieses private Erlebnis der Gleichgewichtsstörung würde ich nicht erwähnen, wäre ich nicht überzeugt, daß es in einem gewissen, sehr erweiterten Sinne der ganzen um die Jahrhundertwende geborenen Generation vertraut ist. Die Generation unserer Großväter und Väter, deren Tätigkeit zum großen Teile noch vor dem ersten Weltkrieg lag, empfinden wir als die unvergleichlich jüngere. Und dies nicht, weil wir es so viel „weiter gebracht hätten" – dies war die Einstellung, die das jeweils jüngere Geschlecht dem jeweils älteren im 19. Jahrhundert entgegengebracht hatte –, sondern weil uns das arglose Vertrauen auf das Weitergehen und den Fortschritt, das dieses Geschlecht hegte, erfahrungslos vorkommt. Die unsäglichen Desillusionierungen, aus denen unser Leben bestand, geben uns Jüngeren das Gefühl, die Älteren zu sein; und manch einer bringt sich um echte Einsichten, weil er sich geniert, die Erfahrungen der in diesem Sinne „Jüngeren“ ernst zu nehmen.

Daß vieles in diesem Gefühl berechtigt ist, soll gar nicht bestritten werden; aber Enttäuschungen und Desillusionierungen sind schließlich nicht nur kein Verdienst, sondern auch nicht nur Chance. Es ist durchaus möglich, daß unseren von Mißtrauen und Asche blind gemachten Augen vieles unsichtbar oder unerkennbar geworden ist, was das vertrauende, selbst das zu Unrecht vertrauende, Auge entdecken und voll Liebe beschreiben konnte. Das gilt auch für dieses Buch. Daß mein Vater die Gefahren der Welt, in der er lebte, weder 1914 noch 1933 geahnt hat, und daß das Bild, das er vom Menschen entwirft, das eines zu guten und zu ungefährdeten Wesens ist, soll nicht geleugnet werden. Aber vielleicht war auch nur derjenige, der, Übel und Gewalt nicht voraussehend, auf die kommende Generation so große Hoffnungen setzte wie mein Vater, innerlich in der Lage, sich mit solcher Bereitschaft und Sorgfalt der Seele des Kindes zu widmen. Es wäre das nicht der erste Fall eines fruchtbaren Irrtums.

Damit steht im Zusammenhang: Kinder unserer Zeit sind es nicht, deren Aufwachen und Aufwachsen hier beobachtet, deren Kategorien hier gedeutet werden; nicht Kinder, in deren Welt Feuer, Entsetzen und Flucht vorkamen, und in die die Erwachsenen in Form von Gewalt einbrachen; sondern Kinder, für die Frieden und Umsorgtheit selbstverständlich waren, und die wirklich Kinder sein durften . . . fast hätte ich geschrieben: Kinder sein sollten. Schon damals, als das Buch erschien, wurde, wenn auch so nicht formuliert, das Bedenken geäußert, ob das Buch nicht eine Psychologie der frühen privilegierten Kindheit sei. Niemand war sich dieser Beschränkung des Buches deutlicher bewußt als mein Vater selbst, und er hat den Punkt wiederholt in dem Buch betont. Im Grunde genommen war dieser „Mangel“ die Not einer Tugend: Da, wie gesagt, mein Vater überzeugt war, daß wirkliche Kinderpsychologie, besonders eine genetische wie diese, nur im täglichen Zusammensein und Beobachten der g l e i c h e n Kinder gelingen konnte, war es eben selbstverständlich, daß „wir“ die Hauptmateriallieferanten für die Arbeit wurden. Wenn das Bild „ d e s “ Kindes dadurch zu rosig wurde – denn vielen, ja den meisten Kindern ist es ja nicht vergönnt, Kind, und so Kind zu sein – so bleibt trotzdem, was deskriptiv gemeint war, als Konjunktivus optativus in Kraft; und manches, was vielleicht als „normal“ beschrieben wurde, als Norm gültig.

Es ist, wie gesagt, ein optimistisches Buch. Aus jeder Zeile klingt das Vertrauen, daß der Mensch von Tag zu Tag mehr Chancen haben werde, mehr Mensch zu sein, und das Kind mehr Chancen, mehr Kind zu sein, das Vertrauen, daß Eltern und Lehrer, zwar nicht sofort, aber doch in gesichertem Fortschritt, das Kind besser verstehen würden. Daß aber jemand dem Kinde gegenüber schlechte Absichten hegen könnte, ist nicht einmal in Betracht gezogen.

Freilich war zur Zeit der Abfassung dieses Buches diese Hoffnung nicht nur fromme Illusion. Wer, wie mein Vater, in der Schulreformbewegung, bei der Erziehung der Lehrer, bei der Verbesserung der Prinzipien der Jugendgerichtsbarkeit, ständig aktiv war, und mit Erfolg aktiv war, bei dem war Optimismus nicht nur ein Zeichen von Blindheit; viele Erscheinungen des öffentlichen Lebens waren eben wirklich damals im Aufblühen, und je weiter sie von Politik und Wirtschaft entfernt waren (und das schien die Kinderpsychologie), desto leichter konnte man übersehen, daß das Blühende in vulkanischem Boden wurzelt.

Weitgehend aber war meines Vaters Optimismus auch, so sonderbar es klingt, ein Zeichen seiner Bescheidenheit: um sich seine eigenen Erfolge nicht selbst anrechnen zu müssen, sah er sie lieber als charakteristisch für die Zeit an und buchte sie als Symptom einer breiten, ja allgemeinen Aufwärtsbewegung.

Dieses Vertrauen hat sich freilich, als 1933 die Katastrophe kam, schlimm gerächt. Dem, was sich nun ereignete, stand mein Vater vollkommen unvorbereitet gegenüber. Als er von einem Tage zum anderen von seiner Lehrtätigkeit, von seinen Zeitschriftenredaktionen, seinem großzügig aufgebauten Hamburger Psychologischen Institut ausgeschlossen wurde, stürzte ihm seine Welt zusammen. Wäre er damals nicht in seine „Allgemeine Psychologie" vergraben gewesen, beschäftigt mit der Zusammenfassung aller seiner bisherigen psychologischen Arbeiten, die abzuschließen zugleich den Abschluß seiner Arbeitspläne überhaupt bedeutete, so wäre er wohl schon damals zusammengebrochen. So aber half ihm das dann im Ausland erschienene Buch (Nijhoff, Haag 1934, 2. Auflage 1950) über die erste Zeit der für ihn mit furchtbarsten Sorgen um Freunde und Verwandte erfüllten Zeit der Emigration, die die zwei nicht mehr jungen Leute schließlich nach Carolina, USA, verschlug, wo meine Mutter dem Alternden in Durham noch einmal ein Zuhause improvisierte. Aber der Anstrengung, an einer fremdsprachlichen (der Duke-) Universität täglich zu „lecturen", jede Vorlesung, die er seit Jahrzehnten frei gehalten hatte, schriftlich und mit Hilfe Wort für Wort auszuarbeiten, und in einer Sprache, in der er sich nicht souverän fühlte, Seminare abzuhalten – dieser Beanspruchung war er nicht mehr gewachsen. Im Jahre 1938 brach er zusammen: vielleicht, wenn man dieses Wort verwenden darf, in einem „guten" Augenblick, denn die Furchtbarkeit des Krieges hat er nicht mehr miterlebt und das Wissen um die Massenvernichtung von Menschen ist ihm erspart geblieben. Seine Arbeit in Deutschland, also seine Lebensarbeit, hielt er freilich am Ende seines Lebens für ausgelöscht; den Gedanken, daß er vielleicht noch einmal auf Deutsch erscheinen würde, hat er in einem Gespräch ein Jahr vor seinem Tode als sinnlos bezeichnet. Und als Möglichkeit hat er diese Neuauflage nicht vorausgesehen. – In Durham, fern allen denen, die seiner sich entsinnen, liegt seine Asche.

* * *

Zum Schluß noch eine Bemerkung über den wissenschaftlichen Nachlaß meines Vaters. Er liegt (bis auf einige Manuskripte und persönliche Dokumente, die sich im Besitz des Schreibers befinden) vollständig vor. Katalogisiert und chronologisch geordnet ist er als William Stern-Archiv der Harvard Universität übergeben worden (Harvard College, Cambridge, Mass., USA).

Er enthält die gesamten Kollegbücher: Vorträge, Buchmanuskripte, Kongreßberichte; etwa 400 Artikel, biographische und autobiographische Schriften von ihm und über ihn.

Im Zusammenhang mit diesem Buche waren folgende Dokumente von Interesse.

1. die dem Bande zugrundeliegenden Tagebücher (21 starke Bände) (Archiv-Nr. II 3 alpha A)
2. Kollegbücher (stenographiert in „Neu-Stolze"-Kurzschrift) über Kindheit, Jugend und Erziehung (Archiv-Nr. II 1 a alpha und betha A (C D))
3. etwa 45 Vorträge (1900–1934) über das gleiche Thema
4. eine, aus englisch gehaltenen Vorlesungen bestehende, aus den letzten Jahren stammende, noch nicht druckfertige „Child-Psychology" (Archiv-Nr. II 1 b alpha B)

Wien, Mai 1952 **Günther Stern-Anders**

Inhalt

Erster Abschnitt. Allgemeines

Zweiter Abschnitt. Die sprachlose Zeit

Dritter Abschnitt. Die Sprachentwicklung

Vierter Abschnitt. Die Bildbetrachtung

Fünfter Abschnitt. Gedächtnis und Übung

Sechster Abschnitt. Spiel und Phantasie

Siebenter Abschnitt. Genießen und Gestalten

Achter Abschnitt. Das Denken und die Intelligenz

Neunter Abschnitt. Trieb-, Gemüts- und Willensleben (Formen des Strebens)

Erster Abschnitt

Allgemeines

Kapitel I

Aufgabe und Entwicklung der Kindespsychologie

1. Aufgabe

Es gibt zwei Wege des Fortschritts für das Erkenntnisstreben des Menschen. Der eine führt in die Ferne, hinaus aus dem Alltäglichen, Selbstverständlichen und Normalen. Er sucht das Fremde und Geheimnisvolle, das Pathologische und das Geniale, unbekannte Weltgegenden, wunderbare Lebensformen, seltsame Seelenerscheinungen.

Der andere hat kein so weit abliegendes Ziel, und doch führt er zu nicht minder großen Entdeckungen. Er geht auf das ganz Nahe, scheinbar allbekannte und zeigt es uns plötzlich in völlig neuem Lichte. Es ist der mühevollere Weg; denn wenn Platons Wort wahr ist, daß das Staunen der Anfang alles Suchens und Forschens ist – wie schwer ist es, wieder staunen zu können über das, was uns alltäglich umgibt, zu sehen, daß das „Selbstverständliche" nichts weniger als verständlich ist!

Nur so wird es begreiflich, daß die Wissenschaft vom Kinde einen der spätesten Sprossen am Baum der menschlichen Erkenntnis darstellt.

Wohl gab es zu allen Zeiten der menschlichen Kultur Pflege, Erziehung und Unterricht des Kindes, aber das Kind selber als Problem anzusehen war erst unserer Zeit vorbehalten; jetzt entdeckte man plötzlich, neben welchen tiefen Mysterien und Rätseln man Jahrtausende hindurch blind und taub einhergegangen war; man erkannte zugleich, daß eine Erforschung der hier ruhenden Fragen nicht nur unser Wissen zu bereichern, sondern auch unser erzieherisches Können zu befruchten berufen sei.

Die Jugendkunde im weitesten Sinne muß sich mit allen Seiten des nichterwachsenen Menschen befassen, mit seiner körperlichen wie mit seiner seelischen Beschaffenheit, mit seinem Verhalten zu Gesellschaft,

Sitte und Recht; und so gibt es eine Anthropologie und Physiologie, eine Pathologie und Psychiatrie, eine Soziologie und Kriminalwissenschaft vom Kinde. Aber im Zentrum aller dieser wissenschaftlichen Bestrebungen steht doch das Studium des kindlichen Seelenlebens, und aus ihm soll das vorliegende Buch einen Ausschnitt geben, indem es die normale seelische Entwicklung innerhalb der frühen Kindheit, d. h. in der Zeit vor Eintritt in die Schule, behandelt.

Eine solche Abgrenzung ist nicht nur durch den Raum geboten, sondern auch durch innerliche Gründe gerechtfertigt. Denn die gesamte Jugendzeit des Menschen gliedert sich ganz natürlich in drei Abschnitte von je sechs bis sieben Jahren, und jeder dieser Abschnitte stellt ein in sich geschlossenes Ganzes dar.

Es ist kein Zufall, wenn der Schulbetrieb aller Zeiten den Anfang der Schulpflicht um das siebente Jahr herum ansetzt, und wenn das Ende der allgemeinen Schulpflicht auf das vierzehnte Lebensjahr fixiert ist, während das dritte Drittel der Jugendzeit der Berufsvorbildung oder der höheren und Hochschulbildung vorbehalten bleibt; vielmehr hat hierbei schon immer das instiktive Gefühl mitgesprochen, daß in jenen Zeiten die Entwicklung an natürlichen Wendepunkten steht. Körperlich sind die Zeitgrenzen betont durch den Eintritt des Zahnwechsels und den der Pubertät. Vor allem aber sind die drei Epochen seelisch ganz verschieden. Das Charakteristikum der ersten Epoche (bis zu 6 Jahren) ist das spielende Verhalten. Spielend werden die menschlichen Naturfunktionen erworben: das Kind gewinnt die Auffassung der Außenwelt durch die Sinne, die Herrschaft über die eigenen Bewegungen, die Ausdrucks- und Mitteilungsfähigkeit durch die Sprache. Im Zentrum der zweiten Epoche (7.–14. Jahr) steht die Scheidung von Arbeit und Spiel, die systematische Ausbildung der Gedächtnisfunktionen (des bewußten Lernens) und der hierdurch zu vollziehende Erwerb der Kulturerrungenschaften der Menschheit. In der dritten Epoche (14.–20. Jahr) wird die bisher vorwiegende Rezeptivität und das nach außen gerichtete Interesse abgelöst durch eine Wendung nach innen; es tritt eine Verselbständigung der Persönlichkeit ein; das Gelernte wird Gegenstand innerer Verarbeitung und Weiterbildung; freie Wahl der Interessen und eigenes Urteil werden mitbestimmend für die Lebensgestaltung. – So kommt es, daß jede der drei Epochen eine gesonderte Behandlung nicht nur ermöglicht, sondern geradezu fordert.

Der Bearbeiter der ersten Epoche hat es mit dem Kinde zu tun, dessen Welt die Kinderstube und der Kindergarten ist; und die hier zu treibende Frühkind-Psychologie unterscheidet sich von der Schulkind-Psychologie nicht weniger, als sich die Frühpädagogik von der

Schulpädagogik unterscheidet. Die Problemstellungen sind in erster Linie genetischer Natur, auf die allmähliche Entfaltung der geistigen Funktionen aus den ersten Regungen heraus gerichtet; während bei der Psychologie des Schülers der jeweilige seelische Zustand in bestimmten Kindheitsphasen vorwiegend interessiert. Und selbst bis in die Methoden der wissenschaftlichen Untersuchung dringt dieser Unterschied hinein; für die frühe Kindheit steht die möglichst vielseitige kontinuierliche Beobachtung des einzelnen Kindes im Vordergrunde; beim Schulkind haben wir die Beobachtung in weitem Umfange mit experimenteller Erforschung der einzelnen Funktionen und mit statistischen Massenuntersuchungen zu verbinden.

Freilich darf diese Abgrenzung der frühen Kindheit gegen das Schulalter nicht so aufgefaßt werden, als brauche der Lehrer, der es nur mit Schulkindern zu tun hat, sich um die Psychologie der frühen Kindheit nicht zu kümmern. Nichts wäre falscher als dieser Schluß. Der Obstgärtner, der gute Früchte erzielen will, darf sich nicht darauf beschränken, nur das Wachstum der Früchte selbst zu beobachten, sondern er muß die ganze Entwicklung der Pflanze auch in der Zeit vor der Fruchtbildung kennen und verfolgen. Ähnlich der Schullehrer. Das Verständnis der seelischen Erscheinungen, die er bei seinen Schulkindern findet, ist zum großen Teil abhängig davon, daß er weiß, wie sie geworden sind, welche Bedingungen das Tempo ihrer Entwicklung und ihre besondere Eigenart bestimmt haben. Diese ersten Entwicklungsprozesse aber spielen sich in der frühen Kindheit ab. Zuweilen können sogar gewisse infantile Einzelerlebnisse von einschneidender Bedeutung für das ganze weitere Leben bis zur Erwachsenheit hin werden. – Außerdem treten uns in der Frühkindheit die einzelnen Funktionen noch in einer viel größeren Einfachheit, Übersichtlichkeit und Kontrollierbarkeit entgegen als bei dem älteren Kinde, so daß ihr Studium unschätzbaren propädeutischen Wert hat für jeden, der in das verwickelte Seelenleben der Schulkinder einzudringen bestrebt ist.

Wir versuchen nunmehr, einen kurzen Überblick über den bisherigen Verlauf der kindespsychologischen Arbeit zu geben. Und zwar wird zuerst (in zwei Abschnitten) der Hauptstrom der Entwicklung behandelt, sodann wird auf zwei bemerkenswerte Nebenströmungen, die Psychoanalyse und die Montessoribewegung, hingewiesen.

2. Entwicklung der Kindespsychologie bis 1914

Die eigentlichen Begründer einer wissenschaftlichen Psychologie der frühen Kindheit waren weder Pädagogen noch Psychologen von Beruf. Zwar hatten große Erzieher früherer Zeiten – Comenius, Rousseau,

Pestalozzi und andere – die Forderung ausgesprochen, daß die Erziehungsgrundsätze aus der Natur des Kindes abgeleitet werden müßten; aber was sie über diese Natur des Kindes zu sagen wußten, war das Ergebnis von gelegentlichen Erfahrungen, feinfühligen Intuitionen und in weitem Umfang von vorgefaßten Meinungen; an eine wissenschaftliche Erforschung dachten sie nicht. – Wenn im 19. Jahrhundert Herbart und der Herbartianismus betonte, daß die Psychologie eine Grundwissenschaft der Pädagogik sein müsse, so verstand man darunter zunächst nur die allgemeine Psychologie, die auf logische Systematik und auf Beobachtungen an erwachsenen Menschen (meist auf Selbstbeobachtung der Forscher) gegründet war; die so nahe liegende Folgerung, eine Psychologie des Kindes einzuleiten, wurde auch hier noch nicht gezogen. – Einer der feinsten Kindeskenner unter jenen älteren Pädagogen ist zweifellos Fröbel gewesen. Er hat nicht nur mit tiefer Intuition eine Reihe von Betätigungsweisen für das Kind gefunden, die dieser früheren Altersstufe zugleich psychologisch angemessen und pädagogisch wertvoll sind; er hat auch in seinen theoretischen Begründungen einen Standpunkt vertreten, dessen Bedeutung wir erst jetzt – auf Grund der personalistischen Wendung in der Psychologie – wieder ganz zu würdigen beginnen[1]. Wenn Fröbel auf die rein wissenschaftliche Kindesforschung nicht entscheidend einwirkte, so erklärt sich dies aus seiner und seiner Anhänger Grundeinstellung, die unmittelbar auf die Praxis der Kleinkindererziehung gerichtet war.

Es sind vielmehr Mediziner gewesen, denen die Entstehung einer Wissenschaft vom Kleinkinde und seiner Seele zu danken ist. Sie waren ja die einzigen Forscher, die schon von Berufs wegen das Kind in seinen frühesten Lebensstadien zu studieren hatten; sie waren als Naturwissenschaftler mit jenen großen und neuen Fragestellungen vertraut, welche aus dem Entwicklungsproblem hervorgewachsen waren. Von Ärzten stammen schon weit zurückreichende Ansätze, die aber vereinzelt und unwirksam blieben: Tiedemanns „Beobachtungen über die Entwicklung der Seelenfähigkeiten bei Kindern“ (schon 1787!), B. Sigismunds „Kind und Welt“ (1856)[2], Kußmauls „Untersuchungen über das Seelenleben des neugeborenen Menschen“ (1859). Dann aber veröffentlichte 1882 Wilhelm Preyer seine „Seele des Kindes“, ein Buch, das geradezu als das Eröffnungswerk der modernen Kindespsychologie gelten kann. Zum erstenmal wurde hier das Kind – und zwar ein einzelnes Kind, der Sohn des Verfassers – zum Objekt einer systematischen Beobachtung gemacht. Diese setzte mit dem Mo-

[1] Vgl. hierzu insbes. Muchow IV.
[2] Beide von Ufer 1897 neu herausgegeben.

ment der Geburt ein und wurde bis zum Ende des dritten Jahres Tag für Tag fortgesetzt. Als Physiologe räumte Preyer in seinem Studium den körperlichen Funktionen des Kindes, insbesondere der Entwicklung der Bewegungen, einen sehr breiten Platz ein. Immerhin hat er doch auch erstmalig die Frühstadien cigentlich psychischer Entwicklungsreihen: der Sprache, der Raumwahrnehmung, des Gedächtnisses, der Willenshandlung usw. registriert. Daß die Deutungen, die er seinen Beobachtungen gibt, oft falsch, vor allen Dingen zu intellektualistisch ausfielen, war kein Wunder; wir bedurften eben einer jahrzentelangen Schulung, ehe eine gewisse Sicherheit in der Deutung dieser vagen und vieldeutigen Seelenäußerungen primitiver Art gewonnen wurde.

Preyer fand zahlreiche Nachfolger, merkwürdigerweise zunächst nicht in seiner deutschen Heimat, sondern im Ausland. In Amerika vor allem häuften sich die Tagebuchaufzeichnungen über kleine Kinder, von denen die weitaus umfassendsten die Studien von Miß Shinn sind; aber auch die Aufzeichnungen von Moore, Major, Chamberlain verdienen Erwähnung. In Frankreich arbeiteten Pérez, Egger und Cramaussel, in Bulgarien Gheorgov.

In verschiedenen nichtdeutschen Ländern entstanden auch schon verhältnismäßig früh Versuche zu mehr zusammenfassenden allgemeinen Darstellungen der ersten Kindheit, die zwischen Wissenschaftlichkeit und Volkstümlichkeit eine nicht immer ganz klare Mittelstellung einnehmen. Sie sind sämtlich ins Deutsche übersetzt, was eigentlich nur bei den beiden an erster Stelle zu nennenden innerlich gerechtfertigt erscheint. Es sind die Bücher von Sully (England), Compayré (Frankreich), Tracy (Amerika), Paola Lombroso (Italien), Sikorski (Rußland).

Erst seit dem neuen Jahrhundert setzte nun wieder in Deutschland die Arbeit mit ausgesprochen wissenschaftlicher Tendenz ein und brachte unverkennbare Fortschritte, da die bisher abseits stehenden deutschen Fachpsychologen (Ament, Meumann, Stumpf, der Verfasser), nunmehr die Hauptarbeit übernahmen; ihnen schlossen sich Philosophen, Pädagogen und andere an (Dyroff, Dix usw.).

Den meisten bisher genannten Untersuchungen ist gemeinsam, daß sie sich auf die ersten drei Lebensjahre des Kindes beschränken. Dies ist zum Teil aus der Sache selbst erklärlich. Entwicklungsgeschichtliche Betrachtungen zeigen überall – auch auf ganz anderen Gebieten – eine große Vorliebe gerade für die frühesten Stadien; man will die zu verfolgende Kette eben möglichst am Anfang angreifen. Sodann wird es mit fortschreitendem Alter des Kindes immer schwerer, eine einigermaßen lückenlose Kontrolle über alle auf das Kind einwirkenden Einflüsse auszuüben, eine Kontrolle, die zu unterscheiden gestattet, inwiefern die beobachteten Tatsachen aus angebornen Anlagen stammen oder durch äußere Momente veranlaßt sind. Dazu kommt, daß (wie schon Preyer hervorhebt) der Mensch in den ersten drei Jahren seines Lebens geistig eine Entwicklung durchmacht, deren Umfang und Tragweite kaum geringer ist als die Entwicklung der ganzen folgenden Lebenszeit.

Zu einem anderen Teil aber hat hier einfach das Vorbild Preyers gewirkt, dessen Zeitgrenze der Untersuchung nur allzu sklavisch nachgeahmt wurde; vielleicht reichte auch die Geduld für das fortlaufende Tagebuchführen nicht länger als drei Jahre. Dies ist um so bedauerlicher, als gerade die nächsten drei Jahre, die ebenfalls gewaltige Fortschritte bringen, in ihrer psychologischen Struktur noch lange nicht genügend bekannt sind.

Deshalb sind die Monographien des Verfassers und seiner Frau bis zum sechsten Jahr und darüber hinaus fortgeführt; ebenso verfuhr das Ehepaar Scupin bei Veröffentlichung seines Tagebuches.

In ihrer Anlage und Themenstellung sind diese älteren kindespsychologischen Untersuchungen sehr verschieden. Einige folgen Preyer auch darin, daß sie die kindliche Frühentwicklung nach allen seelischen Richtungen hin beachten; meist aber beschränkte man sich auf monographische Behandlung einer einzelnen Seelenfunktion, wobei Sinneswahrnehmung und Sprachentwicklung stark bevorzugt wurden. Auch bezüglich der Zahl der berücksichtigten Kinder gibt es ähnliche Unterschiede: manche begnügen sich mit der Individualdarstellung („Psychographie") des von ihnen beobachteten Kindes, andere suchen durch Vergleichung mit dem anderweitig bekannten Material zu allgemeineren Einsichten über das kindliche Seelenleben zu kommen. In unseren eigenen Monographien über Kindersprache und Erinnerung werden die Themen sowohl psychographisch wie psychologisch behandelt, jedoch in getrennten Abteilungen.

Außer der bisher genannten Literatur, welche sich ausschließlich mit den ersten Lebensjahren beschäftigt, seien aus der Zeit bis 1914 noch einige deutsche Gesamtdarstellungen der Jugendpsychologie erwähnt, in denen die frühe Kindheit neben den anderen Epochen behandelt wird. Es sind die Werke von K. Groos und Dyroff, die kleineren populären Schriften von Ament und Gaupp. Von Ament stammt auch eine sehr ausführliche, bis zum Jahre 1903 reichende Bibliographie.

3. Die Entwicklung der Kindespsychologie seit 1914

Im Jahre 1914 erschien zum ersten Male das vorliegende Buch, über dessen Absicht und Anlage das Vorwort zur ersten Auflage Auskunft gibt.

Der hier gemachte Versuch, die Beziehung zwischen Kindesforschung und theoretischer Psychologie enger zu knüpfen, hat dann in den folgenden Jahren, dank der Arbeit verschiedener Psychologen, eine bedeutende Vertiefung erfahren. Die Seelenwissenschaft unserer Tage steht ja mitten in einem gewaltigen Umwandlungsprozeß; nun ist man am Werke, gewisse neue Theorien und Gesichtspunkte auf die Erklärung und das Verstehen der kindlichen Seelenvorgänge anzuwenden;

umgekehrt konnten die Beobachtungen am Kinde als entscheidende Beweisgründe für die neuen psychologischen Auffassungen verwertet werden. Diese Theorien haben – bei allen Verschiedenheiten im einzelnen – das Gemeinsame, daß sie sich gegen eine sensualistische und assoziationspsychologische Erklärung des Seelischen wenden. Ältere Theorien hatten nämlich die Anfänge des Seelenlebens im Kinde vornehmlich gesehen im Empfangen von Sinneseindrücken und im Verknüpfen der Empfindungen und ihrer Nachwirkungen zu Vorstellungskomplexen (auf Grund des Assoziationsmechanismus).

Das vorliegende Buch hatte dieser Auffassung bereits den „Personalismus" gegenübergestellt, d. h. die Überzeugung, daß die selbsttätige sinnvolle Einheit des persönlichen Lebens den Ausgangspunkt und ständigen Träger aller seelischen Entwicklung bilde. Inzwischen ist der kritische Personalismus in seiner Anwendung auf den Menschen von mir allgemein und systematisch begründet worden[1].

Auch die anderen, neuerdings für die Kinderpsychologie verwerteten Betrachtungsweisen, zeigen mit der personalistischen Auffassung eine mehr oder minder deutliche Verwandtschaft.

Die Denkpsychologie, aus Külpe's Würzburger Schule stammend, hat nachgewiesen, daß die eigentlichen Denkvorgänge nicht aus Empfindungs-, Vorstellungs- und Assoziationsprozessen abzuleiten sind, sondern ihre eigene ursprüngliche Natur haben und durch ein Prinzip sinnvoll gerichteter Tätigkeit gekennzeichnet sind. Diese zunächst an Erwachsenen gefundenen Einsichten waren bereits von Karl Groos (und dem vorliegenden Buch) zur Erklärung kindespsychologischer Tatbestände herangezogen worden; aber die grundsätzliche Durchführung der neuen Theorie für das Problem der geistigen Entwicklung erfolgte erst in den Büchern von Karl Bühler. Er konnte nicht nur zeigen, daß die eigentlichen Denkleistungen des kleinen Kindes ihren besonderen Gesetzen folgen, die nichts mit dem bloßen Assoziationsmechanismus zu tun haben; er führte vielmehr den Nachweis, daß auch die anderen geistigen Funktionsgebiete des Kindes: das Wahrnehmen, Erinnern, Phantasieren, Zeichnen usw. überall von denkmäßigen Einschlägen durchsetzt sind und durch diese erst verständlich werden. Die Bühlerschen Bücher sind noch nicht in der Lage, überall endgültige Ergebnisse zu bringen, aber auch dort, wo sie die neuen Probleme als solche bestehen lassen, sind sie wertvoll für die Entwicklung unserer Wissenschaft.

Die „Gestaltpsychologie" der Berliner Schule[2] und die Lehre

---

[1] In den Büchern: „Die menschliche Persönlichkeit" und „Wertphilosophie" (Person und Sache. System des kritischen Personalismus Band II und III).

[2] Wertheimer, Köhler u. a.

von den Komplexqualitäten der Leipziger Schule haben trotz manches Trennenden doch das Gemeinsame, daß sie eine mosaikartige Auffassung der seelischen Phaenomene bekämpfen. Sie zeigen, daß jegliches psychische Gebilde in seiner gestalteten Totalität etwas durchaus anderes ist als die bloße Summierung von Elementen, und daß man deshalb diese Gestalten selbst, anstatt sie durch Zerlegung in elementare Teilstücke wegzuklären, in ihrer Strukturiertheit, ihren Formgesetzlichkeiten, ihrer komplexen Gesamtbeschaffenheit verstehen müsse. Für Probleme des primitiven Seelenlebens wurde der neue Gesichtspunkt zunächst in der Tierpsychologie von Köhler angewandt; seine bahnbrechenden Untersuchungen über Strukturfunktionen und Intelligenzleistungen an Menschenaffen boten Gelegenheit zu höchst lehrreichen Vergleichen mit frühkindlichen Seelenphänomenen. Die unmittelbare Anwendung der Gestaltpsychologie auf die Kindespsychologie vollzog dann Koffka; im Mittelpunkt seiner Studie steht das Problem der Neuleistungen oder des Lernens im weitesten Sinne, also gerade das Gebiet, das früher, als Teilgebiet der Gedächtnislehre, eine Hauptdomäne der einseitigen Assoziationspsychologie gewesen war. – Das Prinzip der Komplexqualitäten hat Volkelt auf die Wahrnehmungsakte des Kleinkindes mit Erfolg angewandt.

Noch näher einer eigentlich personalistischen Auffassung stehen jene Arbeiten, die als entwicklungspsychologische zu bezeichnen sind. Der seelische Entwicklungsablauf als solcher wird als einheitlich sinnvoller, in sich strukturierter Prozeß aufgefaßt. Daraus erwächst zunächst die Aufgabe, die gemeinsamen Gesetzmäßigkeiten aufzuweisen, die den Frühformen seelischer Entwicklung überhaupt innewohnen, mögen diese nun beim Kinde, beim Naturvolk, beim Tier, bei krankhaften Degenerationsformen des Menschen oder auch in tieferen, versteckteren Seelenschichten des normalen Erwachsenen beobachtet werden. Hierdurch eröffnet sich uns allmählich der Einblick in die besondere Seinsweise seelischer Primitivität überhaupt, die dem Verständnis des komplizierten Kulturmenschen außerordentlich schwer zugänglich ist. Eine solche Entwicklungspsychologie, von Felix Krueger vor Jahren eingeleitet, hat neuerdings eine erste systematische Zusammenfassung durch Heinz Werner (II) erfahren. – Sodann aber erhebt sich das Problem, Strukturbilder von bestimmten Entwicklungsstadien zu geben. Entweder sucht man ein solches Stadium in seiner typischen Strukturierung zu erfassen, wie es bezüglich des Säuglingsalters Bernfeld auf der einen, Charlotte Bühler auf der anderen Seite unternommen haben. Oder man schildert die individuelle Ausprägung einer bestimmten Altersstufe: so entwirft Elsa Köhler das

Seelenbild eines dreijährigen Mädchens; das Ehepaar Katz gibt die Charakteristik seiner Söhne, als sie 5 und $3^1/_2$ Jahre alt waren.

Einen entwicklungspsychologischen Einschlag zeigen auch die feinsinnigen neueren Untersuchungen des Genfer Psychologen Piaget über das kindliche Denken und Sprechen.

Endlich sei auf die sozialpsychologische Betrachtungsweise hingewiesen, die die primitive Bindung des Kindes an seine personale Umgebung untersucht. (Ch. Bühler, Grünbaum, wiederum Piaget und andere.)

Außer den geschilderten theoretischen Fortschritten sind in den letzten Jahren auch solche der Methodik, insbesondere in der Anwendung des experimentellen Verfahrens, zu verzeichnen. Hierüber wird im Kapitel II zu berichten sein.

Mit einem gewissen Bedauern muß man feststellen, daß die gewiß sehr bemerkenswerten theoretischen und experimentellen Bemühungen der fachpsychologischen Forschung im letzten Jahrzehnt ganz vorwiegend dem Verständnis der intellektuellen Entwicklungsvorgänge des Kindes zugute kommen. Das Gemüts-, Trieb- und Willensleben wurde weniger beachtet, seine Behandlung im wesentlichen den doch jedenfalls recht einseitigen Richtungen der Psychoanalyse und der Individualpsychologie überlassen, von denen sogleich zu sprechen sein wird.

4. Nebenströmungen

Abseits von dem Hauptstrom kindespsychologischer Arbeit haben sich zwei Bewegungen entwickelt, die, aus dem Anfang des Jahrhunderts stammend, doch erst im letzten Jahrzehnt einen bedeutenderen Umfang und Anhang gefunden haben.

Von diesen steht die Montessoribewegung mit der fachpsychologischen Arbeit in einer gewissen, wenn auch nur äußerlichen Beziehung, indem sie nämlich die Methoden der Sinnesübung im Anschluß an die experimentelle Psychologie der Empfindungsmessung entwickelt.

Die sozialreformerische Bedeutung des Montessori'schen Kinderheime, die dem Werke Fröbels an die Seite zu stellen sind, gehört nicht in den Zusammenhang dieses Buches. Die psychologischen Anschauungen von Maria Montessori stimmen in einen Hauptpunkt zusammen mit der modernen Kindesforschung und auch den Überzeugungen des vorliegenden Buches: sie betont das Prinzip der freien Selbsttätigkeit des Kindes, die in höherem Maße als in der älteren Kindergartenmethodik der Selbsterziehung und Selbstausbildung dienstbar gemacht werden kann. Aber diesem Vorzug steht als fundamentale Einseitigkeit ein starrer Intellektualismus gegenüber. Übung der Sinne – und durch die Sinne Übung des Intellekts: das ist der Hauptweg, auf dem Frau Montessori die Gesamterziehung des Kleinkindes zu bewerkstelligen sucht. Farben, Formen, Töne, Stoffe unterscheiden, selbtätig ordnen, richtig benennen; geschickt die Körperbewegungen regulieren und kennen; Umrisse abtasten und nachziehen, bis sich daraus ganz von selbst die Fähigkeit des Schreibens entwickelt, Zählen und Rechnen an Stäbchen – dies und vieles andere lernen die 3–7jährigen Kinder, zwanglos, freudig und überraschend schnell. Sie lernen es spielend – aber alle Spiele sind Lernspiele; ja eigentlich überhaupt nicht Spiele, sondern nützliche Beschäftigungen, geistvoll ausgedacht zu Zwecken der Sinnes- und Muskel- (und dadurch der Verstandes-) Übung. Wo bleibt da noch die wirkliche Freiheit des Kindes, wenn zwar nicht Befehl und Verbot, wohl aber der eindeutige Zwang des Lernmaterials und die Atmosphäre einer auf bloße Leistung eingestellten Nüchternheit das Kind umgibt? Wo bleiben all jene Betätigungen des Kindes, die nicht unmittelbar didaktisch in Beobachtungsschulung und Intellektualität umsetzbar sind: das Fabulieren und Phantasieren mit sprachlichen und graphischen Mitteln, das Puppen- und Rollenspiel, das Bilderbuchbesehen und der Singreigen? Das neue, das Maria Montessori bietet, ist eine vortreffliche, vom Zwang und Drill freie Didaktik der elementaren Kräfteschulung; aber der psychologische Irrtum ihrer Lehre ist, daß „Didaktik" für das frühe Kindesalter das entscheidende ist. Sie hätte Recht, wenn das Kleinkind nichts anderes als ein zum Beobachter bestimmtes, nach sachlich zergliedernder Erkenntnis strebendes Wesen wäre; aber es ist anderes und mehr[1].

In völliger Unabhängigkeit von allen bisher besprochenen Bestrebungen und auch mit einer ganz neuartigen Einstellung geht die von Freud begründete „Psychoanalyse" an die Kinderseele heran. Wiederum greift damit die Medizin in die Kindespsychologie ein; aber anders als zu Preyers Zeiten ist es nun das Gebiet des Gemüts- und Trieblebens, dem das Hauptinteresse gilt.

Die Psychoanalyse ist bestrebt, in Tiefen der Trieb- und Wunschsphäre hineinzuleuchten, die unterhalb der Bewußtheit liegen und sich gewisser Bewußtseinserscheinungen und äußerer Verhaltungsweisen als ihrer symbolischen Kundgebung bedienen. Dieser Grundgedanke ent-

[1] Zum Montessoriproblem vgl. außer den Schriften von Montessori selbst vor allem Muchow (IV) mit umfassender Bibliographie, ferner Buchholz, Hessen, D. und R. Katz, Gerhards sowie andere Stellen dieses Buches.

hält eine tiefe Wahrheit[1]; aber seine Durchführung wird dadurch stark beeinträchtigt, daß jenes unbewußte Kernstück der Seele überall – auch schon beim Kleinkinde – als Sexualität aufgefaßt wird; eine fessellose Deuterei weiß dann schließlich aus jeglicher noch so harmlosen kindlichen Betätigung und Äußerung diese „eigentliche" – wenn auch unbewußte – sexuelle Note herauspräparieren.

Das Interesse des Psychoanalytikers an der Kindesseele ist kein primäres. Bestimmend war ursprünglich der Wunsch, das Seelenleben des Erwachsenen zu verstehen; für diese aber sind nach psychoanalytischer Theorie die Nachwirkungen infantiler Erlebnisse in hohem Maße entscheidend. Um diesen Ursprüngen nachzuspüren, mußte sich die Psychoanalyse schließlich dem kleinen Kinde selbst zuwenden, und hier war sie naturgemäß darauf eingestellt, in den primitiven Erscheinungen überall bereits Vordeutungen und Vorbereitungsstadien von reiferen Seelenfunktionen (insbesondere von erotischen und sexuellen Triebrichtungen) zu erblicken. Hierbei sind zweifellos wichtige, früher unbeachtet gebliebene Züge der Kindespsyche entdeckt, es sind vor allem manche psychopathischen und neurotischen Erscheinungen bei Kindern und Erwachsenen verständlicher geworden. Aber dem Kenner und unbefangenen Beobachter der gesunden Kindesseele drängen sich doch immer wieder die zahlreichen Fehldeutungen, Übertreibungen und unzulässigen Verallgemeinerungen der Kindes-Psychoanalyse auf. Die alte Untugend der Kindesforschung, im Kinde durchaus den Erwachsenen im Kleinen sehen zu wollen, tritt uns hier in einer neuen Form entgegen; und diese Irrung ist um so bedenklicher, je jüngere Stufen der Kindheit der psychoanalytischen Deutung entworfen werden. Gerade für die frühe Kindheit sind auch die pädagogischen und therapeutischen Folgerungen besonders gefährlich, da sie zu einer nicht wieder gutzumachenden vorzeitigen „Entharmlosung" des Kindes führen können. Dies muß besonders betont werden, weil jetzt im Inland und vielleicht noch mehr im Ausland die Kindes-Psychoanalyse von manchem begeisterten Freud-Jünger als allgemeine Grundlage erziehlicher Reformmaßnahmen empfohlen wird.

Die grundsätzliche Darstellung seiner Auffassung von der infantilen Sexualität hat Freud bereits 1904 gegeben; 1909 ließ er die individuelle Analyse eines 5 jährigen, an Angstneurose erkrankten Kindes folgen. Jung handelte von den Konflikten der kindlichen Seele. Hug-Hellmuth versuchte, eine Gesamtdarstellung der Frühkindpsychologie in pansexualistischem Sinne zu geben. Pfister, Stekel und andere haben in größeren Werken besondere Kapitel dem Seelen- und Sexualleben der Frühkind-

---

[1] Von einem ganz anderen Ausgangspunkt her ist auch der Personalismus zu einer verwandten Anschauung gekommen. Vgl.: Die menschliche Persönlichkeit. S. 251 ff.

[2] Vgl. meine Protestschrift 1913.

heit gewidmet. Eine ausführliche Monographie über das Säuglingsalter hat soeben Bernfeld veröffentlicht.

Fruchtbare Gesichtspunkte für die Kindespsychologie liefern die Bestrebungen der zu Freud in einem gewissen Gegensatz stehenden Schule Alfred Adlers; diese „Individualpsychologie" will mit ihren Deutungsmethoden nicht einseitig sexuelle, sondern allgemein-charakterologische Leitlinien in der Kinderseele aufdecken[1]. –

Eine von der Psychoanalyse im wesentlichen unabhängige, zurückhaltendere Gesamtdarstellung des kindlichen Sexuallebens hat Albert Moll bereits 1909 veröffentlicht.

Kapitel II

Methoden der Kindespsychologie

1. Die Beobachtungsmethoden

Daß das Einfachere leichter erfaßbar sei als das Zusammengesetztere, ist ein banaler Satz; und darum möchte es zunächst scheinen, als ob kein Gebiet der ganzen Psychologie dem Forscher geringere Schwierigkeiten bieten dürfte, als die frühe Kindheit mit ihrem so außerordentlichen einfachen und unentwickelten Seelenleben. Allein diese Voraussetzung ist falsch und kann unerfreuliche Folgen haben; ließen sich doch nicht wenige zu dem Wahn verleiten, als sei gerade in der Kindespsychologie ohne große Schulung und kritische Vorsicht leicht Ergebnis auf Ergebnis zu häufen. In Wirklichkeit spielt das „Einfache" in der Psychologie eine ganz andere Rolle als in den übrigen Wissenschaften.

Seelisches Leben kann jeder Mensch unmittelbar nur an sich selbst erfassen; was Vorstellungen und Empfindungen, Gefühle und Willensregungen seien, wissen wir direkt allein durch Eigenerlebnis und Selbstbeobachtung[2]. Das Seelische des anderen dagegen müssen wir

---

[1] Vgl. die Sammelbände „Heilen und Bilden" und „Handb. der Individualpsychol."

[2] Deshalb muß für die allgemeine Psychologie die Selbstbeobachtung als eine grundlegende Methode gelten. Anders in der Kindespsychologie. Das Kind, insbesondere das Kleinkind, ist mit seiner Aufmerksamkeit durchaus nach außen gerichtet und daher zu einer systematischen Selbstschau völlig unfähig. Mag es selbst hin und wieder spontan eine Äußerung tun, die sich auf sein eigenes Inneres bezieht, so ist doch aus solchen seltenen Ausnahmefällen niemals eine wissenschaftliche Methode zu konstruieren. Sobald aber gar das Kind veranlaßt wird zu Selbstwahrnehmungen gegenwärtiger oder zu Selbsterinnerungen früherer Gedanken, Gefühle, Wünsche, ist es auf Gnade und Ungnade den Suggestionen des Ausfragers überlassen. Hiernach ist die Glaubwürdigkeit mancher frühkindlicher Selbstaussagen zu bemessen, die bei psychoanalytischen Untersuchungen erzielt werden. (Vgl. zum Letztgesagten meine Kritik von Freuds Phobie-Studie, W. Stern V 1913.)

Etwas günstiger scheint es zu stehen mit der Fähigkeit des Kindes, über sensorische Erlebnisse Selbstbeobachtungen anzustellen. So berichtet G. Révész über

erdeuten aus dem, was uns der andere äußerlich zeigt, aus seinen Ausdrucksbewegungen, Sprachlauten, Reaktionen, Handlungen usw. Je verschiedener nun der andere, den wir beobachten, von uns selbst ist, um so schwerer ist es, diese Deutung, die sich doch auf die Analogie des eigenen Erlebens stützen muß, richtig zu vollziehen. Und da wir Erwachsene, die wir Kindespsychologie treiben, ein schon sehr kompliziertes Seelenleben haben, ist uns primitives Seelenleben gerade wegen seiner Einfachheit und der daraus folgenden Unähnlichkeit zu dem unseren so schwer in rechter Weise verständlich zu machen. In gewissem Sinne ist deshalb, so muß man sich resigniert gestehen, die Kindheit für uns ein ewig verlorenes Paradies; zu einer vollen restlosen Einfühlung in die besondere Beschaffenheit und Struktur der Kinderseele kann es bei uns Erwachsenen nicht mehr kommen.

Aber auch hier ist gerade die Einsicht in das Nicht-Wissen die Vorbedingung einer gesicherten, wenn auch begrenzteren Erkenntnis. Das Übersehen der eben erwähnten Kluft hatte dazu geführt, daß die kindlichen Äußerungen fortwährend aufs ärgste mißdeutet wurden; man legte irgendwelchen Bewegungen oder Lautäußerungen des Kindes psychische Motive unter, die vielleicht bei größeren Kindern oder bei Erwachsenen mit entsprechenden Äußerungen verbunden sein mögen. Es ist dies nicht nur der unweigerliche – übrigens sehr verzeihliche – Fehler jeder jungen Mutter, die im ersten sinnvoll gesprochenen Wort, der ersten andressierten Bewegung ihres Kindes ein Zeichen ungewöhnlicher „Klugheit" begrüßt; auch die Kindespsychologen, namentlich die der früheren Jahrzehnte, arbeiteten fortwährend mit solchen irrigen intellektuellen Überhöhungen.

Aber auch der entgegengesetzte Fehler droht: man ist geneigt, die Abweichungen kindlichen Seelenlebens von dem der Erwachsenen lediglich als Mängel anzusehen, die man entweder nachsichtsvoll belächelt oder schulmeisterlich tadelt. Die bloße Feststellung, daß das Kind dies und das nicht kann, nicht versteht, daß es „falsch" denkt oder handelt, ist noch keine Psychologie. Die Aufgabe ist ja nicht, den „Normalmaßstab" des eigenen seelischen Seins und Könnens an das Kind zu legen und die Stellen zu vermerken, die dem Maßstab nicht ent-

ein 5½jähriges Kind, das Nachbilder heller Reize und sonstige innere Reizerscheinungen der Netzhaut beobachtete und in ihrem Ablauf genau beschrieb. Aber solche Erscheinungen stehen ja den äußeren Beobachtungen noch relativ nahe; zudem hatte das Kind ein starkes spontanes Interesse an optischen Erlebnissen; auf Kommando würden korrekte Selbstbeobachtungen auch auf sensorischem Gebiet nur selten bei dieser Altersstufe zu erzielen sein.

Der Sohn von Katz (5;4) kam von selbst auf die Kontrasterscheinung, daß die Zähne der Neger nur so besonders weiß aussehen, weil die Haut schwarz sei.

sprechen – sondern jenes Anderssein des Kindes als ein eigenes kindertümliches Verhalten in seiner positiven Sonderbeschaffenheit zu verstehen[1].

Allmählich beginnen wir, die erwähnten Klippen zu meiden; und gerade die Richtigstellung derartiger Fehldeutungen ist eine der segensreichsten Folgen der modernen kindespsychologischen Forschung, auch für Erziehungsfragen; – es sei hier nur auf das wichtige Kapitel der scheinbaren Lüge des kleinen Kindes verwiesen.

Wer dem zarten, ungreifbaren Seelendasein des Kindes möglichst nahe kommen will, ohne jenen Fehlern zu verfallen, muß einige methodische Grundregeln beachten:

1. Bei jeder Beobachtung, die man am kleinen Kinde macht, scheide man streng zwischen dem wirklich wahrgenommenen äußeren Tatbestand (der gesehenen Handlung oder Ausdrucksbewegung des Kindes, dem gehörten Wort usw.) und den daran geknüpften Deutungen; man registriere beides getrennt, und gebe, wo nur immer möglich, Rechenschaft von der Zulässigkeit oder Wahrscheinlichkeit der vorgenommenen Deutung.

2. Die Deutung sei möglichst kindgemäß; man ziehe also die beiden Eigenschaften in Rechnung, durch die sich kindliches Seelenleben von dem der Erwachsenen unterscheidet: größere Einfachheit – man erwarte also beim Kind nicht die Komplikationen der ausgebildeten Seele[2]; größere Diffusität – man setze nicht voraus, daß die kindlichen Erlebnisinhalte ebenso deutlich gegliedert, abgegrenzt und in ihren Beziehungen scharf umrissen sind, wie die unsrigen.

3. Man stelle keine allgemeinen psychologischen Behauptungen, Deutungen, Erklärungen auf, für die nicht tatsächliche Beobachtungen als zureichende Belege beigebracht werden können. –

Auf welchem Wege und mit Hilfe welcher Personenkreise haben wir uns nun kindespsychologische Einsichten zu verschaffen?

Am ersten Platze steht natürlich die unmittelbare Beobachtung von Kindern durch solche Personen, die mit ihnen in ständiger vertrauter Gemeinschaft leben. Und weil niemand gerade in den ersten sechs Lebensjahren auch nur annähernd so viel mit dem Kinde zusammen ist und seine kleinsten Leiden und Freuden begleitet wie die Mutter, so

---

[1] Vgl. hierzu die methodischen Winke von Martha Muchow (I).

[2] Beim kleinen Kind ist die Umsetzung von Erlebnis in Ausdruck viel direkter als beim Jugendlichen und beim Erwachsenen. Jene verwickelten „symbolischen" Deutungen, die in die Äußerung allerlei Verkapptheiten und Verdrängungen hineingeheimnissen, sind daher beim Kleinkind viel seltener gerechtfertigt. Gerade hier kann die psychoanalytische Deutungsmethode besonders leicht in die Irre gehen.

scheint sie vor allem berufen, der Kindespsychologie Dienste zu leisten. Freilich ist hierzu auch wissenschaftliche Schulung nötig; zudem wird es stets nur wenigen Müttern möglich sein, die für Forschungszwecke erforderliche objektive Gedanken- und Interessenrichtung mit ihrer notwendig subjektiv gefärbten Liebe und Zärtlichkeit zu vereinbaren.

In zweiter Linie kommen andere Angehörige in Betracht. Von ihnen stammt bisher das meiste Material; so haben Preyer, Stumpf, Dix u. a. als Väter, Ament als Oheim, Miß Shinn als Tante Aufzeichnungen über Kinder ihrer Familie gemacht.

Nur selten arbeiteten bisher beide Eltern zusammen an der Erforschung ihrer Kinder (Scupin, Stern, Katz).

Wertvolle Hilfe haben wir auch von den pädagogischen Kreisen zu erwarten, die an der Erziehung kleiner Kinder beteiligt sind, den Erzieherinnen und Hauslehrern, sowie namentlich von jenen, welche die Kinder außerhalb des Hauses zu beobachten Gelegenheit haben: den Kindergärtnerinnen und Horthelferinnen. Auch die in Kinderkliniken tätigen Ärzte seien in diesem Zusammenhang erwähnt. Das von den genannten Stellen bisher gelieferte Material ist noch sehr dürftig; auch die so ausgedehnte Kindergartenliteratur ist bisher ganz überwiegend pädagogisch, nicht kindeskundlich orientiert gewesen[1]. Die Unterstützung dieser Kreise wird aber um so wichtiger sein, als nur sie an das Kind der einfachen Stände herankommen, über dessen seelische Frühentwicklung wir noch sehr wenig wissen. Die von Angehörigen stammenden Kindertagebücher beziehen sich naturgemäß nur auf Kinder gebildeter Stände.

Wir besitzen seit 1919 eine vortreffliche Anleitung zur psychologischen Beobachtung der Kindergartenzöglinge; Judith Lichtenstein hat ein solches Beobachtungsschema mit 49 Fragen, Hinweisen auf die Beobachtungsgelegenheiten und einem durchgeführten Antwortbeispiel veröffentlicht. Die Anwendung dieser Anleitung verlangt freilich nicht nur Interesse und Ausdauer, sondern auch psychologischen Blick und psychologische Schulung.

Eine stärkere Beteiligung der Fachpsychologen wird natürlich der wissenschaftlichen Qualität der Untersuchungen sehr zugute kommen. Immerhin muß auch hier in einem Punkte gewisse Vorsicht empfohlen werden. Steht der Psychologe zum Kinde nicht im Verhältnis eines Angehörigen oder vertrauten Erziehers, sondern tritt er ihm lediglich als sonst fremder Beobachter gegenüber, so fehlt leicht jene innere Fühlung, die gerade beim Studium des kleinen Kindes eine unerläß-

[1] Maria Montessori hat ausdrücklich an die Lehrerinnen ihrer Anstalten die Aufforderung gerichtet, daß sie sich in erster Reihe als Beobachterinnen der ihnen anvertrauten Kinder betrachten sollten. Mir ist aber nicht bekannt, ob dieser Appell schon Früchte für die wissenschaftliche Kindesseelenkunde gezeitigt hat.

liche Vorbedingung ist. Ohne dieses Fluidum verhält sich nicht nur das Kind anders als unter normalen Bedingungen, sondern der Beobachter selbst entbehrt auch der Möglichkeit, das, was das Kind mit seinen Äußerungen und Bewegungen eigentlich meint und will, richtig zu verstehen und einzuschätzen[1]. Sehr wünschenswert wäre es daher, wenn jeder mit kleinen Kindern arbeitende Psychologe erst mit ihnen vertraut zu werden versucht. Auch die Arbeitsgemeinschaft des Psychologen mit den gewohnten Erziehern der Kinder, z. B. Kindergärtnerinnen, erscheint recht empfehlenswert. In dieser Hinsicht dürften die Einzel- und Gruppenuntersuchungen als richtunggebend gelten, die Hildegard Hetzer in Wiener, Martha Muchow in Hamburger Kindergärten angestellt haben.

Psychologische Aufzeichnungen über den individuellen Verlauf einer kindlichen Entwicklung können in zwei verschiedenen Absichten gemacht werden. Entweder unternimmt sie der Beobachter nur zu seiner eigenen Freude und Belehrung, um das ihm nahe stehende Kind recht genau kennen zu lernen, um späterhin eine dauernde Erinnerung an dessen zarte Frühzeit zu besitzen, um überhaupt den Blick zu schärfen für die feinen wechselnden Regungen, die unendliche Mannigfaltigkeit und die so schnell fortschreitende Entwicklung kindlichen Seelenlebens. Oder aber man bezweckt damit eine Förderung der allgemeinen kindespsychologischen Erkenntnis, will die gesammelten Beobachtungen selber verarbeiten, zum mindesten als Rohmaterial der Wissenschaft zur Verfügung stellen. Es ist nun ein Irrtum, daß die Fähigkeit und Lust zu der ersten Art der Beobachtung ohne weiteres auch schon zu ihrer Verwertung in zweitem Sinne berechtige. Die Beobachtung aus persönlichen oder autodidaktischen Interessen ist in der Tat jedem zu empfehlen, der mit warmem Herzen und offenem Sinn Kindern gegenübertritt; dagegen mögen sich zu wissenschaftlichen Arbeiten, selbst zu bloßen Materialsammlungen für wissenschaftliche Zwecke, nur solche berufen fühlen, welche die durchaus notwendige psychologische Schulung besitzen und sich zu der keineswegs leichten Sachlichkeit der Berichterstattung und Deutung durchzuringen vermögen. Nicht auf bloße Quantität, sondern auf einwandfreie zuverlässige Qualität des Materials kommt es der Forschung an. –

Wir lassen nun einige Anweisungen über die Vornahme indivi-

---

[1] Ähnliches gilt auch für den Nervenarzt; er ist geneigt, ein ihm zugeführtes Kind nur unter den ganz bestimmten Gesichtspunkten seiner psychiatrischen oder psychoanalytischen Interessenrichtung zu sehen.

dueller kindespsychologischer Beobachtungen und Aufzeichnungen folgen.

Alles am Kinde ist beachtenswert und beachtensbedürftig; und nur wer ständig seine Aufmerksamkeit auf die verschiedensten Regungen des kindlichen Geistes zu richten weiß, erlangt einen wirklichen Überblick über das merkwürdige Ineinandergreifen und Miteinanderverschmolzensein aller erwachenden seelischen Funktionen.

Eine von vornherein gesetzte Beschränkung auf eine Gruppe kindlicher Betätigungen (z. B. auf sein Spiel, seine Sprache, sein Gedächtnis, sein Denken, sein Liebesleben) erleichtert allerdings sehr die Arbeit; sie ist daher dort zu empfehlen, wo die Zeit oder die Gelegenheit zur Forschung begrenzt ist, oder wo man sich erst in kinderpsychologisches Beobachten hineinarbeiten will. Aber es ist die Gefahr vorhanden, daß das Bild einseitig wird und Wichtiges vermissen läßt, ja daß man die herausgegriffene Teilerscheinung fälschlich für das Ganze der seelischen Entwicklung nimmt.

Die Beobachtungen haben sich sowohl auf die spontanen wie auf die reaktiven Verhaltungsweisen des Kindes zu beziehen.

Spontan heißt dasjenige Verhalten, welches in seiner wesentlichen Beschaffenheit durch die innere Natur des Kindes erzeugt und bestimmt ist. Das Spielen und Plaudern des sich selbst überlassenen Kindes, der schnelle Wechsel seiner Interessen und der Aufmerksamkeit, sein Benehmen im Verkehr mit den Angehörigen sind spontane Verhaltungsweisen, die vom Beobachter registriert werden können.

Das reaktive Verhalten (oder die „Reaktion") des Kindes prüfen wir dagegen dann, wenn wir zusehen, wie es sich einer ganz bestimmten, von außen gesetzten Einwirkung (dem sogenannten „Reiz") gegenüber benimmt. So stellen wir etwa die kindliche Lust- und Unlustreaktion auf gewisse Geschmacks-, Geruchs-, Farben-, Toneindrücke fest; wir untersuchen, wie es sprachlich und intellektuell reagiert auf vorgelegte Bilder; wir prüfen seine Nachahmungsfähigkeit, indem wir ihm bestimmte Bewegungen vormachen, seine Suggestibilität, indem wir ihm suggestive Fragen vorlegen usw.

Beide Forschungswege sind wichtig und müssen einander ergänzen.

Die spontanen Verhaltungsweisen haben den Vorzug, uns viel unmittelbarer des Kindes Eigenart zu enthüllen als die Reaktionen; denn das Kind benimmt sich hier zwanglos, steht nicht unter der gebundenen Marschroute einer augenblicklichen Anforderung und offenbart uns daher oft überraschende Seiten seines Wesens, auf die wir mit vorbedachten experimentellen Untersuchungsmethoden nie gestoßen wären, ja die solchen überhaupt nicht zugänglich sind. Allerdings sind die natürlichen spontanen Betätigungen des Kindes meist sehr verwickelt, und es fehlt oft die Möglichkeit, festzustellen, in welchem Grade verschiedene Faktoren an ihrem Zustandekommen im einzelnen beteiligt sind.

Hier liegt nun wieder der Vorzug der „Reaktionen". Sie sollen uns auf bestimmte, uns interessierende Einzelfragen Antwort geben; und indem wir sie experimentell erzeugen, haben wir zugleich eine gewisse Gewalt über die mitwirkenden Bedingungen. Wir können die vorzulegenden Bilder, die darzubietenden Sinnesreize, die an das Kind zu stellenden Fragen so einrichten, wie sie gerade für das zu untersuchende Problem am geeignetsten sind; wir können manche Faktoren zahlenmäßig abstufen (z. B. den Umfang von Lernstoffen, mit denen wir das Gedächtnis des Kindes prüfen); wir können die Zeit messen, die das Kind zur Bewältigung der Aufgabe braucht; wir können dasselbe Experiment wiederholen und erhalten dann einen exakten Ausdruck für die Entwicklung, welche die geprüfte Funktion inzwischen durchlaufen hat.

Immerhin muß doch betont werden, daß das Experiment bei dem Studium eines individuellen Entwicklungsprozesses hinter der reinen Beobachtungsmethode zurückstehen muß. Denn wenn man den natürlichen Ablauf der kindlichen Entwicklung belauschen will, muß man alles vermeiden, was die Entwicklung selber künstlich zu beeinflussen und zu verändern geeignet ist. Darum sind hierfür auch die obengenannten Experimente nur als kleine gelegentlich einzustreuende Stichproben zu empfehlen, welche die seelische Entwicklung an einer bestimmten Stelle sichtbar machen, ohne auf ihren weiteren Verlauf einzuwirken. (Vgl. über das Experiment auch S. 19f.)

Für alle diejenigen, welche Gelegenheit haben, ein oder mehrere Kinder längere Zeit zu beobachten, seien hier einige Worte über die Technik der Tagebuchführung eingeschaltet; sie sind mit geringen Änderungen einer Anleitung entnommen, die schon früher von meiner Frau und mir veröffentlicht worden ist[1].

„Den psychologischen Aufzeichnungen sind die wichtigsten Angaben über Konstitution, Vererbung und Umwelt des Kindes beizufügen, insbesondere über:

Rasse, Stand und Alter der Eltern, Geschwister, allgemeines Milieu, d. h. Dienstboten (Dialekt!), Verwandte und Freunde, die auf das Kind Einfluß ausüben, Kindergarten.

Heimat (Großstadt, Kleinstadt, Land, Fabriken, Wald, See, Hochgebirge usw.).

Ist das Kind oft sich selbst überlassen, oder beschäftigt man sich viel mit ihm? Wer? (Eltern, Verwandte oder Personal?)

---

[1] C. und W. Stern, Anleitung zur Beobachtung der Sprachentwicklung bei normalen, vollsinnigen Kindern. Z. Ang. Ps. 2, S. 313ff. 1909. Wieder abgedruckt in: Kindersprache III. Aufl.

Wechsel der Eindrücke (Reisen usw.). –

Fanden durch Krankheit, Reise oder sonstige Umstände Unterbrechungen der kontinuierlichen Beobachtung statt, so muß dies ausdrücklich vermerkt und bei der Deutung der auf die Unterbrechung folgenden Beobachtungen in Betracht gezogen werden.

Die Niederschrift der Beobachtungen geschieht am besten rein chronologisch, zunächst ohne Gruppierung nach sachlichen Gesichtspunkten, um alle Möglichkeiten der späteren Bearbeitung offen zu lassen. Zu gleicher Zeit trage man über die Beobachtung ein Stichwort nebst Seitenzahl in ein alphabetisches Register ein, welches später das Vergleichen, Nachschlagen und Gruppieren wesentlich erleichtert.

Für jedes Kind lege man ein besonderes Buch an.

An den Rand der Seite notiere man jedesmal Datum und Stichwort, ferner von Monat zu Monat fortschreitende Altersangabe, am besten in der Form: 0;7 = im Alter von 7 abgelaufenen Monaten, 2;1 = im Alter von 2 Jahr 1 Monat usw.

Unbedingt erforderlich ist es, die Unwissentlichkeit des Kindes zu erhalten, einerseits, um den Charakter des Kindes nicht zu schädigen, andererseits, um den kindlichen Äußerungen die Echtheit der Naivität zu sichern.

Man zeichne jede Beobachtung möglichst bald, nachdem sie erfolgt ist, auf. Verbieten die Umstände eine sofortige Eintragung, so mache man sich wenigstens eine kurze Zettelnotiz. Unsichere Beobachtungen, Berichte von anderen über Äußerungen des Kindes, ferner Niederschriften, die erst längere Zeit nach der Beobachtung gemacht werden konnten, kennzeichne man als solche.

Man trenne stets deutlich den festgestellten objektiven Tatbestand (z. B. die Anwendung eines Wortes bei verschiedenen Gelegenheiten) von der hinzugebrachten Deutung (z. B. daß das Kind schon einen Allgemeinbegriff habe). Man schildere ferner möglichst genau die Begleitumstände, unter denen der beim Kinde beobachtete Tatbestand eintrat, da nur so ein Einblick in die kausalen Bedingungen der Erscheinung möglich wird.

Zur Fixation längerer Sprachäußerungen des Kindes, insbesondere bei schon höher entwickeltem Sprechen, ist die Anwendung der Stenographie zu empfehlen. Bei größeren Kindern (4–6jährigen) ist hier freilich die Unwissentlichkeit des Verfahrens schwer durchzuführen. Der eine Beobachter muß etwa anscheinend einen Brief schreiben (in Wirklichkeit mitstenographieren), während der andere das Kind beschäftigt (mit ihm spielt, Bilderbücher besieht, es unterhält). Man schreibe bei solchen Unterhaltungen nicht nur die Äußerungen des Kindes, sondern auch die Fragen, Antworten, Aufforderungen des anderen, ferner die zur Unterhaltung gehörigen Handlungen des Kindes und der Erwachsenen mit.“

2. Experimentelle Methoden

Wir scheiden hier Forschungs-, Prüfungs- und Übungsexperimente.

Die ersten Forschungs-Experimente auf unserm Gebiet waren vorwiegend physiologischer Natur: es wurde die Empfindlichkeit und Unterschiedsempfindlichkeit der Kleinkinder für Sinnesreize verschiedener Art untersucht. Nur langsam errangen sich die eigentlich psychologischen Experimentalverfahren einen Platz in der Erforschung der frühen Kindheit. Sie gewinnen vor allem dort Bedeutung, wo es sich nicht lediglich um die Beobachtung einer einzelnen Entwicklung

(s. S. 18), sondern um vergleichend-psychologische Aufgaben handelt. Wird eine Anzahl von Kindern unter gleichen Bedingungen experimentell untersucht, so ist es möglich, bestimmte psychologische Gesetzmäßigkeiten, z. B. über die kindliche Unterscheidungsfähigkeit für Formen, über die einfachsten Stufen kindlicher Abstraktionsfähigkeit, über die Urformen kausalen Denkens, über die Erinnerungstreue, über primitive ästhetische Verhaltungsweisen, über die Fähigkeit zu intelligentem Handeln usw. festzustellen. Durch mannigfache Abwandlung der Versuchsbedingungen kann der Seelenvorgang im Kinde einer feineren Analyse unterworfen werden; durch Ausdehnung des Experiments über verschiedene Kindergruppen sind psychologische Geschlechts-, Standes-, Altersunterschiede aufzudecken. Ja auch die Vergleichung kindlicher mit tierischen und ethnischen Primitivformen des Seelenlebens wird mit Hilfe des Experiments möglich; dann tritt die Methode in den Dienst allgemein entwicklungspsychologischer Fragestellungen.

Seitdem Katz in seinen „Studien" 1913 die umfängliche Benutzung des Experiments für kindeskundliche Zwecke gefordert hat, sind eine Reihe bemerkenswerter Studien angestellt worden, die z. T. bei Behandlung der Einzelthemen Erwähnung finden werden. Eine gut orientierende Übersicht über die Hauptarten des Forschungsexperiments am Kleinkind liefert K. Bühler; über den neuesten Stand berichtet zusammenfassend Hans Volkelt.

Trotz mancher wertvoller Ergebnisse ist aber doch nicht zu erwarten, daß für das psychologische Studium der frühen Kindheit die Experimentalmethode je die Bedeutung gewinnen wird, wie für die Schulkindheit. Das ist durch innere und äußere Gründe bedingt. Die Schwierigkeit der Verständigung und eines engeren Rapports zwischen Experimentator und Prüfling, die schnelle Ermüdung, das mangelnde Interesse und die unberechenbaren Aufmerksamkeitsschwankungen beim Kleinkind, schließlich die Unmöglichkeit, aus dem Kinde Aussagen über seine subjektiven Erlebnisse beim Experiment herauszuziehen, werden der Anwendung dieser Methode in den ersten Lebensjahren auch künftig gewisse Grenzen setzen, zum mindesten zu Forschungszwecken.

Die Schwierigkeit, an das eigentlich Psychische im Kleinkind durch das Experiment heranzukommen, gab in neuester Zeit Anlaß, daß man bewußt auf das Studium der seelischen Erlebnisseite verzichtete und sich auf die Feststellung des objektiven Verhaltens beschränkte. Hier konnten mit großer Exaktheit die Reaktionen des kindlichen Organismus auf bestimmte Reizbedingungen untersucht werden. Diese Verhaltens- und Reaktionsforschung kann nur noch im uneigentlichen

Sinne als „Psychologie“ bezeichnet werden, aber sie kann für diese wertvolles Material vorbereiten. Sie ist hauptsächlich in Amerika („behaviorism“) und in Rußland („Reflexologie“) ausgebildet worden; gewisse Bühler'sche Untersuchungen stehen ihr nahe.

Psychologische Prüfungen oder „Tests“ dienen der individuellen Erkennung eines Kindes. Die Erkennung ist diagnostisch, wenn der im Augenblick der Prüfung vorhandene geistige Zustand und Inhalt festgestellt wird; sie ist prognostisch, wenn sie ein Bild der angelegten Fähigkeiten und zu erwartenden Entwicklungsmöglichkeiten gewährt. Voraussetzung jeder derartigen Prüfung ist ein Maßstab; d. h. wir müssen die normalen Leistungen und Fähigkeiten einer bestimmten Kinderkategorie (z. B. der Kinder einer bestimmten Altersstufe) kennen, um den einzelnen der gleichen Kategorie angehörigen Prüfling daran messen zu können. Diesen Gedanken hat zuerst Alfred Binet zu verwirklichen versucht. Aber seine erfahrungsmäßigen Grundlagen waren gerade für das Kleinkind sehr unzulänglich, und da ist es das Verdienst von Alice Descoeudres (vom Genfer Institut Jean Jacques Rousseau), zuerst für die Altersstufen von 2–7 Jahren eine systematische Prüfungsstaffel aufgestellt zu haben; diese soll sowohl die allgemeine Intelligenz der Kinder wie auch bestimmte Einzelfähigkeiten auf exakte Maße bringen. Wie weit sie diesem Ziel nahegekommen ist, wird später zu erörtern sein. Aber hier haben wir doch schon zu betonen, daß derartige kurzdauernde Testprüfungen höchstens eine Ergänzung, nie aber einen Ersatz für die gründliche individuelle Beobachtung der Kinder bedeuten können. Sie haben vor allem dort ihren Platz, wo Kinder, die der dauernden Beobachtung nicht zugänglich sind, einer ersten vergleichenden Einschätzung ihrer Fähigkeiten unterworfen werden sollen[1].

Zu Übungszwecken wurde das psychologische Experiment, wie schon früher angedeutet, von Maria Montessori ausgestaltet. Ihre Lehrspiele sind sämtlich so eingerichtet, daß eine bestimmte psychologische Einzelfähigkeit – wie das Unterscheiden von Farben, Formen, Tasteindrücken usw. – durch wiederholte Beschäftigung mit dem Spielgegenstand beträchtlich gesteigert werden kann; ist es ihr doch sogar gelungen auf diesem experimentellen Wege gewisse Fertigkeiten, wie das Schreiben und Rechnen, bei Kindern von durchaus durchschnittlicher Begabung lange vor dem Alter der Schulreife zu erzielen.

[1] Für das Grenzalter zwischen Frühkindheit und Schulkindheit (5–7 Jahr) haben neuerdings Huth in München und Winkler in Leipzig Prüfserien vorgeschlagen. (Abgedruckt in: Stern-Wiegmanns Methodensammlung S. 479ff.)

Das „Übungs“-Experiment ist geeignet, die Bedeutung des „Prüfungs“-Experiments einzuschränken. Denn der Test will die natürliche Leistungsfähigkeit prüfen, um daraus auf den Grad der angeborenen Fähigkeiten zu schließen; das Übungsexperiment zeigt aber, in welch hohem Maße diese „natürliche“ Leistungsfähigkeit durch fortgesetzte Übung verändert werden kann. Die Kinder eines Montessoriheims würden, mit den üblichen Intelligenztests geprüft, auf Grund ihrer besonderen Sinnesübung eine Intelligenzhöhe vortäuschen, die sie in Wirklichkeit nicht besitzen.

3. Indirekte Methoden

Außer der direkten Beobachtung und der experimentellen Untersuchung von Kindern gibt es noch andere Methoden kindespsychologischer Forschung; sie stehen aber an Bedeutung hinter jenen zurück.

Da sei zuerst die Verwertung von Kindheitserinnerungen Erwachsener genannt.

Solche Erinnerungen hat jeder Mensch, mancher sogar in lebhafter Stärke, und es lag nahe, diese dem Studium nutzbar zu machen. Rückblicke auf die eigene Kindheit finden sich ja in zahllosen Selbstbiographien, und die weitaus meisten Verfasser von solchen bleiben nicht bei der Beschreibung der äußeren Lebensverhältnisse stehen, sondern suchen auch die seelischen Regungen ihrer Jugendzeit wieder zu erwecken. Man denke nur an Augustin, Rousseau, Goethe, Gottfried Keller, Helen Keller und andere.

Dann aber kann man Erwachsene, ja auch schon ältere Jugendliche zu bestimmten psychologischen Zwecken ausdrücklich veranlassen, Erinnerungsspuren aus der Kindheit in ihrem Bewußtsein aufzusuchen indem man genau formulierte Fragen an sie richtet: über die frühesten Ereignisse, deren sie sich noch erinnern können, über ihre Interessen in verschiedenen Epochen der Kindheit, über bestimmte Gemütsregungen, wie Furcht, Zärtlichkeit, Eifersucht, religiöses Gefühl usw.

Allein so verlockend solche Selbstbekenntnisse sein mögen, namentlich, wenn sie von hervorragenden Persönlichkeiten stammen, so sind sie doch als wissenschaftliches Material nur mit größter Vorsicht zu verwerten. Die außerordentliche Lebhaftigkeit und oft weitgehende Detailliertheit der Darstellungen ist nicht ohne weiteres ein Maßstab für die Sicherheit und Zuverlässigkeit der zugrunde liegenden Erinnerungen. Es handelt sich hierbei stets, ob gewollt oder nicht, um „Wahrheit und Dichtung“[1]: das Bedürfnis nach künstlerischer Abrundung

[1] Sehr fein bemerkt Goethe einmal, er habe „sein mit sorgfältiger Treue behandeltes Werk ‚Dichtung und Wahrheit‘ genannt, innigst überzeugt, daß der Mensch in der

und das Verlangen des Autobiographen, sein Leben möglichst als kontinuierliche, innerlich verständliche Entwicklung zu sehen, wirkt sich in manchen Konstruktionen, Deutungen und Ergänzungen aus; die oft so bewundernswerte Einfühlung des Künstlers in kindliche Seelenzustände führt zu Schilderungen, die zwar subjektive Wahrscheinlichkeit besitzen mögen, aber darum nicht objektiven Wirklichkeitswert zu haben brauchen.

Noch schwerer gelingt es dem erwachsenen Durchschnittsmenschen, auf Aufforderung das Sinnen und Trachten seiner Kindheit mit erneutem Leben zu erfüllen. So wie die moderne Welt zum Altertum, so steht der reife Mensch zu seiner eigenen Kindheit, nicht mehr „naiv", sondern „sentimentalisch"; Vermutung und Konstruktion, ein mehr oder minder mühseliges Sichzurückdenken und ein unbewußtes Zurückprojizieren späterer Affekt- und Vorstellungserlebnisse in die Frühzeit tritt oft an die Stelle einer wirklichen Auffrischung vergangener Zustände.

All dies gilt im besonderen Maße für die uns hier angehende Frühzeit, aus der ja auch die Reminiszenzen meist recht spärlich fließen. Aber trotz aller Bedenken braucht man auf diese Quelle kindespsychologischer Einsicht nicht ganz zu verzichten. Was sie zu leisten vermag, zeigt das jüngst erschienene Buch von Reichardt, der mit unsäglichem Fleiß etwa 400 Selbstbiographien bedeutender Männer und Frauen ausgezogen hat, um die ersten Kindheitserinnerungen der Verfasser zu sammeln. Mag auch jede einzelne zitierte Stelle ein nicht mehr zu kontrollierendes Gemisch von Dichtung und Wahrheit sein – im ganzen gibt doch diese Blütenlese ein überraschend vielseitiges Bild des Kinderlebens von starker innerer Wahrscheinlichkeit. Und zwar kann das Material auf der einen Seite zur Veranschaulichung auch sonst bekannter Züge der Kindesseele an besonders interessanten Beispielen dienen; auf der anderen Seite aber bereichert es unsere Einsicht; denn in ihm enthüllt sich spontan so manche Erscheinung kindlichen Seelen-Binnenlebens, die vom Kinde selbst nie geäußert wird und daher den direkten Methoden nicht zugänglich ist[1].

Größere Skepsis ist geboten gegenüber jenem umfangreichen Material von Kindheitserinnerungen Erwachsener, das neuerdings von der Psychoanalyse gesammelt und verwertet wird. Ihre oben angedeutete Theorie von der späten Nachwirkung verdrängter Kindheitserlebnisse führte dazu, daß bei den erwachsenen Patienten nach diesen unerledigten infantilen Resten gesucht wurde: d. h. die scheinbar abgetanen

---

Gegenwart und viel mehr noch in der Erinnerung die Außenwelt nach seinen Eigenheiten bildend ummodele". (Tag- und Jahrhefte. Bemerkungen zum Jahre 1811.)

[1] In Leipzig sind jüngst durch Volkelt über 1500 Kindheitserinnerungen gesammelt worden, über die bisher nur eine erste vorläufige Mitteilung von Faulwasser vorliegt.

und vergessenen Kindheitserlebnisse sollten wieder bewußt gemacht und dadurch zum Abreagieren gebracht werden.

Wie soll sich die wissenschaftliche Kinderpsychologie zu den so erzielten Kindheitsreminiszenzen stellen? Wie schon eben angedeutet, gibt es sicherlich Regungen der Kinderseele, die uns auf direktem Wege nicht zugänglich sind. Die sogenannte „Verdrängung“, welche peinvolle Erlebnisse oder unerlaubte Strebungen durch Abschiebung ins Unbewußte ungeschehen machen möchte, kommt sicher schon in früheren Kinderjahren vor (wenn auch lange nicht in dem Maße wie auf späteren Altersstufen). Solche verdrängten Affekte könnten möglicherweise so abseits aller direkten Äußerung bleiben, daß sie den Beobachtungsmethoden am Kinde selbst völlig entgehen müssen und sich nur in nachträglicher Bewußtmachung offenbaren können. Aber während es sich bei den Selbstbiographien (siehe oben) um spontane Reminiszenzen handelte, haben wir es hier mit provozierten zu tun. Das verringert ihren Objektivitätswert beträchtlich. Wenn man bedenkt, mit welchen suggestiven Mitteln der Psychoanalytiker dem Patienten gewisse Ausdeutungen seiner auftauchenden Erinnerungsreste nahelegt, wie er ihn von vornherein mit bestimmten Affektnuancen (insbesondere erotischen) so lädt, daß er alles nur in diesen Farben sehen kann – dann muß man argwöhnisch werden, um so argwöhnischer, je detaillierter jene frühkindlichen Affekterlebnisse und ihre sexuellen Tönungen von den Erwachsenen geschildert werden.

Merkwürdig ist es, daß die Kindheitserinnerungen von einer bekannten Gesetzmäßigkeit des Gedächtnisses teilweise abweichen. Im allgemeinen gilt, daß die Erinnerung um so mehr verblaßt, je längere Zeit seit dem Erleben verflossen ist. Für die Kindheitsreminiszenzen mag dies jahrzehntelang zutreffen, sie werden ständig matter, spärlicher, unsicherer – zuletzt aber, wenn man sich dem Alter nähert, wendet sich die Kurve wieder. Solange man auf der Höhe des Lebens steht, ist Bewußtsein und Interesse viel zu sehr auf Gegenwart und Zukunft eingestellt, als daß die Vergangenheit sich ernsthaft bemerkbar machen könnte; aber je mehr des Lebens Flutstrom ebbt, um so zahlreichere Erinnerungsinseln tauchen aus dem Meere des Vergessens auf:

Ich träume als Kind mich zurücke
Und schüttle mein greises Haupt.
Wie sucht ihr mich heim, ihr Bilder,
Die längst ich vergessen geglaubt!

Als weitere indirekte Methode ist die Sammelforschung zu erwähnen. Sie will nicht Einsicht in das Seelenleben individueller Kinder vermitteln, sondern aus einem möglichst umfangreichen, von vielen Kindern stammenden Material Folgerungen allgemeiner Art ableiten. Die Wege zur Beschaffung dieses Materials sind sehr verschieden. Man hat – namentlich in Amerika – Fragebogen an Eltern, Lehrer usw. versandt, die sich auf den Furchtaffekt der Kinder, auf die Arten ihres Spielens usw. bezogen. Man hat Sammlungen angelegt von Erzeugnissen der Kleinkinder: von Zeichnungen, Tonknetereien, Basteleien.

Man hat aus ethnologischem Material und Berichten von Forschungsreisenden ein Bild über die Kinder primitiver Völker zu gewinnen versucht[1].

Schließlich sei darauf hingewiesen, daß auch die Literaturpsychologie für unsere Probleme nutzbar gemacht werden kann. Charlotte Bühler (I) hat aus einer psychologischen Analyse des Märchens indirekte Schlüsse ableiten können über die kindliche Phantasie, die im Märchen ihre adäquate Befriedigung findet.

Kapitel III

Die seelische Entwicklung[2]

Was bedeutet die Entwicklung, und von welchen Bedingungen ist sie bestimmt? Diese Frage muß erst in ihrer prinzipiellen Tragweite, wenn auch in aller Kürze beleuchtet werden, damit wir für das Verständnis und die Erklärung der kindlichen Seelenentwicklung im einzelnen den rechten Standpunkt gewinnen[3].

1. Der Grundsatz der Konvergenz

Die Entwicklung läuft ab in einem Individuum: dies aber steht in einer Welt von Eindrücken und Einwirkungen – damit haben wir die Grundlage unseres Themas berührt. Individuum und Welt, wie verhalten sie sich zueinander? Ist die Entwicklung ein Prozeß, der nach Art und Grad wesentlich im Individuum selbst seinen Springquell hat?

[1] Vgl. die sehr interessante Untersuchung von Franke über Negerkinder.

[2] Wesentliche Gedankengänge dieses Abschnittes sind von mir zum ersten Male (jedoch in etwas anderer Fassung und Anordnung) 1908 veröffentlicht worden. Die zum Teil recht ähnlich formulierten Darlegungen Meumanns in den „Vorlesungen zur Einführung in die experimentelle Pädagogik" sind später (1911) erschienen. – Die systematische Grundlegung der Konvergenztheorie ist nunmehr in meinem Buch „Die menschliche Persönlichkeit" gegeben worden.

[3] Die folgende Betrachtung beschränkt sich mit Absicht auf die Entwicklung des Einzelwesens, die sogenannte „Ontogenesis". Nur anmerkungsweise sei darauf hingewiesen, daß auch die seelische Entwicklung der Gattung („Phylogenesis") Gegenstand wichtiger wissenschaftlicher Problemstellungen ist, und daß man zwischen beiden psychischen Entwicklungsreihen, der individuellen und der gattungsmäßigen, merkwürdige Übereinstimmungen („genetische Parallelen") gefunden hat. Man hat deshalb neuerdings auch den Versuch gemacht, die Ergebnisse der Kindespsychologie zur Aufklärung über Fragen der geistigen Menschheitsentwicklung (Sprachentwicklung, Kunstentwicklung usw.) zu verwerten. Eine Erörterung über diese Fragen würde aber so viel Raum beanspruchen, daß trotz des großen ihnen zukommenden Interesses darauf verzichtet werden mußte. Meinen eigenen Standpunkt zu diesem Problem habe ich an mehreren Stellen dargelegt: Person und Sache I S. 299, 324, 331. Die menschliche Persönlichkeit S. 108. Die Kindersprache Kap. XVII. – Vgl. ferner Koffka S. 30ff. und Heinz Werner (II).

Oder ist die Entwicklung ein Ergebnis jener Umwelt, die vom ersten Lebensaugenblick an auf das Kind einstürmt und es zum Spielball unberechenbarer Einflüsse guter und schlechter, hemmender und fördernder Art macht? Schwere Fragen, doppelt schwer, weil sie nicht nur aus theoretischer Wißbegier, sondern aus dringendsten praktischen Bedürfnissen der Kindes-Behandlung und -Erziehung gestellt werden.

Es sind auf diese Frage nach den Faktoren der Entwicklung ganz entgegengesetzte Antworten gegeben worden. Die einen neigen zum „Nativismus", der alles Wesentliche der Entfaltung aus einer angeborenen Beschaffenheit des Individuums hervorgehen läßt. Auf der anderen Seite steht ein extremer „Empirismus", für den der Mensch und seine Seele ursprünglich eine tabula rasa ist, die dann weiterhin allen Inhalt erst von außen erhält. Und beide Standpunkte haben gewichtige Argumente für die Richtigkeit ihrer Meinung vorzubringen. Der Nativismus verweist auf die Entwicklung von Talenten und Charaktereigenschaften, die von der Umgebung gar nicht gepflegt oder beachtet worden waren, aber mit selbstverständlicher Eigenmächtigkeit allen Hemmungen zum Trotz ihren Weg gegangen sind; er verweist auf den Siegeslauf der Vererbungstheorie, die auch aufs Seelische anwendbar wird; jedes Kind bringt diejenigen psychischen Eigenschften mit auf die Welt, die ihm von seinen Vorfahren als seelische Erbmasse überkommen sind. Der Empirismus wiederum stützt sich auf die gewaltigen Entwicklungsdifferenzen, die zwischen Kindern verschiedener sozialer Schichten, verschiedener Erziehungsformen bestehen, weist auf die unmittelbar erkennbaren Einwirkungen hin, die bald von Erzieherpersönlichkeiten, bald von Kameraden, Freunden, Geschwistern ausgeübt werden. Und wenn sich die Nativisten auf die Vererbungstheorie berufen, so verweisen die Empiristen auf die ebenso erfolgreiche Milieutheorie, die uns erst den Blick für all die offenen und versteckten Einflüsse der Außenwelt geschärft hat.

Wenn von zwei gegnerischen Standpunkten jeder schwerwiegende Gründe für sich in Anspruch nehmen kann, so muß die Wahrheit in einer Vereinigung beider bestehen: Seelische Entwicklung ist nicht ein bloßes Hervortreten-Lassen angeborener Eigenschaften, aber auch nicht ein bloßes Empfangen äußerer Einwirkungen, sondern das Ergebnis einer Konvergenz innerer Angelegtheiten mit äußeren Entwicklungsbedingungen. Diese „Konvergenz" gilt für die großen Züge, wie für die Einzelerscheinungen der Entwicklung. Bei keiner Funktion oder Eigenschaft dürfte man fragen: „Stammt sie von außen oder von innen?" sondern: „Was an ihr stammt von außen und was von innen?"; denn stets wirkt beides an ihrem Zustandekommen mit, nur jeweils mit verschiedenen Anteilen. Beruht die Erzielung von Entwicklungsfortschritten vorwiegend auf dem inneren Anteil, so sprechen wir von „Reifung"; überwiegt der äußere Anteil so, heißt der Vorgang „empirisches Lernen"[1].

Die Konvergenztheorie, welche die Richtschnur unserer weiteren Betrachtungen bilden wird, stützt sich auf eine bestimmte philosophische Überzeugung vom Wesen des Menschen, den „kritischen Personalismus". Es seien hier in aller Kürze nur diejenigen Gedankengänge angedeutet, die für unser Problem unmittelbar in Betracht kommen.

Jedes lebende Wesen, und so auch das heranwachsende Menschenkind, ist eine „Person" und keine „Sache". Eine Person, d. h. ein Ganzes, das zwar nicht einfach, aber dennoch überall und immer einheitlich ist; keine „Sache", d. h. keine bloße beliebige Summierung von Elementen, kein mechanisches Aneinandergekettet-Sein von Vorgängen. „Individuum" heißt nicht zu Unrecht „Unteilbares". Die körperlichen und seelischen Elemente und Vorgänge, die in ihm vorhanden sind, haben ihre Existenz nur dadurch, daß sie Bestandteile des Ganzen sind und von einer einheitlichen Zielstrebigkeit beherrscht werden. Die isolierte Behandlung, die in den späteren Kapiteln den einzelnen Funktionen gewidmet wird, ist nur methodisch bedingt; in Wirklichkeit gibt es keine Gedächtnisfunktionen für sich und keine Gemütsvorgänge für sich, sowenig es eine Verdauung für sich und eine Blutzirkulation für sich gibt; sie bestehen nicht unabhängig voneinander, sie entwickeln sich nicht unabhängig voneinander, sondern sind nur verschiedenartige Ausstrahlungen und Äußerungen der einheitlichen Gesamtlebendigkeit des Individuums.

Alle Trennungen innerhalb der Persönlichkeit sind nur relativ, nur Abstraktionen (die freilich für gewisse Zwecke der Betrachtung und Behandlung gefordert sind); alle Teilentwicklungen einzelner Funktionen sind stets getragen von der persönlichen Gesamtentwicklung.

Selbst die uralte Scheidung einer psychischen und einer physischen Seite im Menschen unterliegt dieser Einschränkung. Der Mensch ist nicht geteilt in ein Körperindividuum und ein Seelenindividuum, sondern seine Persönlichkeit bekundet sich physisch nach außen, psychisch nach innen, ohne dabei ihre Einheitlichkeit zu verlieren; und deshalb gibt es auch in der Persönlichkeit zahlreiche Tatbestände, bei denen es ganz willkürlich wäre, wollte man sie nur der physischen oder nur der

[1] Diese Scheidung, zuerst in vorliegendem Buch für die ersten Lebensschritte des Säuglings angewandt, ist neuerdings von Koffka (S. 28ff. u. 114ff.) in erweitertem Sinne für alle Neuerwerbungen des Kindes überhaupt durchgeführt worden.

psychischen Seite zuschreiben; sie sind beides zugleich, sind „psychophysisch-neutral“. Was ist das Sprechen, das Nachahmen, die Willenshandlung? Liegt nicht das Wesen dieser Erscheinungen geradezu darin, daß das Zweckganze der Persönlichkeit Tätigkeiten vollzieht, die in untrennbarer Weise zugleich ihre physische und ihre psychische Komponente haben? Und ebenso ist auch die Entwicklung des Sprechens, die Entwicklung der Willenshandlung eine einheitlich körperlich-seelische Entwicklung.

Der Gesichtspunkt der tragenden persönlichen Einheit gilt aber nicht nur für die nebeneinander bestehenden Elemente und Funktionen im Menschen, er gilt auch für ihre Schichtung, und auch für ihre Abfolge in der Zeit.

Die Person hat nicht nur Flächenhaftigkeit, sondern Tiefe. In ihr gibt es „Schichten“, die sich über- und untereinander lagern, gegenseitig verdecken, die zueinander in dem Verhältnis der Spannung oder der Harmonie stehen können. Gewisse Schichten sind der Außenfläche nahe, stehen in direkter Kommunikation mit der Umwelt; andere sind so innerlich, daß sie nicht nur der Umgebung, sondern dem Individuum selbst unbekannt bleiben, obwohl sie als geheime Triebkräfte am Aufbau des persönlichen Lebens mitarbeiten. Gelegentlich brechen die aus tieferen Schichten stammenden Aktivitäten durch die darüber befindlichen Lagerungen hindurch und wirken nun wie fremde, unvorbereitete Tatbestände; auch eine Umschichtung kann stattfinden, die dem Lebensverlauf eine dauernde Wendung gibt. Aber man muß diesen „Schichten“ gegenüber stets im Auge behalten, daß die Person eine Ganzheit ist und bleibt; sie ist nicht zerrissen in eine Mehrheit, sondern gerade das lebendige Verhältnis der Schichten zueinander, ihr strukturelles Gefüge und ihr lebendiger Kräfteaustausch macht das Wesen der Person aus.

Wenden wir den Gesichtspunkt der personalen Ganzheit schließlich auf ihre Entwicklung in der Zeit an. Diese Entwicklung ist keine beliebige Aneinanderreihung von Ereignissen, sondern ein Auseinanderhervorgehen von Epochen, im Sinne einer einheitlichen Zielstrebigkeit. Das Zwecksystem der Person besteht aus „Selbstzwecken“ und „Fremdzwecken“; der Mensch strebt sich selbst zu behaupten und zu steigern; er strebt aber auch danach, Zwecke außerhalb seiner selbst zu erfüllen: andere Menschen, Gemeinschaften verschiedener Art, abstrakte Ideale stellen solche Zielpunkte seines Verhaltens dar. Schließich aber bewährt sich die Einheit des Menschen darin, daß er die remden Zwecke, denen er dient, einschmilzt in die Zweckhaftigkeit seines persönlichen Lebens, und so zum aktiven sinnvollen Mittelpunkt seiner Welt im Kleinen, zum „Mikrokosmos" wird[1].

Für die speziellen Probleme der frühkindlichen Entwicklung ist es vor allem wichtig, die unmittelbar auf das eigene Selbst gerichteten Zielsetzungen näher zu besprechen. Sie zeigen zwei Haupttendenzen: zur Selbsterhaltung und zur Selbstentfaltung.

Die Selbsterhaltung strebt danach, die Existenz zu behaupten, das Erworbene zu bewahren; sie wirkt ebenso in den physischen Vorgängen des Stoffwechsels, der Atmung usw., wie in den psychischen des Nahrungstriebes, des Verteidigungstriebs usw. Die Selbstentfaltung strebt, das Dasein zu steigern; sie führt über das in jedem Augenblick Erreichte hinaus zu neuen Inhalten, Aufgaben und Leistungsmöglichkeiten und eröffnet in immer steigendem Maße den Zugang zu den objektiven Wertgebieten. Sie tritt auf als physisches Wachstum und als geistiges Reifen.

Keines der beiden Ziele aber kann für sich das Menschenleben erfüllen. Die bloße Selbsterhaltung ließe das Individuum erstarren im öden Gleichmaß derselben Funktionen, welche die Existenz nur eben garantieren; die Selbstentfaltungstendenz an und für sich würde den Menschen zu immer neuen Zielen reißen, aber die Sicherung des Daseins, dieBewahrung des Bewährten über dem Weiterstreben versäumen. So bekundet sich denn die innere Zielstrebigkeit alles Lebendigen eben darin, daß sich Selbsterhaltung und Selbstentfaltung zur Einheit verschmelzen im Prozeß der Entwicklung. Gerade in den frühen Kinderjahren tritt dieser Zusammenhang so deutlich hervor. Diejenigen Funktionen, die sich zuerst entfalten, sind zugleich diejenigen, die für die Selbsterhaltung die elementarste Bedeutung haben; und während die Selbstentfaltung in der Steigerung des Ich und in der seelischen Bewältigung der Dinge und Werte zu immer neuen Siegen eilt, funktioniert im Untergrunde des Daseins der Trieb und die Fähigkeit der Selbsterhaltung mit unbeirrter Treffsicherheit.

Aber die Beziehung ist noch inniger. Jede einzelne Etappe des Selbstentfaltungsstrebens ist nicht nur im Augenblick, da sie erreicht wird, vorhanden, um sofort von anderen abgelöst zu werden, sondern sie bleibt der Person als Dauererrungenschaft bewahrt. Sie gehört also von nun an zu ihrem ständigen Inventar, zum Gegenstand ihrer Selbsterhaltung. So ist das Sprechen-Lernen oder Laufen-Lernen Selbst-

[1] Dies Grundphänomen aller menschlichen Zielsetzung, die „Introzeption", habe ich in meinem Buch „Wertphilosophie" ausführlich behandelt; hier muß die obige Andeutung genügen.

entfaltung; das nun folgende Sprechen-Können und Laufen-Können Selbsterhaltung auf dem einmal erreichten Niveau. Und ebenso bei allen übrigen Leistungen. Es gibt eben in der Entwicklung nichts bloß Augenblickliches, alles wirkt nach, wenn auch nur als Werkzeug für weiteres, alles speichert Kräfte auf, schafft Einstellungen und bahnt Wege, die das fernere Leben bestimmen. Dieses konservierende Prinzip gilt wiederum für den ganzen Menschen; es tritt in den verschiedensten Formen auf: als Gedächtnis, Übung, Gewöhnung, Anpassung bald im Psychischen, bald im Physischen, bald in beiden Gebieten zugleich. Man hat dafür neuerdings die Bezeichnung „Mneme" eingeführt, um es von dem, auf das Psychische beschränkten, „Gedächtnis" zu unterscheiden.

Nun würden aber diejenigen Tätigkeiten, welche durch die Mneme zum ständigen Besitz der Menschen werden, sehr bald seine gesamten Kräfte in Anspruch nehmen und die Möglichkeit zu neuen Entwicklungen versperren, wenn nicht noch ein weiterer Faktor hinzukäme. Die Mneme ist nicht nur eine erhaltende, sondern auch eine ersparende Fähigkeit; je häufiger eine Leistung vollzogen wird, um so weniger Energieentfaltung und Bewußtheit verlangt sie, und schließlich ist sie ganz „mechanisiert", d. h. sie läuft mit einem Höchstmaß von Selbstverständlichkeit und einem Mindestmaß von Kraft- und Bewußtseins-Aufwand ab. Erst hierdurch wird es möglich, daß immer wieder die Hauptmasse der menschlichen Kraft und die eigentliche Bewußtseinstätigkeit den neuen Aufgaben zugewandt werden kann, welche die Selbstentfaltung dem Menschen stellt. Das Ältere, Vertrautere und Gewohntere sinkt hinab ins Mechanische, Unbewußte, ohne doch dabei seine Wirksamkeit für das weitere Leben des Menschen aufzugeben; und aus diesen ständig wachsenden Unterschichten der Persönlichkeit erhebt sich immer wieder der Drang zu weiterem Fortschritt, zu neuen Eroberungen seelischer und körperlicher Art.

Ist der Mensch durch seine Mneme das Produkt seiner eigenen Vergangenheit, so ist er durch seine Selbstentfaltungstendenz belebt von einem Ziel, das erst kommen soll, ein Vollzieher seiner eigenen Zukunft. Diejenigen inneren Beschaffenheiten (Dispositionen), welche durch das Selbsterhaltungsprinzip eine gewisse Zähigkeit und Dauer gewonnen haben, nennen wir „Eigenschaften", diejenigen, welche erst auf zukünftige Entfaltungen weisen, aber doch im innersten Persönlichkeitskern des Menschen vorgebildet sind, nennen wir „Anlagen".

Was der Mensch bei der Geburt auf die Welt mitbringt an Fähigkeiten, sind fast durchweg nur „Anlagen", die erst allmählich in die Erscheinung treten und langsam reifen, sich fixieren und so zu Eigenschaften werden. Nur ganz wenige Betätigungsformen sind schon von vornherein so fest und eindeutig, daß sie als Eigenschaften angesprochen werden können; sie sind dann die Selbsterhaltungserscheinungen der Gattung, die jede Generation von der früheren übernimmt. Hierher gehören vor allem gewisse Instinkte, die auch relativ am wenigsten durch äußere Einflüsse bestimmbar sind.

Die Anlagen des Kindes sind ebenfalls erblich bedingt, aber nicht als feste Zwangskurse, welche die Vorfahren dem Kinde auferlegen, sondern nur als allgemeine Tendenzen, deren Spezialisierung der individuellen Tat und den äußeren Einwirkungen anheimgegeben ist. Durch Entfaltung seiner Anlagen kann sich daher das Kind über seine Vorfahren hinaus entwickeln, während die Instinkte es an das Urtümliche der Menschheit ketten.

Da die Anlagen nicht Fertiges sind, sondern bloße Potentialitäten, so bedürfen sie der Ergänzung, um Wirklichkeit zu werden. Diese Ergänzung muß von außen herangebracht werden, und damit beginnt das relative Recht der empiristischen Auffassung. Ein bestimmter Same kann auf Grund seiner innerlich vorbereiteten Beschaffenheit immer nur eine Pflanze bestimmter Art hervorbringen. Aber mit welcher Schnelligkeit, in welcher Güte, in welcher speziellen Form sich die Pflanze entwickelt, das hängt nur noch zum Teil von der Beschaffenheit des Samens selbst ab; die eindeutige Determination erfolgt hier erst durch Sonne und Wasser, durch Erdreich und Düngung, durch die Konkurrenz mit anderen Gewächsen, durch die Pflege des Gärtners, durch den Zwang des Spaliers, kurz, durch äußere Einflüsse. – Die Anwendung des Bildes auf unser Problem ergibt sich von selbst. Die kindlichen Anlagen sind nicht eindeutige Prädestinationen dessen, was kommen wird, sondern Zukunftsanweisungen mit Spielraum, und innerhalb dieses Spielraumes betätigt sich nun Erziehung und Umwelt, um die tatsächliche Entwicklung herbeizuführen.

2. Entwicklungsfortschritte

Die Entwicklungsfortschritte des Kindes werden von zwei Prinzipien beherrscht: der zunehmenden Strukturierung und des Wachstums.

Zunehmende Strukturierung oder auch „Ausgliederung" ist der Übergang von einem diffusen, ungeklärten Gesamtzustand zu einem in sich schärfer gegliederten, in welchen Grenzen und Teile, Abscheidungen und Zusammenhänge sich deutlicher geltend machen. Jede Ausgliederung ist zugleich eine steigende Differenzierung und eine steigende Zentrierung: was zunächst noch verschwommen und verworren war, wird gesondert; aber zugleich tritt an die Stelle nebelhafter Ungeformtheit eine Über- und Unterordnung der Teile in einem größeren Ganzen, welches Mittelpunkt und Nebenteile enthält. Die diffusen Anfangszustände sind schwer zu erfassen, schwerer zu beschreiben, weil Begriffe und sprachliche Bezeichnungen des erwachsenen Menschen seinem eigenen, reich und scharf ausgegliederten seelischen Inventar entnommen sind. Gerade hier fordert das Verständnis des Kindes eine Hinausversetzung aus unserm erwachsenen Leben, deren wir nur mit Mühe fähig werden; erst die entwicklungspsychologische Betrachtungsweise der jüngsten Zeit beginnt die Wege zu ebnen[1]. Die Ausgangsphasen, mit denen die Entwicklung beginnt, sind mit den uns bekannten und scharf akzentuierten Kategorien, die sich auf deutlich abgegrenzte Einzelfunktionen beziehen, gar nicht zutreffend zu charakterisieren; sie sind noch alles in allem. Noch haben sich die Anteile der einzelnen Sinne beim Wahrnehmen nicht differenziert, noch hat sich gegenständliches Erkennen nicht vom gefühlsmäßigen Reagieren, dann wieder Gefühlsausdruck nicht von Willenstat klar geschieden. Noch ist Sprachlaut und Gebärde eine ungesonderte Einheit usw. Langsam nur heben sich aus chaotischen Anfangsbeschaffenheiten und vage zerfließenden Gebilden Einzelfunktionen und deutlichere Gestalten heraus.

Die fortschreitende Ausgliederung aber geht unter mancherlei Umwegen und Abirrungen von statten und führt durch merkwürdigste Zwischenformen des kindlichen Weltbildes und Verhaltens hindurch. Dies gilt noch weit über das uns beschäftigende Alter hinaus; mit sechs Jahren ist der Abschluß und die uns geläufige Strukturierung des Erlebens noch längst nicht erreicht.

Martha Muchow (III) vertritt die Auffassung, daß in dieser Hinsicht der scharfe Schnitt, den man zwischen Früh- und Schulkindheit zu machen pflege, wirkliche Entwicklungszusammenhänge zerreiße. In der Abweichung der Erlebnisstrukturen von den uns geläufigen gehören vielmehr Kindergarten- und Grundschuljahre eng zusammen.

Übrigens haben diese unvollständig strukturierten Frühgebilde auch eine positive Seite, gerade im Vergleich mit dem erwachsenen Leben. Sie sind, eben weil noch die scharfen Abschnürungen und Begrenzungen fehlen, inniger personal verankert; viel mehr als bei uns schwingt in allem, was das Kind erlebt und tut, das ganze Persönchen mit, weil eben von der Ausgangsstelle des Erlebnisses (z. B. der Reizung eines Sinnesorgans) sogleich die Erregungswellen in den ganzen Menschen hinüberstrahlen.

---

[1] Vgl. insbesondere die theoretischen Ausführungen und die Beispiele in Werners Entwicklungspsychologie. Auch auf Volkelt, Muchow, Piaget sei verwiesen.

Diese, etwas schwierig zu verstehenden Tatbestände werden später durch eine große Zahl von Beispielen veranschaulicht werden.

Leichter ist es, sich über das andere Entwicklungsprinzip, das des Wachstums, zu verständigen. Wie das Kind ständig an Körpergröße und Gewicht zunimmt, so auch an seelischem Inhalt und geistiger Leistungsmöglichkeit. Es wächst ebenso die Mannigfaltigkeit seiner Erlebnisse wie die Kraft, sie zu verknüpfen. Eindrucksfähigkeit steigert sich ebenso wie Ausdrucksfähigkeit. Es wächst der Umkreis seiner Interessen, die Weite der Zeit- und Raumspanne, die sein Geist beherrscht, der Leistungsgrad seiner Aufmerksamkeit und seiner Willensbetätigung.

Die psychische Entwicklungstendenz jedes Menschen hat ein ihr eigenes inneres Tempo, das wohl durch Erziehungswirkungen in mäßigem Umfange beeinflußt, nicht aber von Grund aus umgewandelt werden kann. Eine Treibhauserziehung, wie sie leider in den höheren Ständen unserer Zeit nicht ganz selten vorkommt, kann wohl zunächst die geistige Entwicklung beschleunigen und verfrühen; sie wird aber nicht eine dauernde Höherbildung des Individuums zur Folge haben, sondern eine bloße Steigerung der äußeren Leistungen auf Kosten der inneren Reife sowie eine Bedrohung der Gesundheit; und sie wird späterhin die große Enttäuschung bringen, wenn sich zeigt, daß das innerlich angelegte Maß möglicher Entwicklung doch nicht überschritten zu werden vermag. Es wird dann eben nur früher der Höhepunkt und Stillstand erreicht, der dem Individuum auf Grund seiner Anlagen als Grenze gesetzt ist.

Umgekehrt kann allerdings eine Vernachlässigung der Erziehung das Entwicklungstempo beträchtlich verlangsamen, ja bewirken, daß die Entwicklung weit vor dem der Anlage nach möglichen Ziel zum Stillstande kommt. Dieselbe Folge kann eine Erziehung haben, die aus Doktrinarismus oder aus Unbedachtsamkeit falsche Wege geht, so daß den im Kinde schlummernden Anlagen die Möglichkeit ihrer Entwicklung erschwert oder abgeschnitten ist.

So erwächst hier dem Erzieher – und dies gilt auch durchaus schon für die frühe Kindheit – die schwere Aufgabe, zwischen drei Klippen, dem Zuviel, dem Zuwenig und dem Zu-Einseitig des Erziehens hindurchzusteuern, um den Anlagen der jungen Seele den rechten Weg zur Entfaltung zu weisen.

Aber auch die „angeborenen" Verschiedenheiten des Entwicklungstempos sind von Individuum zu Individuum recht groß. Man braucht dabei nicht einmal an die hervorragend Befähigten einerseits, die geistig

Minderwertigen andererseits zu denken (von denen dieses Buch nicht handeln will); auch innerhalb der Normalität ist der Spielraum noch sehr bedeutend. Nichts ist falscher als die Erwartung, daß normale Kinder zu gleicher Zeit in die gleichen Entwicklungsphasen eintreten, z. B. zu sprechen beginnen, und in gleicher Geschwindigkeit darin fortschreiten müßten. Alle hierfür aufgestellten Normen sind mehr oder weniger willkürlich; sie beruhen entweder auf Zufallsbeobachtungen an einzelnen Kindern oder sind aus sehr verschiedenartigen Einzelfeststellungen als Durchschnittswerte gewonnen. Keinesfalls läßt sich aus ihnen entnehmen, welche Abweichung vom Durchschnittswert schon jenseits der Normalität liegt; hier kann nur der Arzt entscheiden.

Dieser Umstand muß um so mehr hervorgehoben werden, als auch wir im folgenden notgedrungen bestimmte Angaben über Anfangstermine und Entwicklungsgeschwindigkeiten machen müssen, die sich zum Teil nur auf individuelle Beobachtungen stützen. Sie dürfen also lediglich als ganz ungefähre Vergleichspunkte betrachtet werden.

Das Tempo des geistigen Wachstums zeigt ferner die eigenartige – ebenfalls innerlich bedingte – Erscheinung der Rhythmisation. Der Satz, daß die Entwicklung keine Sprünge mache, darf nicht dahin übertrieben werden, daß nun das Wachstum irgendeiner seelischen Funktion mit ständig gleicher Geschwindigkeit vor sich gehe. Vielmehr ist überall ein Wechsel von schnellen und langsamen Fortschrittsphasen zu beobachten. Zuweilen ist der Unterschied so groß, daß die Eltern durch eine scheinbar völlige Stauung der Entwicklung erst geradezu beunruhigt werden, um dann dem stürmischen Tempo der folgenden Fortschrittsperiode um so überraschter gegenüberzustehen. Dieser Wechsel von Stauung und Entladung ist in der frühen Kindheit besonders deutlich zu beobachten, so beim Sprechenlernen, Laufenlernen, bei der Entwicklung des Verstehens, des Spielens, der Gemütsbewegungen usw. In Wirklichkeit bedeuten jene Stockungsphasen keinen eigentlichen Stillstand, sondern sie dienen der Aufspeicherung von Kräften und der inneren Verarbeitung der Eindrücke; schließlich wird dann der hierdurch geschaffene innere Spannungszustand so groß, daß er sich wieder in expansive Betätigung umsetzt. Der Erzieher hüte sich – und ganz besonders in der frühen Kindheit – in solchen Stagnationszeiten einen schnellen Fortschritt erzwingen zu wollen; bei ruhigem Abwarten wird er immer wieder die Überraschung erleben, daß sich die Hemmung von selbst löst und dann der in der stilleren Zeit vorbereitete Entwicklungsgewinn hervortritt.

Der Wechsel von Schnell und Langsam findet sich nicht nur in der Entwicklung eines einzelnen Leistungsgebietes (z. B. des Sprechens), sondern auch in der Totalentwicklung. Es gibt Zeiten, in denen das Kind im ganzen stiller, weniger regsam, weniger expansiv ist und geringere geistige Fortschritte zeigt, und dann wiederum solche mit allseitig starkem Drang zur Aktivität und zum Neuerwerb von Erfahrungen und Fertigkeiten.

Der Grad der eben besprochenen Unstetigkeit der Entwicklung kann wiederum von Kind zu Kind variieren. Wir finden hier verschiedene Typen: solche mit relativ stetiger und solche mit stärker schwankender Entwicklungsgeschwindigkeit. Dieser Umstand muß zur Vorsicht mahnen, wenn man Prognosen über die künftige Entwicklung eines Kindes versucht. Es kann hier so manche Irrungen geben, die teils in der Unberechenbarkeit aller Lebensvorgänge ihren Grund haben, teils aber auch auf der Unzulänglichkeit unserer Erkennungsmethoden beruhen. In der letzten Hinsicht ist von dem Fortschritt der kindespsychologischen Forschung noch manches zu erhoffen. So halte ich es bei Fällen kindlicher Hochbegabung für sehr wohl möglich, daß wir mit der Zeit unterscheiden lernen, ob es sich nur um eine verfrühte und beschleunigte Entwicklung handelt, die sich auch vorzeitig totlaufen wird, oder ob wir es mit den Vorboten einer echten und erst später sich ganz auswirkenden Übernormalität zu tun haben. Daß sich beide Fälle schon in sehr früh auftretenden Symptomen unterscheiden müssen, erscheint mir unzweifelhaft; gelingt es uns, diese Symptome rechtzeitig zu erkennen und zu deuten, dann werden uns manche Enttäuschungen an „Wunderkindern" erspart bleiben.

Vermutlich wird auch die experimentelle Intelligenzprüfung, wenn sie noch mehr verfeinert wird, zu einer Vertiefung und Sicherung von Entwicklungsprognosen beitragen können. Schon jetzt hat sich herausgestellt, daß bei mehrfach wiederholten Fähigkeitsprüfungen desselben Kindes die Fälle starker Schwankungen der Intelligenzhöhe ziemlich selten sind.

Schließlich sei noch auf den Geschlechtsunterschied hingewiesen, der im allgemeinen Tempo der Entwicklung hervortritt[1]. In den ersten Jahren zeigen die Mädchen eine schnellere Entwicklung als die Knaben; die bekannte Tatsache, daß sie früher und schneller sprechen lernen, ist nur ein besonders auffälliger Spezialfall eines viel allgemeineren Verhältnisses. Der Vorsprung des Mädchens bleibt nun aber nicht durch die ganze Jugend gleichmäßig bestehen; vielmehr gibt es

[1] Selbstverständlich beziehen sich diese Aufstellungen nur auf die durchschnittlichen Entwicklungshöhen gleichaltriger Knaben und Mädchen; individuelle Fälle können sehr starke Abweichungen aufweisen.

während der Schulzeit mannigfachen Wechsel. Die Mädchen zeigen starken Fortschritt während der Pubertätsjahre (die ja früher liegen als beim männlichen Geschlecht); dafür weist der Knabe in früheren und späteren Altersstufen merklich raschere Entwicklungsgeschwindigkeiten auf.

3. Die Wandlungen der Entwicklung

Das bloße Fortschreiten des seelischen Lebens nach Ausgegliedertheit und Fülle macht aber nicht allein das Wesen der Entwicklung aus; nicht minder wichtig ist, daß, qualitativ betrachtet, die Entwicklung aus einer Kette von Metamorphosen besteht. Vergleicht man das einjährige mit dem sechsjährigen Kinde, so ist, schon rein körperlich betrachtet, das ältere Kind nicht etwa ein Baby in größeren Dimensionen, sondern etwas qualitativ anderes. Das Wachstum ist nicht für alle Körperelemente proportional, vielmehr unter fortwährender Verschiebung der Verhältnisse vor sich gegangen. In noch viel höherem Maße aber gilt das entsprechende von der psychischen Entwicklung. Sind im Neugeborenen schon alle wesentlichen Hauptfunktionen in ersten Anfängen angelegt, so geht doch der Altersfortschritt nicht so vor sich, daß sie alle nebeneinander gleichmäßig wachsen, sondern in der ganz abweichenden Form, daß sie nacheinander ihre entscheidenden Reifungsprozesse durchmachen. Es findet also fortwährend in der Entwicklung eine Durchbrechung des proportionalen Fortganges statt, derart, daß jeweilig irgendein einzelnes Funktionsgebiet, welches bisher in dem Ganzen nur seine enge, vielleicht kaum angedeutete Rolle gespielt hatte, in den Vordergrund tritt. Dies führt dann für einige Zeit eine gewisse Vorherrschaft in der seelischen Betätigung des Kindes und macht in kurzer Frist eine überraschend schnelle Entwicklung durch; ist diese stürmische Zeit vorüber, so drängt sich ein neues Funktions- und Interessegebiet in ähnlicher Weise vor. Die früher dagewesenen Gebiete entwickeln sich natürlich ebenfalls weiter, aber nicht mehr so heftig, sondern gemächlicher im Rahmen der Gesamtpersönlichkeit – und so zeigt denn das Kind in jeder Phase seines Daseins ein qualitativ durchaus neues Bild.

Diese Kette von Wandlungen ist nun nicht durch den Zufall oder durch äußere Einwirkungen bedingt, sondern in hohem Maße innerlich angelegt. Infolgedessen wiederholt sich eine gewisse Reihenfolge dieser psychischen Reifungen immer von neuem, so sehr verschiedenartig auch die Bedingungen sein mögen, unter denen die Kinder leben. Die Kindespsychologie wird in Zukunft hoffentlich mehr und mehr dazu gelangen, Gesetzmäßigkeiten für die Aufeinanderfolge der seelischen Entwicklungsphasen aufzustellen, ähnlich wie wir heute solche für die Abwandlungen der Pflanze vom Samen bis zur Frucht besitzen. Eine genaue Kenntnis der Entwicklungsmetamorphosen ist aber nicht nur theoretisch, sondern auch praktisch-pädagogisch sehr wichtig; denn eine ideale Entwicklung soll „entwicklungstreu“ sein, d. h. ihre Maßnahmen den natürlichen Epochen anpassen, die sich im Leben des Kindes einstellen.

Soweit es unser heutiges Wissen erlaubt, ist auch in diesem Buch versucht worden, für die frühe Kindheit gewisse Regelmäßigkeiten in der Aufeinanderfolge von Entwicklungszuständen zu formulieren.

Nun gibt es aber für die Entwicklungswandlungen neben den immer wiederkehrenden Zügen auch bedeutende individuelle Unterschiede. Diese sind wiederum zum Teil durch die Erziehung bedingt: wenn etwa in einem Haus ein bestimmtes Gebiet (z. B. Musik, Religion, Sport) stark gepflegt wird, muß dadurch die Entwicklung eines dort aufwachsenden Kindes qualitativ gefärbt werden. Zu einem anderen Teil sind aber die Differenzen innerlich veranlaßt. Eine besonders ausgeprägte Anlage, ein ungewöhnlich früh erwachendes Interesse muß ja ebenfalls dem ganzen seelischen Werdegang des Kindes einen eigenartigen Stempel aufdrücken. Auch der oben kurz angedeutete Durchbruch tieferer Schichten (s. S. 28) kann zu unvoraussagbaren Metamorphosen führen.

Vor allem ist auch hier der Geschlechtsunterschied merklich; wir werden an mannigfachen Stellen einem ausgesprochenen Unterschied von typisch mädchenhaften und knabenhaften Verhaltungsweisen begegnen. Ihr Auftreten in so früher Zeit ist deswegen grundsätzlich wichtig, weil die vielfach versuchte Herleitung dieser Abweichungen aus den ungleichen erziehlichen und sozialen Bedingungen hier versagen muß. Denn in der ersten Kindheit zeigen jene äußeren Lebensverhältnisse für Knaben und Mädchen nur ganz unbeträchtliche Unterschiede – und dennoch bekundet sich schon so deutlich männliche und weibliche Eigenart. Hier müssen also zweifellos angeborene Verschiedenheiten der Entwicklungsanlagen vorliegen, welche die zukünftige Besonderheit der Lebensaufgaben vorbereiten und vorüben.

Versuchen wir trotz dieser Mannigfaltigkeit von genetischen Tatsachen einen allgemeinen Zug zu nennen, welcher der Entwicklung im ganzen zukommt[1].

Da zeigt sich denn, daß am Anfange aller Entwicklung ein Verhalten steht, in welchem die beiden nach außen gewandten Tätigkeiten der

---

[1] Daß solche Entwicklungsformeln nur mit Vorbehalt benutzt werden dürfen, ist von mir an anderer Stelle („Tatsachen und Ursachen“, S. 18) ausgeführt worden.

Person, das Empfinden und das Bewegen, noch untrennbar verschmolzen sind. Die primitive Einheit des Sensumotorischen ist der Ausgangspunkt, die Zusammengehörigkeit von Reiz und Bewegung, von Eindruck und Ausdruck. Da man früher diese Fundamentaltatsache nicht genügend beachtete, ist man zu ganz irrigen Auffassungen der Anfänge seelischer Entwicklung gekommen.

Das sensumotorische Verhalten führt von außen (dem wirkenden Reiz) sofort wieder nach außen (zur motorischen Entladung). Aller Entwicklungsfortschritt aber beruht nun darauf, daß sich zwischen diese beiden an der Außenperipherie haftenden Betätigungen langsam ein immer stärker werdendes zentrales Gebiet schiebt. Daraus ergeben sich drei Merkmale der steigenden Entwicklung. Die sensorischen Erlebnisse verselbständigen sich, indem sie nicht mehr alle unmittelbar und reflexmäßig in Bewegungen übergeführt, sondern als Erfahrungen aufgespeichert werden; die motorischen Tätigkeiten verselbständigen sich, indem sie auch ohne direkten Anreiz von außen als spontane Handlungen ausgeführt werden; und zwischen ihnen breitet sich nun die innerlich bleibende Tätigkeit – physisch ausgedrückt, die des Gehirns, psychisch die des Bewußtseins – immer weiter aus.

Für die zentrale Tätigkeit selbst gilt nun aber die gleiche Entwicklungsrichtung. Zuerst werden solche Leistungen ausgebildet, welche in einem nahen Zusammenhange zu den peripheren Prozessen stehen; erst später diejenigen, in denen das Bewußtsein sich von der unmittelbaren Beziehung zur Außenwelt emanzipiert und eine immer größere innere Selbständigkeit erringt. Hier fügen sich zahlreiche, früher aufgestellte Entwicklungsregeln unserer Generalformel als Teilformeln ein. Denn der oben angedeutete Weg muß führen: von der Anschauung zur Erinnerungsvorstellung und zum Begriff; von der vorwiegenden Rezeptivität zur Spontaneität (inneren Verarbeitung, schöpferischen Weiterbildung), von der einfachen Willenshandlung zur Wahl- und Vernunft-Handlung; von dem Haften an der Gegenwart zu einer steigenden Fähigkeit, auch das Abwesende und Ferne, das Vergangene und Zukünftige mit einzubeschließen und zu berücksichtigen; von einer subjektiv-affektmäßigen Stellungnahme gegenüber den Dingen zur kühlen Objektivität des Beobachtens und des Denkens; vom selbstverständlichen Hinnehmen der Suggestion und vom Nachahmen der Tradition zur Kritik und Selbstkontrolle.

Diese hier aufgezählten Entwicklungstendenzen – die alle aus der allgemeinen Formel „Entwicklung vom Peripheren zum Zentralen" hervorgehen – treten natürlich noch nicht sämtlich in den ersten sechs Lebensjahren in die Erscheinung, viele erst sehr viel später. Dennoch werden wir gerade für das Verständnis der ersten Entwicklungsphasen, mit denen wir es überall zu tun haben, aus der eben skizzierten Formel manchen Nutzen ziehen können. –

Neuerdings hat K. Bühler eine Entwicklungsformel aufgestellt, die aus Vergleichungen tierischer und menschlicher Entwicklungen abgeleitet ist[1]. Alle sinnvollen Betätigungen lassen sich in die drei Stufen des Instinktes, der Dressur und des Intellektes gliedern. Der Instinkt stellt das Erbgut gebrauchsfertiger, starrer und des Lernens nicht bedürftiger Verhaltungsweisen dar. Die Dressur bedient sich des assoziativen Gedächtnisses; sie arbeitet mit dem Kapital instinktiver Verhaltungsweisen, indem sie einiges unterdrückt, anderes fördert und neue Kombinationen stiftet[2]. Der Intellekt endlich paßt sich von selbst neuen Situationen an und macht Erfindungen durch Einsicht und Überlegung; er schafft sich Hilfsmittel, Umwege, Werkzeuge, um eine weder instinktiv vorgebildete noch assoziativ erlernte Leistung durchzuführen.

Es ist nun eine der wichtigsten psychologischen Erkenntnisse der letzten Zeit, daß diese Stufenleiter auch für das tierische Leben gilt, zum mindestens für seine höchsten Formen: der Intellekt ist nicht etwa ein Vorrecht des Menschen. Köhlers Untersuchungen an Schimpansen haben zweifelsfrei nachgewiesen, daß diese Tiere unter Umständen einsichtig zu handeln vermögen.

Verfolgt man nun die Entwicklung des Menschenkindes, so trifft man gleich zu Beginn des Lebens auf Instinkt-Betätigungen, nach wenigen Monaten auf erfahrungsmäßige Lernleistungen (zu denen die Dressuren gehören) und in den letzten Monaten des ersten Lebensjahres auf primitive Intelligenzleistungen, die auf ähnlicher Stufe wie die des Schimpansen stehen. Innerhalb der Stufe des Intellekts wird nun freilich die geistige Grenze zwischen Tier und Mensch vom Kinde sehr bald überschritten. Auch das höchst entwickelte Tier bleibt in seinen Intelligenzleistungen stets an die unmittelbare Gegenwart, den anschaulichen Einzelfall, die rein praktische Anwendung gebunden; in dem Augenblick, in welchem das Kind die Reife erlangt hat, zurückzublicken und vorauszuschauen, zu verallgemeinern, zu fragen, seine Erlebnisse nicht zu äußern, sondern darzustellen (durch Benennung oder Zeichnung), hat es die Tierheit endgültig hinter sich gelassen[3].

---

[1] K. Bühler, Abriß S. 1 ff.

[2] Vgl. die kritische Bemerkung zu dem Ausdruck „Dressur“ auf S. 59 dieses Buches.

[3] Die Köhler'schen Schimpansen-Forschungen sind in größter Ausführlichkeit in den kindespsychologischen Werken von Bühler und Koffka verwertet worden; wir müssen uns mit gelegentlichen Hinweisen auf die Parallelen zwischen Tier und Kind begnügen. Vgl. insbesondere S. 61/62.

Schließlich sei die Frage aufgeworfen, ob es schon in der kindlichen Frühzeit so etwas wie Entwicklungskrisen gebe. Als Antwort kann heute nur eine Hypothese erwähnt werden, die Charlotte Bühler aufgestellt hat. Sie glaubt, daß gerade in der Mitte dieser Frühzeit, also um 3;0 herum, eine heftige und krisenhafte Wandlung vor sich gehe, die im kleinen ähnlich verlaufe wie später die Pubertätskrise im großen. Erscheinungen des Trotzes, plötzlich gesteigerte Zuneigungserlebnisse und andere affektive Erschütterungen sollen die Kennzeichen dieser kritischen Epoche sein. Sie glaubt sogar, daß hier ein erster Ruck sexueller Entwicklung stattfinde, „eine kurz aufflammende Bewegung, die später verebbt und erst in der Pubertät wieder aufgenommen wird"[1]. Die sorgfältigen Beobachtungen, die Elsa Köhler an einem Mädchen zwischen 2;6 und 3;6 angestellt hat, können im Sinne dieser Hypothese gedeutet werden; dennoch muß erst ein viel breiteres Material an sicheren Feststellungen vorliegen, ehe hier von einer Gesetzmäßigkeit in der frühkindlichen Entwicklung gesprochen werden darf.

Das Entwicklungsbild, das Elsa Köhler von „Annchen" entwirft, ist doch interessant genug, um eine kurze Schilderung an dieser Stelle zu rechtfertigen. Es zeigt folgende Phasen: in der ersten Beobachtungsperiode (2;5 bis 2;7) ist das Kind noch ganz ein triebhaftes Gegenwartswesen und steht in reibungslosem, selbstverständlichem Verhältnis zu Menschen und Dingen der Umwelt; aber beherrscht wird diese Epoche von einer rapiden Entwicklung des Denkens. – In einer zweiten Untersuchungsperiode (um 2;9) – in einer Sommerfrische[2] – zeigt sich ein ganz anderes Bild. Das Kind ist mitten in einer Krise. Das Verhältnis zur Mutter gewinnt den Charakter einer qualvollen Zärtlichkeit; das Kind will die Mutter keinen Augenblick von sich lassen, aber „es ist, als begehrte Annchen die Mutter, nicht um sich an ihr zu erfreuen und bei ihr Beruhigung zu suchen, sondern um sich an ihr zu reiben, sie zu reizen und gegebenen Falles ihren Willen dennoch durchzusetzen." (S. 128.) Auch sonst ist in dieser Zeit das Kind überreizt, ungleichmäßig, launenhaft; und – die Denkentwicklung stagniert sichtlich. – In der dritten Beobachtungsperiode (3;0 bis 3;6) ist die Krisis überwunden. Das Verhalten ähnelt wieder mehr der ersten Periode, doch mit charakteristischen neuen Zügen. „Sie weiß und fühlt sich nun als Person mitten in der Objektwelt ... die Gefühlswoge ist gesunken." Die natürlich noch vorhandene und zuweilen stoßweise sich äußernde Affektivität ist vorwiegend auf gegenständliches Erkennen gegründet, wie überhaupt jetzt wieder die intellektuelle Funktion stark in den Vordergrund tritt. Die starke Betonung des eigenen Ich führt zu einem fast asozialen Charakter; das Kind sondert sich bewußt von den anderen Menschen und setzt sich ihnen entgegen.

---

[1] Ch. Bühler, Das Seelenleben des Jugendlichen. 2. Aufl. S. 18.

[2] Wieweit freilich diese äußere Bedingung der veränderten Umwelt für den Wechsel im Verhalten verantwortlich zu machen ist, läßt sich schwer sagen. E. Köhler spricht selbst von einer Konvergenz der inneren und äußeren Einflüsse.

Zweiter Abschnitt

Die sprachlose Zeit[1]

Kapitel IV

Das Neugeborene

Der Zustand, in welchem sich der Mensch zu Beginn seines individuellen Lebens befindet, hat schon immer das ganz besondere Interesse der Forscher erregt. Ist er doch die Ansatzstelle für jede genetische Betrachtung des Menschen, für die psychologische wie die philosophische; eine richtige Erfassung dieses Urstadiums erscheint deshalb als unumgängliche Vorbedingung zum Verständnis der ganzen folgen den Entwicklung.

Allerdings wäre es nun irrig zu glauben, daß der Augenblick nach der Geburt den absoluten Nullpunkt darstelle, von dem die Kurve der Entwicklung ausgehe. Denn das Leben des Kindes beginnt schon vorher. Es bekundet sich in den letzten Embryonalmonaten durch die sogenannten Kindesbewegungen, und es ist sehr wahrscheinlich, daß auch die dumpfen seelischen Regungen, wie wir sie bei Neugeborenen vermuten, in ihren ersten Anfängen schon vor der Geburt vorhanden sind.

Verstärkt wird diese Auffassung durch die weitere Tatsache, daß der Zustand der Reife im Moment der Geburt bei verschiedenen Individuen (selbst wenn wir von abnormen Frühgeburten absehen) ein sehr verschiedener ist, so daß manche Kinder schon sofort Fähigkeiten zeigen, die sich bei anderen erst nach Tagen oder Wochen herausbilden; daraus ergibt sich doch, daß gewisse Entwicklungstatsachen bald der Lebensphase vor der Geburt, bald derjenigen nach der Geburt angehören können. Einen völligen Neuanfang von einem für alle Menschen identischen Ausgangspunkt gibt es also im Moment des Eintritts in die Welt nicht. Immerhin ist die Wichtigkeit jenes Moments noch grund-

[1] Für diese erste Epoche des kindlichen Lebens kann jetzt auf die ausführliche Sonderdarstellung von S. Bernfeld über „Psychologie des Säuglings" verwiesen werden. Auch wer sich nicht mit dem psychoanalytischen Ausgangspunkt B.s einverstanden erklären kann, wird doch aus den – bisher nirgend in gleicher Ausführlichkeit zu findenden – Erörterungen über das Triebleben sowie aus den ethnologischen und soziologischen Ausblicken wertvolle Belehrung ziehen können.

legend genug, denn er bedeutet den stärksten plötzlichen Wandel, den der Mensch überhaupt in seinem ganzen Leben durchzumachen vermag. Aus seinem dunklen, engen, warmen, stillen Gefängnis wird er in die weite Welt mit ihrem überreichen Wechsel der mannigfaltigsten Reize versetzt; und aus einem schmarotzerhaften Wesen wird er zu einem Individuum, das zwar noch immer in höchstem Maße hilflos und fürsorgebedürftig ist, das aber doch denen, die es betreuen, nunmehr als abgesonderte Existenz gegenübersteht.

Das neugeborene Kind hat also bereits eine Vergangenheit, die nicht ohne Nachwirkung auf sein Gegenwartsleben sein kann. Die hier obwaltenden Zusammenhänge sind in neuerer Zeit hauptsächlich von der Psychoanalyse (insbesondere Freud und Bernfeld) behandelt worden; wir weisen auf sie hin, ohne uns in allen Punkten mit ihnen identifizieren zu können.

Die Vorgeschichte des Neugeborenen besteht aus zwei Phasen: dem Embryonalzustand und dem Moment der Geburt.

In dem langdauernden Embryonalzustand haben sich eine Reihe von Verhaltungsweisen fixiert, die nicht einfach durch die neue Situation ausgelöscht sein können, als wären sie nie gewesen, sondern die sich all den neuen Anforderungen des Individuallebens gegenüber durchzusetzen suchen und nur allmählich kraftloser werden. Das neugeborene Kind, noch nicht der ununterbrochenen Reizfülle der Welt gewachsen, hat die Tendenz, sich in den reiz- und spannungsarmen Zustand seines Vorlebens zurückzuflüchten; ja zunächst besteht noch der weitaus größte Teil des Lebens in einer solchen Rückwendung. So wird der fast ununterbrochene Schlaf des Neugeborenen als eine „Regression" ins Fötalleben aufgefaßt; auch die Haltung der entspannten Glieder beim schlafenden Säugling entspricht der embryonalen Lage.

Man kann für die früheste Kindheit dieser Auffassung von der „regressiven Tendenz" zustimmen, aber den viel weitergehenden Gebrauch, den die Psychoanalyse von diesem Begriff bei höheren Altersstufen macht, ungerechtfertigt finden. Denn da die alte Situation, der die embryonale Lebensform entsprach, endgültig aufgehört hat zu existieren, so müssen sich auch ihre Nachwirkungen mit zunehmender Zeit abschwächen, bis sie auf ein Minimum zusammenschrumpfen, ja vielleicht gleich Null werden. Jene „Regressionen" ins Embryonalleben, die von den Psychoanalytikern oft angenommen werden, um Vorgänge höherer Kindheitsstufen oder gar der Erwachsenheit zu klären, sind wohl größtenteils Phantasieerzeugnisse der Deuter.

Die andere Phase der Vorgeschichte, kurz dauernd, aber um so katastrophenhafter, ist der Akt der Geburt selbst. Denn diese ist ja nicht nur die Grenzscheide zwischen zwei Existenzformen, sondern als Geschehnis eine ungeheure Erschütterung des kindlichen Organismus. Das Kind wird stundenlang einer Reihe von stärksten Druck- und Zug-

Einwirkungen ausgesetzt; äußere und innere Organe werden unvermittelt ganz neuartigen Ansprüchen preisgegeben: die Lunge muß plötzlich atmen, die Haut starken Temperaturwechsel durchmachen usw. Diese zweifellos vorhandene Chokwirkung wird von der Psychoanalyse (Freud, Rank, Bernfeld) als das „Trauma der Geburt" bezeichnet; und die tief eingreifenden Nachwirkungen, die überhaupt den traumatischen Kindheitserlebnissen zugeschrieben werden, finden auch auf das Geburtserlebnis Anwendung. So ist nach Bernfeld das Schreien des Säuglings, wenn es nicht eine unmittelbare Hungeräußerung ist, ein solches Wiederlebendigwerden des Geburtsschreies; ebenso sollen die diffusen Schreckreaktionen des Säuglings bei starken und plötzlichen Reizen Wiederholungen des Geburtsschrecks sein. Ja, die „Ur-Angst" der Geburt wird zur Geburt der Angst überhaupt gemacht und soll in der gesamten Affektsphäre des Menschen samt den Ausdrucksbewegungen ein untilgbares Nachleben führen[1].

Auch hier gilt wohl Ähnliches wie von der oben besprochenen Hypothese: die Wahrscheinlichkeit, daß solche Deutungen zutreffen, nimmt schnell ab mit steigendem Alter des Kindes. Jedenfalls aber scheint es unzweckmäßig zu sein, den Ausdruck „Trauma", wie es hier geschieht, aus dem Pathologischen ins Normale zu übertragen[2]. Unter Trauma versteht man sinngemäß eine seelische „Verletzung", also einen abnormen Eingriff in den Ablauf des Seelenlebens; Geborenwerden ist aber das Normalste, das es gibt, und daher kein Trauma; uns fehlt ja der Vergleich, wie sich das Seelenleben ohne dieses Fundamentalerlebnis gestalten würde. Einen ganz anderen Sinn dagegen erhält unsere Frage, wenn wir sie auf besonders schwere und abnorme Geburtsverläufe beziehen. Eine schwere, mit Komplikationen einhergehende Geburt ist ja nicht nur für die Mutter, sondern auch für das Kind ein besonders starker Eingriff in seinen Lebensablauf; daß hierdurch unter Umständen neben nachhaltigen körperlichen auch seelische Einwirkungen ausgeübt werden können, erscheint durchaus möglich. Um solche eigentlichen Geburts-Traumata festzustellen, bedarf es aber eines umfangreichen statistischen und Beobachtungsmaterials über die seelischen Entwicklungen von Menschen, deren Geburt unter abnormen Bedingungen vor sich ging. Derartiges Material fehlt heute noch durchaus[3].

1. Die Bewegungen

Betrachten wir zuerst das Neugeborene rein in seinem äußerlich wahrnehmbaren Verhalten – noch ohne die Frage nach der Bewußtseinsbeteiligung aufzuwerfen.

Weitaus vorherrschend ist bei dem jungen Erdenbürger der Schlafzustand – vermutlich die Fortsetzung desjenigen Zustandes, der vor

[1] Vgl. insbesondere Bernfeld S. 188ff.

[2] Bernfeld definiert geradezu die Säuglingszeit als die Zeit zwischen „dem Trauma der Geburt und dem Trauma der Entwöhnung" (S. 265).

[3] Die Annahme einer Beziehung zwischen Geburtsschwere und individuellen Lebensschicksal wird von Rank aufgestellt.

der Geburt der alleinige war. Nur für relativ kurze Zeiten wird der Schlaf von Wachzuständen unterbrochen; immerhin bereitet sich schon in den ersten Lebenstagen die natürliche Periodizität von Schlaf und Wachen wenigstens insofern vor, als während der Nachtzeit die Unterbrechungen des Schlafes seltener und kürzer sind als am Tage. Das Wachsein verrät sich nun durch allerlei Bewegungen, die, wie die näsere Analyse zeigt, bereits vom ersten Tage an recht mannigfach und zweckmäßig sind.

Die beiden physiologischen Hauptarten von Bewegungen, die es überhaupt beim Menschen gibt, sind schon vorhanden: diejenigen, die durch einen von außen einwirkenden Reiz ausgelöst werden und zu ihm in sinnvoller Beziehung stehen: „reaktive" Bewegungen oder „Reaktionen" – und solche, die ohne erkennbaren äußeren Anstoß, also aus einem inneren Anlaß entstehen: „spontane" oder „impulsive" Bewegungen.

Um mit der zweiten Gruppe zu beginnen, so beobachten wir, daß das Kind zuweilen mit Bewegungen einsetzt, ohne daß in seiner Umgebung irgend etwas vor sich gegangen wäre. Schon das Aufwachen selbst gehört hierher, dann das Schreien, das Zappeln mit den Gliedern. Da ja nun der körperliche Allgemeinzustand des Kindes in fortwährendem Wechsel begriffen ist, so müssen wir annehmen, daß irgendeine Phase in diesem inneren Wechsel die Bewegungen auslöst: Spannkräfte, die nach Entladung drängen[1], bewirken ein Hin- und Herfahren mit Ärmchen und Beinchen; der allmählich eintretende Hunger äußert sich im Schreien usw. Dagegen fehlen noch durchaus solche spontanen Bewegungen, die nicht durch allgemeine Körperzustände, sondern durch spezielle Gehirnprozesse hervorgerufen werden, die Betätigungen des Willens.

Der Eindruck der Sinn- und Zwecklosigkeit, der diesen ersten spontanen Akten anhaftet, ist nur ein scheinbarer. Das Schreien vor allem, diese stärkste Lebensäußerung des Neugeborenen, hat die höchst wertvolle Bedeutung einer Ausdrucksbewegung; denn es ist für die Umgebung das sichere Zeichen, daß sich das Kind in einem Zustand (des Hungers, der Nässe, des Schmerzes) befindet, der Abhilfe heischt. Nicht zu unterschätzen ist auch der Vorübungswert, der darin besteht, daß beim Schreien Lunge, Kehlkopf usw. sofort in kräftige Funktion treten, daß beim Zappeln die Arm- und Beinmuskulatur mannigfach in Anspruch genommen wird. Und schon kündigen sich künftige Entwicklungen an, wenn die Zappelbewegungen der Beinchen

[1] Bernfeld bezeichnet diese Gruppe als „Abfuhrbewegungen"; sie sind „reizneutral" d. h. nicht auf etwa einwirkende Reize bezogen.

meist nicht gleichsinnig, sondern alternierend vor sich gehen (das rechte Beinchen streckt sich, wenn das linke angezogen wird, und umgekehrt) – die angeborene Anlage für die später zu erlernende Fähigkeit des Laufens.

Andererseits gibt es spontane Bewegungen, die keine höhere Altersstufe mehr dem Neugeborenen nachzumachen vermag. Gewisse Muskeltätigkeiten nämlich, die später nur in festen, ja unauflöslichen Verbindungen mit anderen Bewegungen (also in „Koordinationen") vorkommen, laufen beim kleinen Kinde noch isoliert und unabhängig ab. So können viele Neugeborene jedes Auge für sich wandern lassen: das eine dreht sich nach oben, das andere nach außen, oder eines bleibt still, während das andere sich nach unten bewegt. Allerdings wird diese Epoche sehr schnell überwunden; zuweilen ist sie es sogar bereits im Moment der Geburt, so daß bei diesen Kindern nur koordinierte Augenbewegungen vorkommen.

Aber noch mannigfacher als die spontanen Bewegungen sind die R e a k t i o n e n des Neugeborenen. Es bestehen hier eine Reihe einfachster sensumotorischer Ketten, die von der Reizung einer empfindlichen Stelle der Körperoberfläche in unmittelbarer Verknüpfung zu einer motorischen Antwort führen. Eine Tür wird zugeschlagen – und der Säugling zuckt zusammen; die Lippe wird berührt – und eine Saugbewegung wird ausgelöst; ein heller Lichtschein trifft das Auge – und die Pupille verengert sich.

Alle diese Reaktionen zeigen die s o f o r t i g e Umsetzung der Sinneserregung in Bewegungen; noch gibt es keine mittelbare Reaktion, bei der die Sinneserregung erst im Innern des Körpers weitergeleitet, aufgespeichert, verarbeitet, mit anderen verknüpft würde, ehe endlich die Bewegung erfolgt. Aber innerhalb der unmittelbaren Reaktion lassen sich schon deutlich zwei Arten unterscheiden: die Reflex- und die Instinktreaktion.

Die R e f l e x e sind durch eindeutige Zuordnung von Sinneserregung und Bewegung gekennzeichnet. Mit unbeirrbarer Regelmäßigkeit ruft ein bestimmter Sinnesreiz eine Bewegung, und zwar immer dieselbe Bewegung hervor: stets wenn die Netzhaut von stärkerem Licht getroffen wird, verkleinert sich das Pupillenloch, um den einfallenden Lichtstrahl zu schwächen; stets wenn etwas Milch fälschlich in die Luftröhre gerät, erfolgt der Husten- oder Brechreflex, um den Fremdkörper zu entfernen. Unsere Beispiele zeigen zugleich, daß diesen angeborenen Reflexen trotz ihrer quasi-mechanischen Eindeutigkeit eine hohe Zweckmäßigkeit für den Organismus innewohnt.

Aber weit merkwürdiger in ihrer Zweckmäßigkeit sind die sogenannten Instinktbewegungen; und sie haben daher in ihrem Auftreten bei Tieren wie bei Menschen den Gelehrten stets das größte Kopfzerbrechen verursacht, ohne daß bis heute eine wirklich befriedigende Lösung gefunden wäre. Vielleicht gibt es eine solche überhaupt nicht, und wir stehen hier vor einer jener letzten, unerklärbaren Teleologien, die ja überall das Leben der Organismen durchziehen[1].

Die Instinkthandlungen haben mit den Reflexen gemeinsam, daß sie mit Sinnesreizen in enger Verbindung stehen, daß sie für die Lebenshaltung des Individuums unentbehrlich, daß sie angeboren und daß sie unbewußt sind. Aber die Instinkte haben nicht mehr nur rein mechanischen Charakter, sie werden nicht durch den Sinnesreiz in eindeutiger Notwendigkeit bestimmt, sondern funktionieren nur dann, wenn zugleich irgendwelche inneren Bedingungen des Lebensprozesses die Erfüllung des Instinktzweckes fordern.

Diese inneren zielgerichteten Kräfte, denen die Instinkthandlungen dienen, bezeichnen wir als Triebe. Charakteristisch für sie ist die elementare Gewalt, mit der sich ein dumpfer Drang in Bewegung umsetzt, aber nicht ungeregelt, wie bei den Abfuhrbewegungen, sondern auf ein – dem Kinde selbst natürlich unbekanntes – Ziel hin.

Das berühmteste Beispiel für die Instinkthandlungen der Menschen, zugleich dasjenige, das beim Neugeborenen am meisten in die Augen fällt, ist das im Dienst des Nahrungstriebes stehende Saugen. Denn schon am ersten Lebenstage ist diese Fähigkeit so gut wie vollkommen. Dem Kinde wird die Brustwarze in den Mund gesteckt – nur wenige Minuten vergehen, in denen unzweckmäßige oder nicht ganz ausreichende Mundbewegungen gemacht werden; dann haben sich die Lippen luftdicht um die Warze gelegt, und es setzen mit selbstverständlicher Regelmäßigkeit jene periodischen Muskelkontraktionen ein, durch welche der lebenspendende Saft aus der Mutterbrust in die Mundhöhle hineingezogen wird. Daß das Saugen aber kein einfacher Reflex auf die Berührung der Lippen ist, zeigt sich einige Minuten später: das Kind ist müde geworden oder gesättigt, und der immer noch weiter wirkende Reiz an den Lippen ruft nicht mehr die motorische Antwort hervor; das Saugen hört auf, der Mund bleibt unbewegt, oder er vollführt sogar die entgegengesetzte Bewegung: er stößt die Warze aus. Gerade diese komplizierte und den wechselnden Umständen sich anpassende

[1] Vgl. zum Problem des Instinkts insbesondere die neueren Ausführungen von Koffka (S. 64ff.) und Karl Bühlers Sammelbericht „Die Instinkte der Menschen" im Bericht über den IX. Kongreß für experimentelle Psychologie in München (Jena 1926). Beide setzen sich mit den Theorien des amerikanischen „Behaviorismus" (insbesondere Thorndike) auseinander, der den Instinkt mechanistisch als bloße Reflexkette auffaßt.

Verhaltungsweise ist es ja, die dem Instinkt das so überaus Rätselhafte gibt; denn hierdurch gewinnt die Instinkthandlung eine so große Ähnlichkeit mit der bewußten Willenshandlung des höher entwickelten Menschen; und dennoch ist von irgendeiner Beteiligung des Überlegens, des Wollens und Entscheidens, ja überhaupt des Bewußtseins keine Rede.

Man hört es oft aussprechen, daß der Mensch sehr viel weniger angeborene Instinkte besitze als das Tier. Das ist nur in gewissem Sinne richtig. Allerdings zeigt das neugeborene Tier weit mehr instinktive Fertigkeiten als der Mensch. Es macht nicht nur die richtigen Bewegungen, wenn die Nahrungsquelle an die Mundöffnung herangebracht wird, sondern strebt der Nahrung mit eigenen Einstellungen des Kopfes, oft des ganzen Körpers entgegen; der Laufmechanismus wird vom ersten Tage an richtig in Funktion gesetzt; der Flucht- und Abwehrinstinkt regt sich sofort bei Gefahren und Feinden, von deren Bedrohungscharakter die jungen Tiere noch keine Erfahrung haben erwerben können (das Tier duckt sich, rollt sich zusammen, hält sich regungslos, flüchtet zum Muttertier oder in einen Winkel). – Da nun aber, wie wir wissen, das Angeborene nicht immer gleich bei der Geburt fertig in die Erscheinung treten muß, dürfen wir uns auch bei der Instinktfrage nicht bloß auf die Beobachtung am Neugeborenen beschränken; und in der Tat zeigt es sich, daß sich beim Menschen späterhin eine ganze Reihe von Instinkten regen bzw. allmählich zur Reifung kommen. Sie sind nur deswegen nicht so leicht erkennbar wie beim Tier, weil sie sich mit Handlungsformen höherer Art verquicken oder als Bestandteile in sie eingehen. Doch davon in den folgenden Kapiteln.

Immerhin ist auch schon beim neugeborenen Menschenkinde der Sauginstinkt nicht, wie es öfter behauptet wird, der einzige. Kaum angedeutet ist freilich der so wichtige Abwehrinstikt, durch dessen treffsicheres Funktionieren das neugeborene Tier schon eine gewisse Fähigkeit des Selbstschutzes gewinnt; der Menschensäugling hat nur die schon genannte Ausdrucksbewegung des Schreiens, durch die er fremde Hilfe herbeiruft. Um so überraschender ist es, daß das Gegenstück der Abwehr, die Hinwendung, schon beim neugeborenen Menschen in einer Reihe von Instinktbewegungen zum Ausdruck kommt – doppelt überraschend, weil diese Hinwendungsbewegungen nicht nur im Dienst des rein animalischen Selbsterhaltungstriebes stehen, sondern zum Teil schon als Vorbereitungen der Aufmerksamkeits- und Auffassungsfunktionen – man könne mit Vorsicht sagen: als erste Ankündigungen des Erkenntnistriebes – gelten können.

Man hat bisher einzelne Hinwendungsbewegungen des neugeborenen

Menschen zwar hier und da festgestellt, beachtete aber nicht, daß sie nur die verschiedenen Äußerungen eines gemeinsamen Instinkts sind, des einzigen, der sich neben dem der Ernährung schon in der ersten Lebenswoche geltend macht. So bemerkten einige Beobachter, daß eine Berührung der Wange des Neugeborenen mit dem Finger oder der Brustwarze eine schnelle Wendung des Kopfes zum berührenden Objekt hin zum Gefolge hatte, derart, daß der Gegenstand nun mit dem Munde in Kontakt kam.

Nach unseren eigenen Beobachtungen steht es sogar außer Zweifel, daß der hungrige Säugling durch die Nähe der Mutterbrust, noch ehe eine Berührung stattfindet, zu Hinwendungsbewegungen veranlaßt wird: bei unserer ältesten Tochter ist dieses „Suchen" am dritten, bei unserem Sohne am achten Lebenstage beobachtet worden (vgl.. den unten folgenden Tagebuchauszug). Diente hier vermutlich der Geruchsinn als Instinktauslöser, so ist bei anderen Hinwendungsbewegungen bereits einer der höheren Sinne, nämlich das Auge, beteiligt. Fast einstimmig melden die Beobachter schon vom ersten bis dritten Lebenstage, daß eine in die Nähe des Säuglings gebrachte starke Lichtquelle ein Hindrehen des Köpfchens bewirkte; so heißt es auch in unseren Aufzeichnungen über Eva: „Als das Kind knapp drei Tage alt war, wurde es zu einem brennenden Weihnachtsbaum gebracht und drehte mehrmals bei verschiedener Stellung des Tragenden den Kopf den Lichtern zu. Ähnliches beobachteten wir bald darauf beim Gaslicht." – Noch mehr aber kann sich das Hinwenden spezialisieren, wenn eine Lichtquelle nahe vor den Augen des Kindes langsam hin- und herbewegt wird; es stellt sich dann ein „Folgen mit den Augen" gelegentlich schon in der ersten Lebenswoche ein und macht auf den Beobachter einen geradezu verblüffenden Eindruck. Scupins Sohn zeigt es am vierten, unser Sohn am fünften Tage (vgl. die unten folgenden Tagebuchproben); andere Kinder freilich erst später, so unsere Tochter und Dix' Knabe in der dritten Woche[1].

[1] Daß wir es bei diesen Bewegungen in der Richtung auf ein Ziel mit einer ebenso elementaren wie umfassenden Instinkthandlung zu tun haben, zeigen Beobachtungen am Schimpansen. Wie Köhler feststellte (S. 71), „veranlaßt ein Wunsch, der räumliche Richtung hat, aber längere Zeit nicht erfüllt werden kann, schließlich Aktionen in jener Richtung ohne viel Rücksicht auf praktischen Wert". War z. B. ein hungernder Schimpanse in seinem Käfig allein, während er die anderen fressen sah, dann vollzog er alle seine Bewegungen, das Heulen, Armstrecken, Hopsen, schließlich auch ganz sinnlose Entladungen von Ärger, Angeln in der Luft mit einem Halm, Steinchen durchs Gitter werfen, immer in der Richtung auf die bevorzugten Genossen hin. „Im starken Affekt ohne Lösung muß das Tier etwas in der Raumrichtung tun, in der sein Wunschobjekt sich befindet." Die Verwandtschaft dieses Verhaltens mit den frühkindlichen Hinwendungsinstinkten ist augenfällig.

2. Die Sensibilität

Die letzten Betrachtungen leiten uns bereits zu der weiteren Frage über, wie weit die einzelnen Sinnesorgane bei Neugeborenen leistungsfähig sind. Hier können sich mit den natürlichen Beobachtungen kleine Experimente verbinden, wie sie von Kußmaul, Genzmer, Preyer, Miß Shinn und anderen, neuerdings von Canestrini angewandt wurden. Wir wissen, daß normalerweise in den ersten Lebenstagen alle Sinnesgebiete funktionieren, d. h. als Auslösungsorte für motorische Reaktionen dienen können.

Am mannigfachsten sind die Reaktionen auf Tastreize der Haut. Wird die Lippe berührt, so erfolgt Saugen; wird ein Finger in das Innere des Händchens gelegt, so folgt ein Zusammenschließen der Hand; wird die Fußsohle gekitzelt, so werden die Beine angezogen und die Zehen gespreizt. – Daß Temperaturreize zu wirken vermögen, erkennt man an der behaglichen Verfassung, in welche das Kind durch das laue Bad versetzt wird[1]. – Bezüglich der Geschmackssensibilität lehrten Versuche, daß stark bittere, saure und salzige Stoffe, welche auf die Zunge gebracht wurden, Würge- und Brechbewegungen und mimische Gesichtsverzerrungen des Abscheus zur Folge hatten, während Zuckerlösungen sofort geschluckt wurden; auch der Umstand, daß schon zuweilen in den ersten Tagen eine Arznei oder Kuhmilch verweigert wird, spricht für eine gewisse Wirkung von Geschmacksreizen. Immerhin müssen wir uns diese als sehr wenig ausgebildet vorstellen; nur ganz grobe Unterschiede in starker Konzentration rufen unterschiedliche Erfolge hervor. – Über Geruchsreaktionen sprachen wir schon oben (Hinwenden des Kopfes zur nahen Mutterbrust). Experimentell ist ferner festgestellt, daß sich Neugeborene weigerten, die Brustwarze mit den Lippen zu fassen, wenn diese mit einem schlecht riechenden Stoff bestrichen war.

Von den beiden höheren Sinnen ist der Gesichtssinn ebenfalls bereits erwähnt. Man muß sich freilich dieses erste „Sehen" des Neugeborenen so primitiv wie möglich denken; nur starke Helligkeitsunterschiede vermögen die geschilderten Hinwendungs-Reaktionen hervorzurufen; Farbe, Form, Lage, Entfernung existiert noch nicht für das Kind; von einem Sehen der „Gegenstände" ist keine Rede.

[1] Hierbei spielen übrigens nicht nur die eigentlichen Wärmeempfindungen, die die Haut vermittelt, eine Rolle; vielmehr wird das ganze kleine Persönchen beim Gebadetwerden mit der wohligen Temperatur durchtränkt; auch die Veränderungen der Lage-, Widerstands- und Bewegungsempfindungen, der Blutzirkulation und Atmung sind beteiligt, um ein im ganzen verändertes Körpergefühl zu schaffen. Unrichtig ist daher der Satz Bernfelds (S. 31) über das erste Bad: „daß der Mensch diese erste angenehme Empfindung, diese erste Lust der Haut als Sinnesorgan verdankt."

Der Gehörssinn endlich ist am geringsten entwickelt[1]. Es gibt in den ersten Lebenstagen keine irgendwie zweckvolle Reaktion, keine Hinwendung zum Reiz, keine verschiedenartige Reaktion auf verschiedene Reize, sondern lediglich eine Schockwirkung: starkes plötzliches Geräusch ruft eine Zuckung hervor, die in milderen Fällen auf das Antlitz beschränkt bleibt, in stärkeren den ganzen Körper ergreift und von einem Aufschrei begleitet sein kann[2]. Zuweilen tritt die Zuckung bei Geräuschen auch im Schlafe ein, ohne daß dieser unterbrochen wird.

Es ergibt sich also für die Leistungen der Sinne beim Neugeborenen folgende Stufenleiter:

Mehrfach differenzierte Reaktionen (je nach der gereizten Stelle) zeigt der Tastsinn.

Hinwendungs- (und gelegentliche Abwehr-) Reaktionen zeigt der Geschmacks-, Geruchs-, Gesichtssinn.

Gefühlsreaktionen des Behagens (oder auch Mißbehagens) erfolgen auf Temperaturreize.

Undifferenzierte Schockreaktionen zeigt der Gehörssinn.

Diese Rangordnung findet nun eine bemerkenswerte Bestätigung von ganz anderer Seite, nämlich von der Gehirnanatomie her. Der Leipziger Anatom Flechsig hat die Entwicklung des Zentralnervensystems im Embryo und im Neugeborenen studiert und gefunden, daß die Nervenbahnen, die von den Sinnesorganen zum Großhirn führen, nicht gleichzeitig markhaltig (und damit leistungsfähig) werden, sondern nacheinander. Und zwar ist im neugeborenen Kinde diese Entwicklung am weitesten fortgeschritten bei jenen Fasern, welche die Haut, also das Tastsinnesorgan, mit dem Zentralorgan verbinden, am weitesten zurück dagegen bei den Gehörsnerven; die anderen Gebiete nehmen eine mittlere Stellung ein.

Die anatomischen Befunde werden nun aber noch für eine andere Frage wichtig, der wir uns zum Schluß zuwenden müssen.

3. Die Bewußtseinsfrage

Hat der neugeborene Mensch Bewußtsein? Und wenn ja: wie sind seine Bewußtseinsinhalte beschaffen?

Nach der herrschenden Auffassung ist das Großhirn das eigentliche

[1] Die öfter zu findende Behauptung, das neugeborene Kind sei tagelang, infolge Verstopfung des Gehörganges mit Fruchtwasser, völlig taub, scheint nicht zuzutreffen. Nach den neueren Untersuchungen von Hetzer und Tudor-Hart sowie von B. Loewenfeld rufen starke Geräusche, wie Knarre und In-die-Hände-Klatschen, schon am ersten Lebenstage fast immer Reaktionen hervor.

[2] B. Loewenfeld erklärt diese Reaktion als einen primitiven Fluchtreflex.

Bewußtseinsorgan; ein Bewußtsein kann daher beim Neugeborenen nur so weit angenommen werden, wie sein Großhirn schon funktionsfähig ist. Vor wenigen Jahrzehnten glaubte man noch, daß dies überhaupt nicht der Fall sei. Die Nervenbahnen, die das Großhirn mit den „subkortikalen" (im Rückenmark und dessen oberen Fortsätzen gelegenen) Zentren der Sinneserregungen und Bewegungen verbinden, seien, so meinte man, noch so unausgebildet, daß alle sensumotorischen Tätigkeiten des Neugeborenen sich lediglich in den subkortikalen Bahnen, also als reine Reflexe ohne jede Beteiligung des Bewußtseins, abspielen könnten. Seit Flechsigs Untersuchungen wissen wir, daß jene Bahnen sich doch schon im Moment der Geburt in verschiedenen Stadien der Ausbildung befinden und sehr schnell in den ersten Lebenswochen vervollkommnen; es bleibt zwar dabei, daß das Neugeborene zum größten Teil noch Reflexwesen ist, daneben dürften aber doch schon erste Spuren von Bewußtsein vorhanden sein, die sich nun schnell zu einem lebhaften und vielfältigen psychischen Leben auswachsen.

Äußerste Vorsicht freilich müssen wir üben, wenn wir uns von diesem rudimentären Bewußtsein des Neugeborenen ein angemessenes Bild machen wollen. Auszuschalten sind zweifellos alle eigentlich intellektuellen und alle willensartigen Bewußtseinsphänomene; es gibt weder angeborene Vorstellungen, noch auch nur ein wirkliches Wahrnehmen (d. h. ein Auffassen äußerer Gegenstände und Vorgänge als solcher), noch endlich ein bewußtes Wollen und Streben. Das einzige, was wir mit einiger Berechtigung annehmen dürfen, sind dumpfe, unklare Bewußtseinslagen, in welchen sensorielle und emotionelle Bestandteile noch unscheidbar miteinander verschmolzen sind, die also als „sinnliche Gefühlszustände" oder als „gefühlsbetonte Empfindungszustände" bezeichnet werden könnten. Die Anwesenheit behaglicher oder unbehaglicher Gefühlslagen läßt sich schon vom ersten Lebenstage an aus der Gesamthaltung des Körpers, aus den Mienen, aus der Ausdrucksbewegung des Schreiens erschließen.

Jene sinnlichen Gefühlszustände treten auch bereits in zwei Typen auf. Sie knüpfen sich einerseits an innere Vorgänge des Organismus (Schreien vor Hunger, Behagen bei Sattheit und im Bade); wir haben es dann mit gefühlsbetonten Organempfindungen zu tun. Sie begleiten andererseits die Reaktion auf äußere Reize (Widerwille gegen bitter schmeckende Substanzen, Hinwenden zur Helligkeit) und enthalten dann schon eine spezifische Komponente der Sinnesempfindung. Diese Scheidung ist wichtig; denn sie bildet die Vorbedingung für die spätere bewußte Unterscheidung von Ich und Außenwelt. Die Bewußtseinszustände der ersten Art entwickeln sich mehr und mehr zu Symptomen für die subjektive Verfassung der eigenen Person; die der zweiten Art gestalten sich allmählich zu Wahrnehmungen aus und werden so zu Zeichen für die Welt der Objekte da draußen. Aber zu Anfang gibt es weder ein Ich-Bewußtsein noch ein Objekt-Bewußtsein, sondern nur den undifferenzierten Urkeim für beides.

An den Gefühlen hat man ferner die beiden Richtungen der Lust und Unlust zu unterscheiden: wie sind diese beim Neugeborenen verteilt? Die Frage wird ziemlich übereinstimmend dahin beantwortet, daß die Unlust bei weitem vorwalte. Denn die typische Ausdrucksbewegung des Neugeborenen ist der Schrei, also das stärkste Unlustzeichen; mit ihm begrüßt es seinen Eintritt in die Welt, mit ihm begleitet es jede Störung seines Befindens – während die entsprechenden Lustzeichen, das Lachen, das Jauchzen, ja auch nur das leiseste Lächeln, noch völlig fehlen. Ein Schopenhauer sah in diesem Umstand, daß sofort beim Beginn des Daseins das Leid überwiege, geradezu ein Argument für seinen Pessimismus; ein Kant deutete den Schrei des Neugeborenen als einen Protest des menschlichen Geistes gegen seine Einzwängung in die Fesseln der Sinnlichkeit.

Eine genauere Beobachtung des Kindes und eine eingehendere Überlegung des Sachverhalts führen aber zu einer wesentlich milderen Auffassung. Erstens darf das Verhältnis des Gefühlsausdrucks zum wirklichen Gefühl beim Neugeborenen nicht so gewertet werden, wie bei höheren Altersstufen. Wir Erwachsenen kennen freilich den Schrei nur als Zeichen eines ungemessen heftigen, keiner Hemmung mehr fähigen Schmerzgefühls; beim Kind ist er der einzige Unlustausdruck überhaupt und kann daher schon bei Gefühlen eintreten, die einen relativ dumpfen und mäßigen Unlustcharakter haben. Zweitens aber ist es falsch, die Unlust als den alleinigen Gefühlston des Neugeborenen hinzustellen. Der Eindruck, den ein Kind im lauen Bade oder auch nach Sättigung und Trockenlegung in seinem Wagen macht, ist zweifellos der eines Behaglichkeitszustandes, also eines Lustgefühls; er ist freilich nur bemerkbar für den, der das Kind aus der Nähe beobachtet, während Fernstehende – und insbesondere Junggesellen, wie Schopenhauer und Kant – das Kind nur von der Seite des durchdringenden Geschreis her kennen. Daß sich aber wiederum die Lustgefühle soviel weniger laut äußern als die Unlustgefühle, braucht nicht allein an ihrer verschiedenen Stärke zu liegen, sondern ist vor allem teleologisch bedingt: die Unlust bedarf der Abhilfe und darum des Notsignals, die Behaglichkeit nicht.

Immerhin mag der Preyersche Ausspruch, daß „die erste Periode des menschlichen Lebens zu den wenigst angenehmen gehört", zutreffend sein. Es ist ja auch kein Wunder, wenn der unvermittelte Wechsel der Existenzweise, durch den das neugeborene Kind plötzlich allen möglichen bisher fehlenden Störungen ausgesetzt ist, zunächst einen ungünstigen Einfluß auf das Gesamtbefinden hat; erst allmählich kann sich eine Anpassung an die neuen Bedingungen der Temperatur, der Luft, der Ernährung usw. ausbilden und so die durch die Geburt hervorgerufene Erschütterung des organischen Gleichgewichts beseitigen. Daß sich all dies in dunklen, gefühlsmäßigen Bewußtseinszuständen widerspiegelt, ist wahrscheinlich.

Zur Veranschaulichung obiger Betrachtungen über den Neugeborenen mögen nun einige Aufzeichnungen folgen, die ich über unseren Sohn während der ersten Lebenstage gemacht habe.

„Am zweiten Tage reagierte der Knabe bereits auf Schall. Es fiel auf, daß er mehrmals mit Schreien einsetzte, wenn in seiner Nähe starke Geräusche ertönten (Jauchzen der Schwester, lautes Gehen, Stuhlkrachen). Es wurden bei einer Nachprüfung durch Händeklatschen Reaktionen unzweifelhaft festgestellt; sie bekundeten sich durch Lidzuckungen, die stets unmittelbar auf den Schall folgten. Der Versuch wurde zuerst in seiner Nähe am Wickeltisch gemacht (etwa in $^3/_4$ m Entfernung); die taktile Wirkung der mechanischen Lufterschütterung beim Klatschen wurde abgeschnitten durch ein dazwischengehaltenes Tuch. Dann waren aber auch Versuche aus größerer Entfernung erfolgreich, so noch von der Tür bis zum Wickeltisch (etwa 6 m).

Saugen. Am Abend des Tages der Geburt sog das Kind hörbar am Daumen, ebenso in der folgenden Nacht. Als es 24 Stunden alt war, wurde es zum erstenmal angelegt, faßte rasch die Warze und sog nun kräftig, wobei wir öfters hintereinander 10, 6, 13 Schluckbewegungen feststellten. Ohne jedes Versagen, Probieren und Lernen funktionierte der Sauginstinkt sofort mit vollendeter Sicherheit.

Schreilaute: *ä* und *ähä* ganz ähnlich wie bei der Schwester, nur ist die Klangfarbe eine höhere, oft in Piepsen überschlagende und heisere.

Augenbewegungen: während die beiden Lider sich oft unabhängig voneinander öffnen und schließen, haben wir merkwürdigerweise bis jetzt keine unkoordinierten Bewegungen der Augäpfel bemerken können, vielmehr bewegte er stets beide nach gleicher Richtung.

Wieder wurde Schallreaktion konstatiert, und zwar in tiefem Schlafe. Händeklatschen wirkte bei 6 m Entfernung, eine Tischglocke mit einmaligem Schlag in 1 ½ m Entfernung.

Am vierten Tage machten wir die allerdings noch unsichere Beobachtung, als ob das hungrige Kind, wenn es neben die Mutter gelegt wurde, unruhiger wurde und heftiger an der Hand sog als vorher.

Ebenfalls mit Vorbehalt sei folgende, höchst auffallende Beobachtung erwähnt. Schon am dritten und vierten Tage glaubten wir zuweilen zu bemerken, daß G. auf eine nahe seinen Augen befindliche, hin und her bewegte Taschenuhr hinblickte. Der Versuch mißglückte jedoch oft. Am fünften Tage aber gelang er so häufig hintereinander, daß den Eltern die Wahrscheinlichkeit immer größer wurde, daß das Kind schon mit dem Blick folge! Es lag auf dem Wickeltisch; ich hielt die Taschenuhr in schwingender Bewegung vor seinem Auge, abwechselnd bald etwas nach rechts, nach links, nach oben, nach unten von der jeweiligen Blickrichtung. Oft erfolgte nichts; meist aber ging der Blick nach einigem Pendeln in die entsprechende Richtung, zuweilen sogar mit einer kleinen Hinwendungsbewegung des Kopfes verbunden. Natürlich mußte die Uhr sehr nahe sein und die seitliche Verschiebung innerhalb eines ziemlich engen Umkreises liegen.

Unkoordinierte Augenbewegungen (Schielen) wurde einmal beobachtet, meist jedoch koordinierte, so stets bei obigen Blickbewegungen.

Neunter Tag. Das Folgen mit den Augen war in den verflossenen Tagen nicht mit Sicherheit festzustellen; es wurden auch nur wenige Proben gemacht. Heute aber habe ich es neben einem vergeblichen Versuch wieder beobachtet, als G. auf der Wickelkommode bäuchlings lag. Wurde seitlich von ihm ein glitzernder, klimpernder Schlüsselbund hin und her bewegt, so gingen nicht nur die Augen dahin, sondern es trat auch eine kleine Kopfdrehung unterstützend dazu.

Bei der Bauchlage zeigt G. bereits die Fähigkeit, den Kopf zu heben und von der Matratze zu entfernen.

Die Assoziation zwischen Geruch der Mutterbrust und den Bewegungen zu ihr hin ist schon vorhanden. Wir machten heute den Versuch, daß wir das wache Kind, eine Stunde, bevor es zu trinken bekommen sollte, im Steckkissen an die linke Seite der Mutter legten. Das Kind, das bereits vorher heftig an den Händchen gesogen hatte, drehte sich nach rechts und „suchte“. Wir legten es auf die rechte Seite der Mutter: es währte gar nicht lange, und der Kopf hatte sich nach links gedreht. Wir legten es wieder nach links zurück; hier lag es kurze Zeit ruhig auf dem Rücken, ohne an den Fingern zu saugen; es war also augenscheinlich kein Hungergefühl da. Sobald es aber unruhig wurde, ging der Kopf nach rechts zur Mutterbrust hin und begann zu suchen. Bei diesen Prüfungen war die Entfernung des Kopfes von der Mutterbrust noch etwa 10 cm gewesen. Auch war die Brust noch durch das Hemd bedeckt.“

Kapitel V

Die Entwicklung der Fertigkeiten

1. Das „Lernen“ des Säuglings

Welche Fülle von Fertigkeiten „erlernt“ das Kind im ersten Lebensjahr! Das Sich-Aufrichten, Freihalten des Kopfes, Sitzen, Kriechen, Rutschen, Stehen, Laufen; das Trinken aus der Flasche und das Essen fester Nahrung; das Greifen in seinen mannigfachen Modifikationen; das Spielen mit Papier, Puppe, Klapper, Löffel, wobei die verschiedensten Tätigkeiten, wie Zusammenknüllen und Zerreißen, Hin- und Herbewegen, Aufschlagen, Fortwerfen usw. vollführt werden; das Lallen in ständig wachsender Vielgestaltigkeit; das Nachsprechen gehörter Worte und das Nachmachen gesehener Bewegungen; endlich eine Reihe verwickelter Dressurleistungen und unmittelbar zweckvoller Einstellungen – ein Jahrespensum, wie es später auch die tüchtigste Schule nicht annähernd bewältigen kann.

Die äußere Seite aller dieser Entwicklungen, nämlich der Übergang vom Nicht-Können zum Können, wird mit dem gemeinsamen Wort „Lernen" bezeichnet. Dem entspricht nun aber durchaus nicht ein überall gleichförmiger innerer Vorgang; vielmehr bedeutet der Lernprozeß psychologisch ganz Verschiedenes, je nachdem seine Hauptbedingungen im Angeborenen, im Erwerben oder im Erfinden liegen.

a) Die Reifung der Instinkte. Da die Instinkte „angeborene" Fähigkeiten sind, so ist man nur zu leicht zu der Erwartung geneigt, daß sie von Anbeginn an fertig in die Erscheinung treten müßten; oder wenn man selbst zugibt, daß nicht alle Instinkte schon am Lebensanfang funktionieren können, so fordert man doch, daß sie im Moment ihres Eintritts wenigstens sofort in voller Leistungsfähigkeit da sind, keinen allmählichen Entwicklungsprozeß durchmachen. Diese Auffassung mag in gewissem Maße (wenn auch sicher nicht restlos)[1] für die tierischen Instinkte zutreffen, für die des Menschen aber gilt sie nicht. Wir sahen schon früher, daß nur zwei Instinkte bei der Geburt vorhanden sind, von denen wiederum nur der eine (der Sauginstinkt) gleich vollendet funktioniert. Der andere (der Hinwendungsinstinkt) ist aber erst in rudimentären Anfängen wirksam; und sonstige finden sich überhaupt noch nicht.

Eine Reihe von weiteren Instinkten zur allmählichen Ausbildung zu bringen, ist nun gerade eine der Hauptaufgaben des ersten Lebensjahres. Wie sehr es sich hierbei in der Tat um einen Prozeß der inneren Reifung und nicht um ein äußerliches Übernehmen handelt, erhellt daraus, daß auch die Reihenfolge ihres Auftretens eine ziemlich feste ist.

So zeigen die instinktiven Fertigkeiten in den Körperbewegungen ungefähr diese Entwicklungsfolge: im ersten Vierteljahr lernt das normale Kind den Kopf heben und frei halten, im zweiten Vierteljahr das Sich-Aufrichten und Sitzen (erst in Stützstellung, dann unangelehnt), im dritten Vierteljahr das Stehen und Kriechen, im vierten das Laufen, das etwa um die Jahreswende zu den ersten freien Schritten führt.

Genauere Terminwerte hierüber stellen soeben Ch. Bühler und H. Hetzer in ihrem „Inventar" der frühkindlichen Verhaltungsweisen auf. Hiernach stellen sich durchschnittlich folgende Leistungen ein:

im zweiten Monat: Kopf aufrecht halten, auch schon in Bauchlage;
im dritten Monat: Kopf und Schultern in Bauchlage hochhalten;
im vierten Monat: Versuch, sich in der Bauchlage seitlich fortzuschieben;
im fünften Monat: Kopf und Schultern aus der Rückenlage herausheben;
in der Bauchlage nur auf die Handflächen gestützt sich aufrichten und halten;
vom Rücken auf die Seite drehen;

[1] Auch die Vögel müssen die instinktiv angelegte Leistung des Fliegens „lernen".

im sechsten Monat: mit Unterstützung sitzen;
von der Bauchlage in die Rückenlage drehen;
seitliches Fortwälzen;
im achten Monat: in Bauchlage nur auf eine Hand gestützt liegen;
frei sitzen;
im neunten Monat: ohne Unterstützung sich zum Sitzen aufrichten;
mit Unterstützung stehen;
knien;
im elften Monat: mit Unterstützung sich zum Stand aufrichten;
im zwölften Monat: frei stehen;
mit Unterstützung gehen.

Für die auf äußere Reize gerichteten instinktiven Fertigkeiten läßt sich die folgende Liste aufstellen: das erste Vierteljahr vervollkommnet die (schon beim Neugeborenen angedeuteten) Hinwendungsbewegungen des Kopfes und der Augen: Fixieren, Verfolgen, Horchen. Im zweiten Vierteljahr wird das Kind, wie es Sigismund ausdrückt, zum „Greifling", während sich dann beim einhalb- bis dreivierteljährigen Kinde das Nachahmen zu einer stark hervortretenden Betätigung entwickelt.

Jede einzelne dieser Fertigkeiten tritt zunächst nur ganz keimhaft und unvollkommen auf, um schrittweise bis zur selbständigen Beherrschung fortzuschreiten. Es liegt also ein regelrechtes Lernen vor. Wie grundsätzlich sich dieses Lernen aber von dem rein empirischen Erwerben unterscheidet, zeigt eine Nebeneinanderstellung mit recht ausgeprägten Formen der anderen Lernart. Man vergleiche etwa das Greifenlernen des Säuglings mit dem Schreibenlernen des Schulkindes, das Laufen-Lernen mit dem Radeln-Lernen, das Sprechen-Lernen mit dem Lateinisch-Lernen; man sieht dann sofort, daß die genannten Lernakte des kleinen Kindes nichts anderes sind als Erstarkungen innerer Kräfte, durch welche sich die angelegten Möglichkeiten in Wirklichkeiten umsetzen – während sich das Schreiben-, Radeln-, Fremdsprache-Lernen niemals von innen heraus entwickeln würde, sondern ganz von der Belehrung abhängig ist.

Das instinktive Lernen des Säuglings geht nun aber nicht mit automatischer Selbstverständlichkeit vor sich, sondern verlangt eine Art primitivster Willensbeteiligung des Kindes selbst. Man beobachte ein Kind von drei Monaten, in dem der instinktive Drang sich aufzurichten, wachgeworden ist: wie es unermüdlich das zufällig erfaßte Deckbett oder den Wagenrand als Stützpunkt benutzt und sich mit gewaltigem Energieaufwand hochzuziehen sucht, und wie es, mag es noch so oft zurückgefallen sein, den Versuch erneut, bis die Kräfte versagen – das sind zweifellos einfache Strebeakte, die von starker Aufmerksamkeitskonzentration begleitet sind. Ähnliches kann man bei den unablässigen Greifübungen und etwas später bei den Nachahmungs- und Kriechversuchen usw. beobachten. Es ist deshalb nicht unwahrscheinlich, daß die Willensstärke des Kindes hier schon ihre ersten Erfolge zeitigt: von zwei Kindern, die gleich gesund und kräftig sind, und bei denen die instinktiven Anlagen gleich entwickelt sind, wird dasjenige die Ausübung dieser angelegten Fertigkeiten früher erlernen, welches die stärkere Willensenergie besitzt.

Auch von äußeren Einflüssen sind die Instinktreifungen nicht ganz unabhängig; zum mindesten ihre Geschwindigkeit, und die mehr oder minder gute Qualität des Erfolges wird dadurch mitbestimmt. So kann z. B. schlechte Ernährung dazu führen, daß das Kind erst sehr spät die Kräfte gewinnt, um den Kopf zu heben, sich aufzurichten, zu kriechen und zu laufen; allzu feste Wickelung bewirkt, daß Ärmchen und Beinchen lange der zu gewissen Bewegungen nötigen Geschmeidigkeit entbehren. Vernachlässigten Kindern fehlt zuweilen einfach die Gelegenheit zur Ausübung und Einübung der Fertigkeiten: sie erhalten zu wenig Gegenstände, an denen sie das Greifen lernen können; sie werden zu selten in Stellungen gebracht, in denen sie die zum Sitzen nötigen Muskelspannungen, die zum Laufen erforderlichen Bein-Innervationen betätigen könnten. Umgekehrt wird gute Ernährung und liebevolle Pflege auch die Entwicklung der instinktiven Fertigkeiten fördern und unter Umständen beschleunigen.

So ist hier in gewisser Weise bereits eine „Erziehung des Säuglings" möglich, freilich nur eine mittelbare; man kann Sorge tragen, daß für jene Fertigkeiten, die jeweilig zur Reife drängen, die Kräfte zur Ausführung und die Gelegenheiten zur Übung vorhanden sind. Alles direkte Beibringenwollen aber ist eine Unnatur und kann zuweilen zu einer Versündigung am Kinde werden; die Ungeduld vieler Mütter, ihr Kind laufen zu sehen, hat oft die Verkrümmung der Beinchen, die noch nicht kräftig genug waren, zur Folge.

b) Das empirische Lernen. Die eben besprochenen instinktiven Leistungen entwickeln sich bei allen normalen Kindern in den Hauptzügen übereinstimmend; sie sind eben das allgemeine Erbgut des Menschengeschlechts[1]. Neben diesen Fertigkeiten erlernt aber auch bereits der Säugling eine ganze Reihe anderer, die von Umwelteinflüssen

---

[1] Selbstverständlich gibt es auch hier Unterschiede, nicht nur im Tempo der Entwicklung, sondern auch in der Art; so gibt es Kinder, bei denen das Kriechen oder das Rutschen eine sehr markante Epoche ihrer Fortbewegungsleistungen darstellt, ehe das Laufen einsetzt; andere, bei denen diese Zwischenstufe nur spurenweise angedeutet ist. Dennoch sind diese Verschiedenheiten von wesentlich geringerer Größenordnung als die nun oben zu erörternden.

entscheidend mitbestimmt werden. Zwar muß auch hier selbstverständlich ein gewisser Bestand innerer Fähigkeiten vorausgesetzt werden, damit jenes Erlernen überhaupt möglich wird; aber die spezielle Umsetzung dieser Fähigkeiten in Handlungen, Gewöhnungen, Dressurkunststücke bestimmten Inhalts ist natürlich das Werk der besonderen Einwirkung der Umgebung. So setzt hier schon eine bedeutende Differenzierung der Kinder ein.

Das empirische Lernen motorischer Fertigkeiten geht analog vor sich, wie wir es später von dem Erwerb psychischer Erfahrungen darlegen werden. Aus dem Chaos diffuser und ungeregelter Bewegungen, die das Kind von selber und ohne Ziel vollzieht, werden gewisse Bewegungsgruppen herausgehoben und fixiert; hierbei wirken bald die sachlichen Umweltverhältnisse mit – so kann die bestimmte Beschaffenheit eines Spielzeugs (z. B. einer Klapper) Bewegungskoordinationen der Handhabung herbeiführen, die das Kind an einer anderen Form eines Spielzeuges nicht gelernt hätte –; bald trifft das Kind selbst eine unbewußte Auslese, indem es zweckmäßige (d. h. zu Erfolgen führende) Bewegungskoordinationen bevorzugt, unzweckmäßige unterläßt[1] –; bald rufen die Erwachsenen absichtlich bestimmte Bewegungen des Kindes hervor, indem sie z. B. die Flächen der Händchen zusammenführen oder durch Vormachen einer Grimasse das Kind zur Nachahmung veranlassen. Diese „Abhebung" einer Bewegungsstruktur unterliegt nun weiterhin den bekannten Gesetzen des Gedächtnisses und der Assoziation. Es gibt in der Tat ebenso ein Gedächtnis für Bewegungen wie es ein solches für Sinneseindrücke gibt; jede Bewegung erfährt durch Wiederholung eine Erleichterung für ihr erneutes Auftreten, bis dieses ganz treffsicher automatisch funktioniert. Und jede Verbindung mehrerer Bewegungen, die durch bestimmte Anlässe gestiftet worden ist, wird durch häufige Wiederholung so fest, daß ein kleiner Anstoß genügt, um die ganze Kette zum wohlgeordneten Ablauf zu bringen, so daß oft recht komplizierte Handlungen entstehen. Endlich stiften sich Assoziationen zwischen Sinneseindrücken und gleichzeitigen Bewegungen des Kindes, selbst wenn diese in keinem natürlichen und dem Kinde verständlichen Zusammenhang mit den Eindrücken stehen, also empirische „sensumotorische Verknüpfungen".

Die letzte Art des empirischen Lernens ist die auffälligste und daher auch dem Laien bekannteste: es sind die bei keinem Kinde fehlenden

[1] Auf dem Unterschied von erfolgreichen und erfolglosen Bewegungen baut Thorndike eine rein mechanische Theorie des Lernens auf, die mit vollem Recht von Koffka (S. 116ff.) bekämpft wird.

Kunststückchen der Dressur[1]. Freilich werden diese von den Laien meist erheblich überschätzt, nämlich als Zeichen des erwachenden „Verstehens“ gedeutet. Wenn ein Kind auf die Frage: „Wie groß bist du?“ beide Ärmchen erhebt, so versteht es weder das Wort „groß“, noch weiß es, daß es seine Größe zeigen soll; sondern es hat nur zwischen diesem oft gehörten Wortklang und der hierbei vorgenommenen Aufrichtung seiner Ärmchen nach häufiger Wiederholung eine Assoziation gestiftet; diese bewirkt, daß der Wortklang allein den dazu gehörigen motorischen Impuls auszulösen vermag. Es steht die Leistung des Kindes in der Tat genau auf der gleichen Höhe wie die Leistung des dressierten Pferdes, welches auf einen bestimmten Zuruf des Herrn eine bestimmte Bewegung vollführt.

Neben diesen künstlichen und für das Kind zunächst sinnlosen Dressuren gibt es freilich auch solche von unmittelbarer Zweckmäßigkeit. Es sei hier nur auf die Saubergewöhnung hingewiesen, bei der das Kind lernt, eine bestimmte Stellung, in die es gebracht wird, und dazu gehörige Laute als Signal für gewisse Verrichtungen aufzufassen. Diese „Säuglingserziehung“ ist oft schon im zweiten Lebenshalbjahr erfolgreich.

c) Der Übergang zum einsichtigen Handeln. Den bisher besprochenen instinktiven und empirischen Lernakten ist ein Zug gemeinsam: Stereotypie der Fertigkeit. Das einmal gewonnene Können hat eine feste Ablaufsform und eine gebundene Marschroute, höchstens daß durch fortschreitende Übung eine allmähliche Vervollkommnung, Sicherung und Mechanisation eintritt. Nun aber stellen sich auch neue Betätigungsweisen ein, in denen diese Stereotypie durchbrochen wird, und zwar in sinnvoller Weise durchbrochen wird; das Kind vollbringt Leistungen, die nicht streng an Angeborenes oder Angelerntes gebunden sind, sondern sich einer besonderen Situation in besonderer Weise anpassen: die dritte Stufe der Einsichtshandlung ist erreicht.

Die früher weitverbreitete Meinung, daß die Intelligenz erst mit der Sprache und durch die Sprache auftrete, hat sich als falsch erwiesen; Kindespsychologie und Tierpsychologie haben gleichzeitig die Existenz vorsprachlicher Denkakte festgestellt. Es gibt eben auch eine „prak-

[1] Wir beschränken also den Ausdruck „Dressur“ dem Sprachgebrauch folgend auf solche Leistungen, die von außen dem Individuum beigebracht werden und bei denen eine fremde Zwecksetzung den Bewegungsablauf herbeiführt. Bühler benennt dagegen (Abriß S. 49) die ganze zweite Hauptstufe der Entwicklung, die zwischen Instinkt und Intellekt liegt, „Dressur“, also alles das, was wir „empirisches Lernen“ nennen, und spricht daher folgerecht auch von „Selbstdressur“ (z. B. in obigem Beispiel von der Handhabung der Klapper). Mir scheint diese Ausweitung der Bezeichnung „Dressur“ unzweckmäßig, da sie zu Verwirrungen Anlaß geben kann.

tische Intelligenz", und sie ist elementarer als die sprachlich fixierte; sie besteht darin, daß sinnvolle Neuhandlungen durch die Einsicht in den Zusammenhang von Mittel und Zweck möglich werden.

Natürlich sind im ersten Lebensjahre des Menschenkindes nur sehr einfache Formen solcher intelligenten Handlungen zu finden; ja bei gewissen Übergangserscheinungen muß man es offen lassen, ob wir es noch mit einer besonders spezialisierten Lernleistung zu tun haben oder ob sich schon das neue Reich des erfindenden Intellekts öffnet.

Man betrachte folgende drei Beispiele:

Hilde 0;7 bis 0;7½. In einer Zeit, in der sonst alles, was dem Kinde in Greifnähe gebracht wird, auch von ihm gegriffen wird, hat es bei einer Gelegenheit statt des hier zwecklosen Greifens eine andere zweckvolle Tätigkeit gelernt. Dem Kinde ist nach dem Baden das Jäckchen oft angezogen worden, indem die Ärmchen nacheinander in die bereit gehaltenen Ärmellöcher gesteckt wurden. Nun hielt die Mutter einmal mehr scherzhaft die Ärmel dem Kinde so vor, daß es die bequeme Möglichkeit des Erreichens hatte. „Der rechte Arm bewegte sich vorwärts, die Hand näherte sich dem Loche, aber auffallenderweise ohne zu greifen, in ausgestreckter Stellung, so daß es den Anschein hatte, als verstände das Kind, was es tun sollte. Im Laufe der nächsten zwei Wochen wurde das Phänomen ganz sicher: das Kind versuchte unter angespannter Aufmerksamkeit das Ärmchen durch das Ärmelloch zu stecken[1]."

Hilde 0;8. „Das Kind hatte eine übervolle Flasche zu trinken bekommen und war schon satt, ehe die Flasche leer war. Da nun die Milch immer noch in den Mund strömte, näherte das Kind langsam die rechte Hand der Flasche, griff an den Saugpfropfen und zog ihn aus dem Mund; dann lächelte es befriedigt."

Günther 0;11½. „Er hält beim Trinken schon seit 4 Wochen die Flasche allein; seit etwa einer Woche reguliert er die Flaschenstellung, d. h. er hält sie mit abnehmendem Inhalt immer steiler, um sie möglichst vollständig austrinken zu können. Nach dem Trinken nimmt er die Flasche selbst aus dem Mund und spielt damit."

Die hier geschilderten Vorgänge sind ja für das Kind nicht völlig neu; denn von den Erwachsenen ist ja schon oft das Ärmchen des Kindes durch das Ärmelloch gesteckt, der Saugpfropfen dem satten Kind aus dem Munde genommen, die Flaschenstellung je nach der Menge der noch vorhandenen Milch reguliert worden. So mögen sich auch hier bestimmte Zusammenhänge zwischen Bewegungen und sensorischen Erlebnissen herausgebildet und durch Wiederholung befestigt haben. Dennoch ist der Unterschied zwischen dem passiven Hinnehmen dieser Zusammenhänge und dem aktiven Selbstvollzug, der plötzlich einsetzt, so groß, daß man an bloße Dressurwirkung nicht recht glauben mag. Jene Vorbereitung durch die Erwachsenen hat ja zweifellos unterstützend gewirkt, um das erste Aufblitzen von Einsicht zu erleichtern; aber daß hier ein solcher geistiger Lichtblick, ein vages

---

[1] Scupins beobachteten diese zweckmäßige Einstellung erst, als ihr Kind doppelt so alt (1;3) war.

Wollen des Mittels um des Zweckes willen schon vorliegt, darf man wohl vermuten.

Wir sind indessen nicht auf bloße Vermutungen angewiesen. Es gibt gegen Ende des ersten Lebensjahres Leistungen, die sich überhaupt nicht mehr in den Geleisen eingeübten Handelns bewegen, sondern eine Neueinstellung, ein Selbstfinden bisher unbekannter Hilfsmittel zur Erreichung eines besonderen Zweckes darstellen. Damit sind wir bei zweifellosen, wenn auch noch so primitiven Intelligenzhandlungen angelangt. Die folgenden Beispiele illustrieren dies (unbeschadet dessen, daß es sich beim letzten um einen „Versuch mit untauglichen Mitteln" handelte).

Scupins Sohn 0;10½. Der Knabe, dem das Kriechen schwer wird, sucht auf der Erde liegend vergebens zu einem fernliegenden Gegenstand zu gelangen. Seine Bittgebärde, hochgenommen zu werden, wird von der Mutter unbeachtet gelassen. Da packt er das Kleid der Mutter fest und sucht sich daran hochzuziehen. Daß er diese neue Methode als Mittel zur Erreichung seines eigentlichen Zweckes benutzen will, geht aus seinem weiteren Verhalten hervor: kaum aufgerichtet, trippelt er zu jenem fernen Ding und hebt es auf.

Derselbe 1;0½. Er hat einen Zelluloidfisch mit auf die Ausfahrt genommen. „Heute nun fiel uns die Unruhe des Kindes auf; es rutschte auf seinem Sitz hin und her, drehte sich schließlich um und starrte unverwandt über die Rücklehne des Wagens auf das Trottoir hinunter; dann stieß es ungeduldige Laute aus und blickte uns auffordernd an." Er hatte in der Tat 100 Schritte vorher, von den Eltern unbemerkt, den Fisch fortgeworfen und suchte nun nach Mitteln, diese auf den Verlust aufmerksam zu machen.

Günther 1;0. „Wenn G. die Flasche selbständig ausgetrunken hat, so daß nur noch eine weiße Neige darin ist, dreht er die Flasche zuweilen um und versucht ihren Boden in den Mund zu stecken, als ob er glaube, von dort aus den Rest erreichen zu können."

Auch Bühler berichtet, daß seiner Tochter mit 0;11 beim Spiel allerhand Manipulationen gelangen, bei denen gewisse „Entdeckungen" beteiligt waren[1].

Das Problem der primitivsten Intelligenzleistungen ist jetzt auch dem Experiment zugänglich gemacht worden, und zwar durch Tieruntersuchungen. Köhler stellte die von ihm beobachteten Schimpansen vor Aufgaben, die ihre Begierde reizten, indem er ihnen Bananen in nicht unmittelbar erreichbarer Situation zeigte und sie nun völlig sich selbst überließ; es war zu vermuten, daß die Affen den höchsten Aufwand geistiger Mittel, dessen sie überhaupt fähig waren, hierbei ins Spiel setzen würden. Und in der Tat konnte er sinnvolle Handlungen feststellen, die weder aus Instinkt noch lernmäßigem Erwerb erklärbar waren, sondern offenbar auf Einsicht beruhten.

[1] Abriß S. 52.

So wurden die Bananen vom Experimentator vor das Gitter gelegt, so daß sie außer Greifweite waren, oder an der Decke des Käfigs befestigt. K. schildert nun sehr anschaulich das Benehmen der Tiere. Ihre erste Handlung bestand oft darin, daß sie sich irgendeines Gegenstandes bemächtigten, den sie als Stock zum Heranholen zu benutzen suchten; aber auch ungeeignete Dinge, wie Strohbündel, Ranken, wurden zu diesem Zweck ergriffen. Dies geschieht mit solcher Selbstverständlichkeit, daß hier Instinkte aus dem Freileben (etwa Benutzung von Baumästen) als wirksam angenommen werden müssen. Aber es gibt auch ein anderes Verhalten, das neue, früher nie geübte Tatformen entwickelt: der Schimpanse sucht nach einem Werkzeug und stellt es sich unter Umständen selbst her. Ist z. B. im Käfig kein stockähnlicher Gegenstand, wohl aber eine Kiste, dann bricht er sich ein Stück Kistendeckel heraus und angelt damit die Banane. Liegt die Banane so weit draußen, daß der Bambusstab, den er ergriffen, nicht ausreicht, dann holt er sich einen zweiten und sucht beide zu kombinieren. Hierbei machte der eine Schimpanse (ähnlich wie Günther in unserem obigen Beispiel) einen Versuch mit untauglichen Mitteln: er suchte den Stab einfach dadurch zu verlängern, daß er den zweiten daranhielt. Dem anderen aber glückte es, den einen Stab mit dem weiten Rohrende auf die Spitze des anderen zu stülpen; und diese Erfindung wurde von ihm nun immer wieder sinnvoll angewandt. Auch zur Erreichung der in großer Höhe angebrachten Bananen machten die Affen verschiedene Erfindungen: der eine benutzte einen langen Bambusstab als Springstock, den er auf den Boden stemmte und an dem er sich in die Höhe schwang, um die Frucht abzureißen. Ein anderer schob eine Kiste direkt unter die Banane, um sie als Tritt zu benutzen. Als die eine Kiste nicht reichte, versuchte er sogar eine zweite daraufzusetzen; hier aber konnte er zu einem statisch brauchbaren Aufbau nicht mehr kommen.

Diese und andere Einsichtsleistungen gingen natürlich nicht mit menschenähnlicher Planmäßigkeit, Glätte und Zuverlässigkeit von statten; sie waren nur gelegentliche Erleuchtungen, die in Augenblicken stärksten Begehrens aus dem sonstigen Chaos ungeordneter und erfolgloser Bewegungen aufblitzen. Aber daß sie mehr als bloße Zufallsergebnisse sind, ist durch eine Reihe von Momenten sichergestellt. Zunächst ist der Ausdruck der Tiere unverkennbar: vorher das sinnlose Darauflostappen in endlosen Wiederholungen und die Wut über die Erfolglosigkeit; dann als Zwischenstufe der Ausdruck der Ratlosigkeit, des Stutzens, des Suchens – und plötzlich die Zielstrebigkeit, wenn einmal der Weg gefunden ist, das Ausbleiben zweckloser überflüssiger Bewegungen, die sinnvolle Aufeinanderfolge der Teilhandlungen (es wird über der Zwischentätigkeit „Kistendeckel-herausbrechen" das Hauptziel „Banane" nicht vergessen). Für Einsicht spricht ferner auch der Umstand, daß eine einmal gefundene Lösung der Aufgabe sofort (also ohne die bei Dressur nötige Einübung) immer wieder verwertet und von den anderen Affen übernommen wird.

Aber nicht minder wichtig sind die Grenzen dieser äffischen – und damit wohl überhaupt aller tierischen – Intelligenz. Die einsichtige verständnisvolle Neu-Handlung ist nicht die alltägliche Leistungsform der Tiere, sondern tritt nur als seltene Spitzenleistung auf. Sie kann nur provoziert werden durch stark affektbetonte Reize, die zu den elementaren Lebensbedürfnissen, insbesondere dem Nahrungstrieb, in engem Zusammenhang stehen[1]. Sie sind durchaus anschaulicher Natur, in der konkreten Gegenwartssituation sich erschöpfend; und auch hier können nur die einfachsten Strukturen verstanden und bewältigt werden. Wird das optische Bild nur einigermaßen verwickelt oder werden mehrere Zwischenstationen bis zur Erreichung des Zieles nötig, dann versagt das Tier[2].

Diese Charakteristik der Höchstleistungen tierischer Intelligenz ist für uns deshalb so wichtig, weil sie fast in jedem Zug für die Urleistungen menschlicher Intelligenz zutrifft, wie sie sich vor Entwicklung der Sprache einstellen. Das wird jeder bestätigen, der etwa einjährige Kinder unvoreingenommen beobachtet. Es liegt nahe, auch hier experimentelle Feststellungen in Anlehnung an die Köhlerschen Methoden zu machen; leider sind die mehrfach ausgesprochenen Anregungen hierzu bis jetzt noch kaum befolgt worden. Für die Altersstufe des ersten Lebensjahres liegen meines Wissens nur einige Versuchsreihen Bühlers an seiner Tochter vor; die lehrreichste Versuchsserie sei mit seinen eigenen Worten geschildert[3].

Ein Stück Zwieback wird, an eine Schnur gebunden, so vor das Kind gelegt, daß die Schnur, nicht aber der Zwieback, in Reichweite ist; es wird beobachtet, ob das Kind von selbst darauf kommt, den Zwieback vermittelst der Schnur an sich heranzuziehen. – „Anfangs, im 9. Monat, streckte das Kind den Arm regelmäßig direkt nach dem Zwieback hin aus, ohne die Schnur zu beachten; kam sie zufällig in die grapschende Hand hinein, so wurde sie wieder losgelassen oder erkennbar beiseite geschoben. Nur in zwei Sitzungen schien es so, als sei nun der Zusammenhang erfaßt, denn es erfolgten prompt hintereinander mehrere klare Lösungen. Mich dünkt jetzt, daß dem in der Tat so war. Aber die nächsten Male war alles wieder vergessen; erst gegen Ende des 10. Monats wurde die Lage vollständig und dauernd von dem Kinde übersehen und beherrscht. Man konnte von nun an die Schnur hinführen, wo man wollte, z. B. ganz nach links, während der Zwieback rechts lag oder umgekehrt, stets sah sich das Kind nach der Schnur um, erfaßte sie und zog den Zwieback mit ihr heran. Dies aber nur dann, wenn er zu weit weg lag, um direkt erfaßt zu werden. Gegen die Annahme einer reinen Dressur sprechen hier verschiedene Gründe: erstens waren die Versuche nur alle paar Tage einmal gemacht und Zufallserfolge

[1] Damit wird der Glaube hinfällig, daß Tiere (Pferde, Hunde) so lebensfremde untierische Leistungen wie Rechnen oder Buchstabieren auf einsichtige Weise vollbringen könnten. Hier liegen zweifellos nur Dressurvorgänge (beabsichtigte oder unbeabichtigte) vor.

[2] Wir msüssen uns dessen enthalten, auf die tiefschürfendenErörterungen einzugehen, die sich über die wahre psychische Grundlage dieser primitivsten geistigen „Neuleistungen“ entsponnen haben. Vgl. hierzu insbes. Bühler, Entwicklung S. 270ff. und Koffka S. 136ff.

[3] Abriß S. 52.

absichtlich verhindert worden, während zur Dressur doch beides, Erfolge und gehäufte Wiederholungen, gehören; zweitens blieb die charakteristische Übertragung auf andere Verhältnisse außerhalb des Versuches nicht aus, und drittens ging es uns wie Köhler: man vermag mit einem Blick das klare zielsichere Verfahren an den Gebärden des Kindes von dem mechanisch gelernten zu unterscheiden."

Wir wenden uns nunmehr zwei speziellen Gruppen von Fertigkeiten zu, die sich im Laufe des ersten Jahres entwickeln und ein besonderes psychologisches Interesse erheischen: den Nachahmungen und den Spieltätigkeiten.

2. Das Nachahmen[1]

Eine Nachahmung ist eine Bewegung, deren Ergebnis einem wahrgenommenen Reiz ähnelt oder doch zu ähneln tendiert. Im zweiten Lebenshalbjahr wird das Nachahmen, wie schon erwähnt, zu einer stark vorherrschenden Leistungsform; aber seine Anfänge liegen in weit früheren Stadien.

Die ersten hierher gehörigen Erscheinungen sind die Selbstnachahmungen oder „zirkulären Reaktionen" (Baldwin). Das Kind hat bekanntlich schon sehr frühe das Bestreben, gewisse Bewegungen (der Stimmorgane, der Hand usw.) nicht nur einmal zu machen, sondern oftmals zu wiederholen. Dieser Vorgang beruht zunächst auf einer „motorischen Perseveration": der einmal eingeleitete Impuls läuft ohne Hemmung und Unterbrechung immer wieder in den gleichen Bahnen ab. Nun gehören aber in die Gesamtstruktur dieses Vorgangs nicht nur die Bewegungsimpulse selbst, sondern auch die Wirkungen dieser Bewegungen auf die Sinnesorgane: das Kind hört den gelallten Laut, sieht die Bewegung der Hand, und die Lust am Tun ist zugleich eine Lust an der Wahrnehmung des Tuns. Und zwar entsteht durch die Wiederholung der Bewegung eine eigentümliche Zeitperiodik a b a b . . ., d. h. es bildet sich eine innere Assoziation in Kettenform zwischen den Bewegungsimpulsen und den Wahrnehmungen der Bewegungserfolge. Diese sensumotorische Verknüpfung aber ist zweiseitig: der Sinneseindruck (z. B. das Hören des selbst hervorgebrachten Lautes) folgt nicht nur der Bewegung des Hervorbringens nach, sondern verstärkt den Impuls zur nochmaligen Hervorbringung desselben Lautes: das Kind ahmt sich selber nach.

Nun vermag man es freilich den häufigen Wiederholungen in den Lallmonologen oder bei den Arm- und Handbewegungen des Kindes nicht ohne weiteres anzumerken, ob sie rein automatisch erfolgen, oder

[1] Zur Theorie der Nachahmung vgl. insbes. Koffka S. 230ff.

ob schon eine Selbstnachahmung unter Benutzung der sensumotorischen Assoziation vorliegt. Aber man kann unter Umständen auf experimentellem Wege die Frage beantworten, indem man prüft, ob das Kind dieselben Bewegungen nachahmt, wenn sie von außen vorgemacht werden. So kann man z. B. dem Kind Laute vorsprechen, die es selbst schon in seinen Lallmonologen oft spontan angewandt, aber natürlich unmittelbar vor dem Experiment nicht geäußert hatte; überraschenderweise zeigen neuere Beobachtungen mit zweifelloser Sicherheit, daß das Kind zu dieser Art Imitation bereits vor dem Ende des ersten Vierteljahres fähig ist. Da ein so früher Termin für den Anfang des Nachahmens zu landläufigen Auffassungen in Widerspruch steht, sei er durch einige Beispiele belegt.

Hilde 0;2½. „Sagt man dem Kinde, wenn es gut gelaunt ist, ‚*erre erre*' vor, so reagiert es häufig darauf, indem es die sonst unwillkürlich und mühelos hervorgebrachten Silben mit augenscheinlicher, oft sekundenlang dauernder Mühewaltung hervorbringt. Zufall ist ausgeschlossen, da der Versuch oft gelang, ohne daß das Kind vorher oder nachher von selbst Laute ausgestoßen hatte."

Günther 0;3. „Wie eine primitive Unterhaltung hört es sich zuweilen an, wenn wir uns mit G. beschäftigen. Namentlich sind es einfache, den seinen ähnliche Laute, auf die er reagiert, wie z. B. ‚*ä*', ‚*erre*', so daß seine Antwort zuweilen den Eindruck der Nachahmung hervorruft."

Scupins Sohn 0;1½. „Nachdem mehrmals ‚*a brrr*' vorgesagt worden war, lächelte der Knabe auf einmal verschämt (!), machte ein paar probierende Mundbewegungen, stemmte sich mit Händen und Füßen gegen das Federbett und wieder unter gewaltiger Anstrengung stieß er ‚*a brrr*' hervor."

Wenn das Kind in diesen ersten Nachahmungen auch noch nichts Neues leisten lernt, so doch schon das eine, die Tätigkeit zu vollbringen, ohne vorher auf sie eingestellt gewesen zu sein; daher auch die große Anstrengung, von denen die Zitate übereinstimmend berichten. Wir haben es also auch hier wieder mit einer primitiven Willenshandlung zu tun, zugleich mit einer Vorübung zu den sehr viel komplizierteren Willensakten, die bei späteren Nachahmungen nötig werden.

Der Weg über die Selbstnachahmung ist aber nicht der einzige, auf dem das Kind zum Imitieren anderer gelangt; wir müssen noch eine seltsame Nachahmungsfähigkeit erwähnen, die nicht anders als angeboren sein kann. Das Kind vermag nämlich auch solche Bewegungen nachzuahmen, die es an sich selbst gar nicht in ähnlicher Weise wahrnehmen kann, wie es sie an anderen wahrnimmt. Preyers Sohn ahmte schon 0;3 das Mundspitzen nach; Scupins Sohn öffnete 0;6½ stets den Mund, wenn er einen anderen trinken sah; unser Sohn imitierte 0;9 das abwechselnde Zukneifen und Öffnen der Augen – was geht hier vor? Das Kind hat zwar vorher schon oft diese Bewegung des Mundes, der Augen gemacht; es hatte sie aber niemals an sich selbst optisch wahrgenommen; sondern kennt sie nur als kinästhetische[1] und taktile Wahrnehmung; jetzt erlebt es sie an den anderen als optischen Eindruck und wird dadurch zu den entsprechenden Bewegungen am eigenen Körper veranlaßt. Es fehlt also im Bewußtsein des Kindes jede Spur von Ähnlichkeit zwischen dem selbst Erlebten und dem an anderen Wahrgenommenen; es kann keine erlernte und eingeübte sensumotorische Assoziation durch den Anblick meines bewegten Mundes ausgelöst werden, und doch wird die Bewegung nachgeahmt.

Diese Fähigkeit steht somit durchaus auf einer Stufe mit den früher besprochenen Instinktbewegungen; komplizierte Handlungen zweckmäßiger Natur werden vollzogen, deren Vorbedingung nicht in Erfahrungen und Lernprozessen des Individuums, sondern in ererbten nervösen Verbindungen liegt. Es ist eine derartige Feststellung gerade deswegen besonders wichtig, weil man bisher die Nachahmung gewönlich in einen Gegensatz zur Vererbung gestellt hatte. Das Nachahmen, so meinte man, sei lediglich ein Bestimmtwerden durch äußere Erfahrungen ein passives Geformtwerden durch Vorbild und Beispiel – jetzt sehen wir, daß nicht nur die allgemeine Tendenz und Fähigkeit zur Nachahmung als Anlage innerlich gegeben sein muß, sondern daß eine Reihe von speziellen Nachahmungsakten im erblichen Bau des Zentralnervensystems vorgebildet sein müssen[2].

Die beiden besprochenen Faktoren, Selbstnachahmung und instinkte Nachahmung, bilden die Ausgangspunkte für jene vielseitige Imitationsfähigkeit des Kindes, die vom dritten Vierteljahr an mit Macht einsetzt. Neben dem fast reflexmäßigen Angesteckt-Werden durch einen gesehenen oder gehörten Vorgang finden sich ausgesprochene Willensakte, die unter angespanntester Aufmerksamkeit, starker körperlicher Anstrengung, tastenden Vorversuchen ablaufen.

Das Kind wird nun fähig, nicht nur solche Bewegungen nachzuahmen, die es vorher schon spontan von selbst vollzogen hatte, sondern auch neue, früher nie geübte Bewegungskoordinationen. So wurde bei unserer Tochter 0;9 die Lautverbindung *pa pa*, die vorher niemals in ihren Lallmonologen vorgekommen war, auf Vorsagen hin geäußert; um dieselbe Zeit gelang es ihr, der Mutter das Zusammendrücken der Gummipuppe so nachzumachen, daß dabei der bekannte Quietschton

[1] Kinästhetisch heißt die Empfindung, die der Mensch unmittelbar von seinen eigenen Gliedbewegungen hat; sie wird durch Empfindungsnerven vermittelt, die vom Innern der Gelenke und Muskeln ausgehen.

[2] Das Elementare dieser Nachahmungsprozesse läßt sich vielleicht am besten vergleichen mit so manchen „Ansteckungen", die wir auch noch beim Erwachsenen finden: man denke an die Wirkung des Gähnen-Sehens.

entstand. Majors Sohn wiederholte 0;8 die ziemlich schwierige Bewegung der Mutter, die sich ein Zeitungsblatt wie eine Mütze über den Kopf hielt; Scupins Sohn wischte 0;11 eifrig einen Stuhl mit Papier ab, ähnlich dem oft gesehenen Staubwischen des Mädchens. Beim Vorsingen oder Vorpfeifen einzelner Töne sucht das Kind zuweilen schon 0;9 in ungefähr gleicher Tonhöhe zu antworten (auf Pfeiftöne mit ganz hohen Quietschtönen). Auch die Rhythmik wird nachgeahmt; so reagierte unser Sohn 0;8 auf einmal vorgesprochenes *ä* mit *ä*, auf zweimal vorgesagtes mit *ä-ä*. Der Fortschritt bekundet sich ferner darin, daß das Kind eine ganze Reihe verschiedener Nachahmungseinstellungen beherrscht und schnell zwischen ihnen wechseln kann; bei unserer Tochter vermochten wir 0;9 in unmittelbarer Aneinanderreihung Nachahmungen zu erzielen auf folgende vorgemachte Laute: hüsteln, *rrrr*, *a*, hoher Pfiff, *dada*, schnalzen.

An diesen imitativen Vorgängen kann man nun noch zwei Typen unterscheiden, die unmittelbaren und mittelbaren Nachahmungen. Die weitaus meisten bisher gebrachten Beispiele gehören dem ersten Typus an, bei welchem sich die Nachahmung ohne Pause an die Wahrnehmung der Bewegung anschließt. Die andere Form entfaltet eine weniger auffällige, aber vielleicht die bedeutendere Wirkung; hier werden die Wahrnehmungen nicht sofort, sondern erst nach einer mehr oder minder langen Latenzzeit in Nachahmungen umgesetzt; es müssen also die Eindrücke in Form von Dispositionen oder Einstellungen nachwirken, um sich dann bei geeigneter Gelegenheit in entsprechenden Bewegungen zu äußern[1]. Natürlich gilt dies vor allem von solchen Eindrücken, die in häufiger Wiederholung da waren; die von ihnen hinterlassenen Nachwirkungen summieren sich, bis sie die Stärke erlangt haben, um auf motorische Bahnen überzufließen. In solchen Fällen ist dann die Äußerung bestimmter Laute, die Vollbringung gewisser Handlungen nur der Abschluß eines langen Lernprozesses; aber da dieser ganz im Verborgenen abgelaufen ist, wirkt jener Moment auf den Beobachter oft als vollendete Überraschung; das Kind kann auf einmal etwas, das bisher dem Anschein nach noch gar nicht in den Kreis seiner Interessen getreten war: „es ist ihm wie angeflogen."

Dieser unterirdische Weg bildet die Hauptlernmethode. Nicht das Nachmachen des absichtlich Vorgemachten läßt das Kind die meisten Fertigkeiten erwerben, sondern das unausgesetzte ungewollte Ansammeln von Eindrücken, die schließlich in ähnlicher Weise von dem Kinde wieder nach außen projiziert werden. So lernt das kleine Kind

[1] Ob diese Einstellungen schon in der Form bewußter Vorstellungen weiterleben bis die Nachahmung erfolgt, läßt sich in diesen frühen Stadien nicht bestimmen.

Tonfall, Dialekt und Wortschatz seiner Umgebung, so bestimmte Handgriffe, Spiele und hunderterlei anderes; so wächst es allmählich hinein in seine Umwelt und wird durchtränkt von deren Lebensweise, Gewohnheiten und Sitten.

Überblickt man das über die Nachahmung Gesagte und wendet man die Bühlerschen Stufen: Instinkt, Dressur, Intellekt darauf an, so gelangt man zu einem bemerkenswerten Ergebnis. Gewöhnlich wird ja Nachahmung mit „Dressur" in engste Beziehung gebracht; das Nachahmen scheint ein sinnfremdes Tun zu sein, das dem Individuum einfach durch häufige Darbietung beliebiger Sinneseindrücke abgelockt oder aufgezwungen werden kann. In Wirklichkeit aber sind diese mechanisch angelernten Nachahmungen die wenigst wichtigen. Selbst in ihren primitiven Formen ist die Nachahmung ganz vorwiegend eine Tätigkeit mit innerem Sinnzusammenhang. Deshalb wird unter den unendlich vielen nachahmungs*möglichen* Eindrücken eine – dem Kinde unbewußte, aber durch die Lebenszwecke bestimmte – *Auslese* getroffen. Die Triebkräfte dieser Auslese sind einmal *instinktiver* Art, durch ererbte biologische Bedürfnisse vorgebildet – von diesen sprachen wir oben. Sie sind anderseits *intellektueller* Art: nachgeahmt werden Bewegungen, die nicht nur eine beliebige Abfolge von Muskelkontraktionen darstellen, sondern in ihrer sinnvollen Gestalt irgendwie erfaßt, also *verstanden* werden. Wir haben allen Grund, bei Abschluß des ersten Lebensjahres, der ja überhaupt die ersten Spuren der Intelligenz bringt, auch das Auftreten eines verständnisvollen Nachahmens anzunehmen; und in der Folgezeit gewinnt dies vor den anderen Formen, dem instinktiven und dem andressierten Nachahmen, mehr und mehr den Vorrang. Wir werden dies vor allem beim sprachlichen Nachahmen feststellen können.

Man bezeichnet oft das gänzlich sinnfremde mechanische Nachahmen als „Nachäffen", als ob die Affen gerade diese Tätigkeitsform bevorzugten. Nach Köhlers neuen Untersuchungen werden wir hier völlig umdenken müssen. „Der Schimpanse ahmt unsäglich schwer etwas nach, ohne daß es ihm einleuchtet" (S. 123). Nur wenn die Handhabung, die er an einem Menschen oder Artgenossen sieht, als irgendwie sinnvoll *verstanden* wird, werden Nachahmungsimpulse in ihm ausgelöst (S. 175). Köhler spricht hier nur von Nachahmung ungewohnter Handlungen und läßt daher die instinktiven Nachahmungen beiseite. Jedenfalls aber ist auch hier die Analogie zwischen dem Menschenkinde und Menschenaffen erkennbar.

Ein dritter Auslesefaktor, auf den neuerdings Grünbaum mit besonderem Nachdruck hingewiesen hat, ist der *personale*[1]. Das Kind ahmt dort nach, wo es mit einer anderen Person in Gemeinschaft ver-

[1] Grünbaum hat ihn sogar – in einer doch wohl zu weitgehenden Weise – zum Grundprinzip alles Nachahmens überhaupt gemacht.

bunden ist, und ahmt deshalb nach, weil sich die Enge der Gemeinschaft im Gleichtakt des Tuns aufdrängt. Richtig sagt Grünbaum: „Nachgeahmt ist nicht der Komplex der Empfindungen, der sich als Bewegung präsentiert, sondern die Person, die die Bewegung ausführt.“ Wie wählerisch hierbei das Kind zuweilen vorgeht, wird sich später besonders beim sprachlichen Nachahmen zeigen.

3. Die Anfänge des Spielens

Diejenigen Tätigkeiten, welche unmittelbar auf Erreichung eines Zweckes gerichtet sind, wie das Hinstreben zu einem Menschen oder einem Objekt, die Hilfe heischenden Ausdrucksbewegungen, die Handlungen, welche mit der Nahrungsaufnahme verbunden sind, sie bilden doch unter der Gesamtheit aller Tätigkeiten des Säuglings nur einen ganz geringen Bruchteil. Die weitaus meisten Betätigungen des Kindes dienen nicht der unmittelbaren Verwirklichung eines Zweckes, der außerhalb ihrer liegt, sondern sind sich selbst genug; sie sind Spiele. Da die Frage nach dem Wesen und den Bedingungen des Spiels später ausführlich[1] behandelt werden wird, so müssen hier Andeutungen genügen, die lediglich den ersten Anfängen des Spielens beim Säugling gelten.

In diesen Frühstadien nun ist die eben gemachte Unterscheidung zwischen „spielenden“ und „zweckvollen“ Tätigkeiten lediglich für den Beobachter vorhanden; ihr entspricht keineswegs eine Verschiedenheit im psychischen Verhalten des Kindes. Denn nur in ganz seltenen Fällen sind die ernsthaften Zweckhandlungen des Kindes von wirklichen Zweckvorstellungen bestimmt, andererseits aber ist die Bewußtseinsintensität, mit der das Kind seine augenblicklichen Spielinteressen verfolgt, oft durchaus nicht geringer als die psychische Anteilnahme an lebenswichtigen Handlungen, wie es z. B. die Nahrungsaufnahme ist.

Dennoch müssen wir die Scheidung aufrecht erhalten. Wir stehen vor der seltsamen Tatsache, daß ein junges Lebewesen zum größten Teil solche Tätigkeiten vollführt, die zwecklos und daher überflüssig zu sein scheinen; und die Frage wird laut, wie sich dies mit der sonst im Organischen waltenden Zielstrebigkeit vereinbaren lasse. Warum also spielt der Säugling?

Zunächst zweifellos, weil in ihm Spannkräfte lebendig sind, die nach Entladung drängen und die durch die Ernsttätigkeiten nicht genügend verbraucht werden. Und so verwandelt sich denn der Überschuß an Kraft in den Überfluß an Bewegung Die Kräfte brechen aus im Zappeln und Strampeln, im Lallen, Sprudeln und Prusten, im Kriechen und

[1] Vgl. Kapitel XXI.

Rutschen, im Werfen und Aufklopfen mit allerlei Gegenständen, im Schwingen der Klapper und dem Planschen mit dem Wasser. („Entladungstheorie" Spencers.)

Infolge dieses Zusammenhanges muß Umfang und Stärke der Spielbewegungen abhängen von dem Maß der überschüssigen Kraft; und in der Tat macht sich jede Herabsetzung der Kraftmenge in einem Nachlassen der Spieltätigkeit bemerkbar. Das ist ganz deutlich bei allen Erkrankungen: die im Kinde vorhandenen Energien werden nun nötig, um die inneren Störungen zu bekämpfen, und es verbleibt kein Überschuß mehr für das Spielen; das vergnügte Strampeln und das behagliche Lallen, die Freude an den Spielsachen usw. hört plötzlich auf, um mit der Gesundung wiederzukehren. Für die Stärke dieses Auf- und Niederwogens ein Beispiel:

Hilde 0;6½. „Eine schwere Lungenentzündung mit starkem Fieber warf das Kind für vier Tage in vollständige Apathie unter Verweigerung der Nahrung. Mit dem Rückgang des Fiebers ließ auch der apathische Zustand nach, und als die Nahrung wieder wie früher aufgenommen wurde (nach sechs Tagen), da trat mit unerwarteter Plötzlichkeit eine seelische Veränderung auf. Es bemächtigte sich des Kindes eine aufgeregte Freude; Hilde jauchzte und krähte und „erzählte", daß es eine Lust war. Es schien, als ob nach der Krankheit die Lebensfreude um so intensiver geworden war und alle Wege suchte, um sich zu betätigen."

Ähnliche Schwankungen in der Spielintensität kommen aber – was bisher noch nicht genügend beobachtet wurde – auch ohne begleitende Krankheitserscheinungen vor; ja eine gewisse Periodizität zwischen einem Anschwellen und Abschwellen jener primitiven Entladungsbewegungen scheint geradezu eine allgemeine und normale Erscheinung des früheren (vielleicht auch des späteren?) Kindeslebens zu sein. Wir haben dies namentlich an den Lallspielen des Säuglings, aber auch an den spielenden Bewegungen mit den Gliedmaßen beobachtet.

Nun liefert aber die Theorie der Kraftentladung höchstens eine Erklärung für das „Daß", nicht jedoch für das „Wie" des Spielens. Ist es denn nun wirklich ganz zufällig und gleichgültig, in welchen Bahnen sich jene Energien entladen? Hat die Art der Spielbetätigung gar keine Bedeutung für das Leben des Kindes?

Die Antwort auf diese Frage hat Karl Groos gegeben in seiner bekannten Vorübungstheorie des Spiels. Wenn das Spielen auch keinen unmittelbaren Zwecken zu dienen scheint, so erfüllt es doch eine höchst wichtige Aufgabe als unbewußt-autodidaktischer Vorkursus für künftige Ernsttätigkeiten. Damit ist die instinktive Grundlage des Spielens aufgedeckt. Die Veranlagungen zu künftigen Fähigkeiten regen sich lange vor ihrem eigentlichen Fälligkeitstermin, um sich in ungebundenster Weise und an harmlosem Material vorzubereiten auf das spätere zweckvolle Funktionieren.

Betrachten wir die Hauptstadien der Spielentwicklung in der Säuglingszeit auf diesen Vorübungswert hin[1].

Die einfachste Form ist das bloße Spielen mit den eigenen Gliedmaßen. So bedeutet (vgl. S. 89) das bereits im ersten Vierteljahr betriebene Spielen mit den Händen vor den Augen eine Übung im Formauffassen und zugleich eine Vorbereitung auf die Greiftätigkeit. Das Zappeln übt die Beinmuskulatur und weist durch seinen alternierenden Rhythmus schon auf die spezifische Laufbewegung hin (s. S. 44). Ferner würde das Kind ohne die unermüdlichen, dreiviertel Jahr hindurch getriebenen Lallspiele nie die Gewalt über die Bewegungen von Zunge, Kehlkopf, Lippen und Lunge bekommen, die das künftige Sprechen erst möglich machen.

Eva 0;4. „Das ‚Girren' ist jetzt zum lauten vergnügten ‚Krähen' geworden. E. stößt Töne aus so hoch wie die eines jungen Hündchens, und diese Töne scheinen ihr große Freude zu machen; denn sie wiederholt sie häufig hintereinander – sie spielt mit ihrem Kehlkopf."

Scupins Sohn 0;10. „Aus purem Vergnügen bringt er Geräusche aller Art hervor, schmatzt, sprudelt, pustet, zischt (erster Versuch, ein s zu produzieren), schnalzt, hüstelt, macht *brr* und plappert ohne Unterlaß."

Sobald das Kind greifen kann, also im zweiten Vierteljahr, beginnt das Spiel mit Objekten. Dem Zuschauer erscheint es recht eintönig, da es meist nur in unermüdlichen Wiederholungen derselben Bewegungen besteht: da wird Zeitungspapier in den Händchen zerknüllt, wohl auch (in den späteren Monaten) zerrissen; es wird die Klapper immerfort hin und her bewegt; es wird mit dem Löffel dröhnend auf den Tisch geschlagen, das Püppchen immer wieder aus dem Wagen geworfen, zwanzigmal, dreißigmal. Und doch, welcher Reichtum von Erlebnissen geht darin dem Kinde auf, und wie prägen sich diese gerade infolge des so zweckmäßigen Wiederholungsdranges tief in die empfängliche Seele ein! Später braucht jedermann tausendfältig die Fähigkeit, mit Gegenständen umzugehen, sie richtig zu behandeln, sie zu unterscheiden, sich mit der Tücke der Objekte abzufinden; im vierten Lebensmonat hat seine Lehrlingszeit hierfür begonnen. Mit jedem Schlage, den das Kind mit seiner Blechtasse auf den Tisch vollführt, hämmert es in sein Hirnchen hinein: „Mit Dingen kann man Geräusche machen" und „Ich bin Ursache von Geräuschen". Und wenn (0;10) Scupins Sohn immer abwechselnd mit dem Löffel auf den Tisch und

[1] Vgl. hierzu auch das „Inventar" von Bühler und Hetzer, das eine Aufzählung der an 69 Kindern beobachteten Spieltätigkeiten – mit Terminangaben für das Auftreten der einzelnen Spielformen – enthält.

auf ein Blechtablett schlug, so erlebte er hierbei: „Verschiedene Gegenstände klingen verschieden". Das papierzerreißende Kind gibt sich eine kleine Lektion in Physik und Geometrie; es merkt, daß die Objekte der Trennung Widerstand entgegensetzen, daß sie sich, wenn man sie in der Luft losläßt, nach unten bewegen, daß die verschiedensten Formen auseinander entstehen, daß Größeres durch Teilung kleiner wird usw.

Man verstehe dies nicht falsch. Es ist selbstverständlich nicht gemeint, daß das Kind diese „Lehren" in der Form bewußter Vorstellungen sich aneignete, daß es etwa die Begriffe des „Ursacheseins" oder der „Kohäsion" gewinnen könnte. Es handelt sich lediglich darum, daß im Kind eine intime Bekanntschaft entsteht mit einer Fülle von Wahrnehmungen und Eigenbewegungen und den Beziehungen aller dieser Momente untereinander, und daß das so erzeugte Erlebnismaterial in seiner steigenden Vertrautheit den soliden Untergrund abgibt, auf dem sich weiterhin die wirkliche Orientierung in der Welt, das Verstehen der Dinge und ihrer Zusammenhänge erheben kann. Diese vorbereitende Arbeit alles Spielens ist eine mehr unterirdische, im Dämmer des Unbewußten und Halbbewußten sich vollziehende; solchen ungreifbaren psychischen Vorgängen tut jede sprachliche Formulierung mehr oder minder Gewalt an.

Als dritte Gruppe von Säuglingsspielen tritt zu den genannten im zweiten Halbjahr das Spiel mit anderen Menschen hinzu; das Kind begnügt sich nicht mehr mit dem Einzelspiel, sondern will Sozialspiele haben. Wäre es allein angewiesen auf diejenigen Beziehungen zu anderen Menschen, die sich aus den realen Notwendigkeiten seines Lebens ergeben, wie wenig wäre das: genährt, gebadet, in frische Windeln getan werden – damit wäre alles erschöpft. Aber das Spiel erweitert diese Sphäre und läßt schon Beziehungen anklingen, die erst viel später zu Wirklichkeiten werden; es ist die erste Quelle des Verkehrs, einer wirklich seelischen Fühlungnahme zwischen dem Kinde und den anderen. (Vgl. auch Kap. VII 2c.)

Günther 0;7½. „Seit einer Woche antwortet Günther auf ein kurz herausgestoßenes ‚*ä*' mit gleichem Laut, und zwar viele Male hintereinander. Besonders prompt reagiert er, wenn er sich in seinem Wagen bei offener Tür im Nebenzimmer befindet, niemanden sieht und so einen Kontakt zwischen sich und dem ungesehenen Menschen herstellt."

Bei unserer Tochter war 0;8½ genau dasselbe notiert worden; das Kind führte das „eintönige" Unterhaltungsspiel etwa sieben bis acht Minuten durch, ohne seiner müde zu werden.

Über das Verhältnis des Knaben zu seiner älteren Schwester heißt es kurz vor Vollendung seines ersten Jahres:

Günther 0;11½. „Sehr erfreut ist G., wenn Hilde mit ihm ‚spielt', ihm Spielsachen reicht, ihn im Stühlchen fährt, ihm Tänze und drollige Hopser vormacht oder dergleichen. Es geht wie ein Fluidum von Kind zu Kind; trotzdem sich beide noch nicht durch die Sprache miteinander verständigen können, verstehen sie sich doch durch ihr Kind-Sein."

Wettkampf um den Besitz, was weiß ein halbjähriges Kind davon? Was ferner von Trennung und Wiedersehen? Und doch:

Günther 0;7. „Ein Spiel, das ihm große Freude macht, ist das Hingeben und schnelle Wieder-Fortziehen von Hildes Puppe; jedesmal erfolgt aufgeregtes Jauchzen und Erfassen-Wollen. Auch Kuckuckspielen erregt seine Freude; wenn der Kopf des Mitspielers wieder aus dem Versteck erscheint, jauchzt das Kerlchen."

Sehr merkwürdig ist, wie gerade das zuletzt genannte Kuckuck- und Versteckspiel ein typisches Spiel der ½- bis 1jährigen Kinder zu sein scheint. Es wird in den verschiedensten Tagebüchern von uns und anderen immer wieder erwähnt. Bald versteckt sich der Mitspieler hinter einem Stuhl oder einem Tuch, und das Kind lauert gespannt, um dann mit einem jauchzenden *da*! das Wiedererscheinen zu begrüßen; oder es läßt sich selbst ein Tuch überwerfen, das es sich dann mehr oder minder geschickt abreißt, um strahlend zum Vorschein zu kommen[1]. Augenscheinlich beruht der seltsame Reiz, den dieses Spiel ausübt, auf dem Wechsel von Spannung und Lösung und auf dem Kontrast zwischen dem Alleinsein und dem Zusammensein.

Kapitel VI

Der Erwerb von Erfahrungen

1. Wahrnehmen und Aufmerken

Die Frage nach dem Ursprung des menschlichen Erkennens hat zu allen Zeiten Psychologie und Erkenntnislehre aufs lebhafteste bewegt; und oft genug wurde bei diesen Erörterungen auf das kleine Kind als Beispiel zurückgegriffen, da man es hier ja unmittelbar mit dem Zustandekommen der ersten Erfahrungen zu tun habe. Insbesondere war dieser Hinweis beliebt bei den Vertretern des Empirismus, die alles Wahrnehmen, Auffassen und Erkennen des Menschen aus Sinnesempfindungen und deren Verknüpfungen herleiten wollen. Nun sei die Seele des Neugeborenen ursprünglich ganz leer; das Kind müsse also allen Stoff des Erlebens erst von außen her empfangen, die Eindrücke in seine Sinnesorgane hineinspazieren lassen und die zunächst vereinzelten Empfindungen durch Assoziation miteinander verbinden, wodurch dann die komplexen Gebilde, die Wahrnehmungen, Vorstellungen und Gedanken von selber entständen.

Die Hauptthesen dieser weit verbreiteten und in verschiedenen Schat-

[1] Auch das im nächsten Abschnitt S. 83 erwähnte Spiel gehört hierher.

tierungen auftretenden Lehren sind demnach: das passive Hinnehmen der von außen kommenden Sinneseindrücke; die ursprüngliche Atomisierung des Bewußtseinsinhaltes in lauter Mosaiksteinchen („Empfindungen"), der Aufbau des geistigen Lebens durch mechanische Verknüpfung dieser ursprünglich vereinzelten Elemente. Keine dieser Thesen trifft nun für die tatsächliche Erfahrungsentwicklung im Kinde zu; ihre Aufstellung war nur so lange möglich, als man nicht über wirkliche Kindesbeobachtungen verfügte. Denn diese zeigen ein durchaus anderes Bild. Gegen die erste These lehren sie, daß das Wahrnehmen nicht durch bloßes Empfangen, sondern durch Konvergenz der äußeren Eindrücke mit einer ihnen entgegenkommenden Selbsttätigkeit des Kindes zustandekommen. Gegen die zweite These lehren sie, daß nicht ein Mosaik isolierter Empfindungen, sondern ein undifferenzierter Gesamtzustand den Ausgangspunkt des seelischen Lebens bilde. Gegen die dritte endlich lehren sie, daß nicht durch mechanische Aneinanderreihung der Elemente zu Komplexen (Assoziation), sondern durch Heraushebung von Teilgebilden aus dem Gesamtzustand die Erfahrung gestaltet und gegliedert wird. Erst sekundär kann dann, wenn solche „Wahrnehmungsgestalten" gewonnen sind, die „Assoziation" wirksam werden.

Schildern wir diese Ursprünge menschlicher Erfahrung etwas näher.

Unter „Empfindung" versteht man das einfachste Element alles sinnlichen Erlebens. Dieser Begriff ist der Psychologie unentbehrlich; aber er darf nicht in seiner Bedeutung verkannt werden. Er drückt nämliche eine Abstraktion aus: wenn wir irgendein Wahrnehmungsgebilde zerlegen könnten und diese Zerlegung so weit fortgeführt dächten, bis keine weitere Teilung in noch Einfacheres möglich ist, dann nennen wir diese fingierten Endergebnisse der Analyse „einfache Empfindungen". Diese sind demnach nur gedankliche Kunstprodukte, nicht aber seelische Realitäten. Im tatsächlichen Bewußtsein kommen solche einfachen Empfindungen: eines Tones, einer Farbe, einer Temperatur usw. überhaupt nicht vor; sie sind immer nur unselbständige Momente in irgendwelchen einheitlichen Bewußtseinsgebilden. Und diese Unselbständigkeit ist am größten gerade im Urzustand der Kindheit. Der psychische Urzustand ist – so sahen wir schon früher (s. S. 50) – als eine diffuse Gesamtsensibilität zu denken, als allgemeine dumpfe Lebensbewußtheit, die noch keine isolierten Einzelerlebnisse aufweist. In diesem Anfangsstadium gibt es weder das, was die alte Psychologie „einfache Elemente", noch das, was die neue „Gestalten" nennt. So wie wir, wenn wir etwa mit geschlossenen Augen im Halbschlummer auf dem Sofa liegen, von der Helligkeit, die durch unsere Augenlider dringt, dem fernen Geräusch der Straße, dem Druck der Kleider, der Temperatur des Zimmers nichts einzeln merken, sondern alles in unseren Gesamtempfindungszustand einschmelzen, so – nur noch viel vager und dumpfer – müssen wir zunächst die Sensibilität des kleinen Kindes denken. Wir dürfen demnach nicht mit der Frage beginnen, wie sich ursprünglich isolierte Elemente verknüpfen, sondern umgekehrt: wie sich aus diesem wirren Gesamtzustand allmählich jene Bewußtseinsgebilde herauslösen, die wir Wahrnehmungen, „Erfahrungen" nennen. Somit steht am Anfang nicht das Problem der Assoziation, sondern der Dissoziation oder „Abhebung".

Diese Abhebung ist nur durch Konvergenz zu erklären.

Auf der einen Seite üben die von außen kommenden Reize Wirkungen aus. Die Sinnesorgane des Säuglings, in den ersten Lebenstagen noch äußerst funktionsarm (s. S. 49), werden von Tag zu Tag leistungsfähiger und bewirken daher, daß jener wirre Gesamtzustand der Ur-Sensibilität eine gewisse Modellierung erhält. Er ist nicht mehr ganz einförmig und ungegliedert wie eine Nebelmasse; vielmehr gibt es in ihm Stellen, die sich durch besondere Qualität (Farbigkeit, Lautheit, Härte), durch eine gewisse Begrenzung der Linien, durch Plötzlichkeit des Eintretens und Verschwindens irgendwie auszeichnen. Hierher würde etwa derjenige Eindruckskomplex gehören, der von Gesicht, Sprachklang und sanfter Hand der Mutter, oder von Gestalt und Geräusch der Klapper ausgeht. Allein das bloße Dasein solcher ausgezeichneten Stellen im sensoriellen Gesamtzustand bedeutet für sich noch immer keine Wahrnehmung. Jene Stellen bilden vielmehr nur den einen, außenbedingten Faktor im Konvergenzvorgang des Wahrnehmens; sie stellen nur die Ansatzpunkte für den anderen Faktor, die Eigentätigkeit des Kindes dar, die teils körperlicher, teils geistiger Art ist.

Die körperlichen Tätigkeiten bestehen in Einstellungsbewegungen: die ebengenannten hervorstechenden Stellen der Sinnessphäre rufen solche Bewegungsimpulse hervor, daß das Sinnesorgan in eine besonders günstige Lage zum Reiz gebracht wird und ihn möglichst deutlich und dauernd erfassen kann.

Fingieren wir ein gelähmtes Kind, das zwar eine funktionstüchtige Netzhaut habe, aber unfähig sei, die Augenmuskeln und den Kopf zu bewegen: so würde das Kind zwar Helligkeiten und Farben und Formen im Gesamtbestand seines Empfindungsinhalts haben, es würde aber niemals zu optischen Einzelbildern von Gegenständen und Vorgängen kommen, weil alle jene Einstellungsbewegungen des Fixierens, Verfolgens mit den Augen usw. unmöglich wären. Ebensowenig würden

Berührungsempfindungen der Haut je zum Auffassen ertasteter Objekte führen, wenn nicht die aktiven Greif-, Kratz-, Streichbewegungen sich damit verbänden.

Diese sensumotorischen Verknüpfungen aber, durch welche eine Hinwendung und Einstellung auf den Reiz erfolgt, sind angeborener Natur. Einige von ihnen funktionieren, wie das vorige Kapitel zeigte, bereits in den ersten Lebenstagen, andere bilden sich in den folgenden Wochen so schnell aus, daß hier von einem wirklichen Lernen in rein empirischem Sinne keine Rede sein kann. Wir haben es also mit einem schnell reifenden Instinkt zu tun.

Aber auch der sensumotorische Einstellungs- und Hinwendungsinstinkt allein würde noch nicht für das Entstehen von Wahrnehmungen Gewähr leisten. Denn da im Kinde ja fortwährend auch von anderen äußeren und inneren Reizen her Bewegungsimpulse wirksam wären, die jene Einstellungsmechanismen durchkreuzen, würde deren Zustandekommen ständig bedroht, vor allem aber ihre längere Aufrechterhaltung unmöglich sein. Dem entspricht, daß wenigstens in den ersten Lebenstagen wirkliche Hinwendungen auf Reize nur selten und dann stets nur für wenige Momente stattfinden.

Bald aber ändert sich dieser Zustand: es tritt eine zentrale Aktivität des Kindes, die Aufmerksamkeit, in Kraft. Die angeborene Fähigkeit zur Aufmerksamkeitskonzentration ist somit die zweite innere Vorbedingung zum Zustandekommen der Erfahrungen.

Eine Vorstufe der Aufmerksamkeit besteht zunächst darin, daß sich das Kind durch einen neuen Reiz von seiner augenblicklichen Tätigkeit ablenken läßt. Schon in der dritten Woche setzt das Schreien des Kindes zuweilen aus, wenn jemand an das Bettchen tritt oder wenn ein stärkerer akustischer Eindruck unvermittelt erfolgt. Und nun beginnt auch die eigentliche aktive Aufmerksamkeit zu funktionieren. Der ablenkende Reiz hemmt nicht nur die bisher geübte Tätigkeit, sondern zieht die nun frei gewordene Energie auf sich selbst. Es erfolgt diejenige motorische Einstellung der Sinnesorgane, die der Aufnahme des Reizes besonders günstig ist; es findet eine Hemmung aller übrigen Bewegungen statt – hierbei geraten die unbeteiligten Organe oft in einen eigentümlichen Spannungszustand, der wohl am besten geeignet ist, ihre unzweckmäßigen Bewegungen zu verhindern – und endlich wird einige Zeit hindurch dieser konzentrierte Zustand mit Anstrengung aufrecht erhalten, um eine ruhige und intensive Auffassung des Reizes zu gestatten. – So wird aus der bloßen instinktiven Hinwendung zu hellen Reizen ein Fixieren und Anblicken, aus dem Zusammenzucken auf ein starkes Geräusch ein Horchen und Lauschen.

Hilde, Ende der 5. Woche: „Pfeifen und Singen macht deutlichen Eindruck auf das Kind; mit Schreien hört es dann sofort auf und zeigt angespannte Aufmerksamkeit, d. h die Augen sind weit geöffnet und unbeweglich wie der ganze Körper."

Günther, dritte Woche: „In den letzten Tagen ist das Blicken nun mit völliger Sicherheit konstatiert. Namentlich, wenn etwas sich plötzlich dem Kinde nähert – vor allem ein Menschengesicht – erhält der Blick sofort etwas Gespanntes, Fixierendes, das gar nicht zu verkennen ist. Wechselt der fixierte Gegenstand seine Stellung, so wechselt auch zuweilen der Blick entsprechend seine Richtung." – Drei Tage später: „Schreit der Junge heftig und nähert man sich ihm plötzlich, so tritt sofort eine Schreipause ein, und der Kommende wird angeblickt." – Fünfte Woche: „Der Blick wird immer größer und gespannter; tritt man an den Wagen heran, so blickt er einen aufmerksam an; wird er herausgenommen oder in ein anderes Zimmer gefahren, so hält der Wechsel der Eindrücke den Blick dauernd in einer fast erwartungsvollen Spannung." – Siebente Woche: „Liegt G. auf der Wickelkommode, so sucht er mit den Augen fast stets die helle Wand dahinter; dreht man ihn, so verändert er entsprechend die Blickrichtung, um die Wand im Auge zu behalten."

Eva, dritte Woche: „Auf Schall reagiert sie nicht durch Zusammenzucken, sondern durch gespanntes Aufmerken, durch Aussetzen des Schreiens, besonders bei hohen Pfeiftönen, Schlüsselgeklimper und dem durch Einziehen der Luft erzeugten Zwitschern. Das „Aufmerken" bekundet sie durch völlige Unbeweglichkeit mit starrem Blick. Ebenso wirken hell beleuchtete Gesichter, die sich über sie beugen."

Aus einem etwas späteren Alter (zwölfte Woche) sei eine Notiz des Ehepaars Scupin über ihren Knaben wiedergegeben: „Die Mutter hielt das im Tragebett sitzende Kind auf dem Schoß; aufmerksam blickte es um sich, und höchst interessiert schaute es auf die im Aquarium herumziehenden Fische. Als ein Schlammbeißker plötzlich unruhig umherwirbelte, hob und senkte es lebhaft die Arme und blähte die Nasenfügel weit auf. Nach einer Weile begann der Vogel zu trillern, sofort wandte das Kind ihm den Kopf zu; es hatte die Schallrichtung ganz genau erkannt und verwandte nun keinen Blick von dem singenden Tierchen." (I, S. 9).

Natürlich darf man von dieser Aufmerksamkeitsanspannung im ersten Lebensjahre noch nicht zu große Leistungen erwarten. Insbesondere ist die A u s d a u e r des Kindes sehr gering; hat es eben einen Ausdruck mit der Aufmerksamkeit auch noch so eifrig erfaßt, so ist in den nächsten Sekunden schon die Abspannung oder die Hinneigung zu einem neuen Eindruck zu konstatieren. Noch bei dem 0;11½ alten Kinde fand I d e l b e r g e r (S. 253) in einer Reihe kleiner Versuche, daß die Zeitspanne, während deren ein gezeigtes Objekt dauernd mit Aufmerksamkeit angeblickt wurde, eine geringe Anzahl von Sekunden nie überstieg; am längsten, nämlich 15 Sekunden, blieb der gespannte Blick an einer dem Kinde in die Hand gegebenen Taschenuhr haften.

Motorische Einstellungen und Aufmerksamkeitskonzentrationen sind also die beiden eng verbundenen Mittel, durch welche das junge Individuum einzelne Teilgebilde aus dem wilden Urchaos gefühlsbetonter Empfindungen herausholt und festhält, zugleich aber auch a b h e b t von eben jenem Gesamtzustand und als etwas Besonderes erlebt. Sie gewinnen damit allmählich einen gegensätzlichen Charakter zu dem nur subjektiv Erlebten, sie weisen nach außen auf Objekte, kurz, sie werden zu Wahrnehmungen. Dieser Prozeß geht nur sehr allmählich vor sich: von der primitiven Stufe, auf der ein Sinnesreiz lediglich durch seine subjektive Annehmlichkeit oder Unannehmlichkeit wirkt und Abwehr- oder Hinwendungsreaktionen hervorruft, bis zu jenem Moment, wo in ihm eine Person, ein Ding, ein objektiver Vorgang als wirklich erlebt und als „wahr-genommen“ wird, führt ein weiter Weg; und es ist aus dem Verhalten des Kindes durchaus nicht immer mit Sicherheit zu bestimmen, ob es sich in irgendeinem speziellen Falle schon zu einem echten Wahrnehmen von Objekten durchgerungen hat.

Aus den Experimentaluntersuchungen von B. Loewenfeld über die akustischen Reaktionen des Säuglings seien hier folgende entwicklungspsychologischen Ergebnisse angeführt. Während im ersten Monat nur diffuse Schock- und Unlustreaktionen vorkommen, findet im zweiten Monat eine erste Differenzierung statt, indem auf Geräusche (Knarre) negativ, d. h. mit Schockbewegungen, auf Klänge (Pfeife) neutral reagiert wird. Im dritten Monat bahnt sich die Seh-Hörverbindung an, d. h. der Blick wird in der Richtung der Schallquelle fixiert. Dieser Monat ist die eigentliche „Hörzeit“; auch die Dauerhaftigkeit der Einstellung auf Gehörsreize ist hier besonders groß. Im vierten Monat nimmt Dauer und Mannigfaltigkeit der Reaktionen ab, die Schockreaktionen mildern sich zu Ausdrucksbewegungen; neu tritt die Reaktion des Lächelns hinzu. In den folgenden Monaten wirken nur noch solche Gehörsreize, die eine besondere Affektwirkung haben.

Mit feiner Intuition sechildert Adalbert Stifter in seiner Selbst biographie das allmählich Übergehen aus der Diffusität affektbetonter-Sinneserlebnisse zu der Wahrnehmung einer, dem Ich gegenüberstehenden Außenwelt. Hierbei kann man es dahingestellt sein lassen, wie weit man es mit wirklichen Resten von Ur-Erinnerungen (wie Stifter es selbst glaubt), und wie weit man es mit dichterischer Nachgestaltung zu tun hat[1].

„Weit zurück in dem leeren Nichts ist etwas wie Wonne und Entzücken, das gewaltig fassend, fast vernichtend in mein Wesen eindrang und dem nichts mehr in meinem künftigen Leben glich. Die Merkmale, die festgehalten worden sind: es war Glanz, es war Gewühl, es war unten. Dies muß sehr früh gewesen sein, denn mir ist, als liege eine hohe weite Finsternis des Nichts um das Ding herum. Dann war etwas anderes, das sanft und lindernd durch mein Inneres ging. Das Merkmal ist: es waren Klänge. Dann schwamm ich in etwas Fächelndem, ich schwamm hin und wieder, es wurde weicher in mir, dann wurde ich wie trunken, dann war nichts mehr . . . Die folgenden Spitzen werden immer bestimmter, Klingen von Glocken, ein breiter Schein, eine rote Dämmerung. Ganz klar war etwas, das sich immer wiederholte. Eine Stimme, die zu mir sprach, Augen, die mich anschauten, und Arme, die alles

[1] Ich verdanke die Stelle dem Buche Bernfelds (S. 261). – Die Stelle ist um so erstaunlicher, als Stifter bereits 1868 gestorben ist, also nicht durch moderne psychologische Theorien beeinflußt sein konnte. – Die Sperrungen stammen von mir.

milderten. Ich schrie nach diesen Dingen. Dann war Jammervolles, Unleidliches, dann Süßes, Stillendes. Ich erinnere mich an Strebungen, die nichts erreichten, und an das Aufhören von Entsetzlichem und Zugrunderichtendem. Ich erinnere mich an Glanz und Farben, die in meinen Augen, an Töne, die um meinen Ohren, und an Holdseligkeiten, die in meinem Wesen waren. Immer mehr fühlte ich die Augen, die mich anschauten, die Stimme, die zu mir sprach, und die Töne, die alles milderten, Ich erinnere mich, daß ich das „*Mam*" nannte. Diese Arme fühlte ich mich einmal tragen. Es waren dunkle Flecken in mir. Die Erinnerung sagte mir später, daß es Wälder gewesen sind, die außerhalb mir waren. Dann war eine Empfindung wie die erste meines Lebens, Glanz und Gewühl, dann war nichts mehr. Nach dieser Empfindung ist wieder eine große Lücke. Zustände, die gewesen sind, mußten vergessen worden sein. Hierauf erhob sich die Außenwelt vor mir, da bisher nur Empfindungen wahrgenommen worden waren. Selbst Mam, Augen, Stimme, Arme waren nur als Empfindung in mir gewesen, sogar auch Wälder, wie ich eben gesagt habe . . . Mam, was ich jetzt Mutter nannte, stand nun als Gestalt vor mir auf und ich unterschied ihre Bewegungen . . ."

Sehen wir uns nun die einzelne Wahrnehmung als solche an. Schon oben betonten wir, daß sie nie und nimmer als ein aus lauter einfachen Empfindungen aufgebautes Gefüge angesehen werden darf; sie ist vielmehr von vornherein ein Ganzes, das sich nun deutlich vom Bewußtseinshintergrund abhebt, und innerhalb dessen die Töne, Linien, Farben usw. nur eine unselbständige, sich gegenseitig bedingende und vom Ganzen her bestimmte Bedeutung haben. Ein solches abgegrenztes Ganze nennt die neue Psychologie eine psychische „Gestalt", die in ihr vorhandene Gliederung und Organisierung ihre „Struktur".

Jede Wahrnehmungsgestalt macht nun für sich noch eine Entwicklung durch. So wie sie zuerst durch Einstellungsbewegungen und Aufmerksamkeitskonzentrationen erzielt wird, ist sie noch ganz dürftig und unklar; aber sie wirkt nun wieder als neuer Anstoß auf weitere körperliche und geistige Aktivität und geht aus jedem solchen Akt des Betastens und Betrachtens, des Bemerkens und Beachtens in bereicherter und geklärter Form hervor. Die Abgrenzung des Objekts gegen die Umgebung wird verschärft; in der inneren Struktur wird das eine Merkmal mehr betont, andere unwesentliche zurückgeschoben – kurz: die Eigentätigkeit in ihrem Gesamtverlauf schafft eigentlich erst die Gestalt, ist „gestaltende" Tätigkeit.

Ja wir dürfen überhaupt nicht von den „Gestalten" als bloß zuständlichen Gegebenheiten des Bewußtseins reden, sondern von lauter „Gestaltungen", in welche neben den sinnlichen Momenten der Farben, Geräusche und Tasteindrücke auch die Eigenaktivität der Körpereinstellung und Aufmerksamkeitsspannung mit eingeht. Das Wahrnehmungsgebilde „Klapper" ist für das Kind nicht allein das Ineinander von gesehener und getasteter Form und gehörtem Geräusch; sondern die rhythmische Eigenbewegung des Schüttelns und der Akt des gespannten Horchens ist von vornherein mit eingeschlossen[1].

Nunmehr sind wir in der Lage, auch dem Assoziationsprinzip seinen rechten Platz anzuweisen. Erst wenn durch Abhebung (Dissoziation) einzelne Wahrnehmungsgestalten gewonnen sind, kann sich an diesen eine Verknüpfung geltend machen. Eine Verknüpfung nennen wir Assoziation dann, wenn das eine Glied, allein auftretend, das andere oder die anderen nach sich zu ziehen vermag. In zwei recht verschiedenen Formen kann dieser Vorgang bei Wahrnehmungen auftreten: als „Intra-Assoziation" und als „Inter-Assoziation". Die erste bekundet sich innerhalb einer einzelnen Wahrnehmungsgestalt: die in der Struktur zusammengehörigen Glieder behalten ihre Aneinander-Gebundenheit auch dann, wenn zunächst nur Bruchstücke der Wahrnehmung durch Sinnesreize geweckt werden. So kann etwa der bloße Geruch der Mutterbrust assoziative Saugbewegungen und Erwartungserlebnisse im Kinde erwecken, weil in der ursprünglichen Wahrnehmungsgestalt „Mutterbrust" Geruchs-, Gesichts-, Tast-, Geschmackseindrücke und Saugbewegungen eine einheitliche Struktur bilden. Die Inter-Assoziation dagegen tritt dort auf, wo zwei (oder mehrere) ursprünglich gegeneinander abgehobene Erlebniseinheiten sekundär zur Verknüpfung kommen und so eine neue Struktur (der Zeitfolge, des räumlichen Beieinander, der kausalen Beziehung usw.) bilden. Nun vermag wieder das eine Glied das andere assoziativ nach sich zu ziehen: so wenn das Kind die Gegenstandswahrnehmung Baum und die (akustisch-motorische) Wortgestalt Baum zum sinnvoll benannten Gegenstand vereinigt hat und nun beim Hören von „Baum" auf das Objekblickt.

Dies Beispiel zeigt zugleich, daß Assoziationen nicht nur wirksam

[1] In obiger Darstellung wird versucht, die Gesichtspunkte der Gestaltspsychologie auf personalistische Grundgedanken zurückzuführen. Die „Gestalten" sind nichts Letztes, sondern gehen hervor aus der gestaltenden Tätigkeit des einheitlichen persönlichen Subjekts. – Es ist übrigens bemerkenswert, daß auch die „Gestalts"-psychologen selbst aus einer inneren Notwendigkeit heraus über die Bewußtseinsganzheiten die sie ursprünglich „Gestalten" nannten, hinausstreben und nach übergeordneten Ganzheiten suchen. Dadurch nähern sie sich ungewollt der personalistischen Auffassung. Gerade die Betrachtung der frühen Kindheit muß ja dazu führen. Sie veranlaßt z. B. Koffka, nicht nur neben die sensorischen und ideatorischen (also rein psychischen) Strukturen die motorischen als besondere Gruppe zu stellen, sondern auch ausdrücklich „sensumotorische Strukturen" anzuerkennen, d. h. Gestaltsganzheiten, in deren Einheit Psychisches und Physisches nur unselbständige Momente sind. Damit ist er bereits dem oben vertretenen Standpunkt ganz nahe gekommen; denn nur in einer psychophysisch neutralen „Person" sind solche Strukturen möglich.

sein können zwischen Bewußtseinsinhalten, sondern auch zwischen diesen und Bewegungen[1].

Die Wirkung der assoziativen Verknüpfungen führt schon hinaus über die eigentliche Wahrnehmung in das Gebiet des Gedächtnisses.

2. Gedächtnis. Vorstellen

Wir müssen wohl annehmen, daß vom ersten Augenblick an, in welchem Sinneseindrücke zu wirken beginnen, auch schon die Funktion des Gedächtnisses – in weitestem Sinne genommen – einsetzt. Tritt nämlich irgendeine Sinneswahrnehmung wiederholt auf, so verstärken sich die aufeinander folgenden Eindrücke zu einer Gesamtwirkung von einer gewissen Nachhaltigkeit. Das erste äußere Symptom für diese frühesten Gedächtnisvorgänge ist das „Erkennen" (genauer „Wiedererkennen") des Kindes – eine Leistung, die freilich nicht primitiv genug vorgestellt werden kann.

Schon im zweiten Lebensmonat läßt sich zuweilen beobachten, daß das Kind gegen gewisse Eindrücke, die es öfters gehabt hat – insbesondere das Antlitz und die Stimme der Mutter – nicht gleichgültig bleibt, sondern durch sie zu einem leisen Lächeln veranlaßt wird. Im zweiten Vierteljahr ist dies Erkennen sogar bis zu einem „Unterscheiden" vorgeschritten: das Kind benimmt sich zu bekannten Personen ganz anders als zu fremden.

Günther 0;3. „Als ich (die Mutter) das eben von der Brust genommene Kind kürzlich einer Besucherin zeigte, indem ich es auf dem Arm hielt (eine dem Kinde sonst sehr angenehme Stellung), fing G., der mich eben noch angelächelt hatte und völlig gesättigt war, in betrüblicher Weise an, die Mundwinkel herunterzuziehen und jammernd zu schreien (ausdrucksvoller als er sonst schrie)."

Scupins Sohn 0;3½. „Bekannten Gesichtern wird auf 3 m Entfernung zugelacht. Fremde Personen werden bereits als solche erkannt und mit ernsthaftem, erstauntem Blick betrachtet: selten nur gelingt es ihnen, das sonst so heitere Kind zum Lachen zu bringen. Meist lächelt er nur verschämt mit gesenktem Kopf."

Eva 0;4½. „Gestern trat ich plötzlich mit einer Dame an ihren Wagen; die Fremde beugte sich über das ahnungslose Kind, und dieses fing ganz erschreckt zu weinen an. Beugen sich Mutter oder Vater oder die Geschwister zu ihr herab, dann lächelt sie meist."

Was liegt in diesen Fällen vor? Zweifellos kein Erkennen bzw. Unterscheiden im gewöhnlichen Sinne des Wortes. Im Kinde läuft nicht etwa ein Bewußtseinsprozeß folgender Art ab: „Dieses Gesicht stimmt überein mit dem, das ich schon vorhin und schon früher gesehen habe, jenes dagegen habe ich noch nie gesehen"; denn es kann

[1] Das Assoziationsprinzip ist also ebenso wie das der Gestaltung und Struktur, psychophysisch neutral; hierdurch wird wiederum die personalistische Ableitung gefordert.

sich weder an einen früher dagewesenen Eindruck erinnern, noch eine wirkliche Vergleichung anstellen. Überhaupt fehlt dem Kinde hierbei noch jede bewußte Beziehung auf Vergangenes. Die früheren wiederholten Wahrnehmungen des Gesichts der Mutter wirken lediglich dadurch nach, daß sie der erneuten Wahrnehmung eine besondere Gefühlsnuance verleihen. Der ganze Prozeß des gegenwärtigen Wahrnehmens ist durch jene Vorübung erleichtert; es fügt sich der Eindruck in schon vorhandene Strukturen ein, die Arbeit der Aufmerksamkeit verläuft glatter und kann daher mit der ihr zur Verfügung stehenden Energie mehr Einzelheiten erfassen und zusammenfassen als bei neuartigen Eindrücken; und so kann das Wahrnehmungserlebnis eine Lustbetonung erhalten, die man als „Bekanntheitsqualität" (Höffding) oder als Vertrautheitsgefühl bezeichnen mag.

Wir haben es also – zum mindesten innerhalb des ersten Lebensvierteljahres – ausschließlich mit gebundenen Gedächtniswirkungen zu tun: die früheren Wahrnehmungen hinterlassen noch nicht selbständige Bewußtseinsspuren, sondern tragen nur unterirdisch zur Ausgestaltung der folgenden Wahrnehmungen bei. Aber auch dieses verborgene Wirken ist von höchster Wichtigkeit; denn es macht dem Kind allmählich alle Dinge und Vorgänge bekannt und vertraut, die tagtäglich auf seine Sinnesorgane einwirken[1]. Jede weitere Wiederholung festigt den Eindruck, bis schließlich die Wahrnehmungen tief genug eingegraben sind, um einen selbständigen Niederschlag im Bewußtsein als aktuelle Gedächtnisspur d. h. als Vorstellung, zu hinterlassen.

Diese Emanzipation des Gedächtnisses von der Wahrnehmung geht natürlich nur stufenweise vor sich. Als Übergangsformen sind feststellbar: das primäre Gedächtnisbild und die assoziative Vorwegnahme von Wahrnehmungen.

Eine Wahrnehmung von einiger Stärke hinterläßt, wenn sie verschwindet, eine Art Nachschatten, das sogenannte „primäre Gedächtnisbild", das zwar schnell abklingt, aber doch schon im kleinen Kinde eine gewisse Bewußtseinswirkung haben kann. So berichtet Miß Shinn von ihrer Nichte:

0;3. „Eine hell gekleidete Dame hatte mit dem Kinde gescherzt, war aber dann durch eine Veränderung ihres Platzes plötzlich dem Gesichtskreis des Kindes entrückt worden. Da suchte das Kind einige Augenblicke nach dem plötzlich verschwundenen Gesichtseindruck."

Einige Monate später ist das primäre Gedächtnis schon so lebhaft, daß es zu den ersten einfachen Spielen mit dem Kinde verwertet werden kann. Ist ein Eindruck, der das Kind interessierte, plötzlich verschwun-

[1] Ausführlicheres über die gebundenen Gedächtniswirkungen enthält Kap. XV.

den, so ist es auch unmittelbar danach noch so von ihm erfüllt, daß es sein Wiederauftreten erwartet; erfolgt diese Erneuerung, so jubelt das Kind und wird der Wiederholung des Spiels nicht müde.

Hilde 0;7. „Seit einigen Tagen beobachtete ich beim Kinde etwas, das mich wie ein primitives Spiel anmutet. Während es bei mir an der Brust trinkt, wendet es den Blick zu mir; ich sehe woanders hin, das Kind hört mit Trinken auf, tauscht nun die seitliche Lage mit der Rückenlage und guckt mich schelmisch lauernd an, was natürlich nicht ich, sondern mein Mann beobachten kann. Wende ich mich nun langsam zum Kinde hin, dann überfliegt ein strahlendes, zufriedenes Lächeln sein Gesichtchen, und es beginnt das neckische Spiel von neuem, tut ein paar Züge, hört auf, schaut mich gespannt an usw. Bei jedem Umwenden meinerseits glückliches Lächeln, Hervorbringung leiser Freudentöne."

Daß aber nicht nur eben dagewesene, sondern auch weiter zurückliegende Eindrücke in Vorstellungsform wieder aufleben können, zeigt die assoziative Erwartung und Vorwegnahme, die ebenfalls im zweiten Vierteljahr zur Ausbildung gelangt. Erkennbar wird beim Kinde eine solche Assoziation aus Abwehr- oder Hinwendungsbewegungen, die auf einen – noch gar nicht wahrgenommenen, sondern erst zu erwartenden – Teil des Gesamteindrucks gerichtet sind.

Hilde 0;4½. „Seit einem Monat bekommt H. einmal im Tage ein Süppchen, das ihr mit dem Löffel eingeflößt wird, während sie auf dem Schoß der Mutter liegt. In den ersten Wochen war es sehr schwer, sie dazu zu bewegen, den Kopf mit dem Gesicht nach oben zu halten; nach jedem Löffel Suppe drehte sie sich zur Seite, wie sie es beim Brusttrinken gewöhnt ist. Erst sehr allmählich stellte sie sich auf die andere Art der Ernährung ein; jetzt hält sie den Kopf gerade und spitzt oft schon den Mund, ehe der Löffel ihn berührt."[1]

„Beim Baden wird ihr das Gesicht mit einem Lappen gewaschen, der mit ganz kaltem Wasser getränkt ist. Hierbei bewirkt die Kälte stets sträubende Bewegungen des Kopfes und des Rumpfes. Seit etwa einer Woche wird nun bemerkt, daß diese Bewegungen schon beginnen (sie zuckt mit dem Gesicht zurück), wenn der Lappen ihr so genähert wird, daß sie die Berührung erwartet."

Im Laufe der folgenden Monate vermehren und vermannigfachen sich diese Erwartungseinstellungen ganz bedeutend; sie führen schon zu regelrechten Hoffnungen, Enttäuschungen, Befürchtungen, wenn diese alle sich auch nur auf das Erleben der nächsten Sekunden erstrecken. Das Kind bemerkt, daß das Deckbett von dem Wagen fortgenommen wird, und strampelt vergnügt, weil es erwartet, auf den Arm gehoben zu werden; um so größer ist der Schmerz, wenn es sieht, daß die Mutter

---

[1] Vgl. die etwas andersartige Deutung, die Koffka (S. 182) obiger Beobachtung gibt. Er glaubt nicht, daß schon eine wirkliche Erwartungsvorstellung vorliege, sondern daß in der Gesamtstruktur des Gefüttertwerdens der Löffel eine Stelle als „Durchgangsphänomen", das über sich hinausweist, erhalten hat. Natürlich ist es nicht mit Sicherheit feststellbar, in welchem Augenblick dieser Entwicklung wirkliche Erwartungs-Vorstellungen aufgetreten sind.

sich gleich wieder mit dem Deckbett nähert (Hilde 0;8 ½). In der Zeit des Entwöhntwerdens kann die Annäherung der Flasche oder Tasse statt der erhofften Brust schon den heftigsten Protest herausfordern, weil das Kind bereits die bevorstehenden Unannehmlichkeiten des fremden Geschmacks und der unbequemen Trinkerei, wenn auch noch so unklar, im Bewußtsein vorwegnimmt.

Charakteristisch ist also für die ganze Frühentwicklung des Vorstellungslebens, daß die Vorstellungen nicht sowohl als Erinnerungen auftreten, die auf etwas Vergangenes weisen, sondern als Erwartungserlebnisse, welche auf die (freilich nur ganz unmittelbare) Zukunft gerichtet sind. Damit begegnen wir zum ersten Male einem allgemeinen Entwicklungsgesetz: Die Bezugnahme auf die Zukunft wird früher vom Bewußtsein erfaßt als die auf die Vergangenheit. Der Grund liegt in der ganz anderen Bedeutung, welche die unmittelbare Zukunft für Wohl und Wehe des Individuums hat. Die Vergangenheit ist ein Schemen, an dem nichts mehr zu ändern ist, sie kann also nur ein Gebiet des willenlosen Vorstellens sein; die Zukunft aber verlangt zweckmäßige Betätigung, Einstellung und Anpassung, Hinwendung und Abwehr, und ist daher die unmittelbare Sphäre des Lebenswillens. Und der Wille hat die Vorherrschaft gegenüber der bloßen Vorstellung.

Wann nun das Gedächtnis so weit emanzipiert ist, daß es ohne unmittelbaren äußeren Anstoß, also spontan, Vorstellungen ins Bewußtsein zu heben vermag, läßt sich mit Genauigkeit nicht feststellen. Denn das Hauptmittel, durch welches der Mensch späterhin seine Vorstellungen ausdrückt, die Sprache, fehlt ja noch, und andere Symptome sind nicht eindeutiger Natur. Hat das Kind von sieben oder von neun Monaten, wenn es wach in seinem Wagen liegt und sich selbst überlassen ist, schon ein Vorstellungsleben? Zeigt ihm sein Bewußtsein irgendwelche inneren Bilder von jenen Personen und Sachen, mit denen es durch täglichen Umgang wohl vertraut ist, von dem Antlitz, der Stimme, der Gestalt der Mutter, von der Milchflasche, der Klapper? Ist sein Lallen lediglich der Ausdruck einer gegenstandslosen behaglichen Stimmungslage oder der Begleiter eines wenn auch noch so vagen Erlebens konkreter Bewußtseinsinhalte? Wir wissen es nicht und werden es wohl niemals wissen.

Gegen Schluß des ersten Lebensjahres ist die Fähigkeit des spontanen und selbständigen Vorstellens jedenfalls sicher vorhanden, was allerdings auch nur mit Hilfe der nun beginnenden Sprache festzustellen ist. Eine besonders beweiskräftige Beobachtung hierfür ist die folgende:

Hilde 1;0. „Heute morgen trat ich zu Hilde ans Bett, sofort machte sie „bitte bitte" mit den Händchen und sagte gleich darauf ‚*puppe*', obgleich ich nichts in den Händen hielt. Hier war es zum erstenmal ganz zweifellos, daß das Kind etwas nur in der Vorstellung Vorhandenes verlangte, vielleicht den Zwieback, den sie jetzt immer ‚*puppe*' benennt, oder ihr Spielzeug."

3. Die Eroberung des Raumes[1]

Es gibt eine Seite der menschlichen Erfahrung, bei welcher die Entwicklung schon innerhalb des ersten Lebensjahres bis zu einem gewissen Abschluß gelangt: die „Eroberung des Raumes". Zugleich ist auf diesem Gebiet besser als auf irgendeinem anderen der Fortschritt von Stufe zu Stufe zu verfolgen. Nehmen wir noch hinzu, daß das so umstrittene psychologische Problem des Ursprunges der Raumauffassung nur von der Kinderpsychologie aus gelöst werden kann, so rechtfertigt sich eine gesonderte, wenn auch nur knappe Behandlung dieses Themas.

Der Ausdruck „Eroberung des Raumes" soll besagen, daß nicht nur der Werdeprozeß der Raum-Wahrnehmungen und -Vorstellungen zur Erörterung steht, sondern die Bewältigung des Räumlichen im Erkennen und im Handeln zugleich. Beides ist völlig untrennbar; die Struktur-Einheit des Sensumotorischen tritt nirgends mit solcher Schärfe hervor wie beim Verhalten zum Raume; es gibt kein Auffassen ohne Anfassen, kein Begreifen ohne Ergreifen, kein Vorstellen ohne ein Sich-Einstellen.

Daraus folgt, daß die isolierte Betrachtung der Raumphänomene eines einzelnen Sinnesgebietes eine ganz künstliche Abstraktion wäre. Ursprünglich gibt es nirgends gesonderte optische Raumwahrnehmungen der Netzhaut, taktile Raumwahrnehmungen bei Berührung der Haut, akustische beim Erkennen der Schallrichtung, kinästhetische beim Vollziehen und Wahrnehmen der Eigenbewegungen, Bogengangsempfindungen zur Regulierung des Gleichgewichts; vielmehr baut sich aus dem elementaren und ununterbrochenen Ineinanderverschmolzensein aller dieser Faktoren die einheitliche räumliche Erfahrung des Kindes auf. Daß sich die Raumpsychologie so lange von jener irreführenden Abstraktion beherrschen ließ, ist nur durch die frühere Beschränkung auf Untersuchungen an Erwachsenen erklärlich.

Der gleiche Grund hat bewirkt, daß man im Streit zwischen Empirismus und Nativismus im Dunkeln tappte. „Ist die Raumvorstellung an-

[1] Unter teilweiser Benutzung meines früheren Aufsatzes: Die Entwicklung der Raumwahrnehmung in der ersten Kindheit. 1909. – Neue theoretisch wichtige Betrachtungen über die Raumwahrnehmung des Kleinkindes finden sich bei Bühler (Entwicklung S. 32ff. und S. 57ff.) und bei Koffka (S. 212ff.).

geboren oder erworben?" Diese Frage ist an der fertigen Raum-Auffassung und -Orientierung des Erwachsenen überhaupt nicht zu beantworten; die Kindespsychologie aber zeigt, daß die Fragestellung bereits falsch formuliert ist. Es gibt keinen einzigen Akt der Auffassung von Räumlichem oder der Orientierung im Raum, an welchem nicht Angeborenes und Erworbenes zusammenwirkte. Die Raumauffassung ist viel zu mannigfaltig in ihren Kategorien: Ausdehnung in der Linie, Fläche und Tiefe; Form; Größe; Richtung; Lage; Entfernung – als daß die Fähigkeit zu ihrer inneren Aneignung schon durchweg fertig vorgebildet sein könnte. Hier muß vieles erst „gelernt" werden. Aber andererseits sind gewisse Grundlagen (insbesondere das allgemeine Erfassen des „Ausgedehntseins") von einer solchen sinnlichen Evidenz, und es funktionieren manche sensumotorische Verknüpfungen sofort oder doch sehr bald mit einer solchen Treffsicherheit, daß eine vorgebildete Anlage hierzu unmöglich geleugnet werden kann. Das Erlernen auf dem Gebiet des Räumlichen ist daher nur zu einem Teil ein rein empirisches Lernen, zu einem anderen Teil aber ein allmähliches Reifwerden instinktiver Fähigkeiten, für welche die individuellen Erfahrungen nur das Auslösungs- und Übungsmaterial darstellen. Es gilt also auch hier die Konvergenztheorie.

Verfolgen wir nun diesen Entwicklungsprozeß im einzelnen.

Der mathematische Raum kann bekanntlich durch ein Liniensystem dargestellt werden, das sich von einem Nullpunkt aus nach den drei Dimensionen erstreckt. Auch der psychologische Raum, so wie er in der Wahrnehmung, Vorstellung und Raumorientierung jedes Menschen gegeben ist, lagert sich dreidimensional um eine Mitte. Aber während im mathematischen Raum der Nullpunkt ganz beliebig angenommen werden kann, ist er im psychologischen eindeutig festgelegt: nämlich in der Person des wahrnehmenden Individuums. Denn jeder Mensch ist der Mittelpunkt seines Raumes, erlebt von sich aus die Dimensionen des Vorn-Hinten, Rechts-Links, Oben-Unten. Diese drei Erstreckungen haben qualitativ ganz verschiedenen Erlebnisgehalt, während sie im mathematischen Raum gleichwertig und beliebig vertauschbar sind. Endlich: während im mathematischen Raum der Nullpunkt ein wirklicher Punkt ist, sind wir im psychologischen Raum außerstande, einen solchen anzugeben: der Gesamtkörper des Individuums – zum mindesten der Kopf – gilt als die Orientierungsstelle. So tritt hier dem „Außenraum" der „Eigenraum" als eine besondere Auffassungsgestalt gegenüber; alle Eigenschaften und Verhältnisse des äußeren Raumes werden zu dem Eigenraum irgendwie in Beziehung gesetzt und erhalten dadurch ihrerseits ihre psychologische Charakteristik.

Man darf nun aber nicht annehmen, daß das kleine Kind zunächst den Eigenraum voll bewältigte – also Lage, Bewegung, Größe, Form der eigenen Glieder erkennen und verwerten lernte – und dann erst die Eroberung des äußeren Raumes in Angriff nähme; vielmehr entwickelt sich beides nebeneinander und in ständiger Wechselbeziehung miteinander.

Der Eigenraum. Wenn wir zu analysieren suchen, welche Empfindungserlebnisse an der Wahrnehmungsstruktur des Eigenraumes als Momente beteiligt sind, so stoßen wir vor allem auf die sogenannten Bewegungsempfindungen, Eindrücke, welche durch sensorische Nerven in Muskeln und Gelenken vermittelt und lebhaft bei jeder Bewegung der Glieder erregt werden. Auch in der Ruhestellung der Glieder besteht noch ein ungefähres Bewußtsein ihrer Lage: „Lageempfindung". Sobald stärkere Kopfbewegungen eintreten, insbesondere bei den Versuchen, den Kopf zu heben, ferner beim Aufrechterhalten des Kopfes im Sitzen und Stehen, werden auch die Bogengänge in Funktion gesetzt, jene drei mit Nerven durchsetzten Halbkreisröhren im inneren Ohr, welche eine Kunde von der Stellung des Kopfes und dadurch auch von der des Gesamtkörpers vermitteln. Über die Entwicklung dieser Eigenraumwahrnehmung im Kinde ist sehr wenig bekannt; nur so viel darf als sicher gelten, daß sie sich aus dumpfen Anfängen heraus erst mit dem Fortschritt der motorischen Leistungen – des Sich-Aufrichtens, Sitzens, Stehens, Kriechens usw. – vervollkommnet.

Die optische Wahrnehmung der eigenen Glieder wird erst spät für die räumliche Auffassung des eigenen Körpers verwertet; wenn das Kind seine Hände, seine Füße zu betrachten beginnt, sind sie ihm zunächst fremde Objekte, wie irgendwelche anderen gesehenen Gegenstände; und nur sehr allmählich assoziieren sich diese Gesichtseindrücke mit dem kinästhetischen Empfindungen und den dort lokalisierten Gefühlen, so daß nun die Zugehörigkeit der gesehenen Gliedmaßen zum eigenen Ich bewußt wird.

Über die Art, wie der Außenraum allmählich durch das Kind bewältigt wird, sind wir besser unterrichtet; wir können hier den „Urraum", den „Nahraum" und den „Fernraum" unterscheiden. Die organischen Hauptträger dieser Entwicklung sind Mund, Hand und Auge; sekundär kommen zur Auffassung der Richtung noch Geruch und Gehör in Betracht.

Die genannte Reihenfolge ist deswegen bemerkenswert, weil sie der biologischen Wichtigkeit der drei Raumzonen entspricht. Das was uns „am nächsten liegt“ in räumlichem Sinne, liegt uns auch für die Daseinsbehauptung, die praktische Orientierung, das Interesse am nächsten. Das junge Lebewesen muß zunächst mit seiner unmittelbarsten Umgebung fertig werden, allmählich findet dann eine Ausweitung der ihm zugänglichen Raumsphäre statt.

Besonders merkwürdig, weil in späteren Entwicklungsstufen ganz zurücktretend, ist die Bedeutung des Mundes für die erste Raumauffassung. Als der einzige Körperteil, der vom ersten Tage an eine spezialisierte Tätigkeit (das Saugen) vollführt, hat der Mund Gelegenheit, fortwährend Tasteindrücke zu empfinden, die daher früher als bei irgendeinem anderen Organ eine relative Deutlichkeit und Vertrautheit gewinnen werden. Dieser Urraum ist eine Art Mittelding zwischen Eigenraum und Außenraum; denn der fremde Gegenstand muß ein wenig in die Sphäre des Eigenraumes hinreichen, um ertastet zu werden. Nach wenigen Wochen wird der Mund sogar zum Greiforgan; wird die Wange des Kindes mit der Brustwarze berührt, so strebt der geöffnete Mund dem Reizobjekt entgegen; der Kopf wird gedreht, bis die Brustwarze erfaßt ist. Die Vorherrschaft auf dem Gebiet des Tastens wahrt sich der Mund noch lange, wenn bereits andere Organe tätig geworden sind; führt doch der Säugling später jeden Gegenstand, dessen er habhaft werden kann, in den Mund! Die Affektgrundlage für dieses „Mundgreifen“ ist in erster Linie im Nahrungstrieb zu suchen, ferner in einer unmittelbaren Lustempfindung, die der Betätigung der Mundzone als solcher anhaftet (s. S. 100); zugleich aber wird damit doch auch die intellektuelle Aufgabe geleistet, daß die noch neuen und unklaren Eindrücke der anderen Organe (Hand und Auge) durch die vertrauteren und genaueren Tastempfindungen des Mundes geklärt und gesichert werden. So ist der Mund längere Zeit das Kontrollorgan für anderweitig gewonnene Raumerlebnisse.

Gleich in den ersten Lebenswochen aber wird auch der Nahraum dem Kinde zugänglich, und zwei bis drei Monate bleibt die Raumbeherrschung des Kindes so gut wie ganz auf diesen beschränkt. Er besteht ungefähr aus einer Halbkugel, die sich um den Kopf als Zentrum mit einem Radius von etwa einem Drittel Meter nach vorn erstreckt; was darüber hinausliegt, bleibt zunächst noch außerhalb der sensorischen und motorischen Raumbeherrschung.

Die bereits in den ersten Lebenstagen funktionierenden Hinwendungsinstinkte (s. S. 47) beziehen sich fast ausschließlich auf diesen Nahraum. Das Hindrehen des Kopfes nach der um wenige Zentimeter entfernten Mutterbrust, die durch den Geruch bemerkt wird, zeigt dies ebenso wie das Verfolgen blinkender Gegenstände mit den Augen, das nur dann eintritt, wenn die Objekte dicht vor das Gesicht gebracht werden.

Das Hauptorgan des Nahraums aber ist die Hand.

Im Anfang ist die Hand noch nicht Werkzeug, sondern passives Objekt der Wahrnehmung: sie wird kennen gelernt mit Hilfe der anderen Organe, Mund und Auge. Durch das oft stundenlange Saugen an den Fingern müssen ja im Urraumorgan spezialisiertere Tastwahrnehmungen gerade von diesem Körperteil erzeugt werden; andererseits spielt das wachliegende Kind viertelstundelang mit den Händchen vor seinen Augen, dreht sie hin und her, spreizt, schließt und öffnet die Finger und erhält dadurch die mannigfachsten optischen Eindrücke. Da kein anderes Objekt in dieser Zeit so häufig im optischen Nahraum des Kindes ist, so wird sicherlich das erste Auffassen der optischen Formen ganz vorwiegend an der eigenen Hand geübt.

Nun aber wird die Hand selber Werkzeug, und zwar in zwei Stufen. Zuerst finden nur taktil-motorische Reaktionen statt; d. h. Tasteindrücke die der Hand zugeführt werden, lösen Bewegungsimpulse aus. Was dem Kinde in die Finger gegeben wird oder zufällig in Berührung mit ihnen gerät, wird umfaßt, gekratzt, gedrückt. So werden die Objekte, die in den Nahraum treten, ihrer Form nach zwiefach kennen gelernt: optisch als farbige, helle, geformte Gebilde, taktilmotorisch als dreidimensionale Körper. Durch fortwährende Wiederholung dieser Doppeleindrücke stiftet das Kind optisch-taktile Assoziationen: es lernt, daß die Dinge, die rund oder eckig, schmal oder breit aussehen, sich zugleich kugelig oder kantig, dünn oder dick anfassen – so sind denn diese Zuordnungen zwischen optischer und taktiler Raumform zweifellos erworbene, führen aber schnell zu einheitlichen Wahrnehmungsstrukturen.

Die zweite Stufe besteht im Hinstreben der Hand zu einem Gegenstand, der noch nicht in Berührung mit ihr ist. Aber wenn auch der allgemeine Impuls zum Greifen auf einer angeborenen Anlage beruhen muß, hat doch an der Beherrschung der Greifrichtung – also an der Verbindung zwischen der Stelle im sichtbaren Raum, die ein Objekt einnimmt, und der Bewegung, die nötig ist, um die Hand an jene Stelle zu bringen – das erfahrungsmäßige Lernen einen starken Anteil. Erst wenn in zahllosen Fällen die Hand zufällig an denselben Ort in Nahraum gekommen ist, der von einem sichtbaren Gegenstand eingenommen wird, gelangt das Kind dazu, seine Handbewegung auf sichtbare Objekte einzustellen; und es vergeht wieder einige Zeit, ehe aus den unsicher herumirrenden Greifbemühungen ein direktes und zielsicheres Hinstreben der Hand zu dem gesehenen Gegenstande wird. Diese Greifsicherheit wird gewöhnlich erst nach Ablauf des ersten Vierteljahres errungen.

Bemerkenswert ist, wie sich auch in diesen späteren Phasen noch immer der Mund am Greifen beteiligt. Oft genug strebt das Kind einem im Nahraum sichtbaren Gegenstand nicht mit der Hand, sondern unmittelbar mit dem aufgesperrten Mund entgegen; hierbei wird unter großer Anstrengung der Kopf weit vorgestreckt[1].

Etwa um dieselbe Zeit entwickelt sich auch die Auffassung der Schallrichtung. Wird das Kind hintereinander von verschiedenen Seiten angerufen, so wendet es jedesmal den Kopf nach der entsprechenden Richtung; auch bei Türenschlagen, Hundegebell, Ertönen von Schritten dreht es sich zur Schallquelle hin.

Sobald das Kind greifen kann, hat man Gelegenheit, Studien über seine Entfernungswahrnehmung zu machen. Unsere eigene Beobachtungen stehen in Widerspruch zu der häufig wiederholten Anschauung, daß ursprünglich das Kind alle sichtbaren Objekte, nahe wie ferne, unterschiedslos nebeneinander liegen sehe und daher auch wahllos nach den fernen ebenso greife wie nach den nahen. Dieses (vielleicht für operierte Blindgeborene zutreffende) Stadium der Entfernungsindifferenz ist beim normalen Kinde unserer Erfahrung nach nicht zu beobachten[2]. Solange die Raumsphäre des Kindes auf den Nahraum beschränkt ist, sind es tatsächlich nur die nahen Gegenstände, die seine Aufmerksamkeit und seine Bewegungsimpulse auf sich lenken. Ferne Objekte werden in dieser Zeit gewöhnlich überhaupt nicht bemerkt, da Akkommodation und Konvergenz[3] auf sie noch nicht eingestellt sind; ihre diffusen Eindrücke bilden den unbestimmten Hintergrund für die deutlich gesehenen und beobachteten Nahobjekte, werden aber nicht selber zu Wahrnehmungs- und Strebungszielen. Eine Ausnahme bilden höchstens leuchtende Gegenstände (Mond, Lampe), aber auch diese durchaus nicht in der oft behaupteten Weise. Das „Greifen nach dem Monde" ist von uns niemals beobachtet worden. Möglicherweise haben hier andere Beobachter nicht genügend unterschieden zwischen der Ausdrucksbewegung des Verlangens, die durch

---

[1] Dieses „Mundgreifen" hat besonders Dix betont, der sich im übrigen auf Grund seiner Beobachtungen genau meiner oben gegebenen Schilderung der Entwicklung anschließt.

[2] Unsere Feststellungen sind inzwischen von Dix bestätigt worden (I S. 14 bis 15), und auch Scupins Aufzeichnungen scheinen mit ihnen in Einklang zu stehen.

[3] Akkommodation = Anpassung der stärkeren oder flacheren Wölbung der Linse an die Entfernung, so daß jedesmal ein scharfes Bild des Gegenstandes auf die Netzhaut fällt. Konvergenz der Augäpfel = Einstellung beider Augenachsen auf den Gegenstand. Der Konvergenzwinkel ist um so spitzer, je ferner das Objekt ist.

den reizvollen Anblick des Leuchtens unabhängig von seiner augenblicklichen Erreichbarkeit ausgelöst wird, und der Zweckbewegung des Greifens, die die Voraussetzung der Reichnähe in sich schließt.

Die Erkenntnis der Dinge auf dem Wege des Greifens stellt einen langen und intensiven Lernvorgang dar, der von groben und einfacheren Aufgaben zu immer schwierigeren fortschreitet. Ein besonders wichtiges Kapitel bilden hierin die nichtgreifbaren Objekte. Es sind dies erstens solche, welche wegen ihrer Entfernung nicht erreichbar sind – worüber weiter unten gesprochen wird –, sodann aber jene merkwürdigen Erscheinungen, die, obgleich nahe genug, dennoch dem Zugreifen einen unüberwindlichen Widerstand entgegensetzen. Welche Feinheiten in der Struktur des Räumlichen lernt das Kind gerade durch diese negativen Bemühungen kennen! Sie mögen als „paradoxe Raumerfahrungen" bezeichnet werden.

Da sieht das Kind leuchtende, farbige Flecke, es will sie erfassen und trifft auf eine glatte Fläche, auf der sich die Farbenflecke absolut nicht anders anfühlen als die Umgebung. Das ist seine erste Begegnung mit bildhaften Darstellungen. – Oder es will nach einem Gegenstand greifen und stößt schon, ehe die Hand nur herangekommen ist, an einen glatten, nicht sichtbaren Widerstand: so wird ihm an Fenster- und Türscheiben die Durchsichtigkeit vertraut. – Oder es bekommt ein glattes Ding in die Hand, es sieht darin ein Gesicht, aber kann dies weder von vorn noch von hinten herum ergreifen: so ist es den Rätseln des Spiegels begegnet. – Und weiter die Sonnenstäubchen, die einen scharf abgegrenzten Streifen bilden und sich doch nicht fassen lassen; der Wasserstrahl, der beim Baden aus dem Schwamm herunterrieselt und immer wieder beim Zugreifen entwischt; der Schatten, der Lichtreflex, die bei Berührung sofort zerplatzende Seifenblase – all diese Erscheinungen, die nicht sowohl auf einer Übereinstimmung als auf einer Unstimmigkeit zwischen Gesichts- und Tasteindruck beruhen, sie werden im zweiten Halbjahr allmählich beachtet und schließen sich der Welt des Massiven, Festen und Greifbaren als eine zweite Gruppe von Erfahrungen an[1].

Im Laufe des zweiten Vierteljahrs beginnt sich der Fernraum dem Auge zu öffnen. Konvergenz und Akkommodation stellen sich auf Entfernungen von mehreren Metern ein, und bald erweitert sich der Wahrnehmungsradius des Auges immer mehr. Das Kind erkennt die

---

[1] Diese bisher wenig untersuchten paradoxen Raumerfahrungen des Kleinkindes verdienten wohl eine eingehendere, womöglich experimentelle Erforschung. (Nur über das Verhalten zum Spiegel liegen schon zahlreichere Beobachtungen von Preyer, Scupin und anderen vor.)

zur Tür hereintretende Mutter und die Flasche in ihren Händen, sieht und beobachtet beim Spazierenfahren oder vom Fenster aus die Passanten und die Wagen, blickt sich suchend um nach neuen Eindrücken, die seine Sehlust befriedigen können. Aber auch jetzt findet nicht jene vermeintliche wahllose Nebeneinandersetzung der Fern- und Nahobjekte im Gesichtsfelde statt; vielmehr ist mit der Eröffnung des Fernraumes auch die Unterscheidung von Nah und Fern da, deren sofortiges Auftreten psychologisch übrigens sehr wohl verständlich ist. Während der Nahraum-Epoche hatte das Kind nur solche Gegenstandswahrnehmungen gehabt, zu deren Struktur „Nähezeichen" gehörten, nämlich die kinästhetischen Empfindungen starker Konvergenz und Akkommodation und eine große Verschiedenheit der beiden Netzhautbilder; nur Gesichtseindrücke, welche diese charakteristischen Begleiterscheinungen besaßen, waren zu Greifbewegungen in Zuordnung getreten. Nun liefert der Fernraum Eindrücke mit schwachen Konvergenz- und Akkommodationsempfindungen und mit geringer Abweichung der Doppelbilder; dadurch ist die Gesamtstruktur der Wahrnehmung so verändert worden, daß sie nicht als assoziative Auslösung von Greifimpulsen wirkt. So kommt als primitivste optische Tiefenschätzung die Differenzierung zwischen Nah (= in Greifnähe) und Fern (= außer Greifnähe) schon im ersten Lebenshalbjahr zustande.

Als Beweis für die Deutlichkeit dieser Scheidung diene ein Experiment, das wir in gleicher Weise und mit identischen Erfolgen bei jedem unserer drei Kinder im Alter von etwa sechs Monaten angestellt haben. Wenn das Kind behaglich in seinem Wagen auf dem Rücken lag, wurde ihm langsam ein blinkender Gegenstand (Taschenuhr) von oben genähert. Das Kind starrte auf das sich nähernde Objekt und streckte seine Ärmchen nach oben, aber hielt sie weit geöffnet (also Bewegung des Verlangens, nicht des Greifens). Sobald jedoch die Uhr in Greifnähe gelangt war, schnellten die Händchen zusammen und griffen zu. Der Versuch konnte oft hintereinander mit immer gleichem Erfolge wiederholt werden.

In eigentümlicher Beziehung zur Auffassung der Entfernung steht die der Größe eines Gegenstandes[1]. Die „scheinbare Größe", in der wir ein Objekt wahrnehmen, ist von zwei sich durchkreuzenden Faktoren abhängig. Rein optisch wechselt die Größe der Netzhautbilder mit der Entfernung des Objekts: der Apfel, den ich dem Kind vorhalte, bewirkt in 1 m Abstand vom Auge ein viermal so großes Netzhautbild als in 2 m Abstand. Wäre also die Größenwahrnehmung

[1] Meine früheren Ausführungen über die Größenauffassung sind unter Verwertung von Anregungen Koffkas (S. 214f.) etwas modifiziert.

lediglich von der Ausdehnung des Netzhautbildes abhängig, dann müßten wir jeden Gegenstand fortwährend in anderer Größe auffassen; wir kämen nie zu seiner „wirklichen Größe". Andererseits ist für die taktil-motorische Auffassung die Größe konstant; der greifenden Hand ist der Apfel nur in einer einzigen Größe zugänglich. Da nun unter praktisch-biologischem Gesichtspunkt ein Gegenstand nur dann lebenswichtig ist, wenn er als ein in sich identisches und konstantes Etwas auftritt, so wird jener Konstanzfaktor zum sinnbestimmenden Strukturmoment der Größenauffassung – und wir „sehen" nun auch den Gegenstand in seiner „wirklichen" Größe trotz wechselnder Entfernung[1]. Freilich dieses „Sehen" ist dann eben nicht das bloße Empfinden des Netzhautbildes. Es ist die einheitliche Erfassung einer optisch-taktil-motorischen Gesamtstruktur, wobei die optischen Momente gar nicht isoliert und selbständig wirksam sind. Die Größe des Netzhautbildes wird innerhalb der Wahrnehmung selbst kompensiert durch den Entfernungseindruck; und nur wenn dieser unsicher wird oder ganz versagt, gewinnt die bloße Netzhautausdehnung einen sonst nicht vorhandenen Einfluß auf den Eindruck der scheinbaren Größe. So erscheinen uns Menschen in sehr großer, schwer erfaßbarer Entfernung (z. B. von einem Berggipfel aus) winzig klein.

Da nun das Kind, solange es sich nicht selbsttätig fortbewegen kann, einer feineren Entfernungsschätzung noch nicht fähig ist, funktioniert auch jene „Sehgrößenkonstanz" noch nicht mit Sicherheit; und gelegentlich kann es groteske Täuschungen geben.

Günther 0;7. „Die Schwester besitzt eine winzige Puppenmilchflasche mit Saugpfropfen; ihre Höhe beträgt vielleicht den 15. Teil einer wirklichen Flasche. Als nun einmal der Knabe hungrig war und seine Flasche erwartete, wurde ihm aus Scherz die Puppenflasche gezeigt. Da geriet er in größte Aufregung und schnappte nach der Flasche, als ob sie die wirkliche wäre."

Wie die Eroberung des Nahraums eine sehr unvollkommene war, solange das Kind sich den optischen und taktilen Eindrücken nur hingab und nicht zugreifen konnte, so ist auch die Eroberung des Fernraumes höchst unvollständig, solange das Kind passiv warten muß, bis die fernen Eindrücke an sein Auge gelangen. Vollendet wird die Entwicklung erst dadurch, daß das Kind den Fernraum und die in ihm liegenden Hindernisse aktiv überwindet. Dies geschieht auf mehrfachem Wege.

Der Fernraum bietet zunächst weit mehr als der Nahraum Seh-

---

[1] So sind wir meist ganz außerstande, uns davon Rechenschaft zu geben, daß ein Mensch in doppelter Entfernung viermal so klein „aussieht" wie in einfacher Entfernung.

hindernisse. Die hintereinander liegenden Gegenstände verdecken sich gegenseitig; ein eben noch sichtbares Objekt verschwindet plötzlich hinter einem andern. Im dritten Lebensvierteljahr gibt sich das Kind nicht mehr einfach mit diesem Verschwinden zufrieden, sondern beginnt zu suchen; und um 0:9 ist es so weit, durch recht zweckmäßige eigene Veranstaltungen die Sehhindernisse zu beseitigen. Besonders häufig ist es um diese Zeit, daß das Kind alle ihm zugänglichen Gegenstände unermüdlich zum Wagen hinauswirft und sich, wenn sie hinter dem Wagenrand verschwunden sind, aufrichtet und hinüberbeugt, um sie wiederzusehen. (Von Scupin allerdings schon viel früher, 0;4½, berichtet. I, S. 14.) Noch merkwürdiger mutet uns folgende Beobachtung an, die wir bei Hilde und genau im gleichen Alter bei Günther machten:

Hilde 0;9. „Als das Kind heute von einer am Wagenende stehenden Person, die ihm durch das hohe Deckbett unsichtbar blieb, angerufen wurde, nahm es mit beiden Händchen das störende Bett und zog es etwas hinab, anscheinend, um den Rufer sehen zu können. Der Versuch wurde wiederholt, und nach längerem Rufen reagierte H. stets in gleicher Weise darauf, ebenso, wenn von links oder rechts her der Ruf ertönte. Sie zog das Bett immer auf derjenigen Seite herunter, von der der Laut ertönte; am schwersten gelang es ihr – wenn der Rufer zu ihrer Linken stand – mit der linken Hand."

Sodann aber sind die Gegenstände des Fernraumes dem Greifen entzogen; und dieses Hindernis bereitet dem Kinde besondere Qual. Das bloße Sehen genügt ihm nicht, es will das Gesehene haben; erst was es mit den Händen halten kann, ist ganz sein; erst so wird aus dem bloßen Augen-„Schein" handfeste Wirklichkeit. So wie der Mund das Ur-Kontrollorgan für Hand und Auge im ersten Halbjahr war, so wird jetzt die Hand das Kontrollorgan für das Auge – und bleibt es, wenn auch in abgeschwächter Form, für alle weitere Zeit.

Der Fernraum wird also dadurch erst eigentlich erobert, daß er in Nahraum verwandelt wird, und hierzu dient dem Kinde die eigene Fortbewegung. Im zweiten Lebenshalbjahre gibt es außer den ersten Vorstadien und Anfängen des Sprechens nichts, was das Kind so in Anspruch nähme, wie das Hinstreben in die Ferne. Kriechend, rutschend und schließlich laufend gelangt es dazu, die Objekte der Ferne in seinen Nahraum hineinzubringen. Nun kann sich auch erst eine sichere Entfernungsschätzung auf größere Abstände entwickeln. Das Kind erlebt immer wieder, wie lange es kriechen oder wieviel Schritte es machen muß, um zu einem Gegenstand zu gelangen, und verbindet so allmählich das optische Bild, das der Gegenstand aus einem gewissen Abstand hervorruft, mit eben diesem Bewußtsein der zu seiner Erreichung nötigen Kraftanstrengung. Damit geht dann die Vervollkommnung der Größenschätzung Hand in Hand, da sich ja nun die optisch wahrgenommene Größe mit der dazugehörigen Distanz immer fester assoziiert. Infolgedessen kommen solche Größentäuschungen, wie wir sie oben erwähnten, innerhalb des Raumes, den das Kind kraft eigener Bewegung durchmessen kann, nicht mehr vor; die „Sehgrößenkonstanz" (s. S. 93) ist gesichert[1].

So ist gegen Ende des ersten Lebensjahres die Roharbeit in der Eroberung des wirklichen Raumes der Hauptsache nach geleistet. Das Kind kann die räumlichen Merkmale der Dinge: ihre Lage, Entfernung, Form und Größe ungefähr auffassen und sich richtig auf sie einstellen. Es unterscheidet nah und fern, groß und klein, rund und eckig, oben und unten, vorn und hinten – kurz, es hat im großen und ganzen eine Raumwahrnehmung, die zwar noch zahlreichen Täuschungen unterliegt und in den folgenden Jahren verfeinert, geklärt, ausgestaltet werden muß, aber doch nicht mehr um prinzipiell neue Merkmale bereichert wird[2].

---

[1] Einen experimentellen Beweis hierfür lieferte H. Frank. Er dressierte Kinder (von 0;11 bis 7;0) darauf, von zwei nebeneinanderstehenden, verschieden großen Hohlwürfeln den größeren zu ergreifen, weil unter ihm Schokolade zu finden war. Nach erfolgter Einübung wurden nun die zwei Kästen in verschiedenem Abstand vom Kind aufgestellt, so daß der größere, aber weiter entfernte, ein viel kleineres Netzhautbild entwarf als der objektiv kleinere Kasten. Dennoch wurde fast stets zu dem größeren Kasten hingelaufen oder gerutscht, der also unbeschadet des paradoxen Netzhautbildes als der größere erkannt wurde. Das galt schon für das 11 Monate alte Kind.

[2] Da sich später keine Gelegenheit mehr bietet, auf die Feinheit der kindlichen Raumwahrnehmung zurückzukommen, so sei ein bemerkenswerter Befund Volkelts bei höheren Altersstufen an dieser Stelle angefügt. Auf seine Anweisung prüfte Dora Musold die Unterscheidungsfähigkeit 3–6jähriger Kinder für Raumgrößen, und zwar an ein-, zwei- und dreidimensionalen Raumgebilden. Das – zunächst überraschende – Ergebnis ist, daß das Augenmaß für Größenunterschiede von Körpern (Kugeln) feiner ist als von Flächen (Kreisen), dies wieder feiner als das Augenmaß für eindimensionale Strecken. Volkelt deutet dieses Ergebnis mit Recht gestaltpsychologisch: „Die Größe eines Gegenstandes wird um so genauer beurteilt, – nicht je geometrisch einfacher und ärmer, sondern je gestalteter und momentreicher er ist, insbesondere je mehr Nicht-Optisches, vor allem Taktil-Motorisches und Emotionales, wie bei der Kugel, in seine Gestaltauffassung eingeht." (S. 256.)

Kapitel VII

Gemütsbewegungen des ersten Lebensjahres

1. Lust und Unlust und ihr Ausdruck[1]

Wir hatten früher gesehen, daß wir schon den ersten dumpfen Bewußtseinszuständen des Neugeborenen eine gewisse Gefühlsbetonung zuerkennen müssen, und daß von den beiden Gefühlsrichtungen die Unlust zunächst intensiver ist als die Lust, zum mindesten sehr viel deutlicher nach außen hervortritt. Die gewaltige Entwicklung des Gemütslebens im ersten Jahre bekundet sich erstens in einer Verschiebung der normalen Gefühlslage zur Lustseite hin, zweitens in einer ständigen Vermannigfachung und Verfeinerung der Gefühlsregungen.

Das Wort Schillers vom „glücklichen Säugling" trifft zum mindesten für das gesunde und wohlbehütete Kind im wesentlichen zu. Gewiß gibt es unlustvolle Gemütsbewegungen von mancherlei Art, über die weiter unten zu sprechen sein wird, doch bilden sie gewöhnlich nur kürzere Unterbrechungen einer chronischen Behaglichkeits- und Freudigkeitsstimmung.

Wenn ein halbjähriges Kind eine Stunde im Tage weint und schreit, so ist es schon ziemlich viel; die übrige wache Zeit aber ist dann von jauchzendem Lebensgefühl, der Aufnahme wohlschmeckender Nahrung, angenehmem Gebadetwerden, behaglichem Lallen, eifrigem Spielen, lustvollem Strampeln, staunendem Beobachten, Freude über die lieben Gesichter, die es umgeben, erfüllt.

Es gehört zu den schönsten Erlebnissen junger Elternschaft, die ersten Ankündigungen der Lustzustände im Kinde zu beobachten: zuerst nur den etwas gesteigerten Glanz der Augen, ein leises Hochziehen der Mundwinkel, dann vereinzelte leise, summende Behaglichkeitslaute, das ausgesprochene Lächeln, das richtige laute Lachen und endlich das krähende Jauchzen und vergnügte Lallen – eine Stufenleiter der Ausdrucksbewegungen, die schon im ersten Lebenshalbjahr durchlaufen wird. Hier tritt uns bereits spezifisch Menschliches in dem Säugling entgegen, der sonst noch auf fast animalischer Stufe steht; denn das Tier kennt kein Lächeln und Lachen. Später kommen noch andere Ausdrucksformen der Lust hinzu, insbesondere Hinwendungsbewegungen zu dem lusterregenden Gegenstand: das Sichanschmiegen, das weite Öffnen der Ärmchen, das Sichfestkrallen in Haar und Bart geliebter Personen und anderes mehr.

---

[1] Vgl. hierzu die mit guten Ausdrucksphotographien ausgestattete Monographie von Buchner, ferner im vorliegenden Buch den Anhang von Lewin und die Bilder 8 a, b, c auf Tafel IX.

Aber auch die Unlustäußerungen vermannigfachen sich. Das zunächst so eintönige Schreien – gewöhnlich in den Lauten *uae uae* – ist nach einigen Wochen schon so abgetönt, daß die Mutter erkennen kann, ob der Grund in Schmerzen, Hunger oder Nässe liegt; auch treten nun die spezifisch menschlichen Tränen auf (bei manchen Kindern schon im ersten Monat, bei anderen sehr viel später). Zuweilen steigert sich das Schreien zu wahren Anfällen, in denen das Kind blaurot im Gesicht wird, die Stimme sich überschlägt oder vorübergehend ganz versagt. Andererseits erhalten nun auch leisere Unlustgrade allmählich ihre Ausdrucksformen in der Senkung der Mundwinkel und im ängstlich starren Ausdruck des Auges; oft kann man es deutlich beobachten, wie sich diese Mienenbewegungen langsam verstärken, um dann plötzlich in ein regelrechtes Schreiweinen überzugehen. Daneben finden wir bei dem größeren Säugling das Wimmern, aber auch artikuliertere Laute, die bei Hunger oder Schmerz oder im gierigen Begehren ausgestoßen werden; hier spielen im zweiten Halbjahre die Lautkomplexe *ham ham* und *mam mam* eine besondere große Rolle. Ja sogar das Lallen, das im allgemeinen ein Zeichen der Behaglichkeit ist, kann unter Umständen einen ärgerlich scheltenden, also deutlich unlustvollen Ton annehmen.

Alle diese frühen Ausdrucksbewegungen haben instinktiven Charakter; es ist an ihnen – im Gegensatz zu später auftretenden – nichts Konventionelles und Angelerntes. Man vergleiche in dieser Hinsicht das Sichanschmiegen als angeborenen Ausdruck der Zärtlichkeit mit dem erst schwer erlernbaren Küssen, oder das Wegwenden des Kopfes als Zeichen der Verweigerung mit dem späteren Kopfschütteln.

Eine recht anschauliche Schilderung dieser mannigfachen Ausdrucksbewegungen aus der Mitte des ersten Lebensjahres finden wir bei Scupin.

0;5½. „Bubi saß im Wagen, wir lasen, er war also darauf angewiesen, sich mit sich selbst und seinem Spielzeug zu beschäftigen, doch paßte ihm dies offenbar nicht, das Spielzeug wurde beiseite geworfen, und der Knabe sah uns erwartungsvoll an. Da wir uns nicht rührten, begann er zu räsonieren: *Tä, agga, atta – awa, mamm ham.* Kein Erfolg! Nun stieß er ungeduldige Ächztöne aus, streckte den Körper hartnäckig gerade, warf sich mit plötzlichem Ruck nach vorn und sofort wieder, sich steif machend, zurück; er machte mit diesen Bewegungen den Eindruck unglaublichen Eigensinns. Als wir auch darauf noch nicht reagierten, ertönte plötzlich ein langgezogener Quietschton auf ‚*i*‘, unser Sohn aber saß mit dunkelrotem Köpfchen und geballten Fäustchen da, die zusammengekniffenen Augen mit wütendem Ausdruck auf uns gerichtet, und strengte sich dann mächtig an, um sein nicht endenwollendes heiseres *i* hervorzuquietschen. Als das Kind nun endlich auf den Arm genommen wurde, nahm das Gesichtchen mit Blitzesschnelle einen heiter zufriedenen, ja lieblichen Ausdruck an. – Das Mienenspiel ist auch sonst ungemein mannigfaltig und drückt unverkennbar und deutlich die das Kind gerade beherrschenden Affekte aus, Zorn, Eigensinn, Furcht, Mutwille, Enttäuschung." (I, S. 17/18.)

Der instinktive Charakter der Ausdrucksbewegungen weist uns auf noch tiefere Zusammenhänge zwischen den Gefühlen der Lust und Unlust auf der einen Seite, dem kindlichen Triebleben auf der anderen Seite hin. In der Tat dürfen wir von einem Triebe des Kindes zur Lustgewinnung und zur Unlustmeidung sprechen. Das Kind empfängt nicht nur lustvoll angenehme Reize, sondern sucht sie sich zu verschaffen und aufrecht zu erhalten; und es reagiert nicht nur sauer auf unlustvolle Eindrücke, sondern sucht ihnen auch zu entgehen. Man kann deshalb beim Kind Ausdrucksbewegungen und sinnvolle Handlungen gar nicht scharf scheiden: sowie die Hinwendungsbewegungen zugleich Zeichen der Freude und Mittel, sie zu vertiefen sind, so die Abwendungsbewegungen zugleich Expressionen der Unlust und Bestrebungen, sie zu beseitigen. Das Kind schaudert zurück vor unangenehmen Sinnesreizen; es dreht sich fort und versteckt sein Gesichtchen vor fremden Personen; es stößt im Ärger die dargebotenen Gegenstände von sich, wirft sich in der Wut hintenüber oder macht den Rücken steif, so daß es nicht gebändigt werden kann.

2. Stufen des Trieb- und Gefühlslebens

Aus dem eben geschilderten allgemeinen Streben nach Lust und dem Widerstreben gegen Unlust läßt sich aber allein die Entwicklung des Trieb- und Gemütslebens im Säugling nicht verstehen. Denn in enge und ziemlich verwickelte Verbindungen hiermit treten nun inhaltlich bestimmte Triebe, d. h. angeborene Impulse auf ganz bestimmte Ziele hin – Impulse, die sich mit innerer Notwendigkeit und dumpfer Selbstverständlichkeit in entsprechende Bewegungen umsetzen. Ihre Ausführungen sind natürlich wiederum von spezifischen Gefühlswirkungen sehr verschiedener Abtönung begleitet; und so gibt es hier ein buntes und wenig übersichtliches Bild. Man versteht, daß die ordnende Theorie durch sehr verschiedene Gruppierungsversuche hiermit fertig zu werden strebte[1].

So sucht Bernfeld die Mannigfaltigkeit der Verhaltungsweisen im Säugling auf zwei Grundtriebe zurückzuführen, die er folgendermaßen umschreibt. Die „R-Triebe" (Regressionstriebe, Ruhetriebe, auch Selbsterhaltungstriebe genannt) gelten der Rückgängigmachung von Störungen, der Sicherung der Selbsterhaltung, der „Regression" in den

[1] Auch Ch. Bühler und H. Hetzer sehen sich bei der Inventaraufnahme frühkindlicher Verhaltungsweisen genötigt, außer den „positiven" und „negativen" Reaktionen noch eine Reihe anderer („spontane" Reaktionen usw.) anzusetzen.

geschützten embryonalen Zustand. Während es sich also hier vor allem um Meidung oder Beseitigung von Unlust handelt, sind die „Sexualtriebe" unmittelbar auf positive Lustgewinnung gerichtet. In Anlehnung an Freud wird hierbei unter Sexuallust jegliche Reizlust überhaupt verstanden, insbesondere die Tastlust, in weiterer Bedeutung aber auch die durch andere Sinne gewährte Lust.

Die Anwendung dieser Einteilung führt z. B. dazu, daß das Vierteljahrskind folgendermaßen gekennzeichnet wird: seine vornehmlichen Verhaltungsweisen sind Abwehrhandlungen, Betätigungen des „Freßtriebes", lustvolles Saugen, Sehlust. Die beiden ersten fallen unter die R-Triebe, die beiden letzten unter die Sexualtriebe. – Die Entwicklungen des zweiten und dritten Vierteljahres werden dann dem „Bemächtigungsdrange" unterstellt; er führt zum Sich-Aufrichten, Kriechen, vor allem aber zum Greifen. Wiederum sind hierbei die beiden Grundtriebe in eigentümlicher Verschränkung beteiligt. Das Ziel der weitaus meisten Bemächtigungsakte ist es, zu einem Gegenstand zu gelangen, um ihn in den Mund zu stecken; der ursprüngliche Freßtrieb („R-Trieb") verbindet sich hier mit dem Lusterwerb, der durch körperlichen Kontakt der Hände, des Mundes, ja des ganzen Körpers mit dem erstrebten Gegenstand herbeigeführt wird (also auf „Sexualtrieb" zurückgeht).

Unsere eigene Gruppierung geht andere Wege; sie ist orientiert nach den drei Hauptzielen, auf welche sich die kindlichen Triebregungen und Gefühle beziehen[1]. Zugleich wird das Recht jener exzessiven Erweiterung des Sexualitätsbegriffes bestritten.

a) Organgefühle

Zuunterst auf der Stufenleiter stehen jene Trieb- und Gefühlsregungen, die sich auf die Lebensfunktionen des Organismus als solchen beziehen. Hunger und Sattheit, Schmerz, die Unannehmlichkeit des Naßliegens, die Behaglichkeit des Gebadetwerdens sind ja Gefühlsbetonungen, die bereits der Neugeborene kennt; sie behalten auch weiterhin ihre fundamentale Bedeutung. Von intensiver Lustwirkung können auch motorische Entladungen der innerlich aufgespeicherten Spannkräfte begleitet sein: das Zappeln, Strampeln, Lallen, später das Sich-Aufsetzen und Zurückwerfen usw. Besonders aufdringlich sind die Äußerungen der auf die Ernährung bezüglichen Gemütsbewegungen: die hemmungslose Wut bei nicht gleich befriedigtem Hunger, die zitternde Gier beim Anblick der nahenden Flasche erinnern zuweilen an das Tier.

Durch die Psychoanalyse sind wir auf die große Rolle aufmerksam geworden, welche gewisse Reizungsgefühle der Organlust im Säuglingsleben spielen. Zum Teil handelt es sich um allgemeine Lustzustände,

[1] Vgl. auch die ähnliche Einteilung bei Besprechung der Spiele des Säuglings. S. 71.

die durch passive Bewegungen des Gesamtkörpers (Gefahren-, Geschaukelt-, Gewiegt-werden) hervorgerufen werden; es ist bekannt, wie schnell Unruhe und Geschrei des Kindes durch jene Einwirkungen in behagliche Ruhe verwandelt werden kann. Zum anderen Teil sind es Gefühle bestimmter Körperzonen, deren Lustbetontheit den Säugling anregt, durch Eigenbewegungen die Reizung immer wieder neu zu erzeugen und möglichst lange fortzusetzen. Als solche Zonen kommen in erster Linie die Schleimhäute von Lippe, Kiefer und Zunge, ferner auch die Genitalien und der Anus in Betracht.

Die Reizung der Mundzone erfolgt durch das Lutschen (auch „Ludeln“, „Nuppeln“ genannt). Die Saugtätigkeit, ursprünglich der Befriedigung der Nahrungsaufnahme dienend, wird darüber hinaus zum Selbstzwecke für das Kind – mag nun ein eigener Körperteil (Finger, Zehe) oder ein fremder Gegenstand (Lutschpfropfen, „Schnuller“) den Reiz ausüben. Dies Lutschen kann zuweilen mit wahrer Inbrunst ausgeführt werden; es gibt auch Kinder, bei denen es zu einer schwer zu beseitigenden Leidenschaft entartet und weit über die Säuglingszeit hinaus anhält.

Was die Genital- und Anal-Zone angeht, so wird beobachtet, daß Säuglinge öfters Berührung jener Körperteile mit der eigenen Hand suchen, daß ferner das sanfte Streicheln jener Organe durch andere Menschen angenehme Gefühle zu erwecken scheint. Sollen doch manche Mütter und Wärterinnen dieses zweischneidige Mittel zur bequemen Beruhigung ungebärdiger Kinder benutzen.

Die Psychoanalytiker (Freud, Stekel, Hug-Hellmuth, Bernfeld) sehen nun in diesen Erscheinungen der Organlust und den damit verbundenen Betätigungen des Kindes einen Beweis für die Existenz einer „Säuglings-Sexualität“. Sie sprechen von „Wonne-Saugen“, von „Säuglings-Onanie“ usw. Das Recht zu diesen Deutungen glauben sie den folgenden zwei Momenten entnehmen zu können. Einmal dem Bild, das der seiner Lutschtätigkeit hingegebene Säugling bietet: der Ausdruck vollkommener Befriedigung läßt, so meinen sie, auf Lustgefühle schließen, die nach Art und Stärke der sexuellen Wollust vergleichbar sind. Sodann aber finden sich im ausgebildeten erotischen und Sexualleben Züge, welche eine unverkennbare Ähnlichkeit mit jenen frühinfantilen Tätigkeiten aufweisen. Wenn es bei Erwachsenen ein – nun zweifellos sexuell betontes – Wonnesaugen und andere kindhafte Akte gibt, wenn ferner bei gewissen Formen sexueller Abirrungen die eine oder andere infantile Tätigkeit geradezu ins Zentrum der Liebeserlebnisse rücken kann – dann sollen wir berechtigt, ja genötigt sein, die entsprechenden Erscheinungen im Säugling selbst auch bereits als erste Andeutungen von Erotik und Sexualität anzusprechen. Wir dürfen eben – so wird gelehrt – den Begriff der „Erotik“ nicht lediglich auf die Beziehungen zu anderen Menschen, den der „Sexualität“ nicht lediglich auf bestimmte Funktionen der eigentlichen Sexualorgane beschränken. Die primitive Säuglingserotik ist „Auto-Erotismus“, d. h. lediglich auf die eigene Person bezogen; und sie hat ihre besonderen ‚erogenen“ (lusterzeugenden) Zonen, unter denen die Genitalzone zunächst noch weit hinter der Mundzone an Bedeutung zurücksteht.

Zur Beurteilung dieser Deutungen sei hier nur kurz auf einen rein theoretischen Gesichtspunkt hingewiesen. Die psychoanalytische Theorie steht hier ganz auf dem Standpunkt der Elementenpsychologie, indem sie argumentiert: Der Erscheinungskomplex, der schon stets „Sexualität" genannt wurde, enthält Bestandteile, wie sie ähnlich auch im Säuglingsalter vorkommen; folglich gehören auch jene Säuglingsfunktionen in die gleiche Kategorie. Wenden wir nun aber die Gesichtspunkte der Ganzheitspsychologie an, dann stellt sich das Phänomen der „Sexualität" trotz aller eingeschlossenen Fülle und Mannigfaltigkeit als eine strukturierte Einheit dar, innerhalb deren die einzelnen Bestandteile erst vom Ganzen her ihre Sexualbetonung erhalten. Wenn eine solche Gesamtstruktur psychischen Erlebens neu entsteht, können sehr wohl Elemente, die aus der Kindheit stammen, in sie eingehen, ja in ihr eine besonders betonte Rolle spielen; und sie sind trotzdem nicht dieselben, wie sie in der Kindheit waren. Die an das Saugen geknüpfte Lust ist eben psychisch etwas durchaus anderes, wo sie (beim Säugling) als selbständiger Erlebnisinhalt rein für sich dasteht – als dort, wo sie (etwa beim Liebeskuß des Erwachsenen) mit hineingehört in das Gesamterlebnis der erotischen Erregung oder auch durch Übertragung geladen ist mit den Gefühlsmomenten anderer erotischer Teilgebiete. Übereinstimmungen in Elementen geben uns eben niemals das Recht, eine Identität der Erlebnisganzheiten anzunehmen. Deshalb kann man die tatsächlichen Aufstellungen der Psychoanalyse über die Organlust der Säuglinge großenteils anerkennen, ohne ihren sexualistischen Deutungen Recht geben zu müssen.

Organische Unlust-Erlebnisse können sich an bestimmte Momentan-Reize der Außenwelt knüpfen; sie können aber auch mit länger dauernden Störungen der gesamten Lebenssituation des Säuglings verbunden sein.

Zunächst einige Beispiele für die erste Gruppe.

Treten Eindrücke einzelner Sinnesorgane in zu starker Intensität auf, dann werden sie nicht zu Wahrnehmungen objektiviert, sondern wirken rein als Beeinträchtigungen des Organismus: so wird durch heftiges Türenschlagen, durch starken Druck, durch zu heiße Milch Unlust und Geschrei hervorgerufen. Selbst schwächere Eindrücke können ähnlich wirken, wenn das Kind gar nicht auf sie eingestellt ist: so wurde eines unserer Kinder, das ahnungslos im Halbtraum im Wagen lag, durch die plötzliche Annäherung des väterlichen Gesichts arg erschreckt.

Merkwürdig ist die Schreckwirkung, die zuweilen in ganz früher Zeit bei kurzen Störungen des stabilen Gleichgewichts beobachtet wird.

Eva 0;1. „Einige Male wurde ein sonderbares Zusammenfahren bemerkt: einst, als das Kind auf dem Diwan lag und dieser beim Aufstützen des Vaters nachgab, dann öfter im Bade. Eva schlug beide Ärmchen schreckhaft in die Höhe, als fürchtete sie zu fallen oder zu versinken."

Da das Kind noch niemals die Gefahr des Fallens oder Ertrinkens kennen gelernt hat, so liegt hier ein angeborener Furchtreflex vor.

In ähnlicher Weise angeboren sind dann auch einige seltsame Idiosynkrasien der Kinder gegen gewisse Sinnesreize, bei denen überhaupt kein Grund für die schreckhafte Wirkung auffindbar ist. Wir beobachteten am Meeresstrande bei einem unserer Kinder (0;8), daß es jedesmal, wenn es den weichen Meeressand berührte, auf das heftigste zusammenschauderte – ähnlich wie mancher Erwachsene beim Berühren eines trockenen Schwammes oder eines schlüpfrigen Tieres. Zwei unserer Kinder zeigten (0;2 und 0;7) eine höchst sonderbare Angstreaktion auf langgezogene Töne, mochten diese nun einzeln dargeboten werden oder am Schluß einer Melodie, der sie sehr vergnügt zugehört hatten. Von manchen Beobachtern wird auch der schwarzen Farbe als solcher ein ähnlicher Effekt zugeschrieben; doch konnten wir dies in so früher Zeit nicht feststellen. Es wäre lohnend, zu untersuchen, ob derartige Idiosynkrasien allen Kindern gleichmäßig zukommen, oder ob sie individuell variieren und ob hier die Vererbung eine Rolle spielt.

An Unlusterlebnissen von länger währender Beschaffenheit sind (abgesehen von Krankheitserscheinungen) zwei zu erwähnen, die zum normalen Leben jedes Säuglings gehören: Zahnung und Entwöhnung.

Das Durchbrechen der ersten Zähne ist fast stets mit Minderung des kindlichen Wohlbefindens, Reizbarkeit, Unruhe, zuweilen auch kleinen Temperaturschüben verbunden. Das Kind hat in dieser Zeit das Bedürfnis, auf harte Gegenstände zu beißen, wohl um das örtliche Spannungs- und Juckgefühl zu übertäuben. Im ganzen aber ist der Grad seelischer Gleichgewichtsstörung, wenigstens bei gesunden und gut gehaltenen Kindern, meist gering.

Weit mehr als dem Kind selbst bedeuten die ersten Zähnchen augenscheinlich den Eltern; dafür spricht nicht nur die stolze Freude der Mutter, wenn sie mit dem Ring oder Löffel im Munde des Kindes Klappertöne erzeugen kann, sondern auch mannigfache seltsame Volksbräuche, die sich allerorten an die Zahnung knüpfen. Aus symbolischer Deutung dieser Bräuche und des sich ändernden kindlichen Verhaltens leitet Bernfeld (S. 199ff.) den Gedanken ab, die Zahnung bedeute die beginnende Entsexualisierung der Mundzone (Abklingen des lustvollen Saugens) und die Umwandlung dieser Zone in eine solche des Angriffs und des Vernichtens (Beißen, Kauen).

Ist die Zahnung ein physiologisch bedingter Vorgang, so die Entwöhnung ein sozial bedingter: das Kind ist hier das erleidende Objekt einer Entscheidung, die von außen herantritt und oft genug durch Motive bestimmt ist, die mit der Entwicklung des Kindes selbst gar nichts zu tun haben. Es ist völkerpsychologisch höchst bemerkenswert, daß der übliche Zeitpunkt der Entwöhnung die allerstärksten Unterschiede aufweist[1]. Es gibt Kultur- und Naturvölker, die meist vor Abschluß des ersten Lebensjahres entwöhnen, andere, bei denen noch zwei-

[1] Bernfeld, S. 217.

bis dreijährige Kinder die Mutterbrust erhalten, schließlich solche, bei denen die Kinder noch als neun- oder zehnjährige gelegentlich bei der Mutter trinken und allmählich sich selbst entwöhnen, ohne Eingreifen der Erwachsenen.

Es ist demnach die Entwöhnung der erste wirkliche Eingriff in die Lebenssphäre des Säuglings; die Mutterbrust, die Quelle stärkster Lustgefühle, wird ihm entzogen zu einer Zeit, in der er von selbst noch lange nicht dieser Lust entsagen würde. Man versteht, daß dieser Eingriff das Kind stark mitnehmen kann. Sehr oft weigert sich das Kind zunächst, die Nahrung in der neuen Form aufzunehmen: ein Zeichen, daß es nicht mehr allein vom blinden Nahrungstrieb beherrscht wird, sondern daß die lustvolle Situation beim Saugen an der Mutterbrust ihm wichtiger geworden ist als die Hungerbefriedigung. Zuweilen bilden diese Nahrungsverweigerungen die Einleitung für langdauernde Schwierigkeiten beim Füttern des Kindes – so daß man hier wohl ganz unmittelbar von einem „Trauma" der Entwöhnung sprechen darf. Solche Chokwirkungen werden um so stärker sein, je plötzlicher die Entwöhnung vor sich ging; bei langsamer Überleitung der reinen Brustnahrung in gemischte und bei allmählich seltener werdender Darreichung der Brust kann der Prozeß ohne nachhaltige Spuren abfließen.

Für die Psychoanalytiker ist die Entwöhnung unter allen Umständen ein Trauma. Sie bedeutet die „Urenttäuschung" des Menschen, die erste wirkliche Versagung, und wird zum symbolischen Urtypus aller Entsagungen und Entbehrungen gemacht[1].

b) Objektgefühle

Schon in den ersten Lebensmonaten kommen auch diejenigen Gefühle zur Ausbildung, die irgendwelchen Bezug auf die außerhalb der eigenen Person liegende Gegenstandswelt haben.

Zunächst handelt es sich um solche Objekte, die zum Kinde im Verhältnis der sinnlichen Gegenwart und der motorischen Zugänglichkeit stehen. Die erwachenden Objektsinne haben Hunger nach ihrer Nahrung, den Reizen; und jede nicht zu stürmische Befriedigung dieses Reizhungers wird zu einem Freudenquell für das Kind. Alles Leuchtende, Farbige, Bewegte wird mit lebhaftestem Interesse betrachtet; gleich lustvoll wirken akustische Reize, menschliche Stimmen, sanftes Singen, Klavierspielen, das Tiktak der Uhr, das Rauschen des Wassers – oder Reize des Tastsinnes, das Glatte, Warme, Weiche, das Berührt- oder Angeblasen-Werden.

---

[1] Vgl. Bernfeld, S. 215ff.

Die Psychoanalytiker bezeichnen wiederum alle Lustgefühle, die sich in der sinnlichen Annehmlichkeit der Reizwirkung als solcher erschöpfen, und ebenso die auf Herbeiführung solcher Reizlust gerichteten Impulse als „sexuell". Auch hier liegt unseres Erachtens eine Ausweitung dieses Begriffs vor, die ihm jeden festen Bedeutungsgehalt raubt.

Aber das Kind empfängt nicht nur Reize von den Gegenständen; es ist an ihnen tätig: ergreift, bewegt, bearbeitet, verändert sie. Dieser Aktivität entsprechen Tätigkeitsgefühle, Erlebnisse der Kraft und der Eigenkausalität. Da aber diese Tätigkeiten selbst wieder zu erfreuenden Wahrnehmungen führen, zu recht lauten Geräuschen, zu sichtbaren Bewegungen, zu neuen Tasterlebnissen, so ist die Lust als zugleich sensorische und motorische eine regelrechte Spielfreude geworden.

Günther 0;11½. „Spektakel macht er mit allem, was er in die Hand bekommt – das ist das schönste Spiel. Je toller, desto besser! Warum haben alle Kinder so mächtige Freude am eignen Lärm? Ich glaube eben, weil er eigens hervorgerufen wird und weil die Kausalität so ursprünglich empfunden wird. Das Kind schafft selber etwas durch Aufschlagen mit einer Emailschüssel auf einen Holztisch, und zwar etwas, das sich hören lassen kann! Und das Kind merkt, daß auf das Aufschlagen sofort ein Geräusch folgt – Ursache und Wirkung! das gibt ein Lustgefühl, und selber Ursache sein, das gibt ein zweites. Sind wir hier nicht an der Quelle dessen, was auch dem Erwachsenen Lebensinhalt und Lebensfreude ist? Arbeiten und Schaffen und in den Zusammenhang der Dinge eingreifen."

Eine weitere Entwicklung in den Objektgefühlen erfolgt dadurch, daß die Gefühle sich nicht lediglich an den augenblicklichen Wahrnehmungsinhalt als solchen knüpfen, sondern an oft dagewesene Wahrnehmungsgestalten, die durch mnemische Nachwirkungen einen besonders festen gegenständlichen Charakter gewonnen haben (Bekanntheitsgefühle). Wie das Kind die häufig gesehenen Gesichter schließlich mit lustvollen Gefühlen der Vertrautheit begrüßt (s. S. 84), so werden auch bestimmte Gegenstände mit der Zeit durch die ständige Wiederholung der gesamten optisch-akustisch-haptischen Wahrnehmungsgestalt vertraut und lieb; und so hat das Kind schon im dritten Vierteljahr „seine" Spielsachen – ein Glöckchen, eine Klapper, einen Ball, ein Püppchen –, die es sehr gut kennt und deren heimliche Vertauschung mit einem anderen Gegenstand es übel vermerkt.

Die Bekanntheitsgefühle sind in den weitaus meisten Fällen lustbetont, doch kommen gelegentlich auch unlustbetonte vor. So kann das Wiedererkennen von Gegenständen und Personen, die früher einmal unangenehme Eindrücke hervorgerufen hatten, mit dem Gefühl der Angst verknüpft sein. Solche Angst zeigte z. B. unsere Tochter (0;6) vor einem Wattetampon, der zum Reinigen der Nase benutzt wurde, und im Alter von 0;9 vor dem Arzt. Diese auf Erfahrung beruhende Furcht ist durchaus von den oben besprochenen angeborenen Idiosynkrasien zu unterscheiden.

Die Bekanntheitsgefühle knüpfen sich nicht nur an Einzel-Gegenstände und -Personen, sondern schließlich an die ganze Umwelt und an die alltäglichen Geschehnisse, die am Kinde und in seiner Nähe ablaufen. In ihrer Gesamtheit bilden diese Gefühle so den dauernden Bewußtseinshintergrund des Vertrauten und Selbstverständlichen, von dem sich nunmehr alles Neue und Fremdartige durch besondere Gemütsreaktionen abhebt. Damit aber erreicht das Kind wiederum eine höhere Stufe des Gefühlslebens; denn wie die Vertrautheitsgefühle zu den mnemischen Vorgängen gehören, so führen die Fremdheitsgefühle zu den intellektuellen Prozessen.

Wenn die bekannte Gruppierung der Wahrnehmungen oder der gewohnte Ablauf der Assoziation an irgendeiner Stelle durch einen fremden Eindruck plötzlich eine Unterbrechung erfährt, so entsteht der Gemütszustand des Erstaunens. In seiner reinen Form ist das Erstaunen wesentlich eine Hemmungserscheinung: gehemmt ist psychisch der Vorstellungsfluß und das Bekanntheitsgefühl, physisch die Bewegungsfähigkeit; deshalb macht der erstaunte Mensch den Eindruck der Starrheit. Das zweite Lebensvierteljahr bringt bereits solche Zustände der starren Verwunderung; sehr früh wirkt namentlich Musik in diesem Sinne, bald aber auch das Sehen von Personen und Gegenständen, schließlich Reize anderer Sinne.

Preyer[1], 0;5. „Als das Kind sich im Eisenbahnwagen befand und ich plötzlich, nach einer kurzen Trennung, in denselben einstieg, fixierte es mich über eine Minute lang mit offenem Munde (herabgesunkenem Unterkiefer), mit weit offenen unbewegten Augen und auch sonst völlig regungslos, das typische Bild des Erstaunens zeigend.“

Scupin, 0;6. „Ein Taschenspiegel wurde ihm vorgehalten, lachend und jauchzend sah er sein Spiegelbild an und griff danach. Plötzlich nahm des Kindes Blick einen forschenden Ausdruck an – es neigte sich stark zur Seite und blickte suchend hinter den Spiegel; unverkennbares Erstaunen malte sich in dem Gesichtchen, Erstaunen über das gänzliche Fehlen der sonst mit einem Gesichte zugleich wahrgenommenen Körperteile. Dann saß der Knabe einige Sekunden lang stumm da und sah uns ratlos fragend an. Wieder suchte sein Blick das Spiegelbild, und wieder neigte er sich stark zur Seite und suchte hinter dem Spiegel; man sah dem Kinde an, es stand vor einem Rätsel“ (I, 20/21).

Hilde 0;11. „Eben gab ich Hilde zum erstenmal einen Keks zu essen; sie benahm sich sehr drollig, als sie den Kuchen in den Mund führte. Bisher hatte sie doch (außer Flüssigem) nur ihre Finger oder Gummipuppen bzw. sonstige widerstandsfähige Spielsachen in den Mund gesteckt. Sie nahm den Kuchen immer wieder erstaunt heraus, knabberte dann vorsichtig und ließ ihn sich endlich gut schmecken.“

[1] W. Preyer I, S. 108.

Die Gefühlsbetonung des Erstaunens ist nicht eindeutig; es gibt ein freudiges, ein ängstliches und ein mehr indifferentes Erstaunen; aber auch das letztgenannte hat die Tendenz, schließlich in Freude über das Neue oder in Furcht umzuschlagen.

Lustvoll wird das Erstaunen gewöhnlich dort sein, wo nach Überwindung der ersten Hemmung eine ungestörte Einstellung auf den neuen Reiz möglich wird, der nun des Kindes ganzes Interesse in Anspruch nimmt. Das völlig Neue, das zu bekannten Eindrücken in keinerlei Beziehung steht, wirkt daher gewöhnlich, wenn es überhaupt vom Kinde aufgefaßt wird, lusterregend, nicht furchterregend. Darum pflegt das Kind im ersten Lebensjahre keine Furcht vor dem Feuer und vor Tieren, auch nicht vor den Tieren des Zoologischen Gartens zu zeigen, höchstens, daß deren Gebrüll oder Geschrei einen rein sensorischen Schreckanfall auslöst.

Dagegen ist das Staunen dann meist stark unlustbetont, wenn im Eindruck Bekanntes und Fremdes gemischt ist, so daß das Bekanntheitsgefühl ebensowenig zurückgedrängt wie befriedigt werden kann. Das bedingt für das Kind eine Desorientierung, ein Gefühl des Unheimlichen, welches zu stärksten Furchtäußerungen führen kann. S o g i b t e s a l s o f ü r d a s k l e i n e K i n d – das gilt auch noch für die nächsten Jahre – n i c h t s o w o h l e i n e F u r c h t v o r d e m U n b e k a n n t e n, w i e e i n e F u r c h t v o r d e m U n h e i m l i c h e n[1]. Hierdurch erklärt sich das so häufige Weinen beim Anblick fremder Personen: sie ähneln eben den Eltern und sind doch wieder anders; sie sprechen auch, aber ihre Stimme ist nicht die vertraute. Analog verhält sich das Kind beim Wiedersehen bekannter Personen, von denen es längere Zeit getrennt war: da ein Wiedererkennen nicht gleich stattfindet, so ist der Anblick fremd, aber doch nicht so neu, wie ein noch nie dagewesener; dunkle Bekanntheitsgefühle mischen sich hinein, das gibt dann die Verwirrung.

Scupin, 0;5½. „Vaters Mutter, die zehn Tage lang fortgeblieben war, wurde zuerst nicht wieder erkannt. Der Knabe stieß bei ihrem Anblick und dem Klange ihrer Stimme einen furchtsamen Laut aus, saß auch regungslos mit geweiteten Augen ein paar Minuten lang auf ihrem Arm; erst dann war er mit ihrer Erscheinung wieder vertraut geworden, und sein Gesichtchen nahm den gewohnten befriedigten Ausdruck an." (I, 19.)

Eines der merkwürdigsten Beispiele für diese Furcht vor dem Unheimlichen beobachteten wir bei unserem Günther (1;0); es handelte sich um eine Puppe, „welcher die Schwester den Schopf vom Kopfe halb abgerissen hatte, so daß die Haare nun wirr und struppig abstanden und im Kopfe ein großes Loch sichtbar war. Das niedliche Gesicht der Puppe war ganz unentstellt. Diese Puppe brachte nun die Schwester einmal dem kreuzvergnügten Knaben: da erhebt er ein jämmerliches Geschrei und wendet sich mit ausgesprochenem Abscheu von der Puppe fort, um sie nur nicht

---

[1] Näheres über diese Furcht in Kap. XXXV.

sehen zu müssen. Als er wieder vergnügt geworden war, hatte eine erneute Darbietung genau den gleichen Erfolg."

c) Persongefühle

Über die Organgefühle und die Objektgefühle weisen diejenigen Gemütsregungen hinaus, die anderen Personen gelten. Sie sind ebenfalls bereits im ersten Lebensjahr, wenigstens in ersten Anfängen, vorhanden, Das Mitfühlen mit anderen Individuen ist ein so elementarer Vorgang, daß wir ihn bekanntlich schon bei den Tieren in ausgesprochenster Weise finden. Beim Menschensäugling lassen sich erste soziale Regungen sowohl Erwachsenen gegenüber wie anderen Kindern gegenüber beobachten.

Das erste Lächeln des Kindes stellt sich im zweiten Lebensmonat ein, wenn es die menschliche Stimme hört; kein anderer Klang vermag diese Wirkung auszuüben[1]. Und wenn man weiterhin sieht, wie ein Säugling von 6 oder 8 Monaten beim Anblick der Mutter jauchzend die Ärmchen nach ihr öffnet und, auf den Schoß genommen, sich an sie anschmiegt, so ist es unmöglich, dies bloß als eine egoistische Freude anzusehen, die sich in nichts von der Freude an einer bunten, blinkenden Spielsache unterschiede – es ist vielmehr die Regung eines persönlichen Gefühlsverhältnisses, das sich vom Kind zu einem anderen Menschen hinüberspinnt[2]. Hierher gehört ferner, daß das Kind in den letzten Monaten des ersten Jahres schon einer gewissen Gefühlsansteckung zugänglich ist: freundlicher, lächelnder Gesichtsausdruck, sanftes Zureden der Erwachsenen wird mit Lächeln und behaglichem Lallen beantwortet; unfreundliches, ärgerliches Mienenspiel, scheltendes Sprechen rufen Angst und unlustvollen Eindruck hervor. Natürlich fehlt hier zunächst noch ein wirkliches Verständnis für das Fühlen des anderen, es handelt sich vielmehr um ein instinktmäßiges Verhalten, das mit dem früher besprochenen instinktmäßigen Nachahmen auf einer Stufe steht. Aber allmählich geht doch daraus ein wirkliches Mitfühlen hervor – und ist dies nicht vielleicht schon in folgendem Falle erreicht?

Scupin 0;11½. „Als wir (die Eltern) uns heute im Scherz schlugen, schrie er plötzlich wild auf. Um zu prüfen, ob unser Lärmen ihn erschreckt hatte, wiederholten wir die Szene nochmals schweigend; entsetzt sah das Kind auf den Vater, dann streckte es sehnsüchtig die Arme nach der Mutter aus und schmiegte sich innig an sie an. Es machte ganz den Eindruck, als glaube der Knabe, der Mutter geschähe ein Leid und als wäre sein Schrei nur ein Ausdruck mitleidiger Angst um sie." (I, 49.)

---

[1] Dies ist von Hetzer und Tudor-Hart nachgewiesen, die hierin gleichfalls eine allererste Gefühlsregung personaler Art sehen.

[2] Über den Anteil rein sinnlicher Gefühle in diesen ersten Zärtlichkeitsregungen des Kindes vgl. Kap. XXXVI, 2.

Ein anderes Symptom des eben erwachenden Mitfühlens ist das „Abgeben“, das wir bei einem unserer Kinder gerade am Schluß des ersten Lebensjahres auftreten sahen.

Hilde 1;0. „Gestern bemerkte ich zum ersten Male, daß H. den Zwieback, den ich ihr in die Hand gegeben hatte, mir an den Mund führte, immer wieder, ohne selbst an das Abbeißen zu denken. Ich tat so, als ob ich abbisse und äße, und das machte ihr Freude[1].“

Allerdings gibt es auch Erscheinungen, die als das gerade Gegenstück zum Mitleid gedeutet werden können. Spielende Säuglingc lieben es, sich in den Bart des Vaters, das Haar der Mutter einzukrallen, die Wangen zu zerkratzen, in die Augen zu greifen; und selbst Schmerzensschreie der so Mißhandelten werden oft mit lautem Jubel beantwortet. Aber wir haben deshalb durchaus kein Recht, dem Kinde von 8 Monaten eine Freude an dem von ihm erzeugten Schmerz des anderen zuzuschreiben und von „grausamem“ Augenleuchten und „diabolischer“ Gier zu sprechen (Scupin, I, 30/31); ebensowenig besteht ein Anlaß, hierin einen Anflug von „Sadismus“ (d. h. sexuell betonter Lust am Mißhandeln) zu sehen. In Wirklichkeit liegt wohl nur eine derbe und unbekümmerte Äußerung des Greifinstinkts vor; das Kind ist ahnungslos, daß sein täppisches Zufassen Schmerz verursacht.

Über das Verhalten von Kleinkindern zu einander hat Charlotte Bühler (II) jüngst sehr interessante Experimentaluntersuchungen angestellt. In einer amerikanischen Mütterberatungsstelle standen stets Säuglinge in großer Zahl zur Verfügung. Es wurden nun je zwei Kinder in einem Kinderställchen so einander gegenübergesetzt, daß sie sich sehen und greifen konnten, und Spielsachen zwischen ihnen hingelegt. Jedes Pärchen wurde etwa zehn Minuten lang beobachtet. Über 55 Paare liegen genaue Protokolle vor.

Bei Kindern im Alter bis 0;5 beschränkt sich die Wechselbeziehung auf den „Schaukontakt“; sie sehen sich gelegentlich an, meist aber kümmern sie sich nicht umeinander. Mit Beginn des zweiten Halbjahres tritt eine starke Veränderung ein. Das Kind greift zu, sowohl nach dem Körper des anderen Kindes wie nach den Spielsachen, auch wenn diese in der Hand des anderen sind; dies andere läßt sich das nicht gefallen, wehrt sich, sucht den Gegenstand zurückzuholen; es kann zu kampfartigen Bewegungen kommen. Gegen Ende des ersten Jahres stellen sich dann aber auch Handlungen ein, die im engeren Sinn „sozial“ anmuten: Spielsachen werden nicht nur weggenommen, sondern auch dem anderen gegeben, gezeigt, mit ihm ausgetauscht.

[1] Weitere Literatur über Mitleidsäußerungen im ersten Lebensjahr ist zusammengestellt bei W. Boeck, S. 28.

Sehr deutlich treten schon Rangordnungs-Phänomene auf[1]. Das eine Kind reißt die Führung an sich, das andere fügt sich; jenes betätigt sich ungehemmt, dieses steht unter starken Hemmungen. „Das überlegene Kind wendet sich hin zum anderen, strebt darauf zu, berührt, greift zu, nimmt weg, gibt, wehrt ab, zeigt, macht vor, wendet sich ab, wenn es der Situation überdrüssig ist, führt und organisiert die ganze Situation. Das unterlegene Kind wagt nicht wegzunehmen, wagt nicht zu verweigern, ist durch die Aktivität und Angriffslust des andern aus der Fassung gebracht und unterliegt der Suggestion der Affektübertragung (schreit mit) u. a. m.“[2]

Sind beide Kinder einigermaßen ebenbürtig, dann entstehen neue, von Ch. Bühler genauer beschriebene Erscheinungen der „Rivalität“.

Die jeweilig sich einstellende Rangordnung hängt natürlich zum Teil von der besonderen Konstellation, insbesondere von den Altersunterschieden der Kinder ab. In 87% aller „Despotie“-Verhältnisse war das überlegene Kind auch das ältere. Rivalität war nur möglich, wenn die Altersdifferenz weniger als ein Vierteljahr betrug. – Aber neben diesen mehr äußeren Momenten spielen doch auch schon innere Dispositionen mit; es gibt eben Kinder, die ihrer Temperaments- und Willensanlage nach zum „Despotismus“ neigen, und die Gegenbilder hierzu.

Zum Schluß sei ein kleiner Ausschnitt aus dem wirklichen Tun und Treiben eines Kindes gegen Ende des ersten Lebensjahres gegeben.

Idelberger (S. 242) hat bei seinem Sohn (0;11) eine ganze Stunde lang alles aufgezeichnet, was das Kind getan, geäußert und an Begehrungen und Gemütsbewegungen bekundet hat. Wir geben hier nur den Hauptinhalt einer Viertelstunde wieder; aber auch schon daraus läßt sich dreierlei entnehmen: 1. die fast absolute Vorherrschaft der Trieb-, Willens- und Affekttätigkeiten gegenüber den noch geringen intellektuellen Funktionen; 2. die überraschende Mannigfaltigkeit in Art und Richtung der Gemütsbewegungen (jene Viertelstunde zeigt uns Freude und Trauer, Neugier und Verwunderung, Zorn und Mißfallen, Gier und Abwehr); 3. die Sprunghaftigkeit und Zusammenhangslosigkeit des psychischen Lebens, die Unfähigkeit zu einer längeren Aufmerksamkeitskonzentration und zu kontinuierlicher Verfolgung eines Interesses.

---

[1] Ganz ähnliches ist auch bei Tieren, namentlich auf dem Hühnerhof, beobachtet worden. (Schelderup-Ebbe und D. Katz.)

[2] Aus dem Vortragsreferat von Ch. Bühler für den Internationalen Psychologenkongreß in Groningen 1926.

(6 Uhr 10 Minuten abends): „Macht *‚ch-ch'* vor Freude – greift ins Innere der Nähmaschine – hebt ein Streichholzschächtelchen vom Boden auf – wirft es wieder hin – fällt hin und weint – rupft an den Haaren des auf dem Boden liegenden Dachsfelles – spricht *‚wauwau'* – will aufgehoben werden – macht ein erstauntes Gesicht – hebt den Zeigefinger und spricht *‚ö-ö'* – stößt vor Freude den Laut *‚ch'* hervor – will das hölzerne Milchkännchen haben – reckt die Ärmchen, um auf den Schoß der Mama gehoben zu werden – will in die Schlafstube sehen, nachdem er von dorther einen Laut gehört hat – klopft mit einem Fuße auf den Boden – guckt nach Frau St. und spricht *‚bw-bw'* – kaut an seinen Fingern – will die Holzspielsachen haben – schreit vor Zorn – will die Spielsachen haben – weint – zeigt nach einer kleinen Schelle und spricht *‚ö-ö'* zum Zeichen, daß er dieselbe haben möchte – blickt mit Verwunderung auf ein rollendes Rasselchen – will dasselbe haben – will nicht das gereichte Stück Apfelsine nehmen – wehrt ab – will vom Boden aufgehoben werden – will laufen – weigert sich wiederholt, das dargereichte Apfelsinenstück zu essen – nimmt und versucht es – verzieht das Gesicht bei dem sauren Geschmack – ißt – will noch ein Stück haben.“ (6 Uhr 25 Minuten.)

Dritter Abschnitt

Die Sprachentwicklung[1]

In den ersten Lebensmonaten erheben sich die Tätigkeiten des Menschenkindes noch fast gar nicht über die Leistungen des Tieres, ja in manchem, namentlich in der Ausbildung der Instinkte, ist das Tierjunge dem Menschenjungen überlegen. Aber schnell überwindet die Entwicklung des Menschen jene tierische Phase; und am Ende des ersten Lebensjahres erwirbt sich das Menschenkind jene beiden Fähigkeiten, die schon immer als Hauptunterschiedsmerkmale zwischen Mensch und Tier aufgestellt wurden: den aufrechten Gang und die Sprache. Der aufrechte Gang gibt, wie wir sahen, der Eroberung der sinnlich-räumlichen Umwelt einen gewissen Abschluß; die Sprache aber eröffnet nun dem Kinde die höhere Welt des Geistigen. Das Sprechenkönnen verleiht seinen Beziehungen zu den Mitmenschen eine ganz andere Mannigfaltigkeit; die Sprache wird zum Werkzeug einer gewaltigen Entwicklung seines Vorstellungs-, Gefühls- und Willenlebens; sie macht endlich alle selbständige Denktätigkeit: – Verallgemeinern und Vergleichen, Urteilen und Schließen, Kombinieren und Verstehen – erst recht eigentlich möglich.

Wird schon hierdurch die besondere Aufmerksamkeit gerechtfertigt, die alle Kindespsychologen gerade der Sprachentwicklung widmeten, so mußte ein anderer Umstand das Interesse an dieser Erscheinung noch erhöhen: die Leichtigkeit und Schnelligkeit, mit der der sprachliche Lernprozeß abläuft. Welche Mühe muß später in der

[1] Dieser Abschnitt steht in engen Beziehungen zu dem Buche: Clara und William Stern, „Die Kindersprache". Gerade wegen der großen Ausführlichkeit, mit der dort das Problem des kindlichen Sprechens behandelt worden ist, glaubte ich mich hier mit um so knapperen Umrissen des Wichtigsten begnügen zu dürfen. Zur bequemeren Orientierung für etwaiges weiteres Studium ist überall auf die entsprechenden Abschnitte der Monographie (IV. Aufl.) verwiesen worden. – Gar nicht berücksichtigt werden konnten hier die individuellen Sprachgeschichten zweier unserer Kinder, die den ersten Hauptteil des genannten Werkes bilden.

Das 1907 erstmalig erschienene Buch ist 1927 in 4. völlig neubearbeiteter Auflage ausgegeben worden. Es berücksichtigt im Text und in der Bibliographie die gesamte vorgängige Literatur.

Schule auf das Erlernen einer zweiten Sprache verwandt werden, ohne daß doch selbst eine vieljährige Übung zu einer wirklichen Beherrschung führte – dem normalen Kinde von 2–3 Jahren dagegen scheint die Sprache seiner Umgebung anzufliegen; ohne je Vokabeln zu lernen oder Grammatik zu treiben, macht es von Monat zu Monat die erstaunlichsten Fortschritte; und wenn es 4–5 Jahre alt geworden, kann es sich über alles, was in seinen Interessenkreis gehört, mühelos verständigen und seinen reichen Vorstellungs- und Denkinhalten angemessenen Ausdruck geben.

Besonders reizvoll wird nun aber das Sprechenlernen noch durch einen dritten Umstand. Die „Kindersprache“ erweist sich nicht nur als eine unvollkommene Vorstufe der Vollsprache, sondern als ein eigenartiges Gebilde, gleichsam als ein „Dialekt“, der seine eigenen sprachlichen Gesetze, ja geradezu seine besonderen Schönheiten hat. Gewisse Züge des Kinderdialektes sind sogar von internationaler Gemeinsamkeit und weisen dadurch hin auf elementare Urerscheinungen alles Sprechens überhaupt, wie sie in den uns bekannten konventionellen Sprachen kaum mehr zu erkennen sind. So wird das Studium der Kindersprache auch dem Linguisten für Probleme der allgemeinen Sprachentwicklung bedeutungsvoll.

Kapitel VIII

Vorstadien und Anfänge des Sprechenlernens[1]

1. Vorstadien

Man rechnet als Beginn des Sprechens gewöhnlich jenen Augenblick, in welchem zum ersten Male eine Lautäußerung mit dem Bewußtsein ihrer Bedeutung und der Absicht der Mitteilung verbunden auftritt. Allein dieser große Moment hat eine Vorgeschichte.

Denn das „Sprechen“ wächst heraus aus Triebregungen ursprünglichster Art, die sich schon in den ersten Lebensmonaten zu regen beginnen; nur, daß zunächst die Lautäußerungen noch eingebettet sind in diffusere Betätigungen dieser Triebe und sich erst allmählich zu selbständigen Akten isolieren[2].

Da sind zunächst die Entladungs- und Ausdrucksbewegungen. Die Befreiung innerer Spannkräfte erfolgt, neben dem Zappeln und Gestikulieren, auch in einem „Zappeln“ der Sprachorgane, und diese Äußerungen, das Schreien und Lallen, sind die wichtigsten Vorübungen

[1] Kindersprache. Kap. XI/XII.

[2] Kindersprache S. 121ff. und W. Stern XII.

des Sprechens. Es üben sich hier nicht nur die verschiedensten Artikulationen, sondern es stiften sich bereits Assoziationen zwischen gewissen Stimmungslagen und dazugehörigen Lautkomplexen, wenn das Kind auch noch nicht imstande ist, den Laut als ein „Zeichen" für die gleichzeitige Gefühlsbetonung aufzufassen[1]. Der Drang des Kindes nach diesen Übungen der Stimmorgane ist so groß, daß es nicht einmal die akustische Rückwirkung nötig hat; auch das taubstumme Kind lallt ganz ähnlich wie das hörende, so daß das Gebrechen des Kindes längere Zeit unbemerkt bleiben kann.

Die andere Wurzel des Sprechens ist sozialer Natur. Der seelische Kontakt mit anderen Menschen, der sich schon in den ersten Lebenswochen einstellt und den das Kind mit primitivsten Mitteln zu verstärken strebt, führt zu einem Hin und Her lautlicher Äußerungen und bereitet sowohl das Selber-Sprechen wie das Sprachverständnis vor.

Der im zweiten Halbjahr so stark sich entwickelnde Nachahmungstrieb führt dazu, daß neben anderen wahrgenommenen Eindrücken auch viele von anderen Menschen vorgesprochene Silben und Silbenverbindungen wiederholt werden; und wenn auch dies Nachmachen zunächst noch verständnislos erfolgt, so bereichert es doch den Schatz des Kindes an selbsterzeugten Lauten, Lautverbindungen, Rhythmisierungen usw., also das Rohmaterial für die künftige Sprache.

Das „Sprachverständnis" bereitet sich vor in den oben (S. 59) besprochenen Frühdressuren. Sind auch gewisse Worte, z. B. „mach mal patsch patsch", „wo ist die ticktack?" zunächst für das Kind nichts als eine vage Klanggestalt innerhalb einer Gesamtsituation, mit der das Kind gewisse Handlungen assoziiert hat, so kann sich doch allmählich gerade das lautliche Moment verselbständigen und von sich aus dem Sinn der Handlung zugeordnet werden: ein erstes vages „Verstehen" der Worte ist da[2].

So nähert sich das Kind der Sprache von drei Seiten her: von der Ausdrucksbewegung des Lallens, dem sinnlosen Nachahmen und dem sinnvollen Reagieren auf Gesprochenes. Sobald einmal diese ursprünglich getrennten Funktionen zur Einheit zusammentreten, hat das eigentliche Sprechen begonnen.

---

[1] Vgl. die sorgfältige Spezialuntersuchung von A. u. G. Hoyer über die Lallsprache ihres Kindes.

[2] Dies erste „Verstehen" von Sprachlichem hat zunächst noch nichts mit einem intellektuellen Begreifen der logischen Wortbedeutung zu tun. Vielmehr vergehen noch Monate bis auch dieser Schritt getan wird. Vgl. S. 132.

Beispiele für diese drei Wege:

Das Kind hat vielleicht schon monatelang *mamam* gelallt und damit dem Hörer sogar bereits eine gewisse Stimmungslage (etwa Hunger oder Sehnsucht) objektiv verraten; aber aus dem Lall-Laut wird ein Lall-Wort, also Sprache, wenn es mit *mamam* subjektiv einen Inhalt verbindet – wobei es nicht darauf ankommt, ob dieser Inhalt der konventionelle (die Mutter) oder ein anderer (etwa das Hungergefühl) ist. – Oder das Kind hat *dedda* (Bertha) mechanisch nachgesprochen, wenn man es ihm vorsagte, bis es dann eines Tages beim Wiederaussprechen des Wortes auf das Mädchen hinblickt, das diesen Namen trägt. – Oder drittens: das Kind hat schon längere Zeit für das Wort *ticktack*, ohne es selber zu sprechen, Verständnis bewiesen, indem es sich beim Hören des Wortes zur Kaminuhr umdrehte. Wird das Wort endlich vom Kinde zum erstenmal gesprochen, so tritt es gleich sinnvoll auf.

2. Zeitliche Verhältnisse der Sprachanfänge

Der Zeitpunkt dieser Sprachanfänge pflegt um das fünfte Vierteljahr herum zu liegen; doch sind hier die individuellen Schwankungen sehr groß. Es gibt dreivierteljährige Kinder, die bereits über ein oder einige sinnvolle Wörter verfügen; aber es ist auch durchaus noch nicht abnorm, wenn ein anderthalbjähriges Kind sich noch fast ausschließlich mit Gebärden behilft. Sind doch diese oft so ausdrucksvoll, daß sie für die nötige Verständigung ausreichen. So viel scheint nach den bisherigen Beobachtungen festzustehen, daß Mädchen durchschnittlich etwas früher zu sprechen anfangen als Knaben und auch bei der weiteren Entwicklung diesen Vorsprung beibehalten. Ferner lernen jüngere Geschwister gewöhnlich schneller und leichter sprechen als erstgeborene Kinder, weil diese auf Erwachsene als ihre Sprachmeister angewiesen sind, während jene die ihnen viel gemäßere kindliche Sprechweise ihren Geschwistern ablauschen können. Endlich ist es wohl unzweifelhaft, daß die Sprachentwicklung bei Kindern der niederen Schichten beträchtlich später beginnt und langsamer verläuft als bei Kindern aus gebildeten Kreisen; die Leute aus dem Volk haben eben nicht so viel Zeit und geistige Regsamkeit, um sich fortwährend mit den Kindern zu beschäftigen und auf sie einzusprechen[1].

Die kindliche Sprachfähigkeit nimmt nun nicht etwa, nachdem sie einmal begonnen hat, in gleichmäßigem Tempo von Tag zu Tag

[1] Hierzu vgl. Kap. XI dieses Buches.

zu. Vielmehr tritt nirgends so sehr jenes allgemeine Gesetz der Entwicklungsperiodizität hervor, wie gerade bei den Sprachfortschritten. Zeiten der Stockung, welche auf die Eltern zuweilen beunruhigend wirken, werden unerwartet abgelöst von Epochen plötzlichen Fortschritts, denen dann wieder eine Phase schleppender Entwicklung folgen kann.

Sehr oft zeigt sich diese Stagnation sogleich bei den ersten Sprechanfängen. Das Kind hat den sinnvollen Gebrauch eines oder mehrerer Worte relativ frühzeitig erworben; dann aber verstreichen Monate ohne weitere Erfolge, ja zuweilen kann das schon Erworbene wieder verloren gehen. So bestand die Sprache von Preyers Sohn ein halbes Jahr lang nur aus *atta* (= fort) und *dakke* (= danke). Das Wort *da* bildete 2½ Monate lang den einzigen Inhalt der Sprache unseres Sohnes.

3. Beschaffenheit der Kindersprache in den frühesten Stadien

Suchen wir uns an einem Beispiel zu veranschaulichen, welchen Stand und welche Besonderheiten das Sprechen des Kindes einige Monate nach jenen allerersten Anfängen zeigt. Auf Grund der Aufzeichnungen der Mutter läßt sich über unser drittes Kind Eva, als sie 1;0 bis 1;1 alt war, folgendes berichten[1]:

Zunächst über das Lallen und Nachahmen des Kindes:

„Eva ist außerordentlich lebhaft und kauderwelscht lange Erzählungen, die einen anmuten wie eine fremde Sprache – so ausdrucksvoll sind sie. Dabei hat es den Anschein, als wolle sie einer bestimmten Person etwas berichten. In dieser Art hat keins der andern Kinder gesprochen. Es ist augenscheinlich eine Nachahmung der lebhaften Konversation in unserm Kinderzimmer."

„In ihren Lallunterhaltungen tönen häufig bekannte Namen an. So hört man etwas Ähliches wie *hilde*; *else* (Kindermädchen). Laute, die ihr viel vorgesagt werden, wie *ja ja*, *du du* mit einer spaßigen Art der Drohbewegung, sind schon feste Bestandteile ihres Repertoires. Gleiches gilt von den noch sinnlos nachgesprochenen, aber sehr drollig klingenden Wörtern: ‚*ach wo*' und ‚*achherrjeh!*'"

Über das Sprachverständnis heißt es:

„Man muß immer wieder staunen, weil die Entwicklung kaum zu verfolgen ist; es läßt sich in diesem Alter nicht konstatieren: heut begreift das Kind von dem Sinn des Wortes ein wenig, morgen mehr, übermorgen alles – nein, auf einmal merken wir: das Kind versteht, was wir meinen."

---

[1] Die entsprechenden genauen Zusammenstellungen über unsere beiden älteren Kinder finden sich in: Kindersprache S. 18/19 und S. 85/86. Ferner sind dort S. 159 die Listen der Sprachanfänge für andere Kinder zusammengestellt, über welche die Literatur berichtet.

Der Umfang ihres Sprachverständnisses wird durch die folgenden Aufzeichnungen beleuchtet; auf alle ihr zugesprochenen Worte und Sätze reagierte Eva zweckmäßig, sei es durch Hinzeigen auf den genannten Gegenstand, sei es durch Ausführung der gesprochenen Aufforderung: *hu* (= Flasche), *happenpappen* (= essen), *tatei* (= schlafen), *plansch-plansch* (= baden), *ba* (= spazierenfahren), *steh steh*, *nuppeln* (am Finger lutschen), *baba* (= häßlich), *mach wupp* (zieht den Finger mit einem Lutschlaut aus dem Munde), *gib mir*, *du du* (Drohung), *ater* (= Vater, für beide Eltern), *brrbrr* (= Pferd), *wauwau* (= Hund), *puppe*.

Ihr eigenes sinnvolles Sprechen endlich umfaßt bis 1;1 die folgenden Wörter:

atä (seit 0;9) für Vater und Mutter; das Wort „Mutter" spricht sie trotz häufigen Vorsagens nicht richtig nach.
puppe für ihre Puppe und abgebildete Kinder.
wauwau für ihren Spielzeughund, auch gelegentlich für abgebildete Tiere.
muh für viele Tiere im Bilderbuch und für das Schaukelpferd.
băbă (häßlich) als richtige Reaktion auf die Aufforderung „nicht nuppeln".
hap oder *pappap* für Essen.
kuckuck beim Versteckspiel.
dudu als spaßiger Drohruf.
da beim Abgeben von ihrer Semmel.

Diese Übersicht zeigt nun einige Eigenschaften, die für die früheste Sprechzeit des Kindes charakteristisch sind.

Aus den unzähligen Worten der Umgangssprache, die das Kind fortwährend um sich herum ertönen hört, trifft sein Geist eine unbewußte Auslese, indem es die weitaus meisten noch an sich abgleiten läßt und nur einige wenige sich aneignet. Und zwar ist diese Auslese eine doppelte; eine größere Anzahl von Worten überschreitet die „Verständnisschwelle", eine kleinere Anzahl von diesen wird auch bereits über die „Sprechschwelle" gehoben. Diese Rückständigkeit des Selber-Sprechens gegen das Sprachverständnis ist zwar eine Eigentümlichkeit, die noch bis in spätere Jahre, ja bis in das erwachsene Alter hinein dauert (denn jeder von uns hat einen viel geringeren Wort- und Formenschatz im eigenen Gebrauch, als er Worte und Formen bei Lektüre, beim Hören von Vorträgen usw. zu verstehen imstande ist); aber nirgends ist der Abstand doch so auffallend wie in den ersten Sprechmonaten. Es gibt viele Kinder, die sich im Selbstsprechen außerordentlich träge erweisen, die aber dennoch gar keinen Anlaß zur Beunruhigung geben, weil ihr Verständnis für die sprachlichen Äußerungen ihrer Umgebung ein recht ausgebildetes ist. Bei diesen Kindern ersetzt dann die stark entwickelte Gebärdensprache (Mimik und Gestikulation) die noch fehlende Lautsprache[1].

---

[1] Spezialuntersuchungen über die Periode des reinen Sprachverständnisses stellte P. Schäfer an.

Aber auch die Gebärde des zum Kinde Sprechenden ist von Bedeutung, indem erst sie das Verständnis vieler Worte vermittelt. Denn es gibt gewisse Gebärden, deren Sinn dem Kinde ganz unmittelbar aufgeht; treten diese nun oft mit bestimmten Worten verbunden auf, so werden schließlich auch die Worte allein zu Trägern der verstandenen Bedeutung. Wenn ein Kind lernt, auf die Worte „Nun komme doch" sich aufzurichten und der Mutter entgegenzustreben, so geschieht dies, weil diese Worte stets an die so ausdrucksvolle Gebärde der weit geöffenten Arme geknüpft waren.

Sehr merkwürdig ist die äußere Gestalt dieser frühen Kindersprache. Sie stellt nicht etwa einen dürftigen Auszug aus der Umgangssprache dar, sondern besteht fast durchweg aus Wörtern, die jener fremd sind. Woher kommt dies?

Zunächst bewirken Gründe der Sprechtechnik, daß sich die ersten Kinderworte möglichst nahe an die schon beim Lallen geübten Lautformen anlehnen; diese bestehen fast stets im einfachen Wechsel von Vokalen und Konsonanten; und zwar überwiegen bei den Vokalen *a* und *e*, bei den Konsonanten die Lippenbuchstaben (*b*, *p*, *m*), dann folgen die Zahnlaute (*d*, *t*), während die Gaumenlaute (*g*, *k*) und die Zischlaute (*s*, *sch*) dem Kinde noch große Schwierigkeiten machen oder ganz gemieden werden.

Aber wichtiger als die äußeren Gründe ist ein inneres Motiv, welches dem Kinderdialekt sein ganz besonderes Gepräge gibt: die Tendenz des Kindes zu solchen Worten, bei denen zwischen Laut und Bedeutung ein natürlicher Zusammenhang besteht. Die weitaus meisten Ausdrücke der Vollsprache sind „konventionelle" Symbole; der Klang des Wortes *Hund* hat nicht mehr und nicht weniger Beziehung zu dem Gegenstand, den es bedeutet, als das Wort *chien* oder *dog*; daß jenes Wort und dieser Gegenstand zusammengehören, kann nur auf dem Wege der assoziativen Gewöhnung gelernt werden. Ganz anders das Wort *wauwau*; denn dieses greift ja aus der Gegenstandswahrnehmung direkt einen Teil, und zwar einen sehr auffälligen, heraus, nämlich die oft gehörte Lautäußerung des Tieres; so wird das Wort zu einem natürlichen Symbol des Gegenstandes[1].

Solche natürlichen Lautsymbole haben nun für das Kind eine ganz andere Einprägungskraft als die konventionellen Wörter; die Sprache

[1] Die Assoziation zwischen Laut und Bedeutung ist also bei den natürlichen Symbolen Intra-Assoziation, bei den konventionellen Inter-Assoziation (s. S. 80).

knüpft hier an schon längst eingeübte vorsprachliche Beziehungen an; der starke Nachahmungsdrang des Kindes, der sich ja mit Vorliebe auf das Nachbilden gehörter Geräusche wirft, muß von selbst dazu führen, solche Lautnachahmungen schließlich zur Bezeichnung zu verwenden. So kommen sich hier Umwelt und Kind entgegen, um aus Schallmalereien (Onomatopöien) einen Teil der ersten Kindersprache aufzubauen; es entstehen die Worte *muh* und *wauwau*, *bä* und *miau*, *puff* und *ticktack*, *pappen* und viele andere.

Eine zweite Gruppe von natürlichen Symbolen wird durch lautliche Ausdrucksbewegungen gebildet. Schon der Schrei der ersten Stunde *uae uae* versteinert später zu dem Worte *weh*, *weh*, das dann schließlich aus der Kinderstube in die Vollsprache übergegangen ist. Der ganz elementare Abscheulaut *ä* (kurz und abgehackt gesprochen) wird bei vielen Kindern zu einem richtigen Wort, das eine Abwehr ausdrückt, umgekehrt das liebkosende *ei* zu einem Freudenwort. Den Zahnlauten kommt eine ursprüngliche hinweisende Note zu; und darum ist das Wort *da* eine ebenso natürliche Zeigegebärde wie etwa das Ausstrecken der Hand oder des Zeigefingers.

Der Lautkomplex *mamamam* hat gar einen doppelten Ausdruckswert. Er ertönt schon im zweiten Lebenshalbjahr oft als Klage- und Sehnsuchtslaut: wenn die Mutter fortgeht, wenn das Kind die schon sichtbare Flasche nicht gleich bekommt usw. Sodann aber begleitet er die Eßtätigkeit selbst als tönendes Kauen, wie man auch noch bei größeren Kindern beobachten kann. Und so ist es nicht verwunderlich, daß dieser Urlaut für den „Hunger und die Liebe“ sich dann zur Bezeichnung für die Personen verdichtete, welche jene Bedürfnisse in erster Linie zu befriedigen berufen sind: die „Mama“ und die „Amme“.

Diese natürlichen Symbole sind nun begreiflicherweise nicht an die Grenzen gebunden, die für die Nationalsprachen gelten; und so zeigen die Kindersprachen der verschiedensten Nationen und Rassen in vielen Punkten eine überraschende Ähnlichkeit. So heißt der Hund *wauwau* nicht nur in der deutschen, sondern auch in der russischen Kindersprache, in der französischen *oua-oua*, in der niederländischen *wafwaf*, in der japanischen *wanwan*. Ja noch mehr: die Internationalität bleibt nicht auf die Kinderstuben beschränkt, sondern dringt von diesen in die Vollsprachen ein – wie ja überhaupt viele jener ursprünglichen Natursymbole des Kindes von den Erwachsenen übernommen werden – und so erklärt sich unter anderem jene ungeheuere Verbreitung der Lautgestalt *mama* (*ama*, *mam* oder ähnliche) für die Mutter.

Man hat z. B. in nicht weniger als 100 afrikanischen Sprachen jenen Ausdruck gefunden[1].

Vielfach ist darüber gestritten worden, ob denn diese erste Kindersprache mit ihrem Überwiegen natürlicher Symbole ein Werk des Kindes selber oder aber lediglich ein Erzeugnis der Umgebung sei, welche eben dem Kinde diese Worte zutrage. Wieder wird uns hier unser Begriff der „Konvergenz" helfen müssen: die Kindersprache ist das gemeinsame Erzeugnis der im Kinde selbst wirksamen Anlagen und Sprachtendenzen und der ihm von außen zur Nachahmung dargebotenen Reize. Die Fälle sind selten, in denen das Kind ganz aus sich selbst heraus eine Lautmalerei oder einen natürlichen Ausdruckslaut zu einer sprachlichen Bezeichnung erhebt; es kommt meist erst gar nicht dazu, weil ja die Umgebung ihm mit der Darbietung fertig geformter Ausdrücke (wauwau usw.) zuvorkommt. Daß aber dem Kinde die Fähigkeit hierzu nicht gänzlich fehlt, ist durch einige Beobachtungen sicher belegt.

Der Schnapp- und Begehrungslaut *ham* ist von manchen Kindern selbständig zur Bezeichnung von „essen" verwertet worden. – Unser Sohn hat um 1;5 längere Zeit alle Leuchter, Lampen und ähnliches mit dem Laut *ffff* bezeichnet, der nichts anderes als eine Nachahmung des Auspustens war. – Hilde bezeichnete 1;7 eine knarrende, kleine Holzmühle, für die sie keinen Namen wußte, lautmalerisch mit *errr*.

Aber auch an den anderen Fällen ist ja das Kind nicht unbeteiligt; bieten doch die Personen der Umgebung dem Kinde solche Worte nur deshalb dar, weil sie wissen, daß es den natürlichen Bezeichnungen mit ganz anderem Interesse und Lerneifer entgegenkommt als konventionellen. Oft greifen auch die Erwachsenen irgendeinen Laut auf, den das Kind zunächst noch nicht zu sprachlichen Zwecken geäußert hatte, und machen ein richtiges Wort daraus. Ein Beispiel für diese Gemeinsamkeit:

Eva 0;11. Sie pflegt schon lange ihr Nahrungsverlangen durch ein Schmatzen mit den Lippen kundzutun, das wir ihr wieder als *pappap* oder *happap* nachahmten. Wenn man sie fragt: „Willst du essen", ohne ihr etwas Eßbares zu zeigen, bekundet sie ihr Verständnis durch jenes Schmatzen oder durch *pappap*-sagen.

4. Der psychische Inhalt der ersten Sprachanfänge

Beträchtlich schwerer als die Analyse der äußeren Sprachform sind Angaben darüber, was denn jene frühesten Sprachäußerungen psychisch zu bedeuten haben. Hier hat man lange Zeit den Fehler

---

[1] Näheres über diese Zusammenhänge der Kindersprache mit der allgemeinen Sprachwissenschaft: Kindersprache, Kap. XIX/XX.

begangen, die für die ausgebildete Sprache geltenden Gesichtspunkte auf dieses Frühstadium unkritisch zu übertragen. Um hier zu einer richtigen Auffassung zu kommen, muß man sich sehr von allem üblichen Schematismus freimachen. Obgleich, äußerlich betrachtet, die erste Kindersprache aus Substantiven und Interjektionen besteht, hat sie in Wirklichkeit doch noch keine „Wortklassen"; obwohl die Ausdrücke bald auf einen engeren, bald auf einen weiteren Kreis von Objekten angewandt werden, verfügt das Kind doch nicht über „Begriffsbildungen" verschiedener Art. Die Sprachanfänge sind noch durchaus prae-grammatisch und prae-logisch, und erst ganz allmählich differenzieren sich aus der embryonalen Urform die verschiedenen Kategorien der Worte und Begriffe heraus, die uns selbstverständliche Elemente jeder Sprache zu sein scheinen.

Die ersten Sprachäußerungen des Kindes sind überhaupt gar keine Worte in eigentlichem Sinne, sondern ganze Sätze; denn der Sprachanfänger spricht nicht, um die Vorstellungen an sich, sondern um seine Stellungnahme zu ihnen zu äußern. Und nur so erklärt sich ja die Tatsache, daß eine und dieselbe Spracheinheit so außerordentlich beziehungsreich verwandt werden kann. Das kindliche *mama* läßt sich in die Vollsprache nicht übersetzen durch die Worteinheit „Mutter", sondern nur durch Satzeinheiten: „Mutter, komm her", „Mutter, gib mir", „Mutter, setz' mich auf den Stuhl", „Mutter, hilf mir" usw.

Noch vermag das Kind die Vielgestaltigkeit seiner psychischen Erlebnisse nicht durch eine entsprechende Mannigfaltigkeit der sprachlichen Äußerungen zu bewältigen; und so preßt es denn alles, was es zu sagen hat, in jenen einzigen Lautkomplex, der der Kulmination des seelischen Erlebnisses entspricht und deshalb die meiste Bereitschaft hat, im Moment über die Sprachschwelle zu treten. Gebärden, Tonfall und die gesamte Situation tragen dazu bei, der kargen und vieldeutigen Äußerung die nötige Bedeutungsschärfe zu verleihen.

Die Leistungsfähigkeit dieses „Einwortsatzes" ist so groß, daß das Kind lange Zeit gar nicht das Bedürfnis fühlt, durch Verknüpfung mehrerer Worte seine Ausdrucksgrenzen zu erweitern. So beharrt es meist ein halbes Jahr und darüber hinaus in diesem Stadium; bei Preyers Sohn währte es sogar ein ganzes Jahr.

Psychologisch läßt sich derselbe Tatbestand so ausdrücken: die ersten Äußerungen haben nicht rein intellektuellen Charakter; sie sind nicht – wie man es früher meist annahm – Ausdrücke für Vorstellungen, Bezeichnungen für wahrgenommene oder erinnerte Gegenstände. Das kühle Benennen und Konstatieren liegt dem Kinde zunächst noch fern; Affekt und Wille müssen beteiligt sein, um es zum Sprechen zu bewegen. Meumann ging sogar so weit, im Gegensatz zu jener intellektualistischen Auffassung die ersten Sprachbedeutungen gänzlich zu subjektivieren und ihnen alles Vorstellungsmäßige überhaupt abzusprechen. Auch dies ist nicht zutreffend; vielmehr ist beides, das Zuständliche und das Gegenständliche, im Einwortsatz noch ungeschieden enthalten, um sich erst später gesondert herauszukristallisieren. Das erste Sprechen ist zwar gewiß kein bloßes Aussagen, aber ebenso gewiß auch kein bloßes Jauchzen und Jammern, sondern ein Hinstreben zu einem Etwas, eine Abwehr gegen ein Etwas, eine Freude über ein Etwas. Sonst könnte man z. B. auch nicht verstehen, daß der freudige Ausruf *wauwau* doch nur bei Hunden und irgendwie ähnlichen Gegenständen oder Bildern ertönt, nicht aber als allgemeiner Freudenruf überhaupt.

Endlich ist auch das Anwendungsgebiet des einzelnen Wortes zuerst noch in keiner Weise logisch bestimmt. Gewiß gibt es einige Wörter, die nur für einen einzigen Gegenstand gebraucht werden (z. B. *mama* nur für die Mutter), andere, die auf eine Reihe ähnlicher Objekte angewandt werden (z. B. *pipip* für alles Fliegende, *puppe* für die verschiedensten Spielsachen). Dennoch wird das Wort *mama* nicht ein „Individualbegriff" und das Wort *pipip* nicht ein „Gattungsbegriff" in unserem Sinne. Anfangs fehlt nämlich dem Kinde noch die Grundvoraussetzung für jede sprachliche Begriffsbildung: die Erkenntnis, daß jegliches Wort dauernd eine bestimmte objektive Bedeutung zu vertreten habe. Das Kind müßte hierzu die verschiedenen Anwendungsfälle des Wortes miteinander vergleichen können, sei es, um ihre Identität festzustellen (Individualbegriffe), sei es, um unter Abstraktion von den Verschiedenheiten das Gemeinsame herauszuheben (Gattungsbegriffe). Um zu vergleichen, müßte es sich aber der früheren Anwendungsfälle erinnern. Zu alledem ist das Kind zunächst noch nicht fähig. Bei einer gegenwärtigen Sprachäußerung wirken frühere Erlebnisse nicht als Erinnerungen und Vergleichsobjekte mit, sondern nur unter der Schwelle als Stifter mehr oder minder fester Assoziationen und als Urheber eines mit Wort und Wahrnehmung verbundenen Vertrautheitsgefühls; und rein assoziativ reagiert das Kind auf ein jetziges Erlebnis mit einem Wort, weil früher einmal dies oder jenes in dem Erlebnis enthaltene Merkmal mit demselben Wort verbunden aufgetreten war.

Dieses begrifflose Assoziieren macht es auch verständlich, daß ein Wort sich bald an dieses, bald an jenes Merkmal eines Eindrucks knüpft und daher in buntem Wechsel für die verschiedenartigsten

Gegenstände angewandt wird. Darum spielt der Bedeutungswandel und die Bedeutungserweiterung in der frühesten Kindersprache eine so große Rolle, aber immer, ohne daß das Kind von den vorgenommenen „Begriffsübertragungen" und „Begriffsverallgemeinerungen" eine Ahnung hätte. Es lebt stets ganz im Augenblick und nennt das Wort, das sich assoziativ, oft auf Grund einer ganz vagen Ähnlichkeit, einstellt – unbekümmert darum, daß es dieses Wort bei anderer Gelegenheit für anderes verwendet.

Eines der frühesten Wörter unserer Tochter Hilde war *puppe*, das, zum ersten Male bei einer wirklichen Puppe gebraucht, sehr schnell auf einige andere Spielsachen angewandt wurde, so z.B. auf ihren Stoffhund und ihr Stoffkaninchen, dagegen nicht auf ein anderes Hauptspielzeug derselben Zeit, ein silbernes Glöckchen. Es genügte augenscheinlich eine ganz oberflächliche Ähnlichkeit der Eindrücke (ungefähre Größengleichheit, Tasteindrücke von Stoffen, eine gewisse Gliederung), um das gleiche Wort auszulösen. Das Glöckchen, das optisch, akustisch und taktil, vielleicht auch emotional, so gänzlich von den anderen Spielobjekten abwich, blieb fürs erste unbenannt.

Eine sonderbare Übereinstimmung war es, auf Grund deren Hilde mit 1;7 unsere Stiefelspitzen *nase* nannte. Sie liebt es in dieser Zeit, an unseren Nasen zu zupfen, und entdeckte diese „Zupfmöglichkeit" auch an den Stiefelspitzen.

Bei dem kleinen Knaben E. L., der erst mit zwei Jahren zu sprechen begann, bedeutete *lala* (2;3) zuerst Gesang, Musik, sodann, als er Militärmusik gehört hatte, auch Soldat, endlich alle Geräusche, auch so unmusikalische, wie Klopfen oder Ausgescholtenwerden. – Die Interjektion *huch* (huh, 2;6) war ihm zuerst Ausdruck des Schauderns bei Kälte; dann reagierte er ebenso auf das Heiße, endlich auf alles Unheimliche. Er hatte *huch* vor dem Dunkeln, aber auch bei Tage vor dem leeren Zimmer. Eine Gesichtslarve war ihm ein *huch*, ja, auch Schleier und Brille.

Die bisher geschilderten Sprachleistungen des Kindes haben immer noch eine gewisse Ähnlichkeit mit dem, was auch das Tier leisten kann. Denn dieses besitzt ja eine unleugbare – bei manchen Haustieren ziemlich weitgehende – Fähigkeit, auf gewisse menschliche Sprachäußerungen sinnvoll zu reagieren, sowie rudimentäre eigene Verlautbarungen, die denen des einjährigen Kindes nahe zu stehen scheinen. Hier wie dort handelt es sich um vereinzelte Äußerungen für Affekt- und Begehrungsgegenstände, die rein assoziativ bei entsprechenden Gelegenheiten wiederholt werden. Auch das Tier hat seine besonderen Laute für Eßverlangen, für Freude über nahendes Futter, für ängstlichen Alarm bei Gefahr, für Schmerz, für freudige Begrüßung bestimmter Personen. Dem Tiere fehlt aber ebenso wie dem Kinde unserer Stufe das eigentliche Sprechdenken; es bildet keine Begriffe, bezieht seine Äußerungen nicht auf Vergleichungen und Verallgemeinerungen und ahnt nicht, daß zu jedem Ding eine feste und dauernde Bezeichnung gehöre.

Diese niederste Stufe des Sprachlichen wird vom Tiere nie, vom Menschen aber sehr schnell überwunden. Mit der weiteren Entwicklung also treten wir endgültig ins rein Menschliche ein.

Kapitel IX

Die psychischen Faktoren der weiteren Sprachentwicklung[1]

Auch die weitere Sprachentwicklung, welche von 1;6 an über die geschilderten armseligen Anfänge hinausführt, wird nur dann ganz verständlich, wenn man sie als Konvergenzprodukt auffaßt zwischen den fortwährend auf das Kind eindringenden Sprachäußerungen seiner Umgebung und seinen inneren Sprachbedürfnissen und -Fähigkeiten. Das sprechenlernende Kind ist ebensowenig eine bloße Wiederholungsmaschine wie ein souveräner Sprachschöpfer; sondern nur im Zusammenwirken von Nachahmung und Spontaneität kommt seine Sprachentwicklung zustande.

1. Die sprachliche Nachahmung, ihre Arten und Schwächen

Im Anfangsstadium hatte die Sprache, wie wir sahen, kaum irgendeine Ähnlichkeit mit der Vollsprache; das dürftige Kinderkauderwelsch in die geordnete Fülle der Muttersprache überzuführen, ist das Ziel, welchem die Entwicklung der nächsten drei Jahre zustrebt. Natürlich kann dem Kind diese ihm zunächst fremde Muttersprache nur durch fortwährendes Hören bekannt und durch Nachsprechen zum eigenen Besitz werden; und so ist die Nachahmung in der Tat derjenige Faktor, der in erster Linie das Sprechenlernen möglich macht. Dies geht so weit, daß Kinder, welche nicht hören, auch sprachlos bleiben; und wenn die Taubstummen später auf sehr künstliche Weise die Lautsprache erlernen, so geschieht dies, indem sie die Sprechbewegungen des Lehrers mit den Augen beobachten und mit der Hand nachtasten, also wiederum durch Nachahmung.

Nun geht aber der Nachahmungsprozeß beim normalen Kinde nicht auf so mechanische Weise vor sich, daß jedes einzelne Wort, jede grammatische Form, jede syntaktische Verbindung gehört, nachgesprochen und schließlich selbständig sprachlich verwandt würde. Wäre dies der Fall, dann wäre ja das sprechenlernende Kind in der Tat nicht viel mehr als ein Phonograph, der mit fortschreitender Zeit immer mehr Worte auf seine Walze nimmt, um sie dann bei geeigneter Gelegenheit wiederzugeben.

---

[1] Kindersprache, Kap. X.

Schon der Umstand spricht dagegen, daß die Nachahmung selbst in ihren verschiedenen Formen (die wir S. 64ff. besprochen haben) auftritt. Bald wirkt sie gänzlich unbewußt und unbeabsichtigt, bald ist sie ein energischer Willensakt, so wenn das Kind ein schweres Wort mit sichtbarer Mühe mehrmals zu wiederholen sucht, oder wenn es nach dem Namen verschiedener Dinge oder Bilder fragt und sie gleich nach dem Hören wiederholt. Auch die andere Unterscheidung zwischen unmittelbarer und mittelbarer Nachahmung besteht beim Sprechenlernen; und zwar tritt die unmittelbare, die das gehörte Wort sofort echomäßig wiedergibt („Echolalie"), mit steigendem Alter immer mehr zurück, und die mittelbare leistet die Hauptarbeit. Bei ihr werden die Gehörreize wieder und wieder aufgenommen, ohne zunächst zu Äußerungen zu führen – bis dann diese innerlich angestauten Wirkungen akustischer Eindrücke stark genug geworden sind, um in analogen eigenen Verlautbarungen hervorzubrechen. So erklären sich jene periodischen Schwankungen im Fortschrittstempo der Sprachentwicklung; die Zeiten geringer Zunahme des selbst gebrauchten Wortschatzes sind keine wirklichen Stockungen, sondern es sind Epochen des inneren Erwerbs von Wortvorstellungen, die erst, wenn ihre Zeit gekommen ist, die Sprechschwelle überschreiten.

Das drastischste Beispiel für diese Erscheinung bietet wohl der Sohn Karl Stumpfs, der überhaupt eine höchst merkwürdige Sprachentwicklung durchgemacht hat.

Der Knabe hielt zwei Jahre lang an seinem Wortschatz fest, den er sich in den Anfängen des Sprechenlernens erworben hatte, und der zum größten Teil aus natürlichen Symbolen, daneben aus einigen ganz verstümmelten Worten der Umgangssprache bestand. Daraus bildete er in selbstherrlicher Weise alle möglichen Wortzusammensetzungen und lange Sätze und Satzketten, die völlig wie eine Fremdsprache anmuteten. Eine wirkliche Nachahmung der fortwährend um ihn herum ertönenden Sprache war nicht merkbar; ja, er verweigerte sie bewußt, indem er auf Aufforderungen, irgendein Wort (z. B. Pferd) nachzusprechen, mit seinem Lallwort (*boto*) reagierte. Trotz dieses passiven Widerstandes des Knaben hatte aber die Sprache seiner Umgebung ihre Wirkung auf ihn; er verstand alles, was in ihr gesprochen wurde – und endlich konnte er sich nicht mehr der Notwendigkeit entziehen, die Hörsprache in Sprechsprache umzusetzen. Eines Tages – er war inzwischen 3;3 alt geworden – gab er unvermittelt seine alte sonderbare Lallsprache auf und begann verständliches Deutsch zu sprechen, und zwar gleich in ziemlich fehlerfreier Weise – ein Zeichen, wie stark die durch jahrelanges Hören geschaffene latente Vorbereitung gewesen war[1].

Die Gegenstücke zu diesem langen Latentbleiben von gehörter Sprache bilden jene oft zu beobachtenden Fälle, in denen eine kurze

[1] Vgl. Stumpf II und C. u. W. Stern, Die Kindersprache, S. 288/89.

Veränderung der sprachlichen Umgebung – z. B. das Zusammensein mit einem neuen Dienstmädchen oder eine Reise in ein anderes Dialektgebiet – überraschend schnell in Tonfall und Ausdrucksweise des sprechenlernenden Kindes ihren Niederschlag findet.

Im ganzen scheint mir, daß das schnelle Reagieren auf Gehörtes mit entsprechenden Äußerungen, also die unmittelbare Nachahmung, verhältnismäßig mehr bei Mädchen, das längere latente Aufspeichern von Eindrücken und die nur mittelbare Nachahmung mehr bei Knaben zu finden ist.

Da das Nachahmen gehörter Wörter und Sätze schon technisch große Schwierigkeiten bereitet, das Kind sich aber dadurch wenig in seinen Sprechversuchen beirren läßt, muß das Ergebnis eine mehr oder minder lücken- und fehlerhafte Nachbildung des Gehörten sein. Deshalb gehören zahllose Verstümmelungen gerade zum Wesen jeder Kindersprache[1].

Jedes durch Nachahmung zu erlernende Wort muß gehört, beachtet, gesprochen und behalten werden. Somit ergeben sich vier Fehlerquellen. 1. Sensorische Fehler: da die Wahrnehmung des Kindes noch nicht genügend differenziert ist, so werden feine Unterschiede im Klange nicht aufgefaßt: nur das grob Sinnenfällige haftet. 2. Apperzeptive Fehler: die schwache und schwankende Aufmerksamkeit im Kinde bedingt ein verschiedenartiges Verhalten zu den verschiedenen Teilen des gehörten oder selbst zu sprechenden Wortes. 3. Motorische Fehler: die Artikulation und der Bau der Sprachorgane des Kindes ist noch nicht so weit geübt, um gewisse Laute oder Lautverbindungen richtig herauszubringen. 4. Reproduktive Fehler: die Erinnerungsfähigkeit des Kindes ist der Fülle der sprachlichen Eindrücke nicht gewachsen; daher laufen beim Gebrauch früher gehörter Wörter Erinnerungsfälschungen unter.

Auf das Zusammenwirken dieser Fehlergruppen sind einige allgemeinste Lauterscheinungen der Kindersprache zurückzuführen. Sie lassen sich etwa so kennzeichnen:

Vokale sind leichter auffaßbar, aussprechbar und behaltbar als Konsonanten; also unterliegen sie in geringerem Grade der Verstümmelung.

Innerhalb der Vokale sind a, ä, e und i am leichtesten erzeugbar; daher werden sie am seltensten verstümmelt.

Innerhalb der Konsonanten sind die Kehl- und Gaumenlaute und *sch* schwerer aussprechbar als die übrigen; daher neigen sie am stärk-

---

[1] Kindersprache, Kap. XVIII.

sten zur Verstümmelung. Die Gaumenlaute *k* und *g* werden oft durch die Zahnlaute *t* und *d* ersetzt.

Hat der Reiz eine große Extensität, so leidet darunter die ihm zuwendbare Aufmerksamkeitsintensität; daher unterliegen umfangreiche Komplexe (lange Sätze oder lange Wörter) mehr der Verstümmelung als kurze.

Da die Aufmerksamkeit meist der Aussprache vorauseilt und hauptsächlich auf die hervorgehobenen Teile des Wortes gerichtet ist, so sind die Anfänge der Wörter am meisten, die betonten Silben am wenigsten der Verstümmelung ausgesetzt.

Bemerkenswert ist, daß sich unter den kindlichen Wortverstümmelungen alle jene Formen der Wortwandlungen finden, welche die vergleichende Linguistik in der allgemeinen Sprachgeschichte festgestellt hat. So begegnet uns in der Kindersprache: die Elision von einzelnen Lauten (*a-a-o* = Kakao) oder von ganzen Silben (*ssell* = Karussell); der Lautwandel, wobei vor allem Gaumenlaute durch Zahnlaute ersetzt werden (*taffeetanne* = Kaffeekanne; *duter* = guter); die Assimilation, d. h. Anähnelung eines Lautes an einen anderen desselben Wortes (*kucker* = Zucker, *peipe* = Peitsche); die Methathese, d. h. Lautumstellung (*viloine* = Violine, *mratra* = Martha); die Kontamination, d. h. Verschmelzung der Elemente zweier Wörter (*weilrum* aus „weil“ und warum“ *lief* aus „lies“ und „Brief“).

Dazu tritt als eine vielleicht der Kindheit allein eigentümliche Erscheinung die generelle Assimilation: ein Laut wird so intensiv aufgegriffen, daß die verschiedensten anderen ihm angeähnelt werden. So ließ unser Sohn um 2; 4 einen großen Bruchteil der gesprochenen Wörter mit einem *h* oder *ch* anfangen: *humpf* = Strumpf, *hilch* = Milch, *hemmel* = Semmel, *chater* = Vater, *chotte* = Lotte usw.

Auch bezüglich der Verstümmelungen scheint ein Geschlechtsunterschied zu bestehen: die Mädchen, die ja überhaupt stärker imitativ sind als die Knaben, übernehmen auch die gehörten Wörter meist korrekter als die Knaben. Doch gibt es natürlich Ausnahmen bei diesen und jenen.

2. Der Anteil der Spontaneität

Die Spontaneität des Kindes, soweit sie bei der Sprachentwicklung beteiligt ist, steht nicht in absolutem Gegensatz zur Nachahmung, sondern sie durchdringt das Nachahmen selber und benutzt das, was die Nachahmung liefert, als Material zu selbständigen Weiterbildungen.

Zunächst verhält sich das Kind zu den ihm zugetragenen sprachlichen Reizen auswählend. Aus dem Schwall der ständig sein Ohr treffenden Reden greift die Nachahmung des Kindes erst ganz weniges, dann immer mehr heraus; und wenn auch diese Auslese in keiner Weise von Willen und Absicht begleitet ist, so ist sie doch „spontan“, weil sie durch die inneren Anlagen und Bedürfnisse des Kindes bedingt ist.

Nicht der äußere Umstand, daß gewisse Wörter laut gesprochen, mehr betont werden, leichter reproduzierbar sind als andere, sondern der innere Umstand, daß der Intellekt des Kindes zur Aufnahme gewisser Kategorien fähig geworden ist, bewirkt z. B., daß zu einer bestimmten Zeit besonders viel Verben über die Sprechschwelle treten, während vorher und nachher andere Wortklassen hauptsächlich zur Vermehrung des Wortschatzes beitragen. Und so wird in der Tat die jeweils getroffene Auslese zu einem Symptom für den gerade erreichten Reifezustand des Geistes. Nun wird es auch verständlich, daß sich trotz noch so großer individueller Verschiedenheiten der Sprachentwicklung gewisse Regelmäßigkeiten in der Aufeinanderfolge der Stufen sprachlichen Erwerbs beim Kinde finden; es liegen hier eben allgemeine Entwicklungsgesetze des geistigen Reifens vor, auf Grund deren jede Phase sich das ihr angemessene Gebiet von Worten und Formen erobert. (Beispiele im nächsten Kapitel.) Da viele dieser Gesetze relativ unabhängig von der Art der einwirkenden Umgebungssprache oder von sonstigen Umweltverhältnissen gelten, so ist bewiesen, wie stark der Anteil der inneren Veranlagung und ihrer allmählichen Reifung am Zustandekommen des kindlichen Sprechens ist.

Besonders auffallend werden diese Regelmäßigkeiten der Entwicklung dort, wo das Sprechenlernen unter gänzlich abnormen Bedingungen vor sich geht.

So hat die taubblinde Helen Keller erst als siebenjähriges Kind die Sprache erworben, und zwar in der Form des Fingeralphabetes, das ihr in das Innere der Handfläche hineingetastet wurde. Einen ungewöhnlicheren Weg kann man sich nicht denken. Und doch hat das Kind eine ganz ähnliche Reihenfolge der einzelnen Sprachepochen wie die normalen Kinder durchlaufen, allerdings, durch ihr höheres Alter bedingt, etwa dreimal so schnell. Ich konnte dies durch einen tabellarischen Vergleich der Sprachentwicklung H. Kellers mit der unserer Tochter nachweisen[1].

Das Prinzip der unbewußten Nachahmungsauslese hat aber noch ein ganz anderes Anwendungsgebiet. Denn das wählende Verhalten des Kindes erstreckt sich nicht nur auf den Sprachstoff als solchen, sondern auch auf die Personen, deren Sprache nachgeahmt wird. Das Kind läßt sich nicht etwa von jedem, der mit ihm spricht, in gleicher Weise sprachlich beeinflussen, sondern es bleibt gegen manche Menschen merkwürdig indifferent oder geradezu abweisend, während es zu anderen sofort in Nachahmungsverhältnis tritt und Wort-

[1] W. Stern VI.

schatz, Tonfall und Dialektfärbung von ihnen übernimmt. Hierbei gilt im großen und ganzen die Regel, daß die Nachahmung um so intensiver einsetzt, je ähnlicher das Vorbild dem Nachahmenden ist. Darum sind z. B. ältere Geschwister meist sehr viel entscheidendere Lehrmeister als Erwachsene; bei Zwillingen aber treten wieder die älteren Geschwister zurück gegen den Einfluß, den die gleichalterigen aufeinander ausüben[1].

Als ein Beispiel für den ersten Fall (Einwirkung älterer Geschwister) sei nur der Gebrauch des „Ich" herausgegriffen: Erstgeborene Kinder bezeichnen sich selbst lange Zeit mit Namen und kommen erst sehr spät zum Gebrauch des *ich*, weil das „Ich" der Erwachsenen keinen starken Nachahmungsreiz ausüben kann. Jüngere Kinder dagegen nehmen das affektvolle begehrliche *ich* und *ich auch*, das sie von ihren älteren Geschwistern hören, außerordentlich früh an und verwenden es durchaus sinngemäß.

Sehr deutlich tritt die Auswahl der zu imitierenden Personen dort hervor, wo verschiedene Sprachen in der Umgebung des Kindes gesprochen werden[2]. Hierbei wird nicht nur meist die eine Sprache gegenüber der anderen offensichtlich bevorzugt, sondern es findet auch – was psychologisch besonders bemerkenswert ist – keine eigentliche Vermischung beider Nachahmungsgebiete statt; die Personen mit den verschiedenen Sprachen bilden gesonderte Einstellungszentren für das Kind, und es bedient sich gänzlich unbewußt je nach Bedürfnis der einen oder anderen Sprache.

Zwei Beispiele:

Der Forschungsreisende Professor W. Volz hatte auf eine längere Forschungsreise nach Sumatra seine Frau und den 0;9 alten Sohn mitgenommen. Dort lernte das Kind infolge des ständigen Umgangs mit malaiischem Personal nur Malaiisch sprechen und ließ das von den Eltern gesprochene Deutsch völlig an sich abgleiten. Bei der Heimkehr war der Knabe 3;0 alt; er hörte von nun an, außer von dem mitgenommenen malaiischen Diener, nur noch Deutsch sprechen. Es folgte eine Übergangsepoche: der Knabe brauchte beide Sprachen nebeneinander, aber ohne sie je zu vermischen. Das nie fehlende sichere Gefühl dafür, in welcher Sprache er spricht, war geradezu das Charakteristikum dieser Zeit. Um 3;3 trat aber ein plötzlicher Umschwung ein; das Malaiische wurde ganz ausgeschaltet (und, wie hinzugefügt sein mag, nach kurzer Zeit völlig vergessen); allerdings war das Deutsch des Knaben zuerst noch recht mangelhaft und klang in Wortstellung und Konstruktion oft an das Malaiische an. Das schnelle Aufgeben des Malaiischen beruhte aber zum Teil auf der vom Knaben gemachten Beobachtung, daß die Farbigen und alles zu ihnen Gehörige als tieferstehend betrachtet wurden. Hatte also ursprünglich gerade die primitive Art der eingeborenen Dienstboten bewirkt, daß der Knabe sie als Sprach-

---

[1] Proben hierfür finden sich in Kindersprache S. 294.

[2] Kindersprache S. 297ff.

vorbilder bevorzugte, so veranlaßte in einer höheren Entwicklungsphase die jenen entgegengebrachte geringere Schätzung, daß er sich ihres Einflusses schnell zu entledigen suchte.

Jules Ronjat, ein französischer Sprachforscher, hat eine deutsche Frau. Sie machten es sich, als ein Sohn geboren wurde, zum Prinzip, „une personne, une langue“: der Vater sprach stets französisch, die Mutter stets deutsch mit dem Kinde. Die Folge war, daß der Knabe beide Sprachen parallel, aber fast gänzlich unabhängig voneinander lernte. Beide Sprachen eignete er sich an wie eingeborene Kinder, nicht langsamer als diese und auch ohne besondere geistige Mehrbelastung. Jede Sprache war ihm von vornherein mit Selbstverständlichkeit an einen der beiden Elternteile gebunden; gab ihm z. B. der Vater einen (französischen) Auftrag an die Mutter, so richtete er ihn deutsch aus, ohne daß er ihn etwa übersetzt hätte. Vermischungen waren seltene Ausnahmen, wie etwa der Germanismus: *il bat le lion mort* (= er schlägt den Löwen tot).

Bewegte sich das Prinzip der Auslese immer noch innerhalb der Nachahmung, so führt eine andere Funktion der kindlichen Spontaneität über deren Grenze hinaus: das Kind nimmt an dem imitativ erworbenen Material spontane Verarbeitungen vor und erweitert dadurch den Umfang seiner sprachlichen Ausdrucksfähigkeit. Die gemeinsame Ursache aller dieser Verarbeitungen ist eine gewisse „Sprachnot“. Normalerweise wächst nämlich die Erlebnisfülle und das Äußerungsbedürfnis weit schneller als der durch Nachahmung erworbene Wort- und Formenschatz, und nun macht das Kind aus der Not eine Tugend und bildet aus dem Erlernten neues Sprachgut – ohne freilich eine Ahnung von dieser Eigenmächtigkeit zu haben.

Das Kind hilft sich also nicht auf die Weise, daß es ganz aus sich Lautgestalten erfände, die nun plötzlich die Bedeutung eines sinnvollen Wortes erhielten. Das Vorkommen solcher „Urschöpfungen“ ist zwar hier und da weitgehend behauptet, aber bis auf unerhebliche Reste durch genaue Nachprüfungen widerlegt worden; meist ließ sich nachweisen, daß es sich doch um sehr verstümmelte Entlehnungen aus der Vollsprache handelte[1]. Eine derartige Spracherfindung aus dem Nichts wäre auch psychologisch sehr unwahrscheinlich; das Kind verlangt nun einmal, soweit es immer möglich, nach einer ihm verständlichen Beziehung zwischen Laut und Bedeutung, und wenn die natürliche Symbolik der Schallnachahmungen und der Ausdrucksbewegungen nicht mehr ausreicht, so müssen dann wenigstens die schon vertraut gewordenen Wörter der Umgangssprache als Ausgangspunkte und Handhaben zu eigenen Sprachbildungen dienen[2].

[1] Kindersprache, Kap. XXI, „Urschöpfungen.“

[2] Höchstens, daß hie und da das Kind aus Spielbtrieb in fremden Lauten kauderwälscht. Aber auch diese Laute werden nur verschwindend selten in seine Sprache aufgenommen.

So werden denn neue Sprachgebilde nach Analogie der schon bekannten hervorgebracht. Irgendwelche Formelemente, die mit einer oder mehreren Gesamtvorstellungen verknüpft vorgekommen waren und dort eine bestimmte Schattierung der Bedeutung darstellten, werden auch bei der Bezeichnung anderer Vorstellungen angewandt, wenn diese in derselben Bedeutungsschattierung vorkommen. Solche durch Analogie übertragbaren Lautelemente sind z. B. alle Flexionsmerkmale, die Um- und Ablaute, Vorsilben und Endungen, welche die Mehrzahl, die Zeiten, die Steigerungsformen ausdrücken. Das Kind braucht nur an einigen wenigen Verben durch Nachahmung gelernt zu haben, daß Partizipien durch Vorsetzung des *ge* und Anhängung eines *t* gebildet werden, um nun das Prinzip auf eine beliebige Anzahl anderer Verben selbständig zu übertragen. In gleicher Weise können Ableitungen, die das Kind gehört hat (wie Reiter von reiten, bergig von Berg), ferner Wortzusammensetzungen, syntaktische Verbindungen, bestimmte Phrasen den Ausgangspunkt für eine ausgedehnte Analogietätigkeit bilden. Diese bedeutet dann für den Spracherwerb eine gewaltige Ökonomie, da sie mit einem Mindestmaß von eigentlicher Lerntätigkeit ein Höchstmaß von Ausdrucksfähigkeit verbindet. Die Fülle des analogiemäßig Geschaffenen muß weit größer sein als sich objektiv nachweisen läßt; denn einwandfrei erkennbar sind die Analogiebildungen nur dort, wo sie falsche oder ungewöhnliche Sprachformen herbeiführen; bei korrekten Bildungen aber ist es nicht zu entscheiden, ob das Kind zu ihnen durch Nachahmung oder durch Analogie gekommen ist. Oft ist die Tendenz zur Analogiebildung so stark, daß selbst intensive Einwirkungen der Umgangssprache schwer gegen sie ankommen. Das Kind, welches die Form *getrinkt* in Analogie zu anderen schwachen Partizipien braucht, hat das Wort „getrunken" unzählige Male gehört und versteht es auch längst, läßt sich aber dadurch nicht im Gebrauch der falschen Form stören. Die Selbstbildung auf Grund innerer Sprachgewöhnung ist ihm ökonomischer als das nachahmende Einprägen der unregelmäßigen Formen. Erst ganz langsam hinkt das wirkliche Lernen aller möglichen Formen dem Ausdrucksbedürfnis nach, und so findet nur mit vielen Hindernissen und Aufenthalten die Annäherung an die richtige Umgangssprache statt.

Einige weitere Mittel, die das Kind benutzt, um sich in seiner Sprachnot selbst zu helfen, seien noch angefügt.

Fremdartige Wortklänge, die in gar keiner Beziehung zu schon bekannten Wörtern zu stehen scheinen, sind natürlich harte Nüsse für die Lernfähigkeit des Kindes; und es wehrt sich daher instinktiv gegen sie, indem es sie umwandelt, bis der Klang eine ihm verständliche Beziehung zur Bedeutung hat. Sowie also die sogenannte „Volksetymologie" aus der „Sintflut" eine „Sündflut" machte, so wird im Munde des Kindes aus der Konditorei eine *Güterei* (*weil es da gute Sachen gibt*), aus der Pistole eine *Schießtole*, aus der Preißelbeere ein *Kreiselbeere*, aus der Botanisiertrommel eine *Sammelsiertrommel*. Man spricht hier von „Kindesetymologie". Natürlich läuft dieser Umbildungsprozeß meist ganz unbewußt ab; aber gerade darum ist er ein Zeichen für den inneren Anteil des Kindes an der Sprachentwicklung: auch da, wo es der Absicht nach bloß nachspricht, vermag es sein Bedürfnis nach innerer gedanklicher Assimilation des Gesprochenen nicht auszuschalten[1].

Endlich ist die Phraseologie des Kindes der Tummelplatz seiner Selbsttätigkeit; will es einen Gedanken aussprechen, für welchen ihm im erlernten Phrasenschatz keine Ausdrucksweisen zur Verfügung stehen, so hilft es sich, so gut es kann, auf eigene Manier. Bald entstehen seltsame Lakonismen, indem namentlich in Zuständen der Eile und Erregung verwickelte Gedankengänge in wenige Worte zusammengepreßt werden, z. B. *die mamma schimpft in die augen* (= macht Augen, als ob sie schelten wollte. Scupins Sohn); *dueiba bett* (= das Schreiben [des Vaters] soll zu Bett gehen [aufhören]. Der Knabe Bergmanns 2;5). Bald werden fehlende Einzelausdrücke in mehr oder minder origineller Form, aber stets verständlich, umschrieben; so nannte Günther ein von ihm gezeichnetes Balkongeländer: *sowas, daß man nicht runterfällt*, und Hilde fand für Streichholzschachtel die fast poetisch klingende Wendung *Kästlein, wo da die Lichter drin sind.*

So ist denn die kindliche Spontaneität in sehr verschiedenen Formen an der Sprachentwicklung beteiligt und kann unter Umständen Wirkungen erzielen, welche die Kindersprache weit von den gewohnten Bahnen der Vollsprache entfernen. Hier kommen freilich alle möglichen Stufen vor; es gibt Kinder, bei denen das imitative Lernen so vorwiegend ist, daß für die Seltsamkeiten der spontanen Sprachbildung wenig Platz bleibt; bei anderen dagegen treten die Eindruckswirkungen der Umgebungssprache weit hinter den Ausdrucksbedürfnissen der eigenen Psyche zurück, und die Sprachnot setzt die Spontaneität stark in Bewegung.

Da, wie schon früher erwähnt, die Nachahmung bei den Mädchen im allgemeinen stärker ausgebildet ist als bei den Knaben, so wird umgekehrt bei diesen die Spontaneität mehr hervortreten; und in der Tat scheinen solche Hartnäckigkeiten und Eigenbröteleien, wie wir

---

[1] Kindersprache, Kap. XXIV, Kindesetymologie.

sie von Stumpfs Sohn erwähnten, oder jene unbeholfene Originalität, wie sie oft dem Sprechen unseres Sohnes anhaftete, beim Mädchen selten vorzukommen. Allerdings bleibt auch bei vielen Knaben die Sprachentwicklung von solchen Absonderlichkeiten frei[1].

Kapitel X

Die Hauptepochen der weiteren Sprachentwicklung

1. Das Verlassen der ersten Sprachphase

Jene erste Epoche der unbewußten Gelegenheitssprache, die wir im Kapitel VIII schilderten, währt gewöhnlich ein halbes Jahr oder darüber, ohne daß es innerhalb ihrer besonders große Fortschritte gäbe. Dann aber tritt noch einmal eine entscheidende Wendung in der Entwicklung des Sprechens auf: es erwacht ein erstes Bewußtsein von der Bedeutung der Sprache und der Wille, sie sich zu erobern[2].

Waren bisher nur hier und da Lautkomplexe benutzt worden, um die mit ihnen verbundenen vorstellungs- und gefühlsmäßigen Erlebnisse zu äußern, so wird jetzt die Entdeckung gemacht, daß jenen Lautkomplexen bezeichnender (symbolischer) Wert zukomme und zugleich, daß zu jedem Gegenstand ein solches der Benennung und Mitteilung dienendes Zeichen gehöre, also: daß jedes Ding einen Namen habe.

In zwei Symptomen kündet sich dieser Wandel an: in dem plötzlich erwachenden Fragedrang des Kindes nach dem Namen der Dinge und in der oft sprunghaft einsetzenden Mehrung des Wortschatzes, insbesondere der Hauptwörter.

Beides kann in verschiedener Verteilung wirksam sein und braucht auch zeitlich nicht genau zusammenzufallen, da die durch das Fragen gesammelten Namen längere oder kürzere Zeit im Bewußtsein des Kindes latent bleiben können, ehe sie selber gebraucht werden.

Bei Hilde beobachteten wir eine Periode um 1;6, in der die Frage *isn das?* oder das Demonstrativ *das! das!* ihr Sprechen und Denken beherrschte und für alle möglichen realen Gegenstände und Abbildungen Bezeichnung verlangte; zugleich zeigte auch der Wortschatz eine schnelle Mehrung. Desgleichen begann Günther um 1;7 mit der Frage *das? das?* die Namen der Gegenstände unermüdlich zu erforschen; aber bei ihm vergingen einige Monate, bis das Gelernte in eigenen Sprachgebrauch überging. – Von Scupins Sohn heißt es 1;10: „Die Freude am Benennen der Ge-

---

[1] Beispiele von besonders verlangsamten und dann sprunghaft sich ändernden Sprachentwicklungen in Kindersprache, Kap. XVI, 2.

[2] Kindersprache S. 190ff.

genstände ist groß. Heute stellte sich der Knabe mitten ins Zimmer, zeigte auf die einzelnen Dinge und sagte dabei: *das Lampe, das Srank, das Kob* (Korb)." (I. 88.)[1]

Der eben geschilderte Vorgang ist nun auch schon zweifellos als eine Denkleistung des Kindes im eigentlichen Sinne anzusprechen. Die Einsicht in das Verhältnis von Zeichen und Bedeutung, die hier dem Kinde aufgeht, ist eben etwas prinzipiell anderes als das bloße Umgehen mit Lautgestalten, Gegenstandsvorstellungen und deren Assoziationen. Und die Forderung, daß zu jedem Gegenstand, welcher Art er auch sei, ein Name gehören müsse, darf man wohl als einen wirklichen – vielleicht den ersten – allgemeinen Gedanken des Kindes ansehen[2].

Aber freilich, man vergesse auch hier nicht die eigentümliche Diffusität des kindlichen Seelenlebens. Gewiß werden jetzt die Worte zu „Namen" oder Zeichen der Dinge; das bedeutet aber nicht, daß sie nun sofort ein ganz gleichgültiges, nur hinweisendes und rein konventionelles Verhältnis zum Gegenstand bekommen (so wie für uns irgendeine beliebige Vokabel oder eine chemische Formel). Nein, der Name hat zugleich noch eine viel ursprünglichere und primitivere

---

[1] Bei außergewöhnlichen Sprachentwicklungen tritt dieses Entdeckererlebnis zuweilen mit besonderer Deutlichkeit zutage. So ist die Schilderung lehrreich, welche Miß Sullivan, die Lehrerin der taubstummblinden Helen Keller, von dem entsprechenden Vorgang gibt. Das der beiden höheren Sinne beraubte Kind war bis zum 7. Jahre sprachlos aufgewachsen. Endlich gelang es Miß S. das Kind durch Tasteindrücke in das Handinnere mit der Fingersprache bekannt zu machen; zunächst erwarb sich Helen einige wenige Fingerzeichen durch Assoziation mit gleichzeitig getasteten Gegenständen, ohne aber noch eine Ahnung von der symbolischen Bedeutung der Fingerzeichen zu haben. Zu Beginn des zweiten Unterrichtsmonats aber geschah folgendes (nach Miß Sullivans Eigenbericht): „Wir gingen zu der Pumpe, wo ich Helen ihren Becher unter die Öffnung halten ließ, während ich pumpte. Als das kalte Wasser hervorschoß und den Becher füllte, buchstabierte ich ihr „water" in die freie Hand. Das Wort, das so unmittelbar auf die Empfindung des kalten, über ihre Hand strömenden Wassers folgte, schien sie stutzig zu machen. Sie ließ den Becher fallen und stand wie angewurzelt da. Ein ganz neuer Lichtschein verklärte ihre Züge. Sie buchstabierte das Wort „water" zu verschiedenen Malen. Dann kauerte sie nieder, berührte die Erde und fragte nach deren Namen, ebenso deutete sie auf die Pumpe und das Gitter. Dann wandte sie sich plötzlich um und fragte nach meinem Namen. Auf dem ganzen Rückwege war sie in höchstem Grade aufgeregt und erkundigte sich nach dem Namen jedes Gegenstandes, den sie berührte, so daß sie im Laufe weniger Stunden dreißig neue Wörter ihrem Wortschatz einverleibt hatte." Vgl. W. Stern, VI.

[2] In „Kindersprache" S. 124ff. wird die kindliche Sprechtendenz auf drei Wurzeln zurückgeführt: die expressive, die soziale und die intentionale. Während die beiden ersten Antriebe schon bei den frühesten Sprachanfängen wirksam sind (s. S. 112/3 dieses Buches), wird die intentionale Leistung der Sprache (das Bezeichnen eines Gemeinten) erst jetzt möglich.

Beziehung zum Dinge; er wird geradezu zu einer Eigenschaft des Dinges, und noch mehr: zu einem Ausdruck des Dinges. Das Ding selber hat dadurch, daß es nennbar ist, eine neue Festigkeit und Dauerhaftigkeit gewonnen; und das Wort hat durch seine feste Verankerung in der Dingstruktur etwas von der Physiognomie des Gegenstandes angenommen: es klingt so, wie das Ding aussieht oder sich anfaßt oder sich bewegt – eine Art von erworbener lautmalerischer Beziehung, die der natürlichen Lautmalerei (s. S. 118) nun zur Seite tritt.

Viel zitiert ist das Beispiel von Stumpfs Sohn (Stumpf II S. 25), der als kleines Kind für einen Baustein den Namen *marage* erfunden hatte und dies noch als 17jähriger so begründete: „der Baustein habe ebenso ausgesehen, wie das Wort klinge."

Diese eigentümliche Doppelfunktion des Namens, einerseits eine Bezeichnung für das Ding, andererseits ein ausdrucksvolles Stück Ding selbst zu sein, kommt allem primitiven Sprechdenken zu und bedingt jene Magie der Sprache, die sich bei Naturvölkern, Kindern, gewissen psychischen Krankheitszuständen ganz offenkundig zeigt, aber auch dem normalen und kultivierten Erwachsenen nie ganz verloren geht[1].

Ungefähr gleichzeitig mit dem Auftreten der Nennfunktion (um 1;6 bis 1;9) wird auch in syntaktischer Hinsicht die erste Epoche abgeschlossen: die Alleinherrschaft des Einwort-Satzes hört auf, das Kind wird der Verknüpfung mehrerer Worte zu einer Gedankeneinheit fähig[2]. Auch hier eilt das Verstehen meist dem Selbstsprechen voraus.

Hilde konnte schon 1;4 die Aufforderung „halte den Fuß an die Nase" befolgen, verband also die beiden Vorstellungen Fuß und Nase richtig, aber erst 1;5½ sprach sie selbst den ersten Mehrwort-Satz *da sieh Wauwau*, und 1;7 den noch inhaltreicheren: *alle alle Milch* (die Milch ist ausgetrunken)[3].

Allerdings werden diese ersten Wortsynthesen nicht alle so glatt hintereinander gesprochen, wie wir es bei Sätzen zu tun pflegen; charakteristisch ist vielmehr sehr oft ein ruckweises, durch Pausen getrenntes Hervorstoßen der einzelnen Wörter. Es handelt sich dann also eigentlich um eine kleine Kette von Einwort-Sätzen, z.B. *Hildä–*

---

[1] Vgl. hierüber insbesondere Heinz Werner, II., S. 183ff. und anderwärts, und Koffka, S. 244, ferner den Anhang von H. Werner zu diesem Buch.

[2] Kindersprache S. 199ff.

[3] Eine merkwürdige Ausnahme bildete unser Sohn. Obgleich er im übrigen schwerer sprechen lernte als seine Schwester, verknüpfte er schon 1;2 seine spärlichen Worte zu Mehrwort-Sätzen: *mu herste?* = Hörst du die Kuh brüllen? *da is papa, süa* (= sieh mal).

Kakao = Komm, Hilde, der Kakao ist da, *Ata–Puppe* = Sieh mal, Vater, ich habe eine Puppe (Eva 1;5). Erst allmählich gehen solche losen Auseinanderreihungen in die feste Verknüpfung einer wirklichen Satzeinheit über.

2. Die zweite Sprachepoche

Nach Überwindung der ersten Sprachepoche setzt gewöhnlich eine rapide Entwicklung ein; innerhalb einer kurzen Zeitspanne drängen sich die Erscheinungen derart, daß wir uns auf ein Hervorheben der wichtigsten Stufen beschränken müssen.

Um die Geschwindigkeit des Fortschritts zu beleuchten, sei zunächst erwähnt, daß ein Wortschatz von etwa 300 selbstgesprochenen Wörtern von Mädchen gewöhnlich im Alter von zwei Jahren, von Knaben um 2;6 erreicht wird[1]. Seiner Zusammensetzung nach ist dieser Wortschatz natürlich durchaus „paedozentrisch" bestimmt, d. h. um den Mittelpunkt der kindlichen Interessen gruppiert, wobei allmählich die Peripherie dieses Kreises mehr und mehr erweitert wird; in den ersten Stadien bilden die Wörter für die aufdringlichsten Eindrücke der nächsten Umgebung – Eltern und Wärterin, Spielsachen und Tiere, Kleidungsstücke und Nahrungsmittel, ferner Tönendes und Bewegtes, das der kindlichen Aufmerksamkeit auffällt, sowie die hierauf gerichteten Tätigkeiten – das ausschließliche Material der kindlichen Sprache.

Innerhalb dieses Wortschatzes wird nun auch die Gliederung in Wortklassen deutlich. Die interjektionsartigen Äußerungsweisen, die in der ersten Epoche so gut wie allein herrschten, treten mehr und mehr zurück, die Wortarten von objektiver Bedeutung hervor, und zwar in deutlich scheidbarer Reihenfolge.

Das Bedürfnis, Namen zu lernen, beschränkt sich zunächst auf Gegenstände und Personen; deshalb enthält der Wortschatz anfänglich (also etwa um 1;3 bis 1;6) neben den Interjektionen fast ausschließlich Hauptwörter. Einige Monate später stellen sich daneben ziemlich plötzlich Verben in größerer Zahl ein, während zu gleicher Zeit der Schatz an Substantiven natürlich immer weiter wächst; erst in einer dritten Phase gesellen sich die Eigenschaftswörter sowie das feinere Rankenwerk der Sprache: die Verhältniswörter, Adverbien, Zahlwörter usw., dazu[2].

Über die Bedeutung, welche die so entstehenden drei Abschnitte

---

[1] Kindersprache S. 226–228.
[2] Kindersprache S. 244ff.

(das „Substanz-", „Aktions-", „Relations- und Merkmal-Stadium") für die Entwicklung des kindlichen **Denkens** haben, handeln wir später[1]; hier sollen diese Verhältnisse nur durch einige statistische Angaben veranschaulicht werden. Der Wortschatz eines normalen Mädchens (Hilde) zeigt etwa folgende Verteilung (wobei die Interjektionen fortgelassen sind): Um 1;3 besteht er zu 100% aus Substantiven; um 1;8 enthält er 78% Substantiva und 22% Verba, um 1;11 63% Substantiva, 23% Verba und 24% sonstige Wortklassen.

Aber die einzelnen Worte bilden ja schließlich nur das Rohmaterial; entscheidend ist erst die Art, wie sie zum Aufbau der Sprache verwandt werden. Hier gibt es zwei Merkmale: die Abwandlung der Wörter in der Flexion und ihre Verbindung in der Syntax.

3. Die dritte Sprachepoche

Ein Jahr lang sind die Wörter, die das Kind braucht, starre Gebilde; um 2;0 herum beginnen sie sich zu beleben, zu biegen und zu wandeln[2]. Auch dies haben wir wieder als den Anfang einer neuen (**dritten**) **Hauptepoche** in der kindlichen Sprachentwicklung anzusehen. Gelangt doch hier das Kind unseres Kulturkreises bereits auf eine Stufe, die von manchen Vollsprachen niemals erreicht worden ist; denn die Linguistik kennt sogenannte „flexionslose" Sprachen, die alle feineren Beziehungen nur durch Aneinanderreihung unveränderlicher Worte ausdrücken können. Wieviel höher steht demgegenüber eine Sprache, die dasselbe Wort durch eine kleine Lautänderung Einzahl und Mehrzahl bezeichnen läßt, die eine Tätigkeit durch Anfügung einer Vorsilbe und einer Endung aus der Gegenwart in die Vergangenheit oder in die Zukunft versetzt, die das Mehr oder Minder einer Eigenschaft durch Steigerungsformen ausdrückt. Das einzelne Wort ist hier nicht mehr ein isolierter Sprachpunkt, sondern das Zentrum eines ganzen Strahlenkranzes von Formen, in denen eine und dieselbe Hauptvorstellung durch die feinsten Abwandlungen der Beziehungen hindurchgeführt wird. Dies alles beginnt das zweijährige Kind zu erwerben, und zwar bei den verschiedenen Flexionsformen (Deklination, Konjugation, Komparation) ziemlich gleichzeitig, so daß wir es in der Tat mit einem einheitlichen psychischen Fortschritt auf der ganzen Linie zu tun haben. Allerdings dauert diese neu eingeleitete Entwicklung mehrere Jahre; noch die vier- und fünfjährigen Kinder liegen oft in schwerem Kampf

---

[1] Kap. XXVII, 2.

[2] Kindersprache S. 247 u. Kap. XV.

mit gewissen Flexionsfeinheiten. Im allgemeinen werden die schwächer flektierten und regelmäßigeren Formen leichter erworben als die stark flektierten und unregelmäßigeren, die oft durch unrichtige Formen des ersten Typs ersetzt werden (*gegebt* statt gegeben, *guter* statt besser).

Was die Syntax anbetrifft, so bringt gewöhnlich schon das Ende des zweiten Lebensjahres eine bedeutende Entwicklung der Mehrwort-Sätze[1]. Drei, vier und mehr Wörter werden jetzt schon zum Ausdruck eines Gedankens zusammengefügt, freilich zuerst noch nicht in der Form eines glatt ablaufenden Satzes, sondern als stoßweiße geäußerte Kette von mehreren kurzen Sätzchen; es wiederholt sich also hier derselbe Prozeß wie bei den zweiwortigen Sätzen: aus einem losen Aneinanderreihen entwickelt sich erst allmählich das einheitliche Strukturbild des Satzes.

So äußerte Hilde um 1;10 ihren Wunsch, daß die Mutter Bilder aus dem hinteren Zimmer holen solle, folgendermaßen: *Mama – Bildä hamele* = haben) – *Zimmä – hamele Bildä – hinten – dada Mama ĕholn.*

Die ursprünglich so lose Form der Wortverkettung bewirkt natürlich auch, daß die Wortstellung im Satz oft von der konventionellen abweicht[2]. Wie die Vorstellungen durch das kleine Köpfchen hindurchschwirren, so sprudeln die Worte hervor, wenn dabei auch eine noch so krause Reihenfolge entstehen mag. Zuweilen ist freilich gerade die sonderbare Wortstellung höchst ausdrucksvoll; bald rückt das Wort, auf welches es dem Kinde hauptsächlich ankommt, energisch nach vorn; bald wird umgekehrt ein wichtiges Wort isoliert und als besonderer Einwort-Satz nachgestellt (das gilt namentlich von der Verneinung).

Günther rückte einmal sein Stühlchen zum Essen an einen anderen Platz als gewöhnlich mit den Worten: *ä Günther ä Vater sitzen* (etwa = heute will mal der Günther beim Vater sitzen). Als die Mutter fragte: „Nicht bei der Mutter?" lautete die Antwort: *gestern ä Muttsen esitzt ä Günther.*

Nachstellung der Verneinung: Idelbergers Sohn (bereits 1;6): *Mama hieb – nein* = Mama soll nicht hauen.

Stumpfs Sohn: *ich haja kokodach, mach olol kap – näh.* Dieser höchst sonderbare Satz lautet wörtlich übersetzt: „Ich (hab) schönes Schokoladenhaus; (das) macht Rudolf kaputt; nein!" Kürzer: „Rudolf soll . . . nicht kaputt machen."

Aber zuweilen geht auch alles durcheinander, und die Laune des Moments ruft eben diese und gleich darauf eine andere Wortstellung hervor; man beachte die Verneinung in folgender Satzkette unseres

[1] Kindersprache S. 202 ff.
[2] Kindersprache S. 217ff.

Sohnes: *Günther auch ĕ nich machen, Hilde auch nich ĕ machen, Vater auch ĕ machen nein nein.*

Inhaltlich nimmt die Mannigfaltigkeit der Satzarten mit erstaunlicher Schnelligkeit zu. Wenn auch die Ausrufsätze, welche eine Willens- oder Affektäußerung enthalten, während der ganzen Kinderzeit ihr Übergewicht bewahren, so gewinnen doch daneben auch die Aussagesätze einen immer größeren Raum, und sie beziehen sich bald nicht nur auf Gegenwärtiges (z. B. Angabe dessen, was auf einem Bild zu sehen ist), sondern auch auf jüngst vergangene Erlebnisse und Eindrücke. Endlich die Fragesätze[1]. Zu jenen früher erwähnten Fragen nach dem Namen der Dinge (*isn das*? oder ähnlich) treten bald die Fragen nach dem Ort eines gesuchten Gegenstandes (Hilde 1;9: *Apfel wo?* Günther 2;3 *ĕ Hut?* = Wo ist der Hut?), Vergewisserungsfragen (*die essen darf ich?*), endlich sogar Fragen der Anteilnahme (*bist du müde?* Eva 2;1, als sie jemanden gähnen sah). Bei diesen Fragen beobachtet man oft, daß das Fragewort selbst ursprünglich verschluckt wird – oder genauer ausgedrückt, zunächst noch nicht über die Sprechschwelle tritt. Die anderen Wörter, der Tonfall und die Situation genügen aber, um den Sinn der Frage über jeden Zweifel zu erheben. – Einige weitere, intellektuell höher stehende Typen des Fragesatzes entwickeln sich erst in der vierten Sprachepoche.

4. Die vierte Sprachepoche

Der Anfang dieser vierten Periode wird durch das Auftreten von Nebensätzen gebildet[2]. Ähnlich wie die Flexion ist auch die Hypotaxe (Unterordnung eines Satzes unter einen anderen) eine Erscheinung, die manchen Vollsprachen überhaupt fehlt; diese können Abhängigkeitsbeziehungen der Gedanken nur durch Nebeneinanderstellung von Sätzen (parataktisch) ausdrücken. Das Kind des europäischen Kulturgebietes überwindet diesen Standpunkt ungefähr mit 2½ Jahren[3] und beweist damit, daß ihm nun nicht nur die logische Beziehung der Gedanken, sondern auch ihr Wertverhältnis in Über- und Unterordnung aufgegangen ist.

---

[1] Kindersprache S. 212ff.

[2] Kindersprache S. 208ff.

[3] Manche Kinder schon früher. So sprach unsere Tochter Eva schon 2;0 Sätze wie diese: *suchen, ob Handschuh is – Vater sagen, ĕ Kaffee trinken kann.* – Ein anderes uns bekanntes Mädchen, das erst sehr spät, um 2;0, zu sprechen begonnen hatte, zeigte dann so schnelle Fortschritte, daß es 2;7 ins Nebensatzstadium gelangt war. Beispiel: *Laden, wir kauft was habt, kome Mann drin war* (= in dem Laden, wo wir was gekauft haben, war ein komischer Mann).

So hat Hilde das Verhältnis von Grund und Folge bereits 2;2 ausdrücken können, aber nur parataktisch: *is nich da Schieben, kann nich mahle mahle* = (mein Breischieberchen ist nicht da, darum kann ich nicht quirlen); erst ein ganzes Jahr später ist sie fähig, die Begründungs-Beziehung durch eine Hypotaxe wiederzugeben: *du reibst deine Hände, weil's so kalt is.*

Auch bei den Nebensätzen kann, ähnlich wie bei den Fragesätzen, die einleitende Partikel (die Konjunktion, das Relativpronomen usw.) längere Zeit unausgesprochen bleiben, also gerade derjenige Sprachbestandteil, der für den theoretischen Grammatiker erst den Charakter des Nebensatzes bestimmt. Dennoch ist der Nebensatz in der Kindersprache für den Hörenden unverkennbar, wenn auch das bloße Schriftbild den Lesenden noch im Zweifel läßt. Wenn Günther 2;6 den Satz aussprach: „*Mutter hagen, ebaut hat ĕ Günther*, so bewies der Tonfall, daß er aussprechen wollte: „Ich will der Mutter sagen, was der Günther gebaut hat"; nicht aber: „Ich will der Mutter sagen: gebaut hat der Günther." Aus diesem Grunde darf man nicht das Nebensatzstadium erst dann ansetzen, wenn die zugehörigen Partikeln wirklich verlautbart werden; denn das Stadium der Latenz jener Wörter kann oft mehrere Monate dauern.

Wie schnell sich das Satzgefüge, sobald es einmal dem Kinde aufgegangen ist, weiter entwickelt, möge folgende Blütenlese von Nebensätzen zeigen, die wir bei Hilde um 3;0 herum notierten:

ich wer se in de Küche mal fragen, ob se hierher kommt (indirekter Fragesatz). – *will de Puppe durchhaun, bis ihr weh tut* (Temporalsatz). – *das bewegt sich heut so, weil's kaputt is* (Kausalsatz). – *kriegst keine Schnitte wenn du so unatig bist* (Konditionalsatz). – *mußt de Betten wegnehmen, daß ich rausgehen kann* (Finalsatz). – *Puppe hat mich estört, daß ich nich schlafen konnte* (Konsekutivsatz).

Freilich übersteigen manche besonders schwierige Nebensatzkonstruktionen noch längere Zeit die Fähigkeit des Kindes; so ist z. B. der irreale Bedingungssatz mit seinen konjunktivischen Verbformen von unseren Kindern erst mit 4½ Jahren bewältigt worden.

Hilde 4;6: *wenn de Mutter hätte dort sitzen, dann hätte ich mit Vater prost machen können.* – Günther 4;8 (von einem Bekannten, der operiert worden ist): *wenn er* (nicht) *gleich geschnitten wäre, dann hätte er gestorben haben.*

Mit derartigen Leistungen darf die Zeit der eigentlichen Kindersprache in syntaktischer Hinsicht als überwunden gelten.

Die vierte Periode der Sprachentwicklung wird dann aber noch durch zwei weitere Erscheinungen charakterisiert.

Das Kind kommt um diese Zeit zum zweitenmal in ein Fragealter[1], dessen Interesse nun aber schon auf Höheres geht: die Zeit-

---

[1] Kindersprache S. 214.

frage nach dem Wann, die Kausalfrage nach dem Warum taucht auf. Freilich darf man auch diese Fragen nicht allzusehr überschätzen. Die ersten Wann- und Warumfragen sind zum größten Teil nicht der Ausfluß eines reinen Wissenstriebes des Kindes, sondern stehen mit seinem lieben kleinen Ich und dessen praktischen Bedürfnissen in engstem Zusammenhang; darum klingt das erste Warum den Eltern meist entgegen in der ärgerlichen Form des *warum denn nicht?* wenn dem Kinde etwas Erwünschtes verboten oder vorenthalten worden ist. Und *wann?* fragt das Kind z. B., um zu erfahren, wann endlich die sehnlich erwartete Mahlzeit kommt.

Auch das erste *wann* unseres Sohnes (2;11) ist höchst utilitarisch gewesen: Als er sah, wie Erwachsene das Fleisch von einem Hühnerknochen abnagten, fragte er; *ĕ lutschen wir eintlich? ĕ* (g)*roß sind, können wir lutschen?* (das erste *ĕ* = wann, das zweite *ĕ* = wenn wir).

Daneben gibt es allerdings auch Fragen aus echter Wißbegier; sie gehen nicht auf Befehle, deren Begründung, sondern auf beobachtete Tatsachen, deren Ergründung verlangt wird.

Schon 2;10 fragt Günther: *elett so heiß is – erum denn?* (das Tablett ist so heiß, warum denn?). – Bei Hilde setzen die Kausalfragen um 3;7 mit solcher Macht ein, daß sie aus ihnen zuweilen eine ganze Kette bildet; zu jeder Ursache soll wieder deren Ursache erforscht werden.

So entspann sich um jene Zeit, das folgende wörtlich mitstenographierte Gespräch, als das Kind den Walfisch im Bilderbuche sah:

Fragen des Kindes:	Antworten der Mutter:
was frißt der?	„Fische."
warum frißt er Fische?	„Weil er Hunger hat."
warum frißt er keine Semmel?	„Weil wir ihm keine geben."
warum geben wir ihm keine?	„Weil die Bäcker nur für die Menschen Semmel backen."
warum nich für die Fische?	„Weil sie nicht genug Mehl haben."
warum haben sie nich genug Mehl?	„Weil nicht genug Korn wächst. Du weißt doch, aus dem Korn wird das Mehl gemacht."
ach so!	

Das kleine Annchen, über das Elsa Köhler berichtet, fragt um 3;2 vielfach *warum*, aber bemerkenswerterweise nur bei menschlichen Handlungen. *Warum wird sie sich freuen?* (Beim Wiedererzählen eines Märchens): *die böse Stiefmutter war schrecklich neidisch, warum?* „Nie höre ich das fragende Warum bei anderen Gelegenheiten. Entweder ist ihr die Ursache bekannt, dann zeigt sich das in der Behandlung der Sache. Oder aber sie nimmt Unerklärliches in der ihr eigenen Art schweigend entgegen" (S. 188).

Eine andere Eigentümlichkeit der vierten Sprachperiode, die Neubildung von Wörtern, ist nicht so allgemein verbreitet wie die bisher genannten; sie ist bei manchen Kindern recht stark ausgebildet, bei anderen kaum angedeutet. Es handelt sich um eigenmächtige Bereicherungen des Wortschatzes in der Form von Ableitungen und von Zusammensetzungen. Hierbei kommt dem Kinde seine Tätigkeit als Sprachbildner meist gar nicht zum Bewußtsein; die Neuschöpfungen stellen sich so selbstverständlich ein wie alle die anderen Wörter, die es von seiner Umgebung gehört hat. Zuweilen bekundet das Kind ein überraschend feines Sprachgefühl; in anderen Fällen freilich gibt es groteske und unmögliche Ausdrucksweisen. Bei manchen Kindern erreichen diese Neubildungen eine ziemlich hohe Zahl; so wurden bei unseren beiden ältesten Kindern bis zur Vollendung des fünften Jahres je 50 selbstgebildete Zusammensetzungen und 40 bzw. 20 eigene Ableitungen notiert. Die meisten führen nur ein Augenblicksleben, manche aber werden einige Zeit hartnäckig festgehalten.

Die Zusammensetzungen[1] sind die einfacheren Gebilde, weil hier lediglich die Ausdrücke für zwei im Gegenstand verbundene Merkmale nebeneinander gesetzt werden.

Aus dem dritten Jahr unseres Sohnes seien hier genannt: *Milchapfelmus* (ein Phantasiegericht), *Feuerkasten* (Leimtopf über Spiritusflamme), *Kinderzeugkasten* (Kasten mit Spielzeugkram), *Löchernteller* (Untersatz mit durchbrochenem Rand); aus dem vierten Jahre unserer Tochter Hilde: *Kindsoldat* (ein aus der Ferne klein aussehender Offizier), *Naseputzschnupfen*, *Bindekleid* (Kleidchen mit Schnur), *Haarflamme* (abstehende Locke).

Sehr findig erwiesen sich Kinder in der Benutzung dieses Hilfsmittels, um feinere Farbentöne zu benennen; wir notierten u. a. *dunkelweiß*, *halbblau*, *graurot*. – Auch zur Bezeichnung von Berufen werden Zusammensetzungen gern gebildet. Für den Maurer hört man *Pochmacher* und *Baumann*, für den Bahnhofspikkolo *Bierjunge*, für den Laternenanzünder *Lichtmann*.

Aber gerade zur Berufsbenennung wird auch häufig die andere Art eigenmächtiger Wortbildung, die Ableitung, gewählt[2]. Die Kinder, welche oft die Worte Tischler, Anstreicher usw. gehört haben, bilden entsprechend *Lötner* und *Ofner*, *Maschiner* und *Wurster*, das englische Kind *Lectioner* (also etwa „Stunder" für Lehrer).

Andere Gruppen von Ableitungen betreffen Gegenstände: *die Lese* für Druckschrift, *die Rauche* für Zigarre (von vielen Kindern gebildet); Tätigkeiten: *klavieren* (ebenfalls häufig angewandt), *dieben* für stehlen, *benacken* (nackend ausziehen), *zerlieben* (Anwandlung stürmischer Zärtlichkeit); Eigenschaften: *kaffrig* (mit Kaffee befleckt), *piepstimmig*, *löchlig*, *zugehärtet* (zugefroren); Zustände: *Nasserei* (Wirkung des Planschens mit Wasser); *Komischheit* usw.

---

[1] Kindersprache, Kap. XXII.

[2] Kindersprache Kap. XXIII.

5. Schema der kindlichen Sprachentwicklung

Im vierten bis fünften Lebensjahr darf die Hauptarbeit im Erwerb der Sprechsprache als geleistet gelten. Nicht daß nun wirklich der Anschluß an die Vollsprache bereits erreicht wäre; dazu kommt es während der ganzen Kindheit überhaupt nicht. Vielmehr hat auch jede der späteren Entwicklungsphasen ihr besonderes Gepräge; der 8jährige spricht anders als der 11- und der 14jährige, und sie alle anders als der Erwachsene[1]. Immerhin aber sind doch diese späteren Entwicklungen von unvergleichlich geringerer Größenordnung als die bisher besprochenen. Das psychologische Gesetz, daß jede seelische Funktion *ihre* Hauptzeit der Entwicklung hat, gilt auch für die Sprache; und diese Hauptentwicklung wird durch die ungefähre Zeitspanne 2. bis 4. oder 5. Lebensjahr abgesteckt.

Wir versuchen nun die gegebene Übersicht *schematisch* darzustellen; doch sei gleich hervorgehoben, daß damit nur die allgemeinsten Tendenzen, die bei der Entwicklung der Kindersprache obzuwalten pflegen, auf gewisse Formeln gebracht, nicht aber ein streng gültiges Gesetz aufgestellt werden soll. *Es wird vielmehr jede individuelle Entwicklung mehr oder weniger von diesem Schema abweichen*, nicht nur, was die absoluten Zeitangaben, sondern auch was die Einzelerscheinungen innerhalb der Epochen anlangt; dennoch glaube ich, daß das Schema einen gewissen Orientierungswert besitzt.

Vorstadien, Erstes Lebensjahr. Lallen, Nachahmung von Lautkomplexen, primitives Verständnis für gesprochene Aufforderungen.

Erste Epoche. Etwa 1;0 bis 1;6. Das Kind verfügt über einige wenige mit Sinn verbundene Lautäußerungen, die als Einwort-Sätze aufzufassen sind. Die Sprachäußerungen haben noch keinen bestimmten grammatischen und begrifflichen Charakter. In ihrer Bedeutung ist das Gegenständliche und das Willens- und Affektmäßige noch nicht differenziert. Lautlich stehen sie noch den Lalläußerungen nahe; die natürlichen Symbole – Lautmalereien und lautliche Ausdrucksbewegungen – überwiegen stark.

Zweite Epoche. Etwa 1;6 bis 2;0. Es erwacht das Bewußtsein von der Bedeutung der Sprache („daß jedes Ding seinen Namen

[1] Berthold Otto hat bekanntlich diese „Altersmundarten" zu registrieren versucht, um die für irgendeine Altersstufe bestimmten Jugendschriften in der dazu gehörigen Sprechweise zu schreiben, was ich – nebenbei bemerkt – für ein falsches pädagogisches Prinzip halte.

habe") und der Wille, sie sich zu erobern. Der Wortschatz wächst plötzlich stark an; Fragen nach dem Namen der Dinge treten auf. Ungefähr gleichzeitig wird das Stadium des Einwort-Satzes verlassen; zwei, bald auch mehrere Wörter werden erst stockend, dann immer fließender zu einem Satzganzen vereinigt. Innerhalb des Wortschatzes entwickeln sich zuerst die Substantiva, dann treten Verben in größerer Zahl hinzu, endlich Eigenschafts- und Beziehungsworte (Substanz-, Aktions-, Relations- und Merkmals-Stadium).

Dritte Epoche. Etwa 2;0 bis 2;6. Das flexionslose Sprechen wird überwunden. Das Kind lernt, die feineren, formalen Abwandlungen der Begriffe durch Biegung der Wörter wiederzugeben; und zwar beginnen sich ziemlich gleichzeitig die verschiedenen, Flexionsarten (Konjugation, Deklination, Komparation) zu entwickeln. Die Satzbildung wird, freilich noch innerhalb der Parataxe (Hauptsatzform), sehr mannigfach. Es finden sich Ausrufs-, Aussage-, Fragesätze; Satzketten werden gebildet. Die Wortstellung ist oft eigenmächtig und launenhaft. Die Fragen beziehen sich auf Namen der Dinge, auf das Wo und Was, auf Vergewisserung usw.

Vierte Epoche. Etwa von 2;6 an. Die rein parataktische Satzbildung wird überwunden. Das Kind lernt, die Über- und Unterordnung der Gedanken durch Hypotaxe wiederzugeben; und zwar entwickeln sich schnell die verschiedenen Typen der Nebensätze, wenn auch die feinere Differenzierung der Partikeln und die Beherrschung der schwereren Verbformen (z. B. der Konjunktive) noch eine längere Lernzeit in Anspruch nehmen. Die Fragen des Kindes beginnen sich auf zeitliche Verhältnisse und vor allem auf Kausalbeziehungen (*warum*) zu erstrecken. Das Kind neigt zu eigenen Wortbildungen durch Ableitung und Zusammensetzung.

6. Die kindliche Rede und Unterhaltung

Alles bisherige bezog sich auf die Entwicklung der einzelnen Sprachleistung. Aber diese Isolation ist eine künstliche; neue Probleme erheben sich, wenn wir die Sprachäußerungen des Kindes als Ganzheitsgebilde betrachten: im Zusammenhang seines personalen Lebens und Erlebens („Reden") und in der natürlichen Kommunikation mit den anderen Menschen („Gespräche"). Diesen Problemen in eindringlichen Studien nachgegangen zu sein, ist das Verdienst des französisch-schweizerischen Forschers Piaget und des deutschen Elternpaares Katz.

Beide ergänzen sich dadurch, daß Piaget Kinder in der Gesellschaft ihrer Altersgenossen, das Ehepaar Katz dagegen im Familienkreise beobachtet; es zeigt sich, daß die Reden und Gespräche der Kinder in diesen beiden Umwelten nicht etwa nur dem Inhalte nach, sondern der ganzen Struktur und seelischen Haltung nach völlig verschieden sind.

Piaget hat bei mehreren Kindern eines Kinderheimes je einen Monat lang alle Sprachäußerungen notieren lassen, die sie beim Zusammensein mit anderen Kindern getan haben, und das Gesamtbild dieser Redetätigkeit durch geschickte Statistiken geklärt.

Er kommt zu folgendem Ergebnis: das spezifische des kindlichen Redens innerhalb der Kindergruppe besteht darin, daß die Sprache für das Kind durchaus nicht so vorwiegend wie für den Erwachsenen der Verständigung mit anderen und der Mitteilung an diese, also sozialen Zielen gilt. Sie ist vielmehr in starkem Maße „egozentrisch“: ein automatisches Lautwerdenlassen der eigenen Affekte, Vorstellungen und Gedanken, teils direkt monologisch, teils in Pseudo-Unterhaltungen, d. h. in Anwesenheit anderer Kinder, wohl auch durch deren Dabeisein angeregt, aber nicht mit der Tendenz, mit diesen vermittelst der Sprache in geistigen Austausch zu treten. Piaget zählte alle egozentrischen Äußerungen und setzte sie zu allen notierten Sätzen überhaupt ins Verhältnis. So erhielt er einen „Koeffizienten der Egozentrik“, der in der folgenden Tabelle wiedergegeben ist[1].

Kind	Alter in Jahren	Zahl der notierten Äußerungen	Prozentsatz der egozentrischen Äußerungen
I	3	1500	56
II	3	1000	56
III	4	1500	60
IV	5	800	46
V	6	1500	43
VIa	6	1400	47
VIb	7	800	27
VII	7	600	30

Sehr deutlich ist also die Abhängigkeit der Egozentrik vom Alter; während das 3- und 4jährige Kind noch mehr egozentrisch als sozial

[1] Piaget II, S. 340. Kind VI wurde zweimal (mit 6 und mit 7 Jahren) geprüft.

redet, steht beim 5- und 6jährigen Kind der Koeffizient der Egozentrik schon etwas unter 50%, um dann beim 7jährigen jäh abzufallen. Mit anderen Worten: das Reden in der Kindergruppe gewinnt erst jenseits der frühen Kindheit ihre überwiegende soziale Bedeutung.

Vervollständigt wird das Bild durch die nähere Analyse der „sozialen" Äußerungen, deren Entwicklung mehrere Stadien durchläuft[1]. Nur ganz allmählich wird aus einem Nebeneinanderherreden ein Zueinanderreden, zunächst so, daß das einzelne Kind, ganz von sich aus (also noch stark egozentrisch eingestellt), aber doch schon zu den anderen spricht und diese anderen zuhören, endlich ein wirkliches Sich-mit-einander-Verständigen, indem das Kind die Gedanken von vornherein unter dem sozialen Gesichtspunkt des Verstandenwerdenwollens formuliert und auf die des andern mitdenkend eingeht. Diese höchste Form wird nach Piaget ebenfalls erst etwa vom 8. Jahre an dem Kinde zugänglich.

Wie aber ist es denn möglich, daß sich schon weit jüngere Kinder bei ihren gemeinsamen Spielen so gut zu verstehen scheinen? Piaget antwortet darauf: weil in der frühen Kindheit die Sprechsprache nur ein unselbständiger Bestandteil des Ausdrucks überhaupt ist. Gesten, Mimik, Handlungen sind es vor allen Dingen, die Gemeinsamkeit zwischen spielenden Kindern vermitteln; die Ausdrucksbewegungen werden unmittelbar verstanden, die Handlungen nachgeahmt oder fortgeführt, die gesprochenen Worte sind viel mehr begleitendes Rankenwerk als eigentliche Träger der Verständigung.

Wir haben hier ein besonders einleuchtendes Beispiel für die nur allmählich fortschreitende „Ausgliederung" der kindlichen Funktionen: die Lautsprache existiert für die spielenden Kleinkinder eigentlich ursprünglich gar nicht als gesonderter Tatbestand; aus der diffusen Gesamtsprache des Körpers differenziert sie sich erst allmählich heraus, um spät zum isolierten Träger der Gedankenbildung und Gedankenmitteilung zu werden.

Die an sich sehr interessanten Feststellungen Piagets dürfen nun aber nicht – wozu jener Forscher neigt – zu Grundgesetzen des kindlichen Sprechens überhaupt verallgemeinert werden. Die auffällig späte und zögernde Entwicklung der eigentlich sozialen Redefunktionen ist nämlich weit mehr, als Piaget annimmt, von der besonderen

---

[1] Piaget I, S. 68ff. – Vgl. auch die Besprechung von Muchow I, S. 349. – Die Ähnlichkeit dieser Stadien mit denen der kindlichen Sozialspiele (Kap. XXII, 2 unseres Buches) springt in die Augen.

Situation seines Versuchs bestimmt. Wenn Kinder mit ihresgleichen spielen, ist der Anlaß zu eigentlichem Gedankenaustausch, zum Belehren, Fragen, relativ gering; darum macht sich hier die expressive Wurzel des Sprechens viel mehr bemerkbar als die soziale. Ja auch die spezifische Struktur des Genfer Kinderheims spielt mit; das Heim zeigt nämlich – ähnlich den Montessoriheimen – ein loseres Beieinander individuell beschäftigter Kinder. Eine Nachprüfung von Martha Muchow (IV) in einem Hamburger Kindergarten ergab schon ein anderes Bild, hier war das Reden der 5 jährigen nur noch zu einem reichlichen Drittel egozentrisch. Im Hamburger Kindergarten waren eben die Kinder zu engeren familienartigen Grüppchen verbunden, die eine stärkere soziale Einstellung bedingen.

Im eigentlichen Familienleben ist nun die Situation und demgemäß auch das Strukturbild des kindlichen Redens völlig geändert. Das wird uns recht deutlich aus der Sammlung von 150 Gesprächen, die das Ehepaar Katz mit seinen zwei Söhnen (um 5;0 und 3;6) führte. Solche Gespräche waren nie bloße Begleitreden zu Spielen, sondern gingen aus der kindlichen Unterhaltungsbereitschaft, aus dem Bedürfnis, sich auszusprechen und das Herz auszuschütten, aus Neugier und Wißbegier, aus Liebesbezeugung und Oppositionslust hervor, also durchaus aus sozialen Motiven.

Bald wird vom Kind selbst aktiv die Unterhaltung begonnen oder weiter geführt, so namentlich in der Form des Fragens, durch das sich das Kind auf Gebieten seelischer Unklarheit und Unsicherheit zurechtzufinden sucht; D. und R. Katz zählen eine große Reihe von Fragetypen auf (S. 274f.) und belegen sie durch Beispiele. Bald verhält sich das Kind reaktiv: es geht auf eine Belehrung ein, versucht auf Aufforderung sich an seine eigenen kleinen Sünden und Guttaten zu erinnern, opponiert einer Behauptung oder Anweisung der Eltern, äußert sich kritisch über eine Bemerkung des jüngeren Bruders, will ebenso behandelt werden wie der ältere Bruder. Aber alle diese geistigen Haltungen sind, wie die Verfasser mit Recht bemerken: „sozialpsychologisch bedingt; sie entstehen im sozialen Felde aus dem Gegeneinander vom Erwachsenen und Kind".

Wir illustrieren das Gesagte durch ein Beispiel von Katz; viele andere Proben von wirklichen „Unterhaltungen" finden sich an den verschiedensten Stellen unseres Buches.

Die Knaben (T. 5;7, J. 3;11) sprechen abends im Bett mit der Mutter über ein Erlebnis des Tages.

J.: *Elli* (Kindermädchen) *lief mir davon. Hast du schon so ein Mädchen gesehen? Wir wollen Elli zurückschicken.*

T.: *In einem Paket.*

J.: *Ja, in einem Paket; wir wollen ein Loch darin machen.*

T.: *So ein großes Loch* (zeigt die Größe mit den Händen).

Mutter: Wozu soll denn das Loch sein?

J.: *Damit Elli Luft bekommt, sonst kann sie ja ersticken. Elli weiß nicht, daß man bei Kindern bleiben muß.*

T.: *Einmal war sie bei uns und ging hinaus; sie sagte, sie komme gleich wieder, und sie ist nicht wiedergekommen.*

J.: *Dann kam Großmutter, die ist nicht hinausgegangen, sie ist bei uns geblieben.*

7. Anfänge des Lesens und Schreibens

Der Kulturmensch hat außer der Sprechsprache noch die Schriftsprache; Lesen und Schreiben sind die beiden Tätigkeitsformen, durch welche er sie bewältigt. Die Sprachentwicklung der frühen Kindheit ist im allgemeinen auf die Sprechsprache beschränkt; ihr allein galt die Betrachtung dieses Kapitels. Es ist sicher kein Zufall, daß in allen Kulturländern sogleich nach Abschluß der frühen Kindheit, also mit dem 7. Jahre, der Unterricht im Lesen und Schreiben beginnt; augenscheinlich wird erst dann das durchschnittliche Kind reif, die Sprache in der Schriftform zu verstehen und selbst zu erzeugen.

Aber in besonderen Fällen kann doch auch schon vorher diese Fertigkeit eintreten. Die Besonderheit liegt entweder in einem speziellen Unterricht oder in einer ungewöhnlichen Spontaneität des Interesses für die Schrift.

a) Spezieller Unterricht im Schreiben und Lesen wird in den Montessoriheimen erteilt. Da es nicht die Aufgabe dieses Buches ist, die Didaktik des frühen Kindesalters zu behandeln, so muß hier eine kurze Andeutung genügen, die sich auf gewisse psychologisch bemerkenswerte Punkte erstreckt.

Frau Montessori hat in unleugbar geschickter Weise verstanden, die Vorbereitung des Schreibunterrichts in die Spieltätigkeit ihrer Kinderheime aufzunehmen. Mit geometrischen Figuren, welche die Kinder mit Buntstiften nachfahren, wird begonnen. Sie erhalten dann Täfelchen, deren jedes einen aus Sandpapier ausgeschnittenen Buchstaben in Schreibschrift, auf glatten Karton aufgeklebt, enthält; durch Nachfahren der Sandpapierform mit dem Finger werden die Schreibbewegungen geübt, gleichzeitig in häufigen Wiederholungen der Lautwert des Buchstabens damit assoziiert. Einzelbuchstaben aus Holz werden dann dem Kinde gegeben: es muß sie (auf Grund des optischen Eindrucks oder taktil-motorischen Nachfahrens) benennen, auf Befragen die richtigen heraussuchen, endlich einfache Wörter mit ihnen zusammensetzen. Aus diesen rein spielmäßig betriebenen, aber für das Kind selbst zunächst noch sinnlosen Übungen ergibt sich dann schließlich von selbst der Wunsch, Wörter an die Tafel zu malen – und das Schreiben ist im Prinzip erlernt. Das Lesen wird ähnlich im Spiel geübt: Zettel mit deutlich geschriebenen Wörtern werden verteilt: das Kind muß sie unter den richtigen Gegenstand legen, den sie bezeichnen und darf dann mit diesem spielen usw.

Die Ergebnisse mit dieser Methode, über die Frau Montessori berichtet (S. 283), sind erstaunlich. Wohl gibt es stets Kinder, die kein Interesse für diese Schreib- und Lesespiele zeigen oder sich bald von ihnen abwenden; sie werden in Ruhe gelassen. Normalerweise aber sollen die Kinder in jenen Heimen mit 4 Jahren zu schreiben anfangen und mit 5 Jahren so gut lesen, wie sonst ein Kind im ersten Schuljahre – was einen Vorsprung von zwei Jahren bedeuten würde. Selbst kleine Aufträge, die auf Zettel geschrieben waren, konnten von diesen Kleinen gelesen, verstanden und ausgeführt werden.

Soll man nun diese Ergebnisse so deuten, daß das Kind „eigentlich" schon mit 4 Jahren reif ist für die Aneignung des Schreib-Lesens und nur durch die Verzögerung des üblichen Unterrichts im allgemeinen verhindert wäre, seine nach Betätigung drängenden Anlagen zu verwerten? Ich bin nicht dieser Meinung und finde die Auffassung von Martha Muchow (IV) sehr einleuchtend, daß es die sonstige Spielarmut der Montessoriheime ist, die die Kinder zu dieser neuen Beschäftigung greifen läßt. In den Fröbel-Kindergärten mit ihrer ungleich größeren Fülle von Beschäftigungen, die des Kindes Anschauung und Phantasie, Interesse und Selbsttätigkeit ins Spiel setzen, werden normalerweise Fälle einer Hinwendung zu Lese- und Schreib-Aufgaben kaum beobachtet.

b) Unsere Auffassung wird nun indirekt durch diejenigen gelegentlichen Fälle unterstützt, in denen Lese- und Schreib-Leistungen aus einem wirklichen Spontan-Interesse des Kleinkindes ohne didaktische Einflüsse zustandekommen. Denn hier verläuft die Aneignung der Fertigkeit meist in ganz anderen Bahnen.

Von besonders geweckten und intelligenten Kindern wird nämlich mehrfach berichtet, daß ihre offenen Augen, die alles erfassen möchten, schließlich auch die Schriften, namentlich wenn sie recht auffällig sind, zu apperzipieren beginnen. Straßenschilder, Plakate, Aufschriften der elektrischen Bahnen, großgedruckte Überschriften in Zeitungen und Anzeigen interessieren die Kinder so lebhaft, daß sie nach der Bedeutung fragen, sich die Buchstaben nennen, das Wort vorlesen lassen usw. Hierbei findet endlich ganz von selbst eine Einprägung statt, die sich in erster Reihe auf lateinische Großbuchstaben erstreckt. Die einfachen und zugleich deutlich gegeneinander unterschiedenen Formen machen diese Bevorzugung verständlich. Gleiches gilt von den Ziffernbildern. Bald tauchen diese Figuren denn auch in den Freizeichnungen der Kinder auf, oft in starker Verstümmelung, vor allem in souveräner Nichtachtung ihrer Raumlage. Ein eigentliches Schreiben wird daraus freilich erst, wenn die Bedeutung der Buchstaben und Buchstabenkomplexe als Laute und Wörter erfaßt wird, mit anderen Worten, wenn das Kind einsieht, daß es auch auf graphischem Wege Gegenständliches nicht nur nachbilden, sondern auch sprachlich ausdrücken kann. Die Entdeckung der Schriftsymbolik, „daß alles Gesprochene ein Schriftbild habe" ähnelt jener früheren Entdeckung, die dem Kind die symbolische Bedeutung der Lautgestalten enthüllte: „daß jedes Ding einen Namen habe" (s. S. 135).

Diese Entdeckung tritt deutlich in folgendem Beispiel hervor, das mir von zuverlässiger Seite berichtet wird. Der Sohn des Berichterstatters (4;3) hat sich die Benennungen einiger lateinischer Großbuchstaben aus Reklameschildern und Straßenbahnschildern angeeignet. Eines Tages kommt er nach Verrichtung eines Bedürfnisses ins Zimmer zum Vater und sagt „Ich will dir mal aufschreiben, was ich eben gemacht habe" -- und malt ein A (so benannte er stets jene Verrichtung) – aufs Papier[1].

Von besonderem Interesse ist ein anderer, allerdings außergewöhnlicher Fall, in welchem ein Knabe (Sohn eines Universitätsprofessors) im 6. Lebensjahr mit dem spontan angeeigneten Material lateinischer Großbuchstaben eifrigst durchgeführte Schreibleistungen (vor allem Briefe) vollbringt und hierbei ebenso spontan eine eigenwillige, aber in sich einleuchtende Orthographie schafft. Jede Unterweisung, Hilfe und Korrektur seitens seiner Umgebung war ausgeschlossen; ältere Geschwister hat der Knabe nicht.

Seine Niederschriften zeigen folgende Eigentümlichkeiten:

1. Er beginnt am untern Rande des Papiers zu schreiben; die weiteren Reihen werden darüber gesetzt.

---

[1] Einen eigentümlichen Grenzfall beobachteten wir bei Günther 4;10½. Der Knabe, der schon die einfachsten Zahlbegriffe besaß, aber noch nicht Ziffern schrieb, hörte zu, als die Mutter mit Hilde rechnete. Da fragte er: *Kann man eine Null zeichnen* (= schreiben)? – *Nein, nicht wahr?* Mutter: „Warum denn nicht?" – *Null ist doch gar nichts*. Noch also haftet für ihn die graphische Wiedergabemöglichkeit am Gegenstand; es ist ihm noch nicht aufgegangen, daß jedes Wort, unabhängig von der Bedeutung, in Schrift umsetzbar ist.

2. Die Wörtertrennungen fehlen.

3. Die Orthographie ist zum Teil rein phonetisch: SCHPIL = Spiel, VÜA = für. Oft macht sich die kindesmäßige Diffusität der Lautauffassung geltend, insbesondere bei den kurzen Vokalen, die am meisten der Verwechslung zu unterliegen scheinen. i, u, ü, werden mit e, o, ö, identifiziert, und zwar durchweg: ECH = ich, ONT = und, MOTA = Mutter, PÖPELI = Püppeli usw. Andererseits findet der Knabe für die schwierigen diphthongischen Verbindungen ei und au überraschend gute Lösungen, die phonetisch richtiger sind als unsere Schreibweisen: AEN = ein, AOR = auch.

4. Zu einem anderen Teil aber werden die Buchstaben nicht nach ihrem Lautwert, sondern nach ihrem, ihm wohlbekannten Namen benutzt. Es repräsentieren dann also die Zeichen R, N, H, B die Lautkomplexe er, en, ha, be. Beispiele: VATR = Vat–er, AENN = ein–en, DUNN = Duhn–en (Name eines Seebades), HP = ha–b, ELSAB = Elsa–be.

5. Eine Reihe von Buchstaben wird konsequent in Spiegelschrift geschrieben, so e, s, c, l; manche gelegentlich, so das n.

Die folgende Schriftprobe, Bruchteil eines Briefes an mich (SCHN = Stern) gibt Beispiele zu allen oben erwähnten Merkmalen; man muß also mit der Lesung unten links beginnen. Wir fügen eine „Übersetzung" des Textes in richtiger Reihenordnung und mit Wörtertrennung, aber ohne Änderung der Buchstabenfolge bei.

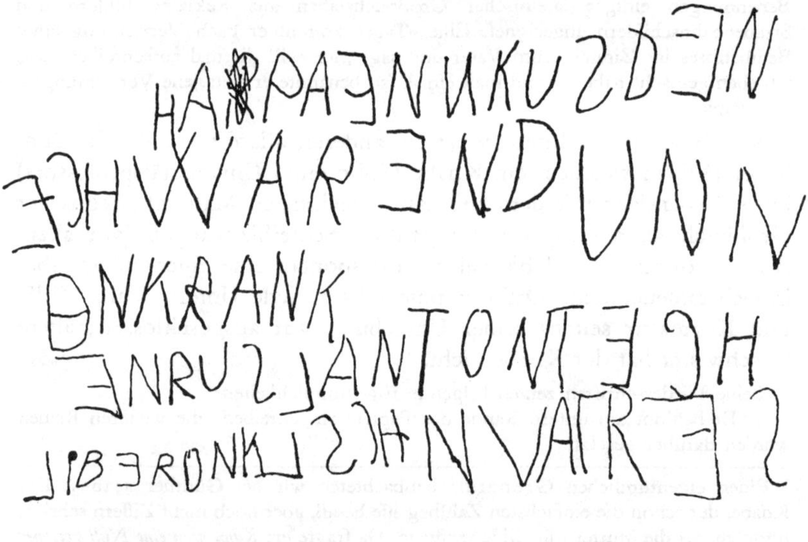

LIBER ONKL SCHN VATR ES EN RUSLANT
ONT ECH BN KRANK
ECH WAR EN DUNN HAP AENN HUSDEN

Kapitel XI

Testprüfung und Messung der Sprachfähigkeit

Fast alle bisherigen Untersuchungen zur Kindersprache stützen sich auf die Methode der Beobachtung sprechenlernender Kinder und flochten Experimente nur als gelegentliche Hilfsmittel ein. Neuerdings hat nun Alice Descoeudres in Genf den bemerkenswerten Versuch gemacht, die Sprachfähigkeit des Kindergartenalters einer selbständigen und systematischen Testprüfung zu unterwerfen. Sie hatte hierbei ein ähnliches Ziel im Auge, wie A. Binet mit seiner allgemeinen Intelligenzprüfung: es soll zunächst für jede Altersstufe (in Halbjahrsabständen) ein Normal-Maß von Leistungen gefunden werden, d. h. diejenigen Anforderungen an das sprachliche Können, die von mindestens 3/4 aller Kinder der entsprechenden Arbeitsstufe erfüllt werden können; und es soll dann für das einzelne, mit der Methode zu prüfende Kind ein Individual-Maß gewonnen werden, d. h. die Angabe der Altersstufe, der sein sprachliches Können entspricht. Wenn z. B. ein 5jähriges Kind nur diejenigen sprachlichen Aufgaben löst, die normal für 3 1/2jährige sind, dann hat es bei Lebensalter 5;0 das „Sprechalter" 3;6, also einen Sprachrückstand von 1 1/2 Jahren.

Nach mannigfachen Vorprüfungen mit umfangreichen Testreihen gelangte A. Descoeudres schließlich zu einer Anzahl von neun besonders charakteristischen Aufgabegruppen. Diese Serie wurde an 300 Genfer Kindern von 2 1/2 bis zu 7 Jahren „geeicht"; d. h. für ede Halbjahrsstufe wurde festgestellt, welche Aufgaben von 75% der Kinder gelöst wurden.

Die neun Gruppen sind zum Teil den Binet'schen verwandt.

I. 20 Gegensätze zu vorgezeigten Gegenständen und Bildern sind zu nennen. Es werden jedesmal zwei Gegenstände (oder Bilder) gezeigt, die gegensätzliche Eigenschaften haben; z. B. eine alte und eine neue Stahlfeder, ein großer und ein kleiner Pilz, ein dickes und ein dünnes Stück Stoff. Man sagt dem Kinde: „Dieser Pilz ist groß und der hier?" Der Prüfling muß das gegensätzliche Adjektiv selbst finden.

II. Textlücken ergänzen nach Ebbinghaus, mit 10 sehr leicht ausfüllbaren Lücken.

III. Wiederholung vorgesprochener Ziffern.

IV. Benennung von 6 Berufen. Fragestellung: „Wer verkauft Brot?" usw.

V. 6 Materialien. „Woraus sind Schlüssel gemacht?", „Tische?", „Schuhe?" usw.

VI. 8 Gegensätze aus der Erinnerung. „Wenn deine Suppe nicht warm ist, dann ist sie ...?"

VII. 10 Farben benennen.

VIII. 12 Verben finden. Das Kind soll Tätigkeiten benennen, die entweder der Prüfer allein vollzieht: husten, singen, tief atmen – oder die er das Kind nachahmen läßt: schreiben, aufstehen, springen.

IX. Wortliste von 25 Wörtern in aufsteigender Schwierigkeit (von Haus, Schiff, Schirm ... bis zu Geländer, Hügel, Nebel). Durch möglichst einfache Fragen soll festgestellt werden, ob das Kind den Sinn der Worte kennt.

Bei Feststellung der Normalmaße unterscheidet A. Descoeudres nun zwischen Kindern der proletarischen und der gehobenen Schichten. Die hier gefundene sozial bedingte Verschiedenheit der Sprachfähigkeit ist sehr lehrreich.

Eine ideale Lösung aller Aufgaben würde 103 richtige Antworten erfordern. Tatsächlich leisteten die einzelnen Altersstufen im Durchschnitt folgende Anzahlen guter Antworten:

Altersstufen	2 1/2	3	3 1/2	4	4 1/2	5	5 1/2	6	6 1/2	7	7 1/2
Gute Antworten der Kinder											
aus gebildeten Kreisen .	13	20	30	38	46	51	61	67	75	81	90
aus einfachen Kreisen .	5	12	22	29	41	45	51	57	64	70	76
durchschnittlich	8	19	26	34	44	48	56	62	70	76	83

Die Tabelle zeigt, daß die Zahl der richtigen Lösungen von Halbjahr zu Halbjahr ziemlich gleichmäßig ansteigt, und zwar bei beiden Gruppen der Kinder. Der Abstand beider Schichten beträgt bei den gleichen Altersstufen durchschnittlich 9 Antworten, also rund 9% der Gesamtleistung. Der Abstand der Halbjahrsstufen beträgt innerhalb der gleichen Schichten durchschnittlich 7,4 Antworten, also rund 7% der Gesamtleistung. Der Unterschied der beiden Schichten entspricht demnach einem Altersunterschied von durchschnittlich 8 Monaten; oder anders ausgedrückt: das Sprachniveau eines Kindes der einfachen Stände ist ungefähr dem eines um 8 Monate jüngeren Kindes der gehobenen Schichten gleich. Diese Berechnung (die nicht von A. Descoeudres selbst angestellt wurde, sondern von mir aus ihren Ziffern abgeleitet ist) gibt zum ersten Male eine exakte Feststellung über den durchschnittlichen Grad des sprachlichen Rückstandes der Kinder der breiten Masse.

Bei den 2½jährigen ist der Vorsprung der „gebildeten" Kinder auf alle Aufgaben ziemlich gleichmäßig verteilt. Für die Altersstufen von 3 bis zu 4½ Jahren sind es vor allem die einfacheren Tests „Berufe", „Stoffe", „Farben" (diese bis zu 5 Jahren) und „Textlücken", die besonders augenfällige Unterschiede der beiden Schichten erzielen; später gleichen sich diese leichteren Leistungen aus. Dagegen wirken nun bei den 6- und 7jährigen Kindern die schwereren Aufgaben differenzierend; den Anforderungen der Testgruppen „Gegensätze am Objekt" und „Wortliste" sind die Proletarierkinder nur zum geringeren Teil gewachsen.

Die sehr interessante Frage nach dem Ursprung dieses sozialen Unterschieds der Sprachentwicklung kann heute noch nicht beantwortet werden. Wir wissen nicht, ob lediglich die ungünstigen sprachlichen Umwelt-Einflüsse, unter denen das Proletarierkind steht, dafür verantwortlich zu machen sind, oder ob wir von einer angeborenen Entwicklungsverlangsamung bei Kindern unterer Schichten sprechen müssen. (Vgl. W. Stern, Die Intelligenz. Kap. XI.)

Für die Art, wie das individuelle Sprechalter eines Kindes von A. Descoeudres berechnet wird, diene folgendes Beispiel:

Knabe Z. Lebensalter: 5;4. Herkunft: gebildete Schicht.

Der Knabe wird für jede Testgruppe verglichen mit den Normalleistungen von Kindern aus gleicher sozialer Schicht. Für Test I („Gegensätze an Objekten") stehen seine Leistungen auf dem Niveau der 5;6jährigen; für Test IX („Wortliste") auf der Höhe der 6;3jährigen usw.

Z	steht	für	Test	I	auf	der	Höhe	von	5;6
„	„	„	„	II	„	„	„	„	3;6
„	„	„	„	III	„	„	„	„	6;6
„	„	„	„	IV	„	„	„	„	5;6
„	„	„	„	V	„	„	„	„	5;6
„	„	„	„	VI	„	„	„	„	5;6
„	„	„	„	VII	„	„	„	„	6
„	„	„	„	VIII	„	„	„	„	6
„	„	„	„	IX	„	„	„	„	6;3

Im Durchschnitt aller Tests: $\frac{50;3}{9} = 5;6$

Dies ist sein „Sprechalter", das sonach einen Vorsprung von 2 Monaten vor dem Lebensalter hat.

Daß dem Descoeudresschen Sprachprüfungssystem eine gewisse praktische Verwertbarkeit zukomme, ist sehr wahrscheinlich. Es ermöglicht zunächst, während des Kindergartenalters das Sprachniveau eines Kindes festzustellen und eine etwa vorhandene sprachliche Rückständigkeit einzuschätzen. Sodann kann es beim Schulneuling das Bild der etwaigen Schulreife oder -unreife vervollständigen; denn eine gewisse Fertigkeit des Sprachverständnisses und des Selbstsprechens ist eine unumgängliche Vorbedingung erfolgreichen Schulbesuches. Endlich ist die Methode nach der Überzeugung der Verfasserin auch geeignet, die sprachliche Minderwertigkeit abnormer älterer Kinder zu messen; so fand sie bei einem 11jährigen mongoloiden Kind das „Sprechalter" 4;4.

Man darf aber andererseits die Methode auch nicht überschätzen. Sie hat zunächst den grundsätzlichen Mangel, der jeglicher Messung auf dem Gebiet seelischer Entwicklung zukommt: die bunte Mannigfaltigkeit qualitativer Erscheinungen wird dargestellt durch einen kahlen Ziffernwert, der den Anschein erwecken könnte, als ob die Sprachentwicklung lediglich in Gradunterschieden bestände. Die Ziffer, die man auf Grund einer ½stündigen Prüfung als „Sprechalter" eines Kindes gewinnt, ist also niemals ein Ersatz für das reiche Bild, das eingehende Beobachtung von dem Kinde bieten könnte; sie gewährt lediglich eine erste vorläufige Aufklärung über das ungefähre Niveau, das die Entwicklung erreicht hat.

Psychologisch ist das Aufgabensystem nicht eindeutig, da die reine Sprechfertigkeit und der Anteil der Intelligenz nicht auseinanderzuhalten sind. Methodisch krankt es an der Einseitigkeit, daß es vornehmlich eine Wortschatzprüfung ist; andere nicht minder wichtige Faktoren, die phonetische, grammatische, syntaktische Sprechreife werden nicht geprüft.

Es ist also nicht zu empfehlen, das Prüfsystem von Alice Descoeudres in der vorliegenden Form zu übernehmen, wohl aber sollte man es als Anregung und Ausgangspunkt für ähnliche systematische Prüfungen der Sprachentwicklung an anderen Orten verwerten[1].

Der soziale Niveauunterschied der sprachlichen Entwicklung ist jüngst auch durch eine genaue Inventaraufnahme an 65 Kindern der Wiener „Kinderübernahmestelle" durch H. Hetzer und B. Reindorf geprüft worden. Es ergab sich, daß bezüglich der allerersten rein instinkthaften Lautäußerungen keine Milieuunterschiede bestehen, daß diese aber einsetzen, sobald das eigentliche Sprechen beginnt. Es fanden sich folgende durchschnittliche Verspätungen bei den Kindern aus „ungepflegtem" gegenüber denen aus „gepflegtem" Milieu:

Auftreten des Wunschwortes	6 Monate Verspätung
Abwendung vom Wunschwort	3 „ „
Auftreten der Nennfunktion	3 „ „
Gebrauch verschiedener Wortarten	6 „ „
Übergang zu flektiertem Sprechen	4 „ „
Übergang zum Zwei- und Mehrwortsatz	4 „ „
Umfang des Sprachschatzes	9–12 „ „

[1] Vgl. hierzu die kritische Besprechung der Methode: Stern IX; aus dieser Besprechung sind einige Stellen wörtlich in die obige Darstellung übernommen.

Vierter Abschnitt

Die Bildbetrachtung

Kapitel XII

Die Sonderstellung der Bildanschauung

Die Auffassung der sinnlich wahrnehmbaren Welt macht, wie wir früher sahen, bereits innerhalb des ersten Lebensjahres eine sehr bedeutende Entwicklung durch; aber auch die Folgezeit bringt der Anschauungsfähigkeit noch gewaltige Fortschritte. Eine Schilderung dieses Entwicklungsganges in allen Einzelheiten überstiege weit die hier gesetzten Grenzen; wir müssen uns mit einem Ausschnitt begnügen, der uns einige der wesentlichsten Merkmale des kindlichen Anschauens offenbart.

Wir wählen zu diesem Zweck das Verhalten des Kindes zu bildlichen Darstellungen. Spielt doch das Bilderbesehen gerade in den ersten Lebensjahren eine sehr bevorzugte Rolle! Zugleich bieten Bilder den Vorteil, im Bedarfsfall zu einer experimentellen Prüfung der Anschauung verwendbar zu sein: man kann sie in bestimmter Anordnung vorlegen und Fragen und Aufgaben daran knüpfen; man kann die Darbietungen in verschiedenen Altersstufen oder bei verschiedenen Kindern zu Vergleichszwecken wiederholen; endlich kann man einfache Darstellungen gebotenenfalls in Gegenwart des Kindes selbst erzeugen.

Auch unter rein psychologischem Gesichtspunkt nimmt das Bild in der kindlichen Seelenentwicklung eine interessante Sonderstellung ein: es ist dem sensumotorischen Verhalten in viel geringerem Maße zugänglich als andere optisch wahrnehmbare Gegenstände.

Um dies zu würdigen, müssen wir uns erinnern, daß wir für die früheste Entwicklung der Wahrnehmung eine fast despotische Vorherrschaft der sensumotorischen Verknüpfung gefunden hatten. Auch in den folgenden Jahren spielt diese noch eine überragende Rolle; auch dem 3jährigen, dem 5jährigen Kind werden die meisten Wahrnehmungen erst dadurch zum Besitz der Seele, daß sie in Bewegung, in Eigentätigkeit umgesetzt werden. Der optische Eindruck von Vorgängen, der akustische von gehörten Geräuschen und Sprachäußerungen entlädt sich sofort in Nachahmungen mimischer, lautlicher, gestaltender Art; jeder neue Gegenstand wird nicht nur angeschaut, sondern ergriffen, zerlegt, zu allerlei Hantierungen verwandt; und was auch immer das Kind mit interessevoller Aufmerksamkeit erlebt, kommt in seinem Spiel alsbald wieder motorisch zum Vorschein.

So hat denn die rein sensorielle „Anschauung" durchaus nicht jene selbständige Bedeutung im frühen Kindesleben, wie es gewöhnlich heißt: sie ist meist nur noch ein ungeschiedenes Moment in der einheitlichen „Anschauungs*tat*" des Kindes. Die ruhige Beschaulichkeit, die nur aufnehmen will, um aufzunehmen, ist ein Zustand, der sich erst ganz allmählich entwickelt.

Nun haben gerade *Bilder* die Eigentümlichkeit, daß sie zwar dem Schauen in unmittelbarer Lebendigkeit zur Verfügung stehen, aber der motorischen Rückwirkung entgleiten. Mit den Dingen der wirklichen Welt kann das Kind hantieren und spielen, es kann sie befassen und ummodeln – aber jene Scheindinge auf den Bildern sind nur für das Auge da und können kaum anders als rezeptiv behandelt werden. Die große Freude, die das Kind von Beginn des zweiten Jahres an Bildern hat, ist uns doch ein Zeichen dafür, wie sich neben der urtümlichen sensumotorischen Verhaltungsweise schon die ersten Anfänge einer höheren Funktionsform, der *betrachtenden*, regen; es wird die unmittelbare Umsetzung des Anblicks in Bewegungen gehemmt, damit desto reiner die ruhige Hinnahme und geistige Bewältigung des Geschauten durchgeführt werden könne. So ist es sehr bezeichnend, daß neben dem Spracherwerb und dem aufrechten Gang die *Bildbetrachtung* zu den Leistungen gehört, durch die sich zu Beginn des zweiten Jahres spezifisch menschliche, dem Tier verschlossene Fähigkeiten ankündigen.

Freilich – die Neigung zum Sensumotorischen spukt auch zuweilen noch in die kindliche Bildbetrachtung hinein, namentlich in den frühesten Stadien. Nicht nur, daß das Kind auf alles, was es abgebildet sieht, beim Besehen hinzeigt und selber das Bild in die Hand nehmen, das Bilderbuch umblättern will – auch auf den *Inhalt* des Bildes selbst wird motorisch reagiert. Vor allem ist die Umsetzung des Schauens in Sprechen dem Kinde ganz selbstverständlich; schweigsames Sehen bildet die Ausnahme. Aber noch mehr; zuweilen reizt das Bild, namentlich wenn es etwas Bewegtes darstellt, zur unmittelbaren Nachahmung der Bewegung; gelegentlich wird auch der Scheincharakter des Bildes ganz verkannt und irgendeine Hantierung versucht, die nur bei realen Dingen möglich wäre und nun höchst ergötzlich wirkt. Einige Beispiele hierzu:

Nachahmungen abgebildeter Bewegungen. Diese sind zuerst wohl unbewußt reflektorisch, so, wenn Hilde 1;7 bei Betrachtung eines Bildes, auf dem ein Beter die Arme emporstreckt, selber die Ärmchen hebt; oder wenn sie 1;10 beim Anblick abgebildeter Vogelkrallen (in einem Vorlagebuch) selbst krallige Handbewegungen macht. – Später werden die Nachahmungen aber durchaus bewußt. Hilde (2;10) sieht ein Bild mit Küchengeräten; beim Teppichklopfer sagt sie: *so ein ganz großer Kloppe*; *so haut se* (haut auf den Tisch). Beim Reibeisen: *so macht die Jette* (reibt an der Schürze). – 3;0. Bei Betrachtung des Struwwelpeters wird Hans-guck-in-die-Luft nachgeahmt: Hilde läuft ein paar Schritte mit hochgehobenem Kopf und läßt sich dann fallen. Auch der Daumenlutscher wird imitiert.

Realistische Behandlung von Bildobjekten: Eva sieht (2;1) ein großes Madonnenbild, glaubt, daß das nackte Jesuskind angekleidet werden soll, und läßt sich ein Hemdchen geben, das, wie sie ernsthaft fordert, dem Kinde übergestreift werden soll. – Miß Shinns Nichte sah 2;0 ein Bild, das ihr Mitleid erregte: ein Adler stürzt sich auf ein Gemsenjunges. Plötzlich legt sie ihr Händchen auf das Bild, so, als wollte sie eine Schutzwehr zwischen dem Angreifer und dem Angegriffenen schaffen. - 3;0 sah dasselbe Kind auf einem Bild, wie ein Lamm an einem Dornbusch festhing, und instinktiv suchte es den fesselnden Dornzweig wegzustreifen.

Immerhin: im allgemeinen treten diese motorischen Reaktionen doch soweit zurück, daß wir gerade an der Bildbetrachtung die Entwicklung der kontemplativen Anschauungsfunktion in ziemlicher Reinheit verfolgen können.

Analysieren wir diese Bildanschauung, so finden wir an ihr drei Gruppen von Momenten beteiligt: eigentlich sensorielle, reproduktive und intellektuelle. Die Grundlage bilden die vom Bild direkt ausgelösten optischen Eindrücke; in diese schießen aber sofort Gedächtnisresiduen früherer Eindrücke ein; zugleich findet eine geistige Verarbeitung statt in Betonung und Vernachlässigung, Zusammenfassung und Trennung der einzelnen Bestandteile, in Stellung des Gesehenen unter gewisse Kategorien, in Deutungen und Ausspinnungen.

Aber die Trennung dieser Faktoren besteht nur in der Theorie und für den analysierenden Psychologen[1]; für das Kind selbst ist das Bilderlebnis, ungeachtet der Verschiedenartigkeit der eingeschlossenen Momente, eine durchaus einheitliche Bewußtseinsgestalt. Gerade das Kleinkind ist noch nicht in der Lage, deutlich zu scheiden zwischen dem, was es auf dem Bilde „wirklich" sieht, und was es in das Bild „hinein"-sieht; der Gegensatz von Wahrnehmung und Vorstellung

[1] Dies muß man im Auge behalten, um die folgenden Analysen richtig zu bewerten.

hat sich aus der undifferenzierten Einheit des Erlebnisinhalts noch nicht scharf herausgegliedert[1].

Kapitel XIII

Die Auffassung einzelner Bildgegenstände

1. Die optischen Bedingungen[2]

Schon das $^5/_4$jährige Kind schaut sich mit großem Eifer ein Tierbilderbuch an oder blättert in einem illustrierten Katalog und weiß mit seinem kargen Wortschatz doch bereits viele Bilder sinnvoll zu benennen. Diese Erkennungsfähigkeit ist deswegen bemerkenswert, weil, rein optisch betrachtet, die Bilder keineswegs wirkliche Kopien der Objekte sind. Die Bilder sind flächenhaft, die Gegenstände meist plastisch; die Bilder sind farblos oder in einer mit den Objekten nicht übereinstimmenden Farbe; sie sind unbewegt; und sie zeigen meist eine vielfach geringere Größenordnung als die Gegenstände. Dennoch muß dem Bildeindruck in seiner Gesamtgestalt eine unmittelbare Ähnlichkeit mit dem Gegenstandseindruck anhaften; und es entsteht die Frage, welche Bestandteile des Eindrucks als tragende Momente der Bildgestalt wirken, so daß nun die Identifikation von Bild und Objekt möglich wird.

a) Der Umriß. Aus den Beobachtungen geht immer wieder hervor, daß ursprünglich das Bilderkennen fast oder ganz ausschließlich am Umriß hängt. Und zwar ist dieser nicht in seiner Gesamtheit entscheidend; vielmehr stützt sich das Erkennen zuweilen auf ein kleines Bruchstück des Umrisses, sobald dieses nur die Linienführung enthält, die vom Kind als das charakteristische Kennzeichen des Objektes aufgefaßt wird. Sonderbarerweise sind dies durchaus nicht immer diejenigen Formelemente, die vom Standpunkt des Erwachsenen aus als die wesentlichen zu gelten haben.

Dieses Verhalten des Kindes läßt sich auch durch kleine Experimente belegen.

Bei der „Zuordnungs"-Methode bietet man dem Kinde zahlreiche Bilder von einigermaßen verwandten Objekten (z. B. die Tiere in

---

[1] Eine ähnliche Auffassung ist in neuerer Zeit besonders von E. Jaensch vertreten worden: daß die Urzellen der Auffassung von der Außenwelt „Anschauungsbilder" seien, welche Eigenschaften der Wahrnehmung und der Vorstellung ungeschieden in sich enthalten und aus welchem sich erst mit steigender Entwicklung eigentliche Wahrnehmungen einerseits, eigentliche Vorstellungen andererseits herausdifferenzieren. Vgl. auch Kap. XVII, 2 dieses Buches.

[2] Unter teilweiser Benutzung meiner Abhandlung III (II. Teil).

einem Tierbilderbuch). Das Kind sucht sie zu benennen, muß aber infolge seiner schwach differenzierten Vorstellungen und seiner großen Wortarmut mit wenigen Namen die Fülle der Bilder erschöpfen. Natürlich werden hier diejenigen Bilder die gleiche Benennung erhalten, die für die Apperzeption des Kindes die größte Ähnlichkeit untereinander besitzen.

An Hilde erprobten wir (1;7) diese Methode mit einem Naturgeschichtsbuch. „Einige Beispiele der Zuordnung: Menschenskelett und Menschenschädel wurden *Onke* (Onkel) genannt; die so ganz andersartige Ausfüllung der Fläche im Vergleich zu gewohnten Eindrücken von Menschen hinderte also nicht, die Benennung zu vollziehen, für die demnach nur die grobe Umrißform maßgebend sein konnte. Mit *Mieze* (Katze) wurde u. a. auch das Bild der Fledermaus und des Uhus bezeichnet; hier sind die aufgerichteten spitzen Ohren entscheidend gewesen. *Gagak* (Gans) hießen nicht nur Goldhähnchen, Sperling und Strauß, sondern auch das Kamel; augenscheinlich hat also der gewölbte Rücken, der lange Hals und der längliche nach vorn sich etwas zuspitzende Kopf die charakteristische Apperzeptionslinie dargestellt.

Die „Entstehungs-Methode“ fixiert das zum Erkennen nötige Umrißminimum, indem man vor den Augen des Kindes eine Zeichnung entstehen läßt und in dem Moment zu zeichnen aufhört, in welchem das Kind eine Benennung ausspricht. Auf diese Weise sind bei einem Versuche mit unserer 1;10 alten Tochter die Zeichnungen auf Tafel I entstanden. Es ist überraschend, wie wenig dazu gehört, damit die Linien für das Kind Sinn gewinnen. Die kaum in der Andeutung fertig gewordenen Tierköpfe, die dürftigen Linien, die zur Erkennung von Schuh, Strumpf, Kleidchen genügen, die in den Rahmen hineingezeichneten „Kinder“, bei denen weder eine Vervollständigung der Gliedmaßen, noch eine Einfügung der Gesichtszüge nötig war, sind sprechende Beweise hierfür.

Der gleiche Versuch hat bei unseren anderen Kindern um dieselbe Zeit ganz ähnliche Ergebnisse geliefert; so rief Eva 1;11, als eine Zeichnung bis zu diesen drei Strichen |—| gediehen war, sofort *Stuhl* aus.

b) Flächenausfüllung. In zweiter Reihe kommt als Erkennungsmittel die Ausfüllung der Fläche in Betracht. Sie steht zwar an Bedeutung weit hinter dem Umriß zurück, beginnt aber doch schon früh eine unterstützende Wirkung auszuüben und wird um so wichtiger, je älter das Kind ist. So wird z. B. der kreisförmige Umriß eines (isoliert dargestellten) Kopfes erst dadurch für das Kind zum Gesicht, daß die Fläche durch vier Striche, welche Augen, Mund und Nase repräsentieren, belebt ist. Ein Kleidungsstück wird erst durch das Einfügen von Knöpfen kenntlich. Ebenso wird der Bart schon früh als Differenzierungsmerkmal der Geschlechter beachtet. Entsprechendes zeigt Tafel I in Fig. 16. Diese wurde im Entstehen, solange nur der Umriß da war, *Haus* genannt; sobald die vier Tastenstriche eingetragen waren, wurde das Bild als Klavier (*Lala*) erkannt.

Neben diesen gröberen Wirkungen der Flächenausfüllung gibt es aber einige Fälle, in denen gerade die feinere, individualisierende Modellierung der Flächen die Erkennung herbeiführt, die daher aus dem Rahmen der bisher angenommenen kindlichen Fähigkeiten herauszufallen scheinen. Es handelt sich hierbei um das Erkennen von Photographien, das zuweilen erstaunlich früh auftritt.

Miß Shinns Nichte erkannte 1;1 aus einem kleinen Gruppenbild von neun Personen ihren Vater heraus. Ebenso bezeichnete unsere Tochter Hilde 1;3½ auf einer Kabinettphotographie, die sie noch nie zuvor gesehen hatte, die Eltern als *Papa* (während ihr allgemeiner Ausdruck für abgebildete Männer *Onkel* war). Beide Kinder hatten damals erst seit wenigen Wochen die Fähigkeit erlangt, überhaupt Bilder zu erkennen.

Erklärbar wird diese frühe Leistung wohl nur dadurch, daß es sich um das Wiedererkennen von Personen handelt, die dem Kinde sehr genau bekannt sind. Durch die ungezählten Wiederholungen des Anblicks der Eltern mußte sich die Erinnerungsvorstellung sehr viel detaillierter einprägen als es bei Gegenständen möglich war, die nur gelegentlich oder in abweichenden Exemplaren dem Kinde begegneten. So konnten denn auch die entsprechenden Merkmale des Bildes, insbesondere die feinere Modellierung des Gesichts, in diesen Fällen individuellere Reproduktionswirkungen auslösen, während sie in den normalen Fällen ganz unterhalb der Aufmerksamkeits- und Interessenschwelle des Kindes liegen; denn in der Tat, das Normale bleibt im zweiten Lebensjahre, daß die Bilder nur als Schemata auf die dürftigen schematischen Gestalten der kindlichen Vorstellungen reproduzierend einwirken.

Dieses ursprüngliche Sich-Begnügen mit dem ungefähren Eindruck hat dann die merkwürdige Folge, daß manche Zeichnungen, die im frühesten Alter zu einer Erkennung führen, später nicht mehr erkannt werden. Das Kind ist eben anspruchsvoller und kritischer geworden; so konnte Hilde eine sehr unvollkommene Umriß-Zeichnung, die sie 1;10 „Flasche" benannt hatte (Tafel I, Fig. 12) 2½ Jahre später nicht mehr als solche erkennen, weil sich inzwischen die Vorstellung Flasche schärfer abgegrenzt und strukturiert hatte.

c) Farbe. Sehr eigentümlich und scheinbar widerspruchsvoll ist die Rolle, welche die Farbe in der kindlichen Anschauung und Auffassung spielt.

Daß das Kind sehr früh die Farbigkeit der Dinge wahrnimmt, steht ebenso fest wie die Tatsache, daß hierdurch starke Lustgefühle in ihm erweckt werden. Diese Vorliebe für alles Bunte, Grelle, Sattfarbige bleibt ja bis in höhere Stufen der Kindheit bestehen. Die gelegentlich zu hörende Fabel, daß die Kinder in den ersten Lebensjahren farbenblind seien, ist auf das späte Auftreten der richtigen Farbenbezeichnungen in der Kindessprache zurückzuführen. Nachdem im dritten Jahre die Farbennamen auftauchen, aber in den sonderbarsten Verwechslungen gebraucht werden, entwickelt sich gewöhnlich erst im Laufe des vierten Jahres die richtige Verwendung der Hauptnamen. Hier stehen wir also vor einem Kontrast: bei aller starken Gemütswirkung, welche die Farben entfalten, spielen sie doch keine grundlegende Rolle für die Erkenntnis und Unterscheidung der Dinge, für das praktische Umgehen mit ihnen, für die Orientierung in der Umwelt. Mag ein Ball grün oder rot sein, er leistet dieselben Dienste, ist für die Aktivität des Tastens und Greifens, die ja immer noch die letzte Instanz für das Realitätsbewußtsein bleibt, genau derselbe; der rein aufs Optische beschränkte, nur passiv aufzunehmende Farbenunterschied weist nicht über sich selbst hinaus[1]. Und ebenso bei einem blauen oder weißen Mützchen, bei einer gelben oder roten Rose. Man bedenke nur, welche ganz andere Rolle Formunterschiede spielen, und man begreift, daß die Farbenunterschiede als die weniger lebenswichtigen erst sehr viel später für das geistige Leben Bedeutung gewinnen. (Zugleich bewirkt diese relative Losgelöstheit der Farbe von den praktischen Lebensbedingungen, daß sie ein vorzüglich geeignetes Objekt für die Anfänge des ästhetischen Verhaltens wird – doch davon später).

Die Bildanschauung zeigt nun diese Beziehungen besonders deutlich. Trotz der Sinnenfreude, die das Kind an den bunten Bildern hat, wird doch das Erkennen in den ersten Jahren durch die Farbigkeit nicht gefördert und durch fehlende oder falsche Farben in keiner Weise gestört. Es hat den Anschein, als ob das Farbenmoment für den Akt der Bildauffassung überhaupt ganz unter der Schwelle des Bewußtseins bliebe. So werden die Schwarz-Weiß-Bilder in Katalogen und Zeitungen, auch Photographien usw. genau so gut erkannt wie die bunten Bilder des Bilderbuchs.

Hilde erkannte (1;3) die Kabinettphotographie der Eltern und benannte (1;5) eine tiefschwarze Silhouette eines Hahnes sofort *Kiki*. 1;6 wurden Tierfiguren, die aus farbigem Papier ausgeschnitten und auf weißen Karton geklebt waren:

[1] Vgl. hierzu auch die in Kap. XXIX, 1 besprochenen Experimente über Abstraktion von Formen und Farben.

ein roter Hund, ein grüner Hahn und eine blaue Katze, ohne jedes Zögern benannt; und man hatte durchaus nicht den Eindruck, als ob das Kind auch nur einen Augenblick die Unmöglichkeiten der Färbung bemerkte.

d) Größe. Auch die absoluten Größenmaße der Bilder, die doch oft in starkem Mißverhältnis zu den wirklichen Gegenständen stehen, bilden keine irgendwie erheblichen Störungen für das Erkennen. So wurde die winzige und nur andeutende Menschendarstellung in Figur I (Tafel) von Hilde 1;10 sofort „*Kinder*“ benannt. Verständlich wird diese Unabhängigkeit von der absoluten Größe dadurch, daß ja auch die realen Gegenstände je nach der Entfernung dem Auge verschieden groß erscheinen: hieran hat das Kind gelernt, verschieden große Netzhautbilder, wenn nur die Formverhältnisse gleich bleiben, zu identifizieren[1].

Umgekehrt besteht eine überraschend scharfe Auffassung für Größenverhältnisse.

Hilde besaß (1;9) Holzklötze, die mit mannigfachen Genrebildern beklebt waren. Sie erkannte auf Grund der relativen Größe sofort, ob die dargestellten Menschenfiguren Erwachsene, Kinder oder Puppen bedeuten sollten. – Als sie (3;6) die Bilder ihres Tierbuches mit den Tieren im Zoologischen Garten vergleichen konnte, störte es sie zwar nicht, daß der Vogel Strauß im Bilde nur wenige Zentimeter hoch war, wohl aber, daß seine Abbildung nicht größer war als die anderer danebenstehender Vögel, und sie meinte: *ist das der Vogel Strauß? der ist aber noch größer!* Und da in ihrem Tierbuch das Gürteltier etwa in gleicher Größe wie die Wildkatze abgebildet war, konnte sie sich im Zoologischen Garten über die Kleinheit des wirklichen Gürteltieres nicht genug wundern.

e) Raumlage. Während sich die Unabhängigkeit des Bilderkennens von Farbe und Größe auch noch in allen späteren Entwicklungsstadien findet, gibt es eine merkwürdige Fähigkeit, die das kleine Kind in höherem Maße besitzt als das größere und der Erwachsene: die Unabhängigkeit von der Lage des Bildes im Raum. Es ist bei kleinen Kindern oft beobachtet worden, daß sie ziemlich gleichgültig dagegen sind, ob sie ein Bild in richtiger Lage oder auf dem Kopfe stehend zu sehen bekommen. Wenn die Mutter mehreren Geschwistern zugleich ein Bilderbuch zeigt, so geschieht es oft, daß die Kinder sich rings um den Tisch drängen und zum Teil das Bild von der Seite oder verkehrt sehen; aber das scheint die Auffassung und die Lust daran kaum zu beeinträchtigen.

Günther (1;7½). „Er beschaut mit großer Freude Bilder, indem er sich bäuchlings auf die Erde legt und im Buche blättert. Dabei macht es ihm nicht viel aus, die Bilder verkehrt zu sehen; er ruft ein umgekehrtes Pferd ebenso *brbr* wie eines in aufrechter Lage.“

---

[1] Vgl. S. 92/93.

Auch noch beim doppelt so alten Kinde findet sich gelegentlich Ähnliches. Eva (3;5): „Die zahlreichen Tafeln eines Bilderlottos wurden ihr verkehrt vorgehalten. Sie erkannte die (ihr freilich durch häufiges Spielen sehr vertrauten) Bilderchen sofort. Gab man sie ihr in die Hand, so drehte sie erst jedes Bild in die richtige Lage, ehe sie es benannte. Dann aber zeigten wir ihr die zu dem Spiel gehörigen Karten, die je acht Bilder vereinen, ebenfalls verkehrt. Sie benannte alle Bilder. Auf unsere Frage: „Sind denn die Bilder so richtig?" antwortete sie ohne Besinnen: *ja!* Wir fragten weiter: „Hat denn der Wagen die Räder oben?" Eva *ach wo, hier ist ja oben* und zeigte auf den oberen Wagenrand, der bei der gegenwärtigen Stellung des Bildes nach unten gekehrt war. Das Verhältnis der Teile war ihr also auf dem umgekehrten Bild genau so klar und selbstverständlich wie auf dem aufrechten."

Je älter das Kind wird, um so mehr verliert sich diese Gleichgültigkeit gegen die Umlagerung des Bildes. Sie ist übrigens individuell sehr verschieden; es gibt Kinder, bei denen das Betrachten verkehrter Bilder und ähnliches nicht beobachtet worden ist[1].

Das Erkennen und Hervorbringen verlagerter Bilder ist nur verständlich, wenn man annimmt, daß ursprünglich das Auffassen der Form und das Auffassen der Lage (d. h. des Verhältnisses zum Beschauer) zwei verschiedene psychische Funktionen sind, von denen die zweite erst in einem langsameren Lernprozeß entwickelt wird. Die Bedeutung dieser Tatsache für die allgemeine Psychologie der Raumwahrnehmung ist nicht gering, kann aber hier nicht im einzelnen ausgeführt werden[2].

f) Perspektive. Das komplizierteste Merkmal von Bildern ist die Perspektive, durch welche die Dreidimensionalität des Gegenstandes auf die zweidimensionale Fläche projiziert wird. Die richtige Darstellung der Perspektive ist bekanntlich sowohl in der Entwicklung des einzelnen wie der Gattung eine der spätesten Errungenschaften; da wäre es zu erwarten, daß auch für das Erkennen von Bildern die perspektivischen Züge – die Verkürzungen und Verkleinerungen nach hinten zu, die schiefen Winkel statt der rechten, die Überschneidungen und Verdeckungen – besonders große Schwierigkeiten böten. Das ist auch in der Tat der Fall, so weit es sich um die perspektivische Komposition eines größeren Bildzusammenhanges (z. B. einer Landschaft) handelt. Dagegen ist die perspektivische Darstellung von Einzelobjekten schon früher dem Kinde zugänglich, als man denken sollte.

---

1 Eine hiermit zusammenhängende Erscheinung beim kindlichen Zeichnen wird uns bei Besprechung dieses Themas begegnen.

2 Vgl. meinen Aufsatz: Verlagerte Raumformen. – Über sehr interessante verwandte Erscheinungen beim Schimpansen vgl. Köhler S. 128.

So wurden auf Tafel I die Figuren 13–16, die perspektivisch gezeichnet waren, von Hilde (1;10) erkannt, ebenso von unseren anderen Kindern, die sie im Alter von 2;0 zu sehen bekamen.

Die Erklärung hierfür muß auf die Wahrnehmung wirklicher (nicht bildlich dargestellter) plastischer Gegenstände zurückgreifen. Auch diese zeigen ja im Netzhautbild perspektivische Verschiebungen und Verkürzungen und werden trotzdem erkannt; ja die Verschiebungen werden als solche gar nicht wahrgenommen. Einen Teller sehe ich als kreisrund, selbst wenn ich nicht senkrecht von oben auf ihn blicke; einen Tisch sehe ich rechtwinklig, obwohl sein Bild auf der Netzhaut nach perspektivischen Gesetzen spitze und stumpfe Winkel enthalten muß. Nur die hochdifferenzierte Wahrnehmung des künstlerisch geschulten Auges oder eine ganz ungewöhnliche Stellung des Objekts zum Auge läßt die verschobene Form (die Ellipse beim Teller, den Rhombus bei der Tischplatte) erkennbar werden. Für die naive Wahrnehmung unter gewöhnlichen Umständen gilt aber, daß, trotz aller perspektivischen Verschiebungen am Netzhautgebilde, der Gegenstand in seiner „richtigen“ Gestalt gesehen wird. Und nun kann das entsprechende Strukturgesetz der Wahrnehmung auch auf bildlich dargestellte Perspektive übertragen werden; auch in die gezeichnete Schiefwinkligkeit und Verkürzung eines Tisches wird die „richtige“ Gestalt hineingesehen[1].

---

[1] Diese Erscheinung wird von Karl Bühler als „Übergewicht der orthoskopischen Gestalten“ (I, S. 157), von Koffka als Gesetz der „Gestalt-Konstanz“ (S. 221) bezeichnet. Auf die große theoretische Bedeutung, die beide mit Recht hervorheben, kann hier nicht eingegangen werden; nur ein Punkt sei kurz erwähnt. Koffka sieht diese vom Netzhautbild unabhängige Gestalt-Konstanz als eine letzte Gesetzmäßigkeit der optischen Wahrnehmung an, ähnlich wie er es mit der früher (S. 93) erwähnten Größenkonstanz tat. Aber wie dort müssen wir uns auch hier daran erinnern, daß die rein optische Gestalt ja gar nicht selbständig für sich besteht, daß vielmehr im Wahrnehmungsganzen eines plastischen Gegenstandes auch taktil-motorische Strukturmomente enthalten sind. Diese sind aber immer „richtig“; die abgetastete Tischplatte bietet der Wahrnehmung stets dieselben nicht perspektivisch sich verschiebenden Winkel. Von hier aus erst, so scheint mir, enthält die gesamte Wahrnehmungsstruktur, – und nun auch in ihren optischen Komponenten – jene Eigenschaft der „Gestalt-Konstanz“. Ist diese aber erst einmal erfahren, dann kann sie sich auch durchsetzen, wenn lediglich der optische Eindruck vorhanden ist, also ohne augenblickliche Beteiligung des Taktil-Motorischen; und so wird nun auch ein Tisch, den ich nicht berühren kann, und schließlich auch ein perspektivisch gezeichneter Tisch orthoskopisch gesehen. Im Gegensatz zu Koffka glaube ich also, daß die rein optische Gestalt-Konstanz nicht ganz ohne empiristische Hilfen zustande kommt. – Eine ähnliche Erklärung gibt auch Katz auf Grund seiner Experimente über das Nachzeichnen plastischer Gegenstände und perspektivischer Vorlagen. Vgl. Kap. XXVI, 3.

Bei den Kindern unseres Kulturkreises wird diese Übertragung zweifellos erleichtert durch die frühzeitige Gewöhnung an die durchweg perspektivischen Darstellungen der modernen Bildkunst; enthalten doch auch schon die primitivsten Kleinkinder-Bilderbücher diese Merkmale. Da hier dem Kinde alle abgebildeten Gegenstände mit den bekannten Ausdrücken benannt werden, wird das Kind darin geübt, sie trotz jener Verschiedenheit zu identifizieren. Es liegt hier also eine durch bestimmte Umweltbedingungen hervorgerufene Verfrühung der Entwicklung vor; Kinder eines anderen Kulturkreises, der– wie etwa der mohammedanische – hauptsächlich nur Flächenkunst kennt, werden wohl erst sehr viel später zum Erkennen perspektivischer Darstellungen gelangen[1].

2. Vergleichende Untersuchungen der Bildauffassung

Die kindliche Auffassungsfähigkeit für Bildgegenstände ist mehrfach experimentellen Untersuchungen unterworfen worden; es wurden Tests ausgebildet, welche eine exakte Vergleichung der Leistungsfähigkeit verschiedener Altersstufen, Geschlechter und sozialer Schichten ermöglichen sollen. Diese Experimente reichen zum Teil über das 6. Lebensjahr hinaus; uns interessieren vor allem die Ergebnisse für die jüngeren Altersstufen.

Drei Leistungsformen sind experimentell untersuchbar; das Erkennen, Unterscheiden und Zuordnen von Bildern. Das Erkennen bezieht sich auf ein Bild, das nicht als Liniengewirr, sondern als sinnvolle Gegenstandsgestalt zu erfassen ist; das Unterscheiden soll an zwei Bildern die Elemente feststellen, in denen sie voneinander abweichen; das Zuordnen soll ein vorgelegtes Bild mit einem anderen in einer Reihe ähnlicher Bilder identifizieren. Die beiden ersten Funktionen prüft die Heilbronner'sche „Serien“-Methode, die dritte die Genfer „Lotto“-Methode.

a) Die Heilbronner'sche Serien-Methode

Das Verfahren ist von dem Psychiater Heilbronner ursprünglich für psychiatrische Zwecke ausgebildet worden; für die Prüfung des normalen Kleinkindes wurde es zuerst von van der Torren (Utrecht), dann in vervollkommneter Form von Schober (Hamburg) angewandt.

Die einfachen Umrißbilder eines Gegenstandes (z. B. einer Kirche)

[1] Ein Zeichen für die Erkennungsschwierigkeit, die hier normalerweise vorliegt, ist das Verhalten primitiver Völker zu unseren modernen Abbildungen; während sie die Umrisse und die Flächenausfüllungen gut erkennen, werden perspektivische Züge oft mißdeutet.

werden nacheinander in zunehmender Vollständigkeit vorgelegt, also erst Figur a, dann b, c usw.; wenn ein neues Bild kommt, wird das vorhergehende verdeckt. Bei jedem Bild fragt man: „was ist das?" und stellt fest, bei welchem Grad von Vollständigkeit das Erkennen erfolgt. Außerdem wird beim 2., 3. usw. Bilde gefragt: „was ist anders geworden?" Der Prüfling muß dann zeigen oder sagen, welche Striche gegen das vorhergesehene Bild neu hinzugekommen sind. So prüft man die Unterscheidungsfähigkeit. – Beispiele solcher Serien zeigt Tafel II.

Van der Torren prüfte mit 17 Serien (103 Einzelbildern) je 10 Knaben und 10 Mädchen aus mehreren Jahrgängen; das Ehepaar Schober mit 16 meist neu entworfenen Serien (90 Einzelbildern) je 6 Knaben und 6 Mädchen aus fünf Jahresstufen[1].

Die zahlenmäßigen Hauptergebnisse für die Altersstufen 4–8 Jahr sind in der Tabelle zusammengestellt. Sie geben an, welcher Bruchteil der vorgelegten Bilder richtig erkannt bzw. wieviel Abweichungen zwischen je zwei aufeinanderfolgenden Bildern richtig bezeichnet worden sind.

Alter in Jahren	Van der Torren				Schober			
	Bild-Erkennen		Unterschieds-Angaben		Bild-Erkennen		Unterschieds-Angaben	
	Kna	Mä	Kna	Mä	Kna	Mä	Kna	Mä
4	37%	20%	89%	—	52%	37%	36%	35%
5	33%	24%	89%	91%	56%	55%	49%	57%
6	47%	33%	95%	92%	69%	61%	72%	60%
7	53%	37%	96%	93%	70%	62%	82%	76%
8	55%	35%	97%	95%	78%	76%	88%	82%

Die Erkennungsfähigkeit zeigt nun, wie zu erwarten war, einen bedeutenden Altersanstieg, der bei T. nur zwei Unregelmäßigkeiten, bei Schober überhaupt keine Ausnahmen aufweist. So haben die vierjährigen Knaben bei Schober 52% Treffer; d. h. sie haben den dargestellten Gegenstand durchschnittlich erst erkannt, wenn die erste Hälfte der Serie vorgelegt war; die Achtjährigen haben dagegen schon nach dem ersten Viertel einer Serie, also bei viel unvollständigeren Vorlagen, Erkennen vollzogen (78% Treffer). Gemeinsam ist

[1] Eine Auswahl der Serien beider Forscher ist für den Handel vervielfältigt worden. (Zu beziehen durch Dr. Otto Bobertag, Zentralinstitut f. Erziehung u. Unterricht, Berlin W, Potsdamer Straße 120).

beiden Untersuchungen ein deutlicher (bei T. sogar recht starker) Rückstand der Mädchenleistungen.

Recht verschieden sind dagegen bei beiden Prüfern die absoluten Leistungshöhen des Erkennens für alle Altersstufen und beide Geschlechter. Es wäre aber durchaus verfehlt, hieraus auf eine geistige Höherwertigkeit der deutschen Kinder gegenüber den holländischen zu schließen. Der Grund liegt vielmehr vermutlich in den weniger geeigneten Bildervorlagen der älteren Untersuchung; manche Serien begannen hier mit so unvollständigen Bildfragmenten, daß selbst Erwachsene zuweilen nicht ahnten, was gemeint war[1].

Überraschend ist die Unstimmigkeit beider Prüfungen bezüglich der Unterscheidungsfähigkeit der Kinder. T. fand hier durchgängig derartige Hochleistungen, daß daneben die Alters- und Geschlechtsverschiedenheiten fast verschwinden. Schon die Vier- und Fünfjährigen haben in 90% aller Fälle die von Bild zu Bild neu hinzukommenden Striche zeigen können. Bei Schober dagegen ist die Unterscheidungsleistung der Kleinen noch sehr gering; sie steigt dann stark an, erreicht aber nie den Stand wie bei T.

Worauf mag dies beruhen? Solange die T.schen Ergebnisse allein vorlagen, konnte man glauben, daß ganz allgemein das Erkennen von kleinen Teilunterschieden dem Kinde leichter falle, als das Erkennen von Gesamtgestalten[2]. Schober beweist nun, daß dies nicht zutrifft, daß vielmehr das Verhältnis beider Leistungen von der Art der Vorlagen abhängen muß. Wohl aber dürfen wir annehmen, daß zwischen beiden Leistungen, namentlich bei den jüngeren Jahrgängen, ein umgekehrtes Verhältnis besteht. Je mehr hier das Erkennen auf die Erfassung der sinnvollen Gesamtgestalt gerichtet ist, um so weniger gelingt eine Beobachtung der Einzelheiten, in denen zwei Gestalten voneinander abweichen. Deshalb konnten die T.schen Vier- und Fünfjährigen, gerade weil ihnen die Vorlagen so lange sinnlos blieben, um so mehr auf die Einzellinien achten, die in jedem Bild neu hinzukamen. Erst in den folgenden Jahren tritt eine Wandlung ein; hier ist der Erkenntnisakt schon so leicht geworden, daß daneben die Aufmerksamkeit auch den Einzelelementen des Bildes zugewandt werden kann.

Noch zwei weitere Ergebnisse seien erwähnt.

Van der Torren zählte auch die „Konfabulationen", d. h. die Fälle, in denen für ein nicht richtig erkanntes Bild der Name irgendeines

[1] Dieser Fehler ist bei Schober vermieden, dessen Serien stets mit dem vollständigen Umriß beginnen, der dann allmählich Ausfüllung erhält.

[2] So habe ich selbst noch in der I. Aufl. dieses Buches das Ergebnis gedeutet.

Gegenstandes genannt wurde, der mit dem Dargestellten keine oder nur ganz vage Ähnlichkeit hat. Solche Konfabulationen fanden sich bei den Mädchen, namentlich bei den kleineren, häufiger als bei Knaben, bei Dorfkindern häufiger als bei Stadtkindern.

Das Ehepaar Schober konnte seine Prüflinge nach sozialen Schichten sondern. Der Vorsprung der sozial begünstigten Kinder vor den proletarischen betrug im Gesamtdurchschnitt:

	im Bilderkennen	im Unterschied-Bemerken
für Knaben	4%	14%
für Mädchen	28%	16%

Der große Geschlechtsunterschied beim Bilderkennen ist überraschend; vielleicht wurden die Leistungen der Mädchen aus sozial tiefstehenden Kreisen besonders stark durch Schüchternheit beeinträchtigt. Übrigens tritt der soziale Unterschied am stärksten bei den jüngeren Kindern hervor. Bei den Sieben- und Achtjährigen wirkt die größere Leichtigkeit der Aufgabe und wohl auch der Einfluß der Schule ausgleichend.

b) Die Genfer Lotto-Methode

Das bekannte Prinzip des Bilderlottos ist von dem Brüsseler Heilpädagogen Decroly und vom Genfer Institut Jean Jaques Rousseau zu einigen, für abnorme und für sehr junge normale Kinder bestimmten, Lehrspielen (jeux éducatifs) ausgebildet worden; Alice Descoeudres hat dann daraus Tests zur Prüfung der Beobachtungs- und Unterscheidungsfähigkeit gemacht[1].

Die Erkennungs- und Unterscheidungsaufgabe beim Lottospiel ist schwerer als bei den oben besprochenen Bilderserien. Denn die großen Lottokarten zeigen eine größere Zahl von Bildern, die untereinander ähnlich sind; und nun muß ein Einzelkärtchen dem identischen Bild auf den großen Karten zugeordnet werden. Der Grad der Schwierigkeit hängt vor allem ab von den Gesichtspunkten, nach denen die Lottobilder einander ähnlich und unähnlich sind.

Von den 9 Lottos, die Alice Descoeudres nachprüfte, seien hier 5 erwähnt. Durchweg werden die Ergebnisse nach Halbjahrsstufen zusammengefaßt.

Das Farb-Form-Lotto und das Farb-Lampen-Lotto können vergleichend behandelt werden. Beidemal enthalten die Lottokarten 16 verschieden gefärbte Bilder, das Farb-Form-Lotto von lauter verschiedenen Gegenständen (rote Kirsche, gelber Korb, graue Loko-

[1] Développement S. 206ff.

motive usw.), das Lampen-Lotto von lauter gleichen Lampen (die also nur durch die Farbe zu unterscheiden sind). Als Maß der Leistung dient die durchschnittliche Zeitdauer, die zur Belegung der 16 Kartenbilder erforderlich ist.

Diese Zeitdauer nimmt natürlich mit steigendem Alter ab, und zwar sehr stark und ohne Ausnahme. Für das erste Lotto braucht die Altersstufe 2;6 durchschnittlich fast fünf Minuten, 4;6 ein und eine halbe Minute, 6;0 eine Minute. Das Lampenlotto fordert für die gleichen Altersstufen sieben, zwei einhalb, ein und eine drittel Minute.

Die größere Schwierigkeit des Lampenlottos ist psychologisch sehr interessant. Die Aufgabe ist doch scheinbar einfacher; auf die (immer identische) Form braucht nicht geachtet zu werden; nur die Farbenunterschiede kommen in Betracht. Aber wieder sehen wir, daß das isolierte Auffassen der elementaren Farbeindrücke schwerer ist, als das Auffassen von Gesamtgestalten, in welche Farb- und Formbesonderheiten eingeschmolzen sind.

Die übrigen Lottos sollen als Tests für bestimmte Altersstufen geeicht werden; deshalb wird nicht die Zeitdauer, sondern die Fehlerzahl festgestellt. Die großen Karten enthalten jedesmal 8 Bilder; die Einzelkärtchen werden vom Kinde aufgelegt und vom Experimentator gleich wieder fortgenommen, damit das Kind jedesmal unter allen 8 Kartenbildern das richtige aussuchen muß. Es wird festgestellt, auf welchen Altersstufen 75% aller Kinder den Test mit höchstens 3, bzw. höchstens 1 Fehler lösen; für diese Altersstufen gilt dann der Test als geeicht.

Beispiele:

a) Lotto „Kind und Ball". Jedes Bild zeigt ein ballspielendes Kind, aber jedesmal sind Kinderkleid und Ball in anderen Farben (z. B. Kind blau, Ball gelb; Kind grün, Ball rot usw.). Der Prüfling erhält nun Einzelbildchen in entsprechenden Farben und muß diese richtig auflegen. Bei Zulassung eines Fehlers zeigt sich, daß nur 28% der 4jährigen, aber 73% der 4½jährigen die Aufgabe lösen. 4½ Jahr ist somit das Eichungsalter für diesen Test.

b) Lotto „gedeckter Tisch"[1]. Wieder 8 Bilder mit gedeckten Tischen, auf jedem Tisch sind 4 Gegenstände, aber in verschiedener Verteilung; z. B. auf Tisch 1: Teller, Löffel, Topf, Tasse; auf Tisch 2: Teller, Glas, Topf, Löffel usw. Die Zuordnung der kleinen Kärtchen ist hier schon recht schwer, weil die Aufmerksamkeitsspanne des Kindes jeweilig 4 Gegenstände umfassen muß und es sich durch große Ähnlichkeit nicht täuschen lassen darf. Ergebnis: Bei Zulassung von 3 Fehlern sind 6jährige, bei Zulassung von nur einem Irrtum 7jährige dem Test gewachsen.

c) Lotto „Körperstellung". Wieder 8 Bilder mit je einer Mannesfigur in immer wechselnden Arm- und Beinstellungen. Ergebnis: bei Zulassung von 3 Feh-

[1] Neugezeichnet zu beziehen vom Psychol. Labor. Hamburg, Domstr. 9.

lern geeignet für 5 jährige, bei Zulassung von nur einem Fehler kaum von 8 jährigen zu lösen[1]:

Kapitel XIV

Die Auffassung von bildlichen Gesamtdarstellungen

Der ständig wachsende Anteil geistiger Funktionen an der Bildbetrachtung macht sich zunächst in rein quantitativen Zeichen geltend. Die Anschauungsfähigkeit wächst, nicht weil Sinnesorgane und Sinnesempfindungen sich entwickeln, sondern weil das Erkennen und Unterscheiden, der Wortschatz, die synthetische Arbeit der Aufmerksamkeit, das Denken zunehmen.

Sobald das Kind in dieses Stadium tritt, begnügt es sich nicht mehr mit Bildern, die nur Einzelgegenstände darstellen. Es gewinnt Interesse für Bilder, die eine größere Zahl von Einzeldingen, Handlungen und deren Beziehungen zueinander zeigen; denn dieser Fülle gegenüber kann sich sein Geist auslesend und verknüpfend verhalten. Sehr deutlich wird dies intellektuelle Wachstum, wenn man einem Kinde in größeren Zeitabständen ein und dasselbe Bild vorlegt.

1. Stichproben zur Entwicklung der Gesamtbildauffassung

Zur Veranschaulichung dieser Entwicklung geben wir einige Stenogramme von Unterhaltungen, die wir mit Hilde bei wiederholten Betrachtungen eines bestimmten farbigen Bilderbuches hatten; zwei dieser Bilder, „Bauernstube“ und „städtische Stube“, werden auf Tafel III und IV in sehr verkleinertem Maßstabe und farblos wiedergegeben. Weiter unten folgen psychologische Erläuterungen.

1;8½. Wir zeigten bei jedem vorgelegten Bilde auf die einzelnen Objekte mit der immer wiederkehrenden Frage „Was ist das?“ Bei der Bauernstube wurde richtig benannt: Der Knabe (*Kind*), Bett und Wiege (*Bitt*), Uhr (*Didda*), Bauer (*Onkel*), Puppe (*Kind*), Schüssel (*Lalansch*, Bezeichnung für plansch-plansch = Waschschüssel), Blumentopf *ssissi*, *bepsi* (= Blume), Schuhe der Bäuerin (*Fieße* = Schuhe). Dagegen wurde die Bäuerin selbst nicht isoliert und folglich nicht erkannt, jedenfalls, weil sie in der Fläche mit ihrem Körper das Bett kreuzte; so oft auch auf sie gezeigt wurde, stets erfolgte die Antwort *Bitt*.

Städtische Stube. Richtig benannt wurden: Mädchen am Klavier (*Kind*), Klaviatur (*La!a*), Notenheft (*Buch*), Hund (*Wauwau*), lesender Mann (*Onkel*), Zeitung (*lies*), zwei kleine Kinder (*Kind*), Frau (*Nante* = Tante), Nähmaschine (*rrr*), Hängelampe (*Lampe*); bemerkenswert ist hier namentlich die letzte Erkennung, denn die Lampe hebt sich gegen den dahinterhängenden Spiegel viel weniger deutlich ab als die nicht erkannte Bäuerin des vorigen Bildes vom Bett.

---

[1] Siehe die Figur Tafel II; in der dort abgebildeten Form ist das Lotto im Hamburger Psychologischen Laboratorium benutzt worden.

Ein halbes Jahr später:

Hilde 2;2. Bauernstube.

Blumen	Hilde zeigt auf den Blumentopf.
Tiktak, dott	(= Uhr, dort).
ssöne Lume	(Blume); sie meint das Kruzifix mit Zweigen.
Kind auch tatei macht	(tatei machen = schlafen).
Bette laf	(schläft im Bett); gemeint ist wieder das Wiegenkind.
Fenster	zeigt dabei auf ein Bild neben dem richtigen Fenster, ein Irrtum, den auch größere Kinder (7jährige) begangen haben.
auch Fenster	zeigt das richtige Fenster.
die auch	zeigt auf die Puppe.
Tante Schuh an	Schuhe der Bäuerin.
Kind	zeigt auf den Knaben.
Onkel aus	= ausgezogen. (Der Bauer hat sich die Jacke ausgezogen.)
Stul düben dott	meint den leeren Stuhl.
(*komm Elefant, sehen*)	(sie nimmt ihren auf dem Tisch stehenden Stoffelefanten und rollt ihn auf das Bild, damit er auch sehe).
kleine Wauwau	Hund.
Leikchen	(Kleidchen), zeigt auf Schürze der Frau.
Lume Kind hast	zeigt auf die Blumenmalerei der Wiege
	[Längere Pause.]
Kind dauf	(= drauf); zeigt auf den sitzenden Jungen.
läft tatei	(= schläft) meint die Puppe.
Kind nich nuppelnuppel	Das Wiegenkind lutscht nicht am Finger.
	[Pause.]

[Vater: „Es ist noch viel Schönes darauf."]

Wasser	zeigt auf den Krug.
Bettel, da Bett	zeigt auf das Bett.

[Jetzt ist das Kind ermüdet und die spontanen Äußerungen hören auf. Doch es folgen noch eine Reihe Antworten auf Fragen. „Was ist noch auf dem Tisch?"]

Sand schielt e Kind	(= Sand spielt); der Löffel des Knaben erinnerte sie an ihren Sandlöffel.

[Was macht das Kind?]

beiße beiße, esse esse

[Was ißt es denn?]

Suppe [Wir beendeten den Versuch, weil das Kind ermüdet war.]

4½ Monate später:

2;6½. Bei einer Betrachtung des Anschauungsbuches wurden nur ein paar Einzelheiten festgehalten, die uns besonders auffielen, weil sie zeigten, wie stark jetzt schon das Anschauen mit Deutungen, phantasievollen Ergänzungen, Beziehungen durchsetzt ist.

Bauernstube.

da schläft'n Kind, hat keine Decke; Poten drin.	sie vermißt die Überdecke; sie verlegt die nicht sichtbaren Hände unter das Bett.
Kompot is schon alle, is schon aufgegessen,	sie hält wohl den Teller des Kindes für leer und schließt, daß er geleert sei.
dann Kind wieder laufen, soll wieder aufstehen	d. h. wenn das Wiegenkind ausgeschlafen hat, wird es die Wiege verlassen.
Wo is denn ĕ Kind Schürze?	Dies fragte sie, nachdem sie soeben die Schürze der Frau bemerkt hatte.
Is'n ander Stuhl, den Onkels?	Sie hatte den Stuhl des Jungen gesehen und vermißt den des Mannes, der sitzt, ohne daß man sieht, worauf.
Hier is Tantes	zeigt, mit logischem Schluß, auf den leeren Stuhl.

Städtische Stube.

hier is Lala, da spielt der Kind den vor	(lala = Klavier).

[Nach Zwischenbemerkungen über anderes]

sieh mal, macht der Kind lala – was vorlesen: kommt ĕ Vogel ĕflogen, setze nieder auf mein Fuß	Hier ist aus dem Vorspielen ein Vorsingen geworden, wohl, weil ihr das Buch (Notenheft) auffiel. Der Vater hatte ihr Tags zuvor das Liedchen mit Klavierbegleitung vorgesungen.
Wo isn Bett, Tante schlafen?	Beziehungen zum Bauernstubenbild! Weil dort für die Frau ein Bett im Zimmer ist, wird hier ein entsprechendes für die Stadtfrau vermißt.
hier is auch ĕ Lampe	gemeint ist die Hängelampe.
Wo is denn große Lampe, steht?	Beziehung zu einer Stehlampe auf einem anderen Bild.

Ein Vierteljahr später:

Um 2;10 zeigte Hilde einmal ihrer Puppe das Anschauungsbuch und erklärte ihr ernsthaft die einzelnen Bilder. So sagte sie u. a. bei der städtischen Stube:

Sieh mal, das singt rallala	Sie tut, als ob sie Klavier spiele in Nachahmung des spielenden Mädchens.
Hier sitzt doch einer in Stuhl,	Großvater.
sieht nicht mehr an	sie meint das Buch, das der Großvater geschlossen in der Hand hält.
	Mutter: Was hat er denn gemacht?
Schluß! zumacht er	
	Mutter: Da hinten ist noch eine . .
eine Anna, – nein, eine Mama näht ein Hemdchen	(Dienstmädchen.)
die macht schon so – wie de Mama	H. tritt mit den Füßen, Nähmaschine nachahmend.

Sodann liegt nur noch aus einer beträchtlich späteren Epoche eine kurze Notiz über die städtische Stube vor:

4;2. „Die verwandtschaftliche Beziehung der Bildpersonen faßt H. sehr gut auf, sie zählt die Kinder, fragt, warum die Mutter dort drei Kinder habe, wir hätten doch nur zwei, überlegt, ob der Storch die beiden Knaben zusammen im Schnabel gebracht habe, zerbricht sich den Kopf, ob das Bauwerk der beiden Kinder wohl immer stehen bleiben dürfe, ob es vielleicht zusammenfallen würde, wo der Kasten für die Klötze sei usw."

2. Psychologische Bemerkungen

Geben wir nun zu diesen Beispielen einige Erläuterungen und Ergänzungen.

Einem Bild, das eine größere Menge von Einzelheiten enthält, ist das Kind im zweiten Lebensjahre noch in keiner Weise gewachsen. Das weitaus meiste entgleitet der Aufmerksamkeit, sei es, weil es sich nicht deutlich genug vom Hintergrunde abhebt (die Bäuerin bei Hilde 1;8½), sei es, weil der Blick des Kindes jeweilig nur einen ganz engen Ausschnitt des Gesamtbildes umfaßt. Nur Weniges wird erkannt und benannt, und auch dies fast nur auf Befragen; die Spontaneität des Kindes ist also noch sehr gering. Bei der 1;8½jährigen Hilde erfolgten für jedes der Bilder 9–10 Nennungen von Gegenständen, und zwar in nackter, unverbundener substantivischer Form. Das Kind ist bezüglich d i e s e r Funktion also noch im „Substanzstadium" (s. S. 135 und Kapitel XXVII, 2).

Das Interesse am einzelnen Bilde und die darauf gerichtete Aufmerksamkeit erlahmen sehr schnell; das Kind verlangt nach anderen Bildern. Aus anderweitigen Beobachtungen sei erwähnt, daß um diese Zeit auch die sonderbarsten Verkennungen und Mißverständnisse stattfinden: da wird etwa eine dargestellte Puppe für die Darstellung eines lebenden Menschen, eine Festung mit Turm für eine Lokomotive, eine weiße Wolke für ein Gebirge gehalten.

Doch das Stadium des kärglichen Aufzählens währt nicht lange. Ein knappes halbes Jahr nach jener ersten Probe wird bereits – und zwar ganz spontan – die doppelte Anzahl von Gegenständen genannt und mit manchen Einzelheiten ausgestattet. Vor allem aber ist das rein substanzielle Auffassen überwunden: die ruhenden Darstellungen werden als Phasen bestimmter H a n d l u n g e n gedeutet. Bei Hilde 2;2 finden sich erste Anfänge hiervon, und zwar erwähnt sie nicht nur die augenblicklich ablaufenden Handlungen, sondern auch abgeschlossene (der Bauer hat das Jackett ausgezogen) und nicht stattfindende (das Kind lutscht nicht am Finger).

Nach weiteren vier Monaten (2;6½) ist nun dies „A k t i o n s s t a d i u m" zur vollsten, beinahe despotischen Entwicklung gediehen. Das bloße Benennen der Gegenstände tritt ganz zurück hinter der intensiven Belebung der Bildobjekte. Hierbei wird mit eigenmächtiger Selbstverständlichkeit über den tatsächlich sichtbaren Inhalt des Bildes hinausgegangen; was vorher geschehen war und was nachher geschehen wird oder kann, das wird mit genau derselben Sicherheit aus dem Bilde herausgelesen wie das, was augenblicklich geschieht.

Das dramatische Bilderlebnis kommt nicht etwa erst auf assoziativem Wege zustande, indem an ursprünglich vorhandene optische Empfindungen ergänzende Erinnerungsvorstellungen angereiht werden; die Lebendigkeit des Geschehens besitzt unmittelbare Anschaulichkeit. Es ist, als ob das Kind, da es beim Bildbetrachten seine eigene motorische Betätigung unterdrücken muß, nun um so intensiver Bewegung in das Bild hineinsieht.

Als Eva 2;2 ein neues Bilderbuch ansah, da wurde so ziemlich alles ins Motorische übersetzt: *die Katze ist hier; de legt* (sich) *hin auf die Erde; hier ist de Bäume, de wackelt; die is schmutzig, die Frau; hat sie zugemacht. die Sterne fliegen hin auf die Erde. hier is der Günther, der hebt* (*auf den*) *Schoß. ach der Korb. Lampe. da guckt se – geht er am Hochgebirge. hier ist ein Mann der kajelt* (gleitet auf dem Eise) – *Mutter weint auf der Treppe – die Jungen baden. ach die Ferdel macht reite reite.*

Ganz ähnlich schildert Elsa Köhler (S. 90) Selbstgespräche und Zwiegespräche des 2½ jährigen Annchen bei Betrachtung des Bilderbuches: *da ist eine Wolke, siehst? da versteckt sich die Sonne ... da baden die Enten ... ein Häschen ganz niedlich ist es! es spielt und sitzt! es vorlest. – nein es lest doch nicht vor! es spingt* (springt) ... (Was ist das?) *ein Hase, der geht schön spazieren ...* (eine auf den Hinterbeinen sitzende Spitzmaus wird ihr als „Mäuschen" benannt), *ja ein Mäuschen; es sagt bitte bitte ... Englein. sie willn den Vöglein epwas geben.*

Was wir in den bisher betrachteten Leistungen vermissen, ist vor allem die Fähigkeit der Synthese. Noch haftet die Aufmerksamkeit jeweils am einzelnen Gegenstand, von dem eine Tätigkeit oder irgendein Detail gegeben wird; die wahllose Nebeneinanderreihung dieser Einzelanschauungen ist dem Kinde in keiner Weise unbehaglich; und nur ganz vereinzelt wird in Fällen besonderer Aufdringlichkeit schon eine Beziehung zwischen mehreren Bildelementen gestiftet, z. B. daß das Kind am Klavier den andern vorspielt.

Der entscheidende Schritt wird aber bald gemacht. Die Aufmerksamkeit lernt mehrere Einzelheiten mit einem Blick überspannen, und das logische Bedürfnis regt sich, diese Elemente auch in positive Beziehungen zueinander zu setzen; ja schließlich kann das Beachten dieser Zusammenhänge stärker werden als das der Einzelheiten selbst. Das Kind ist damit ins Relationsstadium des Anschauens getreten. Und wieder geht das Interesse über den Rahmen des sinnlich gegebenen Bildinhalts zum Teil hinaus. Nicht nur die Beziehungen der Bildgegenstände unter sich, sondern auch andere

Beziehungen zu bestimmten vermuteten Ursachen oder Wirkungen, zu früher gesehenen Bildern usw. werden mit großem Eifer erörtert. Daß Hilde zu Beginn des 5. Jahres schon ganz in diesem Stadium steht, zeigt die letzte von uns gegebene Probe über die „städtische Stube" (S. 173).

Das Herstellen von Beziehungen ist freilich anfangs durchaus nicht nach den objektiven Regeln der Logik orientiert. Es handelt sich eben nicht so sehr um das Finden der von der Bilddarstellung gemeinten und durch äußere Kennzeichen festgelegten Zusammenhänge, als um das mehr oder minder freie Erfinden von solchen, wie sie durch Art und Richtung der kindlichen Phantasie nahegelegt werden. Recht augenfällig tritt dabei oft der Egomorphismus des Kindes zutage, indem die besonderen Verhältnisse seines Daseins und seiner engen Umwelt in das Bild hineingesehen werden.

So hat Hilde ein großes Bild der Sixtinischen Madonna mit Kind (Halbfigur) zu verschiedenen Zeiten folgendermaßen ichbezüglich gedeutet: 1;9 sagte sie zu dem Bilde *Hilde, Mama.* – 3;3 hieß es: *das ist auch eine Mama und auch eine Hilde . . . sieh mal, das packt se ein, das kleine Hildchen, weil's in Wagen geht* (sie deutet also die Art, wie die Madonna das Kind hält, als Vorbereitung zur Ausfahrt). – 4;7 wird sie bei einer ähnlichen Äußerung belehrt, daß es keine Abbildung von ihr und der Mutter sei, sondern eine „Madonna" . . . und gleich fällt sie ins Wort und fragt wiederum ganz kindertümlich: *is das Besuch von uns?* Sie hielt „Madonna" für den Namen einer von den befreundeten Damen, welche die Mutter gelegentlich besuchen.

Erst allmählich lernt das Kind bei seinen Deutungen mehr und mehr die im Bilde gegebenen Anhaltspunkte berücksichtigen und aus ihnen den dargestellten Zusammenhang synthetisch erschließen. Das Gelingen dieser Aufgabe ist natürlich ganz von der Schwierigkeit des Bildes abhängig.

Es sei hier nur eine Klippe für das synthetische Bildverständnis erwähnt, die sich in vielen, sehr weit verbreiteten Bilderbüchern, wie dem Struwwelpeter, ferner auf Bilderbogen findet: die Darstellung einer fortlaufenden Geschichte durch mehrere getrennte Bilder, auf denen – womöglich auf derselben Seite – immer wieder dieselben Personen in veränderten Situationen vorkommen.

So wurde Hilde 3;0 bei dem Struwwelpetergedicht „Paulinchen war allein zu Haus" durch die vielen Paulinchen verwirrt und hielt die eine für die Mutter, die das Spielen mit dem Feuer verboten hatte. Später lernte sie dann diese wiederholten Darstellungen derselben Person richtig identifizieren.

Die Schwierigkeit der Aufgabe ist nicht nur bestimmend dafür, wann die richtige Auffassung des Bildzusammenhanges erfolgt, sondern auch dafür, wann die einzelnen obengenannten Stadien erreicht werden. So sind die Bilder der bäurischen und städtischen Stube relativ leicht, da sie nur Zuständlichkeiten enthalten. Anders steht es mit Bildern, die als Illustrationen eines dramatischen Zusammenhanges gelten sollen. Gewöhnlich wird ja den Kindern die dazugehörige Geschichte vorgelesen oder erzählt; sollen sie aber den dramatischen Sinn des Bildes selbst finden, so wird eine Leistung verlangt, die in der frühen Kindheit nicht lösbar ist.

Für derartige Bilder hat Binet in seinem Staffelsystem der Intelligenzprüfungen eine Skala aufgestellt, die unseren Anschauungsstadien ähnlich ist, aber zeitlich später liegt. Allerdings gilt die Skala für Kinder niederer Stände (gerade in der Fähigkeit der Bildanschauung sind die Kinder der höheren Stände infolge der viel intensiveren Beschäftigung mit Bildern und der häuslichen Anregungen weit voraus). Binet fordert also: mit 3 Jahren Aufzählung der Gegenstände und Menschen (unser „Substanzstadium"); mit 7 Jahren: Beschreibung der Tätigkeiten (unser „Aktionsstadium"); mit 12 Jahren: Erklärung des Zusammenhanges (unser „Relationsstadium"). Bobertag hat für deutsche Kinder aus dem Volke und für andere Bilder dieser Art folgende Staffel aufgestellt: Mit drei Jahren Aufzählung, mit sechs Jahren Beschreibung, mit neun Jahren Erklärung mit Hilfe unterstützender Fragen, mit zwölf Jahren spontane Erklärung.

Die intellektuellen Faktoren der Bildanschauung machen die große Freude und das unermüdliche Interesse des Kindes am Bilderbesehen erst verständlich. Das Kind benutzt das Bild nicht in erster Linie dazu, um das darauf Gegebene als solches hinzunehmen, sondern als Auslösung für die Tätigkeit seines Deutens und Fabulierens. Ein Spielen mit dem Vorgestellten – wenn auch kein motorisches, sondern ein geistiges Spielen – ist sein Anschauen. Jene Züge, die wir sonst beim Spiel in der frühen Kindheit finden, begegnen uns auch hier; die Unbekümmertheit darum, ob die einzelnen Elemente tatsächlich gegeben oder hinzugedichtet seien, die naive Zuspitzung auf die eigenen persönlichen Erlebnisse, das Springen der Aufmerksamkeit und der Phantasie. Kein anderes Spielzeug vermag ja in dem Maße wie das Bilderbuch von Minute zu Minute neue und immer wechselnde Auslösungen für diese geistige Spieltätigkeit zu geben, da es zur ganzen sichtbaren Welt Beziehungen herstellt und so den engen Horizont des Kindes beträchtlich erweitert.

Freilich darf man nicht übersehen, daß dies lebhafte Umspinnen des betrachteten Bildes mit Denk- und Phantasie-Inhalten auch seine Schattenseiten hat. Es kann nämlich dieses Beiwerk leicht die eigentliche Beobachtung in bedenklicher Weise zurückdrängen und überwuchern. Das Kind trägt dann entweder überhaupt keinen rechten Anschauungsgewinn von dem Bilde davon, oder es verdichtet auch nachher in seiner Erinnerung Gesehenes und Phantasiertes zu einem unentwirrbaren Knäuel – und die stärksten Aussagetäuschungen sind die Folge (vgl. dazu Kap. XVII, 3).

Wie wenig ein Kind unter Umständen beim Bildansehen wirklich „sieht", dafür ein Beispiel:

Scupins Knabe hatte 4;7 das Bauernstubenbild zur Betrachtung vorgelegt erhalten und, noch während er es vor sich hatte, eine große Menge von Fragen angeknüpft. Die meisten bezogen sich auf die Familienverhältnisse der dargestellten Personen, die er ichbezüglich erklärte; er fragte, warum dieses oder jenes Mitglied seiner Familie auf dem Bilde fehlte usw. Nach zweiminutenlanger Betrachtung wurde ihm nun das Bild fortgenommen, da ein Aussageversuch angeschlossen werden sollte. Aber er mißlang völlig, da der Knabe von dem tatsächlichen Inhalt des Bildes keine Ahnung hatte. Die Eltern berichten: „Jetzt forderte die Mutter den Knaben auf, zu erzählen, was er alles auf dem Bilde gesehen habe. Verdutzt sah er sie an: *Ich weiß doch nicht.* Er wurde nun gefragt, wieviel Männer auf dem Bilde seien, wieviel Kinder, ob er nicht einen Tisch gesehen habe, was darauf gestanden habe –, aber ratlos sah das Kind die Mutter an, griff nach dem Buche und wollte das Bild noch einmal sehen." (II, 124).

Da so schnell ein eigentliches Vergessen nicht eingetreten sein konnte, so erklärt sich dies völlige Versagen nur dadurch, daß der Knabe infolge seines lebhaften Herumdenkens um das Bild zu einer wirklichen Beobachtung überhaupt nicht gekommen war.

3. Pädagogisches

Unsere psychologischen Betrachtungen geben nun auch einige Winke für die pädagogische Behandlung der Bildanschauung in der frühen Kindheit. Sie muß sich – abgesehen von der Weckung ästhetischer Freude[1] – ein doppeltes Ziel setzen: einerseits die Schulung der Beobachtungsfähigkeit, andererseits die Anregung und Leitung der intellektuellen Begleitprozesse.

Die gewöhnliche Kleinkinderpädagogik in Haus und Kindergarten pflegt wohl die zweite Aufgabe ganz überwiegend zu beachten – wie das ja auch der „Anschauungsunterricht" in der Schule tut. Da werden die Bilder vor allem dazu benutzt, um Erzählungen und Belehrungen anzuknüpfen. Und zweifellos sind auf diesem Wege schon bei fünf- und sechsjährigen Kindern wertvolle didaktische Erfolge zu erzielen – vorausgesetzt, daß man jede Schulmeisterei beiseite läßt. Man kann durch Zeigen der Märchenbilder die erzählten Geschichten viel anschaulicher gestalten; man kann an der Hand geographischer und kulturhistorischer Bilder von fremden Ländern und Völkern berichten, an Tierbilder Erzählungen über das Leben und Treiben der Tiere anschließen; man kann ein erneutes Vorlegen eines Bildes zum Anlaß nehmen, das Kind nun selber die früher daran geknüpften Mitteilungen wiederholen zu lassen, und anderes mehr.

Aber wenn man lediglich in dieser Weise vorgeht, so wird dadurch jene im Kinde vorhandene Tendenz unterstützt, allzu schnell über den eigentlichen Bildinhalt hinweg und zu weiteren Vorstellungs-

[1] Siehe Kap. XXVI, 1.

prozessen überzugehen. Deshalb darf eine Erziehung zum eigentlichen Betrachten des Bildes nicht fehlen. Man veranlasse das Kind, zunächst spontan zu erzählen, was es auf dem Bilde wirklich sieht, lasse es seine Fragen daran knüpfen, die man nach bestem Wissen beantworte. Findet es von selbst nichts mehr, so frage man nach entgangenen Einzelheiten, nach den Tätigkeiten der dargestellten Personen und Tiere, nach den Farben und Formen der Gegenstände. Man halte es dann an, die durch das Bild nahegelegten Beziehungen und Zusammenhänge selbst zu erkennen, phantastische Deutungen, mit denen es schnell zur Hand war, auf ihre Möglichkeit oder Wahrscheinlichkeit zu prüfen und durch bessere zu ersetzen. Natürlich darf man bei dieser Tätigkeit und bei dem einzelnen Bilde nur so lange verweilen, als das Kind mit Freude und Aufmerksamkeit dabei ist; hier muß das Taktgefühl des Erziehers entscheiden. Aber wie eigene Erfahrungen lehren, haben die Kinder für einen solchen zwanglosen Anschauungsunterricht lebhaftes Interesse, und auch der pädagogische Erfolg für die Entwicklung der Beobachtungsgabe – und damit auch für die Steigerung der Erinnerungstreue – bleibt nicht aus[1].

Wenn unsere Kinder bei den später (Kap. XVIII) zu besprechenden Aussageversuchen relativ gut abschnitten, so hängt dies damit zusammen, daß sie schon in frühem Alter angehalten worden waren, an Bildern nicht zu naschen, sondern ihren Inhalt durch liebevolle Beobachtung auszuschöpfen.

Die eben geschilderten Erziehungswerte des Bildes können nun aber noch durch einen anderen Faktor beeinträchtigt werden, nämlich durch das Zuviel von Anschauungsmaterial, welches einer Durchgeistigung und selbständigen Vertiefung des Anschauens im Wege steht. Gerade unsere Zeit verfällt in besonderem Maße diesem Fehler mit ihrer überstarken Betonung des Anschaulichen in Haus, Kindergarten und Schule, mit ihrer Hochflut von Bildern, die dem Kinde ja nicht nur in Bilderbüchern, sondern in tausend anderen Formen: als Plakate, Reklamebilder, in Schauläden und Katalogen, als Wandschmuck in den Zimmern, als Lichtbilder geboten werden. Kann die bequeme Möglichkeit, alles Denkbare gleich fertig sichtbar zu erhalten, nicht nur Denkfaulheit, die übermäßige Illustrierung aller Märchen und Geschichten nicht zur Phantasieträgheit führen? Hier möge daher ein Maßhalten dringend empfohlen werden.

---

[1] Die Ausschaltung der Bilderbücher aus den Montessoriheimen bedeutet also zugleich den Verzicht auf ein außerordentlich wertvolles Erziehungs- und Bildungsmittel.

Anmerkungsweise sei zum Schluß noch hervorgehoben, daß sich die Erziehung zur Beobachtung und durchgeistigten Anschauung keineswegs nur auf die Benutzung von Bildern beschränken darf. Es war dies lange Zeit ein Fehler des Anschauungsunterrichtes in der Schule – und ist es zum Teil noch heute. Aber die Kleinkinderpädagogik sollte diesen Fehler nicht nachahmen; sie möge nicht nur die Wirklichkeit aus zweiter Hand, sondern die unmittelbare Realität der Dinge und Vorgänge zum Gegenstand des geleiteten Anschauens machen.

Allerdings muß dann der Erwachsene auch selbst Beobachtungsgabe und -freude haben, um den stärksten erzieherischen Einfluß, das Beispiel, wirken zu lassen. – Eine simple Kaffeebohne, die die Mutter vor das Kind hinlegt, gewinnt ein ganz anderes Ansehen, da sie isoliert betrachtet, beschrieben und besprochen wird. – Behutsam bringt das Kind ein Käferchen an: was kann es daran beobachten lernen, wenn der Erwachsene anleitend mit ihm sieht und dabei über alles plaudert, was er von dem Tierchen weiß. – Beim Aufstieg auf einen hohen Berg bemerkt das Kind vielleicht schon spontan, daß die Bäume an verschiedenen Stellen verschieden gestaltet sind, daß sie manchmal die Äste nur nach einer Richtung erstrecken usw. Der Erwachsene stiftet den Zusammenhang, indem er zeigt, wie hier Wind und Wetter von Einfluß sind, und leitet dadurch an, auf weitere Bestätigungen zu achten.

Fünfter Abschnitt

Gedächtnis und Übung

Um uns auf dem weiten Gebiet der Gedächtniserscheinungen und -leistungen in der frühen Kindheit zurechtzufinden, bedarf es einiger vorgängiger Begriffsbestimmungen.

Wir verstehen unter Gedächtnis die seelische Fähigkeit, Nachwirkungen früher dagewesener Eindrücke zu erleben. Somit gehören zu jedem Gedächtnisvorgang zwei Phasen: das Aufnehmen des Eindrucks, der nachzuwirken bestimmt ist, und das Hervortreten der Nachwirkung. Den Zustand zwischen beiden Phasen, in denen der Eindruck schon vergangen ist, die Nachwirkung aber noch nicht merkbar hervorzutreten Gelegenheit hatte, bezeichnen wir als Latenz. Diese ist also ein Zustand der Unbewußtheit, aber künftigen Bewußtseinsfähigkeit. Von Bedeutung ist hierbei die zwischen Eindruck und Wiederauftauchen der Nachwirkung verflossene Zeitspanne („Latenzzeit"); denn sie ist ein Maßstab dafür, über welche Zeitausdehnung die Seele bereits ihre Wirkungszusammenhänge erstreckt.

Das Wieder-Lebendigwerden eines früheren Erlebnisses kann nun in zwei Hauptformen vorkommen. Die „gebundene" Gedächtniswirkung tritt auf als ein dienendes Glied eines anderen gegenwärtigen Eindrucks, sie gibt diesem eine besondere Färbung (der Vertrautheit), ermöglicht seine Identifikation (Erkennen, Wiedererkennen), erleichtert sein gegenwärtiges Ablaufen (Übung), vermag sich aber noch nicht als ein selbständiges Bewußtseinsgebilde zu konstituieren. Die „freie" Gedächtniswirkung oder Reproduktion dagegen gewinnt eigene Existenz als gesondertes Bewußtseinsphänomen; sie führt zur „Gedächtnisvorstellung".

Diese Gedächtnisvorstellungen müssen wir nun nochmals in zwei Untergruppen sondern, die eine ganz verschiedene Bedeutung im Zwecksystem des Geisteslebens haben. Bestimmend ist für ihre Scheidung, ob die Beziehung der auftretenden Vorstellung zu ihrer ursprünglichen Aufnahme noch im Bewußtsein ist oder nicht. Fehlt diese Beziehung, so sind diese Gedächtnisvorstellungen gleichsam zeitlose Gebilde, die das Inventar des gegenwärtigen seelischen Besitzstandes ausmachen: „Kenntnisse". Wird jene Beziehung mitgedacht, so werden die Gedächtnisvorstellungen einem bestimmten Augenblick der eigenen Vergangenheit zugeordnet, in welchem sie erworben wurden; und dieser Zeitstempel verleiht ihnen einen historischen Wert für ihren Besitzer: „Erinnerungen".

Die negativen Seiten des Gedächtnisses treten in den zwei Tatbeständen des Vergessens und des Verdrängens auf.

Das Vergessen ist in der Tat rein negativ: es beruht auf der sich abschwächenden Wirksamkeit eines Erlebnisinhaltes und auf der Erfüllung des Menschen mit immer neuen Eindrücken. Dabei ist es nie zu bestimmen, ob das Vergessen ein endgültiges oder nur ein vorübergehendes ist; man wird oft genug überrascht durch das späte Auftauchen von Erinnerungen, die scheinbar endgültig verklungen und unwirksam geworden waren.

Beim Verdrängen wird dagegen der negative Gedächtniserfolg durch sehr positive Ursachen herbeigeführt, nämlich durch die Unerträglichkeit eines Erlebnisses für das Bewußtsein. Dann wird es ins Unbewußte abgeschoben und damit wird die Selbsttäuschung erweckt, als ob es ausgelöscht sei. Verdrängung ist Vogelstraußpolitik des Bewußtseins, ein Nichts-Wissen-Wollen um das Peinvolle. Oft gelingt die Verdrängung, leitet zum Vergessen über und wird so zu einem Selbstschutz; zuweilen aber kann das verdrängte Erlebnis unterirdisch wühlen und das seelische Gleichgewicht des Individuums bedrohen[1].

Kapitel XV

Das Wiedererkennen

Im ersten Lebensjahr tritt das Gedächtnis, wie wir gesehen hatten, fast nur in gebundener Form auf[2]. Das ändert sich bald beträchtlich; immerhin behält diese primitivere Stufe auch später eine Bedeutung bei, die gewöhnlich sehr unterschätzt wird. Man übersieht eben leicht diese Nachwirkungen, weil sie keine selbständige Existenz besitzen, sondern nur implizite in anderen Seelenphänomenen enthalten sind.

Schon die sinnliche Auffassung der Dinge ist keineswegs nur durch den augenblicklichen Sinnesreiz bedingt: wenn das Kind das Tier im Bilderbuch benennt, eine Puppe als „meine Puppe" bezeichnet, eine

[1] Auf diese ungünstigen Verdrängungswirkungen hat vor allem die Psychoanalyse aufmerksam gemacht; ihre Therapie besteht zum großen Teil darin, das Verdrängte aufzudecken und durch Bewußtmachung endgültig seine Abreaktion herbeizuführen. – Vgl. auch Kap. XXXIII.

[2] Vgl. S. 81.

ihm zugerufene Aufforderung versteht, eine Tante vertraut begrüßt, so kann dies nur geschehen, weil der jetzige Sinnesreiz jene früheren Fälle, in denen die entsprechende Wahrnehmungsgestalt da war, zum Mitschwingen bringt.

Ebenso steht es mit allen Fertigkeiten und Handlungsweisen. Das Sprechen beruht in jedem Augenblick auf der vorher stattgehabten Einübung der Sprachwerkzeuge und Einprägung der Worte. Das Umgehen mit Tasse und Löffel, das Ausführen kleiner Aufträge, das Besorgen des Püppchens, das Ausüben gewisser Geschicklichkeitsproben – all dies ist das Ergebnis von Lernakten aus den vorhergehenden Wochen, Monaten und Jahren, ohne daß das Kind selbst eine Ahnung von dieser „historischen" Bedingtheit seiner Leistungen hätte. Und endlich das seelische Innenleben: wenn das Kind seine Phantasiegeschichten sich ausdenkt und erzählt, wenn es in Vergleichungen, Definitionen, Urteilen und Schlüssen seine ersten Denkbedürfnisse befriedigt, wenn es seine Lust- und Unlustgefühle, seine Willensregungen an bestimmte Gegenstände und Ziele knüpft, so arbeitet es unbewußt, aber unbedingt mit Materialien, die seiner früheren Erfahrung entstammen und nun in die neuen seelischen Gebilde eingehen.

Die Universalität dieser gebundenen Nachwirkung macht es ganz unmöglich, sie im einzelnen und auf allen Gebieten des Lebens in der frühen Kindheit zu verfolgen; wir müssen uns damit begnügen, eine Gruppe von Erscheinungen herauszugreifen, bei der jene Gedächtnistätigkeit unter besonderen, genauer untersuchbaren Bedingungen steht. Eine solche ist die Entwicklung des Wiedererkennens von Menschen oder Örtlichkeiten nach bestimmten Latenzzeiten[1].

Ein ganz primitives Wiedererkennen begegnete uns schon im ersten Lebensjahre; es ist aber eng begrenzt auf einige wenige Personen und Gegenstände, die in fortwährender Wiederholung dem Kinde gegenübergetreten waren, und hat nur eine ganz geringe Latenzzeit.

Die Ausdehnung der möglichen Latenzzeit ist nun das augenfälligste Merkmal der weiteren Entwicklung. So werden im zweiten Lebensjahr vertraute Personen oder Gegenstände noch wiedererkannt, wenn sie eine Reihe von Wochen aus dem Gesichtskreis des Kindes entschwunden waren. Im dritten Jahr sind Wiedererkennungsakte nach Trennungen von mehreren Monaten, im vierten nach solchen von einem Jahr mit Sicherheit beobachtet worden. Vereinzelt finden sich

[1] Unter Benutzung von C. u. W. Stern II (Kap. I und IV).

sogar Leistungen, welche die eben genannten Zeitspannen beträchtlich überschreiten; aber als das Durchschnittliche dürfen wohl jene Latenzzeiten für die verschiedenen Altersstufen gelten. Einige Proben für diese Entwicklung:

Hilde 1;0. Nach einer Reise erkannte sie den Vater, von dem sie 14 Tage getrennt gewesen, wieder. Im ersten Moment schien H. bei seinem Anblick befremdet, aber bald darauf war sie so zutraulich wie zuvor.

2;3. H. erkannte ohne Zögern die Großmutter wieder, die sie genau drei Monate nicht gesehen hatte, und war vollkommen vertraut mit ihr.

3;1. H. erkannte eine Tante wieder, mit der sie seit sieben Monaten nicht zusammen gewesen war.

4;1. Beim vorjährigen Pfingstaufenthalt auf dem Lande hatte H. stets eine große, im Garten gelegene Scheune vor Augen gehabt und zuweilen auch betreten, z. B. um dem Wäscherollen zuzugucken. Als sie nun wiederum zu Pfingsten, also nach etwa einjähriger Pause, dorthin kam und den Garten betrat, lief sie zugleich auf die Scheune zu und rief: *hier ist Wäsche gerollt*, ehe sie sich durch Hineinschauen von der Anwesenheit der Drehrolle hätte überzeugen können.

Das schnelle Wachstum der Latenzzeiten enthüllt uns wichtige Züge in der Struktur des kindlichen Seelenlebens. Gewiß ist das Kind in diesen ersten Lebensjahren noch vorwiegend Gegenwartswesen; von selbst kommt es nur ganz selten darauf, an Vergangenes sich zu erinnern, und es scheint, als ob alles früher Erlebte so schnell wie es aufgenommen, auch wieder vergessen würde. Das junge Hirn hat ja fortwährend so viel Neues aufzufassen; kein Wunder, daß die Nachwirkungen der älteren Eindrücke schnell abklingen müssen, um den neuen Platz zu machen. Und doch: viel zäher als man denkt, haften manche von jenen scheinbar verlorenen Erlebnissen; die Schwächung, welche die fortschreitende Zeit an ihnen vornimmt, führt nicht immer bis zur Vernichtung; und je älter das Kind wird, um so größer ist diese Widerstandsfähigkeit, von der es freilich selbst am wenigsten weiß. Die zufällige Wiederholung des Eindrucks erweckt erst die schlummernden Spuren zu neuem Leben.

Auch bezüglich der Gegenstände des Wiedererkennens zeigt sich eine Entwicklung. Anfänglich werden nur solche Eindrücke identifiziert, die in häufiger Wiederholung da waren, und zwar zunächst Einzelpersonen und -gegenstände (z. B. die Flasche, Spielsachen), vom zweiten Lebensjahre an auch die gewohnte räumliche und dingliche Umgebung; der Gesichts- und Beobachtungskreis des Kindes ist eben jetzt schon ein größerer geworden.

Als Hilde (1;0) nach 14tägiger Abwesenheit nach Hause zurückkehrte, verriet sie durch nichts, daß sie die Wohnung wiedererkannte. Wie ganz anders 1;5½, als sie sechs Wochen von Hause fern gewesen war. „Als H. auf dem Arm des Vaters ins Schlafzimmer kam, sah sie sich lange lautlos und starr um; wir konnten uns des Eindrucks nicht erwehren, als dämmerte es allmählich in ihrem Innern. Kaum war sie in ihr so lange nicht benutztes Bettchen gesetzt, als sie so ausgelassen zu tollen und zu jauchzen begann, daß wir wiederum vermuten mußten, ihr schönes Bett komme ihr vertraut vor und errege den freudigen Tumult." „Als H. in einem anderen Zimmer zum ersten Male wieder des Flügels ansichtig wurde, blieb sie plötzlich stehen, sang *lala* und schlug auf den geschlossenen Deckel."

Ein weiteres Beispiel möge zeigen, wie stark das Wiedererkennen auch gemütsbetont sein kann; erhält es doch schon im zweiten Jahre unter Umständen geradezu die Kennzeichen des Heimatgefühls.

1;10. Unser Sohn Günther kehrte von einem vierwöchigem Aufenthalt in Berlin, wo er sich in die neue Umgebung nicht recht hineingewöhnt hatte, nach Breslau zurück. „Ganz merkwürdig war der Umschwung seines Wesens, als er wieder in die alten Verhältnisse kam. Er war beim Betreten der heimischen Räume sofort mit allem vertraut und in freudiger Erregung; sein erstes war, die Schublade seines Kindertischchens aufzuziehen und einen Katalog herauszuholen. Er wußte sofort, welches sein und welches Hildes Bett war, wo die Engelchen, das Ringelreihenbild hingen (welch letzteres vor der Reise höchstens 14 Tage lang an der Wand gehangen hatte)." – „Ein halbes Jahr später (2;4) erkannte Günther nach einem neunwöchigen Fernsein die heimische Wohnung mit Selbstverständlichkeit wieder."

Vom dritten Jahr an erweitert sich der Umkreis des Wiedererkennens auch auf solche Eindrücke, die nicht in häufiger Wiederholung, sondern nur gelegentlich oder gar nur einmalig dem Kinde begegnet waren – ein Zeichen, wieviel stärker und nachhaltiger jetzt schon das einzelne Erlebnis ist. Verwandte und Bekannte des Hauses, Personen, die nur vorübergehend im Hause waren, wie eine Schneiderin usw., werden selbst nach ziemlich großen Zwischenpausen richtig benannt.

Einmalige Eindrücke zeigen freilich eine solche Nachwirkung zunächst nur dann, wenn sie mit einem starken Gefühlston verbunden waren. Hier wirkt die Affektbeteiligung geradezu als Ersatz für die sonst zur Einprägung nötige häufige Wiederholung, und so bewährt sich schon beim zwei- bis dreijährigen Kinde die Wahrheit des alten Satzes „Gedächtnis ist Interesse".

Meist ist es der Gefühlston der Unlust, der einem Erlebnis eine so große Gedächtniswirkung gibt. So berichten verschiedene Beobachter aus dem Beginn des dritten Jahres, daß Kinder, die einmal einen schmerzhaften ärztlichen Eingriff hatten erdulden müssen, nach mehrwöchiger Pause den Arzt wiedererkannten und lebhafte Abwehrreaktionen gegen seine Annäherung zeigten.

Aber auch ein besonders lustvolles Ereignis wirkt ähnlich nach; so berichtet Major von seinem Sohne (S. 212):

2;0. Der Großvater schenkte dem Knaben ein Spielzeug und brachte den Abend damit zu, ihm zu zeigen, wie er damit spielen solle. Der Zerbrechlichkeit wegen wurde das Spielzeug dann fortgetan. Als nach einem Zwischenraum von zwei Wochen dem Kinde das Spielzeug wieder gegeben wurde, sagte es *dahaw* (sein Name für „grandpa").

Das psychische Verhalten des Kindes beim Wiedererkennungsakt selbst, namentlich in den frühesten Lebensabschnitten, erfordert noch einige Bemerkungen. In allen jenen Fällen, in denen das Wiedererkennen nicht sofort beim erneuten Anblick vollständig erfolgt, kann man eine seltsam zwiespältige Stimmung beobachten. Das Kind hat wohl jenes Gefühl, das wir mit den Worten bezeichnen „es kommt mir etwas bekannt vor", kann aber den Eindruck noch nicht recht unterbringen, weder in der Vergangenheit – denn von einer solchen weiß das Kind kaum etwas –, noch in der Gegenwart – denn für diese hatte es sich ja inzwischen andere Einstellungen geschaffen, in welche jene Personen oder Gegenstände nicht hineingehören. In der Zwischenzeit waren die älteren Eindrücke zurückgedrängt worden, weil sie mit der ungeteilten Hingabe an das Neue nicht vereinbar waren; jetzt aber werden sie wieder geweckt; und so erlebt das Kind denn durch diese unverständliche Verquickung vergangener und gegenwärtiger Eindrücke einen Zustand der Ratlosigkeit und der Angst, der sich oft aufs deutlichste in Mienenspiel und Benehmen spiegelt. Sehr merkwürdig ist nun aber, daß dieser unangenehme Zwischenzustand oft auf dem Wege der sensumotorischen Einstellung überwunden wird. Entweder mag der Eindruck selbst gewisse früher mit ihm verbunden gewesene motorische Reaktionen auslösen, oder es kann von außen eine solche Handlungsweise eingeleitet werden – genug, sobald das Kind in eine von früher her gewohnte Betätigung hineingekommen ist, haben auch die dazu gehörigen Eindrücke aufgehört, fremd zu sein; da spukt keine ungreifbare Vergangenheit mehr; was sich in Handlungen umsetzen läßt, gehört zur unmittelbaren Lebendigkeit der Gegenwart.

Für dieses Wiedererkennen mit Hilfe motorischer Reaktionen einige Beispiele:

Hilde (1;5½) (nach sechs Wochen langer Abwesenheit von Hause): Als die Mutter das Kind bald nach der Ankunft auf die Wickelkommode legte, griff es sofort, wie es stets vor der Reise getan, nach einem Kinderbildchen an der Wand, um damit zu spielen. Die Bekanntschaftsqualität der Gesamtsituation löste reflexartig den sechs Wochen lang nicht geübten Griff wieder aus.

Noch deutlicher ist folgende Beobachtung nach einer Reise: Hilde (2;0). In Breslau hatte Hilde vor der Reise die Gewohnheit angenommen, sich morgens sofort nach dem Ankleiden an einen Schub zu begeben, der ihre Spielsachen enthielt; sie hatte dann um dessen Öffnung gebeten, ihn ausgeräumt und den Inhalt Stück für Stück zu der gegenüberliegenden Fensterbank getragen. Dann folgte die Reise nach Berlin, wo jedes Analogon zu dieser Situation fehlte. Nach Breslau heimgekehrt, benahm sie sich am ersten Morgen sehr eigentümlich. „Jetzt lief sie zunächst planlos im Zimmer herum, ohne zu wissen, was anzufangen. Endlich öffnete ihr die Mutter den Schub, und nun begann die Wiedersehensfreude. Mit dem ersten Stück in der Hand war auch die motorische Einstellung (nämlich der gewohnte Weg zum Fensterbrett) wiedergefunden, und in alter, fünf Wochen unterbrochen gewesener Weise begann das Kramen. Voll Jubel ward jedes Stück begrüßt und benannt, das *Nickenicke* (Kaninchen) *Bäbä* (Schaf), *Rrr* (Mühle) usw., und als ihr Geist wieder so auf das früher Gewohnte eingestellt war, kehrte auch sofort die Vertrautheit mit der Wohnung zurück: sie fand sich in allen Räumen so selbstverständlich zurecht, als ob sie nie fortgewesen wäre."

Hier fehlt also noch ein eigentliches Wieder-Erkennen, die bewußte Identifikation des gegenwärtigen Anblicks mit einem früheren. Diese höhere Stufe wird von dem Kinde ein halbes Jahr später erreicht.

Hilde (2;6). Bei der Rückkehr von einer vier Wochen dauernden Reise nahm H. das Altgewohnte nicht mehr einfach als selbstverständlich hin, sondern ging bewußt zu Werke, um die Wiederbegrüßung des so lang versunken Gewesenen zu vollziehen. „Als sie vor unserem Haus aus dem Wagen stieg, strampelte sie ordentlich vor Vergnügen und sagte: *hause, hause.* Beim Eintritt in die Wohnung durchlief sie die Zimmer ohne Zögern mit freudigstem Staunen, alles wiedererkennend. *Schöne Wickelemode* (= Wickelkommode), *schönes Fenster, Hildes Schrank* – so wurde fortwährend konstatiert."

Die späteren Jahre bringen für Leistungen des Wiedererkennens zwar noch gradweise Fortschritte, aber keine prinzipiell neuen Seiten hervor; dagegen sind sie die eigentliche Epoche für die Entwicklung des freien Gedächtnisses: der Kenntnisse und Erinnerungen.

Kapitel XVI

Lernen und Üben

1. Das Erwerben von Kenntnissen

Die gebundenen Gedächtniswirkungen dienten vor allem dazu, er neute Wahrnehmungen des Kindes mit dem Schatz früheren Erlernens zu bereichern und dadurch sein Beobachten, Erkennen, Auffassen zu entwickeln. Je älter aber das Kind wird, um so mehr entfaltet sich auch ein Geistesleben, das nicht mehr unmittelbar an die Sinneswahrnehmung gekettet ist; beim Denken, Phantasieren, Spielen und Schaffen, Anhören von Geschichten, beim Hoffen und Fürchten usw. lebt das Kind in Bereichen, die mehr oder minder deutlich von der unmittelbaren Gegenwart und ihren wahrnehmbaren Inhalten getrennt sind, und so bedarf es denn auch für alle jene Leistungen eines Gedächtnismaterials, das von den augenblicklichen Sinneseindrücken unabhängig ist.

Daß diese Emanzipation des Gedächtnisses von der Wahrnehmung schon im ersten Lebensjahre spurenweise beginnt, sahen wir früher (vgl. S. 82/83); aber erst die folgende Zeit läßt einen wirklichen Schatz von frei verfügbaren Gedächtnisvorstellungen („Kenntnissen") entstehen, der sich dann von Jahr zu Jahr mit staunenerregender Geschwindigkeit vermehrt.

Wie werden nun alle diese Kenntnisse erworben, behalten und im Bedarfsfalle wieder hervorgeholt?

Das Erwerben von Kenntnissen ist ein „Lernen", und so stoßen wir denn hier wiederum auf diesen wichtigen Begriff[1]. Da machen wir denn zunächst die sonderbare Feststellung, daß man den Ausdruck „Lernkind" oft als Unterscheidungsmerkmal angewandt findet für die Altersstufen, die jenseits des sechsten Lebensjahres liegen, im Gegensatz zu der uns interessierenden Epoche, die man „Spielkindheit" nennt. Dies kann natürlich nicht bedeuten, daß das Kind in den ersten sechs Jahren nichts lernte – im Gegenteil, dem Umfang nach brauchen die hier erworbenen Kenntnisse den Vergleich mit der Schulzeit nicht zu scheuen – wohl aber muß zugestanden werden, daß die Art, wie gelernt wird, hier und dort völlig verschieden ist. Ja, es gibt vielleicht kein Merkmal, das die frühe Kindheit so schroff von der späteren unterschiede, wie eben die Art des Lernens.

Beim Schulkind bedeutet Lernen: bewußtes, systematisches Einprägen eines gegebenen Stoffes in möglichster Vollständigkeit und mit der Absicht, ihn später zu verwenden. Wenn auch der Anstoß zu dieser Betätigung von außen her durch die Anforderung der Schule erfolgt, so ist doch deren Durchführung nur möglich, weil das Kind bereits die Reife zu jener Willenshandlung erreicht hat. In den ersten sechs – oder wenigstens fünf – Jahren findet sich nun aber von alledem nichts. Die Absicht, sich etwas als dauernden Besitz anzueignen, liegt dem ganz aufs Gegenwärtige gerichteten Kinde noch durchaus fern; ebensowenig ist es fähig zu einer systematischen Vornahme des Stoffes, zu den wiederholten Repetitionen mit völlig auf das Einprägen konzentrierter Aufmerksamkeit, zu einer Tendenz nach Vollständigkeit der Stoffbeherrschung.

Ein Lernen als Willensakt gibt es in diesen Jahren höchstens, wenn es auf gewisse körperliche Fertigkeiten ankommt, deren Können im Augenblick angestrebt wird (z. B. bestimmte Griffe beim Ballspiel, Kunststücke beim Springen und Turnen), nicht aber, wenn es sich um den Dauererwerb von Kenntnissen handelt. Hier kommt die

[1] Vgl. S. 54ff., wo es sich um das Erlernen der ersten motorischen Fertigkeiten handelt.

Lernübung stets nur als Nebenwirkung anderer seelischer Betätigungen zustande.

Und dennoch dieser starke Erfolg! Das Interesse, mit dem das Kind alles Neue ergreift; die Intensität der Beobachtung, mit der es den Dingen und Vorgängen, den Bildern und Klängen gegenübertritt; die Unermüdlichkeit, mit der es öfter dagewesene Eindrücke (z. B. die Bilder und Verschen eines Bilderbuches) sich immer von neuem vorführen läßt; das Spielbedürfnis, welches die tausenderlei Formen des umgebenden Lebens ergreift, sie nachbildet und umgestaltet – das sind die Energien, die sich von selbst in den geistigen Nutzwert von „Kenntnissen" umsetzen. Das Kind läßt sich Verschen vorsingen, nicht um sie zu lernen, sondern um sie zu hören und sich immer wieder an ihnen zu freuen – aber es lernt sie schließlich. Es horcht auf das Sprachchaos, das es umgibt, versucht zu verstehen und nachzuahmen, nicht in der Absicht, sich die Worte einzuprägen und sie zu behalten, sondern um in seelischem Zusammenhang mit seiner Umgebung zu stehen – aber es lernt hierbei spielend sprechen. Es bleibt beim Spaziergang vor jedem Schaufenster stehen und läßt sich die Herrlichkeiten darin zeigen und erklären, nicht, um es morgen oder in einem Jahr, sondern nur, um es im Augenblick zu wissen – aber es erwirbt sich dabei dauernde Kenntnisse über Aussehen, Bedeutung und Zweck der Dinge. Es ahmt spielerisch die Hantierung der Mutter nach – und lernt dabei, wozu dies und jenes Werkzeug gut sei, wie diese oder jene Verrichtung vollzogen werde. Im Bewußtsein des Kindes nichts als Augenblicksfreuden und Gegenwartsinteressen – aber jenseits aller Absicht nachhaltige Zukunftswirkungen durch Vermehrung des Wissensschatzes.

Freilich, dies spielende Lernen ist nur möglich, weil es keine Pensen gibt, die bewältigt werden müssen, und keine Termine, bis zu welchen der Lernstoff angeeignet sein soll. Darum kann sich die frühe Kindheit in ganz anderem Maße ein Prinzip zunutze machen, welches später unter dem Zwang der Schule leider stark zurücktreten muß: das der unbewußten Lernauslese. Es begegnete uns schon früher beim Sprechenlernen; es gilt aber in gleicher Weise für den Erwerb von Kenntnissen überhaupt. Die Ökonomie des geistigen Lebens bewirkt, daß von den unzähligen auf das Kind einstürmenden Eindrücken immer nur ein Bruchteil von seiner Auffassung ergriffen und von seinem Interesse gepackt wird. Diese Auffassungsauslese erfährt dann noch eine zweite Siebung, indem von dem so gewonnenen Stoff wiederum nur ein Bruchteil behalten, in „Kenntnis" umgesetzt wird. Das ist nicht von Übel, sondern ein Vorteil:

des Kindes Geist ertrinkt nicht in den Fluten des lernmöglichen Stoffes, sondern läßt sich von ihnen tragen; und es kann bei dieser Auslese den Gesetzen seiner eigenen psychischen Natur folgen, den Richtlinien seines Interesses, den fortschreitenden Bedürfnissen seiner Entwicklung. Dieser Ausleseprozeß geht dann immer weiter: während ständig neue Inhalte von ihm erfaßt werden, wird für andere schon eine Bereitschaft geschaffen, daß sie selbst künftig in den Lichtkreis des Wissens treten können; mögen sie auch hundertmal unbeachtet geblieben sein, die häufige Wiederholung bewirkt doch eine Vorbereitung für ein späteres Verstehen und Beherrschen. Da gibt es zahllose Zwischenstufen: hier nur einen aufgegriffenen Namen, dort schon ein ungefähres Verständnis der Bedeutung eines Wortes, an anderer Stelle gar bereits das Erfassen eines größeren Zusammenhanges – und langsam aber sicher spinnt sich aus diesen bunten Einzelfäden ein immer dichteres Netz von Kenntnissen zusammen.

Kein größerer Gegensatz ist denkbar, als der zwischen diesem Lernen mit unbewußter Auslese und jenem Prinzip, das auf weiten Strecken des Schulbetriebs noch immer die Herrschaft führt: der möglichst vollständigen Anpassung des Lernstoffes an das Kind. Hiernach wird der Wissensstoff genau in demjenigen Umfang und derjenigen Form dargeboten, wie ihn nach Meinung des Lehrers das Kind restlos verstehen und aufnehmen kann, und nun auch bewältigen soll. Die Lehre der Herbartianer von der Apperzeption und von den Formalstufen ist die bekannteste Ausprägung der Anpassungstheorie.

Es ist hier nicht der Ort, zu erwägen, ob jenes andere Lernprinzip der Schulzeit durch die Notwendigkeiten des Schulbetriebs wirklich gefordert ist, oder ob nicht auch hier noch größere Zugeständnisse an das Prinzip der freien Lernauslese möglich und wünschenswert wären. Der frühen Kindheit aber, in welcher noch nicht die nivellierenden Notwendigkeiten der Schule mitspielen, müssen jedenfalls die Vorzüge der unbewußten Lernauslese gewahrt bleiben. Es ist vielleicht nicht ganz überflüssig, dies zu betonen; gibt es doch einige Kindergartenmethoden[1], die etwas verfrüht das systematische Anpassungslernen der Schule schon auf dieses zarte Alter auszudehnen scheinen. Ich meine, man sollte in Kindergarten und Kinderstube das Verfahren der „Mehrdarbietung“, sofern es sich natürlich ergibt, nicht ängstlich scheuen und dem kleinen Kinde noch Freiheit in der Auslese und der allmählichen Ausgestaltung seiner Kenntnisse lassen. Es tut nichts, wenn ein Gedichtchen hergesagt wird, ohne daß es in allen Teilen verstanden ist. Es ist auch kein Un-

[1] Vgl. den nächsten Abschnitt über die Montessori-Methode.

glück, wenn mancherlei aus Natur und Kultur noch etwas wirr und chaotisch im Köpfchen des Kindes sein Wesen treibt; es wird sich mit der Zeit schon klären. Endlich soll man nicht bedauern, daß von dem, was man dem Kinde zeigt oder erzählt, so vieles abzugleiten oder schnell wieder verloren zu gehen scheint; es mag doch in einer für uns unmerkbaren Weise als Vorbereitung künftigen Verständnisses, als Ferment späterer Entwicklungsprozesse wirksam sein.

Hilde (4;9½). „Gestern schaute H. zum Fenster hinaus, und wir sprachen dabei über das trübe Wetter. Ich meinte, aller Schnee sei geschmolzen, weil es so warm sei, ‚über Null Grad'. H.: *Schmilzt da der Schnee, wenn's über Null Grad ist?* Ich: ‚Ja'. H. auf das draußen am Fenster befindliche Thermometer zeigend: *Hast du's da nachgesehen, oder weißt du's, weil der Schnee geschmolzen ist?* – Natürlich weiß sie nicht, was eigentlich ‚Null Grad' bedeutet; aber jede derartige Unterhaltung führt sie unmerklich diesem Verständnis näher. – Ein weiteres Beispiel: Wir haben H. einen Kalender ins Zimmer gehängt; sie reißt täglich ein Blättchen ab und liest dann, der ‚wievielte' heute ist. Was sie sich darunter vorstellt – wir wissen es nicht! Aber es wäre total falsch, Kindern solche Dinge vorzuenthalten, an denen sie eine vorübende Freude haben und die sicher beitragen, ihnen später viele Begriffsbildungen zu erleichtern . . ."

Ganz von selbst wird sich diese Lehr- und Lernweise bei jüngeren Geschwistern besonders stark geltend machen. Denn deren natürliches Bestreben, in der Gemeinsamkeit mit den älteren Geschwistern zu leben, stellt sie fortwährend unter Einflüsse, die für die älteren berechnet sind, mag es sich um Spiele, vorgelesene Geschichten, Gespräche oder Erklärungen handeln.

In den Aufzeichnungen über unsere jüngste Tochter finden sich an den verschiedenen Stellen hierher gehörige Bemerkungen. Wir greifen nur zwei heraus:

Eva (4;10). „Durch das ständige Zusammensein E.s mit den größeren Geschwistern ist ihr Sprechen und Tun außerordentlich „gebildet". Sie hat geographische, theologische, arithmetische, zoologische, französische, philatelistische usw. Interessen und Kenntnisse. Sie erlebt alles mit, was die Geschwister lernen und treiben, und nimmt an allem mit großem Interesse teil, ob es nun ihrem Verständnis entrückt ist oder nicht. Durch die Reise des Vaters spukt Amerika auch in ihrem Köpfchen. Sie erzählt von Neuyork und seinen Brücken, von den Wolkenkratzern, von den Niagarafällen, sie schaut mit hinein in die Landkarte, die ich den Geschwistern erkläre. Sie nimmt einen kleinen Spielglobus in die Hand und sagt: *Jetzt will ich mal ‚Erdkündchen' lernen.*"

5;6. „Das Aufwachsen jüngerer Geschwister in inniger Gemeinsamkeit mit älteren widerlegt vielleicht so gut wie kein anderer Einwand die Lehre Berthold Ottos von der Alters-Mundgerechtheit. Nicht nur alle Gespräche, die wir bei den Mahlzeiten und auf Spaziergängen führen, sondern auch meine zum Vorlesen gewählte Lektüre ist ganz vorwiegend dem Interesse der älteren angepaßt. Die Großen würden sich sehr beklagen, wenn ich ihnen das vorsetzen würde, was ihnen in Evas Alter sehr gut gefallen hatte. Evchen hingegen ist es ganz recht, zuzuhören, mögen auch die Dinge zum großen Teil zu hoch für sie sein."

2. Psychologische Bemerkungen zu den Montessori-Übungen

Die vorangehende Betrachtung über die Psychologie des frühkindlichen Lernens erlaubt es nun auch, zu den Übungsmethoden der Montessori-Schule Stellung zu nehmen[1]. Es ist dies um so notwendiger, als Frau Montessori glaubt, daß sich ihre Methode mit innerer Folgerichtigkeit aus der wissenschaftlichen Psychologie ergebe. Diese Anschauung scheint mir nicht zutreffend zu sein. Schon die zentrale Rolle, die dem Lernen oder „Üben" in dem Kinderheim eingeräumt wird, entspricht nicht der Natur dieser Altersstufe. Gerade weil in dieser Zeit alles, was dem Kinde in die Hand oder unter die Augen kommt, ungewolltes Lernmittel wird, ist es um so weniger nötig, dies Lernen zum bewußten Ziel der ganzen Frühkinder-Erziehung zu machen. Und wenn die „unbewußte Lernauslese", von der wir oben sprachen, frei walten soll, dann ist es verfehlt, von vornherein dem Kind schon die Beschäftigungsgegenstände so zu präparieren, daß daran etwas ganz Bestimmtes geübt werden muß, und nun gar noch diese Beschäftigung in eine systematische Reihenfolge zu bringen[2]. Das ist verfrühte Übertragung von Schulmaßnahmen auf eine Altersstufe, die noch nicht für die Systematik und bewußte Zweckhaftigkeit des Schulbetriebes geeignet ist.

Frau Montessori stellt zwar ihre Methode in Gegensatz zu der üblichen Schulmethode und betont, daß bei ihr die Kinder ihre Beschäftigungen vollziehen, wann sie wollen und wie sie wollen; sie werden zu nichts gezwungen; es wird niemals das, was sie tun sollen, vorgeschrieben oder vorgemacht; die Lehrerin soll sich möglichst ausschalten und überflüssig machen. Selbsterziehung durch Selbsttätigkeit sei somit das neue Prinzip ihrer Methode. Dies trifft gewiß in weitem Maße zu für die jeweilige Wahl der einzelnen Beschäftigung, die wirklich dem Kinde überlassen bleibt. Auch fehlt völlig jeder Zwang durch Befehlen und Verbieten. Dagegen wird die Freiheit des Kindes um so stärker eingeengt durch die Gesamtorganisation der Beschäftigungsmöglichkeiten und durch die Zwangsläufigkeit der Zielsetzungen, die den einzelnen Lernmitteln gegeben sind.

---

[1] Wir dürfen uns hier um so eher mit kurzen Andeutungen begnügen, als nun eine ausführliche und grundsätzliche Erörterung dieser Frage vorliegt (Martha Muchow IV), die in ihrer Gesamttendenz durchaus mit dem hier vertretenen Standpunkt übereinstimmt. – Vgl. hierzu ferner die Aufsätze von Hessen, sodann aber auch die Antikritik von Gerhards. – Beschreibungen der Methoden finden sich bei Montessori, D. u. R. Katz I S. 82ff. und Fisher.

[2] Vgl. das Kapitel: Stufenmäßige Darbietung der Lehrmittel und Übungen. Montessori I, S. 314ff.

Dem Montessorisystem haften noch offensichtlich die Eierschalen seines Ursprungs aus der Heilpädagogik an. Als Ärztin bemühte sich Frau M., die Unterrichtsmethoden des französischen Nervenarztes Séguin für schwachsinnige Kinder zu verbessern. Sie erfand hier eine Reihe sehr zweckmäßiger Übungen zur Schulung der Sinne und der Körperbewegungen. Als sich ihr nun Gelegenheit bot, ein Kinderheim für die normalen, aber jüngeren Kinder eines römischen Proletarierviertels einzurichten, wurden jene Methoden übertragen.

Auch die weitere Frage, ob der Elementarunterricht in der Schule nicht wertvolle Anregungen aus den Montessoriübungen ziehen könnte, hat für uns auszuscheiden. Ich halte es gar nicht für unmöglich, daß sich allmählich der Schwerpunkt der Montessorimethode vom Kindergarten zu den ersten Schuljahren hin verschieben wird, und das wäre nur zu begrüßen. Denn für die psychische Struktur des Schulkindes sind zweifellos derartige Beschäftigungen und Übungen viel angemessener als für das reine Spielalter, das uns hier allein angeht.

Es gibt in einem echten Montessoriheim nur vier Arten von Beschäftigungen, die alle, mittelbar oder unmittelbar, praktisch nutzbarer Leistungssteigerung dienen und demnach nicht Spiele sind: Sinnesübungen, Bewegungsübungen, lebenspraktische Verrichtungen, Erwerb elementarer Schulfertigkeiten (Schreiben, Lesen, Rechnen).[1] Im Zentrum des Systems stehen die Sinnesübungen; für sie ist vor allem das spezifische „Montessorimaterial" geschaffen; sie sind auch theoretisch die Grundlage des Systems. Deshalb darf sich unsere gegenwärtige Orientierung auf sie beschränken, da hier die entscheidenden Merkmale der Methode klar hervortreten[2].

Nach Montessori besteht die Grundfunktion der Seele in der Aufnahme, Erkennung, Unterscheidung und Benennung einfacher Sinneseindrücke, woraus sich dann von selbst, durch Verbindung, Trennung usw. alle höheren Seelentätigkeiten, insbesondere die des Intellekts und der sogenannten schöpferischen Fähigkeiten ergeben sollen. Für die frühe Zeit genügt daher Beobachtungsschulung; ist hier nur ein

[1] Über die Schreib- und Leseübungen vgl. S. 149 des vorliegenden Buches, über die Rechenleistungen und über die lebenspraktischen Übungen handeln spätere Kapitel.

[2] Wenn Gerhards in seiner Antikritik (S. 9) darauf hinweist, daß Frau Montessori ja auch gymnastische Übungen, Töpferei und Bauen, freies Zeichnen usw. kennt, so kann jetzt Frau Montessori selbst gegen ihn als Kronzeugin angeführt werden. In der neuen Auflage ihres Hauptwerkes (1926) hat sie nämlich alle diese Stellen, auf die sich G. beruft, fortgelassen; und vom freien Zeichnen heißt es ausdrücklich, daß es „in meine Methode nicht eingeht. Ich vermeide in der Tat jene unreifen Versuche, die durch einen ermüdenden Mißerfolg belastet sind." (Zitiert nach Hessen II). Es herrscht also ganz ausschließlich der utilitaristische Erfolgsstandpunkt vor. Daß sich Kinder im freien Zeichnen spielend äußern und darstellen, daß es eine Art des ihnen natürlichen Fabulierens und Erzählens ist, und daß man es ihnen deshalb (nicht in Hinblick auf den etwa zu erzielenden „Erfolg" für künftiges Schreiben usw.) freigeben sollte, das wird nicht erkannt und nicht gewürdigt.

fester und sicherer Grundstock von klar erkannten und benannten Eindrücken gesichert, so ist die Entwicklung jener komplexen Leistungen in der Folgezeit gleichsam automatisch zu erwarten. Zugleich wird dadurch das Realitätsbewußtsein so gefestigt, daß nun keine Störungen der kindlichen Erkenntnis von der bösen Phantasie her (in der Montessori lediglich einen Rückstand unvollkommener Menschheitsstufen sieht) zu befürchten sind.

Daß diese entwicklungspsychologische Voraussetzung in tiefstem Grunde irrig ist, brauchen wir hier nicht im einzelnen zu erweisen; unser Buch zeigt ja auf jeder Seite, wie gänzlich anders in Wirklichkeit die geistige Entwicklung des Kindes verläuft. So wichtig innerhalb dieser Entwicklung die allmähliche Ausbildung des Anschauens, Beobachtens, Ordnens, Vergleichens usw. ist, so unnatürlich ist die Absonderung der Sinnestätigkeit von den anderen geistigen Funktionen.

Aber auch innerhalb der Sphäre der Sinneswahrnehmungen geht diese Absonderung bei Montessori noch weiter. Jedes einzelne Sinnesgebiet wird scharf isoliert, und wieder innerhalb eines jeden wird ein bestimmtes elementares Merkmal isoliert. So gibt es Tastübungen, Farbübungen, Geräuschübungen, Tonübungen, Geruchsübungen usw.; und zwar werden nur solche Sinnesreize dargeboten, die sich in einer Hinsicht unterscheiden und nun geordnet werden sollen: Tasttäfelchen verschiedener Rauhigkeit, Farbentäfelchen verschiedener Helligkeit, Würfel verschiedener Größe usw.

Die hier zugrunde liegende Psychologie ist also die reine Elementenpsychologie, die da glaubt, daß sich unsere Wahrnehmung aus Empfindungselementen zusammensetze. In Wirklichkeit aber ist die einheitliche „Gestalt" einer Wahrnehmung, z. B. eines Baumes oder einer bewegten Handlung, etwas völlig anderes als die bloße Summe der darin enthaltenen Farb-, Form-, Geräusch-Empfindungen; und deshalb ist der natürliche Weg der Beobachtungsübungen beim Kleinkind ein solcher, der von den natürlichen Ganzheiten und nicht von den abstrakten Elementen ausgeht. An Naturvorgängen, Naturobjekten und Geräten, Bildern sowie an den natürlichen Ereignissen des Lebens – kurz an Stoffen, die für das Kind zugleich sinnlich und sinnvoll sind – lernt das Kind viel besser beobachten, als an künstlich isolierten, sinnfremden Farben- oder Geräuschreihen; aus den beobachteten Gestalten heben sich allmählich die einzelnen Elemente und ihre Bezeichnungen heraus. Vielleicht lernt das Kind hier langsamer; aber was es lernt, hat nun von vornherein seinen Platz in den natürlichen Sinnzusammenhängen des Lebens. An das isolierende Lernen kommt das Kind in der Schule noch immer früh genug; aber selbst dort macht sich ja jetzt mehr und mehr der Grundsatz geltend, daß man von den natürlichen Ganzheiten, nicht von den einzelnen Elementarteilen ausgehen soll.

Selbstverständlich können gelegentlich auch einmal die Montessorischen Reihenbildungen von Formen, Farben usw. dem Kinde Freude machen; es lernt auch ganz unbewußt so manches daran: nicht nur die Unterscheidung und Benennung der speziellen Einzelglieder der Reihe, sondern auch die logischen Prinzipien des Ordnens, der Abstufung usw.[1] Und deshalb kann man die Montessori-Materialien gewiß als eine Bereicherung der kindlichen Spielobjekte willkommen heißen, wenn sie als eine Gruppe unter vielen anderen Spielsachen zur Verwendung kommen und wenn sie vor allem spielmäßig benutzt werden.

Aber gerade die freie spielmäßige Verwertung ist aus der orthodoxen Montessorimethode verbannt – und damit kommen wir zu dem zweiten psychologischen Grundfehler: der Eindeutigkeit der Beschäftigungsaufgabe. Frei ist das Kind zwar in der Wahl des Beschäftigungsmaterials und in der Dauer seiner Beschäftigung damit: aber gebunden in der Art der Beschäftigung. Denn die Beurteilung des kindlichen Tuns steht lediglich unter dem Leistungsgesichtspunkt: richtig oder falsch; und es gibt nur eine Lösung, die im Sinn der Erwachsenen „richtig" ist (nämlich die Herstellung der Stufenreihe); alle anderen Betätigungen gelten als „falsch" und haben höchstens insofern Wert, als das Kind ja gerade aus seinen Irrtümern lernen kann, wie es „richtig" ist.

Veranschaulichen wir dies an Beispielen.

---

[1] Auch psychologische Probleme bietet das Ordnen von Sinnesreihen – Probleme, die kürzlich von Révész (II) angeschnitten worden sind. Bei Vorlegen von Farbtäfelchen in den vier Hauptfarben waren 4–6jährige Kinder zu 73% imstande, ein Ordnungsprinzip zu finden, und zwar – zu etwa gleichen Teilen – entweder die spektrale Reihenfolge nach der Ähnlichkeit (rot, gelb, grün, blau), oder die komplementäre Ordnung nach Gegensatzpaaren (rot grün, gelb blau). – Bei geometrischen Figuren ergab sich als bevorzugte Ähnlichkeitsreihe die folgende: Dreieck, Trapez, Rhombus, Quadrat, Fünf-, Sechs-, Acht-Eck, Kreis.

Den Versuch, die Reihenordnung einfacher Reizobjekte unter Gesichtspunkte der Gestaltpsychologie zu bringen, macht Gerhards S. 18. „Es handelt sich durchweg um Herstellung von Gebilden, die besonders prägnante Passens- und Ganzheitseigenschaften aufweisen: jedes nicht zu kleine Bruchstück eines solchen Gebildes enthält bereits das Gesetz des Ganzen in sich, so daß man das Bruchstück nur zu sich selbst analog zu ergänzen braucht, um das zusammengehörige Gesamtgebilde zu erhalten." G. betont also hier die in der Aufgabe selbst liegende Zwangsläufigkeit; vgl. aber hierzu die weiterfolgenden Absätze im Text.

Eines der bekanntesten Lernmittel besteht in einem Brett mit einer Reihe von runden Löchern abnehmender Größe und ebensovielen Zylindern verschiedener Dicke; das Kind soll von selbst darauf kommen, jene Zylinder in die passenden Öffnungen zu setzen, und es soll daran die Unterscheidungen verschiedener Dicken und das Herstellen einer Reihe lernen. Montessori schildert nun, wie das Kind hier selbsttätig vorgeht, wie es seine Fehlgriffe korrigiert, wie es das Auge durch den Tastsinn ersetzt usw. (S. 159ff.). Dann aber heißt es (S. 161): „Sobald das Kind mit augenscheinlicher Sicherheit jedes Stück an seinen Platz zu bringen weiß, ist es über diese Übungen hinausgewachsen, und dieses Material hat keinen Wert mehr für das Kind." Hier ist es klar ausgesprochen, daß die Zylinder nur diesem einen, von der Methodikerin beabsichtigten Zweck dienen sollen; der Fundamentalsatz, daß gerade das kleine Kind aus allem alles machen kann, wird mißachtet. Wenn nun das mit dem Einsatzbrett spielende Kind auf den ganz un-montessorischen Gedanken kommt, den dicksten Zylinder als Papa, den nächsten als Mama, die folgenden als die Kinder anzusehen und mit ihnen „Puppen" zu spielen? Oder die Zylinder unter das Brett zu legen, und dies nun darauf rollen zu lassen als Eisenbahn? Wir lesen in dem ganzen Buch nichts über diese Art von Selbsttätigkeiten, die nun erst eigentlich freie, nämlich nicht aus den Absichten des Leiters hervorgegangene Spiele sind! Nach meiner Überzeugung ist sogar der „Lernerfolg" solcher ganz freien Betätigungen größer und vor allem mannigfaltiger, als wenn das Kind sich auf die Herstellung der Stufenreihen beschränkt; denn auch hierbei geht dem Kinde allmählich der Unterschied von „dicker" und „dünner" auf, daneben aber noch vieles andere und Wichtigeres. Rollenspiele und Puppenspiele machen ja die Kinder unbewußt mit menschlichen Verhältnissen vertraut, üben sie in bestimmten Willenshaltungen usw.

Ein anderes Beispiel aus der Praxis eines Montessoriheimes (nach Muchow IV): Zwei Mädchen sitzen zusammen am Tischchen, haben die beiden Kästchen mit Farbentafeln vor sich ausgeschüttet und fangen an – Häuser zu bauen. „Ich baue mir ein grünes," sagt die eine; „und ich ein blaues," die andere. Mit Eifer suchen sie jetzt die Farben aus dem Haufen heraus, die sie brauchen können, und bauen damit die Häuschen auf. Die Lehrerin tritt an den Tisch und bringt, ohne ein Wort zu sagen, mit einem Strich der Hand die Gebäude zu Fall, gibt jedem Kind eine Tafel in kräftiger Farbe als Anfang einer Reihe und fordert die Kinder auf, Helligkeitsreihen zu legen. Die Kinder tun es, aber ohne große Lust, und lassen bald die Tafeln liegen, von denen sie erst so viel Schaffenslust erhofft hatten.

Bei den Übungen des Tastsinns erhalten die Kinder Gegenstände verschiedener Rauhigkeit (Sandpapier, glattes Holz usw,), über die sie – mit offenen oder geschlossenen Augen – mit dem Händchen einherstreifen sollen, wobei ihnen die unterschiedlichen Eigenschaften „rauh“, „glatt“ bekannt werden. Wir hören nun (D. C. Fisher, S. 73) „daß man die Kinder „lehren“ muß, die Handbewegungen und alle anderen ähnlichen immer von links nach rechts auszuführen, so daß eine Muskelgewöhnung entsteht, die ihnen später sehr zustatten kommt, wenn sie einmal ihre Buchstaben abtasten, die natürlich immer von links nach rechts geschrieben sind.“ So wird also, um der künftigen Lesedidaktik willen, das primitive Tastspiel schon in seinen ersten Anfängen in eine Zwangsroute gebracht. – Dieselbe Verfasserin erwähnt ein einziges Mal in ihrem umfangreichen Buch die Puppe – und in welchem Zusammenhang? Die Puppe soll möglichst so groß sein, daß sie des Kindes eigene Kleider tragen kann, damit das Kind hieran das Zu- und Aufknöpfen, das Einhaken in Ösen, das Binden von Bändern lernen kann.

Martha Muchow hat ganz recht: Für Frau Montessori ist das Kind nicht eine Person, die in das Spiel seine ganze personale Totalität legt, seine Bedürfnisse, Interessen, Phantasiefreuden, seine Stellung zu Menschen und Dingen – sondern es ist ihr ein psycho-physiologischer Organismus, der in seinen Betätigungen seine Organe und Fertigkeiten in gradlinig vorgezeichneter Weise üben soll. Und das Ergebnis dieser Auffassung? „Das Kinderhausverfahren vernichtet das Spiel“.

3. Das Auswendiglernen von Gedichten

Unter den verschiedenen Arten des Lernens spielt das „Auswendiglernen“ eine bedeutende Rolle. Es besteht in dem Erwerb von längeren sprachlichen Vorstellungsreihen, die durch einen einmaligen Anstoß zum Abrollen gebracht werden können.

Während über das Auswendiglernen des Schulkindes und des Erwachsenen zahlreiche psychologische Untersuchungen angestellt worden sind, hat man das Memorieren der kleinen Kinder, obgleich es wieder seine ganz charakteristischen Erscheinungen hat, bisher recht stiefmütterlich behandelt.

Ungefähr vom vierten Jahre an werden die Kinder fähig, gereimte Texte zu lernen, und es bereitet ihnen die größte Freude, die Begleitverse zu den Illustrationen ihrer Bilderbücher herzuplappern, die Kinderreigen im Kindergarten mit den nötigen Texten zu singen oder den Eltern ein heimlich gelerntes Geburtstags- oder Weihnachtsgedichtchen aufzusagen. An derartigen Texten ist man nun zunächst imstande, den Umfang der kindlichen Gedächtniskapazität etwas genauer zu bestimmen. Geben wir einige Proben aus verschiedenen Altersstufen.

Eva (3;0). Zu Weihnachten hatten die Kinder ein Casparisches Bilderbuch geschenkt bekommen; die 23 Bilder, die untereinander nicht in Zusammenhang standen, waren von kleinen Gedichtchen begleitet, jedes ungefähr von sechs Zeilen Länge. Als die Eltern von einer kurzen Reise zurückkehrten, konnten die Kinder zu ihrer Überraschung das Buch auswendig. Eva sagte die 146 Gedichtzeilen fehlerlos her; allerdings mußte sie beim Umblättern meist einen Blick auf die Bilder der nachkommenden zwei Seiten werfen, um weiter zu können. Außerdem hatte sie zu Weihnachten dem Vater ein zwölf Zeilen langes Gedicht aufgesagt.

Hilde (3;6). Hilde kennt mehrere der Heyschen Fabeln gut auswendig, andere ergänzt sie; kleine Kinderverschen behält sie spielend. Ein paar Gedichte, die wir Eltern ihr gemacht, wie „Puppenwäsche“ (20 Zeilen) und „Warum, darum“ (12 Zeilen) saßen, ohne daß auch nur ein Bild das erleichtert hätte, schnell fest.

Eva (5;3). Das Kind hatte einige Wochen lang an einem Privatkindergarten mit sieben Gefährten teilgenommen; zum Abschluß gab es ein Frühlingsfest, bei welchem jedes Kind ein von der Leiterin verfaßtes Gedichtchen aufzusagen hatte. Eva beherrschte nicht nur die von ihr aufzusagenden Verse, sondern auch die der sieben anderen – zusammen sicherlich weit über hundert Zeilen –, und jeden Abend ertönten aus dem Schlafzimmer die lustigen Reime, womöglich im Tonfall der betreffenden kleinen Schauspieler aufgesagt.

Günther (5;6). Die 146 Verse des Casparischen Bilderbuches, welche die dreijährige Eva (s. oben) mit Hilfe der Bilder aufsagte, konnte der 2½ Jahre ältere Bruder ohne Benutzung der Illustrationen rezitieren, und zwar – obwohl, wie gesagt, kein Zusammenhang zwischen den 23 Gedichtchen bestand – in der richtigen Reihenfolge.

Da nun bei diesen Zusammenstellungen nur ein Teil dessen berücksichtigt ist, was die Kinder zu den genannten Zeiten an Versen beherrschten, so ist es nicht zu hoch gegriffen, wenn man einem vier- bis fünfjährigen normalen Kinde die Fähigkeit zuschreibt, einen Bestand von ungefähr 200 Gedichtzeilen im Kopf zu haben. Natürlich gibt es hier große Unterschiede aus äußeren und inneren Gründen: Kinder der niederen Stände, die wenig Gelegenheit haben, Verse und Gedichte vorgesagt zu hören, werden weit weniger können; umgekehrt kann eine besonders hierauf gerichtete Dressur die Zahl der memorierten Verse beträchtlich erhöhen. Ganz abseits stehen dann noch die zuweilen vorkommenden Fälle einer angeborenen abnormen Gedächtnisbegabung, die schon im frühen Alter zu einer erstaunlichen Beherrschung langer Gedichte befähigt.

Psychologisch wichtiger aber ist die Frage, wie denn dieses Gedichtlernen zustande kommt. Da zeigen sich wieder grundsätzliche Unterschiede zum Memorieren des Schulkindes. Dieses sieht fast ausnahmslos die zu lernenden Verse gedruckt vor sich, verbindet also beim Memorieren die Gesichtseindrücke des Druckbildes der Worte mit dem Klang der gehörten Worte und den Empfindungen, die seine eigenen Sprechbewegungen hervorrufen: es lernt zugleich visuell, auditiv und motorisch. Das Spielkind dagegen kann noch nicht lesen und ist daher auf den auditiv-motorischen Lernweg beschränkt. Man mache sich klar, was das bedeutet. Es fehlen dem kleinen Kinde nicht nur die optischen Erinnerungen an die Druckworte des Textes;

es hat auch nicht die Möglichkeit, nach eigenem Bedarf sich den Stoff einzuteilen, Stellen, die es nötig haben, noch einmal für sich vorzunehmen – wie das lesende Kind es kann. Allerdings wäre es ja auch – ganz abgesehen von der Unfähigkeit zu lesen – zu einer solchen selbständigen Behandlung des Lernstoffes noch gar nicht reif, da ihm der bewußte Lernwille noch fehlt.

Die mangelnde visuelle Hilfe wird nun aber durch anderes ersetzt, was beim kleinen Kinde vielleicht stärker ausgeprägt ist als beim größeren. Da ist erstens die reine Freude am Klang an sich, ganz abgesehen von seiner Bedeutung. Die rythmische Gliederung der Verse, die etwaige begleitende Melodie, der Wohlklang der Reime, Verdoppelungen und Refrains, die sinnfällige Sonderbarkeit schallmalerischer oder interjektionaler Bestandteile, wie „eia popeia" und „kikeriki" – all das hat für das Kind eine ganz elementare Lustbetontheit, die nach ständigen Wiederholungen verlangt und die unwillkürliche Einprägung sehr fördert. Dazu kommt aber noch die sensumotorische Natur des kleinen Kindes. Ein bloßes Hören gibt es da gar nicht; sogleich soll das Gehörte in Selbstgesprochenes umgesetzt werden. Kaum daß das Kind ein Verschen ein- oder zweimal gehört hat, versucht es schon beim nächsten Hören mit- und nachzusprechen – ohne Rücksicht darauf, daß es noch so und so viele Worte verschluckt oder fälscht, und daß es ständig mit seinem Aufsagen um einen halben Takt hinter dem Vorsagenden zurückbleibt. Das so Halbgewonnene wird dann endlich durch die Freude des Kindes am Singen und Sagen, an der textlichen Begleitung seiner Tänze und Spiele immer mehr befestigt; und die schönen alten Kinderreime – nebst manchen nur teilweise schönen modernen Gedichten – werden so zum ersten literarischen Besitz der künftigen Generation unseres Volkes.

Aber auch optische Lernhilfen fehlen nicht, trotzdem der gedruckte Text nicht gelesen werden kann; sie werden durch die begleitenden Illustrationen gewährt. Wir sahen ja, wie der vierjährigen Eva das Aufsagen der Casparischen Verschen nur möglich war durch den Anblick der Bilder, die die dazugehörige Wortreihe assoziativ auslösten. Der ältere Bruder aber hatte die Betrachtung der Bilder bei diesem Versuch nur deshalb nicht mehr nötig, weil er außerordentlich lebhafte „Anschauungsbilder" des Buches mit den Illustrationen in richtiger Reihenfolge in sich trug; während er aufsagte, hatte man den Eindruck, als ob er im Geiste das Buch umblättere und sich an den vorgestellten Bildern die Verse vergegenwärtige.

Weiter ergibt die Analyse des frühkindlichen Lernprozesses, daß

Sinn und Bedeutung des Lernstoffes hier lange nicht die Rolle spielen wie später. Beim Schüler wird – mit Recht – darauf Wert gelegt, daß er keine für ihn bedeutungslosen Stoffe lernen solle; ein Text, dessen Sinn er nicht begreift, hat für ihn keinen eigentlichen Bildungswert und verlangt zugleich für die Lernarbeit unvergleichlich höheren Zeit- und Kraftaufwand als ein gleich langer, verständnisvoll aufgenommener Text. Die frühe Kindheit dagegen ist recht eigentlich die Zeit sensumotorischen Auswendiglernens. Wenn, wie wir sahen, die bloße Freude am Klang das Kind zum Nachsprechen und schließlich zum unabsichtlichen Memorieren bringt, so wird dieser Erfolg kaum dadurch beeinträchtigt, daß das Kind fast nie die gelernten Verschen wirklich in allen Teilen versteht – oft ist sogar das Verständnis ein nur ganz verworrenes und bruchstückweises[1]. Aber es wäre nun auch hier eine ganz falsche Pedanterie, wollte man durch langatmige Erklärungen das Verständnis herbeizwingen oder aber alle Gedichte ausschalten, die nicht gänzlich verstanden werden. Es wäre ja auch ganz unmöglich, im Kindergarten oder zu Hause zu verhindern, daß die Kleineren die für Größere bestimmten Gedichte ganz von selbst mitlernen, ohne es zu wissen und zu wollen.

Eva (4;2). „Das reizende plattdeutsche Gedicht von Klaus Groth ‚Lütt Matten, der Haas' spielte eine Zeitlang in unserer Kinderstube eine große Rolle. Alle drei Kinder konnten es auswendig und stellten es auch dramatisch dar. Eva sprach es genau so ausdrucksvoll und überzeugend wie die Großen; als ich nun aber einmal forschte, ob sie den Inhalt begriffen habe, da stellten sich gar große Mängel heraus. – Dies Mitlernen ohne alles Verständnis führt oft zu spaßigen Irrungen. So hatte die älteste Schwester „Es braust ein Ruf wie Donnerhall" gelernt. Klein-Evchen stammelt es eines Morgens, und neben anderem Humoristischen ertönen plötzlich die Worte „Wie Schwertgeklirr und Rosenknall" (statt: Wogenprall).

Eine letzte Besonderheit des frühkindlichen Memorierens ist das Lernen im Ganzen. – Ein Schulkind, das etwa ein Gedicht von sechs Strophen zu je vier Zeilen zu lernen „aufhat", wird fast stets so vorgehen: zunächst nimmt es die erste Strophe vor, liest sie mehrmals durch, bis es sie zu beherrschen glaubt, dann verfährt es mit der

[1] Die übliche Bezeichnung hierfür, „mechanisches Gedächtnis", ist mißverständlich. Denn auch der unverstandene Stoff wird nicht dadurch gelernt, daß sich die einzelnen Elemente (Silben) durch den bloßen Mechanismus der Klangassoziation aneinanderreihen: vielmehr besteht auch dieser Lerninhalt aus einheitlichen Klanggestalten. In einem einzelnen Vers (z. B. „Ringel Ringel Rosenkranz") sind die oben skizzierten Merkmale: Rhythmus, Text, Melodie und Sprechbewegung von vornherein nur als unselbständige Momente enthalten; als solch ein sensumotorisches Ganzes wird der Vers eingeprägt und verbindet sich mit anderen zur Gesamtgestalt des Liedchens.

zweiten Strophe ähnlich und verbindet erst zuletzt die einzeln gelernten Strophen zum Ganzen des Gedichtes. Experimentelle Untersuchungen der neueren Zeit haben ergeben, daß dies „Lernen in Teilen", obwohl ganz allgemein verbreitet, recht unökonomisch ist. Ein Lernstoff, der überhaupt in einem Pensum bewältigt werden kann, wird schneller und zugleich dauerhafter gelernt, wenn er stets im ganzen vorgenommen wird. Nun ist bemerkenswert, daß diese ökonomischere Art zu lernen in der frühen Kindheit die allein geübte ist. Es hängt dies wieder mit dem fehlenden Lernwillen des Kindes zusammen; das mehrfache Anhörenmüssen eines Bruchstücks, ehe zum nächsten übergegangen wird, würde ganz gegen seine Natur sein. Und so läßt es sich das ganze Bilderbuch vorlesen mit seinen 23 Gedichten, immer wieder und wieder, bis es sie alle mitsprechen kann.

„Da die fünfjährige Eva ein Weihnachtsgedicht für den Vater lernen soll, mit nem Anfang: „Im Walde steht ein Tannenbaum mit Nadeln spitz und fein, damit däht sich der Distelfink sein buntes Röckelein" und noch fünf weiteren entsprechend langen Strophen, genügt es, wenn die Mutter einige Tage lang morgens früh beim Anziehen der Kleinen zweimal das ganze Gedicht vorsagt; sie spricht es nach und mit, und nach wenigen Tagen ist es ohne jede Mühe eingeprägt."

Es wäre doch sehr wohl zu bedenken, ob das natürliche „Lernen im ganzen" nicht aus der Spielzeit auch noch auf die ersten Jahre der Schulzeit ausgedehnt zu werden verdiente; dann müßte man freilich nicht ein Lernpensum von heute zu morgen oder zu übermorgen aufgeben, sondern einen längeren Spielraum gewähren, in welchem sich von selbst durch häufige Wiederholung des Ganzen das Gedicht einprägen kann.

Kapitel XVII

Erinnerung[1]

1. Hauptformen der frühkindlichen Erinnerung

Daß das kleine Kind zu seiner eigenen Vergangenheit ein merkwürdig sprödes Verhältnis hat, mußte schon mehrfach betont werden. Zwar schuldet es dieser Vergangenheit und den aus ihr stammenden Nachwirkungen all sein Wissen und seine Fertigkeiten; aber zu einer Rückschau auf sie ist es noch nicht fähig. Denn in bezug auf das „Gewesene" gibt es ja nichts mehr zu begehren, zu erwarten und zu hoffen, sondern nur tatenlos zu konstatieren; und kleine Kinder sind eben nicht kühle Chronisten, die in der Erinnerung leben können, son-

[1] Unter Benutzung von C. u. W. Stern, Monographie II.

dern Willens-, Affekt- und Tatmenschen, deren Bewußtsein auf den Gegenwartsaugenblick und auf die dem Handeln zugängliche nächste Zukunft eingestellt ist. Das, was noch eben das Kind beschäftigte, versinkt dann alsbald von selbst – oder es wird, wenn es sich störend und verwirrend in das Gegenwartsleben einmischen könnte, in unterbewußte Regionen verdrängt.

Nur ganz allmählich wandelt sich dieser erinnerungslose Zustand. Längst hat das Kind schon einen großen Gedächtnisschatz, der aus seiner Vergangenheit stammt; aber es verwertet ihn – wir sahen es beim Wiedererkennen und beim Gebrauch der Kenntnisse – nur für Gegenwartszwecke. Endlich aber beginnen jene Gedächtnisinhalte doch schon gelegentlich ihre Herkunft zu verraten; es regt sich die Ahnung, daß sie zu einem früheren Zeitpunkt des eigenen Lebens gehören – sie werden zu „Erinnerungen".

In dem Nebel, der dem Bewußtsein des Kindes die eigene Vergangenheit verdeckt, tauchen hier und da schwache Lichtpunkte auf, unklar, schnell verschwindend. Sie werden mit fortschreitendem Alter deutlicher, mannigfacher und häufiger und verbinden sich späterhin zu größeren Zusammenhängen, zur Erinnerung an eine Festlichkeit, eine Sommerreise. Aber viele Jahre vergehen, ehe an die Stelle dieser Bruchstücke ein zeitlich gestaltetes Vergangenheitserleben tritt und das Kind ein – wenn auch noch so vereinfachtes und stilisiertes – Gesamtbild des bisher zurückgelegten Lebensweges gewinnt. Diese Seite des Persönlichkeitsbewußtseins kommt erst jenseits der frühen Kindheit zu reicherer Ausgestaltung.

Behalten wir das Gleichnis noch etwas bei, als ob die eigene Vergangenheit des Kindes ein in seinem Rücken liegendes Wanderungsgebiet sei, das in einen langsam sich lichtenden Nebel getaucht ist[1]. Im Nebel ist nur das Nächste sichtbar, und so erstrecken sich die ersten aufflackernden Erinnerungen lediglich auf Eindrücke, die um weniges zurückliegen; die Latenzzeiten sind sehr kurzfristig und nehmen erst allmählich an Länge zu. Und der Nebel, wenn er selbst schwächer geworden ist, nimmt der Landschaft die Tiefe und Perspektive; die einzelnen Punkte stecken ohne deutlich unterscheidbare Ferne alle in derselben grauen Masse. Das soll heißen: die Vergangenheit hat für das Kind keine Plastik, ist nicht zeitlich

[1] Durch dieses Gleichnis werden die Anfänge der Erinnerung in Analogie gesetzt zu dem – ein Jahr früher erfolgenden – Zustandekommen der ersten Wahrnehmungen (s. S. 77f.). Auch dort zeigten wir, daß die Entwicklung nicht einsetzt mit Einzelelementen, die sich assoziieren, sondern mit einem diffus-chaotischen Gesamtzustand, aus dem das Einzelne durch „Abhebung" entsteht.

modelliert, derart, daß der größere oder kleinere Zeitabstand, das Vor- und Nacheinander der Ereignisse ihm klar würde. Ein unbestimmtes „es war einmal“ muß lange jede Zeitfixierung ersetzen. Diese Unfähigkeit, die Erinnerungen genauer in der Zeit zu lokalisieren, ist neben der oben erwähnten Zusammenhangslosigkeit eines der charakteristischsten Kennzeichen des kindlichen Erinnerungslebens und zugleich eine Quelle mannigfacher Täuschungen.

Die Erinnerungen sind Bewußtseinsphänomene, die sich nicht notwendig wie andere Bewußtseinsinhalte immer nach außen bemerkbar machen müssen; daher ist es dem Kindesbeobachter nicht möglich, zu einem ganz zuverlässigen Urteil über den tatsächlichen Umfang und Inhalt des kindlichen Erinnerungslebens zu kommen. Was wir beobachten, sind ja immer nur Gelegenheitsäußerungen, die manchmal auf ganz zufälligen Auslösungen beruhen, oder aber Leistungen, die wir erst absichtlich durch Fragen usw. herausgefordert haben; was außerdem im „Seelenbinnenleben“ des Kindes an Erinnerungsgebilden rege sein mag, wissen wir nicht genau. Zuweilen nur geben uns indirekte Zeichen eine Kunde davon, wie stark und nachhaltig manches noch im Kinde wirkte, was die Umgebung des Kindes für nie bemerkt oder längst vergessen hielt. Immerhin darf – bei den meist so schrankenlosen Äußerungen des Kleinkindes – dies uns entgehende Seelenbinnenleben nicht zu hoch eingeschätzt werden, wie es z. B. die Psychoanalytiker tun. Als Gegenstück hierzu muß erwähnt werden, daß sich zuweilen Erinnerungslücken im Kinde finden, die uns fast unbegreiflich scheinen, zumal sie sich auf Eindrücke von starker Affektbetonung beziehen. Das Unsystematische und Unberechenbare der kindlichen Erinnerungsfunktion macht sich hierbei recht drastisch geltend.

Das Hervortreten einer Erinnerung kann auf verschiedene Weise herbeigeführt werden; wir unterscheiden vier Hauptstufen.

Die einfachste Form ist die assoziative Anknüpfung an einen gegenwärtigen Sinneseindruck, und zwar kann hier die Berührungs- oder die Ähnlichkeitsassoziation wirksam sein. Berührungsassoziation liegt vor, wenn das Kind eine Örtlichkeit wiedersieht, an der es früher einmal war, und nun nicht nur diese wiedererkennt, sondern auch irgendein dort erlebtes Ereignis reproduziert. Auf Ähnlichkeitsassoziation beruht dagegen die Reproduktion, wenn das Kind beim Anblick eines Landschaftsbildes an eine früher auf Reisen gesehene Gegend erinnert wird. Beide Assoziationsweisen sind, wie Groos und andere schon richtig bemerkten, nicht grundsätzlich voneinander verschieden; denn auch beim Wiedersehen „derselben“ Örtlichkeit ist in Wirklichkeit der Eindruck nicht genau der identische wie früher, sondern nur ein ähnlicher.

Wie sich aber alle Gedächtnisfunktionen allmählich von der Wahrnehmung mehr und mehr emanzipieren, so auch die Erinnerung: sie kann sich einstellen, ohne daß irgendein momentan wirksamer Sinneseindruck sie ausgelöst hätte. Assoziationen spielen auch hier mit, falls die vorangegangene Vorstellungsbewegung zu jener Erinnerungsvorstellung hinführte; daneben gibt es wohl zweifellos auch echte „freisteigende“ Erinnerungen, d. h. solche, die aus den Tiefen des Unbewußten plötzlich und unvermittelt auftauchen. Erklärt wird dies durch die den Vorstellungen anhaftende „Perseverationstendenz“ (G. E. Müller). Sie kann bewirken, daß unter günstigen Umständen eine lang zurückgedrängte Vorstellung die Hemmung, die durch die andern Bewußtseinsinhalte gebildet war, durchbricht und sich dem Bewußtsein aufdrängt. Freilich ist es im einzelnen Fall für den Beobachter eines Kindes schwer zu entscheiden, ob irgendeine unvermittelt geäußerte Erinnerung auf Assoziation oder auf freiem Steigen beruht.

Beide bisher genannten Stufen, die der sinnlichen und die der vorstellungsmäßigen Auslösung, hatten das Gemeinsame, daß sich die Erinnerung von selber ohne bewußtes Zutun des Kindes oder eines anderen einstellte; ihnen stehen als zwei weitere Stufen die durch äußere oder innere Akte determinierten Erinnerungen gegenüber.

Wird vom Kinde verlangt, daß es die Vorstellung eines früheren Erlebnisses in sich aufsuche, die sich nicht von selbst einstellte, so sprechen wir von provozierter Erinnerung. Das Hauptmittel der Provokation ist die Befragung, wie sie in tausendfältiger Form bei den verschiedensten Gelegenheiten an das Kind gerichtet wird, bald als Zeichen liebevollen Interesses – „Nun erzähl' mal, wie es dort und dort gewesen ist“, „Was hast du alles gesehen?“, „Hast du den und den getroffen?“ – bald als peinliches Verhör, wenn irgendeine kleine oder größere Sünde begangen worden ist. Das Ausfragen führt zunächst dazu, eine große Reihe von matteren und weniger bereitliegenden Vorstellungen, die von selbst nicht hervorgetreten wären, über die Schwelle des Bewußtseins zu heben und somit den Schatz bewußter Erinnerungen beträchtlich zu vermehren; sie verleitet aber andererseits dazu, mehr zu äußern als dem wirklichen Erinnern an den zur Rede stehenden Tatbestand entspricht, und so ist das Ausfragen eine Hauptursache für die später besonders zu besprechenden Erinnerungsfälschungen.

Am spätesten erreicht das Kind diejenige Stufe, auf der es durch eigene Willenseinstellung selber seine Erinnerungen zu determinieren vermag. Dem Willen zugänglich ist zunächst schon die Aufnahme und Einprägung des Eindrucks, der erinnert werden soll; wir sprechen dann vom „Sich-Merken" eines kleinen Auftrags, einer Zahl usw. Wird dagegen der Wille in Bewegung gesetzt, um die Erinnerung selbst zu heben, so liegt ein „Sich-Besinnen" vor. Beide Willensfunktionen sind in der frühen Kindheit nur selten und in sehr elementaren Formen zu finden; es gilt hier also ähnliches, wie wir es schon beim Erwerb der Kenntnisse konstatierten: die Beteiligung des Willens an den Gedächtnisfunktionen, mag es sich um regelrechtes Lernen, um das Sich-Merken oder Sich-Besinnen handeln, kommt erst im Schulalter zur volleren Entwicklung.

2. Die Entwicklung der Erinnerung

Wir sind nunmehr so weit, die eben skizzierten allgemeinen Züge der kindlichen Erinnerungsentwicklung anschaulich an Beispielen aus dem Kindesleben darzustellen, wobei wir uns zunächst auf das richtige Erinnern beschränken (über Erinnerungstäuschungen vgl. den nächsten Paragraphen).

Die ersten Spuren von Erinnerungsvorstellungen, freilich nur ganz kurzfristigen, zeigen sich vom zweiten Jahre an. Eben ist ein Eindruck dagewesen, noch sind seine primären Nachwirkungen nicht ganz verklungen; und nun kann ein leiser Anstoß genügen, um die Vorstellung noch einmal über die Schwelle zu heben. So wird mehrfach von 1;0 alten Kindern folgende Leistung berichtet: sie hatten einen Ball unter einem Möbelstück liegen lassen, so daß er nicht zu sehen war. Eine viertel oder eine halbe Stunde später wurden sie gefragt: „Wo ist der Ball?" und schnurstracks rutschten oder krochen sie nach dem Möbelstück hin, um den Gegenstand darunter hervorzuholen.

Um die Mitte des zweiten Jahres beginnen aber auch schon Erinnerungen mit längerer Latenzzeit aufzutauchen. Eine bevorzugte Stellung hat hier die 24-Stunden-Periode.

Eindrücke, die mit bestimmten Tageszeiten verknüpft sind, kehren in der Form der Erinnerung bzw. Erwartung um dieselbe Tageszeit wieder, ausgelöst entweder durch eine entsprechende Situation (Zubettgehen) oder durch einen ähnlichen Körperzustand (Ermüdung, Hunger).

Deville[1] berichtet von seiner Tochter (1;6): „Sie hat eine Reihe von katalogisierten Tatsachen im Gedächtnis, deren sie sich jeden Tag zur gleichen Stunde und nur zu dieser erinnert. Kaum aufgewacht, verlangt sie ihr Bad, um 9 oder 10 Uhr fordert sie ihren Hut und spricht vom Spaziergang, vom Korb, den man mitnimmt, von den Zeitungen, die man hineintut. Kaum ist das Frühstück fertig, so verlangt sie den Kaffeetopf, um ihn in die Küche zu tragen, und alles dies, ohne daß irgend etwas gesagt oder getan würde, um ihre Erinnerung zu wecken."

Aber auch einmalige Begebnisse sind zuweilen durch ihr außergewöhnliches Gepräge dem Kinde so eindrucksvoll, daß sie behalten und selbst nach einer Reihe von Tagen reproduziert werden können, ohne daß inzwischen eine Auffrischung der Erinnerung stattgefunden hätte.

Scupins Sohn 1;7. Der Knabe hatte einmal dem Speckausbraten beigewohnt und eine in den Topf geworfene Zwiebel „Ball" genannt. Vierzehn Tage später wurde wieder Speck ausgebraten, und Bubi rief beim Anblick des Gefäßes: *da Mama Ball bah!* (I, S. 77).

Wie schnell aber die wirkungsfähigen Latenzzeiten wachsen, zeigt folgende Beobachtung aus dem Ende des zweiten Jahres.

Günther 1;11. „Er hört Hilde von ‚Tafel' sprechen, gleich zeigte er auf unsere Staffeleitafel und sagte: *Wauwau.* Es war nicht etwa ein Hund darauf zu sehen; aber vor $2^1/_2$ Monaten hatte die Mutter den Kindern große Köpfe von Hund, Pferd und Katze an die Tafel gezeichnet, die besonders Günthers Jubel erregt hatten. Um festzustellen, ob wirklich eine Erinnerung vorlag, fragte die Mutter: „Und was war noch auf der Tafel zu sehen?" Günther: *Grgr* (Pferd). In der Zwischenzeit sind erwiesenermaßen keine irgendwie ähnlichen Gebilde an die Tafel gezeichnet worden. (Es lag eine lange Reise dazwischen.)"

Immerhin sind derartige Erinnerungen auch noch im dritten Lebensjahre so selten, daß sie dem Beobachter sofort auffallen. Im allgemeinen gilt hier noch für das Kind der Satz: „Aus dem Auge, aus dem Sinn"; und merkwürdig berührt es zuweilen, wie wenig die Abwesenheit von Gegenständen oder Personen bemerkt und empfunden wird, die bis dahin zur dauernden Umgebung des Kindes gehört hatten. Auf irgendeinen Anstoß hin vermag sich das Kind sehr wohl an sie zu erinnern, aber das spontane Vermissen fehlt noch ganz.

Eva 2;2. Die Mutter war mit Hilde fortgereist; Eva hatte vom Fenster aus ihre Abfahrt mit der Droschke gesehen. Am ersten Tage erwähnte sie weder rufend noch erzählend die Namen der beiden; am zweiten Tage sagte sie, als jemand zufällig das Wort „Mutter" erwähnte: *Fort mit de Puffbahn.* Fragte man sie: „Wo ist die Mutter?", so sagte sie: *Mit de Puffbahn* oder *mit dem Pferd,* aber damit war die Sache für sie erledigt. Am dritten Tage mittags kamen Apfelsinen auf den Tisch. Eva rief strahlend: *Da freut sich die Eva, Mutter erecht* (zurecht) *machen.* Als der Vater erstaunt fragte: „Die Mutter?", stutzte sie und verbesserte sich nach momentaner Pause: *Die Else* (Kindermädchen). Vater: „Warum muß die Else es machen?"

---

[1] Bd. 24, S. 29.

Eva: *Mit 'n Pferd.* So drückte sie lakonisch den Gedanken aus: „Weil die Mutter verreist ist." Am vierten Tage äußerte sie zum ersten Male spontan: *Hilde fort mit de Puffbahn.*

Noch drastischer ist eine Beobachtung Scupins aus gleichem Alter.

Der Knabe hatte längere Zeit ein lebendiges Kaninchen besessen, das er sehr liebte. Eines Tages wurde es fortgeschafft, und der Knabe merkte weder an diesem noch an den folgenden Tagen den Verlust. Einen Monat später wurde eine sechswöchige Reise angetreten, die durch ihre neuen Eindrücke die Erinnerung an das Kaninchen gar nicht erst aufkommen ließ. Man kehrte nach Hause zurück, es vergingen weitere neun Tage, da endlich wird durch einen zufälligen Sinneseindruck die Erinnerung geweckt. Er sieht (2;4½) die Stelle in der Küche, wo das Kaninchen zu weilen pflegte, und fragt: *ach ach, wo mag das Ninit in die Kiche hingekommt sein?* Die Latenzzeit betrug 84 Tage. (I, S. 132.)

Die weitaus stärksten Erinnerungswirkungen werden in diesen Jahren zweifellos durch Reisen ausgelöst. All die neuen Eindrücke der Natur, die Bahnfahrt, die anderen Wohnungsbedingungen, die fremden Menschen hinterlassen schon im 2–3 jährigen Kinde tiefe Spuren; und der starke Gegensatz der häuslichen Verhältnisse nach der Rückkehr bewirkt, daß hier nicht einfach eine Vermischung der Eindrücke stattfindet, sondern daß die Reiseerlebnisse als ein besonderer Vorstellungskomplex deutlich von der Gegenwart abgegrenzt werden. Ist doch das Spielen und Plaudern des Kindes in den ersten Wochen nach der Heimkehr oft ganz erfüllt von Reiseerinnerungen; aber auch noch nach Monaten werden einzelne Erlebnisse aus jener Zeit gern vergegenwärtigt.

Günther 2;3 nach einer Riesengebirgsreise. „Spontan tauchte vor allem das Kuhhüten auf mit den charakteristischen Hüterufen *bĕdá, bĕdá* und dem Ausruf *hilde Kuh* (wilde Kuh), wie er eine besonders laut brüllende Kuh benannt hatte. Ferner spielte er täglich *puffpuff* in Erinnerung an die Eisenbahnfahrt. 3½ Wochen nach erfolgter Rückkehr versuchten wir außerdem durch Fragen das Vorhandensein bestimmter Erinnerungen festzustellen. Wir fragten ihn nach dem Hunde unserer Wirtsleute, nach Dorfkindern, mit denen unsere Kinder gespielt hatten, nach den Bewohnern der Ställe, und über alles wußte er noch in seiner unbehilflichen Sprache Auskunft zu geben."

Bei Eva wurde 3;1 durch die ganz vage Ähnlichkeit eines Bildes eine höchst plastische Reiseerinnerung zurückgerufen, und zwar vier Monate nach dem Erlebnis:

„Im Bilderbuch stieß sie auf ein schönes Waldbild. Da wurde sie lebhaft erregt und erzählte etwa so: *Na da waren wir doch mal. Da setzten wir uns auf die Bank, und da hat die Sonne durch die Bäume geglinzert. Da sind wir doch den Berg runtergelaufen, und da sind wir so durch die Bänke gelaufen.* Die Erinnerung bezog sich auf die Waldkirche im Seebad Binz, die aus vielen unter Bäumen angebrachten Bänken besteht. Wir hatten dort einen wundervollen Sonnenuntergang erlebt; die feuriggoldenen Strahlen waren durch die Zweige hindurch in den Wald hineingeflutet. (Auf dem auslösenden Waldbild war kein Sonnenuntergang dargestellt.)"

Wie die Beispiele zeigen, beziehen sich die Erinnerungen in diesem frühen Alter fast ausschließlich auf die sichtbare Welt der äußeren Gegenstände und Vorgänge; das Gebiet des Sprachlich-Logischen, das auf akustischem Wege erschlossen wird, tritt dagegen für die Erinnerungsfunktion weit zurück. Zwar ist das Gedächtnis des Kindes für Sprachliches – wie das Sprechenlernen und das Beherrschen zahlreicher Kinderreime zeigt – ein recht großes; aber dies sind Kenntnisse, die durch Summation zahlreicher Wiederholungen eingeprägt wurden, nicht Erinnerungen, die sich auf einen einmal geäußerten Gedanken beziehen. Solche Erinnerungen scheinen um 3;0 herum zum ersten Male aufzutauchen, aber nur sehr selten; und sie haben eine viel kürzere Spannweite als die optischen Erinnerungen.

Scupin 3;4. Der Knabe hatte seine Muscheln zum Spielen verlangt; die Mutter die nicht wußte, wo sie seien, machte die Ausrede, sie habe sie vor der Reise einem kleinen Kinde geschenkt, und dies habe sie schon längst verloren, worüber der Knabe sehr betrübt war. Nach zehn Tagen fand der Knabe die Muscheln und kam ganz fassungslos zur Mutter: *Aber, Mama, du hast doch gesagt, du hast se einem kleinen Kinde gegeben, und das Kindel hat die Muscheln verloren!* (II, S. 38.)

Eva 2;11½. Das Kind war photographiert worden; das Bild sollte eine Weihnachtsüberraschung für den Vater sein, und es mußte dafür gesorgt werden, daß Eva dem Vater nichts erzähle. Die Mutter prägte ihr deshalb ein: „Du darfst es dem Vater nicht sagen; erst, wenn der Baum brennt, darfst du es sagen." Wenn das Kind in gewissen Abständen ermahnt wurde: „Aber Eva, dem Vater nichts sagen," kam prompt die Antwort: *Ach wo, bloß, wenn der Baum brennt!* und sie handelte auch danach.

Das Beispiel lehrt zugleich, daß um 3;0 der Wille, sich etwas zu merken, wirksam werden kann. Ganz Ähnliches beobachteten wir auch bei Hilde, die 3;0 am Abend vor dem Einschlafen die Anweisung erhalten hatte, am nächsten Morgen nach dem Aufwachen das Mädchen herbeizuklingeln und richtig den Auftrag ausführte.

Eine andere Erinnerung von Eva aus jener Zeit bezog sich auf einen eigenen Gedanken, den sie früher einmal geäußert hatte, jetzt aber als falsch ansah.

Eva 3;1. „Bei einem Mittagsgespräch hatte es sich einmal herausgestellt, daß Eva unter „Damen" nur fremde Frauen verstand; die Mutter sei keine Dame. 1¾ Monat später sagte sie von einem neuen Kleidungsstück der Mutter: *Wie bei einer Dame.* Mutter: „Bin ich denn eine Dame?" Eva: *Ja; aber wie mal Mittag war, habe ich gesagt: nein, du bist keine Dame.*"

Der Umstand, daß die Erinnerungsfähigkeit für einmal gehörte Sprachäußerungen bzw. ihren gedanklichen Inhalt normalerweise recht gering ist, hat auch eine pädagogische Bedeutung. Einerseits bauen die Erwachsenen in ungerechtfertigter Weise auf jene Erinnerungsschwäche; sie versprechen z. B. dem Kinde etwas für einen späteren

Zeitpunkt (um es zu beruhigen oder abzulenken), ohne die Absicht, das Versprechen zu halten. Nun wird ihnen ja die Vergeßlichkeit des Kindes oft Recht geben, doch nicht in allen Fällen; und wenn sich dann unerwarteterweise die Erinnerung einstellt und das Kind bemerkt, daß man keine Anstalten trifft, das Versprechen einzulösen, so kann das die Vertrauensseligkeit und auch die eigene natürliche Aufrichtigkeit des Kindes erschüttern. – Andererseits rechnen die Erwachsenen bei Geboten und Verboten, besonders bei erstmaligen, zu wenig mit der Vergeßlichkeit des Kindes. Ein einmal ausgesprochener Befehl, z. B. „Du sollst nicht in die Pfützen treten" usw., kann von einem gutgearteten Kinde zunächst befolgt werden, um nach wenigen Minuten aus reiner Vergeßlichkeit wieder übertreten zu werden.

Vom vierten Lebensjahre an nehmen die Erinnerungen an Häufigkeit und Umfang schon so sehr zu, daß nur Fälle Erwähnung verdienen, die sich durch irgendeine Besonderheit auszeichnen.

Die einzelne Erinnerungsgestalt kann jetzt schon eine große Fülle von Details in sich schließen, die nicht zusammenhanglos nebeneinander bestehen, sondern in ihren richtigen Beziehungen reproduziert werden. Dies gilt vor allem von den örtlichen Situationen. Die Topographie einer Landschaft, die Lage der Zimmer in einer Wohnung, die aufeinanderfolgenden Straßen und Wegbiegungen auf einem vom Kinde oft gemachten Spaziergang, die Stellung mehrerer Personen zueinander bei einem bestimmten Erlebnis – all dies wird erinnert, und zwar zuweilen mit einer solchen Deutlichkeit und Genauigkeit, daß der Zuhörer verblüfft ist.

Eva 3;11. „Im Gespräch wurden zufällig Zithern erwähnt. Dadurch wurde in Eva eine Erinnerung an ein 5½ Monate zurückliegendes Ereignis ausgelöst; ordentlich aufgeregt sprudelte sie hervor: *Ja, eins Zither kenn ich: in Krummhübel da war mal eine blinde Frau und ein Mann; der Mann sang und die Frau spielte Zither. Die standen an der Seite vom Haus von Villa Marie. Und wir standen am Turm. Und du* (zur Mutter) *warst oben auf der Loggia und hast zugehört.* Alle Einzelheiten stimmten; nie war inzwischen die Rede davon gewesen."

Zuweilen sind derartige Ortserinnerungen von sehr ausdrucksvollen topographischen Gebärden begleitet; das Kind sieht nicht nur die ganze Konstellation lebhaft vor sich, sondern durchläuft noch einmal im Geiste die gemachten Wege – zur optischen gesellt sich auch eine motorische Erinnerung. Hierbei werden die absoluten Größen- und Längenmaße vernachlässigt; wie wir auf der Landkarte alle Maßstäbe verkleinern, so macht es auch das Kind. Sein ganzes Interesse ist den Lageverhältnissen, den Richtungen und Richtungsänderungen zugewandt, und diese werden treffsicher reproduziert.

Hilde 4;2. „Über einen Vormittagsspaziergang mit dem Kindermädchen und dem Bruder berichtet sie nach der Rückkehr: *Da haben wir mit der Marie hier gegessen* (sie zeigte auf eine Stelle des Tisches) *und dann haben wir an dem Baum gespielt* (sie wies eine andere Stelle des Tisches) *und dann sind wir so gegangen* (sie fuhr mit dem Finger ein Stück über den Tisch hin), *und dann so rum und hierher* (immer zeigend)."

Das gute Ortsgedächtnis der Kinder bekundet sich auch in ihrer Fähigkeit, auf häufig gegangenen Wegen den Führer zu spielen.

Scupins Sohn übernahm schon 3;4 im Zoologischen Garten die Führung von einem Käfig zum andern (II, 37). Und 4;4 heißt es: „Den etwa $^3/_4$ Stunden weiten Weg nach K. kennt der Knabe schon so genau, daß er sich an jeder Wegbiegung nach der richtigen Seite wendet und sich nur dann und wann rückwärtsblickend überzeugt, ob wir auch nachfolgen." (II, 113).

Mit der zunehmenden Beherrschung des Raumes geht eine solche der Zeit parallel; immer länger werden die wirkungsfähigen Latenzzeiten. So sind im vierten Jahre Erinnerungen an Ereignisse, die viele Monate zurückliegen und dazwischen nicht aufgefrischt worden waren, keine Seltenheit mehr; gelegentlich finden sich sogar Reminiszenzen mit einjähriger Latenzzeit. Bringt es doch gerade die Jahresperiode mit sich, daß Situationen oder Ereignisse (die Sommerreise, das Weihnachtsfest) wiederkehren, an die man inzwischen nicht gedacht hatte; dadurch regt sich dann von neuem die Erinnerung an das vorjährige Erlebnis.

So hat Scupins Sohn schon mit $3^1/_4$ Jahren bei Gelegenheit des Sommeraufenthaltes im Gebirge dies und jenes wieder vorgebracht, was ein Jahr vorher am gleichen Ort erlebt worden war: daß in einem bestimmten Zimmer eine Tante gewohnt habe, daß ein Herr in einer Restauration ihm scherzhaft gedroht habe, weil er nicht essen wollte usw. (II, 23). – 3;10 erkannte er bei einer Geburtstagsfeier eine Dame nicht nur wieder, die er nur ein einziges Mal ein Jahr zuvor gesehen hatte, sondern fragte auch gleich, ob sie wieder wie damals „Hundel" mit ihm spielen wolle (II, 80)[1].

[1] Daß derartige Erinnerungen ausnahmsweise in einem noch viel früheren Alter möglich sind, geht aus einer brieflichen Mitteilung hervor, die ich Herrn Privatdozent Dr. Sperber (Wien) verdanke. Das Ehepaar Sperber besuchte im Sommer 1924 mit der 2;1 alten Tochter dieselbe Sommerfrische wie im Vorjahre, wohnte aber in einem anderen Hause. Das Kind führte die Mutter zu der vorjährigen Wohnung, lief direkt in das jetzt leere Zimmer, in dem es gewohnt hatte: *da Detta wohnt*, zeigte auf Befragen, wo das Bett gestanden habe, wo die Milch aufbewahrt wurde und ähnliches. – Auch ein einmaliges Erlebnis kam zum Vorschein. Die Mutter zeigte auf das Häuschen des Friseurs: „Was haben wir denn dort gemacht?" Das Kind erinnerte sich zwar nicht mehr an das Haarschneiden, wohl aber daran, daß es einmal mit der Mutter auf der Bank vor dem Hause gesessen und mit einem Hündchen gespielt habe: *Huntele spielt Detta, Bank jetzt* (gesetzt). Die Latenzzeit betrug 10 Monate.

Im fünften Jahre kann man schon geradezu davon sprechen, daß das Kind Jugenderinnerungen habe! Irgendein zufälliger Anlaß vermag zu bewirken, daß ein Erlebnis wieder aus tiefem Schacht aufsteigt, welches um mehr als die Hälfte des Lebens zurückliegt und inzwischen nie erneuert worden war. Über diese überraschende Fähigkeit haben wir zwei Beobachtungen an unserem Sohn notiert; späterhin machten Scupins und Frau T. Ehrlich entsprechende Feststellungen. Die Beispiele lauten:

Günther 4;6 und 4;11½. „Unser jetziges Kindermädchen hat eine neue blau und weiß gestreifte Bluse angezogen. Sofort rief Günther: *Du siehst ja aus wie die Marie, die Marie hat auch so 'ne Bluse angehabt.* – Der kleinen Schwester war ein schwarz-weiß karriertes Kleidchen zum ersten Male angezogen worden. Darauf Günther: *Eva, du bist ja de Marie.* Mutter: „Warum meinst du das?" Günther: *Na, die hat auch so ein Kleid gehabt, bloß das Blaue nicht und das Schwarze nicht.* – Tatsächlich hatte ein früheres Kindermädchen Marie, kurz ehe es von uns ging, eine Bluse getragen, die der Form und Farbe nach mit der des andern Mädchens fast identisch war. Außerdem trug sie damals auch ein schwarz-weiß karriertes Kleidungsstück."

Beide Tatbestände sind in der Zwischenzeit, die $2^1/_4$ bzw. $2^3/_4$ Jahre betrug, niemals erwähnt worden.

Scupins Sohn 4;2. „Heute wurde die Erinnerung an einen Hampelmann plötzlich lebendig, den das Kind im ersten Lebensjahre geschenkt erhalten hatte, der aber im zweiten Lebensjahr der Abnutzung wegen bereits entfernt worden war. Bubi hatte nun später noch einen zweiten Hampelmann bekommen; wir glaubten auch, er meinte diesen, aber er sagte mit Bestimmtheit: *„Nein, ich will ein Hampelmann, wie der vorher, der hat doch solche gelbe Bommeln gehabt und der andere nicht."* Das stimmt. Der Hampelmann aus dem ersten Lebensjahr hatte gelbe Blechschellen, der zweite hatte diesen Vorzug nicht; es handelt sich also hier um eine Erinnerung, die nahezu einen Zeitraum von drei Jahren umspannt." (II, 99).

Lore Ehrlich 4;11. „Lore behauptete neulich, sich an den Besuch einer Verwandten zu erinnern, die vor fast drei Jahren bei uns war. Ich hielt ein so langes Rückerinnern nicht für möglich und prüfte sie durch Fragen; da wußte sie ganz richtig: *die Dame war in Trauer; wir saßen im blauen Zimmer.*"

Welches sind nun die ursächlichen Faktoren, die bestimmten Erlebnissen jene unerwartete Nachhaltigkeit verleihen, auf Grund deren sie nach längerer Zeit erinnerungsfähig werden? Diese Frage ist wohl in allgemeinen Linien beantwortbar, im Einzelfall bleiben aber die Erinnerungsbruchstücke des Kindes oft genug rätselhaft.

Zunächst ist es sicher, daß manchen (namentlich optischen) Eindrücken rein sensoriell eine ungewöhnliche Nachwirkung zukommt. Sie haften in ihrer Form und Farbigkeit mit einer ganz anderen Intensität, als etwa beim Erwachsenen, mit einer fast halluzinatorischen Kraft; auch eine lange Pause, während deren sie nicht im Bewußtsein waren, raubt ihnen nicht diese sinnliche Deutlichkeit. So ist es ja für alle unsere letzten Beispiele charakteristisch, daß jedesmal Farben und Helligkeiten behalten worden sind aus einer Zeit, in der die Kinder noch keinerlei Farbennamen kannten; sie hatten sich also nicht die Bezeichnungen, sondern die Farben selbst gemerkt.

Diese psychischen Inhalte sind vermutlich mit jenen sogenannten „Anschauungsbildern" verwandt, die neuerdings von E. Jaensch (Marburg) und seinen Schülern untersucht werden, freilich an älteren Kindern[1]. Jaensch nennt so diejenigen Nachwirkungen optischer Eindrücke, die nicht den blassen Charakter von Gedächtnisvorstellungen tragen, sondern in ihrer Sinnenfälligkeit und ihren Funktionsgesetzen den Wahrnehmungen nahestehen. Er bezeichnet die Disposition zu solchen Anschauungsbildern als „eidetische Anlage" und sieht in ihr eine Entwicklungserscheinung, die vornehmlich in der Vorpubertätszeit auftritt und später abklingt. Es wäre lohnend, auch an kleinen Kindern das Vorkommen und die Beschaffenheit solcher Anschauungsbilder zu untersuchen.

Wir müssen nun aber weiter fragen, warum einzelne Erlebnisse diesen Anschauungscharakter behalten, der den meisten anderen abgeht. Hier wird man an die besondere Affektbetontheit denken, die ja auch bei anderen Gedächtniserscheinungen eine Rolle spielte (s. S. 184). Was mit starker Gemütsbeteiligung erlebt worden war, prägt sich weit tiefer ein und bleibt plastischer und farbiger haften als das Gleichgültige. Freilich liegen für den Beschauer diese den Eindruck vertiefenden Affekte nicht immer so deutlich zutage, wie etwa in dem obigen Beispiel von unserem Sohn; hier haben offenbar die lebhaften Anhänglichkeitsgefühle, die den Zweijährigen an das Kindermädchen knüpften, zur Festigung der späteren Erinnerung beigetragen.

Für die weniger durchsichtigen Fälle haben die Psychoanalytiker nun den Ausweg bereit, eine erotische oder gar infantil-sexuelle Regung als den eigentlichen Grund der Erinnerung anzunehmen; möglich wird dies durch die bekannten symbolischen Deutungen, die auch in fernliegenden Bewußtseinsinhalten Deckvorstellungen für Sexuelles sehen, und deren Richtigkeit sich jeder wissenschaftlichen Kontrolle entzieht. Liest man z. B. das Kapitel „Erinnerung" in dem Buch von Hug-Hellmuth, dann sollte man meinen, daß es beim Kleinkind kaum andere als sexuelle Erinnerungsmotive gebe.

Hierzu sei ein drastisches Beispiel zitiert, in welchem eine von unseren eigenen Beobachtungen in einer durchaus willkürlichen Weise umgedeutet wird.

Wir hatten berichtet[2]: „Günther 2;4. Das Bild einer doppelt geringelten Schlange löste die Worte *bille* (= Brille), *Ella* aus. Erläuterung: Die Mutter hatte den Kindern vor einem Monat in Schreiberhau zum „Doktorspielen" Brillen aus Pappe gemacht und aufgesetzt; und eine Spielgefährtin Ella hatte ihrerseits auch einmal

[1] Vgl. die zusammenfassenden Darstellungen von Jaensch und von Kroh.

[2] Monographie II, S. 56.

eine solche Brille mitgebracht. Die doppelte Windung der Schlange erinnerte den Knaben an die Brille, diese an das Spiel mit Ella."

Hierzu bemerkt nun Hug-Hellmuth (S. 70): „Die ausgesprochen sexuelle Note des beliebten Doktorspielens, die Erotik früher Kinderfreundschaften erklären hinlänglich das Auftreten des Erinnerungsbildes."

Das Affektleben des Kleinkindes ist doch in Wirklichkeit viel mannigfaltiger und auch unberechenbarer, als diese stereotypen Sexualdeutungen wahr haben wollen. Geben wir doch lieber zu, daß wir nicht in der Lage sind, jeweils die Art der Gefühlsbetonung festzustellen, welche einem Eindruck zu unerwartetem späteren Wiederaufleben verhilft.

Entsprechendes gilt auch für die Kehrseite der Erinnerung, nämlich für auffällige Erinnerungslücken. Es gibt nämlich Eindrücke, die beim Erleben stärkste Affektbetonung getragen, des Kindes ganze Seele längere oder kürzere Zeit erfüllt hatten – und später wie völlig weggewischt erscheinen, als wären sie nie gewesen. Gewiß wird hier zuweilen die Psychoanalyse mit dem so wichtigen Erklärungsprinzip der Verdrängung Recht haben; peinigende Erlebnisse sollen aus dem Bewußtsein abgeschoben werden, und die Abschiebung gelingt[1]. In anderen Fällen tritt aber vermutlich einfaches Verblassen und Vergessen ein. So scheint mir nur bei dem ersten der beiden folgenden Beispiele unerwarteter Amnesie (Erinnerungslosigkeit) die Möglichkeit einer Verdrängung vorzuliegen.

Günther hatte 3;1 bei einer Zirkusprobe das Zureiten der Pferde mit angesehen. Im ersten Augenblick erschrak er sehr, mußte hinausgeführt werden, fürchtete für die drinnen gebliebene Schwester, verlangte wieder hinein, und erst nach mehrmaligem Hangen und Bangen in schwebender Pein siegte das freudige Interesse, und er spielte in den folgenden Tagen mit Vorliebe Zirkus. Knapp zwei Jahre später kam zufällig das Gespräch darauf. Wir versuchten durch Fragen und Darbieten von Anknüpfungspunkten seine Erinnerung an dieses affektreiche Erlebnis wieder zu wecken; es war umsonst.

Bei Scupins Sohn zeigte sich ähnliches bezüglich des Kaninchens, das er $^3/_4$ Jahr lang bis 2;2 besessen, sehr geliebt und auch später hie und da erwähnt hatte (s. S. 206). 4;8½ sah er nun eine Photographie, die ihn mit dem Tier darstellt, und fragte verwundert: *Ich habe doch nie so ein Karnickel gesehen, warum ist denn hier so eins bei mir?* Wir erinnerten ihn an verschiedene Einzelheiten, aber er sah uns nur erstaunt an und versicherte kopfschüttelnd, er wisse von nichts. (II, 141.)

3. Späte Erinnerungen an die frühe Kindheit

Wenn schon innerhalb der Kindheitsjahre selbst die Erinnerungsreste so spärlich sind und einer schnellen Verringerung durch Ver-

[1] Zum Thema „Verdrängung" vgl. Kap. XXXIII.

gessen und Verdrängen unterliegen, so sollte man meinen, daß in späteren Lebensläuften des Menschen überhaupt nichts mehr an Spuren aus den ersten Lebensjahren vorhanden sein könnte. Das trifft nun aber doch nicht zu; die Sammlung selbstbiographischer Kindheitserinnerungen, die wir Reichardt verdanken, belehrt uns eines andern. Wenn man auch dort von den berichteten Erinnerungen große Bruchteile abziehen muß, die auf nachträgliche Deutungen und dichterische Ausschmückungen zurückgehen mögen (s. S. 23), so bleibt doch noch genügendes Material übrig, bei dem der Echtheitseindruck durchaus überwiegt.

Hier können nur einige allgemeine Ergebnisse aus Reichardts Untersuchungen angemerkt werden.

Zunächst ist festzustellen, daß unter Umständen solche Erinnerungen bis in das zweite Lebensjahr zurückgehen können. Man würde es nicht für möglich halten, wenn nicht der Zeitpunkt durch objektive Merkmale festgestellt wäre, wie etwa in dem Fall, den Carus (der jetzt wieder zu neuen Ehren gekommene Psychologe aus dem Anfang des 19. Jahrhunderts) berichtet[1]:

„Ich würde selbst kaum glauben, daß eine Erinnerung aus so früher Kindheit erhalten werden könnte, allein ich darf deshalb daran nicht zweifeln, weil der zweite Knabe, den meine Mutter gebar, nicht ganz zwei Jahre nach mir auf die Welt kam und weil mir eben diesen bald wieder verstorbenen Knaben das Gedächtnis deutlich zeigt. Ich weiß, daß ich eine ältliche Frau in goldgestickter Haube sah (die Wehmutter), die ein kleines Kindchen ankleidete."

Carus bezeichnet dies Erinnerungsbild als „gleichsam daguerrotypisch besonders fest eingeprägt"; und auch die Beispiele anderer aus dieser allerersten Zeit werden ähnlich charakterisiert, etwa als photographische Blitzlichtaufnahmen, die ganz isoliert in sonst völliger Dunkelheit und Leere stehen.

Es handelt sich also auch hier wieder um Erlebnisse, bei denen aus irgendeinem Grunde die rein sinnliche Aufnahme besonders intensiv gewesen ist und nun ein nachhaltiges „Anschauungsbild" hinterließ[2]. Hierbei ist – was den Anteil der verschiedenen Sinne betrifft – der Gesichtssinn durchaus vorherrschend. Daneben spielen Erinnerungen an bestimmte Erlebnisse des Körpergefühls, der Lage und Bewegungsempfindung eine gewisse Rolle. Selten sind akustische Erinnerungen (etwa an Musikeindrücke, Geräusche). Geruchs- und Geschmackserinnerungen haben überhaupt keinen selb-

[1] Nach Reichardt, S. 16 – Auch auf das Bruchstück aus Stifters Selbstbiographie, das wir S. 78/79 wiedergegeben haben, sei nochmals verwiesen.

[2] Vgl. S. 158 und 211 unseres Buches.

ständigen Charakter, sondern dienen nur der Auslösung anderer Reminiszenzen.

Von den Früherinnerungen, die aus sensorieller Nachhaltigkeit des Eindrucks stammen, unterscheiden sich nun solche, bei denen der eigentlich sinnliche Anteil weit schwächer sein kann; von vorsichtigen Beobachtern wird denn geradezu die unfaßbare Vagheit und Verschwommenheit hervorgehoben. („Verblaßte Bleistiftnotizen aus dem Tagebuch eines längst Verschollenen" nennt sie der Arbeiter-Astronom Bürgel.) Wenn diese Bilder trotz ihrer Blässe eine so überraschende Zähigkeit besitzen, die es ihnen ermöglicht, nach Jahrzehnten wiederzukehren, so müssen wir es wieder ihrer Affektbetontheit zuschreiben[1]. Für die Bestätigung dieser Annahme liefert das Material Reichardts eine ungemein reiche Ausbeute. Alle jenen kindlichen Affekte, die wir später im einzelnen besprechen werden, tauchen hier auf als Fixative der Erinnerung: wir hören von Zärtlichkeits- und Haßregungen, von Erlebnissen, in denen das Selbstgefühl besonders gesteigert oder erschüttert war, von schreckhaften und unheimlichen Eindrücken, von Festen und Todesfällen. Rätselhaft bleibt aber auch hier die Auslese. Denn das Kind hat ja viel mehr affektiv betonte Erlebnisse gehabt; was führte dazu, daß gerade einige dieser Gemütserregungen mitsamt der Situation in der Seele hafteten, während unzählige andere endgültig verschollen sind?

Natürlich findet sich auch die Verbindung von sinnlicher Deutlichkeit und starker Affektbetontheit, wofür eine Aufzeichnung von Bertha von Suttner als Beispiel diene (aus 3;0)[2].

Sie soll mit der Mutter eine Landpartie machen. „Ein weißes Kaschmirkleidchen, ausgenäht mit schmalen roten Borten, wurde ihr angelegt. Ein Prachtding: dekolletiert – das Muster der Ausnähung sehe ich noch vor mir, ich könnte es nachzeichnen. Wie würde die Umwelt staunen, wenn sie das erblickte! Ich fühlte mich schön, positiv schön darin." Doch der Himmel bezieht sich; es wird befohlen, daß das Kind das Kleid wechsle. Es sträubt sich mit allen Kräften. „Das nächste Bild zeigt mir das strahlend gekleidete, schöne und energische Wesen auf einen großen Tisch hingelegt, das Gesicht gegen die Tischplatte, das rotgestickte Röckchen gehoben, und von mütterlicher Hand sauste die Prügelstrafe auf das Objekt hernieder ... Heute weiß ich nicht mehr, warum dieser Vorfall sich so tief in die Seele prägte, war es die verletzte Eitelkeit wegen des entzückenden Kleidchens, oder das verletzte Ehrgefühl wegen des Disziplinarverfahrens? Wahrscheinlich beides."

Unter den affektiven Erlebnissen, die später erinnert werden, finden sich nun auch solche, die während der Kindheit selbst nicht äußerungsfähig gewesen sind – sei es, daß sie direkt ins Unbewußte ver-

---

[1] s. S. 211.

[2] Nach Reichardt, S. 69 u. 78.

drängt worden waren, sei es, daß sie im Seelenbinnenleben blieben und vor der Außenwelt geheim gehalten wurden, sei es endlich, daß dem Kinde noch die Worte fehlten, um die erlebte Regung zu benennen.

Hebbel berichtet in seinen Tagebüchern, wie er, mit vier Jahren in die Kinderschule geschickt, sofort Feuer fing für ein Mädchen. Er malt seine Empfindung mit dichterischer Freiheit aus und fährt dann fort: „Allein niemand durfte ahnen, was in mir vorging und Emilie am wenigsten; ich floh sie aufs ängstlichste, um mich nur ja nicht zu verraten[1].“

Ein anderes Beispiel von J. W. Grosse[2]: „Ich hatte einmal einen kleinen Silbersechser zur Seite gebracht . . . dennoch hat mir diese Münze ungezählte Jahre lang im Gewissen gelegen, ich glaube, ich hätte diese Schuld des vierjährigen Knaben noch als Konfirmand gebeichtet, wenn dies Sitte gewesen. Niemand hat weder damals noch später davon erfahren.“

Die starke Affektverankerung jener Erinnerungen erlaubt zuweilen auch, gewisse pädagogische Folgerungen zu ziehen. Geht doch aus den Reminiszenzen der Frühzeit die nachhaltige Wirkung hervor, die von unzweckmäßigen erziehlichen Maßnahmen erzeugt werden kann. Hierauf macht Faulwasser aufmerksam, der eine Reihe von Beispielen aus dem sonst noch unveröffentlichten Leipziger Material der Sammlung Volkelt bringt. Das Fürchtemachen mit bösen Menschen, Tieren und Gespenstern, ungerechte Strafen, ungehaltene Versprechungen und andere Erziehungssünden können sich so tief einprägen, daß die Empfänger dieser Eindrücke noch nach vielen Jahrzehnten mit starkem Unlustaffekt daran zurückdenken. Unter den 1500 Kindheitserinnerungen der genannten Sammlung befinden sich rund 100 der angedeuteten Art.

Eine andere Scheidung, die man an diesen Frühreminiszenzen Erwachsener machen muß, ist die zwischen dauernden und nach langer Latenz wieder auftauchenden Erinnerungen. Wir hören von manchen, namentlich den optisch deutlichen Einzelbildern, daß sie eigentlich nie ganz verloren gegangen waren und sich bei öfteren Gelegenheiten wieder einstellen. Es gibt dann aber wieder andere, die nach jahrzehntelanger Pause aus dem Scheintod erwachen – zur größten, oft erschreckten Überraschung des Inhabers. Zuweilen kommen diese ganz ohne Anlaß, freisteigend – namentlich im Greisenalter (s. S. 24/25); oft aber werden sie assoziativ durch irgendeinen scheinbar fernliegenden Eindruck hervorgerufen.

[1] Nach Reichardt, S. 57.
[2] Nach Reichardt, S. 313.

Gabriele Reuter erzählt[1], daß ihr als kleinem Kinde das Nachtlicht einen großen Eindruck gemacht habe, und zwar insbesondere das Öl: „Während das Wasser klar blieb, sammelte sich dort mit der Zeit eine Menge winziger Dinge an ..., tote Fliegen, Mückenflügel, Streichholzköpfe, Fadenfusselchen, die gleichsam wie in Bernstein eingefangen in der dicken, goldgelben Masse schimmerten." All das war längst vergessen, bis sie einmal, fast 50 Jahre später, auf einem Alpensee fuhr, „durch dessen blaues Wasser man auf dem Grunde auch so seltsame schimmernde Dinge, in Wirklichkeit nur Moos und Algen ... erblickte." Da wurde ihr plötzlich wieder das ganze „Wunderglück", das ihr einst aus dem Starren ins Öl des Nachtlichts erwachsen war, wieder lebendig.

Endlich läßt sich an vielen Reminiszenzen auch die Eigenschaft der Erinnerungsdehnung feststellen, namentlich dann, wenn der Erwachsene wieder an die Stätte seiner Kindheit kommt und den wirklichen Eindruck mit seiner Vorstellung vergleicht. Es zeigt sich dann beinahe immer, daß er Räume und Strecken in ganz anderem Ausmaße in der Erinnerung hat, als der Wirklichkeit entspricht. Was bedeutet das? Den Erlebnisinhalten kommt keine absolute Größe zu, sondern ihre Maßstäbe richten sich nach der Größe und den Kräften der Person, die sie hat, nach dem Bereich der Umwelt, zu der sie gehört. Man behält gleichsam den Bedeutungsakzent, das relative Maß; und daher erscheinen einem in der Erinnerung Strecken groß, zu deren Durchmessung man als kleines Kind merklicher Kraft bedurfte; es erscheint einem ein Platz, ein Garten riesenhaft, weil er damals fast mit den Grenzen der bekannten Welt zusammenfiel. Dieser Bedeutungsakzent läßt sich zuweilen nicht einmal von der erneuten, korrigierenden Wahrnehmung ganz verdrängen, wie folgende Bemerkung de la Motte Fouqués über sein Elternhaus zeigt[2]:

„... Von den ersten Bildern äußerlicher Umgebung, die sich dem kindlichen Geist nach dessen Erwachen darbieten, und die noch vorhalten in dem Bewußtsein des nun greisenden Mannes und zwar nach gewaltig großen Dimensionen, wie sie von späterer Anschauung in der Wirklichkeit oft zusammengeengt sind, ohne doch innerlich ihr seltsam ausgedehntes Recht zu verlieren."

4. Erinnerungstäuschungen

Nach dieser Abschweifung über die Kindheitsreminiszenzen Erwachsener kehren wir nun wieder zum Erinnerungsleben des Kindes selber zurück.

Die Erinnerungsleistung wird nicht nur durch das Vergessen beeinträchtigt, sondern auch durch das Verfälschen; und dieser Mangel ist mehr zu fürchten als jener, weil er sich nicht sofort verrät, son-

---

[1] Nach Reichardt, S. 267.
[2] Nach Reichardt, S. 276.

dern mit der Sicherheit und Selbstverständlichkeit positiver Leistungen auftritt. Die jahrelang viel gepflegte „Psychologie der Aussage“ hat unsere Kenntnis über Inhalt und Art der Erinnerungstäuschungen beträchtlich vermehrt; doch beziehen sich diese Untersuchungen ganz überwiegend auf Schulkinder und Erwachsene, während die frühe Kindheit nur gelegentlich berücksichtigt wurde. Immerhin können wir auch für sie gewisse Grundzüge feststellen[1]. Diese stützen sich einerseits auf Erinnerungsfälschungen, welche im natürlichen Leben des kleinen Kindes beobachtet worden sind, andererseits auf einfache Experimente mit Bildern.

Von einer „Erinnerungstäuschung“ sprechen wir nur dann, wenn über ein Erlebnis der Vergangenheit eine Aussage von objektiver Unrichtigkeit bei subjektiver Aufrichtigkeit gemacht wird. Alle jene falschen Aussagen, bei denen ein spielerisches oder ernsthaftes Bewußtsein der Fälschung vorhanden ist, gehören nicht hierher; sie werden uns erst bei den späteren Themen des Spiels und der Lüge begegnen.

Wie kann es wohl nun kommen, daß zuweilen die Erinnerungsvorstellungen des Menschen nicht nur eine allmähliche Verblassung, sondern eine trügerische Wandlung durchmachen?

Hier hilft uns zunächst die Scheidung, welche wir zwischen „Gedächtnis“ und „Erinnerung“ vorgenommen haben. In unserem Gedächtnis sind zahllose Vorstellungen, die aus früheren Eindrücken stammen; Erinnerungen sind aber nur diejenigen Vorstellungen, die eine bestimmte Vergangenheitsbeziehung, also gleichsam einen Zeitindex haben. Erhält irgendeine Gedächtnisvorstellung – sie mag an und für sich noch so korrekt und lebendig sein – einen unrichtigen Zeitindex, so ist die Erinnerung gefälscht. Der Mensch glaubt dann, daß ein Vorgang, der in Wirklichkeit zum Zeitpunkt x gehörte, sich zur Zeit y abgespielt habe, bringt einzelne Bruchstücke aus den Zeiten x und z in eine Schilderung, die sich auf y beziehen soll usw. So ergibt sich das Paradoxon, daß jemand ein sehr reiches, zähes und anschauliches Gedächtnis besitzen und dennoch vielen Erinnerungstäuschungen unterliegen kann, sofern er der scharfen und vorsichtigen zeitlichen Differenzierung ermangelt.

Nun ist in der frühen Kindheit, wie wir sehen, die Fülle der Gedächtnisvorstellungen schon recht ansehnlich; dagegen ist das Zeitbewußtsein, namentlich für etwas länger zurückliegende Zeitstrecken, nur sehr dürftig ausgebildet, und es würde hier fortwährend die ärg-

[1] Näheres in den Kapiteln III, VII, VIII der Monographie II von C. und W. Stern.

sten Täuschungen geben müssen, wenn das Kind trotzdem versuchen wollte, seine Gedächtnisinhalte mit einer bestimmten zeitlichen Fixation zu versehen.

Glücklicherweise ist dies aber, wenigstens im spontanen Vorstellungsleben des Kindes, nicht das gewöhnliche, weil ihm nicht nur die Fähigkeit, sondern auch das Interesse an der genaueren Zeitbestimmung mangelt. Für das vierjährige Kind gibt es wohl den unbestimmten Eindruck des „Langeherseins" und auch die grobe Scheidung zwischen „Früher" und „Später", doch ist es ihm eine Unmöglichkeit, ein Ereignis auf „vorgestern" oder in die „vergangene Woche", geschweige denn in einen bestimmten Monat zurückzuverlegen. Es kann wohl zuweilen mit einer ziemlichen Wahrscheinlichkeit sagen: „das und das war heute"; oder: „das und das war heute nicht"; kaum daß ein „Gestern" zur näheren Bestimmung etwas ferner liegender Erinnerungen gebraucht wird. Sofern es dennoch imstande ist, Erinnerungen zeitlich auseinanderzuhalten, tut es dies meist mit Hilfe örtlicher Unterscheidungsmerkmale; Ausdrücke wie: „das war in Schreiberhau" sind bei ihm nicht bloße Ortsangaben, sondern auch eine unbestimmte zeitliche Feststellung.

So ist gerade die Unschärfe der zeitlichen Angaben ein gewisser Schutz vor Erinnerungsfälschungen. Aber der Schutz hört auf zu wirken, wenn von dem Kinde zeitlich fixierte Erinnerungen verlangt werden, da es nun unbefangen die ihm gerade auftauchende Gedächtnisvorstellung dem angegebenen Zeitpunkt zuweist. In der Tat fordern die an das Kind gerichteten Fragen, die sich auf Erinnerungen beziehen, meist eine speziellere Zeitbestimmung; man will nicht nur wissen, ob das Kind überhaupt einmal den Spielgefährten F. auf dem Spaziergang getroffen habe, sondern ob es ihn heute getroffen habe; nicht, ob ihm überhaupt einmal, sondern ob schon heute morgen die Zähne geputzt worden seien u. a. m. Mit solchen, durch harmloses Fragen geübten Beeinflussungen aber muß man in der frühen Kindheit einen wahren Rattenkönig von gänzlich naiven Erinnerungsfälschungen heraufbeschwören; das Kind sagt „ja", weil durch die Frage das Gedächtnisbild des Spielgenossen oder des Zähneputzens tatsächlich hervorgerufen und die Spezialisierung auf „heute" noch nicht aufgefaßt wird.

Ein ganz allgemeines Ergebnis der Aussagepsychologie lautet dahin, daß beim spontanen Berichten bedeutend weniger Erinnerungsfälschungen vorkommen als beim Befragtwerden; wir verstehen nun, weshalb dieser Satz für die frühe Kindheit ganz besonders deutlich hervortritt. Jeder Erzieher muß sich stets darüber klar sein, daß Erinnerungsfragen, die an ein Kind gerichtet werden, eine doppelte Wirkung haben können: den positiven Erfolg, wichtige und richtige Einzelheiten ans Licht zu fördern, die ohne die Frage nicht geäußert worden wären – den negativen, Antworten aufs Geratewohl zu erzielen, die in großem Umfange falsch sein können. Diese schädigende Wirkung wird um so schlimmer sein, je mehr das Befragen in ein regelrechtes Ausfragen übergeht. Denn je stärker der Zwang ist, der durch die Frage auf das Kind ausgeübt wird, um so eher werden irgendwelche beliebige Gedächtnisvorstellungen hervorgeholt werden, die noch dunkel und verworren im Bewußtsein schlummerten und die nun – da es der Frager zu wünschen scheint – dem zur Rede stehenden Tatbestand zugewiesen werden. Hierbei verfährt das Kind durchaus gutgläubig – ebenso gutgläubig wie der Frager, der nicht ahnt, daß seine Inquisition erst die eigentliche Ursache der Aussagefälschung ist.

Besonders bedenklich ist es, wenn die Frageform schon eine bestimmte Gedächtnisvorstellung nahe zu legen geeignet ist; z. B. „Hast du nicht gesehen, daß das Brüderchen die Tasse kaputt gemacht hat?" In den Fällen solcher „Suggestivfragen" ist für das Kind der Weg zur Antwort „ja" meist kürzer als zur Antwort „nein", und die „Suggestibilität" ist um so größer, je jünger das Kind ist. Die weiter unten zu besprechenden Experimente werden hierfür deutliche Belege liefern.

Doch kehren wir wieder zu den Erinnerungstäuschungen zurück, die nicht unmittelbar durch die von außen kommende Befragung, sondern durch innere Gründe im Kinde zu erklären sind. Da sei zunächst eine Übergangserscheinung genannt: ist öfters durch bestimmte Fragen eine gewisse Einstellung im Kinde geschaffen worden, dann kann es kommen, daß es nun in Wiederholungsfällen scheinbar aus eigenem Antrieb entsprechende Angaben macht.

Günther 2;4. „Heute kam Günther vom Spaziergang zurück mit der unzutreffenden spontanen Erzählung: *Annchen, Ichen ehoffen* (= wir haben Annchen und Mariechen getroffen). Es handelte sich um zwei befreundete Kinder, die sie früher oftmals (jetzt aber seit zwei Wochen nicht mehr) getroffen hatten. Die scheinbare Spontaneität dieser Aussage halte ich in Wirklichkeit für eine Folgeerscheinung meiner gewohnheitsmäßigen Frage an die heimkehrende kleine Karawane: „habt ihr jemanden getroffen?" Unter der Suggestion dieser Frage hatte Günther schon mehrmals die falsche Antwort gegeben, und jetzt kommt er dieser meiner Frage durch seinen Bericht zuvor."

Ein besonderer Fall unzutreffender Zeitfixation liegt dort vor, wo ein, lange Zeit sichtbar gewesener, Gegenstand entfernt worden war, ohne daß das Kind speziell darauf geachtet hätte; es wird dann vom Kind das Verbleiben des Gegenstandes an dem früheren Ort mit Selbstverständlichkeit bis in die Gegenwart hinein projiziert, selbst wenn seine tatsächliche Wahrnehmung um Monate zurückliegt.

Hilde 6;0. „Wir besitzen eine Goethebüste, die in einer früheren Wohnung im Erkerzimmer hinter dem Flügel stand. In unserer jetzigen, seit 10 Monaten bewohnten Wohnung haben wir auch ein ähnlich gelegenes Erkerzimmer; aber die Goethebüste steht nicht dort, sondern in einem anderen Raume zwischen zwei Fenstern. Nun fand eines Tages eine Unterhaltung über Bücher statt, in deren Verlauf Hilde fragte, ob die Bücher von dem Manne geschrieben seien, der hinter dem Klavier auf einer Säule stände. Auf unsere erstaunte Frage bestätigte sie ihre Meinung noch einmal: *Na, hinter dem Klavier hier nebenan doch!* Sie hielt also eine Anordnung, die seit dreiviertel Jahren nicht mehr bestand, noch für gegenwärtig bestehend und blieb so hartnäckig bei ihrer Behauptung, daß erst der Augenschein sie eines besseren belehrte."

Eine andere wichtige Fälschungsquelle ist die Verwechselung von nur Vorgestelltem mit real Erlebtem; sie tritt in keiner Epoche so häufig auf wie in den ersten Lebensjahren. Ist doch die scharfe Scheidung von Objektivität und Subjektivität, von Sein und Schein eine Fähigkeit, die sich nur ganz allmählich entwickelt, und die, wie wir bei Besprechung des Spiels, der Lüge usw. sehen werden, alle möglichen Übergangsstadien durchmacht. Dort werden wir auch das „Spielen mit Erinnerungen und Aussagen" erörtern.

Aber auch unabhängig vom Spieltrieb des Kindes kommt es oft zu auffälligen Verwechselungen von Vorstellung und Realität, namentlich dann, wenn das Vorgestellte mit einem starken Gefühlsakzent des Interesses oder der Erwartung oder auch mit einer starken logischen Wahrscheinlichkeit verbunden war. Da verwandelt sich in der Erinnerung das durch Hörensagen Erfahrene in Selbstgesehenes, eine lebhafte Hoffnung in die Erfüllung, eine Vermutung in eine Gewißheit. Wir geben je ein Beispiel hierzu von jedem unserer Kinder:

Hilde 3;10. „Auf einem Februarspaziergang, dessen Ziel ein Park war, sprach ich mit Hilde viel von den dort im See lebenden Schwänen; und wir waren beide sehr neugierig, ob wir sie zu Gesicht bekommen würden. Es waren aber keine Schwäne draußen, da noch eine dünne Eisschicht den Teich bedeckte. Wir unterhielten uns nun längere Zeit darüber, ob sie wohl in dem kleinen Schwanenhäuschen im Wasser steckten, und wie es in dem Häuschen aussehen möge. Dann, während wir den Rückweg antraten, kamen andere Gespräche auf. Unterwegs fragte ich Hilde: „Was wirst du nun dem Vater erzählen?" Sie antwortete prompt: *Daß wir Schwäne gesehen haben.* Ich: „Was haben wir gesehen?" Hilde: *Viel Schwäne.* Ich: „Haben wir wirklich Schwäne gesehen?" Hilde (sich besinnend): *Nein, die waren im Häuschen drin.*"

Eva 4;10. „Ich ging mit den Kindern in ein Milchgeschäft mit der ausgesprochenen Absicht, Weißkäse zu kaufen, den alle drei sehr gern essen. Es war aber keiner vorrätig, und ich kaufte statt dessen saure Gurken. Eine halbe Stunde später erzählte Eva dem Vater: *Wir haben heute mit Mutter Weißkäse gekauft.* Günther widersprach, und Eva besann sich nun: *Ach nein, saure Gurken.* Auf die erstaunte Frage des Vaters, ob denn das etwas Ähnliches wäre, erklärte sie: *Nein, wir wollten welchen kaufen.*"

Günther 4;6. „Beim Mittagessen fand folgende Unterhaltung statt: Mutter: „Wo ist denn Evas Breischieber? Hat sie ihn wieder hingeworfen? Günther: *Ja, sie hat ihn hingeworfen.* Mutter (eindringlich): „Hast du das gesehen?" Günther: *Ich hab's nicht gesehen, aber ich sehe, daß er weg ist, darum weiß ich's.* Hier ist also dem Knaben eine Vermutung in der Aussage zur Gewißheit geworden. Hätten wir ihn nicht ernsthaft weiter gefragt, dann wäre es bei der kategorischen Fassung geblieben; so aber besaß der 4½jährige Knabe genügend Selbstkritik, um das Fehlen einer wirklichen Wahrnehmung zuzugeben, und genügend Logik, um seine Schlußfolgerungen begründen zu können. Die Wendung *darum weiß ich's* zeigt aber immerhin, wie dem naiven Kinde noch Vermuten und Wissen zusammenfallen."

Nicht immer wird der Ausgang so günstig sein wie in diesen drei Fällen, in denen die sofortige Richtigstellung vorgenommen werden konnte. In solchen Fällen, in denen andere Zeugen fehlen oder die vorsichtige Prüfung der Glaubwürdigkeit unterlassen wird, mag nur allzuoft die falsche Objektivation der subjektiven Vorstellung so fest werden, daß sie sich weder für das Kind selbst noch für andere von einer realen Erinnerung mehr unterscheiden läßt.

Weitere psychologische Einblicke in kindliche Erinnerungstäuschungen gewähren experimentelle Untersuchungen der Aussage, über die Kapitel XVIII berichtet. Vorher aber müssen wir noch Folgerungen von unmittelbar praktischer Wichtigkeit besprechen.

Es handelt sich um die Fähigkeit des Kindes, vor Gericht als Zeuge auszusagen.

5. Das Kleinkind als Zeuge

Alle gerichtlichen Aussagen sollen Erinnerungen an früher Erlebtes wiedergeben; die Untersuchung der Erinnerungstäuschungen ist deshalb für die Beurteilung der Glaubwürdigkeit von Zeugenaussagen unmittelbar wichtig. Und da Kinder in höherem Maße den Erinnerungstäuschungen unterliegen als Erwachsene, so ist bei ihnen das Problem besonders brennend und nur durch engste Zusammenarbeit des Juristen mit den Kindes- und Jugendpsychologen zu lösen[1].

Nun wird es sich freilich in den weitaus meisten Fällen um Schulkinder und Jugendliche handeln, deren Zeugnis vom Gericht verlangt wird; aber gelegentlich werden auch noch kleinere Kinder gerichtlich verhört – sei es, daß sie selbst Objekte eines Verbrechens (einer Mißhandlung, eines sittlichen Delikts) gewesen sein sollen,

---

[1] Vgl. meine zusammenfassende Darstellung XI.

sei es, daß sie als Seh- oder Hörzeugen bei einem anderen Verbrechen gegenwärtig gewesen sind.

Ich übernehme aus meinem Buche deshalb einige Gedanken und Materialien, die sich auf die frühe Kindheit beziehen.

Zunächst drei Beispiele aus der Praxis. Im ersten Falle wurde ein Mann unschuldig verurteilt, weil das Gericht der Kindesaussage zu sehr traute; im zweiten Fall hat ein psychologischer Sachverständiger die Wertlosigkeit der Kindesaussage rechtzeitig feststellen können; im dritten Fall fand auf Grund einer glaubhaften Kindesaussage ein Freispruch statt.

1. Ein Schausteller war beschuldigt worden, sich an einem 6jährigen Kinde unsittlich vergangen zu haben. Das Kind war schon einige Monate vorher das Opfer eines Sittlichkeitsverbrechens geworden – was natürlich seine Unbefangenheit herabsetzte. Bei den ersten Gegenüberstellungen mit dem Schausteller durch die Polizei stellte das Kind die Täterschaft dieses Mannes in Abrede; erst später unter dem Einfluß der Eltern benannte es jenen Mann als den Verbrecher. Das Gericht glaubte dem Kind; der Mann wurde zu drei Jahren Zuchthaus verurteilt. Im Wiederaufnahmeverfahren wurde das Urteil durch ein anderes Gericht bestätigt. Erst in der Berufungsinstanz wurde dem Kinde weniger Glauben geschenkt; es stellte sich heraus, daß es erst durch Drohungen des Vaters bestimmt worden war, von seiner ursprünglichen Verneinung abzugehen; außerdem boten jetzt seine Aussagen so viel Widersprüche und Unstimmigkeiten über Örtlichkeit der Tat und Aussehen des Täters, daß nunmehr Freispruch erfolgen mußte. Der Mann hatte bereits zwei Jahre im Zuchthaus abgebüßt.

2. Max Döring, der in Leipzig als psychologisch-pädagogischer Sachverständiger für Kindesaussagen tätig ist, schreibt: „Ich habe einmal einen Fall bearbeitet, wo zwei vorschulpflichtige Kinder verschiedene Männer als Täter bezeichneten, obwohl nach Lage der Dinge die größte Wahrscheinlichkeit bestand, daß nur einer in Frage kam. Es wurden ihnen dann neben den kritischen Personen noch eine Anzahl anderer vorgestellt; die Angaben der Kinder gingen nicht nur auseinander, sondern wechselten auch so, daß der Versuch resultatlos verlief. Tatsächlich gehören Signalementbestimmungen zu den schwierigsten. Bei solchen Gegenüberstellungen wird der Sachverständige die Kinder natürlich auch scharf beobachten, um sich ein Urteil darüber zu bilden, mit welchem Grad von Sicherheit die Bezeichnung des Täters erfolgt."

3. Eine Werkmeistersfrau hatte nach einem Streit mit dem Manne Selbstmord verübt. Zuerst geriet der Mann in Verdacht, sie ermordet (in der Speisekammer aufgehängt) zu haben, und er wurde in Haft genommen. Zu einer für ihn günstigen Entscheidung trug nun die Bekundung des 3½jährigen Töchterchens der Verstorbenen bei, das mit der Mutter bis unmittelbar vor dem Gang in die Speisekammer zusammen gewesen war. Die Kleine erzählte am nächsten Tage einer Tante den Hergang und ebenso dem Untersuchungsrichter: „Sonntag, am Vormittage, habe die Mutter mit dem Vater gestritten, diesen auch geschlagen, worauf er in das Zimmer gegangen sei, während die Mutter in der Küche verblieb ... Die Mama habe sie in der Küche geküßt, weil sie brav sei. Dann habe sie ihr die Strümpfe angezogen, ihr ein Hauberl gegeben und aufgetragen, dem Vater zu sagen, sie sei in die Speisekammer gegangen, um sich Kleider anzuziehen. Sie habe gehört, daß

sich die Mutter von innen eingesperrt habe. Der Vater habe die Tür aufgebrochen, die Mutter herausgebracht, auf das Bett gelegt und mit Wasser angeschüttet. Nun seien viele Leute gekommen ... Die Aussage machte in keiner Weise den Eindruck des Eingelernten." Sicherlich ist in dieses Protokoll manches hineingekommen, was das Kind so nicht gesagt haben kann (so vermag z. B. ein Kind dieses Alters keine Zeitbestimmung „Sonntag vormittag" zu machen). Nun ist aber die Aussage gerade besonders reich an Details, die dem Vernehmenden nicht nahe genug lagen, um sie dem Kinde zu suggerieren (Worte der Mutter, Strümpfe, Häuberl usw.). Deshalb macht sie den Eindruck einer im wesentlichen echten Erinnerung und verdient wohl den Glauben, den ihr das Gericht beimaß.

Der erste Fall zeigt, wie auf Grund der Aussage eines kleinen Kindes ein Menschenschicksal zerstört werden kann, weil jene, die die Aussage des Kindes zu bewerten hatten, zu wenig mit der Psychologie des Kindes vertraut waren. Wir, die wir im vorigen Kapitel die mannigfachen Quellen und drastischen Beispiele für kindliche Aussageirrungen kennengelernt haben, sind nicht mehr verwundert, daß ein sechsjähriges Kind ganz gutgläubig auf die Fragen des Richters Dinge angibt, die nie geschehen sind, oder Personen beschuldigt, die unbeteiligt waren; aber beim durchschnittlichen Juristen – und gar Polizisten – ist ebensowenig eine wirkliche Kenntnis der Kindespsyche wie eine kindgemäße Behandlung und Befragung des kleinen Zeugen zu erwarten – wie ja überhaupt die ganze beängstigende Förmlichkeit einer Gerichtsverhandlung nur geeignet ist, das Kind in eine unbehagliche Situation zu bringen und dadurch die Unbefangenheit seiner Aussagen noch mehr zu beeinträchtigen.

Man hat deshalb zuweilen gefordert, daß Aussagen von Kindern unter sieben Jahren überhaupt nicht für gerichtliche Zwecke verwertet werden sollten. Aber das würde ja unter Umständen geradezu einen Anreiz für Verbrecher bedeuten, wenn sie wüßten, daß ihre Opfer sich nicht äußern dürften. Auch zeigt unser Fall 3, daß in gewissen – wenn auch seltenen – Fällen gerade der positive Inhalt einer Kinderaussage von größter Bedeutung sein kann.

Einen Ausweg dürfte der Vorschlag bieten, der in meinem oben genannten Buch (S. 36) folgendermaßen formuliert wird:

„Kinder, die noch nicht schulfähig sind (also normale Kinder bis zu vollendetem sechsten Jahre, zurückgebliebene Kinder entsprechend länger), werden nicht als ‚Zeugen' vernommen, sondern nur informatorisch im Vorverfahren über ihre Wahrnehmungen befragt, und zwar von einem kindespsychologisch geschulten Juristen, der hierzu eine in der Kleinkind-Pädagogik und -Psychologie fachlich ausgebildete Persönlichkeit hinzuzuziehen hätte. Über diese Vernehmung wird ein Bericht angefertigt, der Fragen und Antworten, eine

Charakteristik des Verhaltens des Kindes und ein Urteil der Vernehmungspersonen über seine Glaubwürdigkeit enthält. Die bei der Vernehmung Beteiligten sind außerdem zur Hauptverhandlung als Zeugen zu laden."

Das Wesentlichste ist hierbei die Mitwirkung des kindespsychologischen Sachverständigen (vgl. Fall 2), der in einem möglichst frühen Zeitpunkt hinzugezogen werden muß, ehe durch Polizei, Eltern usw. unkontrollierbare Suggestionen stärkster Art auf das Kind eingewirkt haben.

Kapitel XVIII

Aussageexperimente

Aussageexperimente an kleinen Kindern sind bisher ausschließlich mit Bildern angestellt worden. Folgende Hauptmöglichkeiten des Versuchs bestehen:

1. Über ein einmal gesehenes Bild wird vom Kinde eine Aussage verlangt, und zwar

1a. unmittelbar nach abgeschlossener Betrachtung des Bildes („primäre Aussage");

1b. noch einmal einige Zeit später („sekundäre Aussage").

2. Ein „Dauereindruck" wird zum Gegenstand der Aussage gemacht, d. h. ein Bild, welches lange Zeit dem Kind vor Augen gewesen war, z. B. als Wandschmuck, und zwar

2a. ein Dauereindruck, der bis zum Zeitpunkte der Aussage wirksam gewesen war (also z. B. ein Bild, das im Nebenzimmer hängt);

2b. ein Dauereindruck, der früher lange wirksam gewesen, aber nun seit einiger Zeit nicht mehr vorhanden war (ein vor einigen Monaten entferntes Wandbild).

Die Aussage kann gegeben werden in der Form des Berichts (der zusammenhängenden Erzählung) oder des Verhörs (Beantwortung einzelner Fragen, die bei systematischen Versuchen schon vorher zu einer Liste zusammengestellt sind); gewöhnlich wird beides verbunden. Psychologisch und zugleich pädagogisch wertvoll ist es, am Schluß des Versuchs dem Kinde das Bild wieder vorzulegen und es selbst die begangenen Fehler finden zu lassen (Selbstkorrektur).

1. Aussagen über einmal gesehene Bilder

Als ein Beispiel, wie man schon in einem sehr frühen Alter Aussageexperimente anstellen kann, sei hier das Protokoll wiedergegeben, das wir bei Eva 2;11 erzielten. Es wurde ein ihr bisher unbekanntes Bild „Frühstücksstube" (vgl. Tafel III) zwei Minuten lang vorgelegt mit der Aufforderung, sie möge erzählen, was sie alles darauf sehe; dann wurde das Bild fortgenommen und „Bericht" und „Verhör" angeschlossen. Vier Tage später wurde eine sekundäre Aussage gefordert.

(Vgl. die Protokolle S. 226 und 227).

Zur Erläuterung. Die Gesamtzahl der gemachten Angaben betrug in der primären Aussage 35 (darunter 5 falsche), in der sekundären 37 (darunter 8 falsche); in Anbetracht des niedrigen Alters ist also der Umfang der Erinnerungen ganz stattlich. Allerdings ist der weitaus größte Teil der Aussage erst durch das Verhör hervorgeholt worden. Die Berichte enthalten nur 4 bzw. 5 Angaben; die Spontaneität der Erinnerungen ist also beim 3jährigen Kinde noch sehr gering. Die Wirkung der Zwischenzeit zwischen primärer und sekundärer Aussage zeigt sich nicht in einem Fortschreiten des Vergessens (denn die Menge der richtigen Angaben ist mindestens gleich geblieben), wohl aber in einer Zunahme der Verfälschung. Die begangenen Fehler beruhen zum großen Teil auf einer Vermischung mit Eindrücken, die von anderen Bildern stammen; auf solche Weise ist z. B. das in der sekundären Aussage auftretende Schwanken bedingt, indem Eva erst fälschlich von Suppekochen spricht, dann aber statt desselben richtig das Brotschneiden einsetzt. Die Farbenfehler sind nicht von Bedeutung, da das Kind damals in der Farbenbenennung noch nicht sicher war. Weiter werden einige Gegenstände, die tatsächlich vorhanden waren (Krug und Messer) geleugnet. Die entgegengesetzte Fehlerart: das Hinzufabulieren nicht gesehener Gegenstände findet sich dagegen in der primären Aussage gar nicht, in der sekundären nur selten, ein Beweis für die gute Beobachtungsgabe und zugleich für die außerordentlich geringe Suggestibilität der Kleinen. Denn es waren in das Verhör mit Absicht auch einige stark suggestive Fragen eingestreut (z. B.: „Steht nicht auch Butter auf dem Tisch?" „Ist der Knabe nicht barfuß?"); aber bei der sicheren Erinnerung und der großen Selbständigkeit Evas blieb jene Wirkung aus, die sonst bei Kindern dieses und noch höheren Alters sehr häufig eintritt.

Frühstücksbild. Eva 2; 11. Primäre Aussage

A. Betrachtung und Bericht

Während der 2 Minuten dauernden Betrachtung des Bildes: *Brot ißt der Günther. Und hier ist die Toni* (Köchin) – *Blume. Was ist das?* (Mutter: Eine Mappe) *für den Jungen. – Das ist da ein Schrank. – Und das ein Zimmer* (auf die Tür zeigend). *Wo geht man denn rein? – Und das ist die Küche. – Was ißt denn der Günther? Brot.*

Bericht nach Wegnahme des Bildes: (Mutter: Erzähl mal, was du alles gesehen hast.)

Günther. — Toni. — Blume im Zimmer. (Was noch?) *Tür.* (Was noch?) *Toni, — Günther.*

B. Verhör:

Frage.	Antwort:
Steht die Frau oder sitzt sie?	*Steht; der Günther sitzt.*
Was tut die Frau?	*Die kocht Suppe.*
Hat sie eine Schürze?	*Umgebindet.*
Welche Farbe hat die Schürze?	*Grün.*
Was hat sie in der Hand?	*Das weiß ich nicht allein.*
Hat sie ein Messer in der Hand?	*Nein.*
Ist ein Tisch zu sehen?	*Ja.*
Was liegt auf dem Tisch?	*Brot.*
Was noch?	*Gar nichts mehr.*
Steht nicht auch Butter drauf?	*Nein.*
Wie ist denn der Günther angezogen?	*Anzug, Hose.*
Was tut er?	*Er ißt Brot.*
Wie hält er es?	*In der Hand.*
Ist eine Tür im Zimmer?	*Ja.*
Auf oder zu?	*Auf.*
Sieht man, was draußen ist?	*Nein.*
Ist nicht ein Fenster zu sehen?	*Nein.*
Ist eine Kiste zu sehen?	*Nein.*
Ist ein Blumentopf zu sehen?	*Nein — ja.*
Wo stand er?	*Auf einem Schrank.*
Ist eine Mappe zu sehen?	*Ja.*
Wo?	*Unten auf der Erde.*
Wie sieht sie aus?	*Wie der Tisch.*
Ist ein Krug zu sehen?	*Nein.*

Sekundäre Aussage (3 Tage später)
(ohne erneute Vorlegung des Bildes).

A. Bericht

(Mutter: Weißt du noch, wie ich dir neulich hier am Tisch ein Bild gezeigt habe? Was war darauf zu sehen?)

Günther, – Toni, – Mutter, – Tür.

(Was war denn noch darauf? *Else* (Kindermädchen), *Toni.*

(Toni und Mutter waren darauf?) *Ja, und Else war auch darauf.*

(Weißt du noch etwas?) *Tür.*

(Weißt du noch etwas?) *Haus. Gar nichts mehr darauf.*

B. Verhör

Frage:	Antwort:
Hat die Frau gestanden oder gesessen?	*Gestanden; der Günther hat gegessen.*
Was tut die Frau?	*Die hat Suppe gekocht, und die Schulmappe war auch darauf.*
Hatte sie eine Schürze? welche Farbe?	*Ja, grün.*
Was hatte sie in der Hand?	*Einen Löffel für die Suppe.*
Hatte sie ein Messer in der Hand?	*Nein.*
Hatte sie Brot in der Hand?	*Ja.*
Ist ein Tisch zu sehen?	*Ja.*
Was liegt auf dem Tisch?	*Das Brot.*
Was lag noch auf dem Tisch?	*Gar nichts, aber das Brot lag auf dem Tisch.*
Du hast doch gesagt, die Toni hat Suppe gemacht?	*Das war doch Brot.*
Also keine Suppe?	*Bloß Brot.*
Wie war denn der Günther angezogen?	*Anzug und Hose.*
War er nicht barfuß?	*Nein, Schuhe und Strümpfe.*
Worauf sitzt er?	*Stuhl.*
Was tut er?	*Er ißt Brot.*
Wie hält er es?	*In der Hand.*
Ist die Tür auf oder zu?	*Auf.*
Sieht man, was draußen ist?	*Ja, lauter kleine Töpfchen.*
Ist nicht ein Fenster zu sehen?	*Nein.*
Ist ein Blumentopf zu sehen?	*Ja, das ist ein Blumentopf.*
Was steht auf der Erde?	*Schulmappe.*
Ist ein Krug zu sehen?	*Nein.*

So liefert eine solche Aussageprüfung trotz ihrer Kürze doch einen Einblick in verschiedene Seiten der kindlichen Individualität.

Der gleiche Versuch wurde auch mit dem 2½ Jahr älteren Bruder angestellt. Der Raum verbietet uns, das Protokoll wiederzugeben, es seien daher nur einige Punkte erwähnt, die den beträchtlichen Fortschritt der Aussagefähigkeit zwischen 2;11 und 5;5 dartun.

Bei Günther war es schon möglich, die auch sonst bei Aussageversuchen übliche stumme Betrachtung des Bildes durchzuführen, was bei Eva noch nicht gelang. Der Umfang der Aussage ist etwa doppelt so groß (67 Angaben gegen 36 bei Eva); vor allen Dingen aber hat sich die Spontaneität gewaltig entwickelt, denn während Eva nur 4 bis 5 Angaben spontan im Bericht gemacht hatte, finden sich bei Günther über 20. Der bloßen kärglichen Aufzählung von Substantiven, die Evas Bericht lieferte, steht bei Günther eine Schilderung der dargestellten Handlungen und sogar die Angabe einiger Ortsbeziehungen gegenüber. Auch die Dauerhaftigkeit der Erinnerungen ist gestiegen; denn obgleich die sekundäre Aussage erst 8 (nicht wie bei Eva 3) Tage später gefordert wurde, zeigte sie doch weder qualitativ noch quantitativ einen Abfall gegen die primäre.

Die Fehlerzahl war bei Günther größer als bei Eva: 13½ Angaben, also 20% aller Angaben, waren primär falsch (sekundär 22 = 18%). Von diesen Fehlern wurden die weitaus meisten im Verhör begangen, so daß sich hier wie bei Eva das früher erwähnte Hauptergebnis der Aussagepsychologie bestätigt (s. S. 218). Die Fehler stammten zum Teil daher, daß Günther über die Farben auf dem Bilde recht viel Auskünfte zu geben suchte (neben 7 richtigen erfolgten 5 falsche Farbenantworten) und daß er den suggestiven Fragen mehrfach unterlag; so ließ er sich schon primär ein Fenster und einen Deckel auf dem Krug suggerieren.

Die größere Reife des 5½jährigen zeigt sich wieder in der Fähigkeit zur Selbstkorrektur. Als ihm nach der sekundären Aussage das Bild wieder vorgelegt wurde, war er imstande, von selbst oder mit ganz geringer Hilfe die begangenen Fehler herauszufinden: *Der Topf ist nicht so – er ist grün* (er hatte ihn beim Verhör als weißblau bezeichnet); *er hat keinen Deckel* usw.

Diese Selbstkorrekturen haben neben ihrer psychologischen Bedeutung zweifellos auch pädagogischen Wert; denn die Fehler, welche man selber findet, machen einen viel stärkeren Eindruck als diejenigen, auf die man von anderen hingewiesen wird; und so liegt in der Forderung der nachträglichen Selbstkritik eine Erziehung zur korrekteren Aussage.

Daß Selbstkorrekturen schon bei einem 4;8jährigen Kinde möglich sind, haben Scupins bewiesen. Sie machten um jene Zeit mit dem Bauernstubenbild (Tafel III) einen dem obigen analogen Versuch; und als nach der sekundären Aussage das Bild dem Knaben wieder vorgelegt wurde, äußerte er sofort: *Vom Kätzel habe ich falsch gesagt, da habe ich gesagt: eine weiße und gelbe Farbe, und das ist doch weiß und schwarz. Und die Lampe habe ich falsch gesagt, die hat nicht gehangen* usw. (II, S. 138.)

Nach der gleichen Methode und mit demselben Bild hat Winch in England eine Gruppe drei- bis vierjähriger Kindergartenkinder untersucht. Leider wird uns nur über die richtigen Angaben, nicht über die falschen, eine Statistik gegeben.

In der primären Aussage brachte der Bericht 8,3, das Verhör 11,2 richtige Elemente; in der sekundären (nach einer Woche) lauten die Zahlen: Bericht 9,0, Verhör 15,8.

Ähnlich wie bei uns fand sich also auch hier, und zwar ausnahmslos bei jedem Prüfling, daß nach einem Verlauf von wenigen Tagen nichts von einer Minderung, vielmehr geradezu eine Zunahme der richtigen Erinnerungselemente zu merken war. Offenbar litt die erste Aussage unter der Fremdartigkeit der Aufgabe; sie schuf aber eine Einstellung, die dann der Sekundäraussage zugute kam.

Auch zur Selbstkorrektur suchte Winch die Prüflinge anzuhalten, aber ohne jeden Erfolg; vor dem fünften Jahre ist also diese Fähigkeit nicht vorhanden – was auch mit unsern obigen Befunden stimmt.

Die Wirkung der suggestiven Fragestellung, die wir in Obigem schon mehrfach streiften, ist auch einmal zum Gegenstand einer besonderen Untersuchung gemacht worden, die von Lipmann und Wendriner an Zöglingen eines Privatkindergartens (je 6 Knaben und Mädchen im Alter von 4 bis 6 Jahren) angestellt wurde. Die Kinder mußten das farbige Bauernstubenbild (Tafel III) eine Minute lang genau ansehen und wurden dann nach neun Gegenständen befragt, aber in verschieden suggestiver Form. Durch einen Turnus der Frageformen war es möglich, für jeden Gegenstand die Wirkung von drei verschiedenen Suggestionsgraden zu prüfen. Einige Beispiele mögen dies erläutern.

Die Frage nach der Schürzenfarbe der Frau (blau) wurde gerichtet: a) an vier Kinder in der nicht-suggestiven Form: „Welche Farbe hat die Schürze der Frau?“ b) an andere 4 Kinder in der Form der Erwartungssuggestion: „Ist die Schürze der Frau nicht rot?“ c) an die übrigen 4 Kinder in der irreführenden Form eines falschen Entweder-Oder: „Ist die Schürze rot oder grün?“ Das Ergebnis war: Frage a lieferte drei richtige und eine falsche Antwort; Frage b vier falsche Antworten (also Bejahung des Rot!); Frage c zwei falsche und zwei unbestimmte (ich weiß nicht). Auf die beiden Suggestivfragen ist also überhaupt keine richtige Antwort mehr erfolgt.

Etwas anders wirkte der Versuch bei einer Frage, durch welche dem Bauern eine Jacke angedichtet werden sollte. Obgleich die Fragen a und b schon ziemlich suggestiv waren: a) „Hat der Mann eine Jacke an?“ b) „Hat der Mann nicht eine zerrissene Jacke an?“ – erfolgte niemals das falsche Ja, sondern fünf richtige und drei unbestimmte Antworten. Das änderte sich aber mit einem Schlage bei den Kindern, die mit einer „falschen Voraussetzungsfrage“ vexiert wurden: „Ist die Jacke des Mannes zerrissen?“ Nach dieser Formulierung schien es ja, daß der Frager die Existenz der Jacke für selbstverständlich hielt, und nur über ihren Zustand Auskunft wünschte, und jene Selbstverständlichkeit führte die Kinder irre: kein einziges der vier gefragten Kinder gab die allein richtige Antwort, daß der Mann ja gar keine Jacke anhabe.

Eine dritte Gruppe von Fragen galt dem Gegenstand, den der Mann in der Hand hielt. Die unsuggestive Frageform a: „Was hat der Mann in der Hand?“ führte zu drei richtigen Antworten (Löffel) und einer unbestimmten. Die Suggestivfrage b: „Hat er nicht Messer und Gabel in der Hand?“ lieferte schon neben zwei Nein zwei unrichtige Ja. Die falsche Voraussetzungsfrage c: „Was schneidet der Mann mit dem Messer, das er in der Hand hat?“ wurde dreimal falsch und einmal unbestimmt beantwortet.

So wenig umfangreich diese Versuche sind, so lehren sie doch zur Genüge, mit welcher Vorsicht gerade bei Befragung kleiner Kinder die Art der Fragestellung beachtet werden muß: Je weniger suggestiv die Frage, um so größer die Aussicht auf richtige Antwort.

2. Aussagen über einen Dauereindruck

Ein halbes Jahr nach dem oben (S. 225) erwähnten Experiment an unseren Kindern machten wir ein zweites; G. war nun 6;0, E. 3;6½ alt. Diesmal wurde ein Bild gewählt, welches nicht einmal, sondern zahllose Male von den Kindern gesehen worden war, nämlich ein farbiger Kinderfries „Die Gänsehirtin“, der seit Jahren in ihrem Kinderzimmer an bequem sichtbarer Stelle hing. Man sollte meinen, daß diese gehäuften Wiederholungen des Eindrucks eine Erinnerung von außerordentlicher Extensität und Intensität schaffen mußten; der Versuch bewies aber, daß diese Vermutung durchaus nicht ohne weiteres zutrifft.

Die Kinder wurden unvorbereitet – also ohne sich das Bild noch einmal ansehen zu dürfen – in einem anderen Zimmer über das Gänsebild vernommen. Wir lassen die Protokolle folgen; bei falschen Angaben ist der richtige Tatbestand in eckigen Klammern dazugesetzt. (Vgl. Tafel IV.)

Günther 6;0

A. Bericht

Also die Frau, die ging, hat eine weiße [schwarze] *Schürze und einen roten Rock, glaube ich. Grüne Bäume mit Äpfeln, die runterfallen, und viele Gänse. Die Frau hat so einen Rechen* [Hirtenstab]; *der war ungefähr so ein langer Stengel.*

B. Verhör

(Farbe der Äpfel?) *Gelb.*
(Haben die Bäume lange Stämme?) *Nein.*
(Wie denn?) *Es ist kaum was zu sehen.*
(Sind alle Bäume ganz zu sehen?) *Nein, wo hier* (zeigt rechts) *das Stück zu Ende geht, ist ein Viertel und hier* (links) *auch ein Viertel.*
(Sind mehr Gänse hinter oder vor der Hirtin?) Hinten.
(Farbe der Schnäbel?) *Gelb.*
(Körper?) *Weiß, Schwanzspitze ein bißchen schwarz bei manchen.*
(Füße?) *Ich glaube gelb.*
(Was sieht man auf der Wiese?) *Blumen, Gras.*
(Kann man die Blumen richtig erkennen?) *Nein, sie sind rund mit 'nem Punkt.*
(Wie sieht die Hirtin aus?) *Weiße Mütze, weiße* [schwarze] *Schürze und, glaube ich, roten Rock.*
Sieht man sie von vorn oder von der Seite?) *Von der Seite.*
(Stehen die Bäume ganz eng oder mit Zwischenräumen?) *Ganz eng.*
(Geht die Frau barfuß oder in Schuhen?) *Ich glaube in Pantoffeln.*
(Nach welcher Seite ist sie gewandt?) *Nach dieser.*
(Wieviel Bäume ungefähr?) 6, 5 *oder* 4.
(Wieviel Früchte ungefähr an jedem Baum?) *Ungefähr* 10.
(Wieviel Gänse?) 8.

Selbstkorrektur beim Anblick des Bildes.

Die Schürze ist schwarz.
Die Bäume stehen auseinander.
Sie hat keinen Rechen.
Es sind 6 Gänse.

Eva 3;6½

(Weißt du, was für ein Bild an der Tür des Kinderzimmers hängt? *Gänselein.* (Was ist da drauf zu sehen?)

A. Bericht

Eine Frau. Und da laufen Gänse darauf. Die Frau gibt den Gänsen Futter. [Unrichtig.]

B. Verhör

(Sind Bäume drauf?) *Nein, aber auf der Straße.* [Unrichtig.]
(Sind Äpfelchen zu sehen?) *Ja, gelbe Äpfel.*
(Laufen die Gänse alle hinter der Frau?) *Nein.*
(Laufen auch welche vor ihr?) *Ja.*
(Wie sieht der Schnabel aus?) *Rot.*
(Und der Körper?) *Weiß.*
(Füße?) *Rot.*
(Was sieht man auf der Wiese?) *Das ist doch keine Wiese.* [Unrichtig.]
(Wie sieht die Frau aus?) *Weiße Mütze.*
(Rock?) *Blau.* [Rot.]
(Schürze?) *Weiß.* [Schwarz.]
(Was hat sie in der Hand?) *Futter von Gänsen.* [Hirtenstock.]
(Sieht man sie von vorn oder von der Seite?) *Von vorn.* [Von der Seite.]
(Schuhe oder barfuß?) *Schuhe.*
(Wie steht die Frau?) *So wie ich stehe.* [Stellt sich en face.]

Augenscheinlich ist für Eva die Aufgabe schwerer gewesen als bei dem früheren Experiment; denn unter den nur 17 Angaben waren 7 = 40% falsch. Das Kind hatte jenes Bild, obgleich es ständig vor seinen Augen hing, nie mit bewußter Aufmerksamkeit betrachtet, und es suchte nun seine unbestimmten Erinnerungen aus Gedächtnisresten von anderen Bildern und aus Vermutungen zu ergänzen. Somit hat selbst häufige Wiederholung des Eindrucks bei geringem Aufmerksamkeitsgrad keinen solchen Erfolg für die Erinnerungstreue wie ein nur einmaliger, aber mit konzentrierter Aufmerksamkeit beobachteter Eindruck[1].

Dies wird durch das andersartige Ergebnis des Experiments bei Günther bestätigt. Er lieferte 34 Angaben mit nur 4 = 12% Fehlern; dieser Vorsprung beruht nicht nur auf dem höheren Alter, sondern vor allem auf der stärkeren visuellen Einstellung und Begabung. Er ist gewohnt, sich optischen Eindrücken mit lebhafter Aufmerksamkeit zuzuwenden und sie auch in Einzelheiten zu studieren; darum traf ihn die Aufgabe nicht so unvorbereitet wie die Schwester. Auch die zahlreichen Farbenangaben, die er machte (9), waren bis auf eine richtig[2]. Nach dem Versuch nahm er sich unaufgefordert das Bild vor und verglich es mit seiner Aussage; so erfolgte die oben wiedergegebene Selbstkorrektur, bei der er fast alle seine Fehler ohne Unterstützung unsererseits herausfand.

Man darf wohl solche kleinen Aussageversuche, wie wir sie im obigen beschrieben haben, zur gelegentlichen Anwendung in Kinderstube und Kindergarten empfehlen. Sie dienen, ähnlich wie die S. 172ff. besprochenen Anschauungsversuche, dem Zwecke, die Beobachtungs- und Erinnerungsfähigkeit zu schulen, den Widerstand gegen Suggestionen und eine gewisse Vorsicht und Selbstkritik zu üben. Natürlich brauchen sich solche Versuche (die für das Kind nur den Charakter eines kurzweiligen Spiels haben dürfen!) nicht auf Bilder zu beschränken; man kann auch Aussagen über beliebige Vorgänge und Zustände der Wirklichkeit: einen kürzlich gemachten Spaziergang, die Stellung der Möbel im Nebenzimmer usw., experimentell hervorrufen. Vorzuziehen sind für den pädagogischen Erfolg solche Aussageobjekte, die dem Kinde zum Zwecke der Selbstkorrektur nachher noch einmal gezeigt werden können (Bilder und Räume).

---

[1] Es ist dies übrigens ein ganz allgemeingültiges Ergebnis der Aussagepsychologie, das auch bei Schulkindern und Erwachsenen gefunden worden ist.

[2] Die besondere visuelle Veranlagung bewirkte, daß der sechsjährige Knabe bei diesem Versuch sogar besser abschnitt als seine ältere Schwester, bei welcher der Versuch im Alter von 7;8 angestellt wurde. Diese lieferte 31 Angaben mit 6 = 19% Fehlern.

Sechster Abschnitt

Spiel und Phantasie

Wo beginnen? Wo aufhören? Nirgends wird man so von der Fülle des Stoffes überwältigt wie bei dem Thema der Phantasie- und Spieltätigkeit. Heißt doch die ganze Lebensepoche, mit der wir es zu tun haben, geradezu das „Spielalter“, und zeigt doch das phantasiemäßige Vorstellen hier schon eine Ausbildung, die der Entwicklung der anderen Vorstellungs- und der Denkfunktionen weit vorauseilt.

Die Einschätzung, welche diese zentrale Tätigkeit der frühen Kindheit erfahren hat und erfährt, ist höchst verschieden. Auf der einen Seite wertet man die kindliche Phantastik wegen ihrer anscheinenden Unsinnigkeit, Ordnungs- und Kritiklosigkeit sehr niedrig; andererseits wird die kindliche Fähigkeit, sich in Märchen und Spiel selbstherrlich eine eigene Scheinwelt aufzubauen, als eine wundervolle, fast künstlerische Gabe gepriesen. Wir werden zwischen diesen Extremen die richtige Mitte zu suchen haben.

Unsere Besprechung wendet sich zunächst einer allgemeinen Charakteristik der frühkindlichen Phantasie zu, um dann die wichtigsten Gebiete der Phantasiebetätigung gesondert zu behandeln.

Kapitel XIX

Eigenschaften der frühkindlichen Phantasie

1. Allgemeines

Aller Phantasietätigkeit gemeinsam ist die Konkretheit und Spontaneität des Vorstellens.

Die Phantasievorstellung ist immer konkret; sie enthält ein einzelnes bestimmtes Bild, ist also darin der Anschauung und der Erinnerung verwandt, während sie sich von dem Denken mit seinen abstrakten Inhalten unterscheidet. Die konkrete Bildhaftigkeit der Phantasievorstellung ist aber nicht die direkte Wirkung oder Nachwirkung äußerer Eindrücke, sondern Ergebnis einer inneren Verarbeitung; in der Phantasievorstellung befreit sich also der Mensch von der unmittelbaren Bindung durch die Außenwelt. Die Vorstellung wird als Eigenschöpfung selbständig erlebt und genossen. Durch diesen subjektiven Zug der Spontaneität erhebt sich die Phantasievorstellung über die beiden anderen Formen des konkreten Vorstellens, über die Anschauung, die an gegenwärtig vorhandene, und über die Erinnerung, die an früher dagewesene objektive Tatbestände gebunden ist.

Allerdings darf dieser Unterschied zwischen der spontanen Phantasie und den rezeptiven Tätigkeiten (Wahrnehmung und Erinnerung) nicht zu einem absoluten Gegensatz gestempelt werden. Im Gegenteil: es bestehen viele positive Beziehungen.

Einer Schöpfung aus dem Nichts ist die Phantasie niemals fähig: ihre Elemente müssen vielmehr stets in wirklichen Erlebnissen ihre Grundlage haben. Das Schöpferische besteht in der Verwendung dieser Elemente, in der Fähigkeit, sie aus ihren ursprünglichen Verbänden zu lösen und ständig wechselnde, immer ausgedehntere, neue Gestalten aus ihnen zu bilden – so daß dann die Phantasievorstellung und deren Verkettung, als Ganzes betrachtet, dennoch etwas darstellt „was sich nie und nirgends hat begeben". Individuell sehr verschieden ist der Grad, in welchem die Trennung, Verschiebung und Neubildung der Gestalten gelingt; die hierdurch bestimmte Eigenschaft nennen wir die „Beweglichkeit" der Phantasie.

Ferner ist die Sinnenfälligkeit, welche die Phantasievorstellungen besitzen, von der Lebhaftigkeit der Anschauung und des Gedächtnisses abhängig. Nur derjenige Mensch, in dem die wirklich wahrgenommenen Farben, Formen, Töne usw. mit großer Schärfe und Deutlichkeit haften und nachwirken, ist daher imstande, auch seiner Phantasievorstellung ein entsprechend sinnfälliges Kolorit zu geben. Der verschiedene Grad dieser Eigenschaft wird durch den Ausdruck „Anschaulichkeit" der Phantasie bezeichnet[1]).

Die Sinneswahrnehmung liefert aber der Phantasie nicht nur das Material, sondern oft genug auch den unmittelbaren Anstoß zur Betätigung. Irgendein äußerer Eindruck: ein Wort, ein Bild, eine Bewegung, setzt erst die in Bereitschaft liegenden Vorstellungen ins Spiel, die freilich den Eindruck schnell in ihr Gespinst einhüllen oder sich in ihrer Verkettung weit vom Ausgangspunkt entfernen. Immerhin, der Sinneseindruck hatte die Rolle des „Phantasiereizes" zu spielen, und wir werden sehen, wie wichtig dies gerade

[1] Ob starke Anschaulichkeit der Phantasie mit der früher besprochenen „eidetischen Anlage" (s. S. 211) verwandt ist, bedarf erst der Untersuchung.

für die kindliche Entwicklungsstufe ist. Die Neigung, durch solche Reize seine Phantasie in Bewegung setzen zu lassen, mag die „Reizbarkeit" der Phantasie heißen.

Ist so die Phantasie von den rezeptiven Funktionen der Wahrnehmung und des Gedächtnisses beeinflußt, so besteht auch umgekehrt ein enger Zusammenhang; diejenigen seelischen Leistungen, welche auf Auffassung und Wiedergabe objektiver Tatbestände gehen, entbehren nicht des subjektiven Moments der Phantasie. Wir brauchen hierfür nur auf früher Gesagtes zu verweisen. Fanden wir doch, daß sowohl Anschauung wie Erinnerung des Kindes fortwährend durchsetzt waren von schweifenden Vorstellungen, welche die Auffassung und Aussage einerseits bereicherten und belebten, andererseits aber ihren Objektivitätswert bedrohlich verringerten (vgl. S. 176 und 217).

Diese innige gegenseitige Durchdringung von Wirklichkeitserleben und Phantasie ist eine Fundamentaltatsache, deren volle Bedeutung erst in den letzten Jahrzehnten erkannt worden ist; und doch ergeben sich gerade aus ihr die wichtigsten psychologischen Erkenntnisse, ebenso für die höchste Form der Phantasiebetätigung in der Kunst wie für die primitivste im Naturmenschen und im kleinen Kinde. Wäre die Phantasie, wie man es wohl früher annahm, ein selbständiges „Seelenvermögen", das sich scharf gegen die anderen Vermögen der Anschauung und der Erinnerung abgrenzte, dann würde natürlich jedem Vorstellungsinhalte sofort seine Zugehörigkeit zu diesem oder jenem Seelen-Schubfach anzumerken sein; es würde die Phantasievorstellung als subjektiver Schein, die Wahrnehmung und Erinnerung als Zeichen für objektive Tatbestände erlebt werden. Wie wenig dies zutrifft, zeigen die folgenden Betrachtungen.

2. Die Unbekümmertheit der kindlichen Phantasie

Die einzelne Phantasievorstellung des Kindes ist ursprünglich recht unklar und arm an Inhalt. Dies ergibt sich nicht nur aus den allgemeinen Gesetzen der Vorstellungsentwicklung, sondern auch aus gewissen Symptomen der Phantasiebetätigung selbst. Das kleine Kind zeigt nämlich auffällige Unbekümmertheit um die Beschaffenheit des äußeren Objektes, an welches sich die Phantasievorstellung knüpft. Irgendeine Zufallsform eines zerrissenen Papierstückchens wird als „Schuh" begrüßt – für unser Auge ist nur eine ganz entfernte Ähnlichkeit vorhanden. Ein Kreis mit vier kleinen Strichen darin, den das Kind zustande gebracht hat, gilt ohne jedes Bedenken als „Gesicht", vielleicht sogar als das des kleinen Bruders. Zwischen dem Stecken, auf dem der Knabe reitet, und einem Pferd fehlt so gut wie jede Übereinstimmung; der Umstand, daß man den Stecken zwischen die Beine nehmen kann, genügt, um die Phantasievorstellung zu realisieren.

Man erblickt in dieser Unbekümmertheit einen Vorzug der kindlichen Phantasie, und mit Recht, da sie zeigt, wie beweglich, wie stark aus dem Innern quellend das Vorstellungsleben schon um jene Zeit ist. Aber man darf andererseits nicht übersehen, daß der ganze Prozeß ermöglicht wird durch die relative Dürftigkeit des dabei vorgestellten Inhalts. Hätte das kleine Kind wirklich eine scharf umrissene Form- oder Farbenvorstellung von Schuhen, dann würde der Anblick des Papierfetzens nicht so leicht zur Vorstellung „Schuh" führen; es würden die abweichenden Merkmale sofort eine psychische Hemmung bewirken. Und der Stecken als Reitpferd stört den kleinen Jungen nur deshalb nicht, weil neben dem Hauptmerkmal der Pferdevorstellung, dem Darauf-Reitenkönnen, alle anderen Inhalte, namentlich die der speziellen Pferdegestalt, weit zurücktreten.

Durch diese Unbestimmtheit der einzelnen Vorstellung wird die Leistungsfähigkeit der kindlichen Phantasie in keiner Weise beeinträchtigt. Denn diese will ja nicht, wie etwa die des bildenden Künstlers, ein ruhendes Gesamtbild in möglichster Anschaulichkeit und Vollständigkeit innerlich erfassen, sondern in schneller Bewegung von Vorstellung zu Vorstellung, von Tätigkeit zu Tätigkeit eilen; hierfür aber sind jene vagen Anklänge eben recht, um beliebige, sich darbietende Objekte zu Anhaltspunkten für die einzelnen Phasen dieser motorischen Akte zu machen. So begreift man es auch, daß ein und dasselbe Objekt in schneller Folge als Phantasiereiz für die verschiedensten Vorstellungen dienen kann.

Hilde 2;2½. „H. hat ein viereckiges, flaches Stückchen Holz in der Hand, mit dem sie spielt wie mit einem Ball. Plötzlich legt sie es sich auf den Kopf und zeigt es mir: *schöner Hut!* Dann nach einem Weilchen wiederum: *is Taler.*" – 2;5. „Das Kind saß mit einer Tante am Tisch; als Spielzeug diente ihr die Schürze. Zuerst knüllte sie einen Ball aus der Schürze und tat, als ob sie ihn würfe; dann wickelte sie die Schürze um den Finger wie einen Verband und sagte: *böser Finger*; dann nahm sie die Schürze hohl (wie beim Ballauffangen) mit der Bezeichnung: *Teller.*"

Es ist schon eine höhere Stufe der Entwicklung, wenn das Kind von der Nicht-Übereinstimmung zwischen Phantasiereiz und Phantasievorstellung ein Bewußtsein hat, sich aber nicht durch sie stören läßt. Auf dieser Stufe sinkt das Objekt lediglich zum Symbol herab, zu einem äußeren Anknüpfungs- oder Auslösungspunkt für die reiche innerliche Vorstellungstätigkeit. Das Kind, das drei Stühle hintereinander stellt, um „Eisenbahn“ zu spielen, weiß wohl, daß die Eisenbahn ganz anders aussieht; aber es abstrahiert von den Unterschieden, um das eine ihm wesentlich erscheinende Merkmal, die Hintereinander-Reihung, als greifbare Grundlage für seine Spielphantasie zu benutzen. So begegnet uns hier etwas ganz Ähnliches wie bei der Entwicklung des Sprech-Denkens: an die Stelle einer beliebigen Verknüpfung tritt das Symbolbewußtsein, das „Markieren“, und hebt den Prozeß sofort auf ein höheres Niveau.

So wurde um 2;7 die Eisenbahn bei unserer Hilde markiert: einmal durch vier hintereinandergelegte Kastanien, dann durch eine Reihe von Bauklötzen, dann wieder durch ein Zentimetermaß, das sie hinter sich herzog. – Günther machte um 3;11 sogar einmal seine Hände zur Eisenbahn. Er zeigte plötzlich auf seine Daumen: *Das sind die Lokomotiven, und das* (er streckte die übrigen acht Finger aus) *sind alles die Wagen. Und hier* (er zeigte in die Luft) *ist der Weg und die Schienen.*

Bei manchen dieser höchst sonderbaren Repräsentationen können wir Erwachsenen kaum begreifen, daß das Kind über die krasse Unstimmigkeit hinwegsieht, um an ein einziges nebensächliches Merkmal seine Vergleichung zu knüpfen.

Günther 3;2. Er band der sitzenden Mutter hinterrücks die Schürze auf und zog, schwerfällig rückwärtsstrebend, an dem einen Schürzenband mit den Worten: *Muttchen, willst du ein Netz sein? Ich dich mal rausziehn.* Er hatte kürzlich gesehen, wie Fischer ein schweres, volles Netz rückwärtsgehend mühevoll ans Land zogen. Ziehmöglichkeit und Nachahmung der Gangweise genügten schon, um die Mutter spielend mit dem gefüllten Fischnetz zu identifizieren.

Noch 5;10 beobachteten wir bei Hilde folgende merkwürdige Personifikation: „Sie spielte mit einer Kaffeemühle. Der Deckel einer solchen besteht bekanntlich aus zwei Halbkreisen, die um Scharniere drehbar sind und dadurch voneinander entfernt oder einander genähert werden können. Das genügte, um dem Kinde die Suggestion menschlicher Bewegungen zu geben. Sie ließ die beiden Deckel sich berühren: jetzt küssen sie sich. Sie drehte sie auseinander: sie gehen spazieren. Sie fingierte Regen: beide kehren zurück. Der eine Flügel wird halb nach außen gedreht: er geht wieder spazieren; der andere aber will warten, bis der Nebel verschwunden ist.“

Der höchste Grad dieser Unbekümmertheit liegt dort vor, wo die Phantasie überhaupt auf einen gegenständlichen Ansatzpunkt verzichtet und geradezu halluzinationsähnliche Leistungen ermöglicht[1]. Wenn das Kind beginnt zu „fabulieren“, oder wenn es abends im Bettchen liegend noch vor dem Einschlafen im Dunkeln seine Monologe hält, in denen die Angehörigen und die Spielsachen, Er-

[1] Die folgenden Beispiele zeigen, daß Bühler nicht im Recht ist, wenn er äußere Anregung durch Sinneseindrücke als notwendige Bedingung kindlicher Phantasietätigkeit ansieht (I S. 212.)

eignisse des Tages und Zukunftswünsche bunt durcheinander wirbeln, so sind alle äußeren Phantasiereize geschwunden, und wir haben das Spiel der inneren Vorstellungstätigkeit in Reinkultur vor uns. Von hier zur Traumphantasie ist nur ein Schritt, und es ist ja charakteristisch für das Kind, daß sich ihm oft genug die Grenzen zwischen dem wirklichen Erleben, der Wachphantasie und dem Traum verwischen.

Eine besondere Tönung enthält der halluzinatorische Zug in der Spielphantasie. Hier gibt es in der Tat ein Hantieren mit dem Nichts – z. B. das Spielen mit dem fingierten Ball; es kann mit derselben Inbrunst und Hingebung betrieben werden, als ob das reale Spielobjekt zur Verfügung stände. Aber hierbei ist doch immerhin eine reale Grundlage vorhanden und, wie es scheint, unentbehrlich, nämlich die Spielbewegung des Kindes; sie kann nicht durch eine bloße Bewegungsvorstellung in der Phantasie ersetzt werden. Somit kommt den motorischen Elementen der Vorstellung eine andere Rolle zu als den visuellen, auditiven und taktilen. Das sichtbare, hörbare, greifbare Objekt kann durch die bloße Phantasievorstellung ersetzt werden, die Eigenbewegung nicht. Diese verschiedene Rolle ist aber sehr wohl verständlich. Das wirkliche Vorhandensein der Objekte ist nicht immer in unsere Macht gegeben, der Mensch muß sich mit dem subjektiven Ersatz der Phantasievorstellung begnügen; Bewegungen dagegen können wir immer von neuem wirklich ausführen; dafür braucht sich also nicht ein entsprechendes Phantasiesurrogat herauszubilden. Die folgenden Beispiele von „Halluzinationsspielen“ bestätigen deutlich das eben Gesagte.

Günther 2;6½. „Das kleine Schwesterchen ist eben gebadet worden. Kaum ist es aus der Wanne herausgenommen, so klettert G. auf das Stühlchen, guckt in die leere Wanne hinein mit den Worten: *so tun ĕ Bibi* (= so tun, als ob ein Baby darin wäre) und bewundert das nicht vorhandene Baby.“

Hilde 3;5. „H. spielt Einkaufen, d. h. wir schicken sie mit „gedachtem“ Geld nicht-vorhandene Sachen kaufen; sie rennt in eine leere Ecke zum „Kaufmann“ und bringt von dort fingierte Butter, Schokolade usw. mit.“

Günther 5;10. „Ein bei den Kindern sehr beliebtes Spiel ist das „Paradies-Hüpfen“. Es wird auf den Boden ein Schema mit numerierten Feldern gezeichnet; dann muß ein Steinchen in ein bestimmtes Feld geworfen und hüpfend wiederholt werden, ohne daß dabei einer der Grenzstriche mit dem Fuß berührt werden darf. G. spielt nun zuweilen dieses Spiel im Zimmer ohne alle Apparate. Er tut so, als ob er das Schema auf die Diele aufzeichne, fingiert das Werfen mit einem Steinchen, jauchzt, als ob er in die 100 getroffen (augenscheinlich steht das Schema in großer Lebhaftigkeit vor seinem inneren Auge), hüpft vorsichtig, um die gar nicht vorhandenen Grenzstriche nicht zu berühren usw.“

Hilde 5;10. „H. spielte „Kaufmann". Die Mutter, die etwas bei ihr eingekauft hatte, sagte, sie werde es morgen abholen lassen. Um nun dieses „morgen" schnell herbeizuführen, markierte H. die dazwischenliegende Nacht, indem sie in ihren „Laden" ging und im Stehen einige Male herzhaft und laut schnarchte. Dann sagte sie vergnügt: *nun ist morgen*. Zur „Nacht" war also kein Bett, keine Dunkelheit, nicht einmal das Hinlegen nötig; der motorische Akt des Schnarchens galt als völlig genügende Unterlage der Phantasievorstellung ‚Nacht'."

Das Merkmal der Unbekümmertheit scheidet die frühkindliche Phantasie grundsätzlich von der eigentlich ästhetischen Phantasietätigkeit des Künstlers und des Kunstgenießenden. Denn zum Ästhetischen gehört, daß die Phantasievorstellung eine adäquate objektive Darstellung finde. Und weil eben für dieses Zusammenstimmen von innerem Gehalt und äußerer Gestalt dem kleinen Kinde noch ganz das Organ fehlt, ist das eigentliche Prinzip der Kunst ihm noch wesensfremd[1].

Eine gewisse Verwandtschaft der kindlichen und der künstlerischen Phantasie liegt nicht auf dem Gebiete der Form, sondern auf dem der Illusionsfähigkeit, des spielenden Sich-Hinwegsetzens über Zwang und Enge der Wirklichkeit. Derartige Phantasiebetätigungen sind aber, wie wir sahen, in den frühen Jahren gerade nur durch die Unbekümmertheit um die äußere Darstellung möglich; wird diese daher unterbunden, so findet leicht eine unerwünschte Beeinträchtigung der Phantasie statt.

Wie wenig nimmt doch unsere Spielzeugpädagogik auf jenen Zug der Unbekümmertheit Rücksicht! Bei Puppen und Puppenstuben, Spieltieren und Soldaten werden keine Mühen und Kosten gescheut, bis alles, was sich das Kind in der Phantasie vorstellen könnte, auch objektiv vorhanden ist. Wo bleibt bei dieser Realistik dem Kinde die Möglichkeit, aus allem alles zu machen? Glaubt man wirklich, daß das zusammengewickelte Stoffbündel oder das starre Holzfigürchen als Puppe dem unverwöhnten Kinde geringere Spielfreude und Phantasiebetätigung weckt, als dem verzogenen Kinde die Luxuspuppe, die einen Charakterkopf hat, die Augen schließt und alle Überfeinerungen modischer Kleidung besitzt – und zu der deshalb nur schwer noch etwas hinzuphantasiert werden kann? Oft erlebt man es in solchen Fällen, daß die Puppe erst dann dem Kinde recht ans Herz zu wachsen beginnt, wenn sie ihren Glanz verloren hat und nun ungeniert in jede beliebige Phantasiesituation versetzt werden kann.

Die Unbekümmertheit der Phantasie bringt es mit sich, daß es kein idealeres Spielzeug gibt als die formlose Materie, die das Kind beliebig in seine Gewalt nehmen und in die es alles hineinlegen kann, was seine Phantasie ihm vorspiegelt. Da ist das Papier, das zerrissen, gefaltet, geknüllt, geklebt, bekritzelt werden kann; der Sand, der geschaufelt, geformt, geknetet, gestreut wird; das Wasser,

---

[1] Vgl. hierzu den siebenten Abschnitt: Genießen und Gestalten.

der Ton, der Schnee – welche unerschöpflichen Stoffe für kindliche Phantasiefreuden! Es ist doch kein Zufall, daß nirgends Kinder der verschiedensten Altersstufen glücklicher, ausdauernder im Spiel und darum artiger sind als am Meeresstrand, wo sie Woche auf Woche die unendlichen Spielmöglichkeiten des Sandes und Wassers auskosten.

Auch in der alltäglichen Umgebung des Kindes sollte die Verwertung der formlosen Materie noch viel mehr gepflegt werden. Auf keinem öffentlichen Platz, in keinem Garten, vor allem in keinem Kindergarten sollte der große Sandhaufen fehlen. Daß in der Montessori-Theorie kein Platz für dieses unersetzliche Spiel- und Bildungsmittel ist, gehört zu den Mängeln der Methode. – Auch im Hause biete man ähnliche Gelegenheiten; ein großer Klumpen Ton müßte stets zur Hand sein, damit das Kind darin nach Herzenlust spielen und kneten kann. Die Mütter, welche diesen Gedanken aus Rücksicht auf die Kleidchen der Kinder und die schönen Kindermöbel entrüstet zurückweisen, ahnen nicht, wieviel Spielfreude und Phantasietätigkeit sie dadurch unterbinden. Und ebenso gönne man dem Kinde das Planschen, Schiffchen schwimmen lassen usw. in der Badewanne oder einer großen Schüssel.

3. Illusion und Illusionseinsicht

Wir wissen heute, daß die Scheidung zwischen Subjektivität und Objektivität der Erlebnisse nicht von vornherein im menschlichen Bewußtsein vorhanden, sondern erst das Endziel einer langen seelischen Entwicklung ist. Zwischen dem völligen Verwechseln von Schein und Sein und ihrer scharfen kritischen Sonderung gibt es unendlich viele Zwischenformen, die oft sehr schwer greifbar sind. Wir nüchternen und kritischen Erwachsenen müssen fast stets bei irgendwelchen Vorstellungen die Entscheidung treffen, ob sie im Zusammenhang des praktischen Lebens Konsequenzen sind und Konsequenzen haben – dann ist uns ihr Inhalt objektiv –, oder ob sie lediglich aus dem Selbstzweck der Vorstellungsfreude hervorwachsen – dann sind sie scheinhafte Phantasiegebilde. Da wir an diese Sonderung gewöhnt sind, können wir uns zunächst kaum Zustände denken, in denen sie gar nicht oder doch nicht in dieser Schärfe existiert; und noch schwerer vermögen wir uns in einen solchen Zustand nachfühlend hineinzuversetzen. Dennoch gewinnen wir erst hiermit den Schlüssel zu den wichtigsten Eigentümlichkeiten des kindlichen Seelenlebens.

Das Kind ist viel mehr Augenblickswesen als wir; und dies Aufgehen im Augenblicke bewirkt, daß es nicht so sehr das Bedürfnis hat wie der Erwachsene, seine Vorstellungen in den Zusammenhang des Vergangenen und Zukünftigen einzuordnen und daran ihren Realitätswert zu prüfen. „Real" ist für diese primitivste Lebensform einfach das, was intensiv erlebt wird; und es bleibt real, solange sich das Erleben dem Inhalt ganz hingibt. Das Kind geht auf in einer Phantasievorstellung; während dessen ist ihm ihr Inhalt Wirklichkeit, nicht weniger als ihm zu anderen Zeiten vielleicht sein Essen oder ein in der Erinnerung auftauchendes Ereignis, oder ein Stoß, der ihm wehe tut, objektiv ist. Ursprünglich enthält eben jede Vorstellung in sich den Anreiz zu ihrer Bejahung, zum Glauben an sie. Und die Stärke dieses Glaubens ist viel weniger von objektiven Kriterien als von der subjektiven Bewußtseinsintensität abhängig. Wenn man sieht, wie restlos die Versenkung eines Kindes beim Anhören eines Märchens oder beim eigenen Erzählen einer Phantasiegeschichte ist, mit welchem Ernst es seine Spiele treibt, in welche Verzweiflung es bei deren Störung geraten kann, dann erkennt man, daß hier die Illusion der Wirklichkeit noch völlig oder doch annähernd vorhanden ist[1]. Beispiele werden uns später begegnen.

Freilich schon ziemlich früh beginnt das Kind doch auch jenen anderen strengeren Wirklichkeitsbegriff zu ahnen, den wir Erwachsenen besitzen. Es merkt, daß manche seiner Bewußtseinserlebnisse nicht einfach von ihm selbst beliebig abgeschnitten oder abgeändert werden können, sondern sich aufdrängen und ihre Konsequenzen fühlbar machen; kurz, es fängt an, seine Abhängigkeit von den Dingen außer sich zu erfahren und seine Anpassung an diese Dinge zu erstreben. Damit stößt es auf eine Realität, die härter und mächtiger ist als die frühere. Jener undifferenzierte Zustand des einfachen und gläubigen Hinnehmens jeder lebhaften Vorstellung ist damit nicht mehr allein herrschend; es arbeitet sich jetzt die Trennung des Objektiven vom Subjektiven heraus. Aber auch dies geht nur langsam vonstatten, die seltsamsten Übergangsstadien entwickeln sich. Bald findet sich ein sprunghaftes Wechseln zwischen dem Aufgehen in der Illusion und dem Darüber-Erhabensein; bald wendet sich das Kind absichtlich ab von allem, was die Illusion stören könnte. Dann wieder gibt es Seelenzustände, in denen jene Zwiespältigkeit selbst in einem Bewußtseinsakt erlebt wird, ein Schweben zwischen den

[1] Karl Bühler (I, S. 208ff.) vertritt einen etwas abweichenden Standpunkt. Nach ihm liegen bei diesen Phantasiespielen fast immer nur Scheindeutungen vor; das Kind habe, bei noch so intensiver Hingegebenheit an das Spiel, ein Bewußtsein der Unwirklichkeit des Spielinhalts. – Bühlers Meinung trifft für die ausgebildeteren Formen des Phantasiespieles meist zu; aber sie wird jenen Frühstadien nicht ganz gerecht, in denen eine unvollkommene Differenzierungsfähigkeit von Schein und Sein und eigentümliche Schwankungsformen vorkommen.

beiden Polen des Ernstnehmens und des Spielens mit den Vorstellungen. Der Ästhetiker Conrad Lange behauptet, daß eine solche „bewußte Selbsttäuschung“ ganz allgemein das charakteristische Merkmal alles künstlerischen Genießens sei – ein Satz, der in dieser Zuspitzung zweifellos unrichtig ist. Aber für das Kind und gerade das kleinere Kind ist die Erscheinung sicher von großer Bedeutung. Verleiht doch zugleich jenes willkürliche Wechselnkönnen ein Gefühl der Souveränität, das stark lustbetont sein kann.

Wird die Selbsttäuschung bewußt, so sprechen wir von „Illusionseinsicht“. Einige Beispiele mögen deren verschiedene Phasen und Übergangsformen beim Kinde veranschaulichen.

Zunächst eine Probe, die zeigt, wie früh schon zweifellose Illusionseinsicht, sogar mit dem Einschlag der scherzhaften Täuschung, vorhanden ist.

Hilde 2;2. „Es ist nicht immer festzustellen, wo das Bewußtsein des Kindes von der Selbsttäuschung des Spiels anfängt und aufhört. Wenn H. ihre Spielpuppen und -tiere schlafen legt, ihnen zu essen gibt, sie wäscht, kurz, sie so behandelt, wie sie selber behandelt wird, so kann das bewußte oder unbewußte Selbsttäuschung sein. Antwort erwartet das Kind nicht, wenn es die Puppe, den Stoffhund usw. direkt anredet. Immerhin – zur bewußt scherzhaften Selbsttäuschung gehört doch noch ein weiterer Schritt, den H. nunmehr ebenfalls zurückgelegt hat. Heute morgen vermißte sie ihr Stühlchen; sie fragt erst: (wo) *is denn ĕ Stühlchen?* Dann ermuntert sie sich selbst: *suchen Stühlchen Äde* (das Stühlchen auf der Erde suchen) – und richtig, H. bückt sich nieder auf den Teppich, läßt ihren Blick wandern wie sonst, wenn sie eine Stecknadel sucht, und stellt endlich fest: *nein, is nich da.* Das machte einen durchaus scherzhaften Eindruck.“

Aber noch 1½ Jahr später gibt es Betätigungen des Kindes, bei denen das Illusionsbewußtsein in der Schwebe zu sein scheint.

3;7. Hilde hat für ihre Puppenbetten neue Bezüge bekommen, und nun beginnt ein intensives Spiel: „Jetzt müssen die Puppen den ganzen Tag schlafen, wieder aufstehen und wieder schlafen. Mit rührender Sorgfalt und mütterlich liebevoller Stimme betreut sie ihre Kleinen, schaukelt sie in Schlaf, fragt sie, ob sie gut geschlafen hätten, sagt ihnen guten Morgen und verlangt, daß wir das gleiche tun, wenn sie früh mit ihrem Puppenwagen in unser Schlafzimmer kommt. Das sind wirklich warme Gefühle, die sich hier äußern, nicht bloß erdichtete und konstruierte. Und zweifellos liegt auch nicht eine einfache klare Fiktion vor, sondern ein merkwürdiges Gemisch von wirklich Geglaubtem, zweifelnd Geglaubtem, spielend Hingenommenem, beabsichtigter Fiktion. Eben denkt man: das macht sie sich ganz bewußt vor; im nächsten Moment scheint es, daß das Kind gänzlich in der Illusion stecke und das wirklich glaube, was es von der Puppe sagt.“

Noch 4;7 führt die Spielillusion bei Hilde zu regelrechten Tränen. „Abends – es ist im Schlafzimmer schon dunkel gemacht – ruft sie plötzlich ganz ängstlich, ob irgendeine Puppe auch mit der dicken Decke eingepackt sei; sie fürchtete augenscheinlich bei dem rauhen Novemberwetter, daß sich die Puppe sonst erkälte. Und als man sie zur Ruhe verweisen will, fließen Tränen; die Besorgnis um die

Gesundheit des Schwesterchens kann kaum echter sein als diese Puppensorge. Wäre dies möglich, wenn in voller Klarheit vor ihrem Bewußtsein stände, daß die umsorgte Puppe nur ein Stück Leder mit Häckselfüllung ist?"

„Aber auch das Schwesterchen selbst wird zuweilen behandelt, daß man nicht weiß, sucht sie ernsthaft zu ihm in Beziehung zu treten oder behandelt sie es wie eine Puppe? So tritt sie 4;7 an den Wagen des sechs Wochen alten Babys mit den Worten: *Ich will der Eva mal meine Arbeit zeigen.* Damit läßt sie ihren Strumpf, an dem sie „arbeitete", vor den Augen der Kleinen hin und her pendeln und plaudert liebevoll: *Ja ja, ich bin schon vier Jahre, ich gehe schon in die Mutterschule, ich lerne schon stopfen.* Das Eigentümliche ist nun, daß dieses „Sichvorstellen" gar nicht scherzhaft klang. Manchmal traut sie dem Schwesterchen noch gar nichts zu (so zweifelte sie neulich, daß es schon hören könne), dann wieder spricht sie zu ihm in dem mehr oder minder gewissen Glauben, nicht tauben Ohren zu predigen."

Ein ganz ähnliches Schwanken und Schweben, wie bei diesen Illusionen, die das Kind sich selbst schafft, gibt es auch bei jenen, die ihm von außen entgegengebracht werden, bei dem Märchen, dem Weihnachtsmann, bei fiktiven Spielformen usw.

Unsere älteste Tochter erinnerte sich noch ein Jahrzehnt später an die sonderbare Gefühlszwiespältigkeit, die sie empfand, wenn sie von einem Erwachsenen im Spiel um den Tisch herumgejagt wurde, wobei der Verfolger mit nachgeahmten Gekläff ein Tier markierte. In das Wissen um den bloßen Schein mischte sich stets etwas von realer Furcht; und dieses Mischbewußtsein blieb seltsamerweise noch bestehen, wenn mit dem viel älteren Kinde ähnliche Scherze getrieben wurden.

Entsprechendes zeigt die folgende vom Ehepaar Katz aufgezeichnete Episode (II S 104). Alter der Kinder: J. 3;7, T. 5;3. Nachmittags beim Spiel. Mutter: Jetzt werde ich wie ein Bär brüllen. (Sie tut es.) J. schreit und weint. Mutter: Warum weinst du? J.: *Ja ich dachte, du hast dich verzaubert.* T. kommt ins Zimmer. Mutter brüllt wieder. J. läuft weg und versteckt sich. T. (verängstigt): *ich habe mich doch ein wenig gefürchtet.*

Zum Schluß ein Beispiel, in dem die Illusionseinsicht nicht nur ganz klar vorhanden ist, sondern auch treffend ausgesprochen wird, nämlich als Wissen um ein fiktives Nichtwissen.

Hildegard Hetzer berichtet (S. 37) von Christl 4;2: Sie bringt der Puppe zu essen. *Jetzt kriegst du eine Semmel* (ein Stückchen Pappe). *Nein eigentlich ist es keine richtige Semmel. Aber ich weiß es halt nicht.*

In der Illusionsfähigkeit der Phantasie liegt eine starke Lustquelle für das Kind. Denn je mehr der Mensch den Ernst der Wirklichkeit einsehen lernt, um so mehr empfindet er auch ihren Zwang und ihre Grenzen. Das kleine Kind, das in seiner Hilflosigkeit überall auf Hemmungen stößt, das in seinem realen Tun so abhängig ist von den Erwachsenen, mag von diesem Druck wohl ein mehr oder minder dumpfes Gefühl haben; und da löst es sich von ihm durch eine Flucht in die Phantasiewelt, in der es selber Herr und Gebieter, ja Schöpfer und Gestalter ist. Je stärker aber die Illusion ist, mit der es sich in sein selbst geschaffenes Scheindasein versenkt, um so stärker das Gefühl der Befreiung, um so größer die Lust.

Und eng ist die wirkliche Umgebung des Kindes. Die Räume der häuslichen Wohnung, die Familienmitglieder und Dienstboten, der tägliche Spaziergang und seine Spielsachen – das ist seine Welt. Das übrige weite Leben wirft nur von fern seinen Widerschein in des Kindes Dasein. Aber indem es diesen Widerschein in den Schein seines eigenen Phantasierens und Spielens aufnimmt, erweitert es seine Lebenssphäre. Hierbei zaubert es nicht nur die Gegenstände der Welt da draußen, Pferd und Wagen, Eisenbahn und Schiffe usw. in sein Spielreich hinein, sondern auch – was viel wichtiger ist – die Menschen, indem es sich selbst in deren Rolle versetzt. Das Vertauschen der eigenen Persönlichkeit mit einer anderen kann, obgleich es doch an die Illusionierung die stärksten Ansprüche stellt, zuweilen eine überraschende Intensität annehmen.

Man sieht aus Obigem: bei einem und demselben Phantasiegebilde kann der Anteil der Illusion ein ganz verschiedener sein. Es kann ein Mensch eine reiche, bewegliche und reizbare Phantasie besitzen, ohne doch der Verwechslung seiner Phantasiegebilde mit der Wirklichkeit anheimzufallen. Es kann andererseits eine relativ ärmere Phantasie doch einen hohen Illusionsgrad haben. Der Illusionismus ist daher eine besondere Eigenschaft der Phantasie.

Beim Kind hängt der Illusionismus vor allen Dingen vom Alter ab, er vermindert sich ständig mit den Jahren, während andere Eigenschaften der Phantasie, ihr Reichtum, ihre Beweglichkeit, gleichzeitig zunehmen. Außerdem aber gibt es bereits in der frühen Kindheit große individuelle Unterschiede: manche Kinder gelangen sehr zeitig zu einer straffen Unterscheidung zwischen Phantom und Wirklichkeit; andere bleiben übermäßig lange in jenem unklaren Zustande stehen, in welchem Erlebtes und Erfundenes chaotisch durcheinander gewirbelt ist. Hierbei kommen zweifellos Fälle vor, die schon ins Pathologische hinübergreifen und daher besondere pädagogische – auch heilpädagogische – Beachtung und Beeinflussung erfordern. Man darf aber andererseits nicht vergessen, daß ein gewisser Grad von Illusionismus durchaus zum normalen Wesen der frühen Kindheit gehört; es ist daher völlig verkehrt, die hierauf sich gründenden Verwechslungen von Schein und Sein: bei Spielen, Phantasieerzählungen, Erinnerungsaussagen usw., in Bausch und Bogen moralisch zu brandmarken, pädagogisch zu bekämpfen (Montessori) oder gleich als pathologische Symptome ansehen zu wollen.

4. Die Symbolik der kindlichen Phantasie

Die Beziehung von Sein und Schein in der Kindesphantasie erfährt eine neue Beleuchtung, wenn man der Phantasievorstellung einen symbolischen Sinn zuschreibt. Dann ist der phantastische Schein weder von der Realität völlig losgelöst, noch mit ihr identisch, sondern er ist das Sinnbild einer andersartigen Wirklichkeit.

Eine solche Symboltheorie wird von der Psychoanalyse entwickelt. Nach dieser Auffassung wird eine Phantasievorstellung nicht um ihrer selbst willen erlebt und genossen; sie stellt vielmehr eine Deckform dar, in der sich geheime Wunschregungen bekunden und einen Ausweg suchen. Das Kind lebt – so wird vorausgesetzt – in seinen Phantasien immer und überall sich selbst und nichts anderes, auch wenn seine Phantasiegestaltungen ihrem unmittelbaren Inhalt nach ganz ichfremd zu sein scheinen. Und zwar kommen gerade solche Seiten seines Ich in phantastischen Vermummungen zur Darstellung, denen die geradlinige Äußerung versperrt ist – sei es, weil sie dem Kind überhaupt noch gar nicht bewußt geworden sind, sei es, daß sie sich in ihrer wahren Gestalt nicht zeigen dürfen und darum ins Unterbewußte abgedrängt wurden.

Wir müssen an dieser Symboltheorie den Grundgedanken und seine Anwendung scharf scheiden. Der Grundgedanke ist sicherlich berechtigt; und er wird gerade dann anerkannt werden müssen, wenn man das Seelenleben personalistisch auffaßt. Für den Personalismus gibt es in der Einheitlichkeit der Person keine scharfe Trennung des Phantasielebens und des Trieblebens; alle einzelnen psychischen Gebiete gewinnen ihren Sinn und ihre Bedeutung erst dadurch, daß wir sie als Ausstrahlungen von personalen Wesenszügen verstehen; und so haben wir auch ein Recht, nach der personalen Bedeutung der Phantasievorstellungen zu fragen. Hierbei zeigt es sich oft genug, daß der unmittelbare Bewußtseinsinhalt nicht einfach in seiner Gegebenheit hingenommen werden darf, sondern gedeutet werden muß; und diese Deutung kann auf sehr untergründige Triebkräfte führen, die – dem Kinde selbst unbekannt – dennoch in ihm starke Wirkungen entfalten. Um auf relativ einfache Beispiele zu verweisen, so ist es sicher, daß in vielen Spielphantasien Macht- oder Kampf- oder Grausamkeits- oder Pflege-Instinkte zu einer verhüllten, dem Kinde selbst nicht bewußten Auswirkung kommen; wir werden späterhin bei der Theorie des Spiels hierauf einzugehen haben.

Sehr deutlich ist diese symbolische Ichbezogenheit der Phantasievorstellung in folgendem Falle, über den M. L. in der Zeitschrift „Eltern und Kind“ (Bd. 7, Heft 3, S. 82, 1925) berichtet.

Zwei Knaben (6 und 4 Jahre) haben „ganz aus sich heraus Phantasiegestalten des lieben braven schönen Kindes und des unartigen bösen Buben erfunden, die sie als eine Art Freund und Vorbild außer sich empfinden und doch wieder irgendwie mit sich identifizieren. Jeder hat seinen geheimnisvollen ‚Hans‘, der alles Böse, Unartige rät und tut, alles kaputt macht und der auch immer dreckig ist, hinfällt, heult usw. Und andererseits als Ausbund aller Tugend das ‚Schleifle‘ ... das immer brav und freundlich und sauber ist. *Mein Schleifle hat gleich gesagt, ich solls nicht tun, aber natürlich der Hans* ...“ Die Eltern benutzen diese kindliche Personifikation von gut und böse zu Erziehungszwecken.

Der Fall bietet psychologisch verschiedenes Bemerkenswerte. Da die Phantasiegestalten in deutlicher Parallelität stehen zu Gebilden des Volksdenkens (Teufel und Engel, Fee und Hexe usw.), aber doch spontan aus der kindlichen Seele erwachsen zu sein scheinen, so darf die Personifikation der beiden moralischen Grundqualitäten als eine allgemeine Erscheinungsform primitiven Seelenlebens überhaupt angesehen werden. Sodann aber werden auch gewisse unbewußte Motive erkennbar, die bei der Schöpfung dieser Phantasiegestalten mitgewirkt haben: eine Abschiebung der eigenen unliebsamen Triebregung an eine andere Person, um die Verantwortung von sich abzuwälzen. Man hat es ja nicht selber getan; es ist der „Hans“ gewesen, der eben stärker war als das gute „Schleifle“ (welches sicher in höherem Maße mit dem eigenen Ich – dem Wunsch-Ich – identifiziert wird).“

Ein anderes Beispiel für die Symbolisierung von Gut und Böse:

In den Gesprächen der Katzschen Kinder spielt die Hexe als Inbegriff alles Hassenswerten und Abscheulichen eine große Rolle. Ist den Kindern auch die Figur von außen dargeboten worden, so glauben die Eltern doch, daß sie einem tiefen Bedürfnis der kindlichen Seele entgegenkommt: „auch für die negative Seite ihrer Wertung einen persönlichen Repräsentanten zur Verfügung zu haben“ – vielleicht im Gegensatz zur Gestalt der Mutter, die als Verkörperung der Guten erscheint.

Einigermaßen durchsichtig ist auch noch die Symbolik des „Oben“ und „Unten“ und verwandter Vorstellungen, welche die Individualpsychologie Alfred Adlers – freilich, wie mir scheint, auch schon in etwas einseitiger Weise – zur Deutung verwertet. Die Vorliebe der Kinder für die Vorstellung des Obenseins, des räumlich Großen und Hohen, der großen Ziffern, der übernatürlichen Kräfte usw. entspringt gewiß oft genug dem Bedürfnis, das eigene Schwäche- und Minderwertigkeitsgefühl durch eine Art illusionärer Selbststeigerung zu überkompensieren.

Es gibt nun aber unzählige andere Fälle, in denen die Symbolik nicht so auf der Hand liegt – kein Wunder, daß dann die kindlichen

Phantasieäußerungen zum Tummelplatz willkürlicher Deutereien werden. Denn symbolisch erdeuten läßt sich schließlich alles aus allem; und eine vorgefaßte Meinung oder eine bestimmte Hypothese legt dann leicht die Wege der Interpretation von vorn herein fest, schiebt auch wohl eine ungezwungene Erklärung bei Seite, um eine weit her geholte zu geben.

Reichliche Beispiele hierfür liefern die verschiedenen psychoanalytischen Schulen, insbesondere die Freuds. Die Theorie, daß das unbewußte Triebleben des Kindes vornehmlich erotisch-sexueller Natur sei, führt zu Deutungen, die aus jeder Phantasievorstellung ein Sexualsymbol machen.

Eine große Rolle spielt hierbei der Eifersuchts- und Tötungswunschkomplex. Da – nach psychoanalytischer Auffassung – das männliche Kind eine sexuelle Neigung zur Mutter hat[1], sieht es in jedem anderen Familienmitglied einen Nebenbuhler, der mit Eifersucht verfolgt wird, dessen Beseitigung gewünscht wird – alles dies natürlich tief unter der Schwelle des Bewußtseins. Diese Eifersucht wendet sich vor allem gegen den Vater[2] und gegen jüngere Geschwister. Wenn nun ahnungslose kleine Kinder in irgendwelchen Phantasieäußerungen das Wort „Tod" oder verwandte Ausdrücke gebrauchen, so wird die Wirkung jenes Triebkomplexes angenommen, wofür zwei Beispiele von Hug-Hellmuth angeführt seien. Sie schreibt:

„Wenn der kleine Scupin spontan sagt „*ich wer aber mein' Papa in ein Topf stecken und immer heißes Wasser mit der Kelle übers Gesicht gießen, bis er schön weich wird, und dann wer' ich 'n Papa aufessen*", – so sind solche Phantasien nicht allein auf das Märchen „Hänsel und Gretel" mit der Knusperhexe zurückzuführen, sondern in ihnen kommt die unbewußte Absicht, sich gelegentlich des Papas, des gefährlichsten Rivalen bei der Mama, zu entledigen, zum Ausdruck, und das Märchen liefert bloß das Mäntelchen, um den bösen Wunsch in harmlose Form zu kleiden."[3]

Aus einem langen Phantasiegespräch unserer Tochter (2;10)[4], bei dem sie der Puppe unter anderem ein Bild mit verschiedenen Personen und einem Kind in der Wiege zeigt und erklärt, greift Hug-Hellmuth folgenden Satz heraus: *Tante und Onkel und ein Günther und ist tot.* Hug-Hellmuth meint nun, daß bei dieser Erwähnung des halbjährigen Bruders „die Freud'sche Auffassung eines unbewußten Todeswunsches zu Recht gelten dürfte". Wenn man aber nun weiß, daß um jene Zeit bei Hilde die Bezeichnung „Günther" die Generalbenennung für alle kleinen Kinder war und das Wort „totsein" ganz allgemein für liegen gebraucht wurde, und wenn man im übrigen das Verhalten des Kindes zu seinem Brüderchen aus jener Zeit kennt, dann fällt jeglicher Grund zu jener Deutung fort.[5]

---

[1] Sogenannter „Inzest-Komplex".

[2] Ödipus-Komplex". Der griechische Sagenheld Ödipus hat bekanntlich seinen Vater getötet und seine Mutter geheiratet.

[3] Hug-Hellmuth, I, S. 77 (nach Scupin II, S. 81).

[4] Hug-Hellmuth, I, S. 95 (nach Stern, Kindersprache, S. 62).

[5] Das Ehepaar Katz weist in den „Gesprächen" darauf hin, daß Ausdrücke wie

In diesen Proben werden die Angehörigen vom Kinde immerhin noch direkt erwähnt. Aber die Psychoanalytiker sind überzeugt, daß die gleichen Triebregungen auch in scheinbar ganz fernliegenden Phantasievorstellungen abreagiert werden.

So schildert Pfeifer das von einem Knaben oft wiederholte Spiel „Schweinestechen" (Alter 4–6 Jahre): Alte Holzstücke werden mit einer Sattlerahle (der Vater war Sattler) durchstochen; er kniete selbst darauf und quietschte wie ein Schwein, das eben abgestochen wird. Da die Mutter diesen Knaben verzärtelte, der Vater aber streng war, so glaubt Pfeifer sich zu der Annahme berechtigt, daß die Schweinetötung nur der unbewußte symbolische Ausdruck für den Rachewunsch gegen den Vater sei.

Und immer fesselloser werden die Deutungen der Psychoanalyse. Dem Kinde wird ein ungemein starkes Interesse für den Sexualakt und alles, was mit ihm zusammenhängt, insbesondere auch für die Sexualorgane, zugeschrieben – ein Interesse, das seinen Ursprung in Beobachtungen am eigenen Körper und an dem seiner Angehörigen und Spielgenossen, ferner auch in dem Belauschen gewisser (ihm natürlich nicht ganz verständlich werdender) Szenen im elterlichen Schlafzimmer, endlich in den Erlebnissen bei Geburt eines jüngeren Geschwisterchens haben soll. Dies Sexualinteresse, vom Kind ganz ins Innere verschlossen, kommt nun, nach psychoanalytischer Auffassung, in hunderterlei phantastischen Vermummungen zum Ausdruck. Alle länglichen Gegenstände, die im Spiel benutzt, beim Fabulieren genannt, im Traum geschaut werden, sollen Symbole für das männliche –, alle Kreise, Löcher, Öffnungen, in welche etwas hineingesteckt werden kann, solche für das weibliche Geschlechtsorgan sein. In jeder schlagenden Tätigkeit (z. B. im Peitschenknallen), im Plumpsackspiel, wird eine symbolische Auswirkung sadistischer Regungen gesehen; in allem Werfen und Fallenlassen eine Symbolisierung des Geburtsaktes usw.

Im Anschluß an Freud entwickelt Pfeifer (S. 243) die folgende Deutung: Ein 5jähriger Knabe übt an einer Gummipuppe ein unermüdlich wiederholtes Spiel: „Er steckt ein Taschenmesser der Mutter durch ein Quietschloch in den Bauch der Puppe, reißt dann ihre Füße auseinander und läßt so das Messer wieder fallen. Dies Spiel hat den unbewußten Inhalt, daß die Puppe die Mutter darstellt und „daß die ganze Handlung nichts anderes ist, als die ersehnte, phantasierte und in diesem symbolischen Ersatz vollführte Vereinigung mit der Mutter, also der Inzest, mit der darauf folgenden Geburt." Die Handlung ist freilich doch noch etwas anderes; denn das „Fallenlassen" symbolisiert zugleich auch gewisse Ausscheidungen, für welche das Kind ein unbewußtes „anal-erotisches" Interesse hat.

„tot sein", „tot schlagen" usw. dem Kind schon durch die Märchen bekannt werden, und von ihm dann auch selbst vielfach gebraucht werden. Aber es versteht und verwendet jene Worte nur in der flachen Bedeutung des nicht mehr Mitmachens, des Ausscheidens der betreffenden Person aus der jeweiligen Situation, ohne die tiefere Tragödie des Todes zu ahnen.

Dies eine Beispiel vermag auch nicht annähernd ein Bild zu geben von den zuweilen geradezu ideenflüchtig anmutenden Häufungen verschiedener Deutereien. Hier gibt es keine Grenze, keinen Halt mehr, und der eigentliche Gegenstand dieser Betrachtungen ist dann gar nicht mehr das Kind, sondern die ungezügelte Assoziationskette, die sich im Deuter auf Grund seiner eigenen sexual-psychischen Konstitution einstellt. Wenn schließlich Pfeifer das Spiel: „Fuchs im Loch“ (Plumpsackspiel) psychoanalysiert, so treibt er überhaupt nicht mehr Psychologie irgendwelcher wirklichen Kinder, sondern er leitet deduktiv aus den symbolischen Bedeutungen des Fuchses, seines Hinkens, des Loches, des Plumpsacks usw., die beim spielenden Kind vorauszusetzenden, verdrängten Sexualregungen ab. Hierbei stützt er sich auf zahlreiche Analogien aus Mythos, Kulthandlung und Volksgebrauch und übersieht den grundlegenden Unterschied solcher Betätigungen vom Kinderspiel. Denn jene sind Erzeugnisse von erwachsenen Menschen, in deren Persönlichkeitsleben die Sexualität eine anerkannte große Rolle spielt; deshalb besteht hier ein objektives Recht zur Prüfung, wie weit die Phantasiegestaltungen als symbolische Äußerungen jener Regungen gedeutet werden können oder müssen. Beim Kind dagegen sind lediglich gewisse äußere Ähnlichkeiten jener Phantasiegebilde vorhanden; und von diesen aus wird überhaupt erst die Existenz und Beschaffenheit der – im übrigen sehr problematischen – Triebregungen erschlossen. Man könnte viel eher den umgekehrten Schluß ziehen: selbst bei solchen Spielen, die aus ursprünglichen Volksbräuchen der Erwachsenen allmählich in die Sphäre der Kinder herabgesunken sind, werden die Kinder die äußeren Formen beibehalten, sie aber mit einem ganz anderen Sinn erfüllen (oder sie auch einfach in ihrer unmittelbaren Gestalt genießen), weil eben ihr Triebleben ganz anders ist als das der Erwachsenen.

Die überaus schwierige Aufgabe der richtigen Deutung kindlicher Phantasieerzeugnisse wird also nur dann gelöst werden können, wenn sie das Kind selbst zum Ausgangspunkt nimmt und nur solche Triebe und Affektgrundlagen annimmt, die auch mit andern methodischen Hilfsmitteln als denen der symbolischen Deutung festgestellt werden können.

5. Die Verkettungen der Phantasie

Wir haben schließlich zu untersuchen, wie sich die einzelnen Phantasievorstellungen zu einer Phantasiekette zusammenschließen. Daß solche Ketten schon sehr früh auftreten, ist fraglos; wenn die

Kinder fabulieren, zeichnen, spielen, handelt es sich fast nie um eine oder wenige einzelne Phantasievorstellungen, sondern um eine längere Abfolge von solchen, die sich zuweilen ohne Unterbrechung über einen ziemlich bedeutenden Zeitraum erstrecken kann.

An dieser Kettenbildung fällt zunächst ein Negatives auf: das Fehlen einer beherrschenden und zusammenfassenden Synthese. Ein Zustand, den wir Erwachsenen nur beim Träumen und in pathologischen Fällen kennen, ist in der frühesten Phase der kindlichen Phantasiebetätigung der übliche: rein assoziativ schließt sich der Vorstellungskomplex a an b, b an c, c an d usw., ohne daß andere Zusammenhänge als eben zwischen den benachbarten Gliedern vorhanden wären oder geschaffen würden. Wenn das Kind bei d angekommen ist, ist a schon vergessen.

Durch die Vorherrschaft des Assoziationsprinzips steht die frühkindliche Phantasiekette in einem interessanten Gegensatz zu anderen Abläufen des geistigen Lebens. Beim Denken, beim Wollen usw. zieht nicht die eine Vorstellung a die andere b nach sich usw. in infinitum; sondern ein Ziel, das von vornherein dem ganzen Prozeß gesetzt wird, gibt ihm die Richtung, bestimmt das Hervortreten gewisser Vorstellungen und Gedanken, die Beiseiteschiebung anderer. Diese Zielstrebigkeit bleibt als „determinierende Tendenz"[1] während des ganzen Ablaufs wirksam und ermöglicht die Synthese der Einzelglieder zu einem sinnvollen Zusammenhang und zur Lösung der Aufgabe. Das Ich ist also nicht einfach hingegeben an den Fluß seiner Vorstellungen, sondern steht ihm aktiv gegenüber; und seine determinierenden Tendenzen bestimmen in höheren Altersstufen ebenso wie den Ablauf des Denkens und Wollens auch den der Phantasie, insbesondere bei aller künstlerischen Betätigung.

In der frühkindlichen Phantasie dagegen ist eine determinierende Tendenz, wenn sie überhaupt auftritt, so kurzatmig, daß sie nur über einen kleinen Bruchteil der Vorstellungen reicht, und so schwach, daß irgendein im Vorstellungsfluß auftauchendes Element – eine Klangähnlichkeit, eine räumliche oder zeitliche Beziehung – den weiteren Gang assoziativ in andere Richtung zu bringen vermag. Ein Gegenstand, auf den zufällig der Blick des Kindes beim Fabulieren fällt, wird sofort Anlaß für eine Umbiegung des Vorstellungsverlaufes: ein Strich, den der Knabe gekritzelt hat, um etwas Bestimmtes zu zeichnen, erinnert ihn an etwas anderes, und flugs wird dieses andere zur determinierenden Tendenz der weiteren Zeichnung, bis eine erneute Änderung der Absicht erfolgt.

[1] Der Ausdruck stammt von N. Ach.

So ist denn die Sprunghaftigkeit eine der hervorstechendsten Eigenschaften der Kinderphantasie, zugleich wieder eine solche, die zwischen kindlicher und künstlerischer Phantasie einen gewaltigen Unterschied setzt.

3;2. „Günther sitzt auf dem Sofa neben mir, fragt mich, wohin ich denn eigentlich mit der Eisenbahn fahren wolle, pfeift, faucht und spielt ein paar Minuten regelrecht Eisenbahn. Wenige Augenblicke später, und er sitzt auf der Sofalehne – das ist sein Pferd, entweder ist er nun ein wilder Reitersmann oder ein Droschkenkutscher. Er springt herunter, rutscht ein paar Stühle zusammen, setzt sich hinein – und nun schaukelt er im Dampfer, im Segelschiff oder im Motorboot. Er sieht den Schornstein, den Rauch, er pfeift, er landet – nach einem Weilchen sind die aneinandergerückten Stühle seine Stube, „in der er wohnt", und Hilde kommt zu Besuch; oder sie bilden einen Stall, in dem eine Menge Zirkuspferde stehen. Auch die Rouleauschnur ist äußerst wertvoll zur Herstellung aller möglichen Räume; er macht sie vom Fenster aus am Bett fest und hinter diese scheinbare Absperrung verschanzt er sich dann. Nach einem Weilchen näht er eifrig, d. h. er verknüpft Serviettenbänder im Geflecht des Rohrstuhls." –

Um 4;0 gelang es einmal, den Knaben zu belauschen, während er an seiner Staffeleitafel allerhand zeichnete. Die einzelnen Phasen der Zeichnungen und die dazu gesprochenen Worte konnten ohne Wissen des Knaben notiert werden, so daß wir im folgenden eine durchaus getreue Wiedergabe seiner Vorstellungssprünge haben[1]. (Figuren umstehend.)

„Zuerst wollte er auf Aufforderung ein Kamel beginnen; er zeichnete Fig. *a* (vermutlich den aus dem Rumpf herausragenden Kopf). Aber schon war das Kamel vergessen; der seitliche Auswuchs erinnerte ihn an einen Schmetterlingsflügel. Er sagte: *Soll ich einen Schmeckerling machen?*, löschte die oben und unten überstehenden Teile des senkrechten Striches aus und zeichnete einen zweiten Flügel: Fig. *b*.

Dann folgte *noch ein Schmeckerling*: Fig. *c*. *Jetzt wer' ich mal einen Vogel! Alles, was fliegen kann. Schmeckerlinge, Vogel, und dann kommt eine Mücke.* Der Vogel ist Fig. *d*. *Nun eine Mücke! Mücken haben doch was zum Stechen*, und er piekte zwei Punkte auf die Tafel: Fig. *e*. Der senkrechte Strich dazwischen war auch noch auf die Mücke berechnet, doch sowie er stand, rief er erfreut: *ach ein Mondgesicht! – Soll ich ein Sonnengesicht machen?* – und er zeichnete: Fig. *f*.

Dann kehrte er wieder zum Ausgangspunkt zurück: *Jetzt mach' ich mal die Mücke!* Wieder piekte er zwei Punkte und zog ein unregelmäßiges Oval herum: Fig. *g*. *Das ist die Mücke.*

Dann kam er auf die Idee, ein im Zimmer hängendes Vogelbild abzuzeichnen. Er begann mit dem Schnabel: Fig. *h*. Aber sofort sprang schon wieder seine Vorstellung um; er sah in den zwei Strichen einen werdenden Stern und fragte: *soll ich einen Stern machen?* – was dann auch geschah: Fig. *i*.

In seltsamem Gegensatz zu diesem launenhaften Springen der Vorstellungen scheint ein anderes Merkmal zu stehen, das man ebenfalls oft in der frühen Kindheit findet: die Perseveration. Es gibt Phantasieketten, die in eintönigster Wiederholung derselben Glieder bestehen; und die Erwachsenen, die sich eben noch über die Ideen-

[1] Übernommen aus: C. u. W. Stern, III.

flucht und mangelnde Ausdauer des Kindes verwunderten, stehen gleich darauf ebenso verständnislos vor dieser Geduld und Selbstgenügsamkeit, mit der immerfort die gleiche einförmige Spielbewegung gemacht, dasselbe Verschen oder Liedchen verlangt wird.

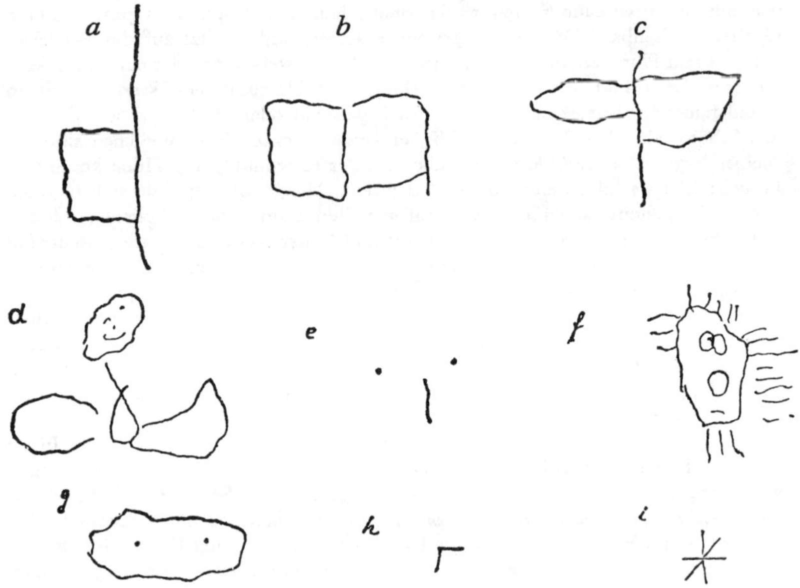

So berichtet einmal Preyer, daß sein Sohn (1;1) den Deckel einer Kanne nicht weniger als 79mal hintereinander auf- und zugeklappt habe. – Scupins Sohn hat 2;11 volle $^5/_4$ Stunden ununterbrochen damit zugebracht, „mit einem Quirl Mehl, Wasser und Salz zusammenzuquirlen. Abwechselnd goß er immer aus einem Töpfchen ins andere und fand an dieser eintönigen Beschäftigung solchen Gefallen, daß er weinend protestierte, als man ihm den Quirl fortnehmen wollte.“ (I, 193.)

Bei allem Gegensatz haben aber Sprunghaftigkeit und Perseveration das eine gemeinsam, daß ihnen die Synthese fehlt; auch bei der gleichförmigen Wiederholung reihen sich die einzelnen Elemente gliedweise aneinander, ohne einen sie alle übergreifenden Zusammenhang. Wie nah sich jene beiden Formen der Phantasieverkettung stehen, zeigt folgende Aufstellung über Hildes Fabulieren:

3;9. „Bemerkenswert in ihren Phantasieerzählungen ist, daß das Kind einerseits von einem Punkt zum andern oft ganz unvermittelt überspringt, daß es andererseits einen Gedanken, der ihm besonders gefallen haben mag, mehrmals in fast wörtlicher Wiederholung bringt mit der Motivierung: *Das habe ich dann nochmal gemacht, das ist dann noch mal so gegangen.*“

Mit steigendem Alter des Kindes entwickelt sich dann allerdings die Phantasie aus diesem Zustand der bloßen Aneinanderreihung springender oder gleichförmiger Inhalte heraus, und immer mehr machen sich die Wirkungen determinierender Tendenzen und synthetischer Fähigkeiten geltend. Es wird einerseits das zu Leistende als Aufgabe vorweggenommen: das Kind stellt sich, wenn auch noch undeutlich, ein Programm dessen vor, was es nun zeichnen, spielen, fabulieren will. Und es wird andererseits die Determination während einer längeren Zeit auch wirklich festgehalten und befolgt, so daß nun zusammenhängende Phantasie-Kompositionen zustande kommen.

Diese wachsende Fähigkeit hängt aber nicht nur von der eigentlichen Phantasieanlage, sondern von umfassenderen Bedingungen ab; denn die Stärke und Nachhaltigkeit determinierender Tendenzen ist ja letzten Endes eine Eigenschaft des Willenslebens, die sich ebenso bei den äußeren Willenshandlungen, wie bei den inneren des Denkens und Phantasierens betätigt. Wo daher die Phantasie allzu lange kraftvoller determinierender Tendenzen entbehrt und auf dem Stadium der Sprunghaftigkeit oder der eintönigen Perseveration verharrt, hat man mit dem Vorhandensein einer Willensschwäche zu rechnen und eine energische Willenszucht ins Auge zu fassen.

Außer der determinierenden Tendenz gibt es eine andere Bedingung, welche allmählich größere Zusammenhänge in die kindliche Phantasietätigkeit bringt: die dauernde Einstellung. Es können gewisse Bewußtseinsinhalte für einige Zeit eine Überwertigkeit gewinnen und daher in den verschiedensten Situationen als richtunggebende Zielvorstellungen wirksam sein. Das verbreitetste Beispiel hierfür ist die Auffassung der Puppe als einer bestimmten Individualität. Hat erst einmal die Puppe ihren Namen und eine gewisse Verwandtschaftsbeziehung zum Kinde erhalten (als Tochter, als Sohn), so ist dadurch schon bewirkt, daß das Kind jeder neuen Beschäftigung mit dieser Puppe eine analoge Einstellung entgegenbringt, die zwischen den Spieltätigkeiten an den verschiedenen Tagen eine Beziehung herstellt. Aber auch das Rollenspiel kann durch solche Einstellung zu einem Dauerspiel werden, wie wir es einmal an Günther in äußerst charakteristischer Weise erlebten.

Um 2;9 begann der Knabe sich gelegentlich als *hoße Hester* (große Schwester), seine wirkliche große Schwester Hilde als *Mieze* zu bezeichnen. Diese Illusion setzte sich fest, und nach zehn Tagen schreibt die Mutter: „Er nennt sich nur die *hoße Hester*, Hilde ist die *Mieze*, ich bin *Hoßmuttsen* (Großmutter), und Vater ist *Hoßvattchen*. Er verbessert uns sehr häufig, wenn wir ihn mit dem richtigen Namen nennen, und bezeichnet sich auch Fremden gegenüber als *hoße Hester*." Noch eine weitere Woche wurde das Spiel unentwegt fortgesetzt; und wie tief sich die Rollenvertauschung eingenistet hatte, erwies der Umstand, daß er sie nicht nur bei fröhlichem Spiel anwandte, sondern auch in ganz realen Situationen, die für ihn unlustvoll und aufregend waren. So erinnerte er sich einmal, als im Kinderzimmer schon Nacht gemacht war, daran, daß die Bälle beim Spaziergang verlorengegangen waren, und weinend rief er aus dem Dunkeln: morgen solle Großmuttchen mit der großen Schwester (also die Mutter mit ihm) Bälle suchen gehen."

Das Überwuchern solcher Dauerspiele ist unter Umständen nicht ganz ungefährlich. Sie können durch die Überwertigkeit der leitenden Idee eine unerwünschte Einschränkung des kindlichen Interessenkreises und eine Stumpfheit gegen die Mannigfaltigkeit der sonst vorhandenen Anregungen herbeiführen; durch die ständige Wiederholung können sie ferner die illusionäre Vorstellung mit einem immer stärkeren Wirklichkeitsakzent versehen, so daß sich das Kind regelrecht in die Phantasiesituation einspinnt und die Distanz zwischen dieser und dem realen Leben verliert. Glücklicherweise sind beim normalen Kinde andere Eigenschaften: die Sprunghaftigkeit, der schnelle Wechsel der Interessen, das Aufgehen im Moment – gesunde Gegengewichte gegen solche überwertigen Vorstellungen, so daß sich die Dauerspiele und Dauerphantasien nach einiger Zeit gewöhnlich von selbst verlieren. Allerdings gibt es Kinder, bei denen man in dieser Hinsicht wachsam sein muß; hier kann oft ein fesselnder neuer Eindruck, ein neues Spielzeug, ein Wechsel der Umgebung die nötige Ablenkung und Umstellung gewähren. Auch hartnäckigere Phantasmen kommen vor, die schon ins Psychopathische hineingehören und des Nervenarztes zur Behandlung bedürfen.

Kapitel XX

Die Traumphantasie

Wenn es schon schwer ist, über die eigenen Träume Genaues auszusagen, so steigt die Schwierigkeit ins Ungemessene bei Untersuchungen über das Traumleben anderer Menschen, und zumal solcher, die, wie kleine Kinder, einer Selbstanalyse kaum oder gar nicht fähig sind. Denn es ist ja bezeichnend für den Traum, daß er während seines Ablaufes gewöhnlich gar keine äußeren Symptome hat, aus denen man seine Existenz und seinen Inhalt erschließen könnte, daß aber die nachträgliche Erinnerung an ihn von einer überraschenden Flüchtigkeit ist; und da bei dem Kind, wie wir gesehen haben, die Erinnerungsfähigkeit überhaupt sehr viel geringer ist als beim Erwachsenen, so ist verständlich, daß seine Traumreminiszenzen nur sehr dürftig fließen.

Wir sind also angewiesen auf außergewöhnliche Beobachtungen: einerseits auf die gelegentlich vorkommenden motorischen Äußerungen während des Schlafes (Aufschreien, Weinen, Nachtwandeln), andererseits auf jene vereinzelten Traumerinnerungen des Kindes, die spontan auftreten. Auch diese spontanen Aussagen sind nur mit Vorsicht zu benutzen, da hier leicht Verwechslungen von Träumen und Wachvorstellungen, oder auch regelrechte Konfabulationen vorliegen können; doch wird immerhin der geschulte Beobachter über die Echtheit der Angaben bald ein Urteil gewinnen. Diese sind besonders dann glaubwürdig, wenn sie mit den zuerst genannten Symptomen verbunden auftreten (z. B. Angsttraum mit Aufschrei, folgendem Erwachen und sofortigem Äußern der furchterregenden Traumvorstellung). Ganz unbrauchbar sind dagegen provozierte Traumerinnerungen. Fragt man erst das Kind am Morgen: „Nun, was hast du Schönes geträumt?", so bietet seine Suggestibilität verbunden mit seiner Fabulationsfreude und schlechten Erinnerungsfähigkeit den denkbar günstigsten Boden für die ärgste Aussagefälschung.

Die Anfänge des Träumens gehen möglicherweise bis in das erste Lebensjahr zurück; denn schon der schlafende Säugling zeigt zuweilen Reaktionen, wie Aufschreien, plötzliche Saugbewegungen usw., die auf eine, wenn auch noch so undeutliche, Traumvorstellung schließen lassen. Bezüglich der Häufigkeit des kindlichen Träumens sind nur Vermutungen möglich. Man nimmt wohl mit Recht an, daß Träume nur die leichteren Grade des Schlafes begleiten, während der ganz tiefe Schlaf ein Zustand völliger Bewußtlosigkeit ist. Nun ist die Schlaftiefe in der frühen Kindheit normalerweise eine sehr bedeutende; eingeschlafene Kinder werden durch die stärksten Geräusche, Erschütterungen usw. nicht geweckt, ja reagieren auf sie zuweilen nicht einmal durch eine Zuckung; es ist daher unwahrscheinlich, daß in diesen Schlafperioden Träume vorhanden sind. Vermutlich werden nur die Zeiten leichteren Schlafes – zu Beginn der Ruhe und kurz vor dem Erwachen, ferner der unruhige Schlaf in Krankheitsfällen – von lebhaften Traumphantasien begleitet sein. Dafür spricht auch, daß Kinder, die erst einmal motorische Symptome des Träumens zeigen, relativ leicht erweckbar sind, also nicht mehr tief geschlafen haben können.

Beginnen wir mit einigen jener Angstträume, die noch den direktesten Einblick in das kindliche Traumleben gewähren[1]. Die Ursache des plötzlichen Angstzustandes ist meist nicht auffindbar; vermutlich werden wohl momentane Verdauungsbeschwerden, starke Füllung der Blase, Störung der Blutzirkulation und ähnliches den Anstoß geben. Aber die Traumvorstellungen, die dann mit dieser Angstbetonung auftreten, haben gewöhnlich irgend einen Zusammenhang mit Erlebnissen des Tages.

Um 2;9 hatte Günther mehrfach solche Angstträume. Einmal rief er weinend aus dem Schlaf, daß jemand ihm seine Bausteine umgerissen habe, ein anderes Mal, daß ein Bär käme und ihn in die Hand bisse. Im zweiten Fall wurde Licht gemacht, der Knabe ermuntert und davon überzeugt, daß kein Bär vorhanden und daß seine Hand heil sei. Vielleicht hat hier die Rotkäppchenerzählung mit dem beißenden Wolf gespukt. – Ebenso wurde Scupins Sohn 3;10 durch eine fiktive „Spinne", die seine Umgebung öfter als Schreckmittel benutzt hatte, in seinen Träumen beunruhigt. Er schrie nachts plötzlich auf und verlangte in das Bett der Mutter, weil eine Spinne ihn beißen wolle; auch als er nun wach geworden war, glaubte er immer noch, die Spinne sei in seinem Bett, und er kauerte sich ängstlich in eine Ecke desselben. Nur mit Mühe gelang es, ihn zum Niederlegen zu bewegen.

Daß derartige Angstphantasien bei fiebrigen Erkrankungen besonders heftig sind, ist ja allbekannt. Aber auch äußere schlafstörende Umstände, die gar nichts mit dem Befinden des Kindes zu tun haben, können auf seine Traumphantasie im Sinne der Angsterregung einwirken, wofür wir ein sehr deutliches Beispiel von Hilde besitzen.

Hilde 4;9. In der Nacht, in der das Schwesterchen geboren wurde, war im Hause große Unruhe. Hilde wurde in ihrem Bettchen in ein entferntes Zimmer geschoben, erwachte hierbei und schlief die nächsten Stunden nicht mehr fest ein. Geräusche, fremde Stimmen usw. drangen verworren an ihr Ohr. Sie fuhr mehrmals schreckhaft auf und rief nach dem Vater; *es kommen immer so häßliche Kinder und Frauen, so schwarz, und die gehen dann wieder auseinander*; *so häßlich! und wenn ich die Augen zumache, dann sehe ich sie auch.* Es wurde Licht gemacht, was sie einigermaßen beruhigte; aber erst als der Vater endgültig bei ihr bleiben konnte, schlief sie fest ein. Hier handelt es sich augenscheinlich um eine Art Halbtraum; es war ein Mittelzustand zwischen Wachen und Schlafen. Die Phantasiegebilde waren intensiv genug, um sie zu ängstigen, aber ihr Bewußtsein wach genug, um immer gleich wieder die Unwirklichkeit der Visionen zu erkennen.

Einen Angsttraum, der infolge seiner großen halluzinatorischen Stärke noch nach dem Erwachen im Realitätsglauben weiter wirkte, berichtet das Ehepaar Katz (II S. 247).

Der Knabe T. (5;0) kam früh in das Bett des Vaters und tastete dessen beide Hände ab, um nach der Wunde zu suchen, die ihm der geträumte Biß eines Pferdes beigebracht hätte. (Die Sorgfalt der Untersuchung und die Bekümmertheit des

[1] Vgl. hierzu auch das Kapitel „Angst".

Knaben machen nach Angabe der Eltern die psychoanalytische Annahme, daß sich in dem Traum der Wunsch nach Schädigung des Vaters bekunde, indiskutabel.)

Die Angstträume haben, wie wir sehen, eine starke Tendenz zu motorischen Äußerungen; aber es gibt auch motorische Folgen bei Träumen, denen jeder Angstcharakter fehlt. Hierher gehören viele Fälle des Nachtwandelns, deren einen wir einmal bei Günther erlebten.

Günther 3;8. „Mitten in der Nacht rief Hilde, daß Günther zu ihr ins Bett gekommen sei. Es wurde Licht gemacht, und richtig, der Knabe hatte im Stockdunkeln den Weg zu dem ziemlich entfernten Bett der Schwester gefunden und motivierte diesen Ausflug mit den Worten: *Hilde hat doch gesagt, ich sollte ihr die Krümel aus dem Bett rausmachen.* Vermutlich hatte der Knabe nicht nur, während er diese Worte träumte, sondern auch noch dann geschlafen, als er seine Wanderung unternahm."

Wir gehen zu jenen Träumen über, von denen wir lediglich aus der nachträglichen Erzählung der Träumer etwas wissen; zu derartigen Berichten scheinen die Kinder kaum vor dem fünften Lebensjahre fähig zu sein.

Hilde 4;9½. „Einige Wochen nach der Geburt des Schwesterchens Eva erzählte das Kind frühmorgens beim Anziehen folgenden Traum: *heut hab ich von allen Menschen geträumt: wie die Eva ähä macht, und wie die Eva so nieklich ist, und wie der Günther schreit, und wie er mir alles wegnehmen will, und wie die Mutter noch krank war, und daß ich die Mutter liebhabe, und daß ich den Vater liebhabe, und daß ich mit Fräulein W.* (Wärterin) *spazieren gehe.* Es ist also keine hochfliegende Phantastik, sondern die einfache Wiederholung ihrer Alltags-Tätigkeiten und -Interessen in dem Traum zu finden."

Phantasievoller klingt der folgende Bericht Günthers 5;0; aber die Mutter, die ihn entgegennahm, war im Zweifel, ob es sich um einen wirklichen Traum oder um eine Konfabulation handle: *ich habe so was niekliches geträumt; es sind lauter kleine Jungen gekommen, die hatten Soldatenkittel an, und dann stand da Farrenkraut, und das war für die lauter kleine Tannenbäume.*

Die erste Traumerzählung des Katzschen Sohnes T. stammt aus 5;3. Sie lautet: *Papi, ich hab heut nacht geträumt, ich bin mit Elli über die Straße gegangen und wie wir um die Ecke gekommen sind, da ist der Mond heruntergefallen und ist über die Straße gekollert. Es war nicht der ganze Mond, es war der halbe Mond.*

Das Übergehen des echten Traumberichts in Konfabulation konnten Scupins in einem Falle sehr deutlich beobachten; dieses Beispiel ist zugleich wegen der großen Ausführlichkeit der Traumerzählung interessant:

5;5. Bubi beschrieb eines Morgens einen Diebestraum, durch den er in der Nacht aufgeschreckt worden war, „sehr ernsthaft und wie in der Erinnerung nachforschend: *ich war mit der Klara allein, und du warst weg – da ging ich die Treppe runter, und unten am Garten stante ein Wärter, – da bin ich hingekullert, da sagte er: nich hinkullern!*

da stante ich halt wieder auf und bin wieder raufgegangen – aber vorher, wie (= ehe) *das war, da war die Lampe im Wohnzimmer angezündet, aber jetzt wars ganz finster – bloß im Herrenzimmer waren die ganzen Lampen angezündet, die der Papa hat, – und durch die Türe sahe ich, wie die Diebe stehlten, – da ging ich in die Küche zur Klara, und die Diebe stehlten immer weiter.* Aus der Erzählung des Traumes, der ganzen Art und Weise des Vortrages ging mit größter Wahrscheinlichkeit hervor, daß es sich um einen echten wirklichen Traum handelte. Ganz anders dagegen verhielt sich das Kind, als wir nun wissen wollten, was weiter mit den Dieben geschehen sei. Nicht nachdenklich grübelnd, nicht mehr ruckweise, sondern in fröhlichem Drauflosertfinden plauderte Bubi jetzt: *und da bin ich auf die Straße gegangen und hab den Schutzmann geholt, der hat alle Türen zugeschlossen und da waren die Diebe eingesperrt, und dann sind sie ins Gefängnis eingesperrt worden, und dort läuft 'ne Maus, und jetzt ist die Geschichte aus!* Dieser zweite Teil der Traumerzählung war ganz offensichtlich zum Traume hinzuerfunden." (II, S. 185.)

Eine große Rolle spielt die Psychologie des Traumes bekanntlich in der Psychoanalyse. Nach Freud sind die Träume tief im Triebleben begründet; in ihnen werden Wünsche, die im Wachleben nicht hervortreten dürfen, auf zweckmäßige Weise abreagiert, indem sie nicht mehr nur als Wünsche, sondern als reale Erfüllungen auftreten. Dies geschieht freilich nur ganz selten in direkter Form, meist kommen auch im Traum die verdrängten Regungen nur in symbolischer Form zur Darstellung, und nun muß wieder die bekannte Symboldeutung einsetzen. Diese allgemeine Theorie wird auch auf Kinderträume angewendet; und wir erhalten von Freud, Stekel, Hug-Hellmuth und anderen zahlreiche Deutungen von Träumen zwei- bis sechsjähriger Kinder, bei denen fast immer die bekannte Sexualsymbolik gefunden wird.

Die Kritik muß an diesen Versuchen dreierlei unterscheiden:

1. Die Theorie der „Wunscherfüllung". Daß diese für eine große Reihe von Träumen zutrifft, ist zweifellos.

Freud[1] selbst erzählt ein eindeutiges Beispiel von einem $5^1/_4$jährigen Knaben. Dieser hatte bei einem Aufenthalt in den Alpen den Dachstein mit der Simonyhütte oft aus der Ferne gesehen und viel von Besteigungen gehört. Bei einem Ausflug fragt er bei jedem Felsen: Ist das der Dachstein? und ist schließlich sehr verstimmt, als der Ausflug ohne das ersehnte Ziel endet. Am nächsten Morgen aber erzählte er ganz selig: *heute nacht habe ich geträumt, daß wir auf der Simonyhütte gewesen sind.*

Hier besteht also die „Traumentstellung" lediglich darin, daß das nur Gewünschte in Erlebtes umgewandelt wird – eine Metamorphose, die wir gerade beim kleinen Kinde auch oft in den Konfabulationen des Wachzustandes finden (vgl. S. 220).

Aber die Fälle solcher direkten Wunschoffenbarungen bilden nach

---

[1] I, S. 133.

psychoanalytischer Lehre nur die Ausnahmen. Sie legt deshalb den Hauptnachdruck auf:

2. Die Umdeutung des Trauminhalts. Bei dieser wiederholt sich alles das, was wir oben bei der symbolischen Deutung der kindlichen Wach- und Spielphantasie gefunden hatten. Es gibt keine Traumvorstellung, die nicht unter den geschickten Deutungskünsten zum Symbol irgendeines sexuellen Wunschobjektes werden könnte; und es gibt kein Kriterium, um in diesen unbegrenzten Möglichkeiten der Deutungen diejenigen herauszufinden, die nun wirklich zutreffen. Wir stehen hier wieder jenseits von Wahrheit und Falschheit im Gebiet des freien Phantasierens – der Deuter.

So deutet Hug-Hellmuth[1], die den Traum ihres kleinen Neffen analysiert, die darin vorkommende Eisenbahn als Genitalsymbol, weil diese sich schlängelt (und weil der Knabe beim Spiel den Zug immer mit der Hand dirigiert, „also eine Onaniebetätigung im übertragenen Sinne ausführt“!). Im gleichen Traum kamen Zigaretten vor, „das waren lauter Männer“, und oben ist bei jedem viel Tabak rausgehangen, „das waren die Haare“. Diese vom Kinde selbst gegebenen Deutungen genügen der Psychoanalytikerin nicht. Bei den „Haaren“ liege eine Verschiebung von unten nach oben; das „Heraushängen“ bedeutet wieder das Genitale.

Nach Stekel sind alle im Traum vorkommenden Ausscheidungen symbolisch gleich bedeutsam; wenn also jemand träumt, daß er Schnupfen habe, oder sich geschnitten habe und blute, so seien damit stets Ausscheidungen der Sexualorgane gemeint usw. Neben der Sexualität ist es dann nach Stekel die angeborene Kriminalität, die in den Kinderträumen zur Auswirkung komme; denn die verdrängten Todeswünsche, Grausamkeitsgelüste usw. werden ja träumend in Erfüllungen umgesetzt.

3. Die Feststellung des Trauminhalts. Hier läßt die Psychoanalyse die bei Kindern besonders nötige, kritische Vorsicht ganz vermissen. Wir bemerkten oben, daß spontane Traumerzählungen kaum vor dem fünften Lebensjahre vorkommen, und daß auch hier noch das Kind eigentlichen Traumbericht und Wachkonfabulation nur schwer auseinanderhalten kann. Die Psychoanalytiker aber verwerten Träume von zweijährigen Kindern! Vollends entwertet wird ihr Material dadurch, daß sie sich nicht mit der spontanen Mitteilung des Kindes begnügen, sondern sie zum Ausgangspunkt einer inquisitorischen Befragung machen, durch die noch weiterer Trauminhalt und womöglich auch die Deutung der Traumsymbole aus dem Kinde herausgeholt werden soll. Es nimmt nicht wunder, daß es mit dieser Methodik stets möglich ist, die vom Analytiker vorausgesetzte Deutung vom Kinde selbst zu erhalten.

---

[1] III, S. 470.

Hierfür diene als Beispiel eine Traumgeschichte des fünfjährigen Hans, der durch Freuds „Analyse der Phobie" (V) berühmt geworden ist[1]. Der Traum lautete: „In der Nacht war eine große und eine zerwutzelte Giraffe im Zimmer, und die große hat geschrien, weil ich ihr die zerwutzelte weggenommen habe. Dann hat sie aufgehört zu schreien, und dann habe ich mich auf die zerwutzelte daraufgesetzt." Der Traum hatte den Knaben so geängstigt, daß er zu den Eltern ins Bett geflüchtet war.

Der Vater des Knaben, ein Anhänger Freuds, sah in den beiden Giraffen die beiden Eltern bzw. deren Sexualorgane. Um dies festzustellen, verwandte er nun eine Methode, über die er selbst berichtet: „Sonntag fahre ich mit Hans nach L. In der Tür verabschiede ich mich von meiner Frau scherzhaft: „Adieu, große Giraffe." Hans fragt: „Warum Giraffe?" Darauf ich: „Die Mama ist die große Giraffe", worauf Hans sagt: „Nicht wahr, und die Hanna (jüngere Schwester) ist die zerwutzelte Giraffe?" – Auf der Bahn erkläre ich ihm[2] die Giraffenphantasie, worauf er sagt: „Ja, das ist richtig." Und an einer anderen Stelle berichtet der Vater: „Tatsächlich hat ihn meine Frau den ganzen Vormittag inquiriert[2], bis er ihr die Giraffengeschichte erzählt hat." – Es ist also sowohl die Erzählung des Trauminhalts wie die Bestätigung seiner Deutung nur unter unwiderstehlichen suggestiven Beeinflussungen zustandegekommen.

Kapitel XXI

Die Faktoren der Spieltätigkeit

1. Die instinktiven Grundlagen des Spielens

Das Hauptgebiet, auf dem sich die kindliche Phantasie äußert, ist das Spiel, und so mußten die vorigen Kapitel schon vielfach dies Thema streifen. Aber das Spiel verlangt noch ganz andere Betrachtungsweisen, wenn wir seiner zentralen Stellung im frühen kindlichen Seelenleben gerecht werden wollen; nicht nur der beim Spielen vorhandene Bewußtseinszustand (der uns bisher vor allem beschäftigte), sondern die Tätigkeit des Spielens selbst, ihre Bedeutung für die Gesamtentwicklung des Individuums, ihr Ursprung aus den Tiefen des Instinkts und aus den Breiten der Umgebungseinflüsse – all dies verdient eine eigene Behandlung.

Hier betreten wir ein bereits viel bearbeitetes Gebiet. Seit Rousseau im Emile das spielende Erfassen der Welt und des Lebens zu einem pädagogischen Ideal stempelte und seit Schiller[3] den Spieltrieb als die spezifisch menschliche Gabe gefeiert hat – „der Mensch ist nur dann ganz Mensch, wenn er spielt" – seitdem ist das Thema nicht mehr zur Ruhe gekommen; und es hat endlich in der zweiten Hälfte des 19. Jahrhunderts zu einer Reihe mehr oder minder aus-

[1] Zur Kritik der an diesem Kinde vorgenommenen Psychoanalyse vgl. W. Stern V, S. 92.

[2] Von mir gesperrt.

[3] In den „Briefen über die ästhetische Erziehung des Menschen".

geführter Spieltheorien: von Spencer, Lazarus, Stanley Hall, Carr und vor allem Groos geführt. Neuerdings reiht sich ihnen die Psychoanalyse an. Auf die grundlegenden Grooschen Werke muß jeder verwiesen werden, der sich näher mit dem Spielproblem beschäftigen will; seine Theorie des Spiels ist die am meisten durchgebildete und befriedigendste, und auch unsere folgenden Ausführungen verdanken jenen Werken tiefgehende Anregungen.

Am besten gehen wir von einer scheinbaren Paradoxie aus, um die hier vorliegende Problemstellung zu verstehen.

Was ist „Spiel"? Freie, selbstzweckliche Tätigkeit – so muß man wohl definieren; wenn man den beim Spielen vorhandenen Bewußtseinszustand charakterisieren will. Selbstzwecklich ist das Spielerlebnis, d.h. ganz in sich selbst befriedigt, nicht auf die Erreichung eines außerhalb seines selbst liegenden Zieles gerichtet – im Gegensatz zur „Arbeit", die stets einen außerhalb ihrer selbst liegenden Zweck anstrebt. Nur dasjenige Wesen kann spielen, dessen Bewußtsein nicht ganz gebeugt ist unter den Ernst des Daseinskampfes. Der Zweck des Spiels ist im Bewußtsein des Spielenden erreicht und erschöpft, wenn das Spiel erledigt ist. Sobald irgendein anderer Zweck bewußt mit dem Spiel verbunden ist – wie das Geldverdienen bei Karten- oder Roulettespielen, der „Rekord" bei Wettspielen – hört die Tätigkeit auf, reines Spiel zu sein.

Fehlen aber fremde Zwecke dem Spiel, so fehlt auch fremder Zwang; das Spiel ist nicht eine Tätigkeit, die gefordert und auferlegt wird, sondern die aus dem innersten Betätigungsbedürfnis des Individuums spontan hervorquillt und auch seinem Inhalt, seiner Form, seiner Dauer nach von dem spielenden Individuum selbst bestimmt wird. Erzwungene Spiele sind keine Spiele mehr. Sogar die „Spielregel", die ja eine gewisse Bindung darstellt, widerspricht dem nicht; denn das Anerkennen dieser Spielregel, das Sich-Stellen unter ihre Vorschriften ist eine freie Tat dessen, der sich an einem Spiele beteiligt.

Nun zeigt sich aber, daß die eben gegebene Definition des Bewußtseinszustandes beim Spielen nicht die des Spielens selbst sein kann. Denn sie spricht von Selbstzwecklichkeit, und doch wohnen dem Spiel des Kindes Zwecke inne, die weit über den Augenblick der jeweiligen Spieltätigkeit hinausgehen, ja die das Spiel zu einem grundlegenden Mittel im Dienst ganz allgemeiner Lebensaufgaben machen; die Definition spricht ferner von Spontaneität und Freiheit, und doch beruht das Spiel auf einem tiefgegründeten Zwang der menschlichen Natur, der es fast in eine Reihe mit den Zwangsfunktionen der Instinkte bringt.

Die Paradoxie löst sich dadurch, daß das Spiel im ersten Falle als Bewußtseinsphänomen, im zweiten Falle aber als personale Funktion unabhängig von seiner Bewußtseinsreprasentation aufgefaßt wird. Man erkennt nun, daß die Bewußtseinsoberfläche durchaus nicht immer die wahren Triebfedern und Zusammenhänge des menschlichen Daseins durchschauen läßt; vielmehr müssen wir diese in dem einheitlichen Zwecksystem der menschlichen Persönlichkeit suchen, das zum großen Teil abseits des Bewußtseins funktioniert. Jedes menschliche Tun – und so auch das Spiel – hat seine personale Bedeutung, ist an seiner Stelle ein notwendiges Glied in der Erfüllung der persönlichen Gesamtentfaltung. Unter diesem Gesichtspunkt besteht in der Tat eine enge Verwandtschaft der Spielbetätigung zu jenen elementaren Grundlagen des Lebens, die wir als Instinkte und Triebe bezeichnen. Mit ihnen hat das Spiel auch die Unwiderstehlichkeit des Dranges gemeinsam, dem das Kind sich hingeben muß, ohne nach dem Warum und Wozu zu fragen.

Hierzu eine kennzeichnende Tagebuchaufzeichnung (Hilde 4;2).

„So wie der Dichter im Studium der Inspiration von sich sagt: „Es dichtet in mir", so könnte Hilde von sich sagen: „Es spielt in mir." Das Spiel ist wie eine höhere Macht, die das Kind in ihren Fesseln hält. Zuweilen, wenn ich H. von einem Spiel zu einer ihr sonst sehr willkommenen Beschäftigung, z. B. zum Blumengießen, holen will, gibt sie die Antwort: *nein, ich muß jetzt spielen*; und das klingt nicht etwa launenhaft abwehrend, sondern wie wenn das Kind sich eben einem unwiderstehlichen Impuls zu fügen habe."

Es scheint aber dennoch nicht zweckmäßig, nun den Spielinstinkt oder „Spieltrieb" (Schiller) den anderen Instinkten als eine Sonderart gegenüberzustellen. Vielmehr ist das Spiel eine spezifische Betätigungsform aller Instinkte. Indem das Kind spielt, ordnet es sein momentanes Sein und Tun ahnungslos in jene Gesamtkette instinktiver Lebensbetätigungen ein, die von seinen Vorfahren über seine kindliche Gegenwart zu seiner eigenen Erwachsenheit hinführt. So gliedert sich die personale Bedeutung des Spiels in eine Vergangenheits-, Gegenwarts- und Zukunftsbedeutung.

a) Die Vergangenheitsbedeutung ruht in den erblichen Grundlagen des Spiels; auf sie weist vor allem die Theorie Stanley Halls hin. Danach ist das Spiel eine Art Atavismus, d. h. das Wiederaufleben von Ur-Instinkten früherer primitiver Geschlechter (ja womöglich der tierischen Vorfahren). Jeder Mensch – so lehrt Hall in Anlehnung an das biogenetische Grundgesetz von Haeckel – erbt von seinen Vorfahren auch die Abfolge ihrer seelischen Entwicklung, muß also die niederen psychischen Entwicklungsstufen erst durchgemacht haben, ehe er die Entwicklungshöhe seiner Gegenwart erreichen kann. So sind in den Jagd-, Kampf-, Zerstörungs-, Kletter-, Wurf- und anderen Spielen der Kinder alte, gleichsam überholte Triebrichtungen wirksam; sie haben nicht mehr die Kraft wie früher, das reale Leben des Erwachsenen zu bestinmmen; aber im Leben des Kindes tauchen sie noch einmal auf, um hier in der harmlosen Form des spielenden Tuns sich auszuwirken. In diesem Erledigen und Abreagieren atavistischer Triebe ist nach dieser Theorie die positive personale Bedeutung des Spiels zu sehen – eine Bedeutung, die wohl zugegeben werden kann, aber doch bei weitem nicht die große Rolle spielt, die Hall ihr zumißt.

Stanley Hall beachtet vor allem die inhaltlichen Übereinstimmungen zwischen frühkindlichem und frühmenschlichem Verhalten. Aber es gibt auch formale Ähnlichkeiten, die nichts mit Atavismen zu tun zu haben brauchen. Jede seelische Entwicklung – mag sie im einzelnen Kind oder in der Menschheit ablaufen – folgt gewissen Sukzessionsgesetzen, nach denen primitive und grobzügige Lebensformen den komplizierteren und differenzierteren vorangehen. Daher können Spiele des Kleinkindes in ihrer Simplizität auch dann eine formale Verwandschaft mit dem Verhalten primitiver Menschenrassen zeigen, wenn der Inhalt des Spieles ganz der modernen Umwelt entlehnt ist.

b) Die Gegenwartsbedeutung des Spieles wäre darin zu sehen, daß in ihm Streberichtungen des Kindes, die sein gegenwärtiges Dasein beherrschen, zur Betätigung kommen. Gewisse Zusammenhänge sind hier ganz offenkundig: Wissenstrieb, Bewegungstrieb, Schmucktrieb, Gestaltungstrieb, Nachahmungstrieb führen unmittelbar zu bestimmten Spielformen. Andere Zusammenhänge sind mehr unterirdischer Natur: hierher gehören jene spielenden Triebentladungen, welche die Tiefenpsychologie teils nachweist, teils behauptet. Wir können sie im Wesentlichen auf zwei Gruppen bringen: die Machttriebe und die erotischen Triebe; jene (besonders von Adler betont) sind die Schutzinstinkte gegenüber dem Schwächegefühl des Kindes; sie schaffen dem Kinde in den Spielsituationen die Befriedigung eines fiktiven Macht- und Überlegenheitsgefühls. Die erotischen Triebe (von der Freudschen Schule in den Vordergrund geschoben) werden als höchst intensive, aber durchaus verdrängte Persönlichkeitszüge angesehen, die schon das kleine Kind beherrschen und nur auf dem symbolischen Wege des Spiels ihre Befriedigung finden können. Wir haben schon an anderer Stelle (S. 247, 259) von diesen Lehren gesprochen.

Nun liegt aber die Bedeutung dieser Triebformen für das kindliche Spiel – sofern eine solche überhaupt besteht – nicht sowohl in ihrer gegenwärtigen Beschaffenheit, sondern in ihrer erst andeutungsweise vorklingenden Zukunftsentwicklung. Das wird von Adler auch berücksichtigt, der aus dem kindlichen Gebaren vor allem die spätere Lebenslinie erdeuten möchte. Der Freudschen Richtung ist es dagegen vor allem um den Nachweis zu tun, wieviel schon an sexueller Gegenwart im Kinde lebt; die Triebregungen sollen sich im Spiel viel mehr entladen als vorbereiten. Dies wird z. B. eindeutig ausgesprochen in der psychoanalytischen Spieltheorie von Pfeifer; nach ihm macht erst diese Auswirkung verdrängter infantil-erotischer Triebe das Spiel überhaupt zum Spiel, sonst wäre es nur eine „nicht lustvolle Arbeitsleistung". In Wirklichkeit aber ist ja das Kind gar nicht das ausgesprochene kleine Sexualmonstrum, als welches es hier erscheint; jene Neigungen sind höchstens in einer ganz vagen und unklaren Vorbereitungsform vorhanden, und damit ordnet sich ihre Bedeutung für das kindliche Spiel einem viel umfassenderen Zusammenhang ein, den wir nunmehr etwas ausführlicher betrachten müssen.

c) Die Zukunftsbedeutung des Spiels wird vor allem in der Groosschen „Vorübungstheorie" entwickelt, die wir mit unserer personalistischen Auffassung zu verknüpfen suchen. Indem das Kind spielt, nimmt es in seiner Gegenwart seine Zukunft voraus; denn das Spiel ist die instinktive Selbstausbildung keimender Anlagen, die unbewußte Vorübung erst später fälliger Ernstfunktionen.

Das neugeborene Lebewesen, sei es Mensch oder Tier, bringt eine Reihe von Funktionen schon fertig mit zur Welt, während andere sich erst im Laufe des individuellen Lebens mehr oder minder langsam ausbilden. Das Tier ist, wie wir schon früher sahen, hierin zunächst besser gestellt als der Mensch, da bei ihm der Schatz dieser erblich überkommenen Leistungen viel größer ist; der Mensch „kann" in den ersten Jahren vieles noch nicht, was er später können muß. Freilich, dieser Nachteil des Menschen ist nur ein scheinbarer; seine so mannigfaltigen und verwickelten Lebensaufgaben können ja eben deswegen nicht durch starre, angeborene Mechanismen geleistet werden, weil sie in ständiger Wechselwirkung mit den fortschreitenden Lebensbedingungen der Umwelt selber fortschreiten müssen. Dieses Fortschrittsprinzip des menschlichen Geisteslebens bedingt also, daß das konservative Prinzip der fertigen Angeborenheit zurücktreten muß. Gewiß: der Mensch muß erst noch sehr viel lernen, aber er vermag dafür auch vieles zu lernen, was seine Vorfahren nicht gekonnt haben, während das Tier sich in den gebahnten Geleisen seiner überkommenen Gattungsfähigkeiten bewegen muß.

Derjenige Lebensabschnitt, der dazu bestimmt ist, die noch erst im Vorbereitungsstadium befindlichen Fähigkeiten langsam zur Reife zu bringen und sie den Umweltbedingungen entsprechend zu gestalten und zu üben, ist die Kindheit und Jugend. Diese Epoche währt beim Menschen verhältnismäßig sehr viel länger als bei irgendeinem Tier; umfaßt sie doch nicht weniger als ein Drittel der durchschnittlichen Gesamtlebenszeit des Menschen.

In diesem Vorbereitungsprozeß kommt nun dem Spiel eine ganz besondere Bedeutung zu: darum spielt auch das Menschenkind intensiver und länger als das Tierjunge. Das Spiel stellt nämlich die innigste Durchdringung dar von jenen inneren Anlagen, die vorgeübt, und von jenen Umwelteindrücken, die ergriffen und bewältigt werden sollen. Betrachten wir zuerst den Anteil der inneren, dann den der äußeren Bedingungen.

Die verschiedenen Fähigkeiten und Fertigkeiten des Menschen werden zu sehr verschiedenen Zeiten „fällig", d. h. lebensnotwendig. Nun zeigt es sich aber, daß sich die inneren Dispositionen, die zu jenen Fertigkeiten führen, in ihrem psychischen Erwachen durchaus nicht nach dem eigentlichen Fälligkeitstermin richten, sondern schon viel früher melden. Diese Verfrühung scheint ein allgemeines Gesetz zu sein; keine seelische Funktion ist von ihr ausgeschlossen. Mit instinktiver Selbstverständlichkeit stellen sich da plötzlich Betätigungsrichtungen ein, die für das gegenwärtige Leben des Menschen noch gar nicht bestimmt sind, aber durch ihre oft geradezu elementare Wucht verraten, welchem unbewußten Ziel der Mensch zustrebt. Das sind die Spieltätigkeiten. Im Zappeln und Lallen des Säuglings äußern sich bereits spielend die erst ein Jahr später fällig werdenden Lauf- und Sprechinstinkte; im Kampfspiel der Knaben, im Puppenspiel der Mädchen melden sich die erst Jahrzehnte später fällig werdenden Kampf- und Pflegeinstinkte der Erwachsenen usw. Jede Spieltendenz ist die Morgendämmerung eines Ernstinstinktes.

Nun könnte man glauben, daß ein verfrühtes Auftreten gewisser Tätigkeiten nicht nur nicht zweckmäßig, sondern geradezu zweckwidrig sei. Allein Verfrühung bedeutet zugleich Vorübung, und diese erstreckt sich ausnahmslos auf alle Funktionen, die im Leben einmal wertvoll werden können, auf körperliche wie auf seelische, auf individuelle wie auf soziale. Körperkraft und technische Geschicklichkeit, das Umgehen und Hantieren mit den Dingen, Ausdauer und Geduld, Überlegen und Entscheiden, Raten und Deuten, das Zusammenwirken mit andern zu gemeinsamem Tun – dies und mancherlei anderes übt sich im Spiel.

Ermöglicht wird das autodidaktische Moment des Spiels dadurch, daß die Übung an harmlosem Material vor sich geht; das Spiel verhält sich zum Leben, wie das Manöver zum Kriege. Mißerfolge und Versager, die im Ernstfall den größten Schaden anrichten würden, sie werden im Spiel erlebt und erlitten ohne jede wirkliche Schädigung, ja mit dem Nutzen, daß sie durch eine Art Selbstregulierung überwunden werden. Eine so gewonnene Einsicht wirkt viel organischer als Belehrung durch andere. Durch Schaden wird man klug – auch wenn es ein bloßer Spielschaden ist. Der Knabe, der mit seinen Bausteinen spielt, wird zehnmal umsonst versuchen, einen Querbalken auf zwei Säulen zu legen – weil eben die Säulen zu weit voneinander entfernt oder auch verschieden hoch sind; durch Ausprobieren findet er schließlich die richtigen Säulen und Stellungen, und nun hat er in die Statik der Dinge Einblicke und im Hantieren mit den Dingen Fertigkeiten erworben, die ihm später im praktischen Leben vielfältigen Nutzen bringen werden.

Auch in geistig-sittlicher Hinsicht zeigt sich jene spielmäßige Verfrühung der Instinkte. Spielend stellt sich das Kind vor die Aufgabe, Pläne zu entwerfen, Entschlüsse zu fassen, geistesgegenwärtig zu sein, zu befehlen und zu disponieren (man denke an Kampfspiele) – zu einer Zeit, in der sein wirkliches Leben noch ganz in Abhängigkeit und Planlosigkeit verläuft. Im Spiel lernt das Kind schon früh sich der Spielregel fügen, d. h. freiwillig die Verbindlichkeit eines allgemeinen Gesetzes anerkennen und befolgen – wieviel später gelangt es erst dazu, sein wirkliches Handeln nicht mehr nach persönlichen Autoritäten, sondern nach einem verbindlichen Pflichtgesetz zu richten! So ist das Spielleben des Kindes der wirklichen Entwicklung psychologisch um beträchtliche Strecken voraus. Es ist dies aber natürlich nur dadurch möglich, daß die verfrühten Spielbetätigungen konsequenzlos und darum auch verantwortungslos sind. Nicht das Ergebnis, wie im Ernstfall, sondern die Tat als solche und der im Tun liegende Übungswert macht die personale Zukunftsbedeutung des Spieles aus.

2. Die Umweltbedingungen des Spielens

Wir haben mit Absicht diesen instinktiven, also innerlichen Faktor des kindlichen Spiels vorangestellt, weil er oft unterschätzt oder ganz vernachlässigt wird gegenüber dem äußeren Faktor: den Umweltbedingungen des Spiels. Die von diesen ausgehenden Wirkungen müssen ja auch der oberflächlichsten Beobachtung in die Augen fallen. Die Eindrücke, die des Kindes Sinne treffen, die Gegenstände, die ihm zugänglich sind, die Lebensformen, die seine Umgebung zeigt, die Gefährten, mit denen es zusammenkommt – all dies wirkt in stärkstem Maße auf sein Spiel ein. Die psychische Funktion, welche diesen Einfluß vermittelt, ist die Nachahmung – nach der Theorie Spencers der einzige Faktor, der überhaupt Art und Inhalt des Spielens bestimmt. Dieser Philosoph lehrt nämlich: wenn die im Individuum vorhandenen Spannkräfte nicht für die Ernstaufgaben des Lebens völlig verbraucht werden, so müssen sie sich anderweitig – d. h. spielend – entladen, gleichgültig, in welcher Weise. Die bequemste Art aber, diesem Kraftüberschuß ein Ziel zu geben, besteht darin, daß man das macht, was man andere machen sieht; und so ist denn die Nachahmung der alleinige Bestimmungsfaktor für alle Spieltätigkeit.

Diese Theorie ist in ihrer Einseitigkeit unzutreffend; immerhin ist zuzugeben, daß der Nachahmung beim Spiel eine ungeheuere Rolle zukommt. Das ergibt sich schon aus der sensumotorischen Natur des Kindes. Das Gesehene und Gehörte wird nicht nur aufgefaßt und bemerkt, sondern in entsprechende Eigenbewegung umgesetzt, unmittelbar oder mittelbar. Unmittelbar imitiert das Kind, wenn es durch den Anblick eben vorbeimarschierender Soldaten veranlaßt wird, gleichfalls Soldat zu spielen, oder wenn es ein anderes Kind im Sande spielen sieht und nun „*auch Sand spielen*“ will. Mittelbar ist die Nachahmung dann, wenn das Vorbild nicht gerade im Moment des Spiels gegenwärtig, wohl aber früher mehr oder minder oft wahrgenommen worden ist. Schon beim zweijährigen Kind sind diese mittelbaren Nachahmungen sehr häufig, wie folgende Probe zeigt:

Hilde 2;0. „Wenn man Hilde beim Spielen beobachtet, kann man oft sehen, wie sie die Beschäftigungen der Erwachsenen verständig nachahmt. Vorgestern steckte sie z. B. eines ihrer Stiefelchen auf die rechte Hand und bearbeitete es mit einem Lappen, indem sie *mutzig* dazu sagte. Kürzlich bekam sie ein kleines Plätteisen geschenkt; ich wollte es noch weglegen, weil ich glaubte, sie würde sich aus Verständnislosigkeit nichts daraus machen. Weit gefehlt: sie rief energisch: *läppen, läppen* (plätten); und zu unserer Verwunderung begann sie, an einem Stühlchen stehend, geschickt über den Stoff hin und her zu fahren, und stellte das Eisen dazwischen auch einmal auf den Untersatz. Ferner will sie öfter „Wäsche legen“, wenn man ihr eine Serviette oder ähnliches dazu gibt.“

Von demselben Kind wird 3;7 berichtet, daß es seine Puppe von A bis Z in allen Einzelheiten genau so behandelt, wie die Mutter das Brüderchen versorgt, daß es die Puppenwäsche wäscht, die Puppenstube scheuert usw. – alles in Nachahmung des Tuns der Erwachsenen.

Infolge der Nachahmung spiegelt sich der Aufenthaltsort des Kindes ebenso wie der Beruf des Vaters, die periodischen Vorgänge der Jahreszeit ebenso wie aufsehenerregende Zeitereignisse im kindlichen Spiele wieder. Das Hochgebirgskind spielt Wildern und Schmuggeln, das Kind von der Waterkant Dampfschiff und Fischfang. An einem Ort, wo zum ersten Male ein Flieger sichtbar gewesen, wird unweigerlich wochenlang diese Sensation im kindlichen Spiel nachgebildet. Die Kriegsspiele der Knaben hießen zu einer gewissen Zeit „Russen und Japaner", zu einer anderen „Deutsche und Franzosen" – so wirft sogar die Weltgeschichte ihre Schatten bis in die Spielgefilde der Kinder hinein[1].

In der frühen Kindheit sind es noch weniger diese historischen Ereignisse, wohl aber die durch den Aufenthaltsort bedingten Vorgänge, die eifrig nachgeahmt werden. Wenn unsere Kinder die Ferien an der See verlebt hatten, so war ihr Spiel noch wochenlang nachher stark dadurch beeinflußt: sie spielten Dampfer und Segelboot fahren, Schwimmen, Fischen – während in den Jahren der Gebirgsreisen das Kuhhüten und andere ländliche Betätigungen ihrem Spiel oft das Gepräge gaben.

In das Kapitel „Umweltbedingungen" gehört ferner der Einfluß von Spielsachen. Das Kind armer Leute, dem überhaupt die Gegenstände fehlen, an denen es seine Spielinstinkte betätigen, mit denen es hantieren, bauen, basteln kann, wird hierdurch sicherlich in seinem Spiel beeinträchtigt; andererseits aber kann auch die Überhäufung mit Spielsachen, wie wir sie bei manchem Kinde der höheren Stände finden, eine Oberflächlichkeit und Ruhelosigkeit, ja schließlich Blasiertheit großziehen, wodurch die Werte des Spielens in Frage gestellt werden.

Noch wichtiger ist die Bedeutung der Mitspieler. So wenig Spiele anbefohlen werden sollen, so wenig kann doch das Kind der Anregung und der Hilfe, vor allem aber des mitfühlenden Herzens entbehren. Bei Kindern, die viel allein gelassen werden, wird man daher auch oft eine Verkümmerung des Spielens finden; es gehört schon eine starke Spontaneität dazu, um unter einer solchen Vernachlässigung nicht sehr zu leiden. Aber auch dort, wo der Erwachsene sich viel mit dem Kinde beschäftigt, genügt er allein nicht als Spielgenosse. In den allerersten Lebensjahren macht sich der Mangel noch nicht so bemerkbar, aber in der Zeit vom vierten bis zum sechsten Jahre fühlt sich das Kind doch schon mächtig zu anderen Kindern hingezogen; die ansteckende Wirkung der Spielfreude, die gegen-

[1] Besonders charakteristisch hierfür sind die Spiele der Sowjetkinder s. S. 287.

seitige Aneiferung, die Gemeinsamkeit der Interessen und der geistigen Reife wird jetzt zu einem unentbehrlichen Faktor für die Ausbildung des Spielens, insbesondere des sozialen Spielens. Darum entwickelt sich das Spiel jüngerer Geschwister, die vom Anfang an einer kindlichen Spielgemeinschaft angehören, ganz anders als das erstgeborener oder einziger Kinder, und der Kindergarten entfaltet hier eine seiner wichtigsten Wirkungen. Auch hier gilt eben jenes schon früher (S. 128) erwähnte Gesetz der Nachahmung: daß sie um so intensiver ist, je mehr sich der Nachahmende dem Vorbild ähnlich fühlt.

Der Nachahmungsfaktor des Spiels hat die fernere Bedeutung, daß er den großen Prozeß der Kulturrezeption einleitet. Im Spiel eignet sich das Kind die erste Kenntnis und Beherrschung der Lebensformen und Kulturerrungenschaften, der Sitten und Gebräuche an, die seinem Volke, seiner örtlichen Umgebung, seiner sozialen Gruppe, seiner Familie zukommen, und die voraussichtlich die Grundlage seiner eigenen Existenz als Erwachsener bilden werden. Lange, ehe die Schule die geistigen Güter der Zeit bewußt dem jungen Geschlecht zu übertragen beginnt, hat dies selbst eigenmächtig durch das nachahmende Spiel angefangen, für die historische Stetigkeit zu sorgen.

3. Konvergenz der inneren und äußeren Bedingungen des Spielens

Bei aller Wichtigkeit, die der Nachahmung beizumessen ist, wäre es nun aber doch ganz verfehlt, mit Spencer alles Spielen überhaupt aus ihr herzuleiten. Das trifft zunächst schon darum nicht zu, weil es sehr viele Spiele gibt – und zwar gerade in der frühesten Kindheit – die ganz unabhängig von einer Nachahmung sind. Groos macht mit Recht auf die elementare Bedeutung der „Experimentier"spiele aufmerksam: wenn das Kind vergnügt mit dem Löffel bald auf den Tisch, bald auf den Teller schlägt und sich des Klangunterschieds freut, oder wenn es irgendein Spielzeug zerstört, um seinem Innern auf die Spur zu kommen, so verhält es sich in keiner Weise imitativ.

Entscheidender ist aber, daß das Kind auch dort, wo es nachahmt, nicht rein passiv an die Vorbilder hingegeben ist, so daß sein Spiel ausschließlich durch sie bestimmt wäre. Vielmehr stehen wir hier vor einem typischen Beispiel der Konvergenz von Angeborenem und Übernommenem: der äußere Faktor der Umwelt liefert lediglich die möglichen Spielmaterialien und Vorbilder, die „Imitabilien"; aber der innere instinktive Faktor bestimmt erst, wann und wie daraus wirkliche „Imitationen" werden. Denn die unbewußte Auslese, die unter den Imitabilien getroffen wird, die Art, wie sie ergriffen und verarbeitet werden, hängt durchaus ab von angeborenen Dispositionen: von inneren Bedingungen der Entwicklung und von solchen der Differenzierung.

Das Kind mag Jahr für Jahr in derselben Umgebung leben, ständig die gleichen Eindrücke haben – dennoch ahmt es in jeder Altersstufe anderes nach, immer entsprechend der jeweiligen geistigen Reife und dem Grade seiner Interessenausbildung. Hierbei machen sich innere Entwicklungsgesetze von solcher Macht geltend, daß auch bei Kindern der verschiedensten Länder und Epochen, trotz aller Gegensätze der Umweltbedingungen, auf bestimmten Altersstufen immer wieder die gleichen Spielinstinkte wach werden. So sind Wurfspiele, Puppenspiele, Kriegsspiele absolut erhaben über Zeit und Raum, über sozialer Schichtung, nationalen Unterschieden, kulturellem Fortschritt. Das jeweilige Material, an dem sich die Bewegungs-, Pflege-, Kampfinstinkte äußern, mag mit der Umwelt wechseln; die allgemeinen Formen des Spieles aber bleiben davon unberührt.

Umgekehrt aber zeigen sich bei identischer Umwelt die größten Abweichungen in den Spielen verschiedener Kinderindividualitäten; und wieder spricht dies für den Anteil des angeborenen Moments. Die Differenzierung der seelischen Veranlagung zwischen Mensch und Mensch scheint in der Tat nirgends so früh hervorzutreten wie im kindlichen Spiel, weil es eben eine Vorwegnahme künftiger Entwicklungen des Individuums ist. Während das reale Leben der ersten Jahre stark unter dem ausgleichenden Einfluß des allgemein Kindlichen steht, kündigt sich im Spiel schon die Besonderheit des werdenden Charakters, der späteren Intelligenzbeschaffenheit usw. an. Das eine Kind spielt energisch und ausdauernd, das andere lau und launisch; jenes wirft sich beim Sozialspiel sofort zum Führer auf, befehligt und beherrscht wie selbstverständlich die Mitspieler, dieses läßt sich von anderen leiten, zeigt geringe Initiative und spielt als Herdenwesen mit. Die Art des Nachahmens ist das eine Mal sklavisch, ein genaues Sich-Halten an die Vorlage, das andere Mal eigenwillig, ein selbständiges Weiterbilden und Umgestalten des Vorbildes. Sind das nicht alles schon Wesenszüge des künftigen Erwachsenen, die hier vorzeitig zum Durchbruch kommen? Es mag sehr reizvoll sein, aus genauer Beobachtung spielender Kinder Prognosen über ihre spätere Charakter- und Geistesentwicklung zu ziehen; und wenn man auch vor Irrtümern nicht sicher ist, so ist doch jedenfalls kein anderes Gebiet des kindlichen Daseins so zukunftskündend wie gerade das Spiel[1].

Hier hätte der Kindergarten eine bisher noch gar nicht erkannte psychologische Aufgabe. Er müßte Charakteristiken seiner Zöglinge insbesondere nach ihrem Verhalten beim Spielen entwerfen; aus diesen könnte späterhin Elternhaus, Schule, ja selbst noch die Berufsberatung Winke entnehmen, um das Kind besser zu verstehen, zu behandeln und zu beraten. Freilich gehört dazu eine heut meist fehlende gründliche Schulung im psychologischen Beobachten und Deuten. Es sei in diesem Zusammenhange nochmals auf die Beobachtungsanleitung von Judith Lichtenstein hingewiesen.

Keine psychische Differenzierung greift so tief wie die der Geschlechter. Die Behauptung, daß diese ganz überwiegend ein Erzeugnis äußerer Umweltwirkungen sei, wird durch nichts schlagender widerlegt, als durch das frühkindliche Spiel; denn wenn schon bei drei- und vierjährigen Kindern ganz elementare Abweichungen in der Interessenrichtung und in der Spielweise hervortreten, so kann dies nur auf einer Instinktverschiedenheit beruhen, die tief im Wesen des Menschen verwurzelt ist.

Diese Geschlechtsunterschiede beziehen sich nicht nur auf das Spieltemperament (das beim Knaben meist wilder ist als beim Mädchen), sondern auch auf den Inhalt. Das Mädchen sieht ebenso wie der Knabe die Feuerwehr fahren, Soldaten vorübermarschieren usw.; der Knabe sieht ebenso wie das Mädchen, daß die Mutter das Haus besorgt und das Brüderchen verpflegt, beide stehen also unter denselben Imitabilien – und doch wird es den Mädchen nur ganz selten einfallen, Soldaten und Feuerwehr zu spielen, den Knaben nur ganz selten, das Besorgen eines kleinen Kindes, das Putzen und Scheuern, spielend nachzuahmen. Man wird vielleicht einwenden, daß der Knabe Feuerwehr usw. spielt, weil er diese Tätigkeit von Männern ausgeübt sieht. Aber auch schon diese Einschränkung der Nachahmung auf Vorbilder des eigenen Geschlechts ist einer Erklärung bedürftig; denn abgesehen vom Spiel ist ja das Geschlechtsbewußtsein noch so gering, daß das Kind wahllos den Einwirkungen männlicher oder weiblicher Personen folgt. Es bleibt nichts anderes übrig: in jener Interessenwahl kündigt sich schon instinktiv die verschiedene natürliche Bestimmung beider Geschlechter an: das Mädchen spielt vorwiegend „Haus“, der Knabe „öffentliches Leben“.

Es wird zuweilen der weitere Einwand gemacht: auch jene Unter-

[1] Auch psychopathische Züge des späteren Alters können sich wohl in gewissen Eigentümlichkeiten des kindlichen Spieles ankündigen. Pfister schildert einen solchen Fall, in dem ihm das Kinderspiel als „Frühsymptom krankhafter Entwicklung“ erscheint.

schiede seien schon angezüchtet. Dem Knaben werde das Puppenspiel von vornherein verwehrt oder durch Spott vergällt; dem Mädchen werde Soldatenspiel und ähnliches verboten mit der Begründung: kleine Mädchen spielen so etwas nicht. Derartiges mag ja zuweilen mitwirken; aber wie kam man überhaupt dazu, gewisse Spiele als „knabenhaft", andere als „mädchenhaft" zu charakterisieren? Einerseits, weil in der überwiegenden Zahl der Beobachtungen Knaben hauptsächlich die eine und Mädchen die andere Spielform bevorzugten, andererseits, weil man die Spiele nach ihrer Beziehung zu den künftigen Ernsttätigkeiten der Geschlechter einschätzte. So setzt also jene Volksmeinung bereits die instinktive und vorwegnehmende Bedeutung des Spiels voraus.

Zudem ist es gar nicht richtig, daß den Kindern die Gelegenheit zu den Spielen des anderen Geschlechts immer vorenthalten ist; aber auch dort, wo sie ihnen geboten wird, machen sie davon einen anderen, ihrer Art entsprechenden Gebrauch.

Auch kleine Jungen bekommen Puppen und spielen mit ihnen; aber nur ganz ausnahmsweise wird man hierbei die rührende, sorgsame Pflegetätigkeit finden, mit der das Mädchen seine Püppchen umgibt; der Knabe läßt seine Puppe hüpfen und marschieren, Kunststücke machen, setzt sie als Passagier in seine Karre, als Reiter auf seine Stofftiere, behandelt sie ärztlich als Patienten und – läßt sie bald links liegen.

Der Knabe F. L. bekam um 3;0 eine Puppe geschenkt. Er beschaute sie, bewunderte am meisten, daß sie die Augen schließen und öffnen könne, lobte ihre Schuhe und eine hübsche Schleife und lief bei den Mitgliedern der Familie herum, um entzückt den neuen Besitz zu zeigen. Dann setzte er sie neben sich und sagte: *Sieh zu, wie ich baue.* Damit war sie für diesen Tag erledigt. Am nächsten Tag wurde ihr ein Arm ausgerissen. Weiterhin zeigte er kein Interesse mehr für sie.

Andererseits bekommt auch das Mädchen einen Baukasten, aber es macht lange nicht so häufig Gebrauch von ihm wie der Knabe, baut sich wohl eine Stube mit Möbeln oder ein Gärtchen, wenig konstruktiv, mehr auf Ausschmückung im Kleinen bedacht, während der Knabe Häuser und Schlösser, Städte und Eisenbahnen baut. Das folgende Beispiel von Scupins zeigt diese Geschlechtsverschiedenheit bei völlig gleichen äußeren Spielbedingungen:

4;3. Ferienleben am Strande; Bubi spielt mit einer ungefähr gleichaltrigen Spielgefährtin im Sande. „Am beliebtesten sind Bauten, bei denen eine Überwölbung zu sehen ist. Bubis und Lottchens Bauten ähneln sich sehr, obgleich ihnen verschiedene Ideen zugrunde liegen. So hat sich Lottchen im wesentlichen auf das Bauen von Backöfen verlegt; mittels einer Muschelschale befördert sie kleine Steinchen, welche Brot und Kuchen vorstellen, in den Ofen hinein . . ., Bubi dagegen baut

Tunnels, Brücken und Wälle.“ (II, S. 105.) – Die kleine Kameradin hat doch Tunnels und Brücken ebenso oft passiert, wie der Knabe, aber sie denkt nicht daran, sie in ihre Spielsphäre einzubeziehen.

Natürlich gelten diese und die anderen, später zu besprechenden Unterscheidungen des Knaben- und Mädchenspiels nur im allgemeinen und für den Durchschnitt der Kinder. Es handelt sich auch immer nur um ein Überwiegen, nicht um eine Alleinherrschaft der einen oder anderen Spielrichtung. Es wird daher nicht schwer sein, Einzelbeispiele als Gegeninstanzen zu bringen. Es gab Zeiten, in denen unser Knabe durch das Puppenspiel seiner älteren Schwester so angesteckt wurde, daß er gleichfalls in die mädchenhafte Art des Spielens verfiel. Aber solche Erscheinungen sind doch vorübergehend und verraten bald durch ihre Unselbständigkeit, daß sie nicht aus dem eigenen Trieb der kindlichen Seele hervorquellen, sondern äußerlich übernommen sind. Zu einem anderen Teil können sie allerdings innerlich angelegt sein, denn zwischen typischer Mädchenhaftigkeit und typischer Knabenhaftigkeit bestehen unzählige Übergänge; es gibt so manche Mädchen, deren Spiel einen ausgesprochen knabenhaften Einschlag hat, und umgekehrt. Hier muß man wieder an die prophetische Bedeutung des Spiels denken: ein Knabe, der aus innerem Antrieb viel in mädchenhafter Weise mit Puppen spielt, hat wohl eine gewisse Anwartschaft darauf, auch als Mann einen Zug ins Weibliche, vielleicht gar Weibische zu zeigen.

Kapitel XXII

Hauptarten des frühkindlichen Spiels

Wir beschließen die Erörterung des Spieles mit einer Übersicht über die typischen Hauptformen des Spieles; diese kann kurz sein, da zahlreiche Einzelheiten schon in den vorausgehenden Kapiteln zur Sprache kamen, andere späterhin in dem Abschnitt „Genießen und Gestalten“ erörtert werden.

Im vorliegenden Kapitel werden wir besonders die Entwicklungsfortschritte und die Geschlechtsunterschiede ins Auge fassen. Die Gliederung des Stoffes erfolgt aber danach, ob das Kind für sich allein oder mit Spielgefährten spielt. Beide Formen beginnen sehr zeitig, aber die Einzelspiele entwickeln sich schneller als die Sozialspiele und zeigen daher gerade in den frühen Epochen ein starkes Überwiegen.

1. Einzelspiele

Die Entwicklung des Spiels durchläuft ähnliche Stufen, wie die Eroberung des Raumes; vom Körper des Kindes ausgehend dehnt es seine Wirksamkeit in konzentrischen Kreisen auf immer weitere Gebiete aus.

Die allerersten Spiele sind auf die eigenen Gliedmaßen beschränkt; wir erörterten schon bei Behandlung des Säuglingsalters diese Lallspiele der Sprechorgane, die Bewegungsspiele mit Händen und Beinen. (S. 71.) Aber auch späterhin behalten diese Körperspiele ihre wichtige Rolle bei; ein unstillbarer Betätigungsdrang veranlaßt das Kind in den ersten Jahren, den größten Teil der wachen Zeit spielende Bewegungen zu vollführen, die bei scheinbarer Zwecklosigkeit doch einen großen Wert für die Übung der Geschicklichkeit, der Kraft und Ausdauer, kurz für die fortschreitende Herrschaft über den Körper haben: so ist das frühkindliche Leben ausgefüllt mit Zappeln und Laufen, Hüpfen und Springen, Klettern und Balancieren, Schaukeln und Tanzen, Johlen und Jauchzen – und sogar Schwimmen und Schlittschuhlaufen wird schon von manchen Fünfjährigen mit großer Freude getrieben. Hierbei verbindet sich mit dem rein spielmäßigen zuweilen ein sportähnlicher Zug: das Kind sucht seine eigene Leistung oder die anderer zu übertreffen; noch etwas höher oder weiter zu springen, noch länger auf einem Bein zu stehen, noch lauter zu schreien usw.

Die zweite Gruppe der Einzelspiele will die Herrschaft über die Dinge erwerben. Hier genügen dem Kinde die eigenen Gliedmaßen nicht mehr als Spielwerkzeuge; es will etwas außer sich ergreifen und bewältigen. (Vgl. S. 71.) Der Unterschied zwischen eigentlichen Spielsachen und anderen Dingen bildet sich hierbei erst allmählich aus; zunächst spielt das Kind mit allem, was ihm in die Hände kommt.

Hilde 2;7. „Jedes Ding tritt in ein Spielverhältnis zum Kinde, wird jedenfalls auf seine Spielmöglichkeit hin geprüft und je nachdem schneller oder langsamer ad acta gelegt. Gespielt wird ebenso mit einem Papierfetzen wie mit einer Puppe, mit einer Garnrolle wie mit einem Stofftier, mit dem Teppichklopfer wie mit dem Ball. Manche dieser Dinge dienen nur als momentane Gelegenheitsobjekte des Spiels und sind gleich darauf wieder verworfen und vergessen; zu anderen kehrt das Kind immer wieder zurück; sie werden Dauerobjekte des Spiels und damit ‚Spielsachen' im engeren Sinne des Wortes.'

Die einfachsten Objektspiele sind solche, bei denen das Ding in seinem Dasein unverändert gelassen und nur als Unterstützungsmittel für die vorher genannten Körperspiele benutzt wird: so wenn das Kind mit einem Holzklotz auf den Tisch schlägt, um seinen Bewegungsdrang und seinen Reizhunger nach Geräuschen zu befriedigen. Wichtiger aber zur Übung der Herrschaft über die Dinge sind jene Spiele, bei denen die Gegenstände oder Gegenstandskomplexe durch das Kind selbst verändert werden. Dies geschieht in den zwei Formen der Destruktion und Konstruktion, welche eine deutliche Entwicklungsfolge zeigen; das Niederreißen ist eben stets primitiver und leichter als das Aufbauen.

Hilde 1;6. „Bis jetzt besteht Hildes Spiel hauptsächlich noch im Zerstören (Zerreißen, Fortwerfen usw.); konstruktiver Sinn äußert sich noch gar nicht. Bausteine z. B. werden nach allen Seiten geschleudert, aber noch nicht zu zweien oder mehreren aufeinandergestellt." – Sechs Wochen später wird zum erstenmal berichtet, daß sie versucht, Holzklötze in die dazugehörigen Kästen richtig einzuräumen; nach weiteren sechs Wochen bemüht sie sich, eine Reihe verschieden großer hohler Holzwürfel ineinanderzuschachteln. Hierin sind wohl die ersten Anfänge konstruktiver Betätigung zu sehen.

Destruktive Spiele: Die Zerstörungssucht des Kindes ist bekannt. Ein Stück Papier, das ihm in die Hände kommt, wird nur in Fetzen wieder herausgegeben. Spielsachen werden zerbogen und zerbrochen, Puppen in ihrem Inneren durchwühlt, eine wohlgeordnete Aufstellung von Objekten rücksichtslos durcheinandergeworfen; und selbst der schöne Turm aus Bauklötzen, den die Mutter zur Freude des Kindes errichtet hat, wird mit noch viel größerem Jubel umgestoßen. Die Motive dieser Zerstörungssucht darf man weder zu tief, noch zu hoch einschätzen. Ganz verfehlt wäre es, hierin die Äußerung einer angeborenen Bosheit und Schadenfreude zu erblicken; denn das Kind ahnt ja noch gar nicht, daß es Werte vernichtet. Aber auch jene andere Erklärung aus dem Wissens- und Forschungsdrang des Kindes trifft zum mindesten für die frühen Jahre nur gelegentlich zu. Die Sache liegt viel einfacher: das Kind hantiert mit den Gegenständen, übt an ihnen seine Kräfte, die auf Widerstand stoßen, wird durch diesen nur zu um so größerer Kraftbetätigung angespornt und freut sich des schließlichen Sieges, ohne des sonstigen Resultats zu achten. Das Bewußtsein des Ursache-Seins, welches so stark lustbetont ist, kann ja nirgends elementarer zur Geltung kommen, als beim Zerstören. Alles Aufbauen kostet Zeit, kann nur langsam und stufenweise zum Ziel führen; aber der Impuls: „ich stoße jetzt an den Turm" führt sofort und explosiv zum Erfolg.

Bei dieser Zerstörungstätigkeit wird das Kind, selbst wenn es gar keine Forschungsabsicht hat, dennoch vieles lernen: einmal die Physik des Widerstandes, die Trägheit, die Festigkeit, die Schwere der Dinge, sodann ihre innere Beschaffenheit, die bei solchem Tun oft ganz ungewollt zum Vorschein kommt. Wenn das Kind vier und fünf Jahre alt ist, mag nun auch schon eine wirkliche Wißbegier zu einer mehr systematischen Zerlegung der Objekte führen.

Weit höher steht natürlich das konstruktive Spiel, bei dem aus Elementen neue Verbindungen hergestellt werden. Denn es setzt eine schon ziemlich entwickelte Fähigkeit zur psychischen Synthese voraus, ferner eine determinierende Tendenz, die wenigstens für eine gewisse Zeit das vorgenommene Ziel festhalten muß. Zu diesen Voraussetzungen kommt nun aber als eigentlich entscheidendes Motiv ein gewisser schöpferischer Drang, der nicht nur in der Phantasie, sondern auch in der Realität Werke hervorbringen will. Die Freude am Ursache-Sein, die sich im Zerstören nur blind äußert, verfeinert sich hier einerseits zu einer geistigen Kampfesfreude, wenn mit den Schwierigkeiten der selbst gesetzten Aufgabe gerungen wird, andererseits zu einer Macht- und Schaffensfreude, wenn es gelingt, den Dingen eine neue Form aufzuprägen.

Diese Macht-, Kampfes- und Schaffensinstinkte sind Eigenschaften, die dem Manne in höherem Maße zukommen als der Frau; dem entspricht, daß die konstruktiven Spiele schon sehr früh einen unverkennbaren Geschlechtsunterschied aufweisen. Die geringere Produktivität im Seelenleben des weiblichen Geschlechts wird ja von unparteiischen Beurteilern jetzt allgemein anerkannt; man ist aber doch erstaunt, diese Differenz bereits vom zweiten Lebensjahr an ausgeprägt zu finden. In der Tat beginnt sich bei den Knaben schon um diese Zeit der Trieb zum selbständigen Zusammenfügen irgendwelcher Dinge lebhaft zu regen; im dritten und vierten Jahre pflegt über sie geradezu eine Bauwut zu kommen, die beim Mädchen auch nicht annähernd so stark zu finden ist. Nicht nur Bauhölzer und Steine, sondern auch beliebige andere Gegenstände: Stäbe und Garnrollen, Klötze und Kästen dienen als Konstruktionselemente für die Phantasiebauten der Knaben.

Schon 1;2 versuchte Günther seine Holzwürfel aufeinanderzustellen, was ihm bei zweien gelang; der dritte purzelte noch herunter. – 1;6 sind diese selbstgebauten Türme bis zu 6 Klötzen gediehen (damit vergleiche man die Notiz über die gleichaltrige Schwester auf S. 275). – 1;7: „Wenn er irgend etwas Neues zusammengestellt hat, kann er vor Freude laut auflachen. So setzte er heute auf ein hin und her pendelndes Pferdchen mit Reiter noch ein Püppchen – großer Jubel. Bei Tisch spielt er mit den Eßgeräten; er setzt z. B. zwei Serviettenringe aufeinander und steckt ein Messerbänkchen durch usw.“ – 2;4: „Sehr viel Freude macht ihm das Bauen, insbesondere mit ungewöhnlichem Material. Er setzt gern Garnrollen aufeinander oder nebeneinander, natürlich *Puffpuffbahn* spielend; er konstruiert aus aufeinandergesetzten Serviettenringen eine „Lampe“ usw. Neulich nahm er den Stoffpilz (pilzförmiges Holz zum Strümpfestopfen), stellte ihn auf die Fläche, den Stiel nach oben, und arrangierte rund um den Stiel herum vier oder fünf kleine Garnröllchen." – 2;8½: „Aus seinen Klötzen errichtet er mit viel Geschicklichkeit und Vorsicht die höchsten schwankenden Türme, die er anfleht: *Nein, nein, nicht umfallen, nein, nein!* – 2;9: „Bei Tisch verfertigte er aus Eßgeräten eine „Eisenbahn", die durch ihre Symmetrie bemerkenswert war. In der Mitte waren zwei Messerbänkchen der Länge nach aneinandergereiht, daran schlossen sich zwei Teelöffel, deren Griff nach innen gerichtet war; hinter den Messerbänkchen lagen ineinandergeschoben zwei Breischieber (s. die Figur)."

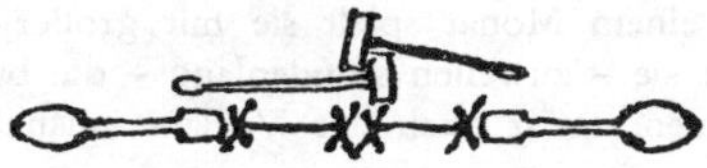

In der Zeit vom vierten bis zum sechsten Jahre entwickeln sich die konstruktiven Spiele ganz bedeutend, auch beim Mädchen, immerhin bleibt der Vorsprung der Knaben bestehen. Außer dem eigentlichen Bauen stellen sich noch viele andere Formen konstruktiven Tuns ein: das Legen von Mustern aus Stäben oder aus farbigen Platten („Mosaikspiel"), das Perlenaufziehen und Ausnähen, das Zusammensetzen von zerschnittenen Bildern; auch das Kneten in Ton und das Zeichnen[1] gehören in diese Reihe.

Interessant ist es, festzustellen, welche Rolle die Nachahmung hierbei spielt. Für zahlreiche dieser Spiele gibt es Vorlagen; oft wird auch die entsprechende Tätigkeit dem Kinde vorgemacht oder das Werk selbst von einem anderen angefangen: wo derartiges benutzt wird, liegt unmittelbare Nachahmung vor. In anderen Fällen wird nur mittelbar und viel freier nachgeahmt: das Kind baut ein Haus – nicht nach einer Vorlage, sondern in Erinnerung an irgendein wirkliches Haus, das es einmal gesehen hat. Endlich gibt es konstruktive Leistungen, bei denen von Nachahmung überhaupt nicht mehr gesprochen werden kann, so bei Phantasiebauten oder beim Erfinden neuer Muster aus bunten Mosaiksteinen.

Der Anteil der Nachahmung an den konstruktiven Spielen ist nun offenbar bei den Mädchen größer als bei den Knaben. Für manche Knaben sind die Vorlagen in den Baukästen oder Legespielen so gut wie nicht vorhanden; wo sie aber benutzt werden, halten sich die Knaben oft viel weniger genau an sie, als die Mädchen. Im ganzen ziehen sie die mittelbare Nachahmung vor, die ihrer Selbstständigkeit größeren Spielraum läßt: sie müssen ja das Haus, die Brücke, die Eisenbahn, die sie früher in der Wirklichkeit gesehen, erst umsetzen in die anderen Bedingungen des Spielmaterials und ihrer eigenen

[1] Über das Zeichnen vgl. Kap. XXVI.

Leistungsfähigkeit. Endlich finden sich ganz freie Phantasiekonstruktionen und Erfindungen fast nur bei Knaben[1].

Den Mädchen ist dagegen das Vorbild oder die Vorlage meist eine sehr willkommene Richtschnur und Begrenzung ihres Schaffens; dem Modell recht nahe zu kommen, gilt als voll befriedigendes Ziel. Man vergleiche die folgenden zwei Schilderungen aus derselben Altersstufe bei dem gleichen Spiel:

Eva 4;10½: „Seit einem Monat spielt sie mit großer Vorliebe ein Mosaiksteinspiel. Täglich setzt sie – zuweilen stundenlang – die bunten, verschieden geformten Steine zusammen, meist nach der Vorlage, manchmal aber auch „ausgedachte“ Sterne. Immer ist sie gleich entzückt von dem Erfolg, zeigt uns ihr Vorlegeblatt mit der Bitte, zu raten, welchen Stern sie gemacht habe.“

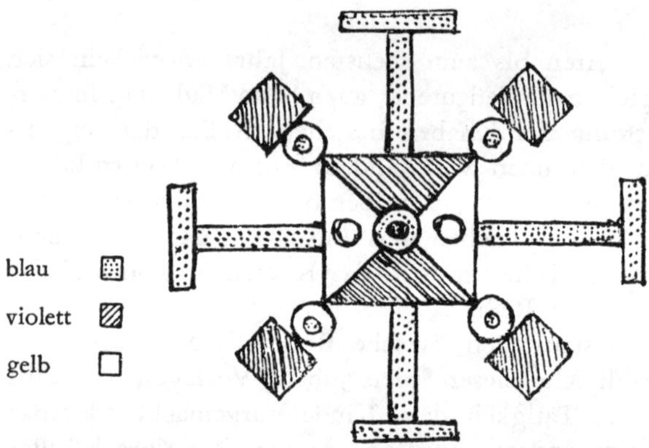

Günther 4;11½: „Das ‚Stern‘-Spiel, jenes Spiel aus bunten Papieren verschiedener Form, macht ihm andauernd die gleiche große Freude. Wenn wir ihn fesseln wollen, dann brauchen wir ihm nur den Kasten mit den farbigen Figuren zu geben. Die Vorlagen benutzt er nie; dabei sind sie nicht etwa langweilig, sondern stellen die amüsantesten Dinge dar: außer Mustern verschiedenster Art auch Häuser, Schiffe, Eisenbahn usw. G. macht die mannigfaltigsten Gebilde stets aus dem Kopf; immer neue Sterne und Figuren erdenkt er, manchmal legt er auch „ulkige“ Menschen, vor kurzem eine Eisenbahn, eine Lokomotive mit Waggons, die recht nett gelungen war; hier hatte wohl die häufig gesehene Vorlage unbewußt mitgewirkt. Ich beobachte ihn oft während der Tätigkeit, er pflegt die Figuren mit beiden Händen zu gleicher Zeit symmetrisch von der Mitte aus nach oben und unten, nach rechts und links zu legen. Überhaupt zeichnen sich seine Gebilde durch Symmetrie aus. Neulich gelang es, ohne daß er es merkte, einen Stern fortzunehmen und genau so aufzukleben, wie er ihn gelegt hatte (s. die Figur). Bemerkenswert ist, daß er ohne jede Unterweisung ganz spontan zu der symmetrischen Anlage gekommen ist. Wir Eltern haben höchst selten eine Figur gelegt.“

Ein besonders eifriger Baumeister ist der Scupinsche Knabe ge-

[1] Eine abweichende Anschauung über die Bedeutung der Vorlage für das kleine Kind, die sich psychologisch wohl nicht rechtfertigen läßt, vertritt der Kinderarzt Czerny (Der Arzt als Erzieher, S. 46). Er mißt nur dem Bauen nach Vorlagen pädagogischen Wert bei und fügt hinzu: „Überläßt man dem Kinde die Bausteine, daß es damit machen kann, was es will, so lernt es nichts anderes, als mit nutzlosem Spiel die Zeit verbringen.“

wesen. Er begann mit 2½ Jahren und vervollkommnete sich rasch im Errichten sinnreicher und sehr komplizierter Bauten, ohne daß er sich um Vorlagen oder Vorbilder kümmerte. Dies übte ihn so, daß er 4;7 beim ersten Versuch, nach einer Vorlage zu arbeiten, eine schwere Kirche fehlerlos herstellte – ein Beweis gegen die von Czerny behauptete Nutzlosigkeit des freien Bauens (s. S. 278 Anm.).

Aus dem Beginn des sechsten Jahres dieses Knaben liegt die Abbildung eines Bauwerks vor, die zeigt, bis zu welcher Kompliziertheit sich die Leistung damals bereits entwickelt hatte. (Taf. V.) Die Eltern geben folgende Erläuterung:

Scupin 5;1 (II, S. 161): „Das Bauen ist dem Kinde eine innere Notwendigkeit, eine freiwillig auferlegte liebe Pflicht; Bubi ist unglücklich, wenn er einmal am Bauen verhindert wird. Kaum hat er morgens seine Toilette hinter sich, so begibt er sich auch schon ans Bauen, wozu er meistens alle fünf Baukästen aufbraucht. Oft baut er 2–3 Stunden hintereinander und seufzt mitunter: *is das aber eine schwere Arbeit!* Wenn wir jedoch, fürchtend, er könne sich übermüden, ihn abrufen oder ihm eine andere Beschäftigung vorschlagen, so gerät er außer sich und wehrt uns ab, er müsse erst fertig bauen denn: *ich bau doch, weil ich mich freue, wenn ich ein schönes Gebautes habe.* Beim Bauen läßt sich der Knabe nicht dreinreden, auch unsere Vorschläge, etwas mal so oder so zu bauen, ignoriert er vollständig; ja er schreit sogar wie am Spieße, wenn man es nur wagt, einen seiner Bauklötze zu berühren. Wir lassen ihm also durchaus freie Hand ... Es gelang uns, einen Bau im Bilde festzuhalten. Im Vordergrunde ist der Hof, rechts der überdachte Keller, daran schließt sich die mit einem Türmchen versehene Waschküche. Der Torbogen stellt den Hauseingang vor, der Raum bis zur Treppe den Hausflur; die Treppe, die mit besonders liebevoller Sorgfalt ausgeführt wurde, führt zum ersten Stockwerk empor. Der darunter befindliche Raum ist die „Durchfahrt" (für Wagen). Da die Bausteine zur Herstellung des ersten Stockwerkes nicht ganz ausreichten, nahm der Knabe seine Schiefertafel zu Hilfe und benutzte sie als Fußboden des ersten Stockwerkes."

Eine andere Gruppe von Einzelspielen wird durch die Rollenspiele gebildet. Hier ist das Interesse nicht mehr in erster Linie auf die Objekte und deren Veränderungen, sondern auf das eigene Ich und dessen Verwandlung gerichtet. Allerdings wird dann sofort auch alles Gegenständliche dieser Metamorphose angepaßt: das Kind, das sich als Schiffskapitän fühlt, stellt sein „Schiff" aus Stühlen und Tischen zusammen. Spielen zwei Knaben Kutscher und Pferd, so stellt die Leine, an welche das „Pferd" angebunden ist, nicht nur die Zügel dar, sondern zugleich den Wagen, in welchen man Fahrgäste einsteigen läßt.

Die Rollenspiele mit ihrer seltsamen Metamorphose der eigenen Person haben immer das besondere Interesse der Spieltheoretiker auf sich gezogen. Die meisten der von uns schon besprochenen Spieltheorien sind gerade auf Erklärungen dieser Spielform eingestellt und wollen die Neigung zum Rollenspielen und die spezielle Wahl der Rolle aus einem eigenen Prinzip ableiten. Dies erweist sich aber bei näherer Betrachtung jedesmal als unzureichend.

Nach der Atavismustheorie von Stanley Hall z. B. macht der Knabe, der auf die Bäume klettert, Vogelnester ausnimmt, Schleuder, Bogen und Pfeil sich herstellt, noch einmal das vorzeitliche Stadium des primitiven Jägers in sich durch, auch in seinem Soldaten- und Räuberspiel werden die Menschen überwundener Kulturstufen wieder lebendig. Diese Erklärung reicht nicht weit; denn neben den genannten Rollen spielt das Kind doch mit großer Vorliebe auch solche, die erst der gegenwärtigen Kulturstufe, nicht einer längst überwundenen, angehören, z. B. Luftschiffer, Autofahrer, Briefträger usw. Hier ist also die Rollenwahl nicht durch Vererbung, sondern ganz zweifellos durch Nachahmung bedingt.

Daß nach der psychoanalytischen Theorie Freuds die Rollenwahl ganz von den verdrängten erotischen Wünschen des Kindes bestimmt wird, ist nach allem früher gesagten selbstverständlich. Beim Knaben sind hiernach eigentlich alle Spielrollen offenkundige oder symbolische „Vater"-rollen; die Eifersucht, die er auf den Vater als Nebenbuhler in der Liebe der Mutter empfindet, soll bewirken, daß er – bewußt oder unbewußt – dessen Rolle übernimmt und sich im Spiel fiktiv an dessen Stelle setzt. – Vielleicht, daß mit dieser Annahme ein gelegentlich anklingendes Motiv der Rollenwahl getroffen wird; seine Verallgemeinerung aber ist völlig unbegründet.

Die entscheidende Triebkraft bei den Rollenspielen scheint in der allgemeinen Tendenz des Kindes zu liegen, die Engigkeit seines Ich zu erweitern. Diese Erweiterungstendenz tritt aber in verschiedenen Formen auf.

Zunächst wirkt – unabhängig von der besonderen Gestaltung der Rolle – jede Hineinversetzung in eine andere Person als eine Erweiterung des Gesichts- und Gefühlskreises. Gerade das durch Nachahmung bedingte Rollenspiel bedeutet hierdurch eine veränderte Stellung des Kindes zu seiner Umgebung. Das Kind, das „Briefträger" oder „Kaufmann" oder „Mutter" spielt, macht nicht nur äußerlich die Bewegungen und Handlungen nach, sondern erzeugt eine innere Einstellung auf die Denk- und Gefühlsweise jener anderen Person – wenn auch in noch so vereinfachter Form; und so wird das kindliche Ich um Erlebnis- und Verständnisformen bereichert, die durch bloßes Beobachten der anderen Menschen nicht zu gewinnen wären. Dieses primitive Sich-Identifizieren mit Menschen verschiedenster Art kennt keine Unterschiede der sozialen Schranken; es ist bedauerlich, daß eine solche Einfühlungsfähigkeit mit wachsendem Alter stark abnimmt.

Nun aber wird auch die besondere Wahl und Durchführung der Rolle in den Dienst der Erweiterungstendenz des Ichs gestellt. Wenn das Spiel überhaupt eine Vorwegnahme künftiger Entwicklung ist, so das Rollenspiel im Speziellen die Vorwegnahme jener Leistungs- und Machtfülle, die von der Zukunft erhofft wird. Das Kind will sich und anderen beweisen – oder vortäuschen –, daß es etwas kann, will seine Überlegenheit durch Herrschen oder Spenden dartun, will sich daran erfreuen, daß andere Menschen und Dinge ihm dienend oder hilfsbedürftig gegenüberstehen.

Oft genug spielt hierbei eine Art unbewußter Protesthaltung mit, was Alfred Adler richtig gesehen, aber wohl zu weitgehend verallgemeinert hat. Das Gefühl der Schwäche und Unselbständigkeit, das vom Kinde schmerzhaft empfunden wird, sucht sich selbst zu betäuben und zu verdrängen durch jene Macht- und Herrschaftsfiktion: und das Kind spielt Kaiser und Prinzessin, Zauberer und Fee. Der Knabe, der als Reiter auf sein Steckenpferd einschlägt, das Mädchen, das als „Mutter“ mit der Puppe oder dem Brüderchen sehr selbstherrlich umgeht – sie üben hier unbewußt Rache für all die Beschränkungen und Hemmungen, die sie im realen Leben fortwährend erfahren. Die Fiktion ist also nichts anderes als eine innere Auflehnung gegen das reale Gefühl der Minderwertigkeit.

Hilde 6;0. „Hilde spielt mit ihrem Brüderchen Mutter und Kind. Die Wohnung ist eingerichtet, das „Kind“ schlafen gelegt. Darauf geht Mutter Hilde scheltend umher; jede Bewegung des Kindes im Schlafe gilt als unerlaubt und wird mit einem Klaps bestraft. Überhaupt ist das Strafen beim Spiel eine Lieblingsbeschäftigung. In jedem Menschen steckt ein Stück Herrschsucht; und das arme Kind, das im gewöhnlichen Leben immer folgen soll, sucht wenigstens im Spiel einmal das Zepter zu schwingen“[1].

Mag nun das „Macht“- oder „Leistungs“-Motiv mehr negativ in dem Streben nach Verdrängung des Schwächebewußtseins, oder mehr positiv in dem Vorwegnehmen künftiger Stadien wirklicher Überlegenheit bestehen – jedenfalls vermag es uns viele Rollenwahlen verständlicher zu machen.

So wirft sich der Knabe in oft wechselnden Formen zum Herrscher, Lenker oder Kämpfer auf: er kommandiert als Offizier, regiert Schiff oder Lokomotive als Steuermann oder als Zugführer, das Steckenpferd als Reiter, den kleinen Handwagen als Kutscher, und dispo-

---

[1] Diese Tagebuchaufzeichnung ist 1906, also vor Bekanntwerden der Adlerschen Theorie, niedergeschrieben.

niert gleich darauf über seine Klötze als Baumeister. – Selbst dort, wo er sich zu einer dienenden Rolle verstanden hat, markiert er doch zum mindesten den Protest durch Unbändigkeit und Trotz und zeigt, daß er sich nichts gefallen läßt. So ist für den Jungen, der als „Pferdchen" an der Leine läuft, oft das Bocken und Sich-Bäumen das Wichtigste; der „Kutscher" soll merken, daß nicht er, sondern das Pferd die Hauptrolle spiele.

Ähnliche Rollenspiele finden sich auch beim Mädchen; sie stehen aber fast nie im Zentrum seines Interesses. Außerdem setzt das Mädchen jener Mannigfaltigkeit der Knabenrollen eine viel größere Einheitlichkeit entgegen. Seine Überlegenheitstendenzen äußern sich nämlich vor allem in der Form des Spendens, Pflegens und Helfens; und deshalb treten alle anderen Rollen hinter der Mutterrolle zurück. Schon kleine Mädchen von drei und vier Jahren zeigen in ihrem Benehmen zur Puppe oft eine Innigkeit des Blickes und des Tones, eine Hingebung und Sorgsamkeit, ein Feingefühl für unscheinbare Details der Pflege, daß ein wirklicher Nimbus der Mütterlichkeit auf ihnen zu ruhen scheint. Das ist keine bloße Nachahmung mehr, das ist „Vorahmung" der künftigen Bestimmung. Überschüttet doch das Kind mit diesem Pflegeinstinkt seine ganze Spielwelt; namentlich in den frühesten Jahren werden nicht nur die Puppen, sondern auch die Spieltiere, ja selbst beliebige Dinge, wie Löffel oder Klapper, gefüttert, gebettet, gebadet. Und späterhin ist die Puppe, selbst wo sie nicht zur Hand ist, das Pflegeziel anderer Verrichtungen: es wird die Wäsche gewaschen, die Puppenstube eingerichtet, irgendeine Bastelei (z. B. eine Perlenschnur) angefertigt – für die Puppe; bekommt das Kind etwas Schönes geschenkt, so muß die Puppe es sehen usw.

Daraus aber ergibt sich eine eigentümliche Folgerung: das Puppenspiel ist kein reines Einzelspiel mehr. Selbst wenn kein lebendiges Wesen mitspielt, das Kind fühlt sich nicht allein, es spielt mit einem anderen oder für ein anderes Wesen, das eine, wenn auch nur illusionäre, Lebendigkeit und Persönlichkeit hat. Das reine Einzelspiel, in welchem das Kind isoliert und selbständig der Sachwelt gegenübertritt und sie zu bewältigen sucht, existiert für das Mädchen nur in geringerem Maße, während es beim Knaben – namentlich im konstruktiven Spiel und in manchen Rollenspielen – stark hervortritt. Viele der Einzelspiele der Mädchen dagegen sind bereits verkappte Sozialspiele.

Interessante Versuche über das Rollenspiel in verschiedenen Altersstufen hat Hildegard Hetzer an je 20 Wiener Knaben und Mädchen (3;1–6;3) durchgeführt. Sie nahm jedes Kind einzeln vor und schlug ihm vor, „Vater" oder „Mutter" zu spielen; es sollte all das tun, was der Vater oder die Mutter den ganzen Tag über machen. Eine Puppe stand als „Kind" zur Verfügung. Eine halbe Stunde lang wurden alle Äußerungen, Handlungen, Hilfen, Störungen usw. aufgezeichnet. Die Mädchen wählten fast durchweg, die Knaben zu 75 % die Mutterrolle – jedenfalls ein Zeichen, wie wenig Allgemeingültigkeit der Freudschen These zukomme, daß der Knabe sich dauernd in die Vaterrolle hineinphantasiere. (Allerdings mag hier auch der Umstand mitspielen, daß die kleinen Kinder von der Tagestätigkeit der Mutter viel mehr sehen, als von der des Vaters.)

Einige Kinder versagten: aus Trotz, aus Armut an eigenen Einfällen, aus Unfähigkeit, ohne Führung durch Spielkameraden selbst das Spiel zu bestimmen. Eine allzu realistische Sechsjährige fühlte sich bereits über die Scheindeutung erhaben und lachte die andern aus, die „so dumm sind, den hölzernen Stuhl als Bett zu nehmen".

Die übrigen Kinder waren durchweg, unabhängig vom Alter, der Darstellungsfunktion mächtig; mit den einfachsten Mitteln wurde die Rolle der eigenen Person, der Puppe, der Gegenstände und der Handlungen durchgeführt. Das Bewußtsein, daß es sich um eine bloße Spielwirklichkeit handle, schien allgemein vorhanden zu sein.

Altersunterschiede zeigen sich vor allem in der Art der Darstellung. Die Zahl der in der halben Stunde ausgeführten Tätigkeiten nimmt mit steigendem Alter nicht eindeutig zu; das liegt daran, daß die Kleineren die einzelne Tätigkeit nur durch eine oder wenige Bewegungen andeuten (fast ohne sprachliche Begleittätigkeit), und schnell zu einer andern übergehen, während die Älteren jede einzelne Handlung (z. B. das Waschen des „Kindes", das Einkaufen) feiner differenzieren. Bei den Ältesten findet dann wieder eine Beschleunigung dadurch statt, daß die sprachliche Darstellung als Hilfe, zuweilen geradezu als Ersatz der motorischen Durchführung benutzt wird. – Der Mangel an kombinatorischer Phantasie, die Sprunghaftigkeit des Spiels ändert sich von 3;0 zu 6;0 nicht merklich.

2. Sozialspiele

Die ersten Spielgefährten des Kindes sind nicht seinesgleichen, sondern die Erwachsenen, die es umhegen. Auf deren Scherzen, Singen, Verstecken geht das Kind schon im ersten Lebensjahre ein (s. S. 72/73). Je älter das Kind aber wird, um so stärker ist sein Verlangen nach kindlichen Mitspielern, um so mehr wächst auch seine Fähigkeit, sich mit anderen Kindern zu gemeinschaftlichem Spielen zu verbinden. An diesen sozialen Spielen kann man nun deutlich mehrere Entwicklungsstufen unterscheiden[1].

Das einfachste Hilfsmittel, um dem sozialen Verhalten einen Inhalt zu geben, ist die Nachahmung, die beim primitiven Spiel die besondere Form der psychischen Infektion annimmt. Irgendein Kind A vollzieht irgendein Tun; es klatscht in die Händchen, rennt johlend durchs Zimmer – vielleicht ohne Rücksicht darauf, daß andere dabei sind, vielleicht aber auch angestachelt durch die Anwesen-

[1] Ähnliche Entwicklungsstufen in der Art der kindlichen Unterhaltung stellte Piaget fest. (I, S. 68.) Vgl. auch S. 144 unseres Buches.

heit von Zuschauern und möglichen Mitspielern. Kind B wird hiervon angesteckt, macht das Gesehene oder Gehörte instinktiv nach und mit und wirkt damit wieder auf A zurück; und so steigert sich denn die Spielinbrunst durch das gemeinsame Tun des Gleichen zu Stärkegraden, wie sie beim Einzelspiel nur selten vorkommen. In den ersten drei bis vier Jahren gelangt das Sozialspiel über diese primitivsten Formen kaum hinaus; es ist mehr ein Nebeneinander- als ein regelrechtes Miteinander-Spielen.

Hilde 4;3, Günther 2;10. „Es ist hochinteressant, das gemeinsame Spiel der Kinder zu beobachten. Bis jetzt besteht es in der Hauptsache aus gemeinsamem Rennen durchs Zimmer mit Vollführung eines ohrenbetäubenden Geschreis. Es erinnert stark an die primitiven Tänze und Spiele der Wilden. Gestern wohnten wir Eltern wohl eine Viertelstunde als stumme Zuschauer solch einer Vorstellung der „tanzenden und heulenden Derwische“ bei. Zuerst drehten sich beide Kinder unausgesetzt um sich selbst im kleinsten Kreise und so andauernd, daß Hilde bei kurzem Pausieren bemerkte: *das ganze Zimmer dreht sich ja rum*, aber nichtsdestoweniger ihren Kreislauf gleich wieder begann, und daß Günther oftmals hinpurzelte, aber immer schnell wieder auf die Beine sprang und sich weiter drehte. Dabei ertönte aus beider Munde einförmiges lautes *lala*; jedes schien das andere immer von neuem mit fortzureißen. – Nach einem Weilchen entwickelte sich aus diesem Spiel das Puff-puff-(Eisenbahn-)Spiel; jedes verlangte ein Glöckchen, und sie rasten hintereinander die lange freie Bahn durchs Zimmer, von einem Ende zum anderen, die Glöckchen hin und her schüttelnd und laut lärmend, halb zischend, halb singend, mit glückstrahlenden Gesichtern.“

Ist eine größere Zahl von Kindern beisammen, so kann sich dies Mitfortreißen und Fortgerissenwerden zu einer regelrechten Massenansteckung steigern; die Kinder zeigen dann im kleinen ähnliches, wie es die Sozialpsychologie im großen als Massenfanatismus, Massenbegeisterung, Massensuggestion kennt.

In dem oben angeführten Beispiele laufen die gleichartigen Betätigungen noch regellos nebeneinander her; wird eine gewisse Ordnung hineingebracht, so entstehen Reigen- und verwandte Spiele. Denn auch beim Ringelringel-Rosenkranz liegt der Reiz für das Kind vor allem darin, daß so viele im gleichen Takte das Gleiche singen und die gleichen Bewegungen machen; aber schon dadurch, daß jedes Wort und jeder Schritt vorgeschrieben ist, kommt es hier meist nicht zu jenen ungezügelten Wirkungen der psychischen Ansteckung wie im ersten Falle. Ein weiterer Reiz liegt in der Darstellungsfunktion, die mit vielen derartigen Spielen – insbesondere den im Fröbel-Kindergarten gepflegten – verbunden ist; sie sind dann stilisierte Rollenspiele.

Auch zu dieser ruhigeren Form des Gemeinsamkeitsspiels finden sich in den Spielen der Naturvölker die Entsprechungen. Durch die

Chorwirkung wird der Eindruck des Rhythmus, der sich zugleich auf Text, Melodie, Schritte und Gesten erstreckt, noch gesteigert und so eine Disziplinierung der Körperbewegungen und zugleich eine primitive ästhetische Freude erzeugt; der Reigen ist das erste „Gesamtkunstwerk", das noch ungeschieden Musik, Poesie, Tanz und Darstellung zu einem ästhetischen Ganzen verbindet. Weibliche Kinder hegen wohl eine größere Vorliebe für die rhythmisch-ästhetische Gemeinsamkeit des Reigenspiels und halten länger an ihm fest als Knaben.

Auf einer höheren intellektuellen Stufe entwickeln sich nun diejenigen Spiele, bei denen die Teilnehmer an der Spielgemeinschaft Verschiedenes tun. Hier erst ist von einem wirklichen Miteinanderspielen die Rede; jeder Mitspieler übernimmt eine besondere Teilaufgabe des Spiels. Die Schwierigkeit für das Kind ist eine doppelte. Es darf sich einerseits nicht dem bequemen Nachahmungstrieb hingeben; es darf aber andererseits auch nicht beliebig seinem spontanen Spieltrieb folgen, sondern muß seine Spezialaufgabe innerhalb der gemeinsamen Spielabsicht als determinierende Tendenz anerkennen und festhalten. Das ist so schwer, daß etwa ein dreijähriges Kind nur durch fortwährende Anweisung und Nachhilfe an solchem Spiele beteiligt werden kann; erst im Laufe des fünften Jahres scheint sich eine selbständige Fähigkeit zu dieser Spielform zu entwickeln. So wie die Nationalökonomie lehrt, daß sich aus der undifferenzierten Arbeitsgemeinschaft erst allmählich diejenige mit Arbeitsteilung entwickelt, so geht hier aus der undifferenzierten Spielgemeinschaft diejenige mit „Spielteilung" hervor.

Das erste Beispiel, das wir beobachteten, entspricht den obigen Altersangaben. Hilde 5;1, Günther 2;10: „Die Kinder spielen jetzt häufig „Doktor". Hilde ist der Arzt. Günther ist krank und muß sich die abenteuerlichsten Einpackungen von Kopf, Beinen usw. gefallen lassen."

Die Spiele dieser Art sind fast ausschließlich Rollenspiele und ähneln hierin sehr dem Puppenspiel, bei dem ja auch eine Rollenverteilung zwischen der Kindmutter und dem Puppenkinde stattfindet. „Mutter und Kind" ist auch das weitaus beliebteste dieser Spiele mit verteilten Rollen in allen Kinderzimmern, zum mindesten in denen mit mehreren Kindern. Bei unseren Kindern entwickelte sich das Spiel geradezu aus dem Puppenspiel und zog sich durch Jahre hin. immer neue Variationen annehmend.

Eine Aufzeichnung aus der Zeit, als Hilde 8;2, Günther 5;11, Eva 3;5 alt waren, lautet: „Bei unseren Kindern gibt es sozusagen ein Grundspiel, besser noch eine Grundstimmung, aus der heraus sich die mannigfachsten Spiele entwickeln. Es heißt ‚Puppenspiel' und ist aus der Art und Weise entstanden, in der sich die Kinder mit den Puppen beschäftigen. Die Kinder und die Puppen stellen irgendwelche Familienpersönlichkeiten dar, Eltern, Dienstboten, Verwandte, Arzt. Allmählich werden die Puppen ganz ausgeschaltet, nur die Kinder spielen noch untereinander; aber der Name bleibt, denn die Stimmung ist dieselbe. Oft erstreckt sich solch ein Spiel über mehrere Stunden – vor kurzem spielten H. und G. den ganzen Sonntag auf diese Weise. Sie verlebten in der Phantasie viele Tage, aßen, schliefen, gingen zur Schule usw."

Bei diesen gemeinsamen Rollenspielen übernimmt gewöhnlich ein Kind die führende Rolle, sei es nun, um die Anregung zu geben und die Rollen zu verteilen, sei es, um auch während des Spiels die Durchführung zu ermöglichen. Gewöhnlich wird ja das ältere und reifere Kind die Zügel ergreifen; zum Teil ist es aber Temperamentssache, und da kann zuweilen ein kleiner Knirps seine älteren Spielgefährten regieren, als müßte es so sein.

Hilde freundete sich 4; 4½ in der Sommerfrische mit einer Schar Dorfkinder an, die zum Teil gleichaltrig, zum Teil wesentlich älter waren. Die Freundschaft war eine wolkenlose, und zwar hauptsächlich deshalb, weil sich die Bäuerlein widerspruchslos den Wünschen und Spielvorschriften Hildes fügten.

Wird das gemeinsame Rollenspiel systematischer durchgeführt, womöglich unter Innehaltung eines vorher gefaßten Programms, so entwickelt sich daraus ein regelrechtes Theaterspielen, und jenes leitende Kind wird zum Regisseur. Wenn auch die eigentliche Ausbildung dieser Spielform erst in spätere Jahre fällt, so finden sich doch erste Anfänge hierzu bereits auf der uns angehenden Altersstufe. Unsere Tochter hatte z. B. ihre ersten Regieerfolge mit 5½ zu verzeichnen.

Hilde 5;5, Günther 3;3: „Hilde liebt es seit einiger Zeit, einige Märchen mit Günther zu ‚spielen'; so z. B. Rotkäppchen oder Hänsel und Gretel. G. ist das Rotkäppchen, sie der Wolf, und je nach Bedarf verwandeln sie sich in die erforderlichen Personen, Großmutter, Jäger usw. Hilde souffliert G. ständig, was er sagen soll. *Jetzt mußt du sagen: Guten Tag, liebe Großmutter wie siehst du denn aus? Was hast du denn für große Augen?* und G. spricht getreulich alles nach. –

Sie spielen Hänsel und Gretel. Drei zusammengeschobene Stühle bilden das Hexenhaus; die Hexe Günther muß darunterkriechen; Hilde stellt Hänsel und Gretel in einer Person dar. Hänsel muß den Finger irgendwo rausstecken. Dann soll Gretel in den Herd kriechen; sie sagt der Hexe: *mach mir's mal vor*, und als die Güntherhexe das tut, versetzt ihr Gretel einen Stoß von hinten, da ist die Hexe gleich verbrannt. – Während G. noch mit dem Nachsprechen zu tun hat, mimt H. schon ganz drastisch. Sie schnarcht als Wolf kräftig und tief, markiert später das Plumpsen in den Brunnen, sie stößt die Hexe mit Wucht ins Feuer und freut sich des gelungenen Scherzes."

Die erste Etappe der Gemeinschaftsspiele zeigte ein bloßes Nebeneinander, die zweite ein wirkliches Miteinander; auf einer letzten

Stufe entwickelt sich das Gegeneinander: es sind die Kampf- und Kriegsspiele. Aber ihre eigentliche Ausbildung scheint fast ganz jenseits der für uns in Betracht kommenden Altersgrenze zu liegen.

In jüngster Zeit sind in Kindergärten bemerkenswerte Beobachtungen und statistische Feststellungen über die Gruppenspiele der Kinder gemacht worden.

In einem Wiener Kindergarten beobachtete Sonja Wislitzky mehrere Monate lang eine Kindergemeinschaft von 36 Kindern (3;0–6;0). Die Gruppierungen dieser kleinen Kinder sind noch sehr labil; selten, daß eine Gruppe länger als eine Stunde zusammenhält. Die Entwicklung der Sozialität zeigt sich in folgenden Punkten: unter den Drei- und Vierjährigen ist noch eine Reihe von asozialen Kindern („Einzelgängern") vorhanden, die in den Altersgruppen 5 und 6 verschwinden; bis zum 5. Jahre überwiegen die ganz kleinen Gruppen (bis zu drei Mitgliedern); erst um 6 Jahr herum bilden die Gruppen zu 4–7 Gliedern 50 Prozent der vorkommenden Gruppierungen. Den Anlaß zur Gruppenbildung liefern in 89 Prozent irgendwelche Spielgegenstände oder Spieltätigkeiten, um die herum sich die Kinder sammeln, nur ganz selten unmittelbare Bedürfnisse des persönlichen Kontaktes. Neueintretende Kinder werden zuerst nicht beachtet oder geradezu gemieden; erst nach einigen Tagen stellt sich durch diesen oder jenen Zufall ein Anschluß her. Im allgemeinen herrscht im Gruppenspiel „Einstellung auf Masse", doch findet sich zuweilen auch Unter- und Überordnung, indem ein Kind Führerfunktionen übernimmt – bald nur für die Dauer eines einzelnen Spiels, bald aber auch auf längere Zeit; allerdings fand sich das letztere erst bei 6jährigen.

Ein zum Teil hiervon recht abweichendes Bild liefern die Untersuchungen, die Olga Doroschenko in Kiew angestellt hat. Es zeigt sich nämlich, daß die völlig von westeuropäischen abweichenden soziologischen Lebensbedingungen in der Sowjetrepublik einen außerordentlich starken Einfluß auf die Gestaltung der freien selbstgewählten Spiele ausüben. Frau Doroschenko machte ihre Beobachtungen an zwei Kindergärten; der erste (I) enthielt Kinder aus Kreisen der organisierten Arbeiterschaft und des Beamtentums, der andere (II) an der Stadtperipherie gelegene umfaßte Kinder von kleinen Handwerkern, Lumpenproletariern, Arbeitslosen. Während die Kreise in I völlig in den neuen Anschauungen und Lebensformen zuhause sind (Ersatz des Familienlebens durch Gemeinschaftsleben in der Öffentlichkeit), sind die Eltern der Insassen von II gleichgültig gegen Politik und haben auch noch mehr Reste des alten Familienlebens, der Religionsbräuche usw. bewahrt. Eine Vergleichung der kindlichen Spielgemeinschaften zeigt nun das folgende Bild – wobei freilich zu beachten ist, daß die ukrainischen Kindergärten die Kinder bis zum achten Jahre behalten: Spiele der „alten Lebensform" (Familie, Mutter und Kind, Nachbarn, Küche usw.) sind in I nur zu 6%, in II zu 49% vertreten. Daneben zeigen in II noch die produzierenden Spiele (Nachahmung der gesehenen Handwerkstätigkeiten usw.) eine große Häufigkeit (36% gegen nur 14% in I). Völlig fehlen dagegen in II folgende Spielarten, die das Spielbild von I bestimmen: städtisches kommunales Leben (Wahlen, Versammlungen usw.) 24%, Verkehrsmittel 10%, revolutionäre Lebensformen und Spiele (Revolution, Beerdigung von Lenin usw.) 23%, Pfadfinder 10%.

Ein anderer Unterschied besteht darin, daß die Gruppenspiele in I dauerhafter sind und eine größere Anzahl von Kindern unter sich befassen. Während in II eine Spielgruppe nur ausnahmsweise mehr als 5 Kinder, niemals mehr als 8 umfaßt, sind in II sehr häufig 10–15 Kinder zum Spiel vereinigt; es kommen auch Gruppenbildungen von 30 Kindern vor (was bei Massenspielen wie „Revolution" und „Begräbnis" ja verständlich ist). Gemeinsam ist beiden Kindergärten – und damit wird die vom Milieu unabhängige ewige Kindlichkeit getroffen –: daß die freien Gruppenbildungen der kleinen Kinder fast ausschließlich zu Spielzwecken gebildet werden, und daß die Unterwürfigkeit der Mehrheit unter ein führendes Kind fast immer zu beobachten ist.

Siebenter Abschnitt

Genießen und Gestalten

Kapitel XXIII

Vorstufen des ästhetischen Verhaltens

Eine Verwandtschaft von kindlicher und ästhetischer Phantasie ist oft bemerkt, meist aber nicht richtig gewürdigt worden. Ästhetisierender Überschwang stand hier oft in umgekehrtem Verhältnis zu wirklich kindespsychologischer Einsicht; und so wurden denn künstlerische Fähigkeiten und Strebungen in das Kind hineingesehen, die in dieser Form überhaupt nicht oder nur bei gewissen Ausnahmebegabungen anzutreffen waren. Das eigentliche ästhetische Erleben und Schaffen erfordert geistige Voraussetzungen, die im allgemeinen erst um die Pubertätszeit zur Reife kommen; die frühere Zeit zeigt nur Vorstufen und Ansätze. Wenn man daher von „Kinderkunst", vom „Genius im Kinde" usw. spricht, so muß man neben der Verwandtschaft zum ästhetischen Verhalten doch auch mit aller Schärfe die unterscheidenden Merkmale herausarbeiten. Je jünger das Kind ist, um so entschiedener muß diese Forderung gestellt werden.

Der Mensch kann sich in drei Formen „ästhetisch" verhalten: aufnehmend, nachgestaltend und frei gestaltend. Alle drei Formen finden wir beim Kinde schon sehr frühe. Es ist sehr empfänglich für erfreuenden Sinnenschein: für bunte Farben, Bilder und Figuren, für Gesang und Klavierspielen, für Verschen mit ausgeprägter Rhythmik, Gedichte und Märchen. Von diesem Aufnehmen geht das Kind schnell zum Nachgestalten über: es singt und spricht die Lieder mit und nach, erzählt die Geschichten wieder, spielt sie dramatisch nach, reproduziert optische Formen nach der Vorlage. Die freie Gestaltung endlich begegnet uns in der Phantasiezeichnung, dem Tonkneten, dem Fabulieren und Theaterspielen, dem Improvisieren von Tonfolgen und dem Erfinden immer neuer Spiele.

Eine weitere Eigentümlichkeit liegt in dem spielhaften Charakter des ästhetischen Verhaltens, auf den uns Schiller sehr eindringlich hingewiesen hat. Das Ruhen in der Phantasieschöpfung als solcher, die Illusionsfähigkeit, die sich über Zwang und Enge der Wirklichkeit hinwegzusetzen vermag und eine Scheinwelt mitten in der realen Welt errichtet, bringt den Künstler und Kunstgenießer dem Kinde nahe.

Aber gerade an dieser Stelle setzen nun auch die grundsätzlichen Unterschiede ein, und zwar bemerkenswerterweise noch stärker beim ästhetischen Genießen als beim Schaffen.

Die eigentliche ästhetische Empfänglichkeit bekundet sich in dem „uninteressierten Wohlgefallen" an der sinnlich erscheinenden Form der Dinge. Nun sprachen wir schon oben von der Sinnenfreude des Kindes; aber die Uninteressiertheit und die Beschränkung auf die formale Seite des Sinnenscheins fehlt noch größtenteils. Eine willen- und tatenlose Hingabe an das ästhetisch Wohlgefällige gelingt dem Kinde nur selten und vorübergehend; meist begehrt es, was ihm wohlgefällt. In den ersten Jahren greift es nach allem Bunten; wenn es mit vier oder fünf Jahren spazieren geht, so heißt es bei den Herrlichkeiten in den Schaufensterauslagen nicht nur: *das ist schön*, sondern auch: *das möcht'ich haben*. Hört das Kind singen oder spielen, so ist es ihm natürlicher, mitzutun, so gut oder schlecht es geht, als in ruhiger Genußfreude zu lauschen. Dort aber, wo das Kind sich rezeptiv verhält, z. B. bei der Betrachtung eines Bilderbuches, dem Anhören von Geschichten, dem Anschauen einer Märchenvorstellung, ist es nicht die ästhetische Form, sondern der Stoff, dem sich sein Geist hingibt und dem seine Lust- und Unlustreaktion gilt.

Als Scupins Sohn 4;7½ einer Märchenvorstellung beiwohnte, wurde er völlig von dem Stoff als solchem gefangengenommen. Je mehr Handlung auf der Bühne war, um so ausgelassener wurde seine Freude. „Sehr empörte sich des Knaben Gerechtigkeitsgefühl, als der böse Zwergenkönig, der sich den Bart in einen Baumstamm eingeklemmt hatte und von Schneeweißchen und Rosenrot aus der unangenehmen Lage befreit worden war, sie zum Dank dafür in seine Höhle schleppte. Bubi schlug in höchster Erregung unaufhörlich mit dem Arm durch die Luft, als wolle er den bösen König züchtigen, und schrie: *Ach, der alte, häßliche Mann, pfui.*" (II, S. 129.) – Das ist natürlich alles andere als ästhetisches Verhalten.

Übrigens ist dieses Haften am Stofflichen durchaus nicht nur auf die frühe Kindheit beschränkt; ja man kann sogar sagen, daß selbst beim Erwachsenen, namentlich beim ungebildeten, die ungetrübte rein ästhetische Stellungnahme relativ selten ist. Das völlige Sich-Loslösen vom inhaltlichen Interesse, von irgendeiner Tendenz, von Sympathie und Antipathie – also von außerästhetischen Faktoren – ist dem naiven Menschen überhaupt kaum möglich; und man darf nicht auf Grund eines theoretischen Vorurteils diejenigen Verhaltungsweisen, in denen das Ästhetische noch mit Stofflichem vermengt auftritt, geringschätzig ansehen. Ist das Ästhetische in den Stellungnahmen des kleinen Kindes auch fast nie isoliert, so steckt es doch mit darin; und mit wachsender Reife und bei geeigneter vorsichtiger Anleitung wird sich aus der Freude an Bildern und Tänzen, Liedern und Geschichten allmählich mehr und mehr auch die Genußfähigkeit für die eigentlich ästhetischen Eigenschaften jener Stoffe herausarbeiten. Nur hüte man sich, aus falschem Ästhetizismus schon das kleine Kind mit Gewalt von dem stofflichen Interesse fort- und zu formal-ästhetischem Genuß und Urteil hindrängen zu wollen.

Wenn nun aber auch länger andauernde Zustände ästhetischen Verhaltens in der frühen Kindheit noch nicht zu erwarten sind, so fehlt es doch nicht an gelegentlichen ästhetischen Reaktionen von kürzerer Dauer. Hierbei spielt die individuelle Begabung eine große Rolle. Es gibt Kinder, die schon außerordentlich früh beim Hören von Musik in ein stummes Verzücken geraten, wiederum andere, die für das feine Zusammenklingen von Farben und Helligkeiten ein lebhaftes Gefühl besitzen. Hierfür werden uns weiterhin Beispiele begegnen.

Der andere Unterschied zwischen kindlichem und künstlerischem Verhalten ist noch universeller, er bezieht sich nicht nur auf das Genießen, sondern auf das Schaffen. Zum eigentlich Ästhetischen gehört, daß die innerlich erlebte Phantasievorstellung in der äußeren Welt eine adäquate Darstellung finde, durch die ihr Wertgehalt objektiv erfaßbar wird. Erst diese Zusammenstimmung von wertvollem Gehalt und ästhetisch wirksamer Gestalt macht das eigentliche Kunstwerk aus. Hierfür aber fehlt dem Kinde, insbesondere dem kleinen, noch das Organ. Denn seine Phantasie wird ja beherrscht von dem Zuge der „Unbekümmertheit" (s. S. 235 f.); mag dieser Zug es dem Kinde auch ermöglichen, bei aller Dürftigkeit des Vorstellens seine Spieltätigkeit in größter Mannigfaltigkeit auszugestalten, so bewirkt er doch, daß die kindlichen Leistungen mit „Kunst" nichts zu tun haben. Entsprechend wirkt der Mangel an synthetischer Fähigkeit beim Kinde, der seine Phantasieketten zwischen Sprunghaftigkeit und Eintönigkeit pendeln läßt. Künstlerisches Schaffen wird dagegen stets von determinierenden Tendenzen beherrscht; selbst die krasseste Phantastik – wie etwa bei E. Th. Hoffmann – ist doch von der Einheit eines ästhetischen Gestaltungswillens gebändigt; und eben dieser fehlt beim Kinde.

Wenn wir so das frühkindliche Schaffen vom Künstlerischen abrücken, meinen wir nicht etwa, daß es „nichtssagend" sei. Im Gegenteil: es hat zweifellosen Ausdruckswert. Der Sinnenschein, den das Kind aufnimmt oder erzeugt, ist noch garnicht scharf ausgegliedert aus der Gesamtperson, sondern weitgehend „personal verankert" (s. S. 32); er wird als Totalerlebnis empfangen und gestaltet, ist noch nicht getrennt von Gefühlsregungen, motorischen Impulsen, Bewußtseinsinhalten anderer Sinnesgebiete. Aber eben diese Diffusität verleiht jenen Eindrücken und Schöpfungen des Kindes eine hohe expressive Bedeutung. So können uns Zeichnungen oder Fabuliererzeugnisse als Symptome dienen, um uns gewisse personale Züge des kleinen Kindes – augenblickliche wie dauernde – erkennen zu lassen; ähnlich wie das Spiel hat also auch das Schaffensprodukt diagnostische und prognostische Bedeutung. Nur wer einem ausgesprochenen Expressionismus huldigt, wird in dieser Ausdrucksbedeutung an sich schon einen ästhetischen Wert sehen; andererseits versteht man es nun, warum sich die expressionistische Kunst so oft frühkindlichen Schaffensformen annähert.

Fassen wir zusammen: Im frühkindlichen Genießen und Gestalten sinnlich wahrnehmbarer Gebilde können wir im allgemeinen nur Vorstufen, in Ausnahmefällen erste Keime des ästhetischen Verhaltens sehen; die Betätigungen und Gegenstände dieses Verhaltens gehören in das Gebiet des Spieles und des Ausdrucks, nicht in das der Kunst, und sind deshalb den psychologischen und biologischen Gesetzmäßigkeiten einzuordnen, die wir für die Spielphantasie in den vorangehenden Kapiteln entwickelt haben. Damit haben wir die Grundlage für die Besprechung einzelner dieser Verhaltungsweisen gewonnen.

Kapitel XXIV

Märchenphantasie und Fabulierfreude

Wir beginnen mit dem sprachlichen Gebiet. Sobald das Kind im Erwerb der Sprache soweit fortgeschritten ist, daß es mühelos leichtere Sinneszusammenhänge verstehen und selbst ausdrücken kann, setzt auch eine lebhafte Freude am Aufnehmen und Hervorbringen größerer Phantasieketten in sprachlicher Form ein.

1. Kind und Märchen

Jedes normale Kind hat etwa vom vierten Jahre an ein starkes Verlangen, sich etwas erzählen zu lassen. Diese Erzählungen sind ja zum Teil Augenblickserzeugnisse der Mutter oder Kindergärtnerin, zum größeren Teil aber aus vorhandenem Stoff, nämlich aus dem Arsenal der bekannten Märchen geschöpft. Diese erste Berührung des Kindes mit der Literatur ist sogleich von äußerster Intensität. Die Inbrunst, mit der Kinder den Erzählungen lauschen und sie immer von neuem erbitten, die Unermüdlichkeit im Anhören immer derselben Geschichten, ja die Strenge, mit der sie die genaue Innehaltung des Wortlautes kontrollieren und jede Abweichung rügen, erweckt stets die Verwunderung der Erwachsenen; und in der Tat offenbart sich in Beobachtungen wie der folgenden einer der auffälligsten Unterschiede im Interessenablauf der Kleinen und Großen.

D. und R. Katz berichten (I S. 81) von einem Knaben (3;6), der sich das Märchen vom Froschkönig im Lauf von einigen Tagen fünfzigmal erzählen ließ, ohne daß seine Zuhörergeduld erschöpft war. „Das Kind schien alle Wendungen und überraschenden Lösungen der Erzählung genau so wieder zu erleben, als hätte es noch keine Kenntnis davon gehabt."

Solche direkten Studien über das frühkindliche Verhalten zum Märchen sind bisher merkwürdigerweise nur in geringem Umfange gemacht worden; dagegen hat das Ehepaar Bühler sehr interessante Feststellungen mit einer indirekten Methode gemacht. Sie analysierten nicht die Kinder, sondern die literarischen Stoffe, die ihnen adäquat sind, also die Märchen, und schlossen von hier aus auf gewisse Eigenschaften der frühkindlichen Phantasie[1]. Wir müssen auf diese ausführlichen Untersuchungen verweisen und beschränken uns hier auf wenige Andeutungen unter teilweiser Verwertung der Bühlerschen Gedanken.

In dem literarischen Interesse der kindlichen Frühzeit unterscheiden K. und Ch. Bühler drei Epochen, die sie nach den charakteristischen Stoffen die „Struwelpeter"-Zeit, die „Märchen"-Zeit und die „Robinson"-Zeit nennen. Die mittlere Stufe hat ihre Hauptblüte etwa vom vierten bis zum achten Jahre. Wir sehen also, daß das wirklichkeitsfremde Märchen zwischen zwei realistischeren Interessenphasen steht; denn der Struwelpeter hat es noch mit ganz alltäglichen, für die frühesten Lebensstadien des Kindes wichtigen Tätigkeiten des Essens, Waschens, Fingerlutschens usw. zu tun; in der Robinsonepoche werden dann Abenteuer und aufregende Situationen, heldenhafte Taten, die wirklich erlebt sein könnten, vorgezogen.

Die Wirklichkeitsfremdheit der Märchenepoche hängt offenbar zusammen mit jenem nun schon mehrfach geschilderten Schwebezustand

[1] Karl Bühler widmet diesem Thema einige Abschnitte von I, Charlotte Bühler ein eigenes Buch.

zwischen Illusion und Illusionseinsicht, der gerade beim kleineren Kinde zu finden ist. Ob dieses „Es war einmal" wirklich einmal war oder nur eine bloße Erdichtung ist, das liegt noch jenseits des kindlichen Fragens und Forschens; das Kind gibt sich ganz dem anziehenden Stoff hin, ohne es bewußt seiner Lebenswirklichkeit an einer Stelle einordnen oder entgegensetzen zu wollen.

Freilich wird auch diese schwebende Geistesverfassung nicht sofort gewonnen. Die frühesten Märchen sind dem realen Leben des Kindes noch ganz nahe verwandt; Rotkäppchen und Hänsel und Gretel sind selber Kinder und erleben durchaus kindliche Situationen. Weiterhin wird ja freilich durch die Einführung von Königen, Prinzessinnen, Riesen, Feen sowie durch das fortwährende Eingreifen von Wundern, Verwandlungen usw. dem Kinde eine neue und fremde Welt eröffnet. Aber K. und Ch. Bühler zeigen treffend, daß auch diese Phantasiepersonen zum guten Teil nichts anderes als große Kinder sind und sich auch höchst kindlich verhalten.

Gerade dies Ineinander von Vertrautem und Fremdartigem muß geeignet sein, dem Kind das Märchen so lieb zu machen. Und um den Reiz des Fremdartigen ganz zu verstehen, müssen wir wieder einen, schon bei den Rollenspielen erwähnten Gedanken von uenem heranziehen. Die fürstlichen oder übernatürlichen Personen des Märchens sind ja verkappte Wunscherfüllungen des Kindes! Aus seiner eigenen Schwäche und Dürftigkeit wünscht und phantasiert es sich in diese Stärke, Herrlichkeit und Macht hinein; es sind also gar nicht nur fremde abenteuerliche Gestalten, sondern sie sind Verkörperungen des Kindes selber – kein Wunder, daß sie dann auch kindliche Züge tragen.

Im folgenden Beispiel tritt diese Ich-Beziehung zum Helden der gehörten Erzählung deutlich zutage; daß es sich nicht um ein eigentliches Märchen, sondern um einen biblischen Stoff handelt, ist für die Wirkung auf das Kind gleichgültig.

Günther 3;11. Als G. in einer Bilderbibel das Bild von Simson mit dem Löwen sah, da wurde er begierig, die Geschichte zu hören und sie fesselte ihn so, daß er jetzt immerfort verlangt: *erzähl' vom starken Simson.* Er sagt, er wäre ebenso stark wie Simson; und wenn er einmal einen Löwen treffen würde, dann würde er ihn auch tot machen.

Günther 4;7½. G.'s Lieblingsgestalt ist nach wie vor der Simson; als neulich die Rede auf ihn kam, sagte er: *ach so, der Simson, den ich so lieb habe!*

Der Primitivität des kindlichen Vorstellens und Fühlens entsprechen dann weitere Züge des Märchens: so die Einfachheit der Handlung, das Fehlen jeder feineren Charakteristik der Menschen, eine handfeste grobkörnige Moral, bei der die Vergeltung im Guten oder Bösen gleich auf die Tat folgt. Den uns bereits bekannten Eigenschaften der frühkindlichen Phantasie kommt auch der formale

Aufbau der Märchen entgegen: er stellt vor allem nur geringe Ansprüche an die synthetische Fähigkeit. Es werden nicht umfassende logische Zusammenhänge dargeboten, die mit einem Blick überschaut werden müssen, sondern nur Ereignis an Ereignis, Bild an Bild gereiht; und es werden auch in der einzelnen Anschauungsgestalt keine schwierigen Kombinationen verlangt, so fehlen in den Kindermärchen noch ganz jene Kombinationsgebilde, wie Nixen, die halb Mensch und halb Fisch sind usw.

Das Märchen hat endlich noch ein ganz universelles Kunstmittel, das ist die Steigerung. Sie verlangt vom Kinde lediglich, daß es wohl bekannte Vorstellungen nur in andere Dimensionen überträgt; so sind die Zwerge und Riesen, die Feen und Hexen ja nichts anderes als quantitative Zuspitzungen vertrauter Eigenschaften. Und ebenso ist der Fortgang der Handlungen durch Steigerung zu einer ganz primitiven Einheit zusammengefaßt: der Held muß immer schwerere Aufgaben lösen; oder die Pracht steigert sich von Silber durch Gold zu Edelsteinen, von der Hütte durch das Haus zum Palast. –

Sehr wenig wissen wir bisher noch über die psychische Wirkung des Märchens. Man findet zuweilen rationalistische Pädagogen, welche das Märchen verurteilen, weil es den Kindern eine Welt des Truges und der Wunder vorspiegele, Wirklichkeitssinn und Wahrheitsliebe unterdrücke und unklare Phantastik großzüchte. Wer diese Auffassung allgemein vertritt, hat kein Organ für die Bedeutung, welche die Phantasie in diesen frühen Stadien besitzt und auch besitzen soll. Für Einzelfälle mag es hier und da zutreffen, daß ein Kind mit hypertrophischen Phantasieneigungen allzulange am Märchen hängen bleibt und dadurch den Weg zur realen Welt schwer findet.

Ernsthaftere Prüfung verdient die Frage, ob die sehr einfachen und starren sittlichen Wertungen, welche das Märchen mit seinen Gegensätzen von Gut und Böse aufstellt, für die sittliche Erziehung des Kindes durchweg günstig sind. Solange sich diese Wertungen an reine Phantasiegestalten (z. B. Feen und Hexen) knüpfen, sind sie wohl unbedenklich; denn das Kind macht später die Erfahrung, daß es solche Wesen nicht gibt. Anders liegt die Frage, wenn eine reale Figur einen solchen Wertstempel erhält. Ein Beispiel ist mir durch eine Arbeit aus meinem Institut nahe gelegt worden. Bekanntlich spielt oft genug die Stiefmutter im Märchen die Rolle der Hexe. In der Grimmschen Sammlung gibt es 12 Stiefmuttermärchen, darunter so bekannte wie Hänsel und Gretel, Schneewittchen und Aschenbrödel; alle 12 Stiefmütter sind „böse“, meist sogar auf Beseitigung des Stiefkindes bedacht. Eine neuere psychologische Untersuchung von Hanna Kühn hat nun gezeigt, daß die Märchenthese „Stiefmütter sind böse" auch weitgehend in die Volksmeinung übergegangen ist und daß diese Auffassung nun jeder Stiefmutter, die vielleicht mit besten Absichten ihre schwierige Aufgabe übernimmt, als eine kompakte Macht des Argwohns, der Verdächtigung und der Aufhetzung gegenübertritt; ob hieran nicht auch die Märchen mitschuldig sind?[1]

2. Das Fabulieren

Lebhafte Kinder begnügen sich aber nicht damit, schöne Geschichten zu hören; sie wollen sie selber hervorbringen: so beginnen sie zu fabulieren.

Hierbei mögen die ersten Anregungen oft genug von den gehörten Märchen und Geschichtchen stammen; aber auch unabhängig davon lebt im Kinde ein zeitweilig geradezu fesselloser Drang, die Fülle der ihm aufsteigenden Vorstellungen sprachlich zu entladen; und diese Konfabulationen zeigen uns nun deutlich alle früher besprochenen Eigenschaften der kindlichen Phantasieketten.

Man kann innerhalb der frühkindlichen Fabuliererzählungen zwei Hauptgruppen unterscheiden: die fremdbezüglichen, welche nichts mit der Person des Erzählers zu tun haben; z. B. erfundene Märchen, Tiergeschichten, Puppengeschichten – die selbstbezüglichen (egozentrischen), bei denen über die eigene Vergangenheit oder Zukunft fabuliert wird[2].

Aus der ersten Gruppe bringen wir drei Beispiele (je eines von jedem unserer Kinder), bei denen ein unbemerktes Mitstenographieren gelang.

Eva 3;4½. Das Kind hatte oft das Rotkäppchenmärchen gehört; eines Tages erzählte sie es uns, dichtete aber absichtlich um und freute sich über unser Erstaunen. Charakteristisch für die Sprunghaftigkeit ist, daß nach kurzer Zeit nur noch die Namen „Wolf" und „Rotkäppchen" an das Märchen erinnern, und daß schließlich auch noch diese Reste schwinden und von ganz anderen Dingen die Rede ist.

---

[1] Andere Bedenken über gewisse seelische Wirkungen von Märchen erwähnen D. u. R. Katz (I, S. 79/80).

[2] Nach psychoanalytischer Anschauung sind ja alle kindlichen Phantasiebetätigungen egozentrisch; und der Unterschied würde nur darin bestehen, ob die Bezugnahme auf Ich-Wünsche offenkundig oder in verhüllter (symbolischer) Form erfolgt. – Wenn man aber die im Text folgenden Proben liest, dann wird man zugeben, daß es so etwas wie eine reine Fabulierfreude gibt. Nur mit sehr gewaltsamen Deutekünsten wäre es möglich, allen diesen Äußerungen einen geheimen ich-bezogenen Sinn – und gar einen erotischen – unterzulegen.

„*Es war 'mal kleines Mädchen, das hieß Rotkäppchen, und das hatte eine rote Mütze auf. Und die Großmutter, die war krank. Und der Wolf – na, wohin geht der Wolf hin? – Der ging zur Großmuttel, und da hatte die Großmuttel Angst. Da hat sie sich schnell angezogen, und da ist sie schnell zur Else gegangen. Und der Vater von der Großmuttel – – und die Großmuttel, als sie wieder gesund war, da is se auch in Wald gegangen mit Rotkäpfchen, und der Wolf ging auch in Garten mit. Und da sind se schnell weggerannt. Und der Wolf ist auch mitgerannt, und da sind se zum Wasserturm gerannt, und da sagte der Wolf: „ich kann auch so schnell rennen.“ Und der Vatel hatte auch Angst vorm Wolf. Und Rotkäppchen hat doch geweint, und Rotköpfchen hatte schon der Wolf in Finger blutig gebissen. Und das Miezchen von Rotkäppchen, das hat geweint. Und zu Miezchen ist der Wolf gegangen, da hat aber Miezchen geschreit; is er schnell in'n Wald gelaufen, da hat das Miezchen gar nicht mehr geweint.* (Kleine Pause. Mutter fragt: Ist's fertig? Aber Eva unterliegt dieser Suggestion nicht, sondern antwortet:) *Nein noch nicht. Der Wasserturm konnte auch schon nach Berlin laufen. Jetzt ist's fertig. Kommt das Miezchen an von der kleinen Thea, das Miezchen, das soll schon getragen werden.* (Mutter: wer ist denn das Miezchen?) *Ein kleines Mädel. Wir haben mal beim Bau vom Baumeister* (d. h. Maurer) *ein Miezchen gesehen, aber ein richtiges, ein Tiermiezchen. Das von der Thea, das war ein Mädelmiezchen.*“ –

Noch viel krauser waren die Konfabulationen, die Hilde um 3;0 produzierte. Einige Wochen lang war eine wahre Fabuliermanier über das Kind gekommen (die dann später ganz abebbte). Namentlich in den Morgenstunden gab sie dann unendlich lange Erzählungen zum besten; sie verlangte nicht, daß man auf den Inhalt einging, antwortete oder fragte; nur anwesend sein mußte jemand, damit sie das Gefühl einer Resonanz hatte.

Aus einer solchen Erzählung kann hier wegen Raummangels nur ein kleiner Auszug gegeben werden. Die Geschichte hatte zwar keine determinierende Tendenz, aber doch wenigstens ein Einstellungsmotiv, den Hühnerhof; und so wurde denn alles, was dem Kinde sonst durch den Kopf ging, auf Hühner bezogen. Im übrigen freilich herrscht das Chaos; beliebige assoziative Verknüpfungen, ein zufällig auf einen Gegenstand im Zimmer fallender Blick, eine Berührung mit einem Objekt usw. bestimmen den Fortgang. Oft werden Sätze begonnen, deren Ende sie selber noch nicht ahnt. Es ist, als dürfe der Wortschwall um keinen Preis unterbrochen werden; und um nur keine Lücke entstehen zu lassen, müssen irgendwelche Füllsel herhalten, die dann wieder zu Anknüpfungspunkten für neue Assoziationen werden. Mit dem motorischen Drang der Sprachorgane ist stets ein solcher des ganzen Körpers verbunden; H. hüpft und rennt hin und her, wirft sich aufs Sofa, um gleich wieder aufzustehen, und ißt ein Ei ganz ohne das gewohnte Interesse, ungeduldig, nur ihre Erzählung fortsetzen zu können. – Nun einige Bruchstücke mit Erläuterung.

„*Und da machen sie die Hühnertür zu, und da legen sich die Hühner allein hin, und da machen se de Augen zu und schlafen fest. Aber sieh mal, ich habe gesehen, daß se heute nich Gras essen, ich habe doch gesehn, daß se Heu essen.* (Mutter sagt: das abgeschnittene trockene Gras ist doch Heu.) *Aber sieh mal, das war doch dran, das haben doch die Hühner abgefressen.*

Aber sieh mal an, da kam ein großer Stuhl (sie war gerade an einen Stuhl gerannt), *und da haben sich die Hühner raufgesetzt.* (Mutter: Ach.) *Na ja, da haben se auch so ein Geburtstagsbuch gekriegt.* – – – – – – – – – *Sieh mal den Ofen von den Hühnern; den haben die Hühnlein angebrannt. Da holen auch von der Küche Holz raus und Kohlen und auch ein Kästlein, wo da de Lichter drin sind* (Umschreibung für das noch nicht gebrauchte Wort Streichholzschachtel). *Da steckt auch Licht an der Hahn. Der Hahnvater und die Hahnmutter, was wollen denn die heute?* (Sie wußte augenscheinlich noch nicht, was sie mit ihnen anfangen sollte.) *Die gehen heute zu Tisch und essen Suppe.* – – – – – – – – – – – – – – – – – *Und da ist ein Waschtisch, da haben sich die Hühner sauber gewaschen, da haben sie das kleine Hühnerbrüderchen auf die Wickelkommode gelegt und wieder trocken gemacht.*

Da kam auch so ein hübsches neues Buch, so viel Bilder! Da waren so viel Hexen drin, so schwarz waren die! Aber sieh mal, die haben keine langen Nasen, die haben schon wieder de Nase klein gemacht; da haben se sich sauber gewaschen. Sieh mal eine Hühnerhexe. –

Günther 5;6. Aus einem schon sehr viel höheren Entwicklungsstadium des Fabulierens stammen die Erzählungen unseres Sohnes, welche er der Mutter, wenn er abends gemütlich im Bett lag, vorzuplaudern pflegte. Wir geben als Beispiel eine Feuerwehrgeschichte. Es war während der Sommerreise in Binz; er hatte tags zuvor einer Übung der dortigen Feuerwehrleute an einem Turm mit großem Interesse zugeschaut. Der Anfang, der nicht mitgeschrieben werden konnte, lautete ungefähr: Die Feuerwehrleute sind auf einem Turm geklettert. – Und nun geht es wörtlich weiter:

und da sind se auf einen Rosenbaum gefallen, da waren k e i n e Stacheln dran und da haben sie sich doch gepiekt. Da haben sie sich (Rosen) *abgepflückt und sind nach Hause gegangen zu seiner Frau. Da stand die Feuerwehr und da hat der Feuerwehr* (-Mann) *einen Kranz gemacht für seiner Frau mit hellen Rosen und dunkeln; die hat er seiner Frau gebracht und die schlaf* (statt schlief). *Da hat der Feuermann aufgesetzt leise, daß sie nicht aufwachte. Dann haben se de große Leiter von sich genommen und sind so raufgeklettert; da sagte der Mensch: „Das is ja leicht bei andern Häusern, da müßt ihr euch anders üben; wenn ein Haus verbrennt, dann könnt ihr nicht so; dann wollt ihr auch die Leiter holen, und ihr verläuft euch den Weg" – haben die Feuerwehr gesagt und haben sich nicht verlaufen. Da haben sie sich schnell die große Leiter vom Kletterhaus geholt und sind so raufgeklettert. Da haben se gleich den Schornstein von dem schönen Haus gelöscht und haben de Leiter wieder zu Haus gebracht. Da waren se müde, und da haben se sich ausgezogen und sich ins Bett gelegt und haben geschlafen. – Dann kamen Räuber und haben leise eine Lampe an de Decke gemacht und angesteckt und dann wieder dunkel gemacht und gar n i c h t gestohlen."*

Man bemerkt, wie auch hier noch immer die Sprunghaftigkeit der Phantasie obwaltet; die Geschichte besteht aus vier oder fünf Phasen, die entweder nur durch das Einstellungsmotiv „Feuerwehr" zusammengehalten werden, oder sogar wie der Schluß, lediglich durch ein „dann" mit dem Vorhergehenden in Verbindung gebracht sind. Aber innerhalb jeder Phase wenigstens erkennt man doch schon deutlich die Wirkung einer determinierenden Tendenz, so bei dem Rosenkranz- und bei dem Schornsteinlösch-Motiv.

Ferner zeigt der Knabe auch schon die bewußte Absicht, seiner Geschichte das Gepräge eines M ä r c h e n s zu geben. Dazu benutzt er als verblüffend einfaches Mittel den paradoxen Widerspruch. Die Feuerwehrleute fallen auf einen Rosenstrauch, der keine Stacheln hat, und – pieken sich doch! Räuber steckten sich extra eine Lampe an und – stehlen doch gar nicht! Auf diese Weise sucht das Kind das Unerwartete, Wunderbare, das es beim Märchenanhören selbst empfunden hat, in seine eigene Erzählung zu mischen[1].

Eine andere Färbung besitzen die „egozentrischen" Konfabulationen, in welche das Kind s e i n e e i g e n e P e r s o n hineinspielen läßt.

[1] Ein weiteres Beispiel solcher Fabuliererzählungen kleiner Kinder findet sich bei G r o o s (5. Aufl. S. 152).

Dadurch verliert nämlich der Inhalt seine Zeitlosigkeit; er wird auf die Lebenszeit des Kindes in Vergangenheit, Gegenwart oder Zukunft bezogen.

Um mit letzterer zu beginnen, so ist das phantastische Ausmalen künftiger Freuden ja jedem Kinde eigen. Wieviel Erzählungen fangen an: „*Wenn ich groß gewachsen sein werde*“, oder „*Wenn ich eine Mama sein werde*“. Aber die eigentliche Zeit dieser Zukunftsluftschlösser ist doch eine höhere Altersstufe, als sie uns hier beschäftigt. Das kleine Kind lebt noch zu sehr in der Gegenwart; es malt sich wohl diese oder jene Einzelheit aus, die es ausführen will, wenn es groß sein würde; aber von einem umfassenderen Zusammenfabulieren dieser Zukunft ist noch nicht die Rede.

Nach unseren Beobachtungen tauchen im fünften bis sechsten Jahre die ersten derartigen Phantasieketten auf; sie beziehen sich aber noch auf eine nahe Zukunft. Insbesondere geben bevorstehende Feste hierzu Anlaß; so ist in den Wochen vor Weihnachten nicht nur eine lebhafte Vorfreude da, sondern wohl auch eine phantasiemäßige Vorwegnahme der zu erwartenden Köstlichkeiten – daher denn zuweilen das wirkliche Fest gewisse Enttäuschungen bringen kann.

Als Günther 4;9 alt war, wurde der Geburtstag der Schwester gefeiert und von da an spukte sein eigener Geburtstag in seinem Köpfchen vor: „Fast täglich wiederholte er – mit einigen Varianten – das zusammengestellte Programm, das ganz überwiegend kulinarischer Natur war, aber doch auch einige idealere Freuden enthielt. Einmal begann es: *Bitte zum Geburtstag Kakaobohnen, weißt du, schon zum Frühstück die Brezel. Zu Mittag, da wollt ich doch Schneesuppe, Rotkohl und ... also Mohrrüben. Zu meinem Geburtstag will ich kriegen Goldlack und Vergißmeinnicht auf den Tisch – und Hühnchen* usw.“

Höher steht eine Zukunftsphantasie, welche seine Schwester, als sie ein Jahr älter war (5;9), entwickelte: Die Mutter solle ihr etwas zu arbeiten geben, dadurch wolle sie sich Geld verdienen. Das Geld wolle sie dem Wirt des Hauses geben, der solle dafür noch eine richtige große Stube an unsere Wohnung anbauen, und das solle nun für sie eine Puppenstube sein. Auch wie die Möbel in dieser neuen Stube stehen, wie die Bilder hängen sollten, hatte sie sich schon ausgedacht.

Die Illusion ist bei diesen Zukunftsphantasien vermutlich eine vollkommene; das Kind ist, wenigstens im Moment, überzeugt, daß alles so werden kann und werden wird, wie es ihm gerade durch den Kopf geht; die Unterscheidung des Möglichen und Unmöglichen, des Wahrscheinlichen und Unwahrscheinlichen ist bei ihm ja noch sehr wenig ausgebildet. So war Hilde ernstlich enttäuscht, als ihr die Mutter erklären mußte, daß der Verwirklichung ihres auf Selbstverdienst gegründeten Stubenplanes nicht unbeträchtliche Schwierigkeiten entgegenständen.

Werden die Konfabulationen auf die Gegenwart des Kindes bezogen, so haben wir es mit dem eigentlichen Spiel zu tun, das schon früher besprochen wurde.

Dagegen bedürfen die auf die Vergangenheit bezogenen Phantasieerzählungen noch einer Erörterung. Sie wirken nämlich ihrer äußeren Form nach wie Aussagen über tatsächlich Erlebtes; und da sie einen unwirklichen Gehalt haben, so können sie von dem Beobachter leicht entweder für Erinnerungstäuschungen oder aber gar für Lügen gehalten werden. Tatsächlich sind sie weder das eine noch das andere, sondern eine andere Form der falschen Aussage („phantastische Aussagefälschungen")[1].

Das unterscheidende Merkmal ist der spielerische Charakter des Aussagens mit all den Eigenschaften des Spiels, insbesondere jener schwebenden oder deutlich vorhandenen Illusionseinsicht. Bei den Erinnerungstäuschungen versucht das Kind, so gut es kann, wenn auch ohne Erfolg, die erlebte Wirklichkeit zu rekonstruieren; bei der Lüge wird die Wirklichkeit absichtlich verfälscht in der Hoffnung, daß dadurch Vorteile erreicht oder Nachteile ferngehalten werden. In beiden Fällen also liegen Ernsthandlungen vor. Die phantastische Aussage dagegen ist ein Spiel wie jedes andere, nur daß hier das Kind seine illusionäre Spielrolle nicht als gegenwärtig, sondern als vergangen erlebt. Es besteht kein prinzipieller Unterschied dazwischen, ob das Kind, gegenwärtiges „Einkaufen" fingierend, im Zimmer umherläuft, an einer Tür stehen bleibt, als sei es beim Kaufmann, Butter und Eier verlangt und „danke schön" sagt usf. – oder ob es mit Auslassung der Handlung ähnliche fingierte Geschehnisse in die Vergangenheit verlegt und nun sagt: *das hab ich gekauft.*

Soweit die bisherigen Beobachtungen einen Schluß zulassen, scheint dies phantastische Aussagespiel besonders im vierten Lebensjahr zu blühen.

„Eva (3;5) war bei der Mutter in der Küche; und als diese ihr etwas erzählen wollte, kam sie ihr zuvor: *Soll ich dir etwas erzählen von einem kleinen Baby? – Das kleine Baby hat sich ein Loch gepiekt, mit ein Regenschirm hat sie sich ein Loch gepiekt. Wenn sie aufgespannt hat, da hat sie sich gleich in Kopf gepiekt. Da habe ich schnell rausgegangen und habe ein Heftpflaster geholt. Der Vater hat mir ein großes Heftpflaster gegeben und ich hab es durchgerissen* (erklärend hinzufügend: *ich heiß doch Mutter*) – *und geleckt und dann auf'n Kopf geklebt*; *und wenn es abgegangen ist, dann hab' ich ein neues raufgeklebt. Da hat aber das Baby geweint.*"

Diese Konfabulation zeichnet sich durch den logischen Zusammen-

---

[1] Ausführlicheres über diese im Kapitel IX der Monographie II von C. und W. Stern, aus der manches wörtlich übernommen ist.

hang aus; hier ist nichts von den sonst üblichen Phantasiesprüngen zu bemerken.

Von Hilde wird aus dem gleichen Alter (3;5) berichtet: „Schon lange liebt es H., Geschichten als selbsterlebte zu erzählen, die oft in irgendwelchem Hörensagen wurzeln, aber in ihrer Phantasie sehr umgestaltet und bunt ausgeschmückt werden. Natürlich liegt es uns gänzlich fern, hier störend in ihr Schaffen einzugreifen. So erzählte H. der Mutter auf einem Spaziergang in Schreiberhau etwa folgendes: „Ich bin mit der Puppe auf die neue schles'sche Baude gegangen, da waren Katzen oben, eine große Katze und kleine Katzen, die große Katze war schwarz und die kleinen Katzen waren weiß ... usw." – Durch das Hinzufügen „mit der Puppe" kennzeichnet Hilde bewußt das Illusionäre ihrer Erzählung, nicht nur in diesem Falle, sondern in vielen anderen Fällen. Zuweilen schiebt sie sogar manche kleine Sünden auf die Puppe, – so als sie ermahnt wird, im Garten nicht Blätter abzureißen: *Puppe hat die Blätter abgerissen, kriegste Haue.* Derartige Schuldabwälzungen fanden niemals auf wirkliche Personen statt – ein Zeichen, wie rein spielmäßig solche Aussagen sind.

In diesen Beispielen steht das Kind völlig über der Illusion. Nun gibt es aber bei den Aussagespielen ebenso wie bei anderen Spielen jenes Verlangen, wenigstens zeitweilig ganz in der Illusion aufzugehen, den Schein der Ernsthaftigkeit zu wahren. Daraus kann sich ein Widerstand gegen Richtigstellungen ergeben, der schon große Ähnlichkeit mit der eigentlichen Lüge hat, ohne doch eine solche zu sein.

Eva 3;5. „Wir sprachen von Hilde's Nähkasten, und Eva sagte spielerisch: *ich habe auch einen Nähkasten, von Großmuttel geschenkt.* Hilde und Günther taten sehr erstaunt, und ich erklärte: „Ach die Eva macht ja nur Spaß." Darauf Eva: *Nein, ich habe wirklich einen von Großmuttel geschenkt bekommen* – worauf der Bruder entrüstet sagte: *Das ist ja Lüge, Eva!* Mit Rücksicht auf die größeren Geschwister, die schon rigoros zwischen Wahrheit und Lüge unterscheiden, konnte ich die Phantasieaussage nicht auf sich beruhen lassen; ich forderte Eva auf, den Nähkasten zu holen. Nun wurde sie sehr mißmutig und kämpfte mit den Tränen; aber es dauerte doch noch lange, ehe sie sich entschloß, auf unsere wiederholte Frage, ob sie wirklich einen Nähkasten bekommen habe, nein zu sagen." – Vielleicht werden manche diesen Tatbestand schon unter Lüge rubrizieren; aber der bloße niedergeschriebene Wortlaut genügt noch nicht zur Urteilsbildung über einen Vorgang, für dessen Deutung nur das Miterleben der Gesamtsituation in ihrer Entwicklung und die Beobachtung der begleitenden Ausdrucksbewegungen bestimmend sein können.

In jenen frühen Jahren, in denen Ernst und Schein dem Kinde fortwährend durcheinandergehen, ist es ja ganz unbedenklich, wenn es dieses Spiel mit der Wirklichkeit auch in seine eigene Vergangenheit hineinprojiziert. In späteren Jahren muß man natürlich vom Kinde die Unterscheidung verlangen, in welchen Situationen es mit seinen Erzählungen phantastisch spielen darf, und in welchen es die Wirklichkeit reproduzieren soll.

Kapitel XXV

Kind und Musik

Die Beziehung des Kleinkindes zur Musik ist bisher von der wissenschaftlichen Kinderforschung recht stiefmütterlich behandelt worden; außer zwei Experimentaluntersuchungen liegen nur vereinzelte gelegentliche Beobachtungen vor.

Wir geben zunächst einiges Material aus unseren Tagebuchaufzeichnungen.

Günther besitzt, wie sich später erwies, eine überdurchschnittliche musikalische Begabung, er übertrifft darin seine Schwestern bedeutend. Dieser Unterschied tritt schon merkbar in den ersten Jahren hervor.

Günther 1;10. „G. hat viel Freude am Singen; er zwitschert häufig vor sich hin, meist nach der ihm bekannten Melodie: ‚Hopp – hopp – hopp – – Pferdchen lauf Galopp.' Nach dieser Melodie singt er sozusagen alles, was ihn interessiert; er nimmt sich z. B. eine Lottokarte vor, auf der ein Pferd abgebildet ist, und singt: *gfr – gfr – gfr – gfrgrrgfrgrrgfr!* Rhythmisch ist der Gesang stets richtig, auch die Relation zwischen ‚höher und tiefer' wird immer erfaßt, wenn auch noch nicht in einer Tonart geblieben. ‚Häschen in der Grube' wird bis zur Mitte, natürlich ohne Worte, ebenfalls rhythmisch total korrekt und sonst leidlich richtig gesungen. Wir glauben wohl, daß der Junge musikalisch ist."

Günther 1;11. „Günther singt gern und viel, freilich ohne sehr reichhaltiges Programm, aber was er singt, rhythmisch sehr deutlich und richtig, melodisch ziemlich gut. Seine Hauptmelodie ist die des Liedes ‚hopp – hopp – hopp – – Pferdchen lauf Galopp', die er in zwei Variationen singt:

Natürlich sind Intervalle und Tonart nicht rein innegehalten; immerhin ist zuweilen die erste Dreiklangfolge der ersten Variation ganz rein; in der absteigenden Skala werden die Stufen meist etwas zu groß genommen. Von uns hat er die Melodie sehr selten gehört und jetzt schon seit langem wohl überhaupt kaum mehr; er singt sie unentwegt, namentlich gern abends im Bett, wenn wir noch mit ihm spielen. Der Text ist sehr verschieden: auf *gr, puff, wauwau, Mama, Papa, lilde* wird es gesungen. Als wir einmal die erste Hälfte ihm vorsangen: *mamamamama* endete er schelmisch: *papapapapa.* Heut hörten wir, während er unbeobachtet von uns im Bette sang, wie er erst das Mama-Lied sang, dann *„alle!"* kommandierte und dann das Papa-Lied, immer nach derselben Melodie.

Interessanter ist noch folgende Beobachtung. Schon vor vielen Wochen – es mag ein Vierteljahr her sein – hörten wir ihn ununterbrochen eine Melodie singen, die seine eigene Schöpfung sein mußte, denn sie klingt an keine der ihm vorgesungenen Melodien an. Nach langer Pause hörten wir sie neulich wieder; er sang sie vielmal hintereinander auf *baba:*

Das *g* war manchmal etwas zu tief, die letzte Note schwankte zwischen *es* und *d.*"

Günther 2;9. „Es scheint, daß G. musikalisch ist. Er singt gern und ist ganz glücklich, wenn der Vater Klavier spielt. Er sitzt dabei im Nebenzimmer still auf dem Stuhl oder steht dicht neben dem Vater und schaut auf seine Hände, bewegt die Fingerchen leise vorn am Holze mit und achtet kaum auf den Wortinhalt der gesungenen Lieder. Wenn er einmal ‚spielen' darf, dann tippt er meist zart auf den Tasten umher, im Gegensatz zu Hilde, die mit ein paar Fingern zugleich oder auch mit der ganzen Hand ‚musiziert'."

Günther 4;6. „Er liebt es jetzt sehr, zu pfeifen – in Nachahmung vom Vater. Merkwürdigerweise pfeift er musikalischer als er singt; er gibt uns auf zu raten, was für ein Lied es sei, das er pfeife – ganz wie's der Vater bei den Kindern macht."

Günther 5;6. „Heute musizierte der Vater mit den Kindern. Günther sang etliche Kinder- und Volkslieder ganz richtig. Es wurde ihm dann erlaubt auszuprobieren, ob er sich eine Melodie (mit einem Finger) zusammensuchen könne. Da packte ihn ein ehrgeiziger Eifer; er probierte und probierte, wischte dazwischen mal an den Augen, aus denen schon ein feuchter Glanz schaute – die Tränen sind ihm stets nahe, wenn der Ehrgeiz Gast ist – und mit Hilfe des Vaters tippte er schließlich ‚Kuckuck, Kuckuck ruft's aus dem Wald'. Er rief uns freudig erregt zu, er könne Klavier spielen, und in eifriger Hast überzeugte er uns von dem Können." –

Hilde 3;8. „Bemerkenswert ist bei H. jetzt eine große Sangeslust. Sie singt lange Zeit hintereinander und zwar ist der Inhalt ihrer Lieder ein Konglomerat aller möglichen Worte aus bekannten Liedern und aus sinnlosen Lauten, die sie mit großer Leichtigkeit bildet. Melodiös ist ihr Gesang nicht – im Gegenteil ethnologisch vertritt er eine sehr tiefe Kulturstufe – aber kräftig ist er und lebensprühend." – (Einige Tage später:) „Unter vielen unharmonischen Tönen taucht hier und da ein Stück richtige Melodie auf, so fast fehlerlos der Anfang von ‚Ringel-Ringel-Rosenkranz'. Der Rhythmus ist in allen Fällen annähernd richtig. Singt ihr der Vater vor, so kann sie noch nicht in gleichen Tönen mitsingen; vielmehr singt sie gleichen Text und gleichen Rhythmus in ihren Melodien unbekümmert mit."

Suchen wir nun in Kürze einige Grundzüge des frühkindlichen Verhaltens zur Musik anzudeuten, wie es sich in den drei Hauptformen des Aufnehmens, Nachbildens und Selbstschaffens von Tonfolgen entwickelt.

In gewissem Sinne ist die Musik die früheste aller Künste, die dem Kinde zugänglich wird; denn schon das sprachlose Kind horcht gespannt auf Gesang und Klavierspiel; und die noch so kunstlosen einförmigen Tonfolgen, welche die Mutter dem Kinde vorsingt, haben eine seltsam entspannende Wirkung: das unruhige Kind wird stiller und schläft schließlich ein. Es geht von diesem Gesang, namentlich von seiner gleichmäßigen Wiederholung augenscheinlich ein unmittelbar physiologischer Einfluß aus, ähnlich dem des rhythmischen Wiegens, mit dem ja auch das Singen oft verbunden ist.

In den folgenden Jahren tritt nun eine regelrechte Freude am Hören von Musik auf. Freilich ist auch diese meist noch nicht als rein ästhetische Empfänglichkeit anzusehen. Das stille ganz im Eindruck sich verlierende Zuhören kommt wohl vor, hält aber nur selten längere Zeit an; wo es stark ausgeprägt ist, da darf man eine überdurchschnittliche musikalische Anlage vermuten. Für die meisten kleinen Kinder aber setzt sich die gehörte Musik sofort in Eigenbewegung um; die Einheit des Sensumotorischen ist ihnen noch selbstverständlich. Diese motorische Teilnahme erstreckt sich nicht etwa nur auf die tonerzeugenden Organe – indem das Kind mitsingt –, sondern auf den ganzen Körper. Die Kinder schlagen Takt mit Kopf, Arm und Bein, marschieren mit musizierenden Trupps, hopsen und tanzen zu vorgespielten Liedern, begleiten gemeinsam das Singen mit Reigenbewegungen. Dieser Umstand, daß die Musik für das Kind zunächst ein unselbständiges Moment eines sensumotorischen Gesamterlebnisses ist, bewirkt, daß in dieser frühen Epoche der Rhythmus für das Kind besonders eindrucksvoll ist. Denn er ist ja nicht – wie die Melodie – auf das Tongebiet allein beschränkt, sondern ist mit allen sensorischen und motorischen Organen zu erfassen und nachzubilden.

Eine experimentelle Untersuchung der rhythmischen Fähigkeit von Kindergartenkindern veranstalteten Baldwin und Stecher (S. 141). Zu einem vom Phonographen gespielten Marsch hatten die Kinder durch Aneinanderschlagen zweier Klötze den Takt zu klopfen. Der geklopfte Rhythmus wurde durch elektrische Übertragung selbsttätig registriert und konnte mit dem wirklichen Rhythmus des Musikstücks verglichen werden. Es ergaben sich alle Abstufungen der rhythmischen Fähigkeit: von völliger Regellosigkeit der geklopften Rhythmen, die daher auch in gar keinem erkennbaren Zusammenhang zur Musik standen, bis zu recht genauer und andauernder Übereinstimmung mit den betonten Taktteilen des Musikstücks. Bemerkenswert ist die Unabhängigkeit dieser Leistung vom Alter; einige der besten Leistungen zeigten sich bei den jüngsten (3jährigen) Prüflingen. (Ähnliches haben auch Untersuchungen an Schulkindern ergeben. Die rhythmische Leistungsfähigkeit beruht augenscheinlich so stark auf angeborenen Verschiedenheiten der Anlage, daß dagegen der Altersfortschritt keine merkliche Rolle spielt.)

Interessante Feststellungen über die Wirkung von Musikstücken auf sechsjährige russische Kinder hat Belaiew-Exemplarsky gemacht. Den Kindern wurden verschiedene Stücke vorgespielt, sie sollten „raten, was es sei". Die Aussagen der Kinder waren recht mannigfaltig; die entscheidende Einwirkung ging meist vom Rhythmus und vom Tempo aus (ganz deutlich bei Aussagen wie „Tanz", „Marsch", „Wiegenlied"); sehr oft aber knüpften sich an das rhythmische Erlebnis unmittelbar konkrete optische Bilder, die nun ganz naiv als Inhalt der Musikstücke angesehen wurden. Beispiele: *Die Musik war, wie wenn man Lenin begräbt* oder: *Man treibt die Kühe auf die Weide.* Soweit das musikalische Moment mitspielt, wirkt es tonmalerisch: – *Es ist, als ob Pferdchen laufen,* – *Die Feuerwehr kommt gefahren* usw.

Ganz auszufallen scheint in der frühen Kindheit das Empfinden für die Harmonie. Wenigstens haben Versuche, die von Rupp und von Belaiew-Exemplarsky bei sechs- bis siebenjährigen Kindern angestellt wurden, ergeben, daß sie Klaviermelodien mit gleicher Freude entgegennahmen, ganz gleich ob sie mit der richtigen Begleitung oder mit einer völlig disharmonischen, für erwachsene Ohren unerträglichen Begleitung versehen wurden. (Z. B. eine D-Dur-Melodie mit Fis-Dur-Begleitung!) Hiervon dürften wohl nur Kinder von ganz außergewöhnlich musikalischer Begabung eine Ausnahme machen.

So zeigt denn die musikalische Entwicklung des Einzelmenschen ähnliche Stufen, wie sie augenscheinlich die Menschheitsentwicklung durchlaufen hat, in der Folge: Rhythmik, Melodik, Harmonik.

In das Gebiet des rezeptiven Verhaltens gehört auch die Wiedererkennungsfähigkeit für Musikstücke. Kinder von vier und fünf Jahren sind oft imstande, eine ganze Reihe von Liedchen zu benennen, die man ihnen vorsingt oder vorspielt. Es besteht auch in diesem Alter bereits die Fähigkeit, ein Lied lediglich nach dem geklopften Rhythmus, also ohne Melodie wieder zu erkennen[1].

Die zweite Verhaltungsweise ist die reproduktive: das Mit- und Nachsingen der gehörten Liedchen. Hier zeigt sich beim durchschnittlichen Kinde so recht jene ästhetische Unbekümmertheit: singt es mit einem anderen zusammen, so kommt es ihm gar nicht darauf an, in der gleichen oder einer ganz anderen Tonart zu singen; singt es für sich allein, so sind die Intervalle nichts weniger als rein; ja manchmal begnügt es sich damit, lediglich durch ungefähres Nach-oben- oder Nachunten-Gehen mit der Stimme die Richtungen der Melodie zu markieren. Wieder ist es der Rhythmus, der verhältnismäßig am besten reproduziert wird. Wenn Kinder schon sehr frühe einigermaßen richtig ihre kleinen Liedchen singen, so ist dies auch hier ein Zeichen besonderer Anlage (freilich zunächst nur auf dem Gebiet des musikalischen Gedächtnisses).

Auch andere Arten der Reproduktion kommen vor: Pfeifen – dies fast nur bei Knaben; gelegentlich wohl auch erste Instrumentalversuche.

Bemerkenswert ist der uns glaubwürdig berichtete Fall eines 2jährigen Knaben, der bereits eine Zahl kleiner Liedchen auf *lala* ziemlich richtig singen konnte, ehe er zu sprechen vermochte. Der Knabe benutzte nun seine Liedchen als Ausdrucks- und Mitteilungswerkzeuge an Stelle der Sprache; so bezeichnete er fliegende Vögel

[1] Dies hat Silverstolpe an seinen Kindern festgestellt.

mit der Melodie „Kommt ein Vogel geflogen"; auf Bäume wies er mit der Melodie „O Tannebaum" usw.

Da wir in den Kinderliedern und Reigenmelodien eine typische Musikliteratur haben, die für die frühe Kindheit bestimmt ist, so möchte es zunächst möglich erscheinen, hier eine ähnliche Forschung anzustellen, wie sie Ch. Bühler bei den Märchen durchführte, d. h. die melodischen Urstrukturen zu finden, die dem kindlichen Geist am gemäßesten sind. Mir ist hierüber nur eine ältere Hypothese von König bekannt, daß es eine Art „Urmelodie" gebe, welche etwa folgendermaßen gebaut sei:

Sie ist dadurch charakterisiert, daß sie erst steigende, dann fallende Tonschritte zeigt, den Umfang einer Quarte nicht übersteigt, keine Halbtöne hat und die Terz als Kleinterz enthält. In der Tat zeigen die einfachsten Liedchen wie „Hoppe hoppe Reiter", „Ringelringel-Rosenkranz" und manche Wiegenthemen diese Struktur[1]; auch die obige Aufzeichnung über Hilde zeigt, daß das Thema von allen, die das Ohr des Kindes trafen, am leichtesten seinem Geist eingeht und im Gedächtnis haftet.

Dennoch wäre es irrig, in jenem Motiv gleichsam die Keimzelle aller menschlichen Melodiebildung zu sehen. Wohl mag es von allen Motiven, die aus unserem europäischen Musiksystem den Kindern dargeboten werden können, das einfachste und eingänglichste sein; aber noch ursprünglicher als diese gehörte und reproduzierte Musik ist ja jene, die das Kind ganz aus Eigenem produziert, jenes „Singen an sich", das nichts als Entladung seiner Spannkräfte ist und deshalb unmittelbar und unbeeinflußt sein Innenleben kundgibt. Schon die obige Notiz über Hilde zeigt, daß ihr Primitivgesang überwiegend Tonfolgen aufwies, die sich unserem Melodie- und Harmoniesystem nicht ohne weiteres fügen.

Diese eigentlichen Urmelodien des Kindes bieten ein nicht geringes Interesse; und wenn sie auch nicht den Gesichtspunkten unserer kultivierten Tonästhetik einzuordnen sind, so darf uns das hier ebensowenig wie etwa bei den primitiven Zeichenversuchen des Kindes, von einer psychologischen Untersuchung abhalten.

Es war daher sehr verdienstvoll, daß H. Werner (I) einen Versuch

[1] Über eine ähnlich gebaute schwedische Melodie, die augenscheinlich von Kindern geschaffen ist, berichtete Silverstolpe.

machte, diese musikalischen Urschöpfungen des Kindes exakt festzuhalten und zu analysieren. Er bediente sich des Phonographen; Kinder zwischen 2¾ und 5 Jahren wurden angeregt, in den schönen „Schokoladeautomaten“ irgendetwas hineinzusingen, der ihnen dann zur Belohnung ein Stück Schokolade hergab. Durch dieses scheinbare Spiel konnte die Befangenheit der Kinder sehr vermindert werden. Die Phonogramme wurden dann genau auf ihre Tonhöhe, Rhythmik usw. untersucht und in Notenschrift übertragen. 65 solcher Notenbeispiele sind der Arbeit beigegeben.

Nach Werner ist die Urform der kindlichen Melodik das Kleinterzmotiv und zwar in fallender Folge. Eine Vorstufe hierzu ist der kindliche Schrei, der gleitend (glissando) von einem höheren zu einem tieferen Ton übergeht. Sobald anstelle des einen Gleittones zwei gegeneinander abgesetzte Töne erscheinen, ist der Anfang von „Melodie“ gegeben. Fallend ist das Ur-Intervall, weil am Anfang die Hauptenergie der melodischen Entladung liegt und mit dem Matterwerden der Exspiration sich automatisch ein Tieferwerden des Tones verbindet. Da aber ein solches einfaches Motiv nicht nur einmal, sondern in Wiederholungen (wie alle Äußerungsformen des Kindes) hervorgebracht wird, so tritt beim Übergang vom Schlußton des ersten Motivs zum Anfangston des wiederholten Motivs eine steigende Tonfolge auf; durch Synthese mehrerer einfacher Motive entsteht dann endlich das fallend-steigende Motiv

 usw.

Die kleineren Stufen (Ganzton, Halbton) bilden sich erst sekundär, aus zwei Gründen: Einmal besteht die Tendenz, die Sprünge zwischen den beiden Tönen der kleinen Terz auszufüllen; sodann werden durch Abschwächung der angewandten Energie während des Singens die Intervalle allmählich kleiner; so entstehen Übergangstöne und Tonschritte, die – im Gegensatz zu dem Urintervall – nicht eindeutig und rein sind. Die nun auftretenden Vierteltöne sind also nicht ein Zeichen einer besonders hohen Entwicklung (wie etwa bei unserer modernsten Musik), sondern ein absichtsloses Ergebnis des um Intervallreinheit unbekümmerten Intonierens.

Den von Werner genannten Faktoren, die die spontane Melodiebildung bestimmen, muß – wie mir scheint – noch einer hinzugefügt werden: die *pendelnde Mitbewegung*. Wir dürfen ja nicht vergessen, daß diese Urgesänge keine bloße Angelegenheit des Ohres und der Stimmorgane sind, sondern daß der ganze Körper mitbeteiligt ist. Diese Mitbewegungen sind aber durchweg gekennzeichnet durch sukzessive Zweiseitigkeit: Heben und Senken eines Gliedes, oder Wechsel des rechten und linken Fußes, Neigen des Kopfes nach rechts und links, Wiegen des ganzen Körpers usw. Dies Pendeln kommt nun in der Melodie durch den Wechsel von Hoch und Tief zum Ausdruck. So wird das Kind die eintönige Wiederholung des Kleinterzmotivs wohl kaum je hervorbringen, ohne dabei mit irgendeinem Körperteil zu pendeln. Auf einer etwas höheren Entwicklungsstufe werden nicht die einzelnen Töne, sondern die steigenden und fallenden Tonschritte den Körperbewegungen zugeordnet; hierher würde die Königsche „Urmelodie" gehören, die – wie wir schon oben andeuteten – mit ihrem erst aufsteigenden, dann absteigenden Lauf einen elementar wiegenden Charakter besitzt.

Werner sucht auf Grund seines Materials fünf Entwicklungsstufen in der melodischen Erfindung des Kleinkindes aufzustellen; Tafel VII enthält für jede Entwicklungsstufe je eine Probe nach den phonographischen Aufnahmen. Die Stufen werden von Werner folgendermaßen charakterisiert[1]:

1. Typus: Fallendes, zweitöniges Kleinterzmotiv samt den durch die Ambitusverengerung hervorgerufenen Derivaten. Stete Wiederholung. (Bis zu 3 Jahren.)

2. Typus: Fallendes oder steigend-fallendes 3–4töniges Motiv von dem Umfang bis zur Kleinterz, Aufstieg- und Abstiegdiskontinua, Gleichtieftonschluß, dem Ambitus einer Großterz, den Intervallen von Kleinterz maximal, Ambitusverminderung und steter Wiederholung. (Bis gegen 3½ Jahre.)

3. Typus: Steigend-fallendes, mehrtöniges Motiv mit Kadenzwiederholung, Kadenzambitusverengerung und Kadenzanstückelung, Aufstiegkontinua, Abstiegdiskontinua, Gleichtieftonschluß, dem Umfang bis zur verminderten Quinte, den Tonschritten von einer Kleinterz bis zu Halbtönen. (Bis gegen 4 Jahre.)

4. Typus: Steigend-fallendes, mehrtöniges Motiv mit Aufstiegwiederholung, Kadenzteilwiederholung, Kontinua im Aufstieg und im Abstieg, Mitteltonschluß, Umfang bis zur verminderten Quinte und Intervallen bis zum Minimum von Vierteltönen. (Bis zu 4½ Jahren.)

5. Typus: Doppelgipfeliges, mehrtöniges Motiv mit musikalischer Brechung, Vierteltonschritten als Intervallminima, steigend-fallenden Kontinua, dem Ambitus einer verminderten Quinte maximal. (Bis zu 5 Jahren.)

Man darf bei diesen zweifellos sehr interessanten Feststellungen nicht die Grenze übersehen, die durch die experimentelle Erzeugung der Melodien herbeigeführt werden mußte. Die Kinder sangen nicht spontan, sondern auf Anweisung; und damit ist ihr ganzer seelischer Habitus doch ein anderer, als wenn sie singen, wann und wie es ihnen ums Herz ist. So ist es immerhin bemerkenswert, daß jene von uns

[1] Werner I, S. 61/62. – Erläuterungen: „Ambitus" = Tonumfang der Gesamtmelodie. – „Gleichtieftonschluß": die Melodie schließt mit dem mehrfach wiederholten tiefsten Ton.

notierte erste Spontanmelodie Günthers (S. 303) mit Werners Schema zwar die absteigende Richtung gemeinsam hat, nicht aber das Kleinterzmotiv und den geringen Gesamtumfang der Melodie. Wie nahe aber jenes Thema der Kindernatur liegen muß, zeigt die überraschende Tatsache, daß fast genau dieselbe Tonfolge bei einem englischen Kinde (2;4) als erste spontan gesungene Melodie notiert worden ist[1]. Auch hier liegt also möglicherweise so etwas wie eine „Urmelodie" vor.

Die Aufzeichnungen, die der englische Musiker W. Platt über die ersten eigenen Singmelodien seiner beiden Söhne bis zu deren viertem Jahre gemacht hat, können hier nur kurz erwähnt werden. Die Themen stehen der üblichen Musik zum großen Teil schon recht nahe; ob dies bedingt ist durch ungewöhnliche Begabung der Kinder, oder durch das ständige Musikhören im Hause, oder durch die Art der Aufzeichnung im regulären Noten- und Taktsystem, bleibt ungewiß. – Interessant ist, daß die beiden Knaben im Alter von 4 bzw. 3 Jahren von selbst das Prinzip des K a n o n s gefunden haben sollen. Sie sangen z. B.[2]:

Kapitel XXVI

Die Welt des Sichtbaren

Das unendliche Gebiet des optisch Wahrnehmbaren hat uns schon oft beschäftigt; hier soll es nur soweit behandelt werden, als es dem Kinde zum Gegenstande des Genusses, des Ausdrucks und der graphischen Darstellung wird.

[1] Platt, S. 5.
[2] Platt, S. 16.

1. Die Empfänglichkeit für sichtbare Gebilde

In dieser Empfänglichkeit lassen sich (ähnlich wie bei der Musik) zwei Arten unterscheiden: die gesamt-personale und die spezifisch optische.

Das Kind sieht ursprünglich nicht nur mit dem Auge, sondern mit der ganzen Person. Das Auge bildet nur das Eingangstor für ein stark ausdruckshaltiges Gesamterlebnis. Was damit gemeint ist, sei zunächst durch wenige Beispiele illustriert; es wird später, wenn vom Abzeichnen die Rede ist, noch mehr geklärt werden können.

Bei meinem Enkel habe ich mit Überraschung folgendes beobachtet:

Der Knabe (2;1) hatte in einem ihm fremden Hause eine Puppe erhalten und ließ diese im Wintergarten an den dort stehenden Pflanzen „riechen", jedesmal dazu *ha-psi* sagend. Die Silbe *ha* wurde in mittlerer Stimmlage gesprochen, dann nach einer Pause das *psi* mit unsagbar hohem Piepston herausgestoßen. Ähnliches war ihm beim Riechen an Pflanzen wohl schon öfters vorgemacht worden. Nun aber geschah folgendes. Nachdem er die Puppe an einer Reihe kleiner, niedrig in einer Krippe stehender Blümchen hatte riechen lassen, kam er an einen ziemlich großen Gummibaum, der höher auf einem Tischchen stand, und weit hinaufragte. Sofort änderte sich die Höhenlage des *hapsi:* an Stelle des hellen Piepsens erklangen die Silben in ziemlich tiefer, dumpfer Stimmlage. – Man sieht also: der hohe Piepston gehörte mit Selbstverständlichkeit zu den kleinen Blümchen; der groß aussehende Gummibaum schuf sofort eine veränderte Gesamtsituation, ein Totalerlebnis „groß", das nun auch unmittelbar eine entsprechend veränderte lautliche Ausdruckshaltung mit sich führte.

Günther 3;2½. Eine sinnlose Bleistiftkritzelei, die er erzeugt hatte (siehe Figur), wurde danach sofort benannt als: *Hand, die schimpft*; als er später nochmals gefragt wurde, wie die Hand ausgesehen habe, charakterisierte er sie mit den Worten: *immer eboten so hat* (= immer verboten hat sie so). Der vage Anklang jener Striche an eine Hand mit drohend erhobenem Zeigefinger genügte, um ihn einen Affekt als Gesamtsituation (Unwille der Mutter und Verbot) erleben zu lassen. Es ist nicht etwa so, daß die Striche ihn an derartige Vorkommnisse „erinnerten", nein, er nahm sie unmittelbar darin wahr; die Linien selber „schimpften" (welcher Ausdruck wiederum seines spezifisch akustischen Charakters ganz entkleidet ist, nur die zugrunde liegende Affektnüance meint)[1].

Als Günther um 5;6 sich viel mit Zahlen beschäftigte, belebten sich ihm diese Zeichen, mochten sie gedruckt oder von ihm selbst geschrieben sein, zu stark bewegten Individuen. *Die 5 sieht aus, als ob sie rast und die 6 als ob sie langsam geht.* (Die 5 war etwas kleiner und stand schräger als die 6). – Ganz analog äußerte sich Scupins Sohn in gleichem Alter, wenn er Ziffern in falscher Raumlage geschrieben hatte: *die Zahl ist auf den Kopf geplumpst – die schießt einen Purzelbaum*; – eine 7 in Spiegelschrift *will bloß der andern mal guten Tag sagen.* (Scupin, II, S. 189.)

[1] Vgl. hierzu die oben (S. 131) erwähnte, ganz analoge Verwendung des Wortes „schimpfen" bei Scupins Sohn.

Viel weniger primitiv als diese „personale Optik“ ist die ästhetische Empfänglichkeit für das spezifisch Optische; hier muß schon eine Verselbständigung eines einzelnen Erlebnismomentes eingetreten sein, die dem durchschnittlichen Kleinkind nur gelegentlich und spurenhaft möglich ist. Ein häufigeres Vorkommen spricht für besondere optische und ästhetische Begabung.

Zunächst Proben für die Freude an Farben und Farbenzusammenstellungen.

Sehr früh ist bei der kleinen Lore E. die Empfänglichkeit – zugleich auch die Empfindlichkeit – für optische Werte erwacht. Schon mit 3;6 notierte die Mutter folgende Äußerung[1]: *Mutter, du bist mir zu bunt.* (Warum?) *Weil du 'ne blaue Bluse und 'nen lila Rock hast.* – 4;4. *Wer hat denn die Schüssel so schön gemacht, wie'n Bild? Das sieht ja so schön aus – die Äpfel mit dem Wein, darunter das Gelb und drüber das Grün.* – 4;9. *Sieh doch, die Wolken sehen doch wieder schön aus; himmelblau und weiß und rosa.*

Bei unserer Hilde wurde die erste derartige Bemerkung 4;8½ notiert. Sie stellte ein Blatt in ein silbernes Becherchen und sagte: *Grün und Silber, die passen schön zusammen.* – 5;1½ verfolgte H. mit dem Blick eine Fliege: *Wie schön das aussieht, wenn eine Fliege fliegt.* Mutter: Wie sieht denn das aus? *So goldig.*

Günther 5;11½. „Er erfaßt alle Farbenharmonien und bewundert mit ehrlichem Herzen Schönheiten, die andere gar nicht sehen. Diese Fähigkeit ist angeboren; er wächst unter genau denselben Verhältnissen auf wie die Schwestern, die aber nicht so fein empfinden. Gestern abend riefen wir z. B. die Kinder aus dem noch ziemlich taghellen Spielzimmer zum Musizieren in den Salon. Dieser war durch herabgelassene Jalousien sehr verdunkelt, nur an der einen Seite des Flügels leuchtete die Petroleumlampe in rotgelbem Schimmer. Die Schwestern waren hereingekommen, ohne darauf zu reagieren. G. kam etwas später, blieb an der Tür stehen und rief bewundernd: *Ach wie schön sieht das aus, so dunkel und dabei die Lampe!* – Er sah mir beim Frühstückbereiten zu; ich legte dunkelrote Erdbeeren auf die gelbe Haut der sauren Milch. Da machte er mich aufmerksam: *Wie schön, nicht wahr, das Rot und das Gelb!* – Gestern bat er mich bei derselben Gelegenheit, ich sollte aus den Erdbeeren einen Stern auf die Milch legen. Selbst hier sieht er nicht nur mit Blicken des Verlangens, sondern mit Blicken des ästhetischen Wohlgefallens[2].“

Die ästhetische Freude des kleinen Kindes scheint sich anfänglich mehr an Naturerscheinungen als an Kunsterzeugnissen zu betätigen. Vielleicht liegt dies daran, daß der Natur gegenüber das stoffliche Interesse und die eigennützige Willensbetätigung von selbst zurücktreten muß; so wird die Bahn frei für das eigentlich ästhetische Verhalten. Die Reize der Landschaft, das Vogelgezwitscher, die Wolken und die Sterne, „die begehrt man nicht, man freut sich ihrer Pracht“. Die Naturfreude scheint sich von 4;0 an zu regen.

Lore E. pflegte für solche Eindrücke, die sie mit andächtiger Freude erfüllten, das Wort „heilig“ zu gebrauchen, 4;3. *Sieh mal wie der Mond heilig aussieht.* („Wieso heilig?“) *Weil er so gelb und schön und abendlich aussieht.* – 4;1. *Mutter, ich will dir mal*

[1] Toni Ehrlich, S. 510.

[2] Über G.s besonderes Interesse an Farben vgl. auch S. 228 u. 232.

was ins Ohr sagen. Mir war gestern erst heilig zumute, es war so schön und sonnig, ich sang in der Laube, und der Glockenklang kam in die Laube, und da sah ich zum Fenster raus. (Toni Ehrlich, S. 512.)

Von unseren Kindern zeigte Günther die stärkste und spontanste Naturfreude. 4;1½. Vollmondabend im Gebirge. „Die Kinder waren noch einmal aus den Betten genommen worden, um den Mond über den Bergen zu sehen, und G. sagte in andächtigem Ton: *Ach, ist das schön, ist das schön; nein, wie schön das ist!* – 4;1½: G. schaut die Natur. Er hat eine ehrliche Begeisterung, eine ganz urwüchsige Freude an ihrer Schönheit. Vor wenigen Tagen blickte er einmal zufällig hinaus und sprach: *Ach, Muttel, wie schön die Bäume im Garten aussehen, wenn die Sonne darauf scheint!* Nachdem die Sonne untergegangen, bemerkt er: *Vorhin war der Himmel golden, jetzt ist er rot.*"

4;10. „Beim Spaziergange bewundert er alles, was die Natur bietet; jedes Hälmchen, jedes Blümchen, jede Vogelfeder bringt er uns, entzückt von der Schönheit des Fundes." – 4;10½. „In unseren Blumenkästen auf der Loggia haben wir Nelken gepflanzt, die noch nicht blühen. Kürzlich klatschte G. bei ihrem Anblick in die Hände, sprang hoch und rief: *Ach, da freu' ich mich, wenn die Nelken erst blühen.*" – 4;11. „Nun ist das große Ereignis eingetroffen. Wir fanden eine Nelkenknospe geöffnet und riefen die Kinder auf die Loggia. Da kam G. angegangen mit geschlossenen Augen; er durchschritt so unser Schlafzimmer, um erst auf der Loggia, als er dicht vor den Blumen stand, auf einmal den vollen Eindruck zu haben. – 5;11. „Für den Wald war er von jeher begeistert; besonders wenn die Bäume dichter zusammenrücken und die rechte Waldschummerstimmung über dem Boden liegt, dann ist er beglückt."

2. Das freie Zeichnen[1]

Das Hantieren mit dem Bleistift oder einem ähnlichen Zeichenwerkzeug ist wohl für jedes Kind eine Quelle lebhafter Freude; und da es hier relativ leicht ist, die entstehenden Erzeugnisse zu sammeln und zu studieren, so hat gerade diese kindliche Betätigung besonders eingehende Untersuchung erfahren. Dabei hat man sich – nicht mit Unrecht – in erster Reihe dem freien Zeichnen zugewandt, d. h. demjenigen, das aus dem spontanen Schaffens- und Darstellungsdrang des Kindes hervorgeht und daher ein unverfälschter Ausdruck seiner Seele ist[2].

---

[1] So häufig das freie Zeichnen des Kindes untersucht worden ist, so stiefmütterlich ist die andere Art des Gestaltens, die Plastik, bisher behandelt worden, obgleich doch die Kinder in Haus und Kindergarten häufig und gern in Ton oder Plastilin kneten. Eine wissenschaftliche Untersuchung hierüber fehlte bisher; doch sind in nächster Zeit mehrere Veröffentlichungen über das Thema von Frau Bergemann-Könitzer in Jena zu erwarten.

[2] Über das freie Zeichnen der Kinder und Jugendlichen gibt es schon eine große Literatur. Aus älterer Zeit nennen wir die kurze Gesamtorientierung von Ruttmann. Kerschensteiners monumentales Buch „Entwicklung der zeichnerischen Begabung" behandelt fast ausschließlich die Zeichenfähigkeit des Schulkindes. Der Sammelband „Das freie Zeichnen und Formen des Kindes" (hrsg. von Grosser und Stern) enthält Aufsätze, die sich mit allen Altersstufen, auch denen der Frühzeit,

Den Zugang zum Verständnis des frühesten Zeichnens können wir am besten durch eine negative Bestimmung gewinnen. Es ist nicht „arte" dei bambini, wie es Ricci nannte, nicht Kinderkunst, sondern Kinderspiel. Denn es fehlen ursprünglich nicht nur alle ästhetischen Absichten, sondern sogar die Tendenz zur Wiedergabe sichtbarer Vorbilder.

Im ersten Anfang ist das Zeichnen nichts als motorische Entladung: die stiftbewaffnete Hand fährt auf dem Papierblatt umher, und die sichtbar werdenden Erfolge dieser Bewegungen fordern zu ihrer Wiederholung und Variation auf. Es ist die Stufe des sinnlosen Kritzelns, innerhalb deren es noch eine Entwicklung gibt von den langstrichigen ungelenken Bewegungen des ganzen Armes bis zu feineren spiraligen und kreisenden Bewegungen, bei denen schon das Handgelenk beteiligt ist[1].

Das Kritzeln ist gleichsam das Lallen auf graphischem Gebiet; und so wie sich dieses als Vorstufe des sinnvollen Sprechens erwies, so jenes als wichtige Vorbereitung des sinnvollen Zeichnens. Denn das Kind beginnt bald in seine eigenen, ursprünglich bedeutungslosen Striche einen nachträglichen Sinn hineinzulegen, sie als „Mann" oder „Haus" zu benennen; und endlich ist der Augenblick gekommen, wo schon bei Beginn der graphischen Bewegung eine Intention auf ein darzustellendes Etwas besteht: das eigentliche Zeichnen setzt ein.

Sehr deutlich kann man diese Stadien in unserer Monographie über die zeichnerische Frühentwicklung unseres Sohnes verfolgen. (C. und W. Stern III.)

Hildegard Hetzers Untersuchungen an Drei- bis Sechsjährigen ergaben über den Übergang vom Kritzeln zum Darstellen folgendes (S. 72ff.): Dreijährige sind noch fast durchweg im Kritzelstadium; nur 10 % geben wenigstens nachträglich

beschäftigen. Eine eingehende psychologische Analyse des kindlichen freien Zeichnens hat K. Bühler gegeben (Geist. Entw. Kap. V). B. geht auch auf die höheren Entwicklungsstufen, ferner auf die Beziehungen von Zeichnen und Sprechen, endlich auf die Parallelen zwischen Kinderzeichnungen und der Zeichenkunst der Primitiven ein – Themen, die wir hier unberührt lassen müssen. – Speziell der frühen Kindheit gilt das Büchlein von Corrado Ricci, das zuerst auf das Problem aufmerksam machte, und das Kapitel X bei Sully. Eine ausführliche Darstellung der zeichnerischen Frühstadien eines einzigen Kindes enthält die Arbeit von C. und W. Stern „Zeichnerische Entwicklung eines Knaben" (mit zahlreichen Tafeln). Weitere Proben und Entwicklungsgeschichten von Einzelkindern geben Dix II, Scupins und Hartlaub. – Aus neuerer Zeit stammen die experimentellen Untersuchungen von Hildegard Hetzer und die individuellen Entwicklungsgeschichten zeichnender Kinder von W. Krötzsch und von Helga Eng. Die letztgenannte gibt in ihrer trefflichen Monographie, die mit zahlreichen Abbildungen versehen ist, zugleich eine Übersicht über die Entwicklung und Psychologie des kindlichen Zeichnens unter Berücksichtigung der gesamten Literatur bis 1927.

[1] Diese Entwicklung ist von Krötzsch in sorgsamer Beobachtung nachgewiesen worden.

ihrem Erzeugnis eine Benennung. Von den Vierjährigen hat der dritte Teil während des Zeichnens, ein anderes Drittel schon vor dem Zeichnen die entstehende Darstellung benannt. Diese höchste Stufe der Darstellungsabsicht findet sich bei 80 % der Fünfjährigen, wobei die Mädchen vor den Knaben und die Kinder der sozial höheren Schichten vor denen tieferer Schichten einen deutlichen Vorsprung zeigen (100 % gegen 60 %). Bei den Sechsjährigen ist das Zeichnen schon durchweg eigentliches Darstellen.

Wir müssen nun das Wie und das Was der Darstellung unterscheiden.

Über das „Wie" hat uns wieder Krötzsch sehr feinsinnige Aufklärungen geliefert. Er zeigte, daß nicht in erster Linie die angestrebte sichtbare Zeichnung, sondern die Rhythmik der zeichnenden Bewegung bestimmend ist für die entstehende Form. Das fertige Bild, wie es in tausenden gesammelten Kinderzeichnungen vorliegt, besagt nach Krötzsch psychologisch nur dann etwas, wenn wir die hervorbringende Tätigkeit, der es seinen Ursprung verdankt, wieder zu rekonstruieren vermögen. Am besten ist es daher, wenn man diese Tätigkeit in flagranti ertappt, nicht die Zeichnung, sondern das zeichnende Kind beobachtet. Krötzsch sieht deshalb im Zeichnen eine Sonderform des Bewegungsausdrucks überhaupt. Er verfolgt, wie der Trieb zu rhythmischer Bewegung: das Auf und Ab, das Hin und Her, das Spiralige und das Eckige sich graphisch darstellt; wie die Willensstärke, die größere oder geringere Zielbewußtheit usw. im Zeichnen zur Auswirkung kommt. Der elementare Drang nach Wiederholung bestimmter Bewegungen führt entweder zu motorischen Reihungen gleichförmiger Motive oder – wenn die gleichen Bewegungen nach entgegengesetzten Richtungen geführt werden – zu symmetrischen Formen[1]; damit ist der Ansatz zu ornamentalen Wirkungen gegeben, die freilich erst jenseits des sechsten Jahres zu einer selbständigeren Ausbildung kommen. Andererseits führt die Übung im Zeichnen dazu, daß die zu einem Zeichenthema gehörigen Bewegungsrhythmen in ihren Elementen und in ihrer Abfolge eine Fixierung erfahren, wodurch auch das Ergebnis zu einem mechanisierten, nicht mehr wandlungsfähigen Gebilde erstarrt[2].

Faßt man das Zeichnen als Ausdrucksbewegung auf, so gewinnt das Erzeugnis dieser Tätigkeit diagnostische Bedeutung; es läßt unter Umständen tiefliegende Eigenschaften der seelischen Dynamik des Kindes erkennen: Ermüdung, Zerstreutheit, innere Zusammengerafftheit oder Zerfahrenheit, Energie oder Schwäche des Willens usw.

---

[1] Über Symmetrie vgl. auch S. 278 dieses Buches.

[2] Krötzsch nennt das Ergebnis eines solchen Automatismus „Schema"; vgl. dazu die Anm. S. 316.

In diesem Sinne hält Krötzsch freie Kinderzeichnungen, namentlich wenn man über eine Reihe von Erzeugnissen desselben Kindes verfügt, für charakterologisch lesbar; das Kind hat seine zeichnerische „Handschrift", lange ehe die wirkliche Handschrift schon die eigene Form angenommen hat, die eine graphologische Deutung zuläßt. Hier bietet sich ein neues, vielleicht sehr zukunftsreiches Werkzeug für kindliche Charakterdeutung dar, dessen Anwendung freilich erst noch methodisch durchzubilden wäre.

Was gemeint ist, sei an einem Beispiel von Krötzsch erläutert (S. 99). Er stieß auf Menschendarstellungen eines 6jährigen Mädchens, die sämtlich das primitive Schema des Kopffüßlers (ähnlich den Proben auf S. 319 unseres Buches) und während eines ganzen Jahres keinerlei Entwicklung zeigten. K. sah in diesem Entwicklungsstillstand den Anlaß, die Zeichnungen dieses ihm selbst unbekannten Kindes graphologisch zu analysieren; und er kam zu einem Urteil, das von der Lehrerin als weitgehend richtig anerkannt wurde. Das Urteil ist, wohl gemerkt, nicht aus dem Inhalt, sondern lediglich aus der Zeichentätigkeit abgeleitet: „Alle Blätter, vom ersten bis zum letzten, zeigen eine überaus ungeordnete, willenlose Gestaltung und Gruppierung. Es versucht das Kind 10 oder 20mal, ehe es eine Form fertig macht; oft bekritzelt es mit wilden spiraligen Linien, mit Hunderten von Punkten oder kurzen sinnlosen Strichen das Papier. Ein Inhalt ist selten in einzelnen Teilen angedeutet, nie konsequent durchgeführt. Der Strich ist im allgemeinen derb und bestimmt, ohne viel Absätze, er zeigt nichts strichlich Krankes. Als mir die Arbeiten zu Gesicht kamen, schloß ich auf eine ungeordnete, sprunghafte, zügellose Phantasie, auf ein etwas willenschwaches und doch in mancher Hinsicht bestimmtes Kind, das sich nicht beherrschen kann ... Fast nie ist zu erkennen, daß das Kind einen Maßstab, ein Normieren des Zulässigen fühle. Es artet stets in irgendwelcher Weise aus, ist unruhig, heftig, „nervös" in seinem Wesen. Die Lebhaftigkeit, richtiger: Ratlosigkeit möchte zum Teil körperlicher, zum Teil psychischer Natur sein."

Wir haben nun zweitens den Gegenstand des kindlichen Zeichnens zu betrachten; was will das Kind mit seinen Zeichnungen darstellen?

Wir stoßen hier wieder einmal auf eine jener Erscheinungen, die vom Standpunkt des Erwachsenen geradezu paradox anmuten. Die zeichnenden Kleinen denken nicht daran, die sichtbare Wirklichkeit abbilden zu wollen; ihre Striche sind vielmehr nur graphische Markierungen der Vorstellungen und Gedanken, die ihnen durch den Kopf huschen. Die ungefährste Andeutung genügt, sobald sie nur für das Kind den Anhaltspunkt bildet, um die Phantasie im Sinne des Gemeinten anzuregen. Ja des Gemeinten: denn das Kind zeichnet, was es meint, denkt, weiß – nicht, was es schaut.

Diese Tatsache ist erst seit kurzem in ihrer grundlegenden Bedeutung erkannt worden. Sie widerlegt von einer neuen Seite her die alte Theorie, daß alles Erkennen und Erfahren mit der „Anschauung" in ihrer sinnlichen Ursprünglichkeit beginne. Schon bei dem Entstehen der ersten Wahrnehmungen und bei der Bildbetrachtung ergab sich die Unzulänglichkeit der Theorie; und beim Zeichnen erweist es sich nun von neuem, daß das Anschauliche ursprünglich nur als Symptom für etwas Gemeintes, Gedachtes beachtet wird, daß sich dagegen erst viel später unter großen Mühen die Fähigkeit entwickelt, den reinen Sinnenschein abgelöst von allem Intentionalen (d. h. unanschaulich Gemeinten, vgl. Kap. XXVII, 1 f.) aufzufassen und vorzustellen.

Seit Kerschensteiner sind wir gewöhnt, diese erste Epoche sinnvollen Zeichnens als die Stufe des Schemas zu benennen. „Schema" ist demnach ein solches optisches Gebilde, an dem ein Denkinhalt durch natürliche optische Symbole repräsentiert wird[1]. „Natürlich" nennen wir die Symbole deshalb, weil sie nicht erst (wie die Buchstaben oder mathematischen Symbole) in ihrer Bedeutung gelernt werden müssen, sondern dem Kinde unmittelbar einleuchten und mit Selbstverständlichkeit von ihm erzeugt werden. So ist ein langer Strich ein natürliches Symbol für Arm oder Bein, ein kleiner Kreis ein solches für Auge oder Kopf. Der schematische Strich muß also irgendeine entfernte Ähnlichkeit mit dem Dargestellten haben; aber gerade in den Anforderungen an diese Ähnlichkeit bekundet sich wieder die uns schon bekannte Unbekümmertheit der kindlichen Phantasie. Es kommt dem Kinde gar nicht in den Sinn, sich den Gegenstand, den es zeichnen will, vorher anzusehen oder gar ihn während des Zeichnens ständig zu betrachten, um ihn realistisch nachzubilden. Das Kopieren von Vorlagen oder das Abzeichnen von Gegenständen ist dem kleinen Kinde also nicht, wie dem Kunstjünger, die selbstverständliche Vorbereitung des freien Schaffens, sondern liegt ihm ganz fern; erst wenn es jahrelang „aus dem Gedächtnis" gezeichnet hat, beginnt es gelegentlich, sich an die neue

[1] Diese Begriffsbestimmung nimmt also auf den Gegenstand der Darstellung Bezug. Wir glauben sie festhalten zu sollen gegenüber dem Versuch Krötzsch', den Begriff „Schema" auf eine bestimmte Art der Darstellungstätigkeit, nämlich auf das mechanisch gewordene Zeichnen zu beziehen. Er sagt: „Solange ein Kind noch Formteile erwirbt und suchend bildet, solange darf nicht von Schema gesprochen werden trotz primitiver Formgebung ... Schema ist Erstarrung. Erstarrung zeigt sich erst in automatischer Anwendung gleicher Bewegungsrhythmen." Nach dieser Definition würden also erstmalige Darstellungen eines Gegenstandes niemals Schemata genannt werden können, weil hier noch keine durch Übung automatisierten Bewegungsrhythmen vorliegen können. Aber gerade solche Erstdarstellungen – z. B. eines Hauses, eines Tieres – haben einen besonders ausgesprochenen Schemacharakter im allgemein üblichen Sinn des Wortes.

Aufgabe des Abzeichnens und Nachzeichnens zu wagen. In den frühen Stadien aber fabuliert es mit dem Stift frisch drauflos; jeder Strich stellt etwas dar, was es von dem Gegenstand weiß oder – vorsichtiger ausgedrückt – wofür es sich interessiert und woran es gerade denkt; denn das Darandenken ist natürlich noch lückenhafter als das Wissen, und daher sind diese Schemata von einer oft grotesken Unvollständigkeit. So weiß ein vierjähriges Kind wohl, daß Menschen Ohren haben; aber es denkt nicht immer daran, dieses Wissen beim Zeichnen zu aktualisieren und vermißt auch nicht an der fertigen Zeichnung den fehlenden Körperteil.

Die Entwicklungsstufe des Schemas erstreckt sich im allgemeinen weit über die frühe Kindheit hinaus. Kerschensteiner fand, daß auch noch in den ersten Schuljahren das spontane Zeichnen einen fast durchweg schematischen Charakter trug. Erst in der reiferen Kindheit stellen sich dann die höheren Entwicklungsstufen ein, auf denen die Wiedergabe des anschaulichen Sinnenscheins angestrebt wird; und zwar erstreckt sich diese zunächst auf die flächenhafte Anschauung; noch später – und nur ganz wenigen erreichbar – entwickelt sich die Fähigkeit zur zeichnerischen Wiedergabe der plastischen und perspektivischen Raumwerte.

Neben der Unbekümmertheit hatten wir als weitere Eigenschaft der frühkindlichen Phantasie die Unfähigkeit zur Synthese festgestellt: auch sie verrät sich in den ersten Zeichnungen. Schon die bloße Aufgabe, bis zur Fertigstellung der beabsichtigten Zeichnung die determinierende Tendenz aufrecht zu erhalten, übersteigt oft genug die Kraft des Kindes; und so entsteht jene Sprunghaftigkeit, die mitten im Zeichnen das Thema wechselt – wofür wir auf S. 251 bereits eine Stichprobe gaben. Wird aber die Absicht durchgeführt, so gelingt es anfangs doch noch nicht, die einzelnen Teile zueinander in die richtige räumliche oder Größenbeziehung zu bringen. Gibt es doch sogar Fälle, in denen Gesichtsteile außerhalb des Kopfes hingestrichelt, andere, in denen die Beine kürzer gemacht werden als der Kopf. Die Größe, in welcher irgendein Bildelement ausgeführt wird, ist ursprünglich viel mehr von dem Wichtigkeitsakzent, den das Kind ihm beilegt, als von den Forderungen der Proportion abhängig.

Mit steigendem Alter wächst die synthetische Kraft, welche es ermöglicht, daß die nacheinander gezeichneten Elemente zur Enheit der Gestalt zusammengefaßt werden, und daß auch das Verhältnis der Teile zueinander besser beachtet wird. Schließlich kann schon im fünften und sechsten Jahre die zunehmende konstruktive Fähigkeit beim Zeichnen, ebenso wie wir es beim Bauen fanden, zur Herstellung größerer „Kompositionen“ befähigen; in diesem Alter produzierte unser Sohn Landschaftsbilder, Häuser mit Gärten und Menschen, Seestücke, auf denen Segel- und Dampfschiffe, Angler und Taucher zu sehen waren, alles mit den einfachsten Mitteln, oft nur in rohesten Andeutungen, aber doch schon mit einem gewissen Sinn für Anordnung und Verteilung im Raum.

Die Unbekümmertheit und mangelnde räumliche Zuordnungsfähigkeit zeigt sich auch in den merkwürdigen „Verlagerungen", die in den frühesten Stadien nicht allzu selten vorkommen. Oben und unten, vertikal und horizontal, rechts und links werden miteinander vertauscht, ohne daß das Kind es als Störung empfände oder es auch nur merkte. Wir geben als Beispiel einige Ziffernbilder, die Hilde 4;9 teils aus dem Gedächtnis, teils nach sichtbaren Vorlagen auf ihre Tafel malte. Wir finden hier alle Möglichkeiten der Verlagerung: die Umkippung von 90°, das Auf-den-Kopf-Stellen, die Spiegelung. Noch merkwürdiger ist das Gesicht, das Eva 3;0 auf Papier zeichnete. Sie begann mit dem Oval, dann setzte sie nahe zu sich hin die beiden Augenkreise, darüber die Nase und über diese den Mundquerstrich. – Andere Beispiele (von Buchstaben) bietet die S. 150 wiedergegebene Schriftprobe.

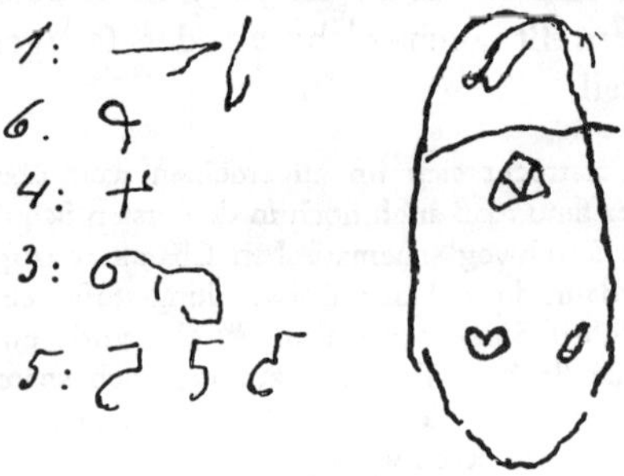

Verlagerte Zeichnungen

Die Tatsache der Verlagerung ist eine Parallelerscheinung zu dem Erkennen von Bildern bei verkehrter Lage (s. S. 162/3). Bezüglich der psychologischen Deutung dieser Erscheinung muß auf meine Abhandlung über „Verlagerte Raumformen" und auf die Schrift von Heinz Burkhardt verwiesen werden.

Bei zwei Hauptthemen des kindlichen Zeichnens seien die typischen Anfangsformen kurz betrachtet.

Das beliebteste Thema des Kindes ist dasjenige, das jeder Künstler als schwerstes und letztes in Angriff nimmt: der Mensch. Aber wie anders greift das Kind auch dies Problem an! Es zeichnet sofort, was kein Künstler ihm nachmachen kann – den Begriff des Mannes, den „Mann an sich", nicht irgendeinen individuellen Mann in einer bestimmten Stellung, Stimmung, Kleidung usw. Ein solches gezeichnetes Schema ist also ein merkwürdiges Mittelding zwischen individueller Anschaulichkeit und abstrakter Begrifflichkeit. Was aber ist dem Kinde das Wesentliche am „Mann"? Die (von Scupins Sohn 2;11 stammende) Figur *a*, die ungefähr das einfachste Schema der Menschendarstellung repräsentiert, beweist es: Kopf, Beine, Arme und aufrechte Stellung. Es fehlen nicht nur Füße, Hände, Haare, Kleidung – selbst die so sinnfällige Tatsache, daß zwischen Kopf und Beinen noch ein Rumpf existiert, bleibt unberücksichtigt! Fast unbegreiflich erscheint es uns, daß auch das Kind, nachdem es einem solchen „Kopffüßler“ produziert hat, nicht merkt, was fehlt; so wenig ist es auf Anschauung und Ähnlichkeit eingestellt. Der Kopffüßlertyp beschränkt sich übrigens nicht nur auf die ersten Jahre; Probe *b* ist eines von vielen Beispielen, die noch bei sechsjährigen Volksschulkindern gefunden worden sind; freilich dürften das wohl nur solche sein, die in ihrer früheren Kindheit wenig Gelegenheit zum Zeichnen gehabt hatten. (Vgl. auch S. 315.)

a *b*
Menschenschema („Kopffüßler“)

Nächst dem Menschen sind Säugetiere das bevorzugteste Motiv. Sie werden für das Kind ausreichend charakterisiert (vgl. Abb. *c* und *d*) durch wagerechte Richtung des Leibes, Kopfstellung vor (nicht über) dem Rumpf; mehrere Beine (es brauchen durchaus nicht immer, wie in den Proben, vier zu sein).

Auf der primitivsten Stufe fehlt also nicht nur die Unterscheidung der einzelnen Säugetiere untereinander[1], sondern es wird bei der Kopfform sogar nicht einmal der Unterschied zwischen Tier und Mensch markiert. Wer würde ahnen, daß das Ungeheuer mit dem Menschengesicht (*d*), das von einem sechsjährigen Knaben stammt, ein Schwein darstellen soll? Bei Probe *c* (von Scupins Sohn 4;11) ist durch die Behaarung und durch die großen Nasenlöcher für das Kind völlig befriedigend nachgewiesen, daß es sich um einen Hund handelt. Wer weiß, ob nicht solche aus zeichnerischer Unfähigkeit hervorgegangenen Vermenschlichungen tierischer Gestalten in der Urzeit der Kultur zur Entstehung gewisser Mythen (Sphinx, Harpyien usw.) beigetragen haben?

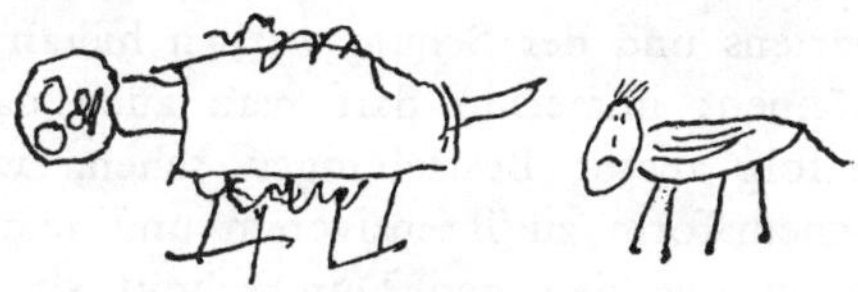

c *d*
Säugetierschema

Solange das Zeichnen im Schematischen steckenbleibt, hat es eine

[1] Noch bei einem 9jährigen Mädchen ist mir einmal folgendes begegnet: Es produzierte auf die Aufforderung, ein Tier zu zeichnen, eine Figur, ähnlich der Probe d. Auf die Frage, was für ein Tier es sei, wurde es verlegen und sprach stockend: „Nun – eben ein Tier.“ Es hatte also das Kunststück fertiggebracht, das undifferenzierte Schema des „Säugetieres überhaupt“ zu zeichnen.

große Verwandtschaft mit der sprachlichen Äußerungsweise[1]; denn wie diese will es – nur mit anderen Mitteln – Gedachtes und Gemeintes wiedergeben; wie diese ist es ein unbefangener, um Wohlgefälligkeit und Richtigkeit unbekümmerter Ausdruck inneren Erlebens. Aber während die Lautsprache die Rolle, die sie in der frühen Kindheit errang, für jeden normalen Menschen das ganze Leben hindurch aufrecht erhält, verliert das Zeichnen seine allgemein-menschliche Bedeutung in dem Augenblick, da es aus der Schemaepoche in die der Anschauungsgemäßheit hinübertritt. Während sich am schematischen Zeichen alle Kinder – ganz gleich wie ihre Begabung und ihr Können sein mag – erfreuen, ist das eigentlich bildhafte Zeichnen stets nur Sache weniger Auserwählter gewesen und wird es wohl immer bleiben. Es sind immer nur Menschen eines bestimmten Interessentyps, die den Drang in sich verspüren, ihr inneres Schauen in entsprechende Darstellung zu verwandeln; und es sind nur Menschen bestimmten Talents, die an sich selbst mit Erfolg den Anspruch stellen können, den (äußerlich und innerlich) geschauten Gegenstand in ähnlicher Weise wiederzugeben. Deshalb geht das Graphische als allgemein-menschliche Leistungsform nur so weit in die späteren Lebensjahre über, als es dem symbolischen Charakter der Sprache eng verwandt bleibt, nämlich als „Schrift". Auch die modernen Formen des Zeichenunterrichts und das Einbeziehen von graphischen Ausdrucksformen in die verschiedensten Unterrichtszweige des Kindergartens und der Schule werden hieran nichts Grundlegendes ändern können; immerhin darf man auch darin schon einen erfreulichen Erfolg dieser Bestrebungen sehen, wenn das Kind innerhalb der Schemaform zu intensiverem und reicherem Ausdruck kommt und wenn die über den Durchschnitt sich erhebenden Talente erkannt und entwickelt werden.

Übertragen wir diese Gesichtspunkte auf die frühe Kindheit, so verstehen wir nun, daß die Freude am Zeichnen in den ersten Lebensjahren allgemeiner verbreitet ist als in irgendeiner späteren Lebensepoche. Hier wird noch unbefangen darauflos gestrichelt; es gibt kein Gefühl der Unzulänglichkeit, keinen Kampf mit den Schwierigkeiten; denn es wird ja eben keine anschauungsähnliche Darstellung angestrebt. Es bereitet sich aber schon in dieser Frühzeit die Scheidung der Geister vor, von der wir oben sprachen; von dem Durchschnitt der Kinder, die aus reiner Spielfreude ihre unbeholfenen Schemata zeichnen, beginnen sich bereits einige abzuheben mit Leistungen,

[1] Über Ähnlichkeiten und Verschiedenheiten des lautsprachlichen und zeichnerischen Ausdrucks hat K. Bühler lehrreiche Betrachtungen angestellt.

die über das bloße Schema hinausragen; Ansätze zur Anschauungsgemäßheit werden erkennbar, ja können mitunter schon auf gewissen Themengebieten zu einer überraschenden Höhe optischer Ähnlichkeit führen[1].

Hierzu vergleiche man Tafel VI.

Der obere Teil gibt eine Entwicklungsreihe vom Kritzeln durch Schemata verschiedener Qualität bis zu Anfängen der Anschauungsgemäßheit, zusammengestellt aus Menschendarstellungen unseres Sohnes. Der Knabe hat eine außerordentliche Liebe zum Zeichnen und eine – wie sich auch später zeigte – über den Durchschnitt hinausgehende zeichnerische Begabung. Die Reihe erstreckt sich über $2^1/_4$ Jahre: von 3;3 bis 5;6[2].

Fig. I (3;2½) steht noch hart an der Grenze der Kritzelei, geht aber durch die vorher geäußerte Absicht, seine Schwester zu zeichnen, über diese Stufe hinaus. Die ineinandergeschlungenen Rundungen stellen noch unentschieden Kopf und Rumpf dar; einige wurden während des Hervorbringens als Auge, Nase, Mund bezeichnet; Arme und Beine sind erkennbar.

Nach $^3/_4$ jähriger Zeichenpause setzte ein erneutes Interesse ein, und nun entstanden doch schon deutlichere Schemata. Abb. 2 zeigt außer den am ganzen Arm kammartig angebrachten Fingern nichts widersinnig Lokalisiertes mehr; die Auswüchse an den Beinen stellen die Knie dar. Beim Zeichnen selbst hatte er noch nicht eine spezialisierte Absicht; aber nachträglich übte er eine Art humoristischer Kritik an seinem Erzeugnis, indem er sagte: *Is ein alter Mann: er hat keine Haare, bloß noch eins. Der alte Mann ist auch schon wacklig.*

Sechs Wochen später zeichnete er ein anderes Menschenbild, das in der Rumpf- und Armformation und den hinzukommenden Füßen wiederum einen Fortschritt aufweist (Abb. 3). Eigentümlich sind die vier Anhängsel des Kopfes; auf unser erstauntes Fragen nach den vier Ohren erklärte er: *ach wo, das sollen doch die Backen sein,* und zeigte auf das eine Henkelpaar. Er dachte an die Backen, also mußten sie auch irgendwo gesondert registriert werden.

Die Darstellung aus 4;8½ (Abb. 4) bedeutet trotz ihrer Unvollkommenheit doch einen wichtigen Schritt vorwärts. Die Zeichnung soll nämlich einen Mann schräg von hinten darstellen, so daß man nur den Hinterkopf und ganz seitlich das eine Auge sieht. Als G. eben die Zeichnung auf der Tafel vollendet hatte und wir in Verkennung der Absicht sagten: „Ach, der arme Mann hat ja keinen Mund und keine Nase," da stellte sich G. so hin, daß er uns fast den Rücken kehrte, und fragte: *Siehst du, wenn er so geht, den Mund? Aber das Auge sieht man doch.* – Damit ist also die reine Schemaepoche überwunden; G. hat erkannt, daß die Zeichnungen nicht das wiederzugeben haben, was objektiv vorhanden ist, sondern das, was man von einem bestimmten Standpunkt aus sehen kann.

Im sechsten Lebensjahr erfährt das zeichnerische Können des Knaben eine be-

[1] Nur die höchste Stufe des Anschauungsgemäßen, die angemessene Wiedergabe des dreidimensionalen Raumes (Plastik und Perspektive) scheint auch den begabtesten Kleinkindern verschlossen zu sein.

[2] Ausführliches über die zeichnerische Frühentwicklung dieses Knaben in C. und W. Stern III.

trächtliche Entwicklung zum Anschauungsmäßigen hin. 5;6 zeichnete er in sein Skizzenbuch ein Mädchen (Abb. 5), das einen ziemlich schematischen Körper und völlig falsch angesetzte Arme zeigt, um so mehr aber durch den charakteristischen Kopf überrascht. Das Gesicht ist nicht wie sonst als abgegrenzter Kreis dargestellt, sondern die Haare sind sofort in die (allerdings zu lang geratene) Kopfform mit hineingenommen und hängen in die Stirn; oben werden sie durch eine Schleife zusammengehalten. Die Ohren stehen in richtiger Höhe und sind auch in der Form gelungen.

Eine Verbindung von Zeichen- und Ausschneidekunst stellt endlich Abb. 6 dar. Der Knecht Rupprecht war zunächst auf weißes Papier gezeichnet, dann roh mit der Schere ausgeschnitten, endlich auf dunklen Hintergrund aufgeklebt worden. G. kannte die Merkmale des Weihnachtsmannes nicht nur von Bildern, sondern er selbst hatte ihn bei einer kleinen Weihnachtsaufführung drei Monate vorher dargestellt: mit langem Bart, spitzer Mütze, Äpfelnetz vorn und Sack mit Spielsachen auf dem Rücken. Gut beobachtet ist die gebeugte Haltung des Oberkörpers.

Sämtliche eben besprochene Leistungen waren Zeichnungen aus dem Gedächtnis, entsprechend der natürlichen Tendenz der frühen Kindheit. Im sechsten Jahre aber wagte sich G. schon zuweilen an andere Aufgaben. Er begann aus einem einfachen Vorlagebuch abzuzeichnen; und 5;6½ unternahm er sogar den Versuch, sein ihm gegenübersitzendes Schwesterchen mit Blaustift nach der Natur zu porträtieren.

Das Ergebnis (Tafel VI, Abb. 7) ist – erfreulicherweise – nicht sprechend ähnlich, zeugt aber dennoch von der Beobachtungsschärfe des Knaben. Er verließ ganz die gewohnten Bahnen, in denen sich sonst seine Gesichtsdarstellungen bewegten, und versuchte dem, was er tatsächlich sah und auffaßte, gerecht zu werden. So gab er die feinere Modellierung des Gesichts wieder in den Linien und Falten, die unter dem Auge, den Nasenrücken entlang, zwischen Nase und Mund, bei Absetzung des Kinnes und der Ohrläppchen hervortreten. Die Wölbung der Wange wurde etwas kräftig durch ineinanderlaufende Kringel aufgetragen. Auch beim Auge gab er viele sonst nicht beobachtete Einzelheiten (Augenhöhle, Augapfel, Pupillen, Wimpern, Augenbrauen). –

Der andere Teil der Tafel VI zeigt zwei Proben ausgesprochen übernormaler Leistung. Der Knabe, Sohn eines Architekten, hat jahrelang mit fast monomanischem Eifer gezeichnet, und zwar mit besonderer Vorliebe Phantastisches; bunte Trachten, Feuer und Hölle, Seestücke (obgleich er nie an der See war), Prozessionen füllen in verwirrendem Wechsel seine umfangreichen Skizzenbücher. Die Stufe des bloßen Schemas war fast sofort überwunden[1].

Wie das letzte Beispiel zeigt, können gerade auf dem Gebiet des Zeichnens die Begabungsverschiedenheiten so groß sein, daß dahinter die Altersunterschiede ganz zurücktreten; die weitaus meisten Erwachsenen stehen in ihrem zeichnerischen Können weit hinter dem vierjährigen R. B. zurück.

Aber man darf neben der angeborenen Begabung doch auch die anderen Faktoren nicht übersehen, die überraschende Frühleistungen

[1] Näheres über ihn bei Kik S. 94ff.

im Zeichnen mitbedingen können. Das lebhafte Interesse des Kindes kann zuweilen für gewisse Motive eine Übung bewirken, die schon sehr frühe zu relativ bedeutenden Spezialistenerfolgen führt, ohne daß eine größere zeichnerische Allgemeinbegabung zugrunde liegen müßte. Denn das kleine Kind, das überhaupt Interesse für Zeichnen hat, konzentriert sich beinahe stets – zum mindesten für bestimmte Perioden – auf ein einzelnes Thema oder auf ein enges Themengebiet und gelangt dann allmählich zu geläufigen Typen, die zuweilen charakteristische Züge des Gegenstandes enthalten. Da gibt es kleine Pferdespezialisten, solche, die nur Menschenfiguren zeichnen, andere, denen die Lokomotive als der einzig darstellungswürdige Gegenstand erscheint[1] [2].

Endlich darf auch der Einfluß der günstigen Gelegenheit nicht unterschätzt werden. Ein Kind, das Papier, Bleistift, bunte Stifte, womöglich auch eine schöne, große Staffeleitafel und Kreide zur unbeschränkten Verfügung hat, und das man nicht kopfscheu macht durch Belächeln, Bekritteln und ständiges Korrigieren seiner Erzeugnisse, wird das graphische Spiel gern und oft treiben. Die Erwachsenen aber sollten sich daran gewöhnen, die Erzeugnisse nicht mit ästhetisierenden Blicken zu betrachten, sondern sich dessen zu freuen, daß hier das Vorstellungsleben des Kindes einen neuen, ungebundenen Ausdruck findet.

3. Das Abzeichnen

Während dem Erwachsenen das Kopieren einer Vorlage viel leichter zu sein scheint, als das freie Zeichnen, liegt es beim Kinde, insbesondere beim Kleinkind, gerade umgekehrt. Was dem Beobachter zunächst auffällt, ist etwas Negatives: eine überraschende Unfähigkeit, eine noch so einfache Vorlage einigermaßen getreu nachzubilden – selbst bei solchen Kindern, die beim freien Zeichnen schon erkennbare Schemata zustande bringen. Die Aufgabe liegt auch dem Kinde nicht; aus spontanem Interesse wird sich das sonst so zeicheneifrige Kind kaum je intensiver auf Abzeichnen einlassen. Deshalb sind

---

[1] Das letzte gilt für den Sohn von Dix. Vgl. die Stufenleiter von Lokomotivzeichnungen, Dix II, S. 73–82.

[2] Auch in der Entwicklung der Menschheit gibt es Entsprechendes. Die prähistorischen Menschen, welche an den Wänden ihrer Höhlen jene verblüffend realistischen Büffel- oder Renntierfiguren hervorzauberten, besaßen augenscheinlich eine solche Spezialistenübung für den Gegenstand ihres Lebensinteresses. Es ist aber unberechtigt, aus diesen Leistungen den Schluß zu ziehen (Verworn), daß in der Menschheit die realistische Kunst ursprünglicher sei als die schematisierende Darstellung.

wir hier fast ausschließlich auf experimentelle Untersuchungen angewiesen.

Van Gennep zeichnete seiner 5jährigen Tochter auf deren Verlangen Umrißzeichnungen einfacher Gegenstände sowie Druckbuchstaben vor; das Kind versuchte, sie nachzuzeichnen, aber in einer Form, daß der Beschauer meist nicht erraten könnte, welche Nachzeichnung zu den (mitabgedruckten) Vorzeichnungen gehört. Bemerkenswerterweise wurden Zeichnungen, die für das Kind Bedeutung hatten (z. B. Baum, Puppe, Bleistift) der Vorlage ähnlicher als die technisch und optisch so viel einfacheren Druckbuchstaben, die aber für das Kind nur ein sinnloser Linienkomplex sind.

Zum gleichen Ergebnis bezüglich der Buchstaben führte der Versuch Huths an 37 Kindergarteninsassen. Huth ging von der Frage aus, ob der Schreibunterricht, wie es manche fordern, schon vor dem 6. Jahr beginnen könnte, und prüft, ob Kinder im durchschnittlichen Alter von 4½ Jahren die einfachste aller Schriftformen, das kleine deutsche c (/|/), nachzubilden vermöchten. Im ersten Versuch wurde ihnen die fertige Vorlage gezeigt; im zweiten ließ man sie vor ihren Augen entstehen; in einem dritten hatten sie anzugeben, ob ihre Zeichnung der Vorlage gleiche oder nicht. Das Ergebnis ist überraschend durch die Mannigfaltigkeit der vorkommenden Typen, unter denen aber richtige oder annähernd richtige Typen in der Minderzahl sind.

Beim ersten Versuch hat nicht einmal die Hälfte der Kinder bemerkt, daß es sich um eine Dreizahl von Strichen handelt; Winkel, die nach allen möglichen Richtungen orientiert sind, Rundungen, mehrfache Zickzacklinien werden anstatt des einfachen Auf-Ab-Auf geboten. Aber auch die Dreistrich-Zeichnungen zeigen alle möglichen Variationen: Verlagerung in der Fläche, Isolierung und Krümmung der Einzelstriche usw. Der zweite Versuch lieferte etwas bessere Ergebnisse, wohl weil die Kinder nun die Bewegungsfolge, namentlich die Richtung von links nach rechts sehen und nachmachen konnten; aber auch jetzt war noch die Anzahl der unsinnigen Leistungen groß genug. Beim dritten Versuch war die Hälfte der Kinder nicht imstande, zu bemerken, ob ihre Nachzeichnung richtig oder falsch sei.

Huth schließt aus seinen Ergebnissen, daß die Fähigkeit des Kindergartenkindes zum Nachzeichnen von bedeutungslosen Linienkomplexen stark überschätzt wird, und daß es ein pädagogischer Mißgriff wäre, Kinder im vorschulpflichtigen Alter mit Schriftzeichen zu belästigen[1].

Es genügt nun aber nicht, beim Feststellen dieser Unfähigkeit stehen zu bleiben; wir müssen versuchen, das Verhalten des Kindes beim Abzeichnen psychologisch zu deuten.

---

[1] Nur dort, wo ein spontanes Schreibinteresse vorliegt, werden Buchstaben- und Ziffernbilder verhältnismäßig früh und mit erkennbarem Erfolg nachgebildet Vgl. S. 148/149 dieses Buches.

Hier sind zwei Momente zu unterscheiden.

Soll das Kind einen Gegenstand abzeichnen, den es von früher her kennt, oder von dem wenigstens bestimmte Eigenschaften bekannt sind, so wird dies *Wissen* (ähnlich wie wir es bei den freien Zeichnungen finden) unweigerlich in die Zeichnungen mit eingehen, ja hier den rein optischen Eindruck der Vorlage gar nicht erst aufkommen lassen. Ein Beispiel hierfür bieten Untersuchungen von Katz (II), der unter anderem *dreidimensionale* Gebilde, wie z. B. einen „Tisch" (quadratisches Plättchen auf vier Stäben) vorsetzte und abzeichnen ließ. Die Perspektive bleibt völlig unberücksichtigt; Würfel und Tischfläche werden mit rechten Winkeln, die Linien in ihren objektiven Längenverhältnissen ohne Verkürzung wiedergegeben. Diese Anschauungsferne bleibt sogar dann bestehen, wenn man dem Kinde eine perspektivisch gezeichnete *Vorlage* der gleichen Gegenstände gibt; beim Versuch des Nachzeichnens drängt sich wieder das Wissen um die objektive Form vor, und die Flächen werden rechtwinklig.

Die folgenden Figuren a und c sind „Tisch"-Darstellungen eines 6jährigen Mädchens, und zwar a nach dem plastischen Modell, c Nachzeichnung nach der perspektivischen Vorlage b.

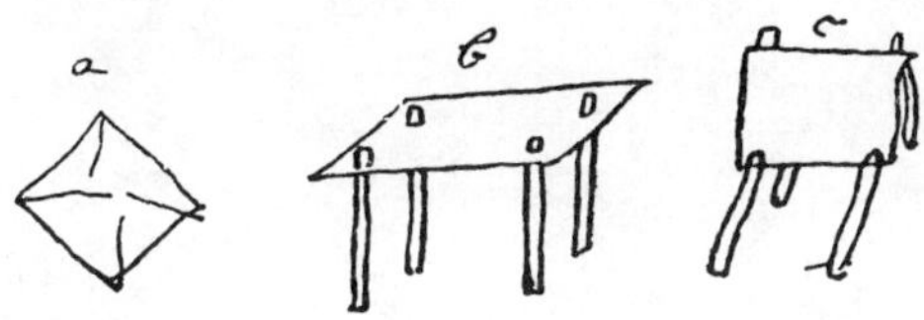

Bei anderen, *unbekannteren* Vorlagen, bei denen sich das Kind nun doch vom gegebenen Eindruck bestimmen lassen muß, machen sich vor allem die Erscheinungen der primitiven *Ungegliedertheit* des Erlebens (s. S. 32) geltend. Ja man kann – wie Volkelt, Werner (II) und Muchow (III) zeigen – diese, für das Verständnis des Kindes so wichtige Eigenart seiner psychischen Verfassung gerade bei Abzeichnungsaufgaben mit experimenteller Deutlichkeit prüfen.

Das Kind erlebt eben nicht die Vorlage als rein optischen Eindruck mit bestimmten Linien, Winkeln, Spitzen usw., sondern als eine unklare Totalität, in der motorische Impulse, taktile Begleitvorstellungen, Gefühlsmomente mit enthalten sind und oft den Zeichenakt vornehmlich bestimmen. Dann bleibt von der optisch-wahrnehmbaren Form nur irgendein unbestimmtes, stimmungsmäßig gegebenes Etwas übrig; z. B. beim *Quadrat* lediglich der Umstand, daß es eine in sich geschlossene Linie sei; es wird dann als „*etwas Rundes*" benannt und als in sich zurücklaufender Kreis gezeichnet. Führt hier die diffuse Wahrnehmung zu einer Abschwächung der inneren Gliederung der Figur, so können umgekehrt bei spitzwinkligen Figuren diese Spitzen die selbständige Bedeutung des Stechenden, Spießenden bekommen; sie werden in der Kopie dann zu herausstehenden Strichen verselbständigt oder direkt ins Motorische übersetzt – d. h. mit hastiger Bewegung ins Papier hineingestochen.

Ein besonders anschauliches Beispiel für die Übersetzung des optischen Eindrucks in motorische Kraftäußerung berichtet Muchow (III, S. 47). Ein Knabe (4;6) sollte eine Vorlage abzeichnen, die zwei größere schwarze Kreise, zwischen ihnen einen kleineren schwarzen Punkt enthielt. Er zeichnete erst mit leichter Bewegung den Punkt; dann setzte er daneben „den Bleistift fest auf das Papier und drückte mit aller Kraft, um den ‚*großen Punkt*', einen der Vollkreise hervorzubringen," – bis die Spitze abbrach und er ratlos vor dem erzeugten Loch im Papier saß. „Er hat die großen Punkte wahrscheinlich erlebt als etwas mit großem Kraftaufwand Erzeugtes, etwas Gewichtiges, Schweres; er glaubt sie daher auch wieder durch großen Druck erzeugen zu müssen." Das rein optische Merkmal, daß sie eine größere Flächenausdehnung zeigen, hatte sich nocht nicht aus dem diffusen Gesamteindruck herausgegliedert[1].

[1] Vgl. das ganz ähnliche Verhalten Günthers beim freien Zeichnen einer Mücke: das „Pieken" de Mücke wurde durch zwei auf die Tafel „gepiekte" Punkte illustriert (S. 251/2).

Achter Abschnitt

Das Denken und die Intelligenz

Dieser Abschnitt ist einem Thema gewidmet, das in jedem der vorangegangenen Kapitel schon eine mehr oder minder beträchtliche Rolle gespielt hat. Aber während es sich dort immer nur um die Feststellung handelte, von welcher Art und welcher Bedeutung der Einschlag des Intellektuellen bei den Funktionen des Sprechens, des Gedächtnisses, des Anschauens, der Phantasie sei, verlangt nun jenes intellektuelle Moment selbst, also das kindliche Denken, seine gesonderte Behandlung, und vor allem seine deutliche und grundsätzliche Abgrenzung gegen andere seelische Tatbestände insbesondere solche des Vorstellungslebens.

Eine solche Verselbständigung der psychologischen Probleme des Denkens ist noch ziemlich jungen Datums. Seit Herbart war die Psychologie gewohnt gewesen, die Vorgänge des Denkens als komplizierte Vorstellungsbewegungen aufzufassen und die Denkfähigkeit mit der Fähigkeit zur Vorstellungsbildung zu identifizieren. Erst seit Beginn des zwanzigsten Jahrhunderts ist das anders geworden; und zwar sind hier zwei Bewegungen der modernen Psychologie ziemlich unabhängig voneinander beteiligt. Die eine wandte sich dem „Denken" als Bewußtseins-Inhalt und -Vorgang zu: Denkpsychologie. Die andere beschäftigte sich mit der menschlichen Anlage zu Denkleistungen: Intelligenzforschung. Beide Gesichtspunkte sind nun im letzten Jahrzehnt auch auf die frühe Kindheit übertragen worden.[1]

[1] Eine dritte Problemstellung, die gerade für die Kindheit von besonderem Interesse ist, kann hier nur anmerkungsweise genannt werden: das Gedankensystem, in dem der Mensch lebt. Wie ist die „kindliche Weltanschauung" beschaffen, d. h. wie nimmt das Kind zu der Gesamtheit der ihm zugänglichen Welt, zur wahrgenommenen und gedachten, zur gefürchteten und zur erhofften, geistig Stellung? Bisher gibt es erst wenig Ansätze dazu, das kindliche Weltbild deskriptiv zu erfassen und aus den Bedingungen primitiver geistiger Entwicklung zu verstehen. Das Ehepaar Katz (II) hat neuerdings für seine beiden Söhne den Versuch gemacht. Vgl. ferner die Arbeiten Piagets und den Anhang Werners zu vorliegendem Buch über das magische Denken des Kindes.

Kapitel XXVII

Begriff und Urteil

1. Denkpsychologie

Im ersten Kapitel (S. 7) ist bereits erwähnt worden, daß die aus der Würzburger Schule hervorgegangene Denkpsychologie in neuerer Zeit durch Karl Bühler ihre Anwendung auf kindespsychologische Fragestellungen gefunden hat[1]. Die Bühlerschen Untersuchungen und die folgenden Darlegungen dieses Buches ergänzen sich gegenseitig. Bühler legt den Hauptnachdruck auf die allgemein-psychologischen Voraussetzungen, die das primitive Denken verständlich machen sollen; er untersucht theoretisch die Tatbestände der Erinnerungsgewißheit und der Erfassung von Sachverhalten, die Bedingungen der Urteils-, Begriffsbildungs- und Schlußprozesse, um so eine spätere systematische Denkpsychologie des Kindes vorzubereiten. Aber um diese zu ermöglichen, brauchen wir noch ein zweites, nämlich eine Übersicht über die Mannigfaltigkeit und die besonderen Strukturen der beim Kinde tatsächlich vorkommenden Denkphänomene. Zu einer solchen Phänomenologie des Kinderdenkens will unser Buch Beiträge liefern; zugleich führt die Deutung unserer Beobachtungen zu psychologischen Theorien, die denen Bühlers in vielen Punkten verwandt sind.

Zuvor einige Richtlinien zur allgemeinen Orientierung.

Die psychologische Theorie muß „Denken" und „Vorstellen" deutlich gegeneinander abgrenzen, und zwar sowohl nach der Besonderheit des Inhalts, wie nach der des Ablaufs.

Inhaltlich müssen wir die „Gedanken" von den „Vorstellungen" unterscheiden. Das darf natürlich nicht elementenpsychologisch verstanden werden, als ob ein Gedanke hier, eine Vorstellung dort selbständige und isolierte seelische Existenz besäßen; vielmehr ist beides wiederum nur als Moment im einheitlichen geistigen Erlebnisbestand enthalten. Aber als Momente sind sie doch ganz verschieden zu qualifizieren. Unter „Vorstellung" verstehen wir dann jene konkrete Gegebenheit im Bewußtsein, die auf Sinneseindrücke, deren Nachwirkungen, Umbildungen und Verknüpfungen zurückgeht; sofern aber diese konkreten Inhalte nicht einfach erlebt werden, sondern auf Gegenstände, die außerhalb des Erlebens liegen, bezogen werden, sprechen wir von „Gedanken". Das Kind hat von seiner

[1] Geistige Entw. Kap. VIII. Entwicklung des Denkens.

Puppe die verschiedensten Wahrnehmungen gehabt, optisch und taktil, in verschiedener Größe je nach der Entfernung, in verschiedenen Beleuchtungen, von verschiedenen Seiten; diese Wahrnehmungen leben in mannigfachen, mehr oder minder deutlichen Vorstellungen fort – aber nicht die Wahrnehmungen und Vorstellungen seines Innern benennt das Kind, wenn es von seiner Puppe erzählt, sondern den identischen Gegenstand da draußen, der als solcher nicht konkret erlebt wird, dennoch aber gewußt wird als der gemeinsame und identisch bleibende Beziehungspunkt vieler Erlebnisse. Dies ist der gedankliche Anteil an dem seelischen Tatbestand. Die Gerichtetheit des Bewußtseins auf ein Etwas bezeichnen wir als „Intention" (Husserl). Sofern der Gedanke objektive Bedeutung hat, d. h. dem Gegenstand, auf den er gerichtet ist, angemessen ist, heißt er „Begriff".

In obigem Beispiel erstreckte sich die Intention auf einen Einzelgegenstand und führte uns zum Individualbegriff. Aber wir sind auch imstande, allgemeine Gegenstände („die Menschheit", „das Tier"), ebenso Relationen zwischen Gegenständen („Zweck", „Ort", „Kausalität", „Zahl") zu denken. Und so gewiß alle diese Gedanken der konkreten Vorstellungen als ihrer Ausgangspunkte und Materialien bedürfen, so gewiß sind sie doch selbst abstrakte, unanschauliche – trotzdem durchaus eindeutige – Bewußtseinsinhalte. Das gleiche gilt von den Urteilen: sie bestehen nicht in den Vorstellungen oder Vorstellungsverknüpfungen als solchen, sondern in der auf sie gegründeten positiven oder negativen Intention, in der Überzeugung von Existenz oder Nichtexistenz, von Zusammengehörigkeit oder Unvereinbarkeit des Gedachten.

Die zweite Besonderheit des Denkens besteht, wie oben bemerkt, in der Ablaufsform. Die assoziationspsychologischen Erklärungsversuche versagen hier durchaus. Denken besteht nicht darin, daß Eindrücke empfangen werden und als Vorstellungen nachwirken, daß diese zu Reihen und Komplexen zusammentreten und infolge der so geschaffenen Assoziationen gegebenenfalls wieder auftauchen. Eine solche Konstruktion hatte sich ja auf jedem Gebiet des Seelenlebens als unzureichend erwiesen, da sie den niemals und nirgends fehlenden personalen Einschlag einer zielstrebigen Ichtätigkeit übersieht. Beim Denken aber tritt nun gerade die sinnbezügliche – und damit bloßem Assoziationsgetriebe überlegene – Aktivität des Ich mit besonderer Deutlichkeit zutage. Der Denkablauf hat eine charakteristische Zeitgestalt, in der alle Momente dem abschließenden Ziel, der erst zu erfüllenden „Aufgabe" untergeordnet sind. Nur dort kommt es zum

Denken, wo das Ich aus der Fülle verfügbarer Bewußtseinsinhalte und assoziativer Verknüpfungsmöglichkeiten diejenigen auswählt, die intentional bedeutsam sind – und wo nicht nur die bereits vorhandenen Verknüpfungen verwertet, sondern nie zusammen dagewesene Bewußtseinsinhalte erstmalig synthetisch vereinigt werden. Denn es ist kennzeichnend für einen eigentlichen Denkablauf, daß sein Ergebnis gegenüber den schon vorher vorhandenen Gedanken und Vorstellungen des Individuums neu ist; alles Denken ist ein Hinausgehen über das Gegebene. Sobald die Bewußtseinsbewegung lediglich Wiederholung früherer Bewußtseinsprozesse ist, liegt nicht Denken, sondern nur reproduktives Vorstellen vor; daher kommt es, daß seelische Prozesse in ihrer Äußerungsweise die logische Form von Denkakten zeigen können, ohne psychologisch solche zu sein. Hierin besteht eine große, meist nicht genügend beachtete Schwierigkeit der psychologischen Analyse.

Der intentionale „Gedanke" als Bewußtseinsmoment und das Beherrschen der Bewußtseinsbewegung durch aktives Hinstreben auf neue Intentionen – das sind die beiden psychologischen Grundmerkmale alles Denkens.

Erste Spuren solcher Denkvorgänge haben sich schon in der sprachlosen Zeit aufweisen lassen (S. 59ff.). Aber sie bleiben doch noch ganz keimhaft; und selbst die ersten Sprachanfänge enthalten noch kaum eigentlich intellektuelle Momente. Erst jener Übergang von der ersten zur zweiten Sprachepoche, den wir S. 132 behandelten, darf als der entscheidende Wendepunkt gelten. Denn wenn wir von jenem Zeitpunkt sagten: es erwache „ein Bewußtsein von der Bedeutung der Sprache und der Wille, sie sich zu erobern", so sind die beiden oben genannten Kriterien wirklichen Denkens festgestellt. Unsere gegenwärtige Betrachtung der kindlichen Denkentwicklung wird daher an dieser Stelle ihren Anfang zu nehmen haben[1].

2. Zur Entwicklung der Begriffsbildung

a) Die Vorstellungen als Begriffsträger. Die Begriffe sind etwas anderes als die Vorstellungen; aber sie knüpfen an diese an, sie entwickeln sich auf vorstellungsmäßigen Grundlagen; und gerade die Kindespsychologie vermag dieses allmähliche Herauswachsen der abstrakten Denkinhalte aus konkreten Vorstellungsinhalten zu verfolgen.

[1] Der enge Zusammenhang des Denkens mit dem Sprechen brachte es mit sich, daß unser Buch „Die Kindersprache" viele denkpsychologische Ausführungen enthält; auf sie müssen diejenigen Leser verwiesen werden, denen die kurzen Andeutungen der nächsten Seiten nicht genügen.

Die einzelnen Sinneswahrnehmungen und Gedächtnisvorstellungen von Objekten sind (vgl. das Beispiel von der Puppe S. 329) eben wegen ihrer individuellen Konkretheit an einzelne, kommende und gehende Situationen gebunden und daher nicht geeignet, als Ansatzstellen für das allgemeine und konstante Wissen um den Gegenstand zu dienen. Nun haben wir aber in den schematisierten Vorstellungen Bewußtseinsinhalte kennengelernt die tatsächlich noch „Vorstellungen" sind, d. h. eine anschauliche Bestimmtheit haben, deren Erscheinungsweise aber nicht mehr so detaillliert und individualisiert wie die der einzelnen Gedächtnisvorstellungen ist. Sie sind gleichsam sinnliche Abstraktionen, Vereinfachungen, die doch noch innerhalb der sinnlichen Anschauung bleiben, Andeutungen der hervorstechendsten Merkmale – und eben deshalb geeignet, nicht bloß das subjektive Erleben des Einzelmoments, sondern den konstanten identischen Gegenstand zu repräsentieren. Jetzt erst beginnen wir die Rolle zu verstehen, die das „Schema" auf den verschiedensten Gebieten des kindlichen Seelenlebens spielt: da es noch zur Welt der Anschauung gehört, ist die Psyche schon auf einer frühen Entwicklungsstufe fähig, es zu bilden; da es so dürftig und leer ist, wird es zum geeigneten Ansatzpunkt für die Allgemeinheit des Gedankens[1]. Was also vom Standpunkt der Anschaulichkeit ein Mangel ist, ist vom Standpunkt der Begriffsentwicklung ein Vorzug. Wir haben solche Schemata auf dem Gebiete der Gesichts- wie der Gehörsvorstellungen kennengelernt: dort die graphischen Schemata, welche „den Menschen", „das Tier" repräsentieren, hier die Schallmalereien, welche aus dem ganzen Vorstellungskomplex eines Tiers, eines Werkzeugs die vereinfachte Vorstellung seiner Lautäußerungen (wauwau, tiktak) herausheben.

Von dieser Stufe des schematischen Vorstellens aus gabelt sich nun die Entwicklung. Einmal führt sie zu der bewußten, möglichst reinen Darstellung des sinnlich Anschaulichen, unter Ausschluß des Nur-Begrifflichen – diesen Weg haben wir beim Zeichnen verfolgt, wo sich langsam aus dem Schema die erscheinungsgemäße Darstellung herausbildet. Die andere Entwicklung, die uns hier angeht, sucht immer mehr das Anschauliche abzustreifen, um den begrifflich logischen Charakter um so reiner zur Geltung zu bringen. Das Schema hat noch eine gewisse, wenn auch noch so vage, Ähnlichkeit mit der Anschauung, an die es immerhin erinnerte. Allmählich verliert sich das Bedürfnis danach, Gemeintes durch Ähnliches darzustellen, und es genügt ein solcher Rest von Anschaulichkeit, um die Bezugnahme

[1] Auch Bühler betont diese vermittelnde Bedeutung des Schemas (I, S. 268).

auf den Gegenstand, also die Intention, zu bezeichnen: aus dem Schema wird das bloße Zeichen. Dies ist der Weg vom graphischen Schema über die Bilderschrift zur gewöhnlichen Schrift; und im akustisch-sprachlichen der Weg von den natürlichen Symbolen (Klangmalerei und lautliche Ausdrucksbewegung) zu den beliebigen konventionellen Namen der Dinge.

Man versteht nun auch, warum ohne Sprache kein eigentliches begriffliches Denken möglich ist. Die Wortvorstellungen sind eben nicht so belastet mit den Zufallsmerkmalen irgendeiner Wahrnehmungssituation wie die Sachvorstellungen; sie sind zwar noch anschauliche Vorstellungsgestalten, aber lediglich durch ihren Klang; und indem sich dieser gleiche Klang mit den verschiedenen ähnlichen Sachvorstellungen verbindet, befreit er sich von dem Ballast des Vereinzelten und Augenblicklichen und kann zum sinnlichen Träger des unanschaulichen konstanten Objektgedankens werden.

Aus diesem Grunde fühlten wir uns berechtigt, in der Entdeckung des Kindes, „daß jedes Ding einen Namen habe“ (s. S. 132) einen der entscheidendsten Schritte zu begrifflichen Denkleistungen zu sehen. Und auch die Aktivität des Denkens bewährt sich in jener Zeit; denn das Kind begnügt sich nicht mehr mit den ihm anfliegenden Sprachkenntnissen, sondern sucht durch eigenes Fragen nach dem Namen weiter zu kommen. Mit jedem neu erworbenen Wort ist auch die Möglichkeit gegeben, ein Etwas, das ihm bisher nur als augenblickliches Vorstellungserlebnis gegeben war, nun als dauerndes Objekt zu identifizieren; und so ist jenes Namenfragen nicht ein mechanisches Haschen nach Wörtern, sondern das Streben nach einer geistigen Eroberung der objektiven Welt. Schon vor vierzig Jahren hat Lindner in sehr trefflicher Weise diesen Prozeß im Geistigen verglichen mit dem Fortschritt, den das Laufenlernen des Kindes für die Eroberung der räumlichen Welt bringt. Hier wie dort gibt das Kind sich nicht mehr mit dem zufrieden, was ihm nahegebracht wird, sondern es trägt sich selbst und sein Streben den Dingen entgegen, die es meistern will.

b) Die fortschreitende Objektivation. Zur Begriffsbildung gehört noch eine weitere Voraussetzung, deren Wesen besonders deutlich an der Sprachentwicklung aufgezeigt werden kann. In allem ursprünglichen Sprechen ist, wie wir früher (S. 121) gesehen hatten, das vorstellungsmäßige mit dem affekt- und willensmäßigen Moment aufs engste verbunden. Die ersten Worte drückten noch ungeschieden die Einheit von subjektiver Reaktion und objektiven Reizen aus. Dieser subjektive Erlebnisanteil mußte bereits zurückgedrängt werden, wenn die Bildung von Dingbegriffen, die wir eben besprachen, möglich sein sollte; und allmählich werden immer weitere Gebiete von der fortschreitenden Fähigkeit der Objektivation erfaßt. Wir können an dem Gebrauch von Einzelwörtern ebenso wie an der Bewältigung gewisser Wortklassen und Flexionen verfolgen, wie eine Abklärung des persönlich-begehrenden zu einem sachlich-konstatierenden Verhalten eintritt und wie dadurch die Begriffsbildung ununterbrochene Fortschritte macht.

Der Bedeutungswandel zum Objektiven hin sei zunächst an einigen Einzelwörtern beleuchtet, die ursprünglich einen reinen Interjektions-, also Affektcharakter hatten.

Bei Hilde wird das flehende Wort *bitte* allmählich zur sachlichen Bezeichnung der Semmel – auch da, wo sie nicht erbeten wird. Der Ausruf *siete* (siehst du), der oft mit der Geste des ausgestreckten Zeigefingers verbunden worden war, dient schließlich zur Benennung von Händen in gleicher Haltung (*lauter Siete*, sagte unsere Tochter, als sie in einer Anzeige viele solche Hände abgebildet sah). Ähnliche Objektivierungen des Bedauernsrufes *schade* und des Abscheuausdrucks *pfui baba* zeigen die Proben: (die zerbrochene) *Puppe sieht so schade aus* (Hilde) und: *Händel sieht pi baba aus* (Scupins Sohn 2;2).

Die Bezeichnung von Eigenschaften zeigt ganz Ähnliches. Die ersten treten durchweg auf als Worte für einen momentanen Zustand des Kindes, der Abhilfe verlangt (*müde*, *naß*), oder für die Art, wie das Kind in seinem Gemütsleben von Personen und Dingen berührt wird. Sagt das Kind *Mama gut*, so will es sagen, die Mutter ist gut zu mir; *Milch heiß* ist der Schmerzensausruf, daß das Kind sich den Mund verbrannt hat. Zum Isolieren von Merkmalen kommt das Kind also zunächst nur dadurch, daß diese sich als störende (seltener als erfreuende) Faktoren seiner affektiven Aufmerksamkeit besonders aufdrängen; erst einige Monate später ist es fähig, auch solche Merkmale zu benennen, die ohne besondere Beteiligung des Affektlebens bemerkt und nun als dem Objekt zukommend aufgefaßt werden; wenn das Kind *große Puppe*, *sauberes Tischtuch* und ähnliches zu sagen vermag, ist der begriffliche Charakter der Eigenschaften gewonnen.

Von Relationsbegriffen nennen wir hier zwei, die ähnliche Entwicklung zeigen: das Nein und das Ich.

Die ersten Äußerungen des „Nein" haben beim Kinde durchweg die subjektive Bedeutung der Abwehr = „nein, das will ich nicht"; „nein, das soll nicht sein", während die konstatierende Bedeutung, also das Verneinen von Objektivem: „nein, das ist nicht so" noch fehlt. Ein 1½jähriges Kind vermag zwar sehr energisch *nein, nein* zu schreien, wenn ihm ein Spielzeug fortgenommen wird;

fragt man es aber, indem man seine Hand berührt: Ist das dein Guckeli?, so kann es noch nicht Nein sagen, obwohl es Hand und Augen auf Befragen richtig zeigt. Bei unseren Kindern trat das erste konstatierende Nein zwei bis drei Monate nach dem ersten affektiv-willensmäßigen Gebrauch des Wortes auf.

Günther hatte sich um 2;10 als allgemeine Verneinungs- und Widerspruchsformel den Ausdruck *ĕ teuer* oder *nein ĕ teuer* angewöhnt. Die Herkunft ist klar: die Eltern hatte zuweilen Wünsche nach einer Spielsache oder Leckerei, die er im Schaufenster sah, abgewiesen mit der Begründung: „Nein, das ist zu teuer." Der Knabe hatte nicht die sachliche Bedeutung von „teuer", sondern nur das ablehnende Verhalten verstanden; und in dieser Affektbedeutung fand er es auch *ĕ teuer*, wenn man ihn vom Spiel ins Bett holen wollte, wenn er in irgendeiner Beschäftigung gestört wurde usw.

Noch länger als beim Nein dauert es beim „Ich", ehe die sachlich-konstatierende Anwendung der affektmäßigen folgt. Die Selbstbezeichnungen *ich*, *mir*, *mein* als Ausdrücke starken Eigenwillens ertönten bei unseren zwei ältesten Kindern schon um 2;0: *suchen ich Ball*, – *i au* (= ich auch), wenn andere etwas bekamen; aber erst nach 2;6 folgte der konstatierende Gebrauch: *ich klein bin.*

Ein anderes Symptom der allmählichen Objektivation des Denkens besteht im Verhalten des Kindes zu den Richtungen der Zeit: Vergangenheit, Gegenwart und Zukunft. Das Kind kennt anfänglich nur ein unmittelbares, stark gefühlsbetontes Erleben der Gegenwart und ein auf die allernächste Zukunft gerichtetes Streben oder Abwehren; die Vergangenheit dagegen, die nur durch eine Loslösung vom subjektiven Willensmoment, also vermittelst objektivierenden Konstatierens zu erfassen ist, tritt erst viel später ins Bewußtsein des Kindes. Dies Verhältnis fanden wir schon bei der Besprechung der ersten Vorstellungen (S. 84) und der kindlichen Erinnerung (S. 200); es wiederholt sich dort, wo die Zeitrichtungen durch die Sprache bewältigt werden sollen. Die affektbetonten Zeitbeziehungen der Gegenwart und Zukunft werden zuerst der Sprache zugänglich: die Infinitivform des Verbs drückt das jetzt ablaufende Geschehen, noch häufiger das unmittelbar zu erhoffende oder zu befürchtende aus. Die Vergangenheit beginnt dagegen erst ein halbes Jahr später (durch Partizipien) bezeichnet zu werden. Und die gleiche Abfolge besteht bei den Zeitadverbien; die Gegenwarts- und Zukunftsausdrücke: *gleich*, *dann*, *jetzt*, *morgen*, *bald* usw. sind längst eingebürgert, wenn sich die Vergangenheitsausdrücke: *eben*, *gestern*, *vorhin* zögernd einstellen[1].

[1] Der begrenzte Raum verbietet leider ein näheres Eingehen auf das sehr interessante Problem der kindlichen Zeitauffassung und seiner Entwicklung. Es sei

Eng verknüpft mit der zunehmenden Objektivation ist die fortschreitende „Sozialisierung" des Denkens. Denkinhalte können ja vermittels der Worte nur dann in der Gemeinschaft kundgegeben und verstanden werden, wenn sie der rein egozentrischen Zufallsform entkleidet und auf eine über-individuelle Fassung gebracht sind. Das Denken des Erwachsenen ist in diesem Sinne durchaus dem Prinzip der sozialen Objektivation unterworfen; beim Kinde dagegen geht jener Anpassungsprozeß der Denkfunktion an die Gemeinschaft der Mitdenkenden nur ganz langsam vonstatten. Ausführlich ist diese Frage von Piaget untersucht worden, wofür wir bereits früher (S. 144) ein Beispiel brachten[1]. (Vgl. auch S. 348.)

c) Die Kategorien. Ein anderer Denkfortschritt, dem ebenfalls ein sehr umfassendes Entwicklungsgesetz zugrunde zu liegen scheint, besteht in der sukzessiven Bewältigung der verschiedenen Begriffs-Kategorien. Einige Äußerungsweisen dieses Gesetzes sind uns schon in früheren Kapiteln begegnet; wir fassen hier nur das Wesentliche zusammen, um die vielseitige Wirksamkeit des Prinzips zu beleuchten. Anfangs steht das Denken im „Substanzstadium": aus der diffusen Ungegliedertheit des unreflektierten Erlebens arbeitet sich zuerst das Substantielle, die selbständig existierenden Personen und Dinge, als gesonderter Denkinhalt heraus. Es folgt ein „Aktionsstadium": die an den Personen und Dingen ablaufenden Tätigkeiten werden im Denken betont und ziehen besonders das Interesse auf sich. Erst an dritter Stelle entwickelt das Kind die Fähigkeit, von den Dingen die ihnen anhaftenden Eigenschaften und die zwischen ihnen bestehenden wechselnden Beziehungen abzulösen: „Relations- und Merkmalsstadium". Natürlich nehmen, wenn die neuen Stufen auftreten, auch die Inhalte der früheren an Umfang und Mannigfaltigkeit ständig zu.

Um aber diese Stadien nicht zu scharf und vor allem nicht zu sehr im Sinne erwachsenen Kategorien-Denkens aufzufassen, muß man sich klar machen, daß auch auf sie das Prinzip allmählicher Ausgliederung (s. S. 31/2) anzuwenden ist.

Der Ausgangspunkt liegt noch vor einer kategorialen Differenzierung überhaupt, also in einer „präkategorialen" Phase. Solange z. B.

---

auf die sorgfältige Studie über dies Thema verwiesen, die Decroly und Degand auf Grund von fortlaufenden Beobachtungen an einem Kinde veröffentlicht haben.

[1] In etwas zugespitzter Antithetik formuliert Piaget den Gegensatz zwischen dem Denken des Erwachsenen und des Kindes folgendermaßen (I, S. 56): „L'adulte pense socialement même lorqu'il est solitaire, et l'enfant en dessous de 7 ans pense et parle de manière égocentrique même lorqu'il est en société."

die Sprache des Kindes noch im Stadium der Interjektion und des reinen Einwortsatzes steht, sind Affekt und Vorstellung, Gegenstandsauffassung und Vorgangsauffassung im Bewußtsein so undifferenziert, daß man noch nicht von der Vorzugsstellung einer Kategorie sprechen kann[1].

Setzt dann die sukzessive Ausgliederung der einzelnen Kategorien ein, so auch noch in kindlich-diffuser Weise. Die scharfe begriffliche Trennung von Gegenstand und Tätigkeit, die das erwachsene und insbesondere das wissenschaftliche Denken vornimmt, stellt eine geistige Leistung dar, die nur am Ende eines langen Entwicklungsprozesses möglich ist. Die Zuweisung einer kindlichen Denkleistung zu einer kategorialen Stufe bedeutet also nicht, daß diese Kategorie aus der Erlebnisstruktur heraus-isoliert und verselbständigt, sondern daß sie innerhalb der Struktur besonders akzentuiert, in den Mittelpunkt geschoben ist.

Ferner sollen die Stufen nicht etwa bedeuten, daß durch sie das gesamte Geistesleben des Kindes jeweilig bestimmt werde derart, daß das Kind zu einer gewissen Zeit durchweg „Substanzdenker", zu einer anderen „Aktionsdenker" wäre; vielmehr bedeuten sie die Durchgangsformen, welche verschiedene Arten intellektueller Leistung für sich durchlaufen. Schwere Leistungen, die überhaupt erst später einsetzen, werden daher noch im Substanzstadium stecken, während andere schon längst das Aktionsstadium erreicht haben.

Am frühesten stellt sich jene Stadienfolge bei der Entwicklung des Wortschatzes ein, der nacheinander Substantiva, Verba und die übrigen Wortklassen aufnimmt (vgl. S. 135). – Um weniges später liegt der entsprechende Prozeß bei der Entwicklung der spontanen Erinnerungsfähigkeit des Kindes. Die frühesten Erinnerungen, die Hilde um 1;6 verlautbarte, bezogen sich ausschließlich auf Gegenständliches, vor allem auf Personen. Um 1;9 begann sie sich an Vorgänge, namentlich selbstgetane Handlungen zu erinnern; endlich wurden Menschen und Handlungen in der Erinnerung bestimmt lokalisiert und damit die leichteste Art der Relation, die Ortsbeziehung erworben. Erinnerungen an Merkmale, wie das Aussehen bestimmter Personen usw., traten erst um 2;9 auf. – Aus einer späteren Epoche des Kindesalters sei vor allem an das Verhalten bei der Betrachtung von Bildern erinnert; wir haben die hier ablaufende Entwicklung mit Beispielen belegt. – Bei größerer Schwierigkeit der Aufgabe – wenn z. B. das Bild nicht während der Betrachtung, sondern erst nachher aus der Erinnerung beschrieben werden muß – tritt jedes einzelne Stadium erst sehr viel später auf; ihre Reihenfolge bleibt aber gewahrt. So fand sich bei Aussageversuchen mit

[1] Eine solche Vorphase der kategorialen Entwicklung habe ich stets angenommen (vgl. z. B. S. 120 u. 135); der Hinweis von Bühler und Koffka, daß das Substanzstadium nicht das allererste sei, bedeutet demnach keinen Gegengrund gegen das von mir oben aufgestellte Entwicklungsprinzip.

dem Bauernstubenbild, daß die Berichte siebenjähriger Volksschulkinder fast durchweg im Substanz-, die zehnjähriger im Aktions-, die vierzehnjähriger im Relationsstadium standen, während sich die spontane Erwähnung von Qualitäten noch später entwickelte[1]. – Ein anderer interessanter Beweis für die Wirksamkeit des Gesetzes ist der Stadienwechsel bei einem Kinde bestimmten Alters, so bald die Aufgabe erschwert wird. Das S. 226 abgedruckte Protokoll über eine Bildaussage von Eva (2;11) zeigt dies deutlich. Während des Beschauens machte sich schon mehrfach das Aktionsstadium geltend (*Brot ißt der Günther*; *Wo geht man denn rein?*) sobald sie aber dasselbe Bild aus der Erinnerung beschreiben mußte, bewegte sie sich noch ganz im Substanzstadium und setzte ein Objekt unvermittelt neben das andere.

Zwei speziellere Entwicklungen müssen noch betrachtet werden, deren eine innerhalb des Substanzdenkens, die andere innerhalb des beziehenden Denkens abläuft.

d) Individual-, Plural- und Gattungsbegriffe. Der logische Gegensatz von Individual- und Gattungsbegriffen ist, wie wir früher sahen, im ersten Sprachstadium noch nicht vorhanden (vgl. S. 121); aber er muß sich herausbilden, sobald das Kind die Vorstellungen denkend auf Gegenstände bezieht. Wegen des noch immer starken Einschlags der subjektiven Affektbetonung werden hiervon zuerst solche Einzelgegenstände betroffen, zu denen das Kind in einem besonderen persönlichen Verhältnis steht; und so bilden sich an diesen die ersten Individualbegriffe heraus. Die Benennung ist jetzt der Ausdruck für eine bewußte Identifikation: *Puppe* ist immer dieselbe Puppe, welche des Kindes liebstes Spielzeug ist, *Mama* immer dieselbe Person, die seine Wünsche befriedigt. Und von diesen, seinem Gemüt vertrauten Gegenständen aus wird sich schließlich die Fähigkeit des bewußten Wiedererkennens und des darauf gegründeten Identifizierens auch auf die zahlreichen übrigen Objekte seiner Umgebung erstrecken.

Eine viel längere Entwicklungszeit brauchen dagegen die Gattungsbegriffe. Zwar hatte das Kind schon von Anfang an gewisse Worte für viele ähnliche Individuen gebraucht, z. B. *Pipip* für alles Fliegende – aber von dieser Benennung, die sich rein assoziativ an irgendein beliebiges, immer wiederkehrendes Merkmal knüpfte, bis zum Bewußtsein, daß das Wort alle Exemplare der Gattung meint, ist noch ein weiter Weg. Auf diesem Wege gibt es eine eigentümliche Vermittlungsform, die wir „Pluralbegriffe" genannt haben[2].

Das Kind weiß jetzt schon, daß „Pferd" nicht ein nur einmal vorhandenes Individuum ist, sondern ihm in vielen Exemplaren be-

---

[1] W. Stern I, S. 120ff. – Vgl. auch die kritischen Bemerkungen hierzu bei Bühler I, S. 103.

[2] Kindersprache S. 179f.

gegenen kann; aber seine Aussagen beziehen sich immer nur auf dieses oder jenes Exemplar, welches sich gerade seiner Wahrnehmung, Erinnerung oder Erwartung darbietet. Es ordnet jedes neue Exemplar nun schon, unter Erkenntnis der Ähnlichkeit, neben die vielen anderen, die es früher wahrgenommen, aber es ordnet noch nicht alle Exemplare dem Allgemeinbegriff unter.

Ein charakteristisches Beispiel für diese allmähliche Scheidung von Individual- und Pluralbegriffen: „An Stelle des Wortes *Papa,* welches Hilde zuerst noch ungeschieden für den Vater und andere Männer gebraucht hatte, trat um 1;7 eine Zweiteilung derart, daß *Papa* nur für den Vater reserviert wurde, hingegen alle anderen Männer auf Bildern und in Wirklichkeit *Onke* (Onkel) hießen."

In demselben Alter beobachteten wir bei Günther die Entdeckung der Gleichartigkeit der Exemplare. „Auf eine Tür zeigend, fragt er: *das?*; wir sagten „Tür"; und wie um sich zu überzeugen, ob immer wieder die gleiche Benennung erfolgen würde, lief er zur zweiten und dritten Tür des Zimmers, seine Frage wiederholend. Ebenso machte er es mit den sieben Stühlen im Zimmer." Hier versucht also das Kind einen Pluralbegriff zu bilden, schon ehe das entsprechende Wort in seinen Sprachschatz aufgenommen war.

Das Hilfsmittel für die Bildung von Pluralbegriffen ist demnach die Reihung, und dieses Prinzip spielt in gewissen Epochen eine ganz bedeutende Rolle in der spontanen Denktätigkeit des Kindes – als vortreffliche Vorübung für die Ausbildung der logischen Abstraktionsfähigkeit.

Eva 3;8. „Alles ordnet sich ihr jetzt in Reihen; sie zählt auf, was jeder tut, was alles gleich ist in der Wohnung usw. So sprach sie, als wir zu vieren, mit etwas Lesbarem bewaffnet, auf der Gartenbank saßen, zur Mutter: *Der Günther hat was, du hast was, der Vater hat was, ich habe was. Und die Hilde* (die, wie sie wußte, an einem anderen Platz lesend saß) *hat auch was.*"

Eng verwandt mit diesen logischen Leistungen ist die Tätigkeit des Zählens[1]. Denn das wirkliche Zählen (wozu natürlich das sinnlose Nachplappern der Zahlwörter nicht gehört) setzt mit dem bewußten Aneinanderreihen gleicher Objekte ein. Hat das zweijährige Kind mehrere Äpfel oder mehrere Bauklötze vor sich, so konstatiert es die sukzessive Wiederholung der übereinstimmenden Eindrücke durch Wiederholung gleicher Wörter, z. B. *eins, eins, eins,* oder *noch eins, noch eins* oder ähnlich. Niemals ist beobachtet worden, daß auf solche Weise Ungleichartiges aneinandergereiht worden wäre; es handelt sich also in der Tat um die Bildung von Pluralbegriffen. Langsam tritt dann bei kleinen Anzahlen an die Stelle dieser gleichen Wörter die Reihe der Zahlwörter, durch die also gleichsam jedem Exemplar ein Ordnungsplatz angewiesen wird. Aber immer noch haftet das

[1] Hierzu vgl. auch die Ausführungen dieses Buches über experimentelle Prüfungen der Zahlleistung (Kap. XXIX, 2) sowie die Erörterungen Bühlers (I, S. 92ff.).

Kind an den Einzelobjekten; es kostet viele Mühe, einzusehen, daß die zuletzt genannte Zahl zugleich die zusammenfassende allgemeine Bezeichnung für alle gezählten Exemplare ist; die „Anzahl" oder Grundzahl, welche einen Gattungsbegriff darstellt, entwickelt sich also später als die Ordnungszahl, die ein Pluralbegriff ist. (Damit hat es natürlich nichts zu tun, daß die Ordnungszahlwörter stets erst lange nach den Grundzahlwörtern auftreten.)

Hilde 3;7. „Wenn man ihr die fünf Finger hinhält: und fragt „Wieviel Finger sind das?" so sagt sie: *ich will mal zählen*, und zählt richtig von 1–5. Sagt man nun gleich im Anschluß an die letzte Zahl: „Also wieviel Finger sind es?" dann fängt sie wieder von vorn an zu zählen und so noch mehrmals. Der letzte Finger ist zwar der fünfte, aber die Gesamtheit der Finger bedeutet für sie noch nicht die Summe fünf."

Bereitet schon die Zusammenfassung gegebener Einheiten zu einem Totalbegriff dem kindlichen Denken große Schwierigkeiten, so steigern sich diese beträchtlich bei der Aufgabe, einen wirklich „allgemeinen Gegenstand" derart zu denken, daß er nicht nur die tatsächlich wahrgenommenen, sondern auch alle weiteren Einzelobjekte gleicher Art umfaßt. Diese Erzeugung des eigentlichen Gattungsbegriffs ist aber nur durch ein regelrechtes induktives Schlußverfahren möglich und kann daher erst im nächsten Kapitel Besprechung finden.

e) Relationsbegriffe. An den soeben erwähnten Zahlenbegriffen ist noch eine weitere Eigentümlichkeit zu beobachten, die das kindliche Denken von Relationen betrifft. Eine Beziehung wird erst dann rein gedacht, wenn sie nicht mehr von den konkreten Gegenständen, zwischen denen sie besteht, abhängig ist; irgendeine Orts- oder Zahl- oder Kausalbeziehung kann in identischer Weise zwischen beliebigen Gegenständen vorkommen. Nun ist aber ein Relationsbegriff, wenn das Kind ihn zu verstehen beginnt, niemals gleich in dieser Unabhängigkeit und allgemeinen Anwendbarkeit vorhanden, sondern zunächst auf eine mehr oder minder enge Gruppe von Anwendungen beschränkt, und zwar auf solche Gegenstände, die den persönlichen Interessen und Bedürfnissen des Kindes besonders nahestehen.

Man sollte z. B. denken, daß ein Kind, welches überhaupt die Bedeutung der „zwei" erkannt hat, diese Zahlbeziehung nun überall anwenden kann, wo nur zwei gleichartige Gegenstände in seinen Gesichtskreis treten. Aber weit gefehlt: die Zwei wird zunächst aufgefaßt wie eine Eigenschaft, die bestimmten besonders interessanten Objekten anhaftet, aber bei anderen nicht erkannt wird. Nur langsam und unter manchen Schwierigkeiten geht dann die Entstofflichung der Relationsbegriffe vor sich.

So berichten Major und Lindner übereinstimmend, daß ihre Kinder gegen Ende des dritten Lebensjahres zwar zwischen einem und zwei Äpfeln mit unfehlbarer Sicherheit unterschieden, dagegen unfähig waren, die „Zweiheit" von Augen, Ohren, Händen zu erkennen. Und selbst von einem 4;3 alten Knaben wird noch folgendes berichtet: Auf die Frage des Großvaters: „Wieviel Finger habe ich?" antwortete er: *Das weiß ich nicht, ich kann nur meine Finger zählen*[1].

Eine ähnliche Beschränkung auf bestimmte Objekte wird übrigens auch von den Zahlbegriffen der Naturvölker berichtet. Und in dem Umstand, daß auch wir noch Zahlenausdrücke wie „Dutzend", „Mandel", „Schock" nur für bestimmte Gegenstände anwenden, ist ein letztes Überbleibsel jenes Abstraktionsmangels zu erblicken.

Am schwersten wird dem Kind natürlich das Erfassen derjenigen Relationen, welche bei gleichbleibendem objektiven Tatbestand mit dem wechselnden Standpunkt des Sprechenden wechseln. Solche Standpunktrelationen sind die Verwandtschaftsbezeichnungen (dieselbe Person, welche für das Kind die Mutter ist, ist für ein anderes Kind die Tante), die Pronomina (dieselbe Person, die von sich sagt „ich", ist für das Kind ein „du"), und die Zeitangaben (irgendein Ereignis ist an einem Tage „morgen", am nächsten „heute" und am darauffolgenden „gestern"). Man begreift nun, warum es dem Kinde so viel leichter ist, sich selbst mit dem Namen als mit „*ich*" zu bezeichnen. Denn der Name bedeutet immer seine identische Person, ob er nun vom Kinde selbst oder von irgendeinem anderen ausgesprochen wird; die „Ich"-Äußerungen aber, welche das Kind vernimmt, bezeichnen ja immerfort eine andere Person; und es gehört

---

[1] Neuerdings glaubt Beckmann diese Erscheinung der vom Objektgebiet abhängigen Zahlabstraktion auf Grund seiner experimentellen Untersuchungen bestreiten zu sollen. Er fand nämlich bei Einübungsexperimenten, daß Kinder, die etwa an Klötzen eine bestimmte Zahlleistung (z. B. die Unterscheidung von 2 und 3) mit Sicherheit gelernt hatten, auch bei beliebigen anderen Anschauungsobjekten dasselbe leisteten. – Aus diesem Befund kann man in der Tat schließen, daß die Zahlleistung nicht auf das Einübungsgebiet beschränkt bleibt. Aber in den obigen Fällen beruhte ja die Bevorzugung gewisser Gegenstände nicht auf Einübung, sondern auf dem ganz spontanen praktischen Interesse. Die Frage, ob es einen oder zwei Äpfel bekommt, ist für das Kind von großer affektiver Wichtigkeit; darum wird hier die Aufmerksamkeit ganz anders auf die Anzahl gelenkt als bei Klötzen oder Kugeln. Die Zahlabstraktion des natürlichen Lebens entwickelt sich eben in engster Verflochtenheit mit Willensstrebungen und Gemütsbewegungen, während die experimentell untersuchte Zahlleistung es mit gleichmäßig indifferenten Gegenständen zu tun hat. An dieser Stelle erzielt also das Experiment wegen seiner künstlichen Ausschaltung des spontanen Interesses keinen angemessenen Ausdruck des natürlichen Verhaltens.

schon eine bedeutende Abstraktion dazu, um zu erkennen, daß das Wesen des Ich-Begriffs lediglich in der Rückbeziehung auf die sprechende Person, ganz gleich, wer diese sei, besteht.

Und endlich die Zeitausdrücke! Welches Wirrsal herrscht da lange in dem Köpfchen des Kindes, ehe es erfaßt, daß die ewig sich verschiebende Gegenwart das Heute zum Gestern und das Morgen zum Heute macht!

Im vierten Lebensjahre fragte Hilde fortwährend: *Ist heute morgen? Ist jetzt heute?* um das Chaos zu klären. 3;5 sprach sie von einer bevorstehenden Heimreise: *Wenn wir nach Hause fahren, dann muß heute sein.* Und noch 4;3 verwechselt sie sogar morgen und gestern: *Wir wollen heute packen und gestern reisen.* Aber gegen Ende des fünften Jahres ist volle Klarheit erreicht. 5;1 diktiert sie der Mutter an den abwesenden Vater die Worte: *heute kochen wir schön* und fügte zur Erläuterung des „heute" hinzu: *heut – weißt du, weil's heut ist, das weiß ja der Vater gleich, das war gestern* (nämlich, wenn er am nächsten Tag den Brief empfängt). Und 5;6 liebt sie es, sich schwierige Zeitbeziehungen selbst klarzumachen. Als sie hört, wir reisen überübermorgen, sagt sie: *überübermorgen ist von morgen übermorgen.*

f) Begriffe von Psychischem. Als eine der höchsten Stufen in der Begriffsbildung des Kindes müssen wir es betrachten, wenn es ihm gelingt, psychische Zustände im Denken zu verselbständigen. Denn wenn auch im unmittelbaren Erleben ursprünglich das subjektive Affekt- und Willensmäßige überwiegt, so ist doch das bewußte intentionale Denken zuerst ausschließlich auf die Welt der äußeren Objekte gerichtet, und es währt lange, ehe das Kind sich seine eigenen seelischen Vorgänge als Denkobjekte gegenüberstellen kann.

Diese logische Bewältigung des Subjektiven gelingt dem Kinde natürlich nur stufenweise. Das bisher auf physische Gegenstände beschränkt gewesene Denken ist zunächst geneigt, sich auch das Psychische durch Anheftung an etwas Materielles verständlich zu machen, und so sind es anfänglich die physischen Ausdrucksbewegungen, die mit dem dazugehörigen Psychischen einfach identifiziert werden.

So haben unsere Kinder lange Zeit das Wort lieben bzw. liebhaben gleichbedeutend mit „liebkosen" (streicheln, umarmen, küssen) gebraucht.

Andere Beispiele:

3;1½ hatte Eva einmal aus Spaß einen Stuhl geküßt. Vater: „Da wird der Stuhl aber lachen." Eva (selber lachend): *der kann ja nicht lachen.* Vater: „Warum denn nicht?" Eva: *der hat ja keine Zähne.*

Ganz ähnlich sagte der etwa gleichaltrige Sohn von Katz (D. u. R. Katz II S. 261): *die Fische freuen sich nicht, die haben ja keine Stimme.*

Aber auch noch viel später liegt dem Kinde die Identifikation des inneren Seelenvorganges mit seiner äußeren Begleiterscheinung sehr nahe. So hatten wir mit

Hilde um 4;9 folgendes Gespräch: Vater: „Was ist eigentlich Denken?" *Weiß nicht.* „Na womit denkt man denn?" *Die Tiere denken mit dem Maule.* „Und die Menschen?" *Mit der Zunge.* „Was macht denn der Mensch, wenn er denkt?" *Er spricht.* – Ebenso geht es mit Charaktereigenschaften: Güte fällt ihr mit Anlächeln zusammen, wie folgendes Urteil über eine fremde Frau (5;5) zeigt: *die ist ja sogar sehr gut, die hat ja so gelacht auf mich.*

Langsam beginnt dann dem Kind aufzudämmern, daß das Psychische und sein körperliches Äquivalent nicht ein und dasselbe seien; das Seelische wird allmählich entstofflicht.

Rasmussens Tochter sagte 4;11 (II, S. 196): *Erst denke ich etwas nach und dann sage ich es; ja – zuerst denke ich und dann spreche ich.* Mutter: „Hat dir jemand gesagt, daß du es so machen sollst?" *Nein, aber anders kann ich es gar nicht machen.*

Hilde 6;0. Als jemand behauptete, Neugeborene könnten noch nicht hören, meinte Hilde: *doch; sie können es noch nicht verstehen, was man sagt, aber hören können sie es doch schon* – also eine völlig scharfe Scheidung zwischen der physiologischen Perzeption und der psychologischen Apperzeption.

Das bewußte Erkennen des Subjektiven kann aber noch von einer anderen Seite her entwickelt werden. Das Objektive ist das, was für alle gilt, das Subjektive das, was im Gegensatz dazu mir allein zukommt. Diese Auffassung des Subjektiven als des Nur-Individuellen — und darum nicht für andere Gültigen — war schon bei der vierjährigen Hilde festzustellen, und zwar in bezug auf den Geschmack.

3;11: *ach is das ein häßlicher Kaffee, der schmeckt doch pfui* (erläuternd): *für Hilde schmeckt doch pfui.* – Und 4;2: Der Vater fand die Suppe etwas salzig: Hilde: *die is doch nicht salzig.* – Vater: Ja. – Hilde: *mir nicht.*

3. Hauptformen des kindlichen Urteilens

Indem der Mensch zu irgendeinem gegebenen Bewußtseinsinhalt positiv oder negativ Stellung nimmt, d. h. ihm objektive Geltung zuspricht oder abspricht, urteilt er. Die sprachliche Bekundung des Urteils erfolgt im Aussagesatz; aber nicht alle Aussagesätze sind Zeichen von wirklich vollzogenen Urteilsakten. Meist enthält der Satz nur Wiedergaben von Urteilen, die andere gefällt haben, oder die man selbst früher einmal gebildet hatte; und schon die Kraftökonomie des Geisteslebens verhindert meist, daß man in diesen Fällen von neuem Stellung nimmt auf Grund eigener denkender Entscheidung. So kommt denn der Mensch im Alltagsleben mit einer sehr dürftigen Zahl echter Urteilstätigkeiten aus; und dasselbe gilt in noch gesteigertem Maße vom Kinde, dessen gedankliche Strukturen infolge der Nachahmung so stark von der Umgebung und infolge der Gewöhnung so stark von eigenen früheren Denkakten abhängen. Ein zwingender Anlaß zum Urteilen wird nur dann vorliegen, wenn die bequemeren Hilfsmittel der Gedankenverknüpfung versagen, also wenn das Kind vor einer neuen Situation steht, deren geistige Bewältigung es weder durch Übernahme von außen noch durch Gewöhnung erworben haben kann. Ein solcher Fall muß sich zunächst in einer Veränderung der Affektlage bekunden (wie wir sie schon beim Säugling als „Fremdheitsgefühl" kennengelernt hatten, s. S. 105); das Kind stutzt, sei es, weil das Neue sich dem gewohnten Ablauf der Erlebnisse nicht einfügen will, sei es, weil zum mindesten noch Unsicherheit darüber besteht, ob die alt vertrauten Gedankengänge zutreffen[1]. Dieser Gemütszustand des Stutzens weckt erst alle intellektuelle Tätigkeit des Urteilens und damit jede weitere Denktätigkeit des Verstehens, Schließens, Forschens usw. „Das Sich-Wundern ist der Anfang des philosophischen Triebes" (Platon).

Ihrer Qualität nach sind die ersten Urteile des Kindes wohl durchweg positiver Natur: sie konstatieren das Vorhandensein eines Tatbestandes, der die Aufmerksamkeit des Kindes auf sich zieht. Das relativ späte Auftreten negativer Urteile ist deswegen besonders bemerkenswert, weil die Negation in der Form des Willensausdrucks außerordentlich früh sich geltend macht. Aber es ist eben eine ganz andere Leistung, das Nichtvorhandensein eines Tatbestandes auszusprechen, als eine unliebsame Behandlung abzuwehren (vgl. das über das „Nein" Gesagte S. 333).

Die negativen Urteile pflegen in zwei aufeinanderfolgenden Stufen vorzukommen.

Zuerst in einer Form, die der affektmäßigen Verneinung noch näher steht, nämlich als (gedachte oder ausgesprochene) Antithese[2]. Das Verneinen ist hier also eine Reaktion auf das positive Gegenstück, mag dieses nun als wirkliche Tatsache oder als bloße Behauptung gegeben sein. So führt erst das positive Bewußtsein, daß das Kind etwas hat oder kann, dazu, dem anderen den gleichen Besitz oder die gleiche Fertigkeit abzusprechen:

Badon pas à zazan, non, à bébé (le ballon n'appartient pas à Suzanne, non, à bébé) rief ein französisches Mädchen schon mit 1;9. – Unser Sohn sagte 2;9: *nell e Günther Babe emacht, Hilde nell emacht nich* = G. hat schnell, H. hat nicht schnell einen Sandkuchen gemacht.

---

[1] K. Groos (Seelenleben, 3. Aufl., S. 229) sieht hierin zwei getrennte Quellen der Urteilsfähigkeit; doch erscheint mir diese scharfe Unterscheidung etwas künstlich. – Vgl. zu dieser „psychischen Stauung" als einen Kriterium echter Urteile auch Bühler, I, S. 297.

[2] Vgl. Kindersprache, S. 206/7.

Vor allem aber rufen Äußerungen anderer, die das Kind als unrichtig empfindet, antithetische Antworten hervor:

Auf das Scherzwort „du alter Junge" sagte G. 2;9: *ich nich alter Junge, ĕ neuer Junge.*

Höher steht die zweite Form der negativen Urteile, die sich dementsprechend auch erst später als die Antithetik zu entwickeln beginnt: das Vermissen. Hier tritt das Negieren nicht als Reaktion auf, sondern selbständig und spontan. Die Störung, welche der gewohnte Vorstellungsverlauf durch das Fehlen eines Gliedes erfährt, wird unmittelbar umgesetzt in einen selbständigen intellektuellen Akt: das fehlende Glied wird als nicht vorhanden konstatiert. Je reicher aber der Bewußtseinsablauf wird, je mehr Vorstellungen aller Art durch irgendeine Wahrnehmung zum Anklingen gebracht werden, um so häufiger hat das Kind Gelegenheit, die Nichtübereinstimmung der Wahrnehmung mit diesen Erinnerungen zu bemerken, d. h. etwas zu vermissen.

Bei unseren Kindern sind uns solche spontanen Akte des Vermissens zuerst nach 2;0 begegnet, und zwar namentlich bei der Betrachtung von Bildern.

Eva bemerkte 2;1 bei einem Bilde mit kahlen Bäumen: *nein Tannenbäume, nein* (= es sind keine T. da), bei einem anderen Bilde, das wohl eine Erinnerung an eine Tierdarstellung ausgelöst hatte: *das Dromedar ist nicht da.* Ebenso konstatierte Hilde 2;2 bei einem abgebildeten Kind in der Wiege: *Kind nich nuppel nuppel* (es lutscht nicht am Finger).

Schon viel bewußter ist das Vermissen bei dem dreijährigen Sohne Scupins, der einen Personenwagen seiner Spieleisenbahn auf allen Seiten untersuchte und dann rief: *wo ist denn die Tür, aber Mama, wo kann denn die Leute in die Eisenbahn rein?* Ebenso bemängelte er das Fehlen eines Schutzblechs an der Lokomotive, des Rauchs am Schornstein usw.

Daß das Konstatieren von Fehlendem eine höhere geistige Leistung bedeutet, als das Feststellen von Vorhandenem, gilt übrigens für das ganze weitere Leben des Kindes (ja auch für den Erwachsenen). So verlangt Binet in seinem Stufensystem der Intelligenzprüfungen zwar schon vom dreijährigen Kinde, daß es die auf einem Bilde vorhandenen Gegenstände erkenne und benenne, aber erst vom siebenjährigen, daß es an unvollständigen Figuren bemerke, welche Körperteile (Arme, Auge, Nase) fehlen.

Nahe verwandt mit der Konstatierung des Fehlenden ist das Feststellen von Mängeln: das Kritisieren. Freilich macht ja das Kind nur allzuoft an sich selbst die Erfahrung, daß man seine Handlungen und seine Aussprüche beanstandet und ihm das Richtige vorhält; an der zustimmenden oder ablehnenden Reaktion seiner Umgebung hat es die Unterscheidung von Richtig und Falsch zunächst kennengelernt, und nun versucht es, Gleiches mit Gleichem zu vergelten.

Günther 2;5½. Als der Vater ein Bild im Bilderbuch „fein" nannte, widersprach der Knabe, dem das Bild wohl zu wirr war: *häßlich*, betonte dann aber im Gegensatz dazu beim nächsten Bild: *das ĕ hön* (das ist schön). - 3;11 läßt der kleine Kritikus nicht gelten, daß seine Schwester ein selbst fabriziertes Gekritzel „Blumentopf" nannte: *ich erkenn's nicht für einen Blumentopf*. – Endlich sei hier das wichtigtuerische Benehmen des dreijährigen Scupin-Knaben erwähnt, der den mit Blumenerde hantierenden Gärtner fortwährend tadelte: *aber, Mann, du mußt doch nicht das Äde so versütten, das is ganz unartig – . . . du mußt nicht so halten, das is ja fals . . . ach da haste doch daneben gegossen, das mußte nich, da wird die Mama schimpfen.* In alledem klingt ja viel Nachahmung gehörter Schelten und Vorhaltungen an; aber bestehen bleibt doch als Grundtatsache das Bemerken von Mängeln (oder was das Kind dafür hält), wodurch erst jene übernommenen Redensarten zur Auslösung gebracht werden.

So sieht das Kind den Splitter im Auge des anderen; wie steht es mit dem Balken im eigenen Auge? S e l b s t k r i t i k ist weit schwerer als Kritik anderer, denn jene Distanz zum Gegenstand, die man beim Kritisieren haben muß, ist dem eigenen Ich gegenüber nur mit großer Mühe zu gewinnen. Darum sind Erscheinungen der Selbstkritik im frühen Kindesalter, wie es scheint, recht selten.

Ein Anfang dazu ist wohl in den Selbstkorrekturen zu sehen, die Hilde schon 2;3 an ihren eigenen Sprachäußerungen vornahm. Sie sucht einen Bleistift: *is'n e Schreibe-schreibe hinetan? de Hilde? – hat'n ne Schreibe-schreibe hinetan?* Bald darauf verlangt sie Briefpapier zum Schreiben *Lief auch – Blief heißt*. – Über die Selbstkorrekturen bei irrigen Aussagen vgl. S. 228/229.

Interessante Streiflichter fallen auf die Anfänge der m o r a l i s c h e n Selbstkritik aus Beobachtungen, die Scupins machten.

Wenn der Knabe um 2;3 irgend etwas Unerlaubtes vollführte, kam es häufig vor, daß er zu sich selbst als Warner sprach, genau in der gleichen Weise, wie er so oft von der Mutter gehört hatte. „Klettert der unartige Bube, so warnt ihn der artige: *du, du fällst gleich! Buberle, stoß dich nich!* oder wenn er Verbotenes tut: *du laß das, undeßōgen! Mama gleich hauen!*" (I, 115.)

Hier ist also die unmittelbare Nachahmung häufiger gehörter Warnungen noch offenkundiger als bei der Kritik anderer. Aber wenn sich auch ursprünglich diese Warnungsworte ganz absichtslos einstellen mögen, sobald ähnliche Handlungen ausgeführt werden, so wird doch allmählich im Kinde das Bewußtsein erwachen, daß es selbst einmal den Vollbringer, das andere Mal den Beurteiler darstellt; und indem es so die beiden bisher getrennten Personen in seiner Person vereinigt – ohne doch die Standpunkte ganz zu verschmelzen – wird aus der Nachahmung der Fremdkritik wirkliche Selbstkritik, und aus jenem Warnen entwickelt sich die „Stimme des Gewissens". (Vgl. auch das Beispiel S. 246.)

In etwas späterem Alter kann die Selbstkritik nun schon einen weit höheren Ernst gewinnen. Unser Günther hat von seinem vierten Lebensjahr an außerordentlich viel und gern gezeichnet. Während aber andere Kinder lange Zeit eine unbeirrte Selbstzufriedenheit mit den unvollkommensten Kritzeleien zeigen, begann Günther schon im sechsten Jahre ein kritischer Beurteiler seiner Erzeugnisse zu werden und sie zu vernichten, bis seine Absicht in befriedigender Weise erreicht war.

So versuchte er einmal ein Küchenmesser, das er eben gesehen hatte, aus dem Gedächtnis auf die Tafel zu zeichnen. Da war ihm der Stiel bald nicht breit genug, bald wieder zu breit; sechs- bis siebenmal wischte er seine Versuche fort, bis ein tadelloses Messer erzielt war. Hier handelte es sich also nicht mehr nur um ein gelegentliches Aufblitzen einer Selbstkritik, sondern um eine fortdauernd auf der Lauer liegende Urteilstätigkeit, die auf das eigene Tun gerichtet ist.

Das folgende Beispiel von Selbstkritik ist deshalb bemerkenswert, weil das Kind hier die Relativierung seines eigenen, bisher als unbedingt hingenommenen Urteils ausspricht.

Katz' älterer Sohn 5;5. Er liebt den Robinson über alle Maßen. Als die Mutter einmal sagt: Robinson ist ein schönes Buch, ich will es dir vorlesen – erwidert er: *früher habe ich gesagt, Berni* (von Scharrelmann) *ist das schönste Buch. Jetzt sage ich: Robinson ist das schönste Buch. Später werde ich sagen, ein anderes Buch ist das schönste.*

Eine andere Seite der kindlichen Urteilstätigkeit hat es mit dem zu tun, was die Logik die „Modalität" der Urteile nennt.

Der Unterschied zwischen der assertorischen und apodiktischen Urteilsweise[1] ist vermutlich im frühen Kindesalter noch nicht vorhanden. Was das Kind als Tatsächlichkeit anspricht, faßt es unmittelbar so auf, als müßte es so sein; und eine andere Notwendigkeit als diese mit der Tatsächlichkeit zusammenfallende (also etwa die logische) kennt es noch nicht; zu ihrer Erfassung gehören verwickelte Schlußakte, die erst viel später möglich werden.

Dagegen wird die andere Entwicklung: vom Dogmatischen zum Problematischen und über diese hinaus zum rein Fiktiven, schon früher zurückgelegt; es ist merkwürdig, in welchen verschiedenen Abtönungen hier bereits das Geltungsbewußtsein auftritt.

Anfänglich ist jeder Urteilsakt von der selbstverständlichen Sicherheit begleitet, daß sein Inhalt zutrifft; das Denken des Individuums hebt ebenso wie das der Menschheit mit naivem Dogmatismus an. Aber bald beginnen sich doch Zweifel zu regen; und um 3;0 herum kann man in Fragen und Konstatierungen des Kindes schon Ausdrücke des Problematischen: *vielleicht*, *wahrscheinlich*, *wohl* vernehmen. Ja noch

[1] Assertorische = Tatsachen aussagende Urteile, z. B.: es regnet heut. Apodiktische = Notwendigkeiten aussagende Urteile: z. B.: Der Teil ist kleiner als das Ganze.

mehr; um dieselbe Zeit wird auch schon die bewußte Gegenüberstellung zwischen der nur subjektiven Vermutung und der objektiven Wirklichkeit vollzogen, was sich sprachlich in dem richtigen Gebrauch von „*denken*, *meinen*, *glauben*" äußert.

Günther 2;9. „Als die Suppe aufgetragen wird, vermutet er (*Sch*)*neesuppe* – aber als sie verteilt wird, merkt er seinen Irrtum und äußert sich nun vorsichtig: *ich denke Reissuppe*." – Eva 2;8: „Das Kind kommt nach seinem Vormittagsschläfchen öfters erst zum Eßtisch, wenn wir schon bei einem späteren Gange sind; neulich kam sie etwas früher, als wir noch bei der Suppe saßen, und äußerte ihre Überraschung wörtlich so: *ihr eßt ja Suppe*; *ich dachte, ihr eßt Kartoffel und Gemüse*." – Ähnlich berichtet Frau H. Neugebauer (II) von ihrem Sohne, daß um 2;7 Wendungen wie: *ich dachte, du wärest nich hier, ich dachte, du bist in der Küche* häufig vorkamen.

Ist bei solchen Vermutungen das Geltungsbewußtsein doch noch immer überwiegend positiv, so ist bei der Fiktion schon der Nullpunkt überschritten: es wird etwas in der Form des objektiv Gültigen gedacht, obwohl das Bewußtsein besteht, daß diese Gültigkeit nicht vorhanden ist. Die Bedeutung solcher fiktiven Urteile im Kindesleben, namentlich für das Spiel, ist im Abschnitt „Illusionseinsicht" (S. 240ff.) ausführlich besprochen worden.

Kapitel XXVIII

Das Weiterdenken

(Forschen und Schließen)

1. Allgemeines

Ist schon das Zustandekommen des einzelnen Urteils auf eine Gemütsbewegung des „Stutzens" gegründet, so kann sich an dem nun gewonnenen Inhalt des Urteils das gleiche wiederholen. Das Kind gibt sich nicht zufrieden mit dem vereinzelten Tatbestand, den es feststellt, oder der Wertung, die es vornimmt; das Staunen erwacht ihm gegenüber von neuem und sucht sich in einem weiteren Urteilsakt zu betätigen. Dieses Bedürfnis zum Weiterdenken ist der Ausgangspunkt für wichtige Denkabläufe im Kinde. Sie haben alle das Gemeinsame, daß sich das Kind vor Probleme gestellt findet. Neben dem Gegebenen und Bekannten erhebt sich ein X, das aus der Unbekanntheit in Bekanntheit verwandelt werden soll. Und dieses X, die Denkaufgabe, wird zum treibenden Moment des Gedankenfortschritts. Das, was erst gefunden werden soll, bestimmt die einzelnen Schritte. Das Kind fragt, denkt nach, besinnt sich, forscht. Man versteht jetzt den bekannten Fragedrang des Kindes, versteht auch die sogleich durch Beispiele zu belegende Erscheinung, daß das kausale Denken und das Schließen sich häufiger der fragenden, als der konstatierenden Ausdrucksweise bedienen.

Bevor wir aber auf Grund unseres eigenen Materials die Denkabläufe des Kindes besprechen, sei kurz auf die sehr interessanten und wichtigen Untersuchungen hingewiesen, die neuerdings Piaget über das Thema angestellt hat. Seine Bücher I und II behandeln zwar das Kind bis weit ins Schulalter hinein, bringen aber auch gerade über die primitiven Denkprozesse des Kleinkindes wichtige Feststellungen.

Piaget legt den Hauptwert darauf, nachzuweisen, wie grundverschieden die kindliche Denkweise von der des Erwachsenen sei. Im Kinderdenken herrschen gleichzeitig zwei, nur scheinbar unverträgliche Prinzipien: der „Synkretismus" und die „Juxtaposition". Synkretismus ist die Einschmelzung aller zu einem Gedanken gehörigen Momente in ein diffuses Ganzes, in dem die egozentrische Wunsch- und Phantasiewelt durchaus bestimmend ist, das aber doch mit Naivität und ohne Kritik als richtig und gültig hingenommen wird. Juxtaposition ist die zusammenhangs- und nuancenlose Aneinanderreihung der Gedanken anstelle ihrer hierarchischen Anordnung in einem logischen Zusammenhang.

Ähnlich nun, wie wir es im vorigen Abschnitt an einzelnen Begriffen nachzuweisen suchten, bemüht sich Piaget für das kindliche Denken im allgemeinen den Prozeß fortschreitender Objektivation aufzuzeigen. Und auch hier führt er – als sehr bemerkenswerten neuen Gesichtspunkt – das soziale Motiv in die Erklärung ein. Solange das Kind egozentrisch denkt, besteht noch kein Bedürfnis nach dem, was die eigentlich „logische" Einstellung ausmacht, nämlich nach Verifikation (Begründung, Rechtfertigung) seiner Gedanken. Aber dies Bedürfnis erwacht, sobald das Kind sich mit seinen Gefährten über die ihnen identische Welt verständigen will. Nun müssen die Gedanken die Form erhalten, die auch von den anderen verstanden und anerkannt werden kann; der bloß subjektiven Individualwelt setzt sich der Anspruch der Mitmenschen auf eine objektive Gemeinsamkeitswelt entgegen. Nun muß man sich um Gründe, Beweise, Rechtfertigungen seiner Gedanken kümmern, muß sie in Zusammenhang mit anderen Sachverhalten bringen. „La preuve est née de la discussion".

In der Durchführung dieses fruchtbaren Gedankens geht aber Piaget m. E. zu weit, wenn er jenen Objektivierungsprozeß erst nach Abschluß der frühen Kindheit (beim 7–8 jährigen Kinde) einsetzen läßt. Wie schon S. 145/6 erwähnt, beruht dies vielleicht darauf, daß Piagets Material aus den Unterhaltungen von Kindern untereinander stammt. Es ist nun aber gerade für das Denken des Kindes kennzeichnend, daß seine natürliche Entwicklung im Verkehr mit Überlegenen vor sich geht, mit Menschen, bei denen es für seine Denkschwierigkeiten eine Hilfe, für seine Fragen eine – wenn auch noch so primitive – Antwort erhält. Diese Entwicklung aber führt – wie die Beispiele der nächsten Seiten zeigen werden – doch schon weit früher zu kindlichen Leistungen von eigentlich logischer Struktur, als es nach Piaget zu erwarten wäre.

Auch sonst neigt wohl Piaget dazu, den primitiven Formen des kindlichen Denkens eine allzu lange Dauer zuzuschreiben. Daß z. B. die bloße Juxtaposition der Gedanken bereits in der Mitte der früheren Kindheit durch eine Erfassung der zwischen ihnen bestehenden Abhängigkeitsbeziehungen abgelöst werden kann, zeigen unsere Beispiele von Nebensätzen, welche von 3;0 an die logische Über- und Unterordnung von Gedanken ausdrücken (s. S. 138 dieses Buches).

Die folgenden Abschnitte greifen aus den mannigfaltigen Tatbeständen des fortschreitenden Denkens das Kausalitätsdenken, die kindlichen Schlußprozesse und die Denkspiele heraus.

2. Das kausale Denken

Als Vorstufe des Kausalitätsdenkens hatten wir schon eine Reihe von Erscheinungen kennengelernt, die sich noch ganz im Gebiete der Vorstellungstätigkeit abspielten. Das Kind hatte einerseits die Empfindung seiner Eigenbewegung mit dem Anblick oder Anhören der dadurch hervorgerufenen Handlungen assoziiert und somit feste Verknüpfungen zwischen der Selbsttätigkeit und ihren Wirkungen gestiftet (vgl. S. 75/76). Es hatte andererseits zwei oder mehrere äußere Eindrücke, wenn sie häufig aufeinandergefolgt waren, in so enge Verkettung gebracht, daß das Neuauftreten des ersten Eindrucks genügte, um die Erwartung des zweiten zu erwecken (vgl. S. 83). Nach der bekannten Kausalitätslehre von Hume wäre damit überhaupt alles geleistet, um den Kausalbegriff zu erzeugen. Aber gerade das Kind zeigt, wie wenig zureichend jene assoziationspsychologische Ableitung ist. Denn es wäre unbegreiflich, wie das Kind dazu käme, bei Tatbeständen, für welche sich nicht von selbst jene assoziativen Ergänzungen einstellen, nach dem Warum zu fragen. Und diese Warumfrage geht auch nicht darauf, irgendeine Vorstellung zu erhalten, die sich mit der augenblicklichen Wahrnehmung verknüpfen läßt, sondern richtet sich auf den intentionalen Gegenstand, der bei der Wahrnehmung mitgedacht wird. Das Kind, welches fragt:

eblett so heiß ist, erum denn? (Das Tablett ist so heiß; warum denn? Günther 2;10) geht über die an den Fingern verspürten Hitzeempfindungen hinaus und will wissen, wie die dem Objekt zugeschriebene Eigenschaft des Heißseins sich anderen objektiven Tatbeständen einreihe.

Mit anderen Worten: Das Kausalbewußtsein ist keine Erscheinung der Vorstellungssphäre, sondern gehört zum intentionalen Denken. Die empirisch erworbenen Vorstellungen sind zwar unumgänglich nötig, um es auszulösen und um das Rohmaterial zu liefern, an dem es angreifen kann. Dennoch geht der Kausalgedanke so wenig aus der häufig wiederholten Sukzession der Vorstellungen hervor, wie der Gegenstandsgedanke aus dem simultanen Zusammensein von Vorstellungen, sondern er bildet ein selbständiges Erzeugnis der sich entwickelnden Denkanlage des Menschen[1].

Die „Warumfrage" ist nur eines unter den mannigfaltigen Symptomen des erwachenden Kausalbewußtseins; auch andere Fragen (z. B. *wer hat das gemacht?*), Versuche, selbst eine Begründung zu finden, Verständnis für die von anderen gegebene Begründung, Erwähnen einer Konsequenz, die sich aus einer früher gemachten Wahrnehmung ergibt – all dies zeigt, wie das Kind bemüht ist, über den Einzelgedanken hinaus weiter zu denken und kausale Zusammenhänge zu bewältigen. Daß es sich hierbei um etwas Einheitliches und in seiner Art Neues im kindlichen Seelenleben handelt, wird erhärtet durch die Plötzlichkeit, mit der diese verschiedenen Symptome des kausalen Denkens ungefähr gleichzeitig hervorbrechen.

Besonders charakteristische Beobachtungen machten wir hierüber bei Eva; die Wichtigkeit des Gegenstandes rechtfertigt es wohl, durch eine größere Zahl von Beispielen die Stärke und Mannigfaltigkeit des Kausalbewußtseins zu illustrieren. (Allerdings sind die Termine bei diesem Kinde ungewöhnlich frühe; bei anderen Kindern scheinen die entsprechenden Denkentwicklungen meist erst eine Reihe von Monaten später – nach 3;0 – aufzutreten.)

Die erste Feststellung machten wir zu unserer Überraschung bereits 2;3. „Das Kind, das bisher die Milch aus der Flasche trank, sollte an die Tasse gewöhnt werden, hatte aber allen dahingehenden Versuchen solchen Widerstand entgegengesetzt, daß einstweilen die Absicht aufgegeben wurde. Bald darauf geschah es, daß das Kind eines Abends die Flasche zerbrach. Am nächsten Morgen brachte ihr nun

[1] Die psychogenetische Ableitung des Kausalgedankens hat zwar mit seiner erkenntnistheoretischen Geltung unmittelbar nichts zu tun; dennoch ist bemerkenswert, daß auch die Kinderforschung dazu kommt, die rein empiristische Erklärung des Kausalbewußtseins abzulehnen und ein apriorisches Element (die sich entwickelnde Denkanlage) anzunehmen.

das Mädchen die Milch wieder in der Tasse mit der Begründung: „Du hast gestern die Flasche kaputt gemacht, nun mußt du aus der Tasse trinken." – Und siehe da, sie trank! Daß jene Begründung auch wirklich verstanden worden war, zeigte sich kurz danach, als die Mutter sie wegen des Trinkens aus der Tasse belobte. Da sagte das Kind: „*Eva Flasche paput gemacht hat, Eva Tasse tunken.*"

Eine ganze Reihe weiterer Beispiele stammen aus einem Monat: 2;5. Sie sah im Garten einen Mann mit dem Gartenschlauch sprengen: *warum spritzt er?*

2;5. Ihr wurde verboten, die Zuckerdose anzufassen: *hab ja keine schmutzigen Hände!*

2;5. Ihr wurde gesagt: Setz dich nicht in den Sand, der ist noch zu kühl. Eva: *hat's deregnet?*

2;5. Als sie aus dem Garten kam, sagte der Vater: „Du hast ja eisige Hände!" Eva: *ich hab ja keine eisigen Hände, hab ja Jäckchen.* Sie betonte also, daß ihr nicht kalt sei, da sie wärmer angezogen sei als gewöhnlich.

2;5. E. hatte einen Fesselballon über den Häusern schweben sehen, aber nicht bemerkt, daß er an einem Strick befestigt war. Nach einigen Tagen fand folgende Unterhaltung statt. Eva: *is der Luftballon noch da?* Mutter: „Nein!" *Haben die Menschen runtergenommen?* „Ja." – *War doch kein Faden dran!*

2;5. Es war vom Spazierengehen die Rede; da veranlaßte ein zufälliger Blick auf die Bäume des Gartens das Kind zu der Äußerung: *Aber die Bäume können nicht mitgehen.* Auf die Frage: „Warum denn nicht?" antwortete sie erst: *weil sie nich willen*; auf nochmaliges Befragen aber: *weil so drin is de Bäume.* Sie hatte vor einigen Tagen gesehen, wie Bäumchen eingesetzt wurden und so eine anschauliche Vorstellung von dem „Drinsein" gewonnen.

Ein halbes Jahr später (2;11) wird konstatiert: Die Warumfrage kulminiert jetzt. Bei unzähligen Dingen, die ihr auffallen, forscht sie nach der Ursächlichkeit: *Muttel, du hast ja einen Ring auf, warum denn? – der Mann auf dem Bilde hat einen so dicken Bauch; warum denn?* Daß es sich hierbei nicht etwa um eine stereotyp gewordene gedankenlose Redensart handelt, zeigen andere Beispiele noch deutlicher. Sie bemerkt, daß die Eltern in einem anderen Zimmer als gewöhnlich Kaffee trinken: *warum trinkt ihr heute nicht im Arbeitszimmer?* – Ja, sie beginnt bereits Kausalfragen zu knüpfen an Vorgänge, die im Augenblick gar nicht aktuell sind, sondern sie nur in der Erinnerung beschäftigen. So bezog sich eine Frage auf ein Regen-Cape, das abwechselnd von den beiden Eltern benutzt wird: *Vater, warum hast de denn morgen* (= vorhin) *Muttels Kep anezogen?* – Als der Vater einmal bei ihrem Zubettgehen anwesend war und mit ihr scherzte, erinnerte sie sich, daß dies nur selten geschieht, weil der Vater gewöhnlich um diese Zeit beschäftigt ist, und stellte unvermittelt die überraschende Frage: *erum* (warum) *mußte denn eintlich immer abeiten?*[1].

Aus diesen Beispielen geht hervor, wie wenig die Humesche Theorie der wirklichen Genesis des Kausalbewußtseins gerecht wird. Denn die ersten Anlässe für dessen Erwachen bestehen keineswegs vornehmlich in der Erwartung gewohnter Assoziationen, sondern in neuen Situationen, für welche überhaupt noch keine Erwartungen und Gewöhnungen vorgebildet sind! Ja, man kann vielleicht geradezu sagen: die Bewegung der Vorstellungen in den gewohnten Geleisen hat zwar eine instinktive Einstellung

[1] Weitere Beispiele für Warumfragen S. 140.

auf die sich wiederholenden kausalen Verknüpfungen der objektiven Tatsachen zur Folge, würde aber für sich allein wahrscheinlich überhaupt nicht zu einem Kausalbewußtsein führen. Dieses bedarf zu seiner Weckung des Choks, den eine ungewohnte Konstellation im Kinde hervorruft: nun wird an Stelle des eingeübten Vorstellungsverlaufs das Denken in Funktion gesetzt, welches eine kausale Ableitung für das Auffällige fordert[1]. Zum ersten Male in seinem Leben hatte Scupins Sohn (2;8) bemerkt, daß seine Finger, wenn er sie gegen die Sonne hielt, rosig schimmerten, und sofort bildete er zwischen diesem Eindruck und dem der gleichzeitig sichtbaren Sonne – also zwischen zwei früher nie assoziativ verknüpften Eindrücken – eine kausale Synthese: „*die Sonne macht die Fingerle blutig*".

Die Tatsache, daß das Stutzen über Außergewöhnliches den Anstoß zum Erwachen des kausalen Bedürfnisses gibt, macht auch eine kindespsychologische Erscheinung verständlich, auf welche die Psychoanalyse besonderen Nachdruck legt: das Interesse für die Herkunft der kleinen Kinder. Zweifellos ist dies kausale Interesse beim Kinde groß – das geht schon indirekt daraus hervor, daß die Storchfabel eigens zur Befriedigung dieses Wissensdranges geschaffen worden ist; und direkt zeigt es sich in mancherlei Fragen, die das Kind stellt. Aber es besteht keinerlei Grund, in diesem Problem gleichsam den Angelpunkt für die ganze primitive Weltanschauung des Kindes zu sehen. Nach psychoanalytischer Meinung spielt die Frage nach dem Ursprung der Kinder im bewußten und unbewußten Seelenbinnenleben der Kinder fast unablässig eine Rolle, von der der Erwachsene im allgemeinen nichts ahnt; und diese Rolle soll wiederum mit den sexuellen Beziehungen zusammenhängen, die dem Geburtsproblem anhaften. Das Kind bilde sich in seinem Unbewußten abenteuerliche Systeme von „infantilen Sexualtheorien", die den scheinbar gläubig hingenommenen Storch- und ähnlichen Fabeln der Erwachsenen heimlich entgegengestellt werden.

Die unbefangene Beobachtung gesunder Kinder liefert keinerlei Stütze für diese Behauptung. Richtig ist an ihr lediglich, daß die Ursachenfrage sich vornehmlich an affektreiche Erlebnisse knüpft. Und affektreich im Sinne der Durchbrechung des immer schon Vorhandenen ist ja das plötzliche Auftauchen eines anderen Menschleins. Dadurch wird dem Kinde nahe gelegt, daß auch sein eigenes, bisher so selbstverständlich hingenommenes Dasein einmal angefangen habe. Es reiht sich also das Interesse all den anderen Ursachfragen nach auffälligen und ungewöhnlichen Erscheinungen an und gehört somit zu den mannigfachen Äußerungen der kindlichen Wißbegier. Die Psychoanalyse ist eben deshalb geneigt, auch diese anderen, scheinbar harmlosen Fragen als verkappte, unter Symbolen verdeckte Sexualfragen anzusehen; wir möchten im Gegenteil daraus schließen, daß alle jene Fragen, mögen sie sich nun auf die Herkunft der schönen Weihnachtsgeschenke, die der Bäume oder die der kleinen Kinder erstrecken, aus einem gemeinsamen Grundaffekt der Verwunderung hervorgehen; dieser Affekt mag wohl nach Grad und Art mannigfaltig abgetönt sein, aber eigentlich sexuelle Einschläge sind – wenigstens in dem uns angehenden Alter – kaum je anzunehmen. Und ebenso gilt es für diese

---

[1] Auch Bühler hebt in seiner eingehenden Analyse des kindlichen Kausaldenkens diesen Zug hervor. (I, S. 505.)

Altersstufe, daß sich die Kinder sehr schnell mit irgendeiner Antwort abfinden und dabei völlig beruhigen. Ihr Kausalbedürfnis gegenüber dem Ungewöhnlichen ist zwar lebhaft, aber noch nicht tief und nachhaltig; sie sind wirklich in weit höherem Maße Augenblicksmenschen als die Psychoanalyse vermutet. Es liegt hier wieder die falsche Projektion von seelischen Verhaltungsweisen des Erwachsenen in das Kind vor.

Und gilt denn nicht das gleiche Gesetz – daß sich der kausale Gedanke nicht an Gewohntem, sondern an Neuem entwickle – auch für die Geistesgeschichte der Menschheit? Die mythologische Kausalerklärung knüpft stets an Erlebnisse an, die den Gang des Alltags durchbrechen, an elementare Naturereignisse und besondere Fügungen des Schicksals. Die alltäglich sich wiederholenden Ereignisfolgen werden dagegen zunächst als selbstverständlich hingenommen und bekunden sich lediglich in automatisch gewordenen Einstellungen der Erwartung und in Anpassungen des Handelns. Erst sehr viel später aber wird das Denken reif zur Erkenntnis, daß auch in diesen Alltäglichkeiten Kausalprobleme stecken. – Auch jede Einzelwissenschaft zeigt den gleichen Gang: sie entwickelt ihr Forschungsbedürfnis an den auffallenden, abnormen Erscheinungen ihres Gebiets und wendet ihr Interesse nur langsam den im Normalen liegenden Rätseln zu.

Die Kausalität, die zuerst dem menschlichen Denken zugänglich wird, ist also die individuelle Kausalität des besonderen Geschehens, nicht das allgemeine Kausalgesetz, daß gleichen Ursachen stets gleiche Wirkungen entsprechen. (Über die Anwendung dieses Denkprinzips vgl. die spätere Erörterung über die Transduktionsschlüsse S. 361).

Ferner ist das primitive Kausalbewußtsein vorwiegend anthropomorph; die Ursache wird als „Absicht“, das Geschehen als Zweckhandlung, als „Machen“ gedacht – auch dort, wo es sich nicht um Vorgänge des Menschenlebens handelt.

Piaget (I, 212ff.) hat bei einem Knaben (6;0 bis 7;0) alle spontanen Fragen während der Zeit von 10 Monaten aufgezeichnet. Unter den 1125 Fragen waren 360 „Warum“-Fragen. Von diesen bezogen sich 183 auf menschliche Motivationen, 90 zwar auf nicht-menschliche Dinge, aber unter dem vermenschlichenden Gesichtspunkt zweckhaften Machens. Nur 13 Fragen bekundeten das Bedürfnis nach mechanischer Kausalerklärung durch räumlichen Kontakt.

Piaget, der offenbar nur die letzte Art des ursächlichen Zusammenhangs als „Kausalität“ gelten läßt, nennt daher das Denken des Kindes „präkausal“. Diese Bezeichnung erscheint mir irreführend; das Kind hat ganz augenscheinlich das Bedürfnis, das Gegebene als „bewirkt“ durch irgend etwas aufzufassen; und hierin – nicht in der speziellen

Art des Wirkungszusammenhanges – liegt der eigentliche Keim des Kausalbewußtseins.

In einem Punkt kommt übrigens schon das Kleinkind gelegentlich zu einer sublimeren Auffassung der Kausalität: die Allgültigkeit des Kausalprinzips kann ihm schon relativ früh aufgehen. Und zwar zeigt sich dies in einem Gedankengang, der zweifellos nicht von außen dem Kinde zugetragen ist, sondern sich aus seinem Weiterdenkenwollen mit Notwendigkeit ergibt. Das Kind stößt hier nämlich auf die berühmte Antinomie, daß man einerseits zu irgendeiner Ursache, die man gefunden, wiederum eine noch weiter zurückliegende Ursache fordern müsse, und daß andererseits das Denken doch bei irgendeinem Letzten zur Ruhe zu kommen verlange. Ein erstes Anklingen jener Denkschwierigkeit dürfen wir wohl schon in folgendem Gespräch finden, welches Hilde 4;2 mit der Mutter führte:

Hilde: *Wer ist denn bei mir gewesen, als die Mutter klein war?* Mutter: „Da war die Hilde noch gar nicht da; als ich klein war, war ich bei meiner Mutter, der Großmutter." – *Wer war bei der Großmutter, wie sie klein war?* „Die Urgroßmutter." – *Und wer war bei allen Müttern?* – Freilich beruhigte sich das Kind mit der Antwort: „Jeder war immer bei seiner Mutter."

Deutlicher wird das Problem, wenn das Kind von Gott, als dem Schöpfer aller Dinge, erfahren hat. Damit ist ja sein Kausaltrieb bezüglich aller einzelnen Dinge und Vorgänge zunächst befriedigt – aber bezüglich Gottes selbst? „Die Frage: wer machte Gott?" sagt Sully[1], „scheint eine zu sein, zu welcher alle wißbegierigen jungen Geister auf einer gewissen Stufe des kindlichen Denkens kommen". Ob dies wirklich in der behaupteten Allgemeinheit der Fall ist, möchte ich bezweifeln; daß aber gelegentlich Kinder auf jenes Problem von selbst stoßen, mögen zwei Beispiele zeigen, die derselben Altersstufe entstammen.

Günther 5;4. „Dem Knaben war vor einigen Tagen die Schöpfungsgeschichte erzählt worden. Ohne weiter nach einzelnem zu fragen, muß ihm manches Problematische daran durch das Köpfchen gezogen sein; und unvermittelt brach eines Abends beim Waschen die Äußerung hervor: *wie das merkwürdig ist, daß sich der liebe Gott selber schaffen kann!*"

Der Gedanke der „causa sui" – jener Formel, mit der die größten Metaphysiker den Knoten der obigen Antinomie zu durchhauen versucht haben – ist hier vom 5½jährigen Kinde selbständig gefunden worden.

Das Ehepaar Katz berichtet (II, S. 124) folgendes Gespräch mit dem 5;5 alten Sohn:

[1] Dritte Auflage. S. 110.

Theodor: *Ist Gott geboren?* – Mutter: Ich erzähle es dir, wenn du größer bist. – T.: *Gott hat doch aber Menschen geschaffen, da muß er doch selbst geboren sein.*– M.: Gott ist nicht geboren und Gott stirbt nie . . . T.: *Wenn Gott nicht stirbt, dann sterben alle Menschen nie.*

Diese letzte Gedankenoperation des Knaben, ein ausgesprochener Transduktionsschluß, führt uns zum nächsten Abschnitt über.

3. Das Schließen des Kindes

Die eben besprochenen Funktionen des kausalen Denkens gingen zum Teil schon in der Form von Schlüssen vor sich; wir müssen aber diese höchste Art der Denkoperationen noch gesondert besprechen. Die Lehre vom Schluß ist bekanntlich der Grundstock der landläufigen Logik; aber nirgends zeigt sich der Unterschied zwischen logischer und psychologischer Betrachtungsweise so deutlich wie hier.

Alles Schließen ist ein Fortgehen des Denkens von gegebenen Urteilen zu neuen. Wir dürfen also psychologisch von wirklicher Schlußtätigkeit nur dann sprechen, wenn tatsächlich sowohl das Gegebene wie das Gefundene in der Form von Urteilen gedacht wird. Daher sind viele psychische Vorgänge, welche sich nachträglich ihrem logischen Effekt nach als Schlüsse darstellen lassen, psychologisch betrachtet keine solchen; und es ist irreführend, hierfür Bezeichnungen wie „unbewußte Schlüsse" (Helmholtz) anzuwenden. Gewiß kann man die Tatsache, daß schon das halbjährige Kind bei Annäherung eines kalten Waschlappens (also noch vor Berührung) zurückzuckt, als „Schluß" darstellen, etwa so: „Oft war dem optischen Eindruck des Waschlappens unmittelbar der unangenehme Eindruck der nassen Kälte gefolgt; jetzt ist wieder der optische Eindruck des Waschlappens da; also ist wieder die nasse Kälte zu erwarten." In Wahrheit aber ist kein einziges dieser drei Urteile vorhanden, sondern nur eine assoziative Ergänzung, die mit Denken überhaupt nichts zu tun hat (s. S. 83).

Schwieriger ist die Entscheidung, ob man von „Schlüssen" sprechen darf, in allen jenen Fällen, in denen lediglich das Endergebnis des Prozesses, also die sogenannte Konklusion, als Urteil ausgesprochen wird, nicht aber die Prämissen; solche Fälle bilden aber gerade in der frühen Entwicklung die Regel. Wenn Hilde 2;6 bemerkt, daß nicht wie sonst das Kindermädchen Bertha, sondern die Mutter ihr das Abendbrot zurechtmacht, und sie nun fragt: *Bertha weg?*, so kann eine solche Äußerung auf zwei Weisen zustandekommen. Entweder: das Sehen der Abendbrotvorbereitung rief assoziativ die Vorstellung des Mädchens hervor, und diese Vorstellung löst lediglich das negative Urteil des Vermissens als einzigen Denkakt aus; oder aber der Gedanke „sonst macht Bertha das Abendbrot" ist gedacht, nur nicht geäußert worden, und dieses latent gebliebene Urteil führt in regelrechtem Schluß zu der geäußerten Vermutung, daß dann wohl das Mädchen abwesend sein müsse. Karl Groos glaubt, daß allein die erste Erklärung zutreffe: das scheinbare Schließen sei nur ein einfaches Urteilen, und jene Prämissen würden höchstens nachträglich erst realisiert, wenn das Kind durch eine Frage (z. B. „warum soll denn Bertha weg sein?") veranlaßt würde, seine Vermutung zu begründen[1].

Nun wird Groos in vielen Fällen recht haben; aber es besteht gar kein Grund, die andere Möglichkeit auszuschließen. Das Nicht-Aussprechen des Urteils bedeutet doch noch nicht, daß es überhaupt nicht gedacht worden ist. Es entspricht vielmehr durchaus der Natur des Kindes, daß es Mittelglieder seines Denkens, die um ihrer selbst willen keine Bedeutung haben, unerwähnt läßt und nur das Endziel des Prozesses in Sprache umsetzt. Bei der Konklusion können wir feststellen, daß sie sowohl die „Denkschwelle" wie die „Sprechschwelle" überschreitet. Die Prämissen haben viel weniger Bewußtseinswucht; ob sie aber infolgedessen nur unter der Sprechschwelle oder sogar noch unter der Denkschwelle bleiben, ist in den genannten Fällen nicht festzustellen.

Karl Groos wird zu seiner Meinung wohl durch den Glauben veranlaßt, daß die Schlüsse des Kindes immer nur in der verkürzten Form des Ein-Urteil-Schlusses auftreten. Gewiß ist dies die primitivste Stufe, aber recht früh stellen sich auch ausgesprochene Mehr-Urteils-Schlüsse ein, an denen deutlich die verschiedenen Glieder der Gedankenkette erkennbar sind. So sagte Hilde (ebenfalls 2;6) einmal: *Kann nicht „morgen" sagen, hab so fette Hände.* Das sollte heißen: Meine Hände sind so fettig, daher kann ich sie dir nicht zum „Gutenmorgen"-Gruß geben. Und nach 3;0 kommen oft schon längere Schlußketten zum Ausdruck, die ganz spontan dem Denkbedürfnis des Kindes entspringen, nicht etwa erst durch Fragen der Erwachsenen herausgefordert werden.

Bezüglich der Schlußformen kehrt die psychogenetische Betrachtung diejenige der herkömmlichen Logik geradezu um. Denn jene Form, welche für die schulmäßige Logik den Grundtypus des Schließens überhaupt bildet, der Syllogismus, kommt für die Ent-

[1] I, S. 234ff.

wicklung des kindlichen Schließens erst ganz sekundär in Betracht. An zweiter Stelle steht in der Logik der induktive Schluß; er ist für das frühe Denken schon viel bedeutungsvoller. Aber die eigentlichen Anfänge des Schließens im Kinde haben es mit jenen Schlußformen zu tun, die als „Analogie"- und verwandte Schlüsse in der Logik nur eine recht dürftige Aschenbrödelrolle spielen. „Transduktionsschlüsse."

Da die frühen Urteile des Kindes fast ausnahmslos auf konkrete Einzeltatbestände oder Einzelbewertungen gehen, so ist zunächst weder ein Ableiten aus allgemeinen Urteilen (Deduzieren), noch ein Hinleiten zu allgemeinen Urteilen (Induzieren) möglich, vielmehr immer nur ein Überleiten von einem Einzelurteil zu einem ihm nebengeordneten Einzelurteil, also eine Denktätigkeit, die man am besten als „Transduzieren" bezeichnen könnte.

Diese Transduktionsschlüsse des Kindes lassen sich nun auf drei Unterformen bringen; die Gleichheits-, Verschiedenheits- und Ähnlichkeits-(Analogie-)Schlüsse.

Im ersten Falle wird von gleichen Bedingungen auf gleiche Folgen geschlossen. Hat z. B. ein Verwandter dem Kinde bei seinem letzten Besuch etwas mitgebracht, so wird es bei seinem nächsten Besuch leicht wieder ein Geschenk erwarten. – Auch im folgenden Beispiel führt eine frühe Wahrnehmung zu einer Verwertung der gleichen Umstände über:

Hilde (3;2). Längs des Balkongitters war aus irgendwelchen Gründen ein Stück Schnur gezogen worden. Darauf fragte sie: *Was hängt denn hier? Zu de Wäsche hier auflegen?*

Solche und ähnliche psychische Prozesse laufen vom dritten Jahr an täglich in großer Zahl ab; aber ihr eigentlich intellektueller Gehalt ist meist dürftig, oft geradezu gleich Null. Denn in der Tat kann ja eben wegen der Gleichheit der Voraussetzungen das Endergebnis rein assoziativ hervorspringen. Die Kraftökonomie des Bewußtseins verzichtet auf die Denkanstrengung, wo der Vorstellungsverlauf dasselbe leistet. Daher gilt vom Schließen entsprechendes wie vom kausalen Denken: die eigentliche Denkarbeit setzt erst ein, wo der assoziative Ablauf durch neue Erlebnisse unterbrochen oder zum mindesten gehemmt wird.

Darum sind die Verschiedenheitsschlüsse viel ausgesprochenere Intelligenzakte. Weicht die gegenwärtige Situation von der gewohnten charakteristisch ab, so kann das Kind veranlaßt werden, ebenfalls abweichende Konsequenzen daraus zu ziehen oder abweichende

Hypothesen darüber zu machen. Daß hierbei der Schluß oft genug an Stelle positiver Behauptung die vorsichtige Frageform annimmt, ändert an seinem denkpsychologischen Charakter nichts Wesentliches.

Hilde (3;0). „Der Vater lag auf einem Liegestuhl auf dem Balkon; das Kind saß, ihm den Rücken kehrend, auf seinem Schoß. Als Schutz gegen die Sonne war über den beiden ein Schirm aufgespannt, dessen Stock (dem Kind unsichtbar) am Geländer des Balkons eingeklemmt war, so daß er nicht gehalten zu werden brauchte. Als nun der Vater mit seinen beiden Händen die des Kindes faßte, rief dies sofort: *is der Schirm alleine?* Da der Vater beide Hände frei hatte, schloß Hilde, daß der Schirm nicht wie gewöhnlich in der Hand gehalten sein kann."

Scupins Sohn 3;6. Der Knabe bemerkte auf einer Brücke zum ersten Male, daß das Wasser des Flusses in Bewegung sei, und fragte, wo es hinflösse. Als ihm nun die Mutter erzählte, daß alles Wasser einem großen Becken, dem Meere zuströme, erwiderte er: *Nu, wenn aber das ganze Wasser ausgefließt ist, dann können doch die Schiffe gar nicht mehr schwimmen.* (II, S. 133.)

Ein Jahr später hatte derselbe Knabe ein längeres Gespräch mit dem Vater über einen auf dessen Schreibtisch liegenden Totenschädel. Er hatte den Schädel schon oft gesehen; aber erst 4;8 fragte er nach dessen Ursprung. Als er erfahren hatte, daß er von einem toten Menschen stamme, meinte er sogleich: *Warum ist der arme Mann denn kein Engel geworden; hier ist doch der Kopf?* Da er also voraussetzte, daß der ganze Mensch nach dem Tode in den Himmel komme, so schließt er aus dem auf Erden gebliebenen Kopf, daß ein Engelwerden nicht stattgefunden haben könne. (II, S. 133.)

Ein höheres Entwicklungsstadium des Verschiedenheitsschlusses wird durch folgendes Beispiel gekennzeichnet:

Günther 4;10. Bei Tisch machten wir spielende Zählversuche mit ihm, und er zählte die Wangen der fünf am Tisch Sitzenden richtig als 10. Die nächste Frage: Wieviel Augen haben wir alle zusammen?" beantwortete er analog und richtig wiederum mit 10. Bei der weiteren: „Wieviel Köpfe?" sagte er auch zunächst zehn, verbesserte sich sofort: *Ach nein, ich will mal zählen* – und er zählte fünf. Als er nun gefragt wurde: „Wieso haben wir zehn Backen und nur fünf Köpfe?" kam die Antwort: *Weil Backen immer zwei sind und Köpfe immer einer.* Diese Verschiedenheit am Einzelindividuum hatte ihn also – nach einer kurzen Verwirrung – zu der Einsicht geführt, daß auch die Summe verschieden sein müsse.

Zuweilen nehmen die Verschiedenheitsschlüsse geradezu den Charakter der Gegensatzschlüsse an: Wenn *a* auf *b* zurückgeführt wird, so muß non-*a* auf non-*b* zurückführbar sein – und umgekehrt.

So machte unsere Eva 2;10½ einen Schluß vom Negativen aufs Positive.

Die Mutter lag wegen Unpäßlichkeit zu Bett. Eva zum Vater: *Warum liegst du nicht zu Bett?* Vater: „Weil ich nicht krank bin." Eva zur Mutter: *warum liegst du im Bett?* Mutter: „Nun warum wohl?" Eva: *weil de krank bist.*

Noch spontaner verlief ein ähnlicher Schluß bei Hilde 3;8.

„Der Vater ließ sich mittags nur ein wenig Gemüse auf den Teller geben und gab auf Hildes Fragen als Grund an, er habe zuviel gefrühstückt. Hilde: *Da haste nur wenig Hunger, und da ißte nur wenig.* Dann bemerkte sie, daß die Mutter mehr Gemüse auf dem Teller habe, und schloß nun sofort auf deren geringeren Frühstückskonsum: *Da haste nur wenig Schnitten gegessen?*"

Die Analogieschlüsse bilden eine Verbindung der beiden bisher genannten Arten, indem an Verschiedenem gewisse Übereinstimmungen bemerkt und daraufhin weitere Entsprechungen gefolgert werden.

Eva 3;7. „Als die Mutter sagte, sie wolle sich in die Hängematte legen, meinte Eva bedenklich: *Da wird se gewiß platzen. Wo de Else drin saß, is se auch geplatzt, und du bist doch so groß wie die Else.*"

Ist in der Wolke Gas, damit sie fliegen kann? fragte Scupins Sohn 5;1; er wußte jedenfalls, daß die Luftballons durch Gas zum Schweben gebracht werden. (II, 167.)

Das Hauptanwendungsgebiet für Analogieschlüsse bietet dem Kinde der Vergleich seiner selbst mit anderen Menschen, und zwar hinüber und herüber.

So schließt Scupins Sohn von sich aus, daß zu dem obengenannten Totenschädel auch noch ein Skelett gehören müsse (4;8): *Wo ist aber der Knochen, der drin im Bauch ist? Und* (statt „denn") *in meine Beine sind doch Knochen und hier im Arm auch.* – Die umgekehrte Richtung von anderen zu sich selbst nimmt der Schluß bei Günther (4;6): Als er abends beim Waschen seine Brustwarzen bemerkte, fragte er stockend: *Können Männer auch kleinen Kindern Milch geben?* Und als dies verneint wurde, kam die verständige Kausalfrage: *Aber warum haben dann Männer eine Brust?*

Derartige Vergleiche des Kindes selbst mit anderen werden aber vor allem hervorgerufen durch die Beobachtung, daß die Menschen in verschiedenen Altersstufen Verschiedenes tun können und verschieden aussehen; sobald dies bemerkt ist, beginnt das Verhältnis von groß und klein, die Erwartung des eigenen Größerwerdens und der damit verbundenen Veränderungen das Kind auf das lebhafteste zu beschäftigen. Allen Variationen dieses unerschöpflichen Themas aber liegt der Analogieschluß zugrunde.

So schließt Scupins Sohn (3;3), nachdem er sich längere Zeit mit des Vaters Bart beschäftigt hatte: *Und mein Bart ist noch drin in der Haut.* (II, 25.)

Um 3;5 häufen sich bei Hilde Äußerungen wie: *Wenn ich groß bin, da wer ich strükken* (stricken) *lernen.* – *Wenn ich groß bin, da kann ich allein die Türe aufmachen* usw. – Günther fragte (4;7) bei Betrachtung eines Heiligenbildes: *Wenn ich auch einmal so fromm sein werde, wie der Jesus, bekomme ich da auch so einen schönen Schein um den Kopf?*

Umgekehrt kann sich ein noch nicht dreijähriges Kind schon groß fühlen gegenüber dem halbjährigen Bruder. Der Vater fragt Hilde (2;9): „Soll Günther Kuchen essen?" Antwort: *Gar nicht.* Vater: „Aber hat er denn nicht Hunger?" Antwort: *n' groß is* (= wenn er groß ist), *dann eßt er.*

Hilde 3;2. „Der Vater amüsiert sich über die hitzige Gier des kleinen Bruders, der gefüttert wird. Da muß er sich von Hilde altklug belehren lassen: *Morgen früh* (= früher), *wenn de klein warst, da machst de auch immer so.*"

Rasmussen berichtet von seiner Tochter Ruth folgende intelligente Bemerkung (Altersangabe fehlt; ungefähr 6 Jahre): Die jüngere Schwester hatte etwas verkehrt gemacht. Darauf Ruth: *Nein Sonja, das hätte ich nicht getan, wenn ich du wäre ... aber wenn ich wirklich du wäre, hätte ich es ja doch getan.* (II, S. 186.)

Zwischen den bisher besprochenen Transduktionsschlüssen, die nur aus Einzelurteilen bestehen, und jenen Schlüssen, in denen auch allgemeine Urteile vorkommen (den Induktions- und Deduktionsschlüssen) ist die Grenze nicht scharf zu ziehen. Denn es ist sehr wohl möglich, daß im transduktiven Denken die beiden Einzelurteile nicht den einzigen Denkinhalt bilden, sondern daß bereits ein allgemeines Urteil als Zwischenglied mitwirkt, ohne aber ausgesprochen zu werden. Der Knabe z. B., der vom Bart des Vaters schließt, daß er selbst später einmal einen Bart bekommen würde, mag vielleicht den Zwischengedanken haben: alle Männer haben Bärte; in diesem Falle wäre der Schluß vom Bart des Vaters auf den Bart aller Männer induktiv, der vom Bart aller Männer auf seinen eigenen künftigen Bart deduktiv. Und da nun schon die seelische Ökonomie bewirkt, daß Zwischenglieder oft nicht zur Äußerung gelangen, so mögen in der Tat manche scheinbaren Analogie- und Verschiedenheitsschlüsse, namentlich in den etwas höheren Jahrgängen, solche versteckten induktiv-deduktiven Schlüsse sein.

Indessen darf man dies keinesfalls als eine allgemeine Regel ansehen. Das unmittelbare Überspringen von einem konkreten Einzelurteil zu einem anderen gleicher Art ist zweifellos die primitivere Form; und wir sind auch bei genauerer Beobachtung imstande, zu verfolgen, wie sich die Fähigkeit zum Generalisieren nur ganz allmählich entwickelt[1].

Wir hatten schon früher (S. 337) von den „Pluralbegriffen" gesprochen, in denen die Gleichartigkeit vieler Gegenstände gedacht wird, ohne daß aber zu ihrer Zusammenfassung in einen Gattungsbegriff geschritten wurde. Diese Zusammenfassung ist nur in einem allgemeinen Urteile möglich, das auf induktivem Wege gewonnen wird; und nun zeigt sich, daß in einer bestimmten Phase der Entwicklung das Kind zu dieser Verallgemeinerung noch nicht fähig ist, selbst wenn sie ihm nahegelegt wird.

Hilde 3;6. „Beim Besehen eines Tierbilderbuches begann sie bei einem Vogel zu fragen, ob er auch Eier lege. Mutter: „Ja, alle Vögel legen Eier." Dieser allgemeinen Bejahung aber war sie noch nicht zugänglich, denn sie wies mit dem Finger

[1] Vgl. zu diesem Thema auch die Abstraktionsversuche von Eliasberg, die im Kap. XXIX, 1c besprochen werden.

auf jeden folgenden Vogel, immer wieder von neuem fragend: *Legt der auch Eier, der auch?* Immer wiederholte die Mutter: „Ja, alle Vögel legen Eier" – aber erfolglos."

Doch bereits 3;8 treten die ersten Anzeichen der Generalisation auf. „Als ihr im Scherz von jemand eingeredet wurde, das auf dem Tisch stehende Fleisch sei kein Braten, sagte sie: *Das nenne ich Braten, Mama auch, alle nennen es so.*" – „Bald darauf bemerkte sie ein braunes Pferd mit einem weißen Stirnfleck und fragte: *Haben alle Pferde weiße Flecken?*"

Etwas früher schon (3;5) wurde eine ganz entsprechende Frage bei Günther notiert, als er einen Schrank mit Glastüren sah: *Sind in alle Schränke immer so Glässe?*

Freilich, diese Verallgemeinerungen haben nur einen sehr geringen logischen Wert; schon die Frageform zeigt, daß es sich noch nicht um eine wirkliche, induktiv gewonnene Überzeugung handelt, sondern nur um eine vage Vermutung, die zudem durch eine ganz vereinzelte momentane Wahrnehmung veranlaßt wird. Eigentliche Induktion in dem Sinne, daß das Gemeinsame einer Reihe von Beobachtungen zu einem allgemeinen Satz verdichtet und dessen Gültigkeit auch für alle weiteren Fälle gefordert wird, scheint normalerweise erst gegen Ende des fünften Lebensjahres vorzukommen. Hierzu seien mehrere Beispiele genannt, die wiederum verschiedene Entwicklungsphasen der Induktion darstellen.

Im ersten Falle kam die Induktion erst auf äußeren Anreiz hin zustande.

Bei dem S. 358 erwähnten Zählspiel (4;10) wurde Günther u. a. nach der Zahl seiner Finger gefragt. Er zählt sie: 10. „Wieviel Finger hat Hilde, Eva, das Dienstmädchen?" Jedesmal sagte er jetzt 10, ohne zu zählen, vollzog also den Analogieschluß. Als er so die Zehnzahl der Finger von vielen Menschen gefunden hatte, sah ihn die Mutter fragend an: „Also . . .?" Und schwerfällig kam die Antwort: *Also . . . haben eben alle zehn Finger.*"

Der andere Fall von Hilde ist deswegen besonders lehrreich, weil wir über das Verhalten des Kindes zu einem bestimmten Problem – daß das Wasser die Farbe des Gefäßes anzunehmen scheine – Beobachtungen aus zwei verschiedenen Entwicklungsphasen haben; in der einen bleibt sie bei der Analogiesetzung stehen, in der zweiten schreitet sie selbständig zur Induktion fort.

3;5½. Hilde bekam ihr Trinkwasser in ein blaues Glas gegossen, während wir farblose Gläser hatten. Da meinte sie: *Wenn's Glas blau ist, da ist das Wasser blau.* Wir zeigten auf unser Glas: „Und wie ist das Wasser hier?" *Da ist das Glas weiß, und da ist das Wasser weiß.* In schärferer Zuspitzung ist selten ein reiner Analogieschluß ausgesprochen worden.

1½ Jahr später (4;10) wurde ihr das Wasser zum ersten Male in einer Nickeltasse verabreicht. Wir anderen hatten wieder gewöhnliche Gläser. Diesmal bemerkte nun das Kind: *wo das Wasser rein kommt, was von Silber ist, oder auch gelb, so sieht dann immer das Wasser aus. Und dabei ist es doch immer weiß. Woher kommt denn das so?* Sie konstatiert also, daß das Wasser zwar immer weiß (d. h. farblos) ist, und doch immer so aussieht, wie das Gefäß, in das es hineinkommt – eine völlig durchgeführte Induktion.

Der Sohn von Katz zog 5;4 folgenden Schluß (D. und R. Katz II S. 117).

Die Mutter sagte dem Fräulein, es sei 10 Uhr. Diese erwiderte, ihre Uhr sei erst ½10. Darauf die Mutter: die Uhr bei meinem Mann und mir ist 10; ich denke, daß es doch stimmt. Nun fällt der Knabe ein. Theodor: *Ja Mami, bei Tante O. ist die Uhr falsch.* Mutter: Warum meinst du? Theodor: *ja, weil 2 Uhren 10 sind und eine Uhr ½10.* Es wird also aus der Mehrheit der Uhren der Schluß gezogen, daß diese die richtige Zeit zeigen.

Einen sehr weit fortgeschrittenen Grad der Verallgemeinerungsfähigkeit zeigt endlich das folgende Beispiel.

Günther 5;5. Hilde hatte sich beklagt, daß sie auf etwas Gutes warten müßte, was G. sich schon schmecken ließ; darauf hatte sie der Vater an das Sprichwort erinnert: Wer zuletzt lacht, lacht am besten. Kurz darauf aß G. von seinem Setzei zuerst die (besserschmeckende) Dotter, dann das Eiweiß. Als ihm dies vorgehalten wurde, sagte er: *das könnte auch ein Sprichwort werden: erst ißt man das schlechte, dann das gute.*

Wir haben es hier mit einer doppelten Verallgemeinerung zu tun: der allgemeine Sinn dessen, was man ein „Sprichwort" nennt, wird verstanden; und die konkrete Erfahrung an dem Ei wird zum allgemeinen Satz erweitert.

Die Anwendung reiner Deduktionsschlüsse ist beim Kinde seltener. Dies mag weniger an ihrer logischen Schwierigkeit als an den natürlichen Denkbedürfnissen liegen; denn wo das Kind etwas Besonderes konstatiert, hat es nur selten Veranlassung zum Erwähnen der allgemeinen Voraussetzungen, aus denen es abgeleitet sein mag. Ja, meist wird dem Kinde jene allgemeine Voraussetzung überhaupt erst dann bewußt werden, wenn es durch Fragen veranlaßt wird, seine speziellen Behauptungen oder Überzeugungen zu begründen.

Eva 3;1. Mutters Schleppkleid wurde betrachtet. Vater fragt Eva im Scherz: „Ist das dein Kleid?" E. (lachend): *So'n Riesenkleid können doch Kinder nicht anziehen!* Vater: „Ist das Kleid für mich?" E. (wieder lachend): *Onkels* (allgemeine Bezeichnung für Männer) *tragen doch keine Kleider!* Vater: „Bin ich denn ein Onkel?" E.: *Du bist doch der Vater, da bist du doch ein Onkel.* – Bemerkenswert ist, daß bei der ersten und zweiten Antwort die Schlußfolgerung selbst – als selbstverständlich – unausgesprochen bleibt; nur der allgemeine Obersatz wird jedesmal gesagt: „Kinder können nicht Riesenkleider tragen" und „Männer tragen keine Kleider". In der letzten Antwort bleibt der Obersatz (alle Väter sind Männer) zwar unter der Sprachschwelle; daß er aber mitgedacht ist, geht aus dem einwandfreien Vollzug der Subsumption deutlich hervor.

Scupins 4;1. Der Knabe hatte Eicheln erhalten, die er einpflanzen wollte, damit Bäume daraus werden. Da erinnert er sich einer Äußerung der Mutter, „daß die Mücken immer aus Bäumen kämen". Darauf fuhr er fort: *Nu, da sind wohl in den Eicheln auch Mücken drin? Aus'n Eicheln werden doch immer Bäumen; und da müssen doch auch Mücken drin sein.* – Das „müssen" im letzten Satz läßt erkennen, daß der Knabe schon ein Gefühl für die Notwendigkeit des Deduktionsergebnisses hat.

Zum Schluß eine Probe für eine ungewöhnliche Schlußweise, deren Analyse dem Scharfsinn des Lesers überlassen bleiben mag. Es wird nur ein einziges Urteil vom Kinde ausgesprochen; dies setzt aber namentlich wegen des selten vorkommenden partikular-negativen Subjektbegriffs, eine ziemlich verwickelte Denktätigkeit voraus.

Hilde 5;2. „H. wußte, daß die Großmutter ein Uhrarmband besitze; an anderen hatte sie noch keines gesehen. Nun hörte sie eines Tages, wie der Vater zur Mutter sagte: „Du mußt auch ein Uhrarmband haben." Darauf H.: *Haben das auch manche, die nicht Großmutter sind?*"

4. Denkaufgaben

Etwa vom fünften Jahre an gehen geweckte Kinder gern darauf ein, wenn man ihnen Aufgaben stellt, die Nachdenken erfordern. Der Wechsel zwischen Spannung und Lösung kann eine oft geradezu aufgeregte Spielfreude erzeugen; und wenn das Kind, solange es die Frage noch nicht beantwortet hat, die Überlegenheit des wissenden Erwachsenen empfindet, so bereitet dann das Finden des Ergebnisses um so größere Genugtuung; das eigene kleine Selbst fühlt sich jetzt auf das gleiche Niveau mit dem Frager gehoben. Andererseits aber suchen die Kinder auch die Vorteile des Aufgabenstellers an sich selbst zu erleben; sie examinieren oder geben Rätsel auf und kommen sich dabei außerordentlich klug und überlegen vor. Endlich gibt es auch eine dritte Möglichkeit: das Kind stellt sich selbst Denkaufgaben und macht sich mit Eifer an ihre Lösung. Diese Denkleistungen stehen zweifellos höher als die beiden anderen; denn sie erfordern sowohl die Originalität des Erfindens von Denkzielen, wie die zielstrebige Durchführung der einmal gesetzten Aufgabe. Innerhalb der uns angehenden Altersstufen ist die letztgenannte Art von Denktätigkeit wohl nur bei Kindern von besonders starker Begabung und besonders lebhaftem geistigen Interesse zu finden.

Übrigens gilt für alle Denkaufgaben, daß die Höhe der Leistung recht stark von äußeren Einflüssen mitbedingt ist; namentlich spielt es eine größere Rolle, ob in Kinderstube und Kindergarten oft Denkspiele mit den Kindern getrieben worden sind.

Das ganze Gebiet der spielhaften Denkaufgaben ist bisher von der

Kinderpsychologie noch wenig untersucht worden, und auch wir müssen uns damit begnügen, einiges Anschauungsmaterial mitzuteilen.

Zuerst zwei Beispiele für Denkaufgaben, die von den Erwachsenen gestellt, von den Kindern gelöst werden.

Eva 5;0 (Günther 7;5). „Heut Mittag machten wir mit Eva den Versuch mit Addition ungleichnamiger Dinge. „Was ist ein Tischtuch und eine Serviette?" Eva sagt nur: *zwei*; auf unsere Frage: „Was für zwei?" findet sie noch keine Antwort. Sie versteht augenscheinlich noch nicht den Sinn der Frage. Günther greift ein: 2 *Tücher*.

Nun fragen wir Eva weiter: „Ein Auge und ein Ohr!" Jetzt antwortet sie richtig: 2 *Sachen von Gesicht*. (Günther: 2 *Körperteile*.) „Ein Apfel und eine Birne?" Eva: 2 *Obst*. (Günther: 2 *Früchte*.) „Ein Glas und eine Tasse!" Eva: 2 *Geschirrsachen*. Darauf Günther bewundernd: *Ach, ich hatte noch nichts gefunden!*

„Eine Brosche und eine Uhr?" Eva: 2 *bunte Sachen*. Günther: 2 *nützende Sachen*. (Günther hatte immer mit seiner Angabe gewartet, bis Eva gesprochen hatte.)

Die eigentliche Intelligenzleistung dabei liegt weniger in den einzelnen an sich richtigen Antworten, als in der Schnelligkeit, mit der Eva nach dem ersten Mißerfolg und Günthers Unterstützung erfaßt hatte, worauf es ankam."

Katz' Sohn 5;5. (D. und R. Katz II.) – Vater und Sohn Theodor in der Eisenbahn. Vater (fragt im Scherz): Hat der Eisenbahnwagen Augen? T. *Ja, es sind die Puffer*. V. Und der Mund? T. *Es ist der Strich darunter* (die horizontale Linie, die den Waggon abschließt). V. (auf das Gepäcknetz zeigend): Und das? T. *Ist das Gehirn*. V. Die Arme? T. *Die Türen*. V. Die Beine? T. *Die Räder*. V. Der Vater? T. *Die Lokomotive*. V. Die Mutter? T. *Der Kohlenwagen*. V. Was frißt der Zug? T. *Die Menschen, die er dann wieder ausspuckt*. (Nach Überlegung): *Die anderen Züge sind seine Brüder*. – „Frage und Antwort folgten einander Schlag auf Schlag. T. hatte aufrichtige Freude an diesem intellektuellen Spiel."

Die folgende Probe zeigt sowohl das Kind wie die Erwachsenen als Steller von Denkaufgaben.

Scupin 5;7½. „Heute fragte er Lottchen, als wir von fern einen Kahn am Ufer erblickten: *Na Lottel, wie mag das wohl sein, daß jetzt der Kahn so klein aussieht, und wenn wir nahe hinkommen, ist er so groß?* Er freute sich, daß sie es nicht wußte und er ihr mit breiter Umständlichkeit erklären konnte daß alles von fern Gesehene kleiner aussieht. – Um das Nachdenken des Knaben zu fördern, fragen wir mitunter auch bei ganz geschickten Fragen zurück; also als Bubi wissen wollte, warum die meisten Baumstämme am Oderdamm auf der einen Seite so schwarz aussehen, auf der andern aber mehr grün, ließen wir ihn mal selbst überlegen, woran das liegen könnte. Der Knabe dachte nach und sagte dann: *Etwa weil von der Seite der Schnee kommt und von der nicht?*"

Denkaufgaben, die ein Kind sich selbst stellt, bringt die nächste Aufzeichnung; und zwar handelt es sich hier um die Probleme des Rechnens, für die Günther in seinem 6. Jahre ein ganz spontanes Interesse zeigte.

Günther 5;7½. G.s Lust am Rechnen ist merkwürdig groß. Dabei unterstützen wir ihn sehr wenig in seinen Rechenversuchen, und er stellt sich, nach der Methode der Selbsthilfe, selbsterfundene Aufgaben. Typisch ist hierfür die Reihenform; er kommt von einer Aufgabe zur anderen durch eine Art Analogieverfahren; z. B. *1 und 1 ist 2*; *2 und 2 ist 4*; *4 und 4 ist 8*; *8 und 8 ist 16* usw. Gestern sagte er plötzlich: *9 und 8 ist 17*. Mutter: „Wie hast du das gerechnet?" Die etwas unbeholfene Antwort lautete: *nu 9 und 9 ist doch 18, da ist 9 und 8 17.*

„5;8½. Sein Rechentrieb ist unbezähmbar; immer wieder versichert er uns, wie schön das Rechnen sei. Er beginnt zu teilen, z. B. die Hälfte von 60 ist 30; macht Entdeckungen wie: *2 und 2 ist 4 und 2 mal 2 ist 4*; *aber bei 3 und 3 und 3 mal 3 ist es nicht so* – und wundert sich darüber... Alles gestaltet sich ihm zu einer Aufgabe. Eva hat auf ihrer Serviette zufällig die Nummer 9, Günther die 3 stehen. Eva sagt im Scherz: *Ach, ich bin schon 9 Jahr.* Darauf Günther: *Ach, ich bin erst 3 Jahr alt*; *dann ist ja die Eva 6 Jahr älter als ich.* – Oder er rechnet nach, wie alt Eva sein wird, wenn er so und so alt sein wird."

Endlich einige Proben von Rätselspielen, bei denen dem Rätsel-Raten das Rätsel-Ausdenken zur Seite tritt.

Ein großer Teil der Kinderrätsel hat eine primitive dialektische Gestalt: in der Aufgabe ist ein schroffer Gegensatz gegeben (z. B.: „welcher Ring ist nicht rund?" Oder „Es hat einen Hals und kann doch nicht sprechen; was ist das?"); die Lösung („Hering", „Flasche") verwandelt dann die Antithesis in eine Synthesis. Schon an verschiedenen Stellen haben wir die Vorliebe der Kinder für die so sinnfällige logische Gestalt der Antithetik festgestellt[1]; beim Rätsel findet die Freude daran noch ihre Steigerung durch die endliche Auflösung in einer überraschenden Verknüpfung.

Sehr merkwürdig sind die vom Kinde selbst erfundenen Rätsel; sie sind nämlich meist unlösbar. Dem Kinde erscheinen seine eigenen gedanklichen Zusammenhänge zwischen der geäußerten Aufgabe und dem Rätselwort selbstverständlich; es ahnt nicht, daß dem Hörer die Möglichkeit fehlt, die krausen Gedankengänge und -Sprünge in sich nachzubilden.[2]

Günther 4;4½–6. Bei Spaziergängen gaben wir den Kindern einfache Rätsel auf, und zwar in der antithetischen Form wie: Es kann schlagen, aber es hat keine Arme (Uhr). – Die Kinder wurden dadurch angeregt, ihrerseits Rätsel auszudenken; und von Günther wurden folgende notiert: *Es ist groß, aber es ist keine Stadt* (Auflösung: der Himmel). – *Es ist fein, aber es ist kein Gold.* (Auflösung: die Hochzeit einer Tante, bei der er anwesend war.) – *Es ist ein Berg und doch nicht Erde.* Wir rieten „Pfefferkuchenberg" und ähnliches; darauf er: *ach wo, es ist ja am Menschen.* Gemeint war „Nase". – *Es ist groß und ist zu essen.* (Auflösung: Pfefferkuchenhaus.)

---

[1] Vgl. S. 343.

[2] Dies trifft nicht zu bei einem Rätsel, das der 5jährige Sohn des Ehepaars Katz seiner Mutter aufgab: T. *Mama, was ist größer als ein Elefant, aber es ist kein Tier und kein Mensch?* Mutter: ein Kirchturm. T. *Ja.*

Günther 4;9 gibt Hilde Rätsel auf. Wir hörten u. a. das folgende, dessen Lösung einen sonderbaren Gedankensprung zeigt: *es ist ein Haus, aber man kann nur auf dem Dach gehen.* Weder Hilde, noch die erwachsenen Zuhörer konnten es raten; schließlich gab er die verblüffende Lösung: *nu, de Tauben können doch nur auf dem Dach gehen!*

Günther 5;1. Die Mutter unterhielt sich mit ihm über das Liedchen „Ein Männlein steht im Walde", das mit dem bekannten Rätsel schließt: „Wer mag wohl das Männlein sein ...?" (Auflösung: Pilz.) Bei dieser Gelegenheit wurde er gefragt, was denn eigentlich ein Rätsel sei. Nach einiger Überlegung gab er folgende Erklärung: *wenn man was sagt und man muß lange, lange drüber denken, bis man's raus hat.* (Das erste „man" bezeichnet den Aufgeber, die beiden anderen den Rater.)

Kapitel XXIX

Experimentelle Untersuchungen der Denkfähigkeit

Kindliche Denkleistungen sind mehrfach vergleichenden Untersuchungen mit Hilfe von Testmethoden unterzogen worden. Einige von diesen wurden schon früher besprochen, denn bei den Prüfungen der Sprachfertigkeit (S. 151ff.), den Bildauffassungsversuchen (S. 170ff.) und den Aussageexperimenten (S. 224ff.) waren ja kindliche Denkvorgänge stark beteiligt.

Über drei weitere Versuchsgruppen berichtet dies Kapitel; die zwei ersten beziehen sich auf Denkleistungen spezieller Art, die letzte auf die Feststellung der allgemeinen Intelligenz.

1. Abstraktionsversuche bei Kindern

Gewissen Anregungen der Würzburger Schule Külpes verdanken die sogenannten „Abstraktions"-Experimente ihren Ursprung, die zuerst an Erwachsenen, dann an Schulkindern, schließlich an noch jüngeren Jahrgängen angestellt worden sind. Der Ausdruck Abstraktion hat bei diesen Experimenten eine ganz bestimmte Bedeutung; er bezeichnet diejenige Denkleistung, durch welche aus mehreren Eindrücken das Übereinstimmende herausgehoben, das Nichtübereinstimmende vernachlässigt wird. Die Kindesuntersuchungen haben die Aufgabe, festzustellen, wann die abstrakte Beziehung „Gleichheit" denkend erfaßt wird, und in welcher Form sich diese Gleichheitserfasung entwickelt.

a) Form-Farb-Vergleichungen. Die Aufgabe besteht darin, aus Figuren, die entweder in der Farbe oder in der Form, – nie in beiden zugleich – übereinstimmten, die „gleichen" herauszufinden.

Aber gerade diese – zuerst von Katz (I) unternommenen – Versuche zeigen die besonderen Schwierigkeiten, die einem Experimentieren am Kleinkind entgegenstehen (s. S. 20). Eine geringe Änderung in der Versuchsanordnung oder in der Art, mit dem Kinde zu sprechen, kann stärkste Abweichungen in den Resultaten der einzelnen Forscher herbeiführen.

Katz, der mit geometrischen Figuren arbeitete, fand folgendes:

Den Kindern wurden verschiedene Figuren verschiedener Farbe vorgelegt („Nebenfiguren"), z. B. drei rote Dreiecke und drei grüne Kreise. Sodann wurde ihnen eine Figur gezeigt, die mit der einen vorgelegten die Farbe, mit der anderen die Form gemeinsam hatte, z. B. ein roter Kreis („Hauptfigur"). Nun verlangte der Experimentator, daß das Kind ihm eine von den Nebenfiguren gebe, die „genau so aussehe" wie die gezeigte Hauptfigur. Die Kinder waren dadurch gezwungen, trotz der nur teilweisen Ähnlichkeit auf eines der übereinstimmenden Merkmale zu achten und nun entweder eine Nebenfigur gleicher Form zur Hauptfigur, oder eine gleicher Farbe herauszusuchen. Stimmte das Auswahlprinzip eines Kindes in einer größeren Reihe von Versuchen überein, so war dies ein Beweis dafür, daß die Kinder nicht blindlings nach einer beliebigen Figur gegriffen, sondern die Gleichheit eines Merkmals beachtet und berücksichtigt hatten. Der Versuch hatte schon von der Altersstufe 2;9 an positiven Erfolg. Bis zum Alter von 4;8 war ausnahmslos die Gleichheit der Farbe als Auswahlprinzip maßgebend – trotz der starken Abweichung der Formen; von 4;10 an finden sich einige Kinder, welche formgleiche, aber verschiedenfarbige Figuren darreichten.

Weiterhin ist Volkelt bei ähnlichen, aber noch exakter ausgestalteten Versuchen zu gleichen Ergebnissen gekommen. Ja, bei ihm war die Bevorzugung der Farbgleichheit noch stärker; und wenn er dann durch Änderungen des Versuchs die Kinder allmählich zur Beachtung der Formgleichheit überzuführen suchte, so war die Zähigkeit überraschend, mit der sie an der einmal gewonnenen Einstellung auf Farbe hafteten.

Zu ganz anderen Ergebnissen kam dagegen die Gräfin Kuenberg, die mehrere Methoden anwandte.

Eine von diesen sollte an einem noch nicht zweijährigen Kinde die Vorstufen der Gleichheitserfassung prüfen. Das Kind spielte gern mit Schachteln, denen es den Deckel aufsetzte. Es wurden nun Schachteln verschiedener Form und Farbe hergestellt, diese und ihre Deckel durcheinandergemischt dem Kinde vorgelegt und nun zugesehen, ob das Kind zu jeder Schachtel den dazugehörigen Deckel fand. Es konnte nun in einer Reihe von Versuchen schon ein gewisser Aufstieg festgestellt werden. Zuerst griff das Kind ganz mechanisch ohne Besinnung zu, wobei natürlich viele falsche Zusammenstellungen vorkamen; später gab es schon hier und dort ein Suchen des richtigen Deckels und ein Ablehnen im Falle eines Nichtpassens; es war also während des Spiels selbst ein gelegentliches Bewußtwerden der Gleichheitsforderung zu bemerken. Ganz deutlich war – im Gegensatz zu Katz – die geringere Beachtung der Farben; oft wurden Deckel und Schachtel zusammengebracht, die der Form nach zusammen paßten, aber von verschiedener Farbe waren.

Eine andere Versuchsserie arbeitete mit Kindern zwischen 2;5 und 3;11. Aus weißem Karton waren kleine sinnlose Figuren geschnitten. Dem Kinde wurden zwei Paar solcher Figuren vorgelegt; eine Figur war in beiden Paaren gleich, die andere verschieden. Nun wurde aus dem einen Paar die „gleiche" herausgenommen und das Kind aufgefordert, noch „so eins" zu geben. Der Versuch gelang in der weitaus größten Zahl der Fälle, und zwar meist schnell und ohne Besinnen. Sodann wurde der Versuch durch Verschiedenfarbigkeit der Figuren kompliziert. Die zwei gleichgeformten Figuren waren verschieden gefärbt, während die eine von ihnen mit einer formverschiedenen Figur gleiche Farbe hatte. Aber auch jetzt reichten die Kinder in $^2/_3$ aller Fälle die formgleiche Figur; sie achteten also nicht auf die Farbenverschiedenheit. Diese Reihe lehrt also wiederum, daß die isolierende Auffassung der Form der der Farbe vorangeht.

Der Versuch, diese Abweichungen zu erklären, führt uns auf einen wichtigen psychologischen Tatbestand.

Die von Katz und Volkelt gefundene Bevorzugung der Farben erscheint zunächst paradox. Das normale Verhalten des natürlichen Lebens ist zweifellos das von uns schon S. 161 beschriebene, daß das Kleinkind beim Wiedererkennen von Gegenständen die Farbe sehr wenig beachtet, dagegen eine charakteristische Form bei noch so abweichender Farbe sofort identifiziert[1].

Wenn es sich nun in den Experimenten mit geometrischen Figuren anders verhielt, so wahrscheinlich deshalb, weil hier die Auffassungsbedingungen denen des natürlichen Lebens so wenig entsprachen. Denn Formen haben im natürlichen Leben stets einen Sinn, sie bedeuten etwas; hier aber wurden sinnlose Figuren dargeboten. Der Sinngehalt gehört untrennbar mit zu der Erlebnisganzheit einer Form; deshalb wird ein Pferdchenbild selbst in grüner Farbe Pferd genannt. Steht aber das Kind vor der ihm ganz fremdartigen Wahl, entweder Form „an sich" oder Farbe „an sich" zu beachten, dann

[1] Auch andere Kinderforscher sind von der Vorherrschaft der Form bei der natürlichen Erkennungs- und Vergleichungstätigkeit des Kindes überzeugt. Bühler (I, S. 82) und v. Kuenberg (S. 276) glauben daher, daß bei den Katzschen Versuchen die Aufgabe von den Kindern oft nicht richtig verstanden worden sei. – Neuerdings hat Révész experimentell festgestellt, daß auch Affen bei ähnlichen Versuchen die Form bevorzugen (Ztschr. f. Psychol. 98, S. 43ff.).

allerdings kommt den Farben eine viel größere sinnliche Aufdringlichkeit zu. Volkelt wird darin wohl recht haben, daß die Kinder, wenn sie einmal dem bloßen Sinneseindruck zugewandt und gar nicht auf Bedeutungsgehalt eingestellt sind, gleich gefärbte Gebilde geradezu als Bestandteile eines farbigen Ganzen sehen und daher diese beiden Teile des Gesamtkomplexes als zusammengehörig bezeichnen. Zu einem Vergleichen und Abstrahieren kommt es da gar nicht erst. Und nun verstehen wir auch den so anders ausgehenden Schachtelversuch der Gräfin Kuenberg: hier, wo der dazugehörige Deckel gefunden werden sollte, gewann ja die Formgleichheit wieder Bedeutungsgehalt; denn nur der gleichgeformte, nicht der gleichfarbige Deckel paßt auf die Schachtel – und flugs wurden nun wieder die Formen bevorzugt.

Farbe und Form sind also für das Kind Auffassungskategorien ganz verschiedener Art: Farben werden erfaßt, verglichen und zueinander geordnet vornehmlich auf Grund ihrer sinnlichen Aufdringlichkeit, Formen auf Grund ihrer sinnhaften Bedeutsamkeit.

Nach Niederschrift des obigen Erklärungsversuchs sind noch einige weitere Experimentalreihen veröffentlicht worden, auf die kurz hingewiesen sei.

Ganz im Sinne unserer Deutung ist das Ergebnis der groß angelegten Massenuntersuchung ausgefallen, die Hans Tobie an 700 Münchner Kindergartenzöglingen angestellt hat. Es waren Einzel- und Massenversuche, bei denen neben geometrischen auch gegenständliche Figuren (von Tieren, Geräten usw.) benutzt wurden, bei sonst strenger Beibehaltung der Katzschen Versuchsanordnung. Tobie fand nun, daß selbst bei bloßer Benutzung geometrischer Figuren (Dreieck, Viereck, Kreis, Stern) die Farbe durchaus nicht unbedingt als Vergleichsmerkmal bevorzugt wird, sondern nur etwas mehr als doppelt so oft wie die Form. Bei Vergleichung der sinnvollen gegenständlichen Figuren aber kehrte sich das Verhältnis um: die Fälle der Formbeachtung verhielten sich zu Farbbeachtung wie 2 : 1. In allen Altersstufen gab es Kinder, bei denen die Formbeachtung durchaus die Farbbeachtung verdrängte.

Die sehr interessanten entwicklungspsychologischen Ergebnisse Tobies seien hier in der Zusammenfassung (S. 85) wörtlich wiedergegeben:

„1. In den frühen Altersstufen liegt bis etwa zum 4. Lebensjahre eine Phase der psychischen Entwicklung, in der die teilinhaltliche Beachtung in erster Reihe von der Aufdringlichkeit der Teilinhalte bestimmt wird. (Zone der Suggestibilität.)

2. Vom 4. Jahre bis etwa zu 4;10 liegt eine Entwicklungsphase, in der das Kind aus wesentlich konstitutionellen Gründen von sich aus auf Farbe eingestellt ist, die nur unter sehr suggestiven Bedingungen in Form übergeht. (Zone der Farbbeachtung.)

3. Um 4;10 tritt eine Verschiebung von Farb-Beachtung zu Form-Beachtung ein. („Verschiebungsschwelle", Zone der Verschiebung 4;8–5;1.)

4. Mit dem Überschreiten dieser Verschiebungsschwelle beginnt eine Entwicklungsphase, in der im allgemeinen wesentlich die Form beachtet wird und mit fortschreitender intellektueller Entwicklung die Fähigkeit einsetzt, nach beiden Richtungen zu abstrahieren. (Zone der Formbeachtung und des Identitätsbewußtseins.)

5. Diese Fähigkeit hängt im einzelnen von der besonderen individuellen Anlage ab und kann sich schon früher melden.

6. In höheren Altersstufen (etwa vom 4. Jahre ab) tritt der Übergang von Farbe zu Form leichter ein als der von Form zu Farbe, kann schon durch geringe Einwirkungen ausgelöst werden und zu Identität hinführen, während die Umkehrung dieser Übergänge sich nur unter besonderen Bedingungen vollzieht. – In niederen Altersstufen erfolgt der Wechsel nach beiden Richtungen ohne Schwierigkeit, das Verhalten hängt hier wesentlich von peripheren Bedingungen ab.

7. Die Beachtung der Farbe ist beim Kinde nicht unbedingt primär, aber in psychogenetischem Sinne von primitiverer Natur als die der Form."

74 Kinder aus Jenaer Kindergärten hat Minna Eljasch untersucht. Sie fand im wesentlichen eine Bestätigung der Katzschen Ergebnisse: die Kinder wählten ganz überwiegend die farbgleiche Figur, nicht die formgleiche, auch dann nicht, wenn die dargebotenen Formen sinnvoll waren (Schwein, Gans, Kirche). Dagegen wechselte die Einstellung sofort, wenn die Aufgabe gestellt wurde, auf Platten mit verschieden geformten Ausschnitten Einsatzfiguren aufzulegen. Die Lücken trugen farbigen Untergrund, die Einsatzstücke waren anders gefärbt; nun aber wählten die Kinder zum Einsatz ganz überwiegend die gleiche Form, ohne sich durch die verschiedenen Farben von Lücke und Einsatzstück stören zu lassen. Genau wie im Schachtelversuch von Kuenberg siegt die Formgleichheit in dem Augenblick, in welchem sie durch den immanenten Sinn der Aufgabe erfordert wird.

b) Formvergleichungen. Von der Gräfin Kuenberg liegt noch eine andere Untersuchung vor, die es nun nur mit Formenvergleichung zu tun hat, allerdings wiederum mit künstlichen, d. h. bedeutungslosen Formen[1]. Zwei Gruppen sinnloser Figuren wurden nebeneinander gleichzeitig vorgelegt; eine Figur war in beiden Gruppen gleich, die anderen verschieden. Nach kurzer Betrachtung mußten

[1] Die Methode war den Untersuchungen von Koch und Habrich an Schulkindern entnommen (Ztschr. f. angew. Psychol., Bd. 7 und 9).

die Kinder aus einem „Auswahlstreifen", d. h. einer größeren Reihe vorgelegter Figuren erstens diejenigen herausfinden, die in beiden Gruppen gleich gewesen waren (Hauptaufgabe), sodann die voneinander abweichenden Figuren der Gruppen (Nebenaufgabe). Das Experiment verlangt eine viel höhere geistige Leistung als die früheren: es mußte die Aufgabe schon vor Beginn der Betrachtung verstanden sein – was nur möglich ist, wenn der allgmeine Begriff des „Gleichseins" unabhängig von dem speziellen Wahrnehmungsmaterial im Bewußtsein vorhanden ist. Es mußte ferner die einmal verstandene Aufgabe als determinierende Tendenz während der Betrachtung der Figurengruppen und der nachher gesehenen Auswahlfiguren bestehen bleiben; und es mußte dann endlich die eigentliche Abstraktionsleistung, d. h. die Herauslösung der „gleichen" Elemente aus den Gesamtkomplexen der gesehenen Figurengruppen vollzogen werden.

Diese mannigfaltigen geistigen Anforderungen der Aufgabe werden von den Kindern nur allmählich und unter sehr vielen Schwierigkeiten bewältigt. Die Figur zeigt ein Beispiel einer „Zweiergruppe" nebst Auswahlstreifen; es wurde auch mit „Dreiergruppen" und

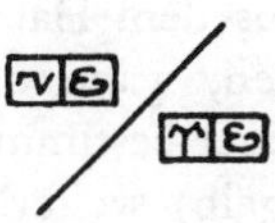

„Vierergruppen" gearbeitet. Die Zweiergruppen lieferten bei 851 Versuchen 132 (= 15%) vollständig gelöste Hauptleistungen, d. h. „in 132 Fällen wurden die gleichen Figuren herausgefunden und von den ungleichen Figuren abstrahiert." Bei den Dreiergruppen betrug der Prozentsatz der richtigen Lösungen 10%, bei den Vierergruppen 7%.

Die folgenden Angaben beziehen sich nur auf die Zweiergruppen.

Der Anstieg der Leistung mit dem Alter macht sich besonders deutlich von 4;0 zu 5;0 bemerkbar; hier springt die Trefferprozentzahl von durchschnittlich 7% auf 25%; und es sinkt die Prozentzahl der völlig mißlungenen Leistungen von 29% auf 12%. Eine individuelle Hochbegabung zeigt sich u. a. bei zwei 5½jährigen Kindern, welche über 50% Treffer ergaben. Die „Nebenaufgabe" (Herausfinden der „ungleichen" Figuren aus dem nachher gezeigten Auswahlstreifen) erwies sich als schwerer; richtige Leistungen setzten erst in einem etwas späteren Alter ein und erreichten an Zahl fast nie die der gelösten Hauptaufgaben. Die Abstraktion, welche bestrebt ist, die „Gleichen" aus den Gruppen herauszusondern, läßt eben nicht mehr genügende Energie für das Erfassen der „Ungleichen" übrig.

c) Aufgabefreie Abstraktionen. Anders angelegt als die bisher geschilderten Abstraktionsversuche waren die sehr interessanten Experimente, die Eliasberg an Kindern und Erwachsenen anstellte. Nur durch die Art der vorgelegten Objekte wurde den Prüflingen eine Aufgabe nahe gelegt, dann aber ihnen selbst überlassen, ob sie die Aufgabe erfaßten und in welcher Weise sie sie lösten. Dargeboten wurden Kartonblätter in zwei Farben (z. B. 5 blaue und 5 gelbe) durcheinander gemischt. Unter die Blätter einer Farbe waren Zigaretten geklebt; es war aber nicht möglich, den ausgelegten Blättern von oben anzusehen, ob sie Zigaretten enthielten oder nicht. (Plus-Blätter, Minus-Blätter). Der Versuchsleiter zeigte dem Kinde einige Probeblätter mit und ohne Zigaretten und legte ihm nahe, die Plusblätter aus dem Haufen herauszusuchen. Schon hier konnte festgestellt werden, wann das Kind die Regel erfaßte, also die Zigaretten unter einer bestimmten Farbe (blau) suchte und die Blätter der anderen Farbe (gelb) weiterhin gar nicht mehr prüfte oder direkt abwies. In den folgenden Versuchen wurde nun aber fortwährend mit den Farben gewechselt, z. B. 5 (+) rote und 5 (—) gelbe Blätter; oder gar: 5 (+) gelbe und 5 (—) blaue, also Umkehrung des ersten Versuches usw. Hier wurden demnach die feste Zuordnung von bestimmter Farbe und Zigarette, die sich durch den vorhergehenden Versuch gebildet haben konnte, enttäuscht; es mußte eine neue Zuordnung, ein neues Regelbewußtsein gebildet werden. Allmählich kann daraus eine allgemeinere Regelerwartung entstehen: beim nächsten Versuch war das Kind gespannt, welche Farbe wohl nun mit der Zigarette verbunden sein würde. Es hat sich dann also die Regel für die Relation Zigarette/Farbe von einer bestimmten Farbe als dem Relationsträger freigemacht.

Eine Reihe sehr eingehender Protokolle gibt uns nun einen Einblick, ob und wie, in welcher Geschwindigkeit und unter welchen Symptomen eine Reihe von Kindern die verschiedenen Leistungen bewältigten. Wir können verfolgen, wie vom planlosen Ergreifen aller Kartons – über ein diffuses unsicheres Probieren – bis zu der systematischen Auslese derer, bei denen nach den ersten Proben Zigaretten erwartet werden und dem ebenso systematischen Übergehen der andersfarbigen Blätter – alle Stufen vorkommen, oft bei demselben Kinde im Verlauf der Versuchsreihe. Meist erkennt man an der Handlungsweise, ohne daß das Kind es auszusprechen braucht, daß das Regelbewußtsein eingetreten ist. Zuweilen aber kommen auch Aussprüche, die ein Blitzlicht auf die gewonnene kindliche Einsicht werfen. Hierfür nur zwei Beispiele:

Hannah 2;10 (Tochter des Verfassers). Im ersten Versuch waren gelbe (+) und blaue (—) vorgelegt. Das Kind sieht sie alle durch, legt die blauen wieder zurück, sondert die gelben aus.

Beim zweiten und dritten Versuch gleiche Vorlage; es wird im zweiten nur noch ein blau, im dritten gar kein blau mehr nachgeprüft, sondern nur die gelben herausgesucht: *ich nehme wieder die gleichen.*

Nach einigen Versuchen mit anderen Farben kommt an siebenter Stelle ein Umkehrungsversuch: 4 blau (+), 5 gelb (—). Sie nimmt ein gelbes: *das geht nicht.* Ein zweites: *auch nicht.* Ein drittes: *nein, die gehen alle nicht. Gehen denn die?* (Prüft ein blaues) *Ja, die gehen.* Nun werden alle blauen herausgesucht.

Daß ein noch nicht dreijähriges Kind die vollzogene Verallgemeinerung aus einer Reihe von Einzelbeobachtungen ausspricht (*nein, die gehen alle nicht*), muß als ungewöhnlich früh bezeichnet werden. Man vergleiche hierzu S. 360/61 dieses Buches.

Trude 4½ Jahre. Nachdem sie in mehreren Versuchen gelernt hat, daß nur die gelben Blätter Zigaretten tragen (sie hatte die blauen schließlich gar nicht mehr beachtet), wird der Umkehrungsversuch gemacht. Sobald sie an einem blauen Blatt die Zigarette gefunden, greift sie nur nach den blauen und sagt: *Wenn unter den blauen sind, dann sind unter den gelben keine.* Also eine logisch durchaus klar formulierte Einsicht in die Gebundenheit der Zigaretten an eine Farbe (welche aber nicht immer dieselbe zu sein braucht).

Eliasberg gliedert seine 3–5jährigen Versuchspersonen in drei Gruppen:

1. Die geistig und sprachlich gut entwickelten: Positive Zuordnung tritt schon im ersten Versuch ein. Der Nicht-Zusammenhang zwischen Minus-Farbe und Zigarette wird verhältnismäßig schnell erfaßt, die Abhängigkeit von bestimmten Relationsträgern wird schnell überwunden; das Kind emanzipiert sich also von der anschaulichen Gegebenheit als solcher – was besonders deutlich im Umkehrungsversuch hervortritt.

2. Geistig gut entwickelte, aber sprachlich zurückgebliebene Kinder. Der positive Zusammenhang wird bald erkannt; der Umkehrungsversuch aber stößt auf Schwierigkeiten.

3. Geistig schlecht befähigte und sprachlich zurückgebliebene Kinder. Große Beobachtungsschwäche, so daß erst nach einer Reihe von Versuchen auch nur der positive Zusammenhang zwischen Plus-Farbe und Zigarette erfaßt wird. Starke Abhängigkeit von den Relationsträgern.

2. Die Entwicklung der Zahlauffassung und Zahlbetätigung

Das kleine Kind weiß schon lange vor den Anfangsgründen des Rechenunterrichts mit einfachen Zahlen umzugehen. Was aber dieses „Umgehen" psychologisch bedeute, bedarf einer näheren Prüfung. Denn es ist nicht so, daß die ersten sprachlichen Anwendungen von Ziffernamen schon den Besitz einer Zahlvorstellung oder gar des allgemeinen Begriffs von Zahl, Anzahl, Zahlenreihe bedeuten müßten; die Kinder wiederholen bei Laufübungen das ihnen vorgesprochene *eins, zwei,* ohne zu ahnen, daß es sich um Ziffern handelt, und schnurren etwas später mit gleicher Ahnungslosigkeit bei Abzählspielen das 1, 2, 3 ... ab[1]. Man muß daher genau das Verhalten des Kindes der Zahl gegenüber analysieren, um die tatsächliche Entwicklung seiner Zahlauffassung zu verstehen[2].

Neuerdings haben uns nun einige größere Experimentaluntersuchungen gezeigt, daß es recht verschiedene und verschieden schnell sich entwickelnde Leistungsarten der Zahl gegenüber gibt. Die belgischen Forscher Decroly und Degand haben eine Reihe sinnreicher Aufgaben ausgedacht, die vor allem zu Übungszwecken bestimmt sind. Alice Descoeudres hat diese Aufgaben erweitert und verfeinert und daraus eigentliche Tests gemacht, die auch an zahlreichen Genfer Kindern durchgeprüft wurden. Neuerdings hat Beckmann an mehreren hundert deutschen Kindern sorgsame Untersuchungen über die Zahlleistungen durchgeführt. Etwa hundert Kindergartenkinder untersuchte Filbig.

Bei einigen der Descoeudresschen Tests begegnen wir dem guten Gedanken, die Benutzung des Zahlwortes gänzlich auszuschalten und vom Kinde bloße Nachahmungsaufgaben zu verlangen: aus einem Häufchen von Knöpfen oder Steinchen legt der Prüfer in regelloser Folge bald eins, bald zwei, bald drei Stücke vor das Kind und sagt zum Kinde lediglich: mach's auch so. Erschwert wird die Aufgabe, wenn man die Nachahmung an anderem Material verlangt: man zeigt drei Finger und läßt ebensoviel Knöpfe zeigen usw. Bei solchen stummen Tests kann unter Umständen ein sprachlich ganz ungewandtes und der Zahlwörter noch nicht mächtiges Kind doch erweisen, daß es an dem sinnlich Dargebotenen nicht bloß die unbestimmte Menge, sondern auch die Anzahl richtig erfaßt.

---

[1] Alice Descoeudres fand, daß die meisten 3½jährigen Kinder die Zahlenreihe bis 6 hersagen können, daß aber erst 4½jährige diese Kenntnis zu wirklichem Abzählen von Gegenständen zu benützen vermögen.

[2] Vgl. auch die Beobachtungen über Zahlleistungen, über welche S. 338 u. 340 berichtet wurde.

Die weiteren Methoden, wie sie von Descoeudres, von Filbig und besonders gründlich von Beckmann angewandt werden, benutzen die Zahlwörter, aber auch in der doppelten Form, daß entweder das Verstehen oder das eigene Anwenden des Zahlwortes vom Kinde verlangt wird. Beckmann unterscheidet folgende Hauptbetätigungen des Kindes: Zahlherstellung (ein Haufen von Würfeln liegt vor dem Kind; Aufgabe: „Gib mir drei Würfel".) – Zahlunterscheidung (auf eine Zweiergruppe und eine Dreiergruppe von Gegenständen wird hintereinander gezeigt: „sind das zwei oder das?" Oder: es liegt nur eine Dreiergruppe auf dem Tisch: „sind das zwei oder drei?") – Zahlfindung (eine der Tafeln mit verschiedenen Punktgruppen wird vorgelegt: „zeig' überall, wo vier Punkte sind.") – Zahlbenennung (auf der genannten Tafel müssen die einzelnen Punktgruppen mit dem zugehörigen Ziffernwort bezeichnet werden).

Beckmann hat nun an fast 500 kleinen Kindern verschiedener sozialer Schichten Prüfungen angestellt und zwar nur mit den Anzahlen 2 bis 5[1]. Es zeigte sich, daß die Herstellungen am leichtesten, die Benennungen am schwersten waren und daher am spätesten zur Entwicklung kamen. Die Anzahl 2 wird vereinzelt schon von 2jährigen auf Aufforderung richtig hergestellt und unterschieden, aber noch nicht gefunden und benannt. Die Zahl 5 taucht in richtiger Anwendung zuerst um das Alter 3;6 auf, aber auch hier lediglich mit „Herstellung" und „Unterscheidung". Erst den 5- und 6jährigen gelingt es öfter, auf den Punkttafeln die Fünfergruppe richtig herauszufinden und zu benennen.

Durch eine Zusammenfassung der verschiedenen Zahlleistungen wird es den drei genannten Forschern möglich, den allgemeinen Fortschritt im kindlichen Verhalten zur Zahl auf einen einfachen Ausdruck zu bringen; sie stellen nämlich fest, in welchem Alter durchschnittlich die einzelnen Zahlbedeutungen 2, 3, 4 bewältigt werden. Da die angewandten Tests und die Methoden der Durchschnittsberechnung bei den drei Untersuchungen verschieden waren, ist der Grad der Übereinstimmung um so bemerkenswerter; wir haben es hier augenscheinlich mit einer allgemeinen Entwicklungsgesetzlichkeit zu tun (vgl. die Tabelle). Ob der kleine Vorsprung der Genfer Kinder rassenmäßig oder durch die Methodik bedingt ist, entzieht sich der Feststellung.

---

[1] Die Eins wird von Kindern zunächst nicht als Zahlwort aufgefaßt, sondern nur als Artikel. Kinder, die auf die Aufforderung: „Gib mir einen Würfel" richtig reagierten, wurden unsicher oder zeigten geradezu Fehlreaktion, wenn man in anderer Betonung sprach: „Gib mir einen Würfel."

Es wird durchschnittlich beherrscht die Anzahl		2	3	4
von Kindern folgenden Alters:	nach Beckmann	3;6–4;0	4;0–4;6	5;0–5;6
	nach Filbig	3;9	4;2	5;6
	nach Decoeudres	3;0	4;0	5;0

Mit dieser Gesetzmäßigkeit kann man ein weiteres Entwicklungsgesetz verbinden, das aus Beckmanns Befunden abzuleiten ist; es bezieht sich auf das allgemeine Fortschrittstempo der Zahlleistung. Faßt man alle Leistungen für alle geprüften Ziffern zusammen und setzt man die Leistungen der 5jährigen als 100% an, so entwickelt sich die Zahlleistung zu diesem Höchstmaß hin mit folgenden Geschwindigkeiten:

In der Altersstufe	2;6–3;6 beträgt der Fortschritt	23%	des Gesamtzuwachses
„ „ „	3;6–4;6 „ „ „	43%	
„ „ „	4;6–5;6 „ „ „	23%	

Am schnellsten schreitet also die arithmetische Entwicklung um das Alter 4;0 fort, d. h. in derselben Zeit, in der das Kind über die bloße Unterscheidung von 1 und 2 hinauskommt. Sobald die 3 „erobert" ist, ist augenscheinlich auch der Weg zu den höheren Anzahlen gebahnt.

Die richtige Auffassung einer bestimmten Anzahl kann auf zwei psychologisch ganz verschiedenen Wegen vor sich gehen: durch die unmittelbare, rein anschauliche Erfassung der Gesamtheit (so wie wir Erwachsenen etwa die 6 auf einem Würfel „sehen") oder durch sukzessives Aneinanderreihen der Einheiten mit Hilfe der Zahlenreihe, also durch Abzählen. Wie Beckmann fand, waren die Kinder über diesen Unterschied einer überraschend sicheren Selbstbeobachtung fähig. Fragte man sie, nachdem sie eine Punktzahl richtig benannt hatten, wie sie das gemacht hätten, so antworteten sie entweder: „das sieht man ja gleich", oder aber: „das habe ich gezählt." Gezählt wird natürlich nur dort, wo die unmittelbar anschauliche Erfassung versagt. Hieran kann man wieder den Entwicklungsfortschritt ermessen. Die Mehrzahl der 4jährigen Kinder muß noch bei der Anzahl 3 „zählen", ehe die richtige Benennung erfolgt; 6jährigen Kindern ist dagegen in den meisten Fällen möglich, die 4-Zahl oder 5-Zahl ohne Zählarbeit auf den ersten Blick zu erfassen[1].

[1] Descoeudres fand bei 6jährigen ähnliche Werte, dagegen waren ihre vierjährigen schon größtenteils imstande, die Drei-Zahl ohne Zählung zu erfassen (S. 262). – Filbig prüfte unter sehr erschwerten Bedingungen, indem er die Gegenstände, in Reihen oder Gruppen geordnet, nur eine Sekunde dem Auge darbot. Erst die 6jährigen waren imstande, bei so kurzer Exposition Gruppen von 3–4 richtig zu erkennen.

Die Fähigkeit zu unmittelbar anschaulicher Erfassung einer Anzahl ist natürlich stark vom beteiligten Sinnesgebiet abhängig. Descoeudres hat Versuche mit akustischen Reizen gemacht, indem sie Schlagfolgen klopfte und nachklopfen ließ. Die richtige Leistung kann vermutlich nur dann zustandekommen, wenn das Kind die gehörte Schlagfolge als rhythmische Gestalt anschaulich zusammenfaßt, ohne erst zählen zu müssen. Es zeigte sich, daß die Aufgabe schwerer war als für sichtbare Gegenstände; der zweigliedrige Takt wurde erst von 4jährigen, der dreigliedrige Takt von 5jährigen richtig nachgeklopft. – Übrigens zeigte dieser Versuch außerordentlich große Begabungsunterschiede, auf Grund deren zum Teil jüngere Kinder Besseres leisteten als die älteren. Es ist dies wohl ein Zeichen, daß hier die eigentliche Zahlauffassung durchkreuzt wird durch einen ganz anderen Faktor, nämlich die rhythmische Begabung[1].

Gut ausgedachte Versuche hat Beckmann auch über die einfachsten Additionsleistungen der Kinder (bis zur Summe 6) durchgeführt. Er arbeitete mit Würfeln, die verschiedene Punktzahlen zeigten. Die Aufgabe lautete u. a.: „lege (zu einem Würfel mit 2 Punkten) einen dazu, so daß es 3 sind". Oder: (das Kind würfelt selbst mit 2 Würfeln): „wieviele Punkte hast du geworfen?" Hier gab es wieder Fälle, in denen die Kinder sofort die Summe „sahen", andere, in denen sie von einem Würfel zum anderen übergehend abzählten; hierzu trat jetzt aber bei den älteren Jahrgängen noch ein dritter Typ: jeder Summand wurde für sich aufgefaßt und die Summe auf Grund einer eingelernten Formel gesagt: „das weiß man doch, daß zwei und zwei vier ist."

Auch diese Additionsleistungen werden erstmalig um das Alter 4;0 möglich[2], das sich damit wieder als kritisches Alter für das primitive Zahlverständnis erweist. Am leichtesten waren durchweg Aufgaben, deren einer Summand 1 war, am schwersten solche, deren Gesamtsumme 6 betrug. Sehr merkwürdig ist, daß die Kinder zwischen der rein sprachlichen Additionsaufgabe und dem Addieren an sichtbaren Objekten zum Teil noch keine Brücke schlugen. Kinder, welche zwei und drei Punkte richtig zur Summe fünf vereinigten, erklärten bei der rein sprachlich gegebenen Aufgabe „Wieviel ist 2 und 3?": „das habe ich noch nicht gelernt." Sie dachten gar nicht an die Möglichkeit, daß man, auch ohne die Formel gelernt zu haben, das Ergebnis durch innere Vorstellung von 2 und 3 Punkten oder

[1] Siehe über diese S. 304.

[2] Zu dem gleichen Ergebnis kommt Filbig.

Gegenständen finden könne. In dieser Zeit ist also das wirkliche Zahlverständnis noch ganz an die Anschauung geknüpft.

Von den bisher angegebenen Entwicklungsterminen der kindlichen Zähl- und Rechenfähigkeit gibt es natürlich auch Ausnahmen. Begabte Kinder mit stark spontanem Zahleninteresse kommen oft schon früh von selbst darauf, sich Rechenaufgaben zu stellen (und sie zu lösen), die weit über die oben angegebenen Maßstäbe hinausgehen. Beispiele dazu gaben wir S. 364/5. Aber auch didaktische Maßnahmen besonderer Art können hier zu Verfrühungen führen, wie die Montessorimethode zeigt.

Frau Montessori schildert eine große Reihe von Additionen und Subtraktionen im Zahlenraum bis 20, ja auch Divisionen und Multiplikationen mit der 2 und fügt hinzu: „All dies ist nicht schwierig für 5jährige Kinder" (S. 312).

Nun ist gewiß die Methode, die Frau Montessori erfunden hat, um den kleinen Kindern das Umgehen mit Zahlen angenehm und leicht eingängig zu machen, äußerst sinnvoll und erfolgreich. Die Hauptübungen werden an Holzstäben abgestufter Länge mit farbig abgesetzten Zentimeter-Einheiten gemacht. Der kürzeste Stab ist 1 cm, der längste 10 cm lang. Durch treppenförmige Ordnung kann die Stabreihe gleich einer sehr anschaulichen Rechenmaschine gebraucht werden. Systematische Anwendung dieses und verwandter Beschäftigungsmittel scheint nun in der Tat eine beträchtliche Übung des Kleinkindes im Umgehen mit Zahlen herbeiführen zu können. Aber daß es sich hierbei doch letzten Endes um einen künstlichen Drill handelt, das scheint mir gerade durch unsere oben gegebene Darstellung der allgemeinen Entwicklungsgesetzlichkeit für kindliche Zahlleistungen erwiesen zu sein. Denn in diesem Alter, das noch nicht für systematischen Unterricht reif ist, muß noch das natürliche Entwicklungstempo zur Grundlage auch der pädagogischen Einwirkung gemacht werden. Frau Montessori verwandelt ihre Zöglinge auch hier vorzeitig in Schulkinder, bei denen es vor allem auf das Erzielen nützlicher Lehrerfolge ankommt. Daß sie dabei keinen direkten Zwang auf das Kind ausübt, ja die Tätigkeit möglichst lustvoll gestaltet, rechtfertigt diese noch nicht pädagogisch. Erst dann wird über den Wert solcher Kleinkinderunterweisung ein endgültiges Urteil zu fällen sein, wenn folgende zwei Fragen beantwortet sind: 1. Behalten die Kinder, welche eine so verfrühte Fertigkeit im Zählen und Rechnen gewonnen haben, diesen Vorsprung bei. oder gleichen sie sich bald mit den andern Kindern aus? 2. Wird den Kindern infolge der einseitigen Beschäftigung mit didaktischen Aufgaben nicht sehr viel vorenthalten an anderen, ihrem Alter angemesseneren Betätigungsmöglichkeiten? Das, was in den Montessori-Schulen nicht getrieben werden soll, ist, so scheint mir, ein weit wichtigeres psychologisches und pädagogisches Problem, als das, was dort unbestrittenermaßen positiv geleistet wird s. a. S. 193).

3. Intelligenzprüfungen im Kindergartenalter

Unter Intelligenz versteht die moderne Psychologie jene allgemeine Fähigkeit, durch welche der Mensch neuen Anforderungen des Lebens mit Hilfe von Denkleistungen zu entsprechen vermag. Es ist kennzeichnend für die Intelligenz, daß sie sich nicht auf Denkleistungen einer bestimmten Art (z. B. des Kombinierens, des Rechnens, des Kritisierens) beschränkt, sondern daß sie das geistige Gesamtniveau des Menschen bestimmt. Auf diese geistige Gesamthöhe beziehen sich daher auch die Bezeichnungen verschiedener Intelligenzgrade: klug (= hochintelligent), normal-intelligent, dumm, geistig minderwertig, schwachsinnig.

Seit den bahnbrechenden Versuchen von Alfred Binet ist nun die Psychologie damit beschäftigt, Prüfmethoden auszubauen, durch welche der Grad der allgemeinen Intelligenz eines Kindes in kurzer Zeit exakt bestimmt werden kann. Sollte diese Methode zuerst vornehmlich zur Feststellung der abnorm tiefen Intelligenz dienen, so hat die fortschreitende Forschung auch die genauere Feststellung der über dem Durchschnitt stehenden Intelligenzen und eine feinere Abstufung der Intelligenzgrade innerhalb der Breite der Normalität möglich gemacht. Heute gibt es eine fast unübersehbare Literatur und zahllose mehr oder minder bewährte Prüfmethoden[1], die freilich zu ganz überwiegendem Teile dem Schulalter und dem höheren Jugendalter gelten. Erst neuerdings hat man ein größeres Interesse der Intelligenzprüfung des Kindergartenalters zugewandt.

Die von Binet geschaffene „Staffelmethode" besteht darin, daß für jeden Jahrgang eine Reihe von Prüfaufgaben (Tests) verschiedener Art bestimmt sind, die normalerweise für 75% aller Kinder eines Alters lösbar sind. Dadurch kann man für jeden Prüfling das „Intelligenzalter" (I.-A.) bestimmen; ein Kind z. B., das alle für Fünfjährige bestimmte Tests und vielleicht noch drei von den sechs Tests für Sechsjährige gelöst hat, hat ein Intelligenzalter von 5½. Diese Ziffer können wir nun mit dem Lebensalter (L.-A.) des Kindes vergleichen. Hierfür schlug ich seinerzeit den Intelligenzquotienten (I.-Q.) als Maß vor, das jetzt auch allgemein aufgenommen worden ist: es drückt das Verhältnis des Intelligenzalters zum Lebensalter aus:

$$\text{I.-Q.} = \frac{\text{I.-A.}}{\text{L.-A.}}$$

Ist z. B. das obengenannte Kind schon 6 Jahre alt, während es seiner Intelligenz nach erst auf dem Niveau des Alters 5;6 steht, so ist sein I.-Q. $\frac{5;6}{6} = 0{,}93$. Der I.Q. 1 entspricht einer genau durchschnittlichen Intelligenz, ist die Ziffer größer als 1, so ist die Intelligenz des Kindes dem Alter voraus.

Es ist heute nicht mehr zweckmäßig, die von Binet selbst geschaf-

[1] Zusammenfassende Darstellungen nebst Literaturverzeichnissen geben die Bücher: W. Stern VIII, und Stern u. Wiegmann.

fene Form der Staffelmethode aufrecht zu erhalten. Die mannigfachen Nachprüfungen haben viele Mängel ergeben; und gerade für die frühen Altersstufen waren die Tests nicht exakt genug geeicht[1].

Die gründlichste Revision hat das System in den letzten Jahren durch den amerikanischen Psychologen Terman erfahren; seine Prüfserie ist an Tausenden von Kindern aller Altersstufen durchgeprobt worden und darf wohl heute als die brauchbarste Staffelmethode gelten. Außer ihm hat die schon mehrfach erwähnte Untersuchung von Alice Descoeudres zum Vorschlag einer neuen Staffelreihe geführt, für das Alter 2½–8. Auf deutsche Verhältnisse ist weder die eine noch die andere Serie ohne weiteres übertragbar; doch wird man aus beiden sehr wertvolle Anregungen für eine künftige Aufstellung einer deutschen Normalserie entnehmen können.

Die Termansche Reihe (Terman I) zeigt folgende Aufgaben für die Jahrgänge 3–7 (man erkennt die Ähnlichkeit mit der bekannten Reihe Binets):

Für das Alter 3 Jahr:

1. Zeigen von Körperteilen („zeige mir deine Nase“ usw.).
2. Benennung bekannter Objekte, einer Uhr, eines Schlüssels usw. („was ist das?“).
3. Bildbetrachtung. Spontane Aufzählung von mindestens drei Gegenständen.
4. Geschlechtsangabe („bist du ein Junge oder ein Mädchen?“).
5. Familienname („wie heißt du?“).
6. Nachsprechen von 6–7 Silben.

4 Jahr:

1. Vergleich verschieden langer Linien („welche ist länger?“).
2. Formunterscheidung (ein Kreis wird gezeigt; aus einer Reihe verschiedener Formen soll die gleiche Figur herausgefunden werden).
3. Vier Münzen abzählen.
4. Ein Quadrat abzeichnen.
5. Verstandesfragen, erste Stufe: „Was mußt du tun, wenn du müde bist?“ („frierst?“; „hungrig bist?“).
6. Vier Ziffern nachsprechen.

5 Jahr:

1. Zwei Gewichte (3 und 15 Gramm) vergleichen („welches ist schwerer?“).
2. Farben benennen (4 Papiere: rot, gelb, grün, blau).
3. Ästhetischer Vergleich. (Drei Paare von Gesichtern, je ein häßliches und ein hübsches. „Welches ist schöner?“)
4. Definition von 6 alltäglichen Gegenständen. („Was ist ein Stuhl? Pferd? Puppe?“ usw.)

---

[1] Unter Eichung eines Tests versteht man die Feststellung der Altersstufe, für welche eine bestimmte Lösung des Tests charakteristisch ist.

5. Geduldspiel: Aus zwei Dreiecken ein Rechteck, gleich einem vorgelegten, zusammensetzen.
6. Drei Aufträge ausführen. („Lege diesen Schlüssel auf den Stuhl dort; mach' die Tür zu und bring' mir die Schachtel von dort.")

6 Jahr:

1. Rechts und links unterscheiden („zeige die rechte Hand, das linke Ohr" usw.).
2. Lücken in Bildern finden. (Gezeigt wird: ein Gesicht ohne Nase, eine Vollfigur ohne Arm usw.)
3. 13 Münzen abzählen.
4. Verstandesfragen, zweite Stufe: („Was muß man tun, wenn es regnet und du zur Schule gehen mußt?" usw.).
5. Kenntnis der Namen der geläufigen Münzen.
6. 16–18silbige Sätze nachsprechen.

7 Jahr:

1. Zahl der Finger („wieviel an der einen, an der anderen Hand, an beiden zusammen?").
2. Bildbetrachtung: Beschreibung der Handlung.
3. Fünf Ziffern nachsprechen.
4. Binden eines einfachen Knotens nach einem gezeigten Modell.
5. Unterschiede aus dem Gedächtnis finden („Unterschied zwischen Fliege und Schmetterling?" „Stein und Ei?" „Holz und Glas?").
6. Einen Rhombus abzeichnen.

Man sieht, es ist ein sehr buntes Durcheinander von Aufgaben; neben eigentlichen Denkfragen stehen Prüfungen der Beobachtungsfähigkeit, der Geschicklichkeit, des Vergleichens, ja auch gewisse Alltagskenntnisse. Ein solches Mosaik kann ja den theoretischen Psychologen nicht recht befriedigen; aber das System soll ganz vorwiegend dem praktischen Zwecke einer Diagnostik des allgemeinen geistigen Niveaus dienen, und hierzu scheint es in der Tat ausreichend zu sein.

Terman berichtet über Prüfungen, die von Miß Cuneo an 112 Kindergartenkindern von 3;9–7;0 angestellt worden sind (Terman II, S. 30ff.). Der I.-Q. dieser Kinder schwankt zwischen 0,61 und 1,52, d. h. zwischen ausgesprochenem Schwachsinn und einer ganz ungewöhnlichen Übernormalität (4jähriger Knabe mit Intelligenzleistung der 6jährigen). Drei Kinder standen an der Grenze zwischen Normalität und geistiger Minderwertigkeit. Die Verteilung der Intelligenzen unter den 112 Kindern war normal (vgl. die Fig.); die meisten Fälle drängten sich bei den mittleren I.-Q. zusammen; zu den Über- und Unternormalen hin fällt die Häufigkeit ziemlich gleichmäßig ab.

Die Frage, ob eine solche Prüfung in so frühen Jahren prognostische Schlüsse auf die künftige geistige Entwicklung erlaube, wird von Terman im allgemeinen bejaht. Freilich muß gerade bei der

Prüfung selbst mit größter Sorgfalt und feinem psychologischen Blick verfahren werden, damit nicht Schüchternheit oder zufällige Umstände den Ausfall der Leistungen beeinflussen. Immerhin haben Nachprüfungen der gleichen Kinder nach kürzerer oder längerer Zeit gezeigt, daß größere Änderungen im I.-Q. selten waren. Dies gilt namentlich für die extremen Fälle nach beiden Seiten. Die vier Kinder, welche im Kindergarten einen I.-Q. über 1,30 hatten (also Vierdrittels-Intelligenz und mehr besaßen), zeigten auch nach 2 Jahren einen über 1,30 hinausreichenden I.-Q. und leisteten in der Schule überdurchschnittlich Gutes. Andererseits ist Terman überzeugt, daß ein Kind, welches mit 5 oder 6 Jahren nur Zweidrittels-Intelligenz zeigt (I.-Q. = 0,61), sich niemals über den Intelligenzzustand des 9- oder 10jährigen hinaus entwickeln wird. Trifft dies zu, dann könnte man in der Tat die ausgesprochenen Schwachsinnsfälle schon im Kindergarten herausfinden und brauchte nicht bis zum 8. Jahre zu warten, ehe man ein Kind endgültig der Hilfsschule überweist.

Terman hält solche Intelligenzprüfungen gerade im Kindergarten für besonders nötig. Denn während später in der Schule die geistigen Fähigkeiten sich immerhin zum Teil in den Schulleistungen offenbaren, ist nach seiner Meinung die Beschäftigung im Kindergarten weniger geeignet, den Intelligenzgrad hervortreten zu lassen; die Kindergärtnerinnen irren sich daher sehr oft, insbesondere, da sie vieles auf Intelligenzunterschiede schieben, was dem verschiedenen Alter ihrer Zöglinge zuzuschreiben ist. Es bestand daher keine hohe Korrelation zwischen den Ergebnissen der Intelligenzprüfungen und der Intelligenzschätzungen der Kindergärtnerinnen.

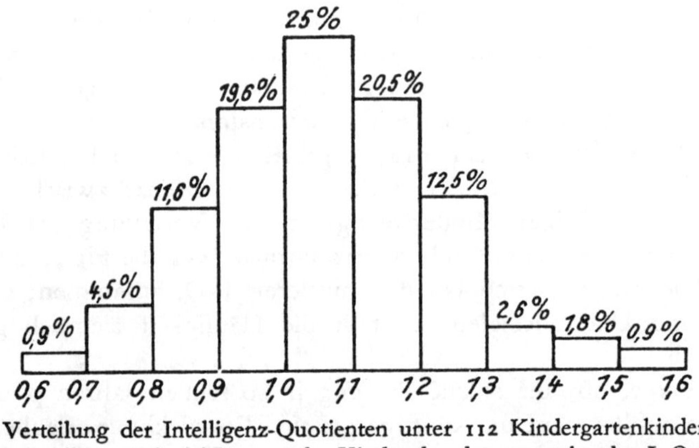

Verteilung der Intelligenz-Quotienten unter 112 Kindergartenkindern
(Jede Säule gibt an, wieviel Prozent der Kinder den darunterstehenden I.-Q. hatten.)

Ein Geschlechtsunterschied trat bei den Intelligenzprüfungen nur in geringem Maße hervor. Der durchschnittliche I.-Q. der Knaben war 1,03, der der Mädchen 1,08. Dies deckt sich mit den bekannten Alltagserfahrungen, daß gerade in der frühen Kindheit die Mädchen den Knaben etwas voraus sind.

Der Vergleich der Kindergartenzöglinge mit Schulanfängern lieferte dann noch ein bemerkenswertes Ergebnis (s. die Figur). Bringt man die Häufigkeit der vorkommenden Intelligenzalter in Kurven, so überdecken sich diese zu einem großen Teil. Wohl liegen die Maxima an verschiedenen Stellen: die Kindergartenkinder (ausgezogene Linie) zeigen den Häufigkeitsgipfel bei I.-A. 4½ Jahr, die Schulanfänger (punktierte Linie) bei 6½ Jahr. Aber das ganze, zwischen diesen beiden Werten liegende Gebiet kommt in ziemlich starken Häufigkeiten bei beiden Kindergruppen vor. Terman schließt hieraus, daß ein großer Prozentsatz der Schulneulinge ihrer Intelligenz nach sich nicht merklich von den vorschulpflichtigen Kindern unterscheidet, und daß es deshalb unberechtigt sei, beim Lebensjahr 6;0 den scharfen Einschnitt zu machen und plötzlich mit gänzlich neuartigen geistigen Anforderungen an die Kinder heranzutreten. So wird also hier durch die Ergebnisse der Intelligenzprüfungen jene Reformbestrebung unterstützt, welche das erste Schuljahr als eine allmähliche Überführung des Kindergartenbetriebs in den Schulbetrieb ansehen will.

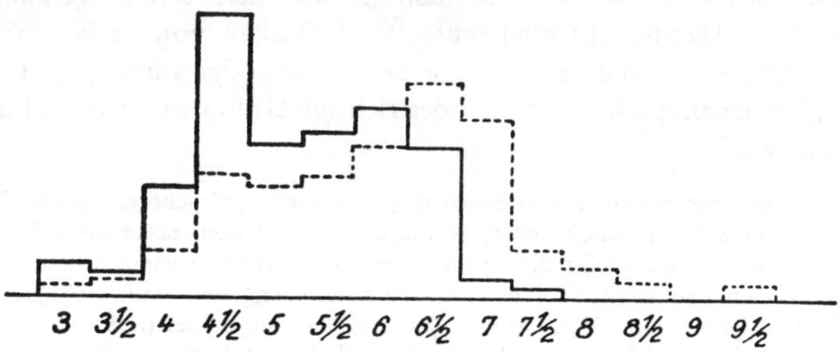

Verteilung der Intelligenzalter bei Kindergartenkindern und Schulneulingen

Eine andere Revision der Binet-Reihe ist von Kuhlman in Amerika aufgestellt worden. Mit dieser Reihe arbeitete Florence L. Goodenough (II), die mehrere 100 Kinder der Altersstufen 2–4 Jahr – und zwar jedes Kind mehrmals – prüfte. Sie legte den Hauptwert auf die Feststellung des I.-Q. Bei wiederholter Prüfung fand sie im Durchschnitt einen geringfügigen Anstieg des I.-Q.; extreme

Abweichungen der zweiten von der ersten Prüfung waren sehr selten. Ordnete sie die Kinder nach der ersten und nach der zweiten Prüfung je in eine Rangordnung, dann stimmten diese beiden Rangordnungen weitgehend überein. Gruppierte sie die Kinder nach den Berufen der Väter, so zeigte sich ein deutlicher Zusammenhang zwischen der sozialen Schichtung und der durchschnittlichen Höhe des I.-Q.

Alice Descoeudres hat in systematischen Untersuchungen 2- bis 7jähriger Kinder eine Reihe von neuen Tests zu eichen versucht. Die meisten sind uns schon an anderer Stelle begegnet, so die Tests zur Prüfung der Sprachfertigkeit (S. 151f.), die Prüfungen der Zahl- und Rechenleistungen (S. 374), die Lottomethode zur Feststellung der Beobachtungsgabe (S. 168).

Einige der Zahlentests sowie die Lottomethode sind sog. „stumme" Tests; es ist verdienstvoll von der Genfer Forscherin, daß sie auf die Ausbildung solcher sprachlosen Prüfmittel einen großen Wert legt. Bei Individuen, die noch nicht mit einer gewissen Selbstverständlichkeit über den Gebrauch der Sprache verfügen, kann eine Sprachhemmung allzuleicht die tatsächlich vorhandene Intelligenz verdecken; deshalb müssen gerade bei kleinen Kindern Prüfmittel zur Anwendung gelangen, in denen sich die etwa vorhandene Denkfähigkeit unabhängig vom sprachlichen Ausdruck bekunden kann[1].

Descoeudres verwendete deshalb neben den schon genannten Tests einen Handgeschicklichkeitstest: Aufziehen von 20 Perlen (als Maß verwertete sie die dafür nötige Zeit), und einige stumme „Urteilstests", bei denen die Anordnung oder richtige Gruppierung von Bildern verlangt wird.

24 verschiedene Bildchen, von denen je 4 zu einer „Art" gehören, werden vermischt vor dem Kinde ausgebreitet; es soll die der Art nach zusammengehörigen herausfinden. Dies glückt für die verschiedenen Bildarten in verschiedenen Altersstufen. Am ehesten werden Blumen richtig zusammengestellt (mit 4½ Jahren); es folgen Säugetiere und Vögel (mit 5 Jahren), Nahrungsmittel (mit 5½ Jahren). Der Test verdient mit besseren Bildern systematisch ausgebaut zu werden.

Zum Schluß unternimmt es nun Descoeudres, aus allen einzelnen von ihr geeichten Prüfmethoden eine neue Staffelserie zusammenzustellen, die für jede Halbjahrsstufe 6 Tests, teils sprachlicher, teils

---

[1] Hierher gehören auch jene ganz einfachen Prüfmethoden, mit denen man die Intelligenz des Tieres oder des noch sprachlosen Kindes festzustellen sucht (vgl. S. 61 und 63). – In den Binetschen und Termanschen Prüfreihen überwiegen stark die Tests, welche an sprachliche Leistungen gebunden sind.

sprachloser Art enthält. Dieser Vorschlag ist als Anregung recht wertvoll, denn eine Reihe der neuen Prüfmethoden hat sicherlich mehr zu tun mit den natürlichen Richtungen der kindlichen Intelliganz als die zum Teil etwas zufälligen Tests der Binet- und Terman-Reihen. Aber ein endgültiges System kann in der Descoeudres'schen Zusammenstellung noch keinesfalls gesehen werden; denn die Eichung der einzelnen Tests für bestimmte Altersstufen stützt sich auf eine viel zu geringe Zahl von Prüflingen, um als sicher gelten zu können; und außerdem ist noch nirgends – auch von der Genfer Forscherin nicht – erprobt worden, ob die Gesamtserie in dieser Form praktisch brauchbar ist, d. h. zu Feststellungen des Intelligenzalters und des Intelligenzquotienten verwandt werden kann. Aus diesem Grunde können wir auch an dieser Stelle darauf verzichten, die von Descoeudres vorgeschlagene Serie zum Abdruck zu bringen.

Auch in Amerika ist man in der letzten Zeit zu stärkerer oder sogar ausschließlicher Benutzung von stummen Tests übergegangen.

So sind in Detroit zwei Serien geschaffen worden. Die eine („Detroit-Kindergartentest")[1] läßt die Kinder nur durch Zeigen mit dem Finger auf Bilder reagieren. Z. B.: Ein Bild enthält Mond, Tasse, Schlitten: „Zeige mir das Ding, das oben am Himmel ist." Oder: Bild 1 enthält Fahrrad und Stoßwagen für Kinder, Bild 2 Hund, Liegewagen für Kinder und Apfel. Aufgabe: „Zeige mir (auf Bild 2) das Ding, das diesen zwei (auf Bild 1) am ähnlichsten (nearest like) ist" usw. Der Test wird benutzt, um die Kinder zu finden, die in eine Förderabteilung des Kindergartens gesteckt werden oder länger im Kindergarten zurückbehalten werden sollen.–

In der anderen Detroiter Reihe[2] soll die Fähigkeit zu gewissen praktischen Leistungen geprüft werden. Hierher gehören folgende Aufgaben: Einpacken von 16 Würfeln in einen Kasten, aus dem sie eben herausgeschüttet worden waren; Ineinander-Schachteln von vier verschieden großen Hohlwürfeln; Nachbauen einer vom Prüfer vorgebauten „Pyramide" aus 3 Würfeln; 2 Zeugstücke mit einem Knopf und einem Knopfloch zusammenknöpfen; ebenso mit 2 Knöpfen, mit 4 Knöpfen usw. Festgestellt wurde die Häufigkeit der Lösungen für alle halbjährig abgestuften Altersgrade zwischen 1½ und 5½ Jahr.

Neuerdings hat man in Amerika auch die Anwendung eines Gruppenverfahrens (gleichzeitige Prüfung einer größeren Zahl) versucht[3]. Die Prüflinge erhalten ein Heftchen mit lauter Bildern. Die Aufgaben bestehen darin, daß bestimmte abgebildete Gegenstände herausgefunden, isolierte Teile einer Abbildung angegeben, die zu einer vorgelesenen Geschichte gehörigen Personen oder Sachen gezeigt werden sollen. Die Reaktion der Kinder besteht in einfachen Bleistiftstrichen, mit denen sie die betreffenden Bildteile markieren müssen. Die Ergebnisse sollen mit den Intelligenzprüfungen nach anderen Methoden in guter Korrelation stehen. Ich möchte aber glauben, daß eine solche Mechanisierung der Prüfmethode, die jedes

---

[1] Vgl. Baker und Kaufmann.

[2] Vgl. Stutsman.

[3] Vgl. Pintner und Cunningham.

Eingehen auf die individuellen Besonderheiten des einzelnen Prüflings verbietet, in der frühen Kindheit mehr noch als bei höheren Altersstufen[1] Bedenken erwecken muß.

Die umfassendste Experimentaluntersuchung an Kleinkindern ist kürzlich in Amerika von Baldwin und Stecher veranstaltet worden. In Iowa gibt es ein besonderes „Preschool-Laboratory", in dem die körperliche, geistige und soziale Entwicklung der Kinder wissenschaftlich beobachtet und pädagogisch gefördert werden soll. Das Laboratorium ist kindergartenmäßig aufgezogen; zugleich aber werden an den Kindern experimentelle Prüfungen der verschiedensten Art durchgeführt. Die beiden Forscher schildern nun die an 100 Kindern vorgenommenen Messungen, die sich auf Körpergröße und Gewicht, auf Sinneswahrnehmung, Bewegungsgeschicklichkeit, Kombination, Unterscheidungsfähigkeit, Auffassung von Zahl, Zeit, Rhythmus usw. beziehen. Wir können hier ebensowenig die einzelnen Prüfmittel der außerordentlich umfangreichen Testreihe aufzählen, wie die ziffernmäßigen Ergebnisse über die Entwicklungsfortschritte: bei jedem Test wird festgestellt, wie sich die erreichten Punktziffern von den Zweijährigen bis zu den Sechsjährigen verändern.

Nur einige Feststellungen, die Baldwin und Stecher mit der oben besprochenen Terman-Methode gemacht haben, seien zur Ergänzung unserer früheren Ausführungen erwähnt. Da die Kinder des Experimental-Kindergartens in der großen Mehrzahl aus gebildeten Häusern stammten, so ist es verständlich, daß der I. Q. im Durchschnitt etwas höher war als bei Terman: 1,15. Die Grenzfälle waren 0,79 und 1,56; es fehlten also die schwer rückständigen Fälle. Eine Reihe von Kindern wurden nicht nur beim Eintritt, sondern auch später wiederholt geprüft; es zeigte sich bei vielen ein gewisser Anstieg des I.-Q., für den aber die Verfasser nicht sowohl eine wirkliche Änderung der Intelligenz, sondern steigende Gewöhnung an experimentelle Prüfungen verantwortlich machen. (Vermutlich üben sich auch die Kinder allmählich auf die speziellen Aufgaben der Terman-Serien ein.) Der Geschlechtsunterschied war, ebenso wie bei Terman, gering, aber für die Mädchen positiv (durchschnittlicher I.-Q. der Mädchen 1,17, der Knaben 1,13).

An dieser Stelle sei auch die vergleichende Untersuchung erwähnt, die A. Huth mit einer Reihe experimenteller Methoden an Kindergartenkindern des sechsten Lebensjahres in München durchgeführt hat. Diese, schon 1913 angestellten, aber erst jetzt veröffentlichten Studien sollten den Geschlechtsunterschied erforschen. Im sprachlichen Ausdruck, u. a. geprüft durch Nachsprechenlassen von Sätzen, zeigten die Mädchen größere Korrektheit und bessere Ergänzung der Erinnerungslücken durch die Phantasie; die Knaben waren nur

---

[1] Für Schulkinder und Erwachsene kann man zuweilen die große Zahl der Prüflinge nur durch schriftliche Gruppenprüfungen bewältigen. Sie stellen aber immer nur einen Notbehelf dar.

bei solchen Sätzen im Vorteil, die sich auf eigene Erlebnisse bezogen. Der graphische Ausdruck wurde analysiert an Zeichnungen, Mal- und Ausschneidearbeiten über sehr verschiedene Themen. Die Knabenarbeiten sind sachlicher, deutlicher, mehr dem Thema angemessen, in der Raumdarstellung überlegen, reicher an Darstellungen von Handlungen und Verkehrsmitteln; die Mädchen arbeiten phantasievoller, sauberer, farbenfreudiger, bevorzugen Darstellungen von Zuständen und persönlichen Angelegenheiten. Eine „Ergiebigkeitsprobe" stellte endlich (durch Zeichnenlassen, Erzählenlassen und Vorlegen von Verhörsfragen) Anzahl und Inhalt der Vorstellungen fest, die von einem tags zuvor gemachten Ausflug übrig geblieben waren; Resultat: Die Ergiebigkeit war bei den Mädchen weit größer als bei den Knaben; die Verschiedenartigkeit der Interessenrichtungen trat wieder deutlich hervor.

Im ganzen sind die 5–6jährigen Mädchen den gleichalterigen Knaben geistig in den meisten Hinsichten überlegen; aber die Knaben befinden sich in dieser Zeit in einem stärkeren Entwicklungsfortschritt. Außerdem zeigen die Knaben fast überall die größere Variationsbreite: die Knabenleistungen waren untereinander viel verschiedener als die Mädchenleistungen; auch die Leistungen des einzelnen Knaben zeigten mehr innere Schwankungen.

H. schließt seine Darstellung mit der folgenden Gesamtcharakteristik, die mir freilich den Geschlechtsunterschied allzusehr zuzuspitzen scheint:

„Der vorschulpflichtige Knabe steht in einer Periode der raschen, sprunghaften Entwicklung; aber noch ist sein Empfinden derb, grob, undifferenziert. In seinen Beobachtungen und Arbeiten ist er sachlich zuverlässig, aber formal ungenügend; der sprachliche Ausdruck ist noch recht unbeholfen. Sein Interesse gehört dem handelnden Leben, der Ferne und den Verkehrsmitteln, die in die Ferne führen. Die Grundeinstellung seines Wesens ist durchaus rational." – „Das vorschulpflichtige Mädchen entwickelt sich langsamer und stetiger; es ist in jeder Beziehung mehr erwachsen als der Knabe; das emotionale Seelenleben erscheint schon fein abgestimmt und vielfach differenziert. Das Mädchen überrascht durch technisch blendende Arbeit und durch zahlreiche Einzelbeobachtungen, aber seine üppige Phantasie trübt die Genauigkeit und Sachlichkeit. Alles Persönliche fesselt sein Interesse, außerdem die nahe Umwelt, das Heim. Sein Wesenskern ist völlig irrational, intuitiv."

Neunter Abschnitt

Trieb-, Gemüts- und Willensleben

(Formen des Strebens)

Alle bisher besprochenen Themen – Wahrnehmung, Gedächtnis, Phantasie, Denken – behandelten Einzelgebiete und Bruchstücke aus dem kindlichen Seelenleben. Jetzt aber haben wir uns dem zuzuwenden, was die eigentliche Einheit und den Sinn jedes menschlichen Individuums ausmacht und zu dem sich alles andere dienend verhält.

Gehen wir von unserem Grundbegriff der „Person" aus: Person ist eine von Zielen durchwaltete einheitliche Lebendigkeit, ein Ganzes, in welchem Kräfte in bestimmten Richtungen wirksam sind. Diese auf Ziele gerichtete Aktivität wollen wir in ihrer Gesamtheit als „Streben" bezeichnen. Das Wort (samt allen abgeleiteten Ausdrücken) ist im weitesten Sinne zu verstehen, d. h. in eigentlich personalem, nicht in bloßem Bewußtseins-Sinne. Es handelt sich nicht lediglich um das, was der Mensch bewußt erlebt, wenn er sich auf Ziele richtet, sondern um dieses Sich-Richten selber. Die Zielstrebigkeit ist eine Urtatsache, die der psychophysisch neutralen Person angehört.

Die Wichtigkeit und Schwierigkeit des Gegenstandes verlangt es, daß wir zuerst in knappen Grundlinien die allgemeine Psychologie des Strebens entwickeln, so wie sie sich der personalistischen Überzeugung darstellt, daß wir weiter die formalen Haupteigenschaften des frühkindlichen Strebens besprechen und dann erst zu den konkreten Einzelgebieten und Richtungen dieser kindlichen Strebungen übergehen. Bei den letzteren werden wir uns freilich auf eine Auswahl beschränken müssen.

Kapitel XXX

Zur personalistischen Psychologie des Strebens[1]

1. Strebebewußtsein und Strebeziele

Wir wählen als Ausgangspunkt das eben berührte Bewußtseinsproblem.

Das Strebe-Bewußtsein stellt zweifellos einer beschreibenden und zergliedernden Psychologie eine Reihe wichtiger und reizvoller Aufgaben. Denn die Erlebnisse des inneren Getriebenwerdens und des Aktivseins, des Determiniertseins durch Zielvorstellungen, des Wünschens, Wählens, Entscheidens usw. sind gründlicher Untersuchung bedürftig; die Frage, welchen Anteil Lust und Unlust, Tätigkeits- und Spannungsgefühle, die Vorwegnahme des Erfolgs in der Vorstellung, der Gedanke der Aufgabe usw. an diesem Strebebewußtsein haben, die weitere Frage, ob über dies alles hinaus ein „Willenserlebnis" als eigener Bewußtseinsinhalt bestehe, waren und sind viel umstritten.

Und doch kommt man mit diesen Fragen an das Kernproblem des Strebens nicht heran. Denn wir können nicht beim Bewußtsein als letzter Instanz stehen bleiben und uns damit zufrieden geben, seinen Inhalt festzustellen; sondern wir müssen uns fragen, was denn das Bewußtsein im Ganzen des persönlichen Lebens bedeute, in welchem Verhältnis das Strebebewußtsein zu den tatsächlich wirksamen Streberichtungen und Akten stehe.

In mehrfacher Form stellt sich dies Verhältnis zwischen Erleben (Bewußtsein) und Leben (Zielstrebigkeit) des Menschen dar. Das eine Verhältnis ist das der Spiegelung; der Mensch sucht sein eigenes Selbst und die Welt in seinem Bewußtsein zu reflektieren. In den Gefühlen der Lust und Unlust spiegelt sich seine innere Stellung zu dem, was seinem Ich förderlich oder schädlich ist; in den bewußten Willensmotiven erlebt er Ziele, zu denen hin seine Lebenslinie tatsächlich tendiert. Bald dumpfer, bald klarer ist so das Bild der eigenen Zielgerichtetheit in das Bewußtsein des strebenden Menschen hineinprojiziert.

Allein diese Spiegelung ist nicht vollkommen. Das wahre Selbst deckt sich nicht mit dem Selbstbewußtsein; die reiche Fülle und krause Verwicklung der im Menschen strebenden Kräfte greifen nur sehr teilweise in sein fühlendes, vorstellendes, begehrendes Bewußtsein hinein. Was das Bewußtsein bietet, ist nur eine Auslese aus den lebenbestimmenden Tendenzen, ja noch mehr, es ist zum Teil eine Umbildung dieser Tendenzen.

Zunächst die Auslese. Bewußtsein tritt nur dort auf, wo es auf Grund der persönlichen Teleologie erforderlich ist, und dies gilt nur für Fälle des Konflikts. Solange das Leben des Menschen glatt, in angeborener Treffsicherheit oder in den Bahnen der Gewöhnung verläuft, solange die „Konvergenz", d. h. das Ineinander

---

[1] Das Kapitel stellt eine etwas fremdartige Einschiebung dar, da es nicht selbst kindespsychologischen Inhalts ist. Der Verfasser freilich empfand es als eine innere Notwendigkeit, diejenigen philosophisch-psychologischen Grundanschauungen kurz anzudeuten und die Grundbegriffe zu erläutern, die ihm zum Verständnis seiner weiteren kindespsychologischen Ausführungen unerläßlich erscheinen. Die Darstellung mußte leider äußerst knapp gehalten werden; die Leser, die nach Klärung und Begründung der schwierigen Erörterung verlangen, seien auf mein Buch „Die menschliche Persönlichkeit" sowie auf eine, für 1929 geplante Veröffentlichung über „Personalistische Psychologie" verwiesen.

greifen der Umweltbedingungen und der inneren Dispositionen reibungslos vonstatten geht, funktioniert das Leben unvermittelt und ungebrochen und bedarf nicht der inneren Spiegelung. Erst da, wo sich innere und äußere Unstimmigkeiten ergeben, springt aus der Reibung der Funke des Bewußtseins hervor. In allem Bewußtsein – auch in dem lustvollsten – spricht sich Hemmung und Spannung, Gegensatz und Überwindung aus. So bezieht sich die Spiegelung des Bewußtseins nicht auf den ganzen Lebensgehalt und Sinn, sondern nur auf die Kampfseiten des Lebens.

Aber auch diese werden nicht durchweg adäquat wiedergegeben. Der Spiegel des Kampfes wird zugleich zur Waffe im Kampf; und damit wird aus der Spiegelung eine Vorspiegelung. Die kämpferischen Aufgaben des Bewußtseins bestimmen, wie weit es sich mit der inneren Wirklichkeit der Person decken kann und wie weit es diese meiden, ja geradezu verschleiern muß. Dabei ist nicht an absichtsvollen Lug und Trug des Bewußtseins gedacht, vielmehr an durchaus ungewollte Abwandlungen der Bewußtseinsbilder, die aus der unbewußten Zielstrebigkeit der Person herausquellen. Es gibt gewisse Regungen und Tendenzen, die nicht in ihrer wahren Form bewußt werden – oder falls sie es schon waren – bewußt bleiben dürfen, wenn nicht die Unbeirrtheit im Verfolgen elementarer Lebensziele beeinträchtigt werden soll; und um ihre Unbewußtheit zu sichern, setzen sich andere Bewußtseinsinhalte an ihre Stelle. Die negative Seite dieses Vorgangs: nämlich das Abschieben eines Bewußtseinsinhalts, der als solcher das personale Gleichgewicht stören würde, wird als „Verdrängung“ bezeichnet.

Wir stehen hier an demjenigen Punkt, an welchem sich die von uns vertretene personalistische Überzeugung mit dem psychoanalytischen Standpunkt am nächsten berührt. Beide halten es für erforderlich, nach der Bedeutung des Bewußtseins zu fragen und die Deutung der Bewußtseinserlebnisse zu versuchen. Nach beiden Überzeugungen würde die Beschränkung der Betrachtung auf das bloße Bewußtsein als solches eine Oberflächenpsychologie herbeiführen; die Kräuselungen und Wellenbewegungen dieser Oberfläche erhalten vielmehr erst im Zusammenhang mit den darunter ruhenden Tiefen ihren Sinn. Aber diese Tiefen werden nun von der Psychoanalyse als eine bloße Gegeninstanz des Bewußtseins aufgefaßt, als „das Unbewußte“, das wie ein eigenes selbständiges Seelengespenst irgendwo im Menschen sitzt und sich hier einer verwickelten Maschinerie bedient, um dem Bewußtsein, wo es nur kann, ein Schnippchen zu schlagen. Für den Personalismus dagegen ist jene Tiefe erfüllt von der Person selbst, in deren ungeteilte und unteilbare Lebenseinheit die Bewußtseinsregungen ebenso eingebettet sind wie die Strebungen, die, ohne der Vermittlung des Bewußtseins zu bedürfen, auf ihre Ziele zusteuern. Und auch darin unterscheiden sich die beiden Richtungen, daß „das Unbewußte“ der Psychoanalyse, im Grunde nur ein einziges Ziel, das Sexualziel kennt, während die „Person“ des Personalismus eine Vieleinheit der Ziele und damit auch der Strebrichtungen ist.

Die Vielheit der Ziele ist bedingt durch die Stellung der Personen in der Welt. Jeder Mensch ist das Zentrum seiner Welt. Da ist zunächst sein eigenes engeres Selbst, das erhalten, geschützt, gesteigert werden soll, dann die Objekte der Umwelt, die Ereignisse der Natur und Kultur, die es aufzunehmen und zu erfassen, zu verwerten oder abzuwehren gilt, dann die andern Personen der Umgebung, mit denen der Einzelne in lebensnotwendiger Gemeinschaft steht, ferner die übergeordneten Ganzheiten, in denen sich das Individuum als Glied bewegt und betätigt, endlich die abstrakten Wertideen (Ideale), – sie bilden den Inbegriff jener Ziele, denen sich alles Streben des Menschen zuwendet. Und hierbei ist nicht etwa ein Ziel das primäre und alle anderen aus ihm abgeleitet; sie sind vielmehr alle aufeinander angewiesen, sie gehören von Anfang an zusammen, und so sehr sie sich differenzieren, strahlen sie doch immer wieder zusammen zu der Einheit der Person, die ja der gemeinsame Träger dieser Strebungen ist. Dieses Zusammenstrahlen ist ein letztes Wunder alles persönlichen Daseins; der Personalismus bezeichnet es als „Introzeption". Der Dienst am engeren Selbst und das Streben und Wirken für Zwecke, die nicht mit dem Ich identisch sind, für Dinge und Menschen neben mir, für Gemeinschaft und Werte über mir, sind nicht im Letzten Widersprüche, sondern sie suchen sich zu vereinigen in der Gestaltung eines höheren Selbst: das über das Ich hinauszielende Streben verleiht dem Ich selbst erst seinen besonderen Gehalt und seinen wahren Sinn.

Das also ist das Grundstreben jeder Person: objektiv wertvolle Ziele sich so zu eigen zu machen, daß sie zu dem Bestand jenes Selbst gehören, dem die subjektive Strebung der Selbsterhaltung und Selbstentfaltung dient. Aber dies Grundstreben ist nie vollendet, tritt nie in Reinheit auf; irgendwelche Einzelziele drängen sich vor, in ihrer Ausschließlichkeit, in ihrer Gegensätzlichkeit gegeneinander, in ihren Verflechtungen und Verfilzungen – aber immer macht sich doch in dieser oft mißtönenden Vielstimmigkeit der Grundbaß des Introzeptionsstrebens bemerkbar, das die Einheit der persönlichen Lebenslinie zu wahren sucht.

2. Hauptbegriffe

Zur Verständigung über die Hauptbegriffe, mit denen wir das menschliche Streben denkend bearbeiten, dienen die folgenden Bestimmungen. Die erste Gruppe (a) bezieht sich auf Dauerbeschaffenheiten (Dispositionen), die zweite (b) auf die einzelnen akut auftretenden Strebeakte.

a) Die einheitliche Zielstrebigkeit der Person („Entelechie") zerfächert sich in eine Reihe von Teil-Zielstrebigkeiten, die auf die einzelnen Zielformen und -Arten gerichtet sind. Sie sollen als „Richtungsdispositionen" oder „Tendenzen" bezeichnet werden[1]. Sofern diese Tendenzen der Person angeborenermaßen zukommen und durch äußer Einwirkungen höchstens ausgelöst, aber nicht erst geschaffen und in ihrem Inhalt bestimmt werden, heißen sie Triebe. Diejenigen Tendenzen dagegen, deren besondere inhaltliche Bestimmung nur durch Konvergenz mit der Erfahrung möglich wird, werden als Neigungen und Interessen bezeichnet. – Wenn die Vielheit der Tendenzen in ständiger Wechselwirkung mit dem „Strom der Welt" eine einheitliche und dauernde Gesamtstruktur gewonnen hat, derart, daß jede einzelne Tendenz oder ihre Äußerung nur als unselbständiges Moment dieser gestalteten Einheit erscheint, so ist der „Charakter" gebildet, aus der Person eine Persönlichkeit geworden.

All diese Begriffsbestimmungen gelten den Tendenzen in ihrer unmittelbaren psychophysisch neutralen Zielgerichtetheit: ein Trieb, ein Interesse, eine Neigung setzt die Person als ungeteilt lebendige in Bewegung, wirkt sich nicht weniger – oft sogar mehr – im physischen Tun als im psychischen Erleben aus. Wird dagegen der psychische Anteil an den Strebungen in den Mittelpunkt gerückt, so ergeben sich die Begriffe des Gemüts und des Willens. Gemüt ist nämlich

[1] Vgl. Die menschl. Persönlichkeit S. 83f. – Dort werden die „Richtungs"- und „Rüstungs"-Dispositionen (Tendenzen und Potenzen) einander gegenübergestellt; jene erhalten ein Hin-tendieren auf Ziele, diese stellen die Mittel zur Erreichung der Ziele in Bereitschaft. Zur letzten Gruppe gehören also die „Fähigkeiten", deren wesentlichste wir schon früher behandelten: die Dispositionen der Beobachtungsgabe, des Gedächtnisses, der Intelligenz.

die Richtungsdisposition, sofern sie sich in einem innerlich bleibenden Bewußtseinsreflex spiegelt, Wille die Richtungsdisposition, sofern sie objektive Ziele als zu verwirklichende ins Bewußtsein projiziert.

b) Die weiteren Begriffsbestimmungen gelten den einzelnen akuten Strebeakten. Wir beginnen wieder mit den psychophysisch neutralen Begriffen.

In jeder Strebung stellt sich der Mensch in irgendein Verhältnis zur Welt. Dies „Stellungnehmen" ist stets alternativ; es bewegt sich zwischen den beiden Polen eines positiven und negativen Verhaltens. Die Polarität ist die gemeinsame Grundform, die in sehr verschiedenen Tönungen auftreten kann: als Lust/Unlust, Verlangen/Widerstreben, Zustimmung/Ablehnung, Liebe/Haß, Suchen/Fliehen, Angreifen/Zurückweichen usw. Aber freilich: die beiden Pole stehen sich nicht in schroffer Unvereinbarkeit gegenüber. Es gibt Unlust und Schmerzen, die nicht gemieden, sondern gesucht werden; es gibt Haß, der versteckte oder verdrängte Liebe ist; es gibt Selbstsucht, die sich seltsam mit Selbstentäußerung verquickt. Diese innere Dialektik des Strebens[1] ist geeignet uns davor zu warnen, das persönliche Leben durch schematische Begriffsabgrenzungen allzusehr vereinfachen zu wollen.

Ihrem Ursprung nach gliedern sich die Strebeakte in reaktive und spontane Verhaltungsweisen. Das Streben tritt auf als Reaktion, wenn ein äußeres Objekt erst den Anreiz dazu gibt, daß das Individuum sich positiv (lustvoll, begehrend) oder negativ (unlustvoll, abwehrend) verhält. Spontan ist dagegen die Aktion, wenn sie, aus dem Innern des Individuums quellend, ihr Objekt erst selber sucht. Beim Reagieren ist der Mensch gebunden an die seiner Machtsphäre entzogene Wirksamkeit der äußeren Verhältnisse; in der Spontaneität ist sein Stellungnehmen frei, d. h. nicht ursachlos, sondern bestimmt durch die immanente Zielstrebigkeit seiner eigenen Persönlichkeit.

In dieser Schärfe ist nun freilich die Gegenüberstellung von Reaktion und Spontaneität in der Wirklichkeit nie vorhanden; denn jede Stellungnahme, die der Mensch vollzieht, ist ja sowohl von äußeren wie von inneren Bedingungen abhängig.

Die Reaktion ist um so reiner, je mehr die augenblickliche äußere Konstellation der Lebensbedingungen die Strebung bestimmt; die Spontaneität ist um so reiner, je mehr die über den Augenblick hinausgehende innere Beschaffenheit des Individuums dem Streben das entscheidende Gepräge aufdrückt.

Die reaktiven Strebungen müssen wir unter sich noch weiter gliedern.

Zu jeder Reaktion gehört ein Reiz, der sie auslöst. Zwischen Reiz und Reaktion herrscht normalerweise ein Zweckzusammenhang, indem die Reaktion diejenige psychische oder physische Stellungnahme zum Reiz bedeutet, die im Sinne der Lebensziele des Individuums liegt. Dabei braucht zwischen den beiden Gliedern des Zweckzusammenhanges keine Ähnlichkeit zu bestehen. Der Stich einer Nadel und die Gefühlsreaktion des Schmerzes haben keine Ähnlichkeit miteinander, ebensowenig der gesehene Kuchen und die Willensreaktion des Zugreifens. Die meisten Reaktionen gehören dieser „heterogenen" Form an, namentlich beim Erwachsenen. Daneben aber gibt es eine Gruppe der „homogenen" Reaktionen, die zwar weniger umfangreich, aber doch von größter Bedeutung ist, insbesondere in der Kindheit. Bei ihnen besteht die Tendenz, den Inhalt des Reizes in ähnlicher Weise zu wiederholen.

Nun kann sich das homogene Reagieren sowohl auf die physische, wie auf die psychische Seite des Strebens erstrecken. Der erste Fall ist uns bekannt genug. Es ist die Nachahmung körperlicher Tätigkeiten, deren Bedeutung uns beim Spre-

[1] Die Psychoanalyse spricht von „Ambivalenz".

chen, Spielen und anderwärts begegnet ist. Der zweite Fall dagegen wurde bisher nur gelegentlich gestreift und wird noch eine ausführlichere Behandlung finden müssen (Kap. XXXII): es ist die Suggestion, die in der Tat auch nichts anderes als Nachahmen, aber ein Nachahmen psychischer Stellungnahmen ist. Wer in bestimmter Weise Stellung nimmt, nicht weil er selbst diese Stellung zum Objekt in sich entwickelt, sondern weil ein anderer eindrucksstarker Mensch ihm diese Stellungnahme vormacht (oder auch nur vorzumachen scheint), der steht unter einer Suggestion.

Wir kommen schließlich zu den eigentlich psychologischen Bestimmungen der Strebeakte.

Den oben erwähnten Dispositionen des Gemüts und des Willens entsprechen zwei Aktgruppen. Einen einzelnen akuten Akt der Gemütssphäre nennen wir eine „Regung"; in ihr kommt die Strebung als solche (abgesehen von ihrer Umsetzung in Tat) zur inneren Bewußtseinsspiegelung. So gibt es Gefühlsregungen, Affekte, Stimmungen, Wunschregungen, Interessenregungen. – Einen einzelnen akuten Akt der Willensdisposition nennen wir eine „Begehrung"; hier ist der zur Verwirklichung drängende Antrieb im Bewußtsein repräsentiert.

Diese Repräsentation kann freilich in sehr verschiedenen Graden auftreten. Eine Begehrung, deren Bewußtheitsbestand sich in einer dumpfen, nach Entladung drängenden Gespanntheit erschöpft (also nicht den Endeffekt des Tuns vorwegnimmt) ist ein „Triebakt". Wird das Ziel, dem die Strebung gilt, als Richtpunkt des Prozesses im Bewußtsein vorweggenommen, so haben wir es mit einem „Willensakt" zu tun; das Zielbewußtsein wird zum „Motivbewußtsein". Der Willensakt ist „einfach", wenn ein einziges Motiv von vornherein die Streberichtung und den Ablauf bestimmt; er ist „komplex", wenn mehrere Motive sich im Bewußtsein durchkreuzen; in diesem Falle schieben sich zwischen das Motivbewußtsein und die Ausführung besondere innere Stellungnahmen ein, die „Wahl" und „Entscheidung".

Übrigens sind die Willensakte nicht so zu verstehen, als ob nun alle ihre Momente und Phasen bewußt sein müßten. Vielmehr ragen immer nur Bruchstücke dieses verwickelten In- und Gegeneinanderwirkens ins volle Licht des Bewußtseins hinein. Gerade hier gibt es oft den schon früher erwähnten Widerstand einer personalen Strebung gegen die Bewußtmachung; und so können zuweilen die Motive, um die der wollende Mensch zu wissen glaubt, andere sein als diejenigen Impulse, die tatsächlich sein Tun bestimmt haben.

Kapitel XXXI

Das frühkindliche Streben

1. Allgemeine Charakteristik

Auf dem Gebiet des Strebens ist es noch viel weniger als auf anderen möglich, das Kind lediglich als einen Miniatur-Erwachsenen anzusehen. Vielmehr ist die ganze personale Struktur eine andere, und damit gewinnen auch die einzelnen Streberichtungen und Triebformen, die Gemütserregungen und Willenshandlungen im Kinde eine andersartige Bedeutung. Wohl ist auch das Kleinkind vom Anbeginn an „Person“, d. h. eine Lebenseinheit, die alles Einzelne zur Ganzheit zusammenschließt; noch aber fehlt jene Stabilität der Gestaltung, die wir „Persönlichkeit“ nannten, das Ineinander-Abgetöntsein und das dauernde Zueinander-Geordnetsein aller Teilstrebungen zu einem klaren individuellen Bilde. Am Anfang steht auch hier – ebenso wie auf allen anderen Funktionsgebieten – die Diffusität, die Vieldeutigkeit, die Instabilität. Unklar verfließen noch die Strebungen ineinander. Wenn sich z. B. beim Erwachsenen Gemütserregungen und Begehrungen als deutlich unterscheidbare psychologische Kategorien behandeln lassen, so ist dies beim kleinen Kind nicht in gleicher Weise möglich: die Begehrungen quellen aus starken und impulsiven Elementargefühlen unvermittelt hervor; die Gefühle fließen leicht in Begehrungen und Handlungsimpulse über

Dies diffuse Ineinander mannigfacher Affekt- und Willensregungen tritt uns anschaulich entgegen in einer Schilderung, die Elsa Köhler (S. 154/5) von einem absichtlich hervorgerufenen Schreckerlebnis eines kleinen Mädchens gibt.

Anna (2;8), körperlich ungeschickt, geht mit verschiedenen Erwachsenen und Kindern im Walde spazieren. Bei einem Hohlweg läßt man sie oben auf der niedrigen und breiten Böschung gehen, während die unten gehende Tante sie an der Hand hält. Plötzlich läßt die Tante die Hand los und ermuntert sie, unter Hinweis auf die anderen Kinder, allein weiter zu gehen. A. bleibt stehen, ächzt etwas, streckt die Hand aus, zeigt Unsicherheit. Die Tante, statt die Hand zu ergreifen, entfernt sich. Ein älteres Mädchen steigt den Abhang hinauf und bietet seine Hand; „sie wird mit Geschrei und rasenden Gebärden abgewiesen. Was jetzt die kleine Seele durchtobt, ist sicher nicht mehr Angst allein. Vielleicht ist es plötzlich auflodernder Zorn gegen mich, daß ich sie dieser Situation aussetze?“ Noch mehr: die Mutter von A. geht einige Schritte voraus, mit einem fremden Kinde an der Hand, scheinbar ohne sich um A. zu kümmern und immer mehr sich von ihr entfernend; auch die Tante und das verschmähte ältere Kind gehen nun weiter. „Nun steht das Kind allein in seiner Angst, seinem Zorn und wohl – seiner Eifersucht, in leiblicher und geistiger Verlassenheit – . . . mir kommt es vor, als müßte es in seinen Gefühlen annähernd das erleben, was mich bewegen würde, wenn man mich auf einer Klippe, mitten im Meer allein ließe – obwohl man mir helfen könnte. Da geschieht etwas Seltsames. Das bisher so furchtsame Kind rafft in der Todesangst alle Kräfte zusammen und wagt das Äußerste – aber auch das Richtige! Sie setzt sich auf den Boden und gleitet absatzweise den nicht einmal meterhohen Hang herunter, schreiend und kreidebleich . . . . A. hat unzweifelhaft einen kleinen Chok erlitten, aber sie ist um eine Erfahrung von höchster Tragweite reicher.“

Die Unschärfe und Undifferenziertheit der frühkindlichen Strebungen hängt eng zusammen mit ihrem großenteils vorbereitenden Charakter. Schon bei der Erörterung des Spiels stellten wir fest daß vieles, was sich später zu ausgesprochenen Instinktweisen und Interessenrichtungen verdichtet, beim Kleinkind nur in Vorformen vorhanden ist. Und so wie in einem Embryo die künftigen organischen Gliederungen nur in vager Verschwommenheit vorgebildet sind, so sind – aufs Psychische übertragen – im Kleinkind die Strebungen ebenfalls noch nicht so ausgesprochen in ihrer Zielhaftigkeit und Sinnbestimmtheit. Es ist deshalb nicht unbedenklich, hier auch nur dieselben Namen anzuwenden, die beim Erwachsenen eine scharf umrissene Bedeutung haben; Bezeichnungen wie Egoismus und Güte, Lügenhaftigkeit und Aufrichtigkeit, Liebe und Eifersucht usw. sind so stark mit Akzenten der Erwachsenen-Psychologie belastet, daß sie das kleine Kind leicht in ein schiefes Licht rücken. Und die Gefahr einer Verzerrung des Bildes ist um so größer, je später die Triebe, deren Vorformen im Kinde gesucht werden, ihren eigentlichen Reifungstermin haben. (Dies gilt insbesondere für die erotisch-sexuelle Begriffssphäre.)

Wollen wir diesen Gefahren der Fehldeutung möglichst entgehen, dann dürfen wir uns jetzt noch nicht direkt den einzelnen Strebearten zuwenden, sondern müssen zuvor die formale Struktur der frühkindlichen Strebungen allgemein kennzeichnen und zwar mit der doppelten Zielsetzung: einmal die starken Verschiedenheiten zwischen den Strebungsweisen des Kleinkindes und der anderen Lebensstufen herauszuarbeiten, sodann die allmähliche Annäherung des kindlichen Seelenlebens an die höheren Stufen zu schildern. Wir werden also auf eigentlich entwicklungspsychologische Gesichtspunkte um so mehr Nachdruck zu legen haben, als sie von anderer Seite vernachlässigt worden sind.

Hierbei spielt das Verhältnis von Bewußtheit und Unbewußtheit eine leitende Rolle. Die Spannung zwischen diesen beiden Sphären persönlichen Lebens (vgl. S. 390) – die besonders von der Psychoanalyse betont wird – ist selbst erst ein Ergebnis langsamer Entwicklung. Beim Säugling setzt das Bewußtsein in den früher beschriebenen dumpf-triebhaften Formen ein, die sich aus der Untergründigkeit des unbewußten Lebens nur eben abheben, um alsbald wieder in sie zurückzusinken. Allmählich beanspruchen dann die Lebensforderungen, die verwickelter und konflikthaltiger werden, Voraussicht, Zielbewußtsein, wählendes Verhalten; und die wachsende Reifung des Individuums ermöglicht die erforderliche Intensivierung und Klärung des Bewußtseinsanteils. Diese Entwicklungsfortschritte werden in einem eigenen Abschnitt des vorliegenden Kapitels betrachtet.

Aber auch jetzt noch bleibt die enge Verwurzelung der Bewußtseinserlebnisse im Unbewußten die Regel. Die Willensakte des Kindes sind nicht so sehr das feindselige Widerspiel der Trieb- und Instinktregungen, als deren Verfeinerung, Regelung und Ausbau; das Kind vermag sich nur solche Ziele bewußt zu setzen, denen schon starke Tendenzen im Unbewußten entgegenkommen.

Sollen daher im Kleinkind dauernde Verhaltungsweisen erzielt werden, die zu der ungeregelten Triebbefriedigung in Gegensatz stehen, so ist es nicht zu erwarten, daß ein ausschließlich oder vornehmlich an das kindliche Bewußtsein gerichteter Appell diese Gegenwirkung erzielen kann. In keinem Lebensalter ist bloße Belehrung und Aufklärung weniger wirksam als gerade in der frühen Kindheit. Hier muß vielmehr versucht werden, die neu zu schaffenden Verhaltungsweisen und Einstellungen im Unbewußten selbst zu verankern, d. h. die angeborenen Trieb- und Instinktregungen durch ein System erworbener Reflexe zu ergänzen, oder besser; zu verschmelzen. Dies ist die Gewöhnung.

Hierbei kommt ein Entwicklungsprinzip zu Hilfe, das gerade in der frühen Kindheit stark wirksam ist: das der „Mechanisation" (s. S. 30). Es geht den umgekehrten „regressiven" Weg, wie die vorher besprochene Entwicklungstendenz: vom Bewußtsein zum Unbewußtwerden. Neu auferlegte Formen des Verhaltens müssen ja zunächst stets das Bewußtsein erregen, zum mindesten Fremdheitsgefühl und Stutzen hervorrufen, dann aber auch Vorstellungen, Denk- und Willensprozesse erwecken, namentlich wenn die Ausführung auf äußere Schwierigkeiten oder innere Widerstände stößt. Aber bei Wiederholungen nimmt dieser Bewußtseinsaufwand schnell ab; und bald ist die Strebungsweise aus dem Bewußtsein ganz ins Unbewußte abgesunken. Mit dem Saubergewöhnen und dem Entwöhnen des Säuglings hebt diese regressive Entwicklung an; späterhin werden dann die Akte des Essens, des Sprechens, der Körperhaltung ebenso durch Gewöhnung geregelt, wie das Benehmen zu anderen Menschen, das Streben nach Reinlichkeit, nach Ordnung in den Spielsachen usw. Das Ergebnis sind dann jene Alltags-Tugenden (und eventuell: -Laster), die dem Kinde schnell zur zweiten Natur werden und sich der ersten Natur, d. h. den undisziplinierten Trieb- und Instinktregungen überbauen.

Bei der regressiven Entwicklung durch Gewöhnung ist somit der Weg, der vom Bewußtsein ins Unbewußte führt, ein durchaus glatter und allmählich abgleitender. Aber es gibt noch eine ganz andere abrupte Art des Überganges, eine gewaltsame Unbewußtmachung, die zugleich zu einer Spaltung zwischen bewußtem und unbewußtem Personleben führt: die Verdrängung. Ist unsere These richtig, daß eine scharfe Differenzierung der beiden Sphären erst in langsamer Entwicklung erreicht wird, dann kann die Verdrängung, in der jede von ihnen ein sehr selbständiges Sonderleben führt, in der frühen Kindheit höchstens spurenhaft einsetzen. Der hiermit formulierte Gegensatz zur Kindespsychologie Freuds und seiner Jünger verlangt gesonderte Besprechung (vgl. Kapitel XXXIII).

Während das Verdrängungsprinzip der Kinderseele eine äußerst große innere Selbständigkeit zumessen möchte, betont das Suggestionsprinzip gerade die starke Abhängigkeit des Kindes von den geistigen Streberichtungen, die in seiner Umwelt ablaufen. Da die Empfänglichkeit für Suggestionen, d. h. die Unselbständigkeit, mit dem Alter abnimmt, kommt sie dem Kleinkind in besonders hohem Maße zu. Auch hierüber wird in einem eigenen Kapitel (XXXII) zu berichten sein.

2. Dynamik des kindlichen Strebens

In den Strebungen kommt der Krafthaushalt des Individuums am unmittelbarsten zum Ausdruck. Das Kleinkind zeigt nach Intensität, Dauer und Verteilung der Energien, die in Gemüt und Willen zur Auswirkung kommen, eigene Bilder.

Die Intensität der Augenblicks-Regungen und -Begehrungen ist beim Kinde oft weit größer als beim Erwachsenen. Der Grund liegt in der Unfähigkeit der Hemmung gegenüber den sich entladenden Erregungen und in der völligen Hingabe an das eine Motiv, ohne daß erst kreuzende, mildernde, verzögernde Motive zur Geltung kommen könnten. Besonders wirken sinnliche Unlustreize in dieser Weise – man denke an das heftige Schreien, wenn sich das Kind gestoßen hat, an die Wut, wenn ihm eine Leckerei vorenthalten wird usw.; doch auch der Jubel, das Losstürzen auf ein neues Spielzeug kann die gleiche Maßlosigkeit und Unbändigkeit zeigen.

Dieser Momentstärke entspricht nun aber keineswegs die Dauer; überraschend schnell kommt das Kind über einen Schmerz hinweg, der es eben noch aufs heftigste durchschüttelte; irgendeine Ablenkung vermag beinahe blitzartig die Metamorphose vom Jammer zum Lachen herbeiführen. Vermutlich besteht ein Zusammenhang zwischen der geringen Nachhaltigkeit der Gemütserregungen und der geringen Wirksamkeit determinierender Tendenzen, die wir bei den Phantasie- und Denkleistungen des kleinen Kindes fanden. Die Determinationsfähigkeit der Psyche über längere Zeitstrecken hin ist eben eine Eigenschaft, die auf jedem Funktionsgebiete aus kleinen Anfängen heraus erst allmählich sich entwickelt; wir werden weiterhin das gleiche auch bei den eigentlichen Willenshandlungen zu betrachten haben.

Der Mangel an innerer Stabilität des Kindes zeigt sich auch dort, wo man die Verteilung der Strebungen betrachtet. Noch besteht kein fest gewordener Habitus, der bestimmt, welche Reize überhaupt das Kind zu starken Gemüts- und Willenserregungen veranlassen; vielmehr herrscht hier anfangs das Chaos. Ein Eindruck, der heute stark aufwühlt, kann morgen abgleiten; was gestern leidenschaftlich begehrt wurde, wird heute abgewehrt. Es gibt Erlebnisse, die nach unserer Meinung geeignet sein müßten, das Gemüt des Kindes recht zu erschüttern – und sie lassen es gleichgültig wie irgendeine Alltagsbagatelle. Dafür können andere Vorgänge, die in Wirklichkeit wenig bedeutsam sind, auf das Kind eine ganz unerwartete Wirkung: des Jubels, des Schrecks, der Wut ausüben. Natürlich entspringt dies besondere Verhalten des Kindes teilweise aus intellektuellen Mängeln: aus mangelndem Verständnis für den Vorgang, aus falscher Auffassung desselben. Aber alles ist damit doch nicht erklärt. Die Gemütsentwicklung befolgt also augenscheinlich zum Teil ihre eigenen Gesetze, die mit denen der Intelligenzentwicklung nicht immer zusammenstimmen.

Sehr bedeutend sind die individuellen Unterschiede der Kinder in bezug auf die Dynamik der Strebungen. Und da es sich hier nicht um inhaltliche, sondern formale Unterschiede handelt, so werden sie auch meist nicht mehr durch die Erfahrungen des weiteren Lebens stark abgeändert; sie haben daher weitgehende prognostische Bedeutung[1]. Es kündigt sich hier jener Charakterzug an, der von Kerschensteiner als „Aufwühlbarkeit“ bezeichnet wird.

Die Differenzierung erstreckt sich nicht nur auf die Intensität im ganzen, sondern kann auch die Lust- und Unlustseite des Erlebens gesondert treffen. Ein anschauliches Beispiel bietet die Vergleichung von zweien unserer Kinder.

Günther hat von den Geschwistern wohl die stärkste Aufwühlbarkeit des Gemüts. Seine Begeisterungsfähigkeit für alles Schöne, was ihm begegnete, namentlich für die Reize der Natur, zeigte nicht nur stärkere Intensität, sondern auch eine für das frühe Alter seltene Beständigkeit (Beispiele s. S. 312). Aber noch stärker war die Aufwühlbarkeit durch Unlustreize. So bedeutete z. B. jede Reise zu den Verwandten nach Berlin für ihn eine regelrechte peinliche Erschütterung des Ge-

---

[1] Der prognostische Symptomwert, den wir an früheren Stellen der Art des Spielens (S. 270) und des Zeichnens (S. 314/5) zugewiesen haben, bezieht sich ebenfalls vornehmlich auf die Dynamik der darin bekundeten Strebungen.

mütslebens. Die fremden Gesichter und Verhältnisse, das ungewohnte Bett, das Fehlen seiner Spielsachen – all dies brachte ihn aus dem Gleichgewicht; er weinte viel, machte vor dem Einschlafen Szenen, neigte mehr zum Ungehorsam als sonst. – Auch bei Einzelanlässen bekundete sich diese Aufwühlbarkeit. Trotz und Eigensinn, aber dann auch wieder Reue und Zärtlichkeit schienen bei ihm aus größeren Tiefen emporzuquellen als bei den anderen Kindern.

In einem Fall führte seine heftige Reaktion auf einen Chok zu lange anhaltender Nachwirkung. „In der Sommerfrische waren die Kinder eines Nachts von einem ungetreuen Kindermädchen allein gelassen und eingeschlossen worden. Günther (2;4) war unerwarteterweise wach geworden, verlangte nach dem Mädchen und geriet, als dieses nicht kam, in große Aufregung. Die Eltern hörten sein Schreien, konnten aber nicht sofort zu ihm, da er eingeschlossen war. Der Vater mußte eine Scheibe einschlagen und durch das Fenster hineinsteigen. Alles spielte sich im Dunkeln ab. Durch dieses Ereignis wurde nun der Knabe auf lange hinaus aus seinem Gleichgewicht gebracht. Schon der bloße Gedanke an das Schlafengehen, sei es bei Tage oder abends, verursachte ihm Angst; lag er im Bett, so bekam er die heftigsten Schreizustände, die sich nur beruhigten, wenn die Mutter bei ihm blieb, bis er eingeschlafen war. Ein einmaliger Versuch mit Strenge verschlimmerte nur den Zustand; er wurde erst besser, als sein Bett dauernd neben das der Mutter gerückt wurde." – Die $2^1/_2$ Jahr ältere Schwester Hilde hatte den ganzen Vorgang ebenso durchgemacht wie G., aber weder während des Ereignisses Angst noch später eine Nachwirkung gezeigt. Dies beruhte sicher nicht nur auf ihrem höheren Alter, sondern auf ihrer weniger aufwühlbaren Gemütslage.

Wie verträgt sich nun aber mit dieser starken Aufwühlbarkeit das folgende Verhalten? Wieder war es in der Sommerfrische. „Günther (4;2) steht am Rande eines kleinen Teiches, bückt sich zu sehr über den Rand und – fällt lautlos hinein. Er war völlig unter Wasser; erst auf den Ruf eines Fremden, der es von weitem mit angesehen hatte, kam Hilfe. Inzwischen hatte er auch schon selbst versucht, sich aus dem flachen Wasser herauszuarbeiten. Als er nun vom Vater triefend nach Hause getragen wurde, war von Schreck und Aufregung nichts zu merken; er sagte nur in weinerlichem Ton: *Herr K.* (Besitzer des Teiches) *sollte doch ein Kalender* (= Geländer) *machen.* Eine Portion Schelte, eine Portion Tee und eine Portion Bettwärme brachten ihn schnell in süßen Schlummer, aus welchem er frisch und munter zu neuen Streichen aufstand." Das Erlebnis war einfach an seinem Gemüt abgeglitten – eine jener paradoxen Reaktionen, von denen oben die Rede war. –

Einem ganz anderen Typ gehörte Eva an. Bei ihr hatte in den frühen Jahren die Aufwühlbarkeit durch peinliche Reize einen auffallend niederen Grad. Dabei handelte es sich nicht etwa um eine allgemeine Gemütsstumpfheit; denn für die heitere Seite der Welt besaß sie freudige Empfänglichkeit. „Ihr Temperament ist sonnig, sie lacht und jubelt bei jedem kleinsten Anlaß" heißt es 2;5; und ähnliche Bezeichnungen wiederholen sich später wieder. Reisten wir zu den Verwandten nach Berlin, so fühlte sie sich im Gegensatz zu G. sofort heimisch. 3;8: „Ihr liebenswürdiges strahlendes Temperament macht sie zum Liebling aller, das ganze Haus steht unter ihrem Zauber. In den vier Berliner Wochen hat das Kind kaum je geweint."

Dieser schmetterlinghafte Frohsinn nahm auch alles das leicht, was anderen Kindern heftige Pein bereiten kann, z. B. den mehrmaligen Besuch beim Zahnarzt. 4;2½. „In freudigster Erwartung machte sie den ihr höchst interessanten Besuch, setzte sich lachend in den Sessel, strahlte uns alle an, riß das Mäulchen auf, ließ sich das Instrument in den Mund führen, als ob es ein Stück Schokolade wäre, und ließ sich mehrere Plomben, ohne mit der Wimper zu zucken, machen." – Unternehmen die Eltern etwas mit den beiden älteren Geschwistern, einen Spaziergang, einen Museumsbesuch, so ist sie zwar einen Augenblick verstimmt, weint wohl auch; aber der Hinweis, daß sie noch zu klein sei, und der Vorschlag irgendeines hübschen Spiels genügen, um sie sofort mit ihrem Schicksal völlig auszusöhnen. Günther hatte sich unter gleichen Umständen stets sehr unglücklich gefühlt.

So erfreulich diese Leichtmütigkeit in den genannten Fällen ist, so konnte sie doch bei anderen Gelegenheiten vereinzelt als mangelnde Teilnahme wirken. In der Sommerfrische sahen die Kinder einmal eine Raupe, in welche die Schlupfwespe Eier gelegt hatte; und nun krochen die Maden zu Hunderten aus der noch lebendigen Raupe heraus. Der Anblick war für uns Erwachsene sowie für die 10½jährige Hilde schaudererregend. Günther fand ihn auch schrecklich; dennoch überwog die Wißbegier, und er beschaute sich den Vorgang mit der Lupe. Eva (5;8) blieb allein kühl. Sie sah es sich an, weil die anderen es taten, sprach ihnen wohl auch nach *es ist schauerlich;* man hatte aber durchaus nicht den Eindruck, als ob ihr Gemüt irgendwie dabei beteiligt wäre. (Weitere Beispiele in Kap. XXXVI, 4.)

Sehr interessante Verschiedenheiten in der Dynamik des Strebens werden bei den beiden Söhnen des Katzschen Ehepaares sichtbar, über welche die Eltern eine vergleichend psychologische Darstellung geben. Da beide unter gleichen Umwelt- und Erziehungseinflüssen aufwachsen, so handelt es sich zweifellos um abweichende Temperaments- und Charakteranlagen. (D. und R. Katz, Gespräche S. 211 ff.)

Der ältere Knabe T. ist der zartere, weichere, nachdenklichere, empfindliehere, der jüngere J. derber, draufgängerischer, unbedenklicher und unkomplizierter. Fühlen sie sich beeinträchtigt, so zieht sich der Ältere still in sich zurück, der Jüngere geht zum Angriff über usw. Jener liebt Tiere zwar sehr, aber aus der Distanz, dieser geht auf sie zu, packt sie an und läßt sich auch nicht abschrecken, wenn ihn z. B. eine weiße Maus in den Finger beißt; nach Anlage eines Verbandes wendet er sich ihr wieder zu.

Bemerkenswert ist nun, wie diese Charakterbeschaffenheiten sich als gesamtpersonale Strukturen erweisen und daher nicht auf das rein Dynamische des Strebens beschränkt bleiben. Sie prägen sich auch aus in der Körperlichkeit: der ältere hat einen schlanken Körperbau, der jüngere neigt zu derber Fülle. Damit zusammenhängend ist die Verschiedenheit der Eßneigungen groß: jener bevorzugt vegetarische Kost, während der Kleine mit ausgesprochener Vorliebe nach fleischlichen Genüssen greift[1].

Auf der anderen Seite greifen die Unterschiede über auf das Verhältnis des eigenen Ich zu den andern Menschen:

„Von den beiden Brüdern ist J. der größere Egoist; wahrscheinlich ist er nicht mehr auf seine Interessen bedacht als es der Durchschnitt von Kindern dieses Alters zu sein pflegt, aber für T. dürfte gelten, daß er in seiner Opfer- und Verzichtbereitschaft für andere das Mittelmaß seiner Altersgenossen übertrifft. J. ist sehr schwer

---

[1] Mit Recht weisen D. und R. Katz darauf hin, daß der Zusammenhang der Appetitrichtung mit der Körper- und Charakterkonstitution bisher noch so gut wie unerforscht sei, daß für solche Studien aber gerade das Kleinkind die beste Gelegenheit biete, weil noch nicht so feste Appetitgewöhnungen eingetreten sind, wie beim Erwachsenen.

zu bewegen, etwas von den ihm zugeteilten Leckereien abzugeben, während T. ebenso leicht dafür zu haben ist. T. hat die größere psychologische Einfühlungsfähigkeit. T. erkundigt sich nach dem Schicksal anderer, er ist um ihr Leid bekümmert, hört nicht gern, daß es anderen schlecht geht, während J. davon wenig berührt wird." (D. u. R. Katz, II, S. 220.)

3. Die Entwicklung der Willensspontaneität

Schon beim Neugeborenen hatten wir reaktive wie spontane Bewegungen festgestellt, sofort aber das starke Überwiegen der ersten Gruppe betont. Und auch weiterhin im ersten Lebensjahre fand sich, daß die meisten Betätigungen auf dem Wege der sensumotorischen Verknüpfung vor sich gingen, also durch direkte Überleitung eines Sinneseindrucks in eine Bewegungsreaktion; und nur spurenweise war die Emanzipation der Tätigkeiten des Kindes von den äußeren Reizen zu bemerken. Ein ähnliches Bild hatten in den folgenden Jahren gewisse seelische Entwicklungen gezeigt: Gedächtnis und Phantasie, ursprünglich eng an sinnlich Gegenwärtiges geknüpft, befreiten sich nur langsam von dieser Bindung und gewannen an Spontaneität.

Nun werden wir den entsprechenden Fortschritt in den Strebungsakten zu verfolgen haben und werden feststellen, daß mit steigender Spontaneität auch der Anteil des Bewußtseins zunimmt. Das Kind hängt zunächst noch fast ganz an der Gegenwart und ihren Zufallsanlässen; seine Lust- und Unlusterregungen, sein Hinstreben und Abwehren, seine ersten Urteilsäußerungen kommen und schwinden mit den wechselnden Eindrücken, welche die Außenwelt bietet. Dann beginnen sich erste Spuren der Spontaneität zu regen. Hier und da knüpft sich eine Stellungnahme an innere Erlebnisse: an Erinnerungen früherer oder an Erwartungen kommender Eindrücke; Prozesse des Überlegens und Wählens schieben sich zwischen den Sinneseindruck und die endgültige Reaktion; eine immer kräftiger werdende determinierende Tendenz vermag ein Strebungsziel festzuhalten trotz mancher Ablenkungen, die anderweitige Reaktionen nahelegen; endlich machen sich Motivgruppen geltend, die dem äußeren Augenblicksanlaß festere innere Einstellungen entgegen setzen; diese können unter Umständen schon wie Anfangsstadien wirklicher Charakterzüge (des Ehrgefühls, des Pflichtbewußtseins) anmuten.

Eines der frühesten Zeichen der erwachenden Willensspontaneität ist wohl darin zu erblicken, daß das $^3/_4$jährige Kind sich selbst kleine Aufgaben stellt, die es dann zu lösen sucht. Freilich ist die Art der Aufgaben noch ganz von dem zufällig zur Verfügung stehenden Gegenstand abhängig.

Günther 1;3½. „G. legt zuweilen seine Semmel, nachdem er ein Stückchen abgebissen, auf den großen Eßtisch hinauf, an dem er steht, um sie sich dann wieder von dort zu holen; dabei ist das Kerlchen noch so klein, daß es die weggelegte Semmel gar nicht sehen kann und nur mühsam hinauflangt; meist aber gelingt ihm das Wiederergreifen. Ebenso treibt G. es mit einem Serviettenring. Er wirft ihn fort und läuft oder kriecht ihm nach, um ihn, wenn er ihn mühselig unter dem Tisch oder hinter Stühlen hervorgeholt hat, wieder fortzuschleudern. Auf diese Weise verlangt er selber etwas von sich."

Im Laufe des zweiten Jahres wird das Kind fähig, Wünsche zu äußern, die überhaupt nicht durch einen wahrnehmbaren Anlaß, sondern allein durch das innere Auftauchen von Vorstellungen verursacht sein können.

Günther 1;5½. „Wir spielten öfters mit dem Knaben in der Weise, daß wir an dem einen Ende des Zimmers hockten und dem am anderen Ende sitzenden Kinde den Ball zurollten, den es uns wieder zurückschob. Heute nun setzte sich G. plötzlich höchst drollig an dem einen Ende des Zimmers nieder mit dem verlangenden Ausruf: *Ball!*"

Hilde 1;9½. „Ein Bleistift wird mit dem Wort *sseisseibe* (= schreiben) jetzt häufig verlangt, ohne daß das Kind vorher Papier oder Bleistift gesehen hatte."

Um 2;7 ist Hilde schon tagelang dauernd von einem Wunsch ausgefüllt, nämlich einen Puppenwagen zu besitzen. Dieser Wunsch wurde nicht nur geäußert, wenn sie andere Kinder mit dem Puppenwagen sah, sondern auch oft genug ganz spontan, da ihre Phantasie sich dauernd mit dieser Vorstellung beschäftigt.

Auch bei jenen Stellungnahmen, deren Auslösung reaktiv erfolgt, kann doch die Gestaltung und Durchführung mehr oder minder stark von inneren, spontan wirkenden Faktoren durchsetzt sein. Dies zeigt sich vor allem in der allmählichen Ausbildung der Wahlhandlung.

In den ersten Lebenszeiten hat es das Kind vorwiegend mit eindeutigen Reaktionen zu tun, d. h. solchen, in denen ein bestimmter Reiz eine bestimmte Stellungnahme hervorruft: eine Aufforderung wird an das Kind gerichtet – das Kind führt sie aus; ein Stück Schokolade wird ihm dargereicht – das Kind greift zu, usw. Auch wenn der Reiz mehrere Möglichkeiten des Reagierens offen läßt, ist es für das Kind zunächst das bequemere, irgendeine dieser Eventualitäten blindlings zu ergreifen, ohne zuvor zwischen ihnen eine intellektuelle Entscheidung, ein „Wählen" vorzunehmen.

Die einfachsten Wahlhandlungen beobachteten wir nun um 1;8.

„Hilde hatte um 1;8 die Gewohnheit, morgens ihre Spielsachen aus dem Schub auszukramen und Stück für Stück auf die Fensterbank zu legen; aber auch andere

Gegenstände aus dem Zimmer, z. B. die auf Vaters Nachttisch liegenden Sachen wanderten zu jener Sammelstelle. Eines Tages verlangte nun der Vater: „Bring mir alles zurück, was du von mir genommen hast." Hilde fand sogleich Kragen, Krawatte und Taschenmesser heraus und brachte sie. Es blieb nur noch ein zusammengezogenes Handschuhpaar zurück, das halbversteckt zwischen Spielsachen lag, so daß das Kind es leicht übersehen konnte. Auf die Mahnung: „Du mußt noch etwas zurückbringen", blickte das Kind prüfend und zögernd über die vielen Gegenstände, faßte einmal unsicher einen kleinen Puppenhut an, legte ihn aber gleich wieder hin und schaute und schaute. Endlich erblickte H. die Handschuhe und ergriff sie sofort ganz sicher und ordentlich freudig, um sie an ihren Platz zurückzulegen."

Hilde 2;4. „Sie sollte einen Kuchen bekommen, und das Mädchen hielt ihr die volle Schüssel mit kleinen Kuchen zur Auswahl hin. H. wählte lange, ohne anzufassen: *welche isse?*; endlich entschließt sie sich: *hier hab die!* und nimmt einen."

Nicht viel später wird das Kind fähig, auch zwischen solchen Möglichkeiten zu wählen, deren jede einzelne schon von einer starken Gefühlsbetontheit begleitet ist – so daß die endgültige Stellungnahme des Willens erst aus mannigfachen vorausgehenden Stellungnahmen des Gemüts sich entwickelt. Das Kind erlebt dann einen regelrechten Kampf der Motive.

Solche inneren Konflikte des kleinen Kindes mögen ja dem Erwachsenen wie ein Sturm im Glase Wasser vorkommen, zumal er für den Wert der dabei im Kampfe liegenden Motive meist nur ein Lächeln hat. Der Seelenforscher aber steht ihnen anders gegenüber. Zeigt sich ja gerade bei dieser Gelegenheit, von welcher überraschenden Mannigfaltigkeit das Gefühlsleben des Kindes ist, und welche gegenseitigen Verknüpfungen und Hemmungen, Ablösungen und Verdrängungen die Gefühlselemente eingehen können, um schließlich zu einer entscheidenden Stellungnahme oder auch zu einer Kette von solchen zu führen. Da sind Motive, die rein reaktiv durch irgendeinen Sinnesreiz ausgelöst sind; ihnen treten Motive spontanerer Art entgegen, die aus den Gebieten des Ehrgefühls, des Mitgefühls, des Pflichtgefühls, der Wißbegierde usw. stammen.

Ein Beispiel wurde S. 212 in einem anderen Zusammenhange erwähnt: das wechselvolle Benehmen Günthers (3;1) beim Besuch eines Zirkus. Hier war es eine bunte Reihe von Motiven: Angst für sich selber, Sorge um die Schwester, Willen zum Mut, Vertrauen zu dem Schutzmann, Neugierde, Schaulust – die binnen wenigen Minuten hinter- und durcheinander das Innere des Kindes aufwühlten. – Auch auf das S. 394 wiedergegebene Beispiel von der kleinen Anna sei verwiesen.

Von anderer Art war ein Gefühls- und Willenskonflikt, der gleichsam experimentell bei Scupins Sohn hervorgerufen wurde. Es war ein Kampf zwischen Egoismus und Selbstverleugnung zugunsten der Mutter; als weitere Gefühlsnuance trat nach der Entscheidung noch etwas wie Gewissensunruhe hinzu.

Scupin 3;8. „Heute gab der Vater im Scherze der Mutter einen kleinen Klaps, da stellte sich Bubi kampfbereit vor ihn hin: *Du, nich mein Mamale haun, sonst hau ich dich!* Der Vater erklärte ganz ernsthaften Tones, einen von beiden müsse er nun eben haun, und Bubi habe die Wahl: selbst gehauen zu werden, oder die Mama hauen zu lassen. Bubi sah recht ratlos drein, kämpfte sichtlich mit sich, wurde ganz rot und antwortete schließlich: *Nein, mich nich, bloß die Mama ein bissel haun!* Auf das „*bissel*" legte er nachdrücklichste Betonung. Während uns die Antwort, als von unverfälschtem kindlichen Egoismus, aber auch von einem guten Herzen zeugend, gut gefiel, schien Bubi mit sich selbst doch nicht recht zufrieden, blickte vielmehr etwas gedrückt und ängstlich zur Mutter auf und wurde erst wieder heiter, als sie ihm freundlich zunickte." (II, 65.)

Welches Motiv in solchem inneren Kampf schließlich den Sieg davonträgt und die Stellungnahme bestimmt, hängt von tausenderlei Umständen ab, die nicht nur von Kind zu Kind und von Jahr zu Jahr, sondern auch von Fall zu Fall variieren. Daß die Reaktion auf den momentanen Reiz – eine augenblickliche Eßgier, eine Trotzaufwallung, eine Furchtregung – sehr oft die Übermacht über andere mehr innerliche Gefühlsformen gewinnt, entspricht nur dem primitiven Entwicklungsstadium des Kindes; hierin gleicht es ja offensichtlich dem Naturmenschen, der ebenfalls vorwiegend Gegenwarts- und Triebwesen ist. Allein man darf auch andererseits vom Kinde nicht zu gering denken. In der Charakterentwicklung des Kindes vom vierten bis zum sechsten Jahre können schon jene Motivgruppen, die nicht an den momentanen Sinnenreiz gebunden, sondern dauernd im Innern des Kindes verankert sind, solche Kraft gewinnen, daß sie zuweilen auch gegen ziemlich energische Augenblickseindrücke aufkommen; das ist dann ein Sieg der Spontaneität über die bloße Reaktivität. Gewiß sind jene Motivgruppen nicht spontan in dem Sinne, als ob das Kind sie rein aus sich selbst hervorgebracht hätte; Lehre und Beispiel der Umgebung sind die Voraussetzungen dafür, daß sich Ehrgeiz und Ehrgefühl, Pflichtbewußtsein, Rücksichtnahme usw. in bestimmter Weise zu entwickeln beginnen. Und doch: nur Lehre und Beispiel könnten diese Formen der Stellungnahme nie und nimmermehr erzeugen, wenn nicht im Innern des Kindes der fruchtbare Keim zu solchen Eigenschaften angelegt wäre; ja oft genug ist ihr Aufkommen, ihr plötzliches Erstarken, die spezifische Form ihrer Ausprägung, so überraschend wenig von den äußeren Umweltbedingungen beeinflußt, daß man unmittelbar das Geheimnis der „angeborenen Fähigkeiten" zu ergreifen meint.

Es werden uns die eben genannten Gebiete der Stellungnahme später im einzelnen beschäftigen; hier seien nur noch einige Proben für solche Motivkonflikte gegeben, die mit einem Siege einer höher stehenden Motivation über den Augenblickstrieb endeten. Meist handelt es sich in diesen Fällen um das Phänomen primitivster Selbstbeherrschung, dessen Auftreten bei kleinen Kindern stets ebenso überraschend wie erfreulich berührt[1].

Die Selbstbeherrschung zeigt sich entweder in dem Aufsichnehmen einer Unannehmlichkeit oder in dem Verzicht auf eine Annehmlichkeit[2].

Ausgesprochene Beispiele für den ersten Fall sind uns bei unseren drei Kindern vom vierten Lebensjahre an begegnet. Hilde wie Eva hatten einen starken Widerwillen gegen die Haut, die sich auf heißen Getränken (Milch, Kakao) bildet; dennoch gelang es um 3;0 – durch Appell an ihr Ehrgefühl, durch Vorhaltung, wie gesund gerade die verabscheute Haut sei, durch das Beispiel, indem die Erwachsenen mit dem Ausdruck des Behagens die Haut zu sich nahmen, endlich durch den nachdrücklich und gemessen geäußerten Wunsch der Mutter, dagegen ohne Anwendung oder Androhung einer Strafe –, die Kinder zum freiwilligen Schlucken der Haut zu bewegen. Die Abneigung blieb übrigens unvermindert bestehen, und so konnte Eva 5;9 an demselben Gegenstande nochmals ihre Selbstbeherrschung erproben, die jetzt aber schon einen höheren Spontaneitätsgrad hatte; denn sie tat es, als niemand es von ihr verlangte oder sie dabei kontrollierte – nur weil am Tage vorher die Geschwister es getan hatten. Sie kam nämlich plötzlich stolz zur Mutter, erzählend: *Ich habe eben die Sahne* (Haut) *aus dem Kakao genommen und so gegessen. Gesternabend konnte ich es nicht, da hatte ich nämlich keine* (Haut auf dem Kakao); *darum hab' ich's eben gemacht*.

Ferner gehört hierher das Verhalten zu gewissen therapeutischen Maßnahmen; Medizinnehmen, naßkalte Umschläge sind Vorkehrungen, die zum mindesten im ersten Moment den Kindern einen peinlichen Chok bereiten.

Bei Günther war es 3;8 nötig, daß ein solcher Umschlag jede Stunde erneuert wurde. – „Manchmal weigerte er sich schreiend, aber stets bewog ich ihn ohne Zwangsanwendung, nur durch Weckung seines Ehrgefühls, es geschehen zu lassen. Einmal sagte ich: als er klein gewesen sei, hätte er sich die Umschläge so brav machen lassen. Ein nächstes Mal überrumpelte ich ihn dadurch, daß ich ihm zuflüsterte, die Hilde nebenan denke, er werde schreien beim Umschlag, er solle ganz leise sein, dann merke sie nichts und sei überrascht, daß alles schon fertig sei – und mäuschenstill ließ er sich's gefallen. Ein drittes Mal lockte ich ihn mit der Aussicht auf das Lob des Arztes usw."

Nicht ganz so schwer wie das Hinnehmen des Peinlichen ist die

---

[1] Andere Beispiele, zum Teil auch aus etwas älteren Jahrgängen, bei T. Meyer und C. Stern „Aus einer Kinderstube", Kap. II u. IX.

[2] Eine dritte Form: die Hemmung eines eigenen Affektzustandes (des Trotzes, der Wut), wird uns später beschäftigen.

andere Art der Selbstbeherrschung: die Hemmung gegenüber dem Lustvollen; und so treten hierfür auch schon früher Beispiele auf.

Scupins 2;9. „Die beginnende Selbstbeherrschung zeigt sich in dem Selbstgespräch, welches der Knabe beim Verzehren einer Buttersemmel hielt: *Bubi, klaub' nicht die Butter runter von die Semmel, die großen Kinder machen das nich, bloß die ganz kleinen Kinder machen, das is sehr häßlich, weißte;* dabei sah er uns Belobigung heischend an." (I, 75.)

Auf einem weit höheren Entwicklungsstadium treffen wir einen derartigen freiwilligen Verzicht bei Hilde 4;3. „Ihr waren wegen einer Unart beim Mittagessen die Kirschen entzogen und erst für den nächsten Tag zugesagt worden. Nachmittags äußerte die Mutter, die dies längst vergessen hatte, zu den Kindern: ‚Ihr bekommt jetzt eine Schokoladenzigarre mit auf den Spaziergang.' Aber H. empfand sofort den Widerspruch zu der auferlegten Strafe und ließ sich nicht durch die Aussicht auf die süße Gabe zum Schweigen veranlassen, sondern zog sofort charaktervoll die Konsequenz: *Muttchen, ich bekomme doch keine, ich war doch ungezogen. Bloß ar Günther.* Und sie machte auch gar nicht den leisesten Versuch, mich, da ich es doch einmal gesagt hatte, zu überreden, auch ihr eine Schokoladenzigarre zu geben."

Bezüglich der zeitlichen Verhältnisse der Willensakte begegnet uns ein Entwicklungsgesetz, das wir schon bei der Besprechung der Phantasie und des Denkens kennengelernt haben: die determinierende Tendenz, d. h. die Fähigkeit, den Ablauf des seelischen Geschehens eine Zeitlang durch einen Zielgedanken, eine Aufgabe bestimmt sein zu lassen, ist in ständigem Wachstum begriffen. Je stärker die determinierende Tendenz im Gebiet des Wollens wird, um so verwickeltere und umfassendere Willenshandlungen werden möglich, um so größer wird die Widerstandsfähigkeit gegen Störungen und Ablenkungen von dem einmal gesetzten Ziel.

Wenn das 1½jährige Kind beginnt, kleine Aufträge der Mutter dem Dienstmädchen auszurichten, so gehört dazu nicht nur ein Gedächtnis für die Worte der Mutter, sondern vor allem das Festhalten der Aufgabe während des Weges zur Küche. Selbst diese kurze Strecke bietet soviel Ablenkungen, und die Phantasie des Kindes kann inzwischen schon so viel Seitensprünge getan haben, daß wir uns nicht wundern dürfen, wenn oft genug der Zielgedanke „ich soll etwas bestellen" unterdessen seine Wirksamkeit verloren hat.

Aber nicht nur durch fremde und äußere Eindrücke kann die determinierende Tendenz gestört werden; die hemmenden Faktoren können auch in der Zielforderung selbst mitgegeben sein.

Nur bei ganz leichten Aufgaben vermag sich nämlich der Wille unmittelbar auf ihre Erfüllung zu richten. Werden die Ansprüche schwerer, so müssen erst Teilziele gesetzt und erreicht werden, d. h.

es müssen mehrere determinierende Tendenzen niederer Ordnung in Wirksamkeit treten, ohne daß die Haupttendenz verlorengehen dürfte. Fast alle ernsthaften Handlungsformen des Erwachsenen bestehen so aus einer mehrfachen Über- und Untereinanderordnung von Mitteln und Zwecken, während im kindlichen Stellungnehmen eine solche Systematik nur schwach ausgebildet ist. Immer wieder können wir es beim Kinde beobachten, daß Vorsatz und Durchführung in schreiendem Mißverhältnis stehen – und zwar nicht deswegen, weil der Vorsatz von vornherein nicht ernst gemeint war, sondern deswegen, weil die ersten Teilziele schon alle verfügbare Energie der determinierenden Tendenz aufzehrten. Das Kind bleibt im Teilziel stecken, macht daraus einen Selbstzweck, knüpft daran ganz andere, ursprünglich nicht dazugehörige Strebungen – kurz, sein Handeln ist ein schlagendes Beispiel für jenes von Wundt aufgestellte Prinzip der „Heterogonie der Zwecke".

Neben der Schwierigkeit der Aufgabe kann auch die bloße Dauer der Tätigkeit zu einer Klippe für die Durchführung werden. Zu Beginn ist ein stark lustbetontes Motiv wirksam, um eine Handlung einzuleiten: der Knabe unternimmt voll Eifer, mit seinen Bausteinen einen großen Bau zu errichten; das Mädchen geht freudig auf die Aufforderung der Mutter ein, seine durcheinandergeworfenen Spielsachen säuberlich fortzuräumen. Aber die Ausführung erfordert Zeit; die Lustbetontheit des Anfangsmotivs läßt nach, Überdruß stellt sich ein, neue Lustmotive erwachen, und gegen diese Mächte kann sich die determinierende Tendenz der Aufgabe, wenn sie auch noch durchaus im Bewußtsein vorhanden sein mag, auf die Dauer nicht durchsetzen – das Kind läßt die angefangene Arbeit liegen.

Für diese Schwäche und Sprunghaftigkeit der determinierenden Tendenz hatten wir schon beim Spielen, Fabulieren und Zeichnen reichlich Beispiele gebracht; es bedarf keiner neuen Proben für die ganz entsprechenden Fälle bei den Gemütsregungen und Begehrungen.

Wohl aber verlohnt es sich, einige Gegenbeispiele zu bringen. Denn jene Systemlosigkeit des Tuns und geringe Ausdauer der Motivation nimmt doch von Jahr zu Jahr ab, und die allmähliche Kräftigung der determinierenden Tendenz im Kinde bildet eines der wichtigsten Hilfsmittel für die Willens- und Charakterbildung.

Zunächst ein Beispiel dafür, wie sich bei einer für das Kind schwierigen Aufgabe eine determinierende Haupttendenz über mehrere Teilaufgaben hinweg aufrecht zu erhalten weiß.

Hilde 2;9. „H. erhielt den Auftrag, eine Fußbank, auf der sie gesessen hatte, zurückzutragen. Die Fußbank hatte ihren Platz unter dem Nähtisch vor einem dicht bei diesem stehenden Stuhl. H. trug sie bis in die Nähe des Nähtisches, setzte sie ab und bat, man solle ihr erst den Stuhl, der vor dem Nähtisch stand, fortrücken. Wir forderten sie auf, das selbst zu tun, was geschah. Nun hob sie die Fußbank wieder auf; aber jetzt war der Stuhl so dicht an das Sofa herangeschoben, daß sie erst zweifelte, ob sie durchkäme. Um besser die Enge zu passieren, stellte sie die Fußbank zunächst auf den Stuhl, drängte sich durch und hob nun die Fußbank vom Stuhl ab, um sie unter den Nähtisch zu stellen. – Daran schloß sich ein weiterer Auftrag, vier Kissen, die sie benutzt hatte, an ihren Ort zu tragen; sie gehörten in zwei verschiedene Zimmer und wurden von ihr ohne Zögern richtig verteilt."

Weitere Proben mögen zeigen, daß dem Kinde gelegentlich auch eine ziemliche Ausdauer bei der Durchführung einer einmal übernommenen Aufgabe möglich ist. Schon früher erwähnten wir die Unermüdlichkeit, mit der Kinder zuweilen ein bestimmtes Spiel eine oder mehrere Stunden lang ohne Unterbrechung fortsetzen – aber hier ist es die dauernde Lust an der Betätigung selbst, welche die Fortsetzung automatisch bewirkt. Weit höher ist es einzuschätzen, wenn die determinierende Tendenz als solche dem Kinde Motiv genug ist, um die einmal begonnene Tätigkeit zu Ende zu führen, selbst wenn die gegenständlichen Lustmotive des Anfangs nachlassen oder gar von entgegengesetzten abgelöst oder gekreuzt werden. Hier haben wir es bereits mit dem ersten Erwachen des Pflichtgefühls[1] zu tun. Dabei kommt es gar nicht auf den speziellen Inhalt der Pflicht an, auch nicht darauf, ob die Aufgabe eine vom Kinde selbst gewählte oder eine von ihm von außen übertragene ist; genug: der Zielgedanke der Aufgabe wird als ein Imperativ empfunden, sich selbst getreu zu bleiben; die ganze Handlung vom Einsetzen der determinierenden Tendenz bis zu ihrer Durchführung wird in ihrer Einheit und notwendigen Zusammengehörigkeit verstanden und gewertet. Hier stehen wir zweifellos vor einer jener obenerwähnten angeborenen moralischen Anlagen, die durch Erziehung wohl erweckt, gestärkt und gerichtet, nicht aber geschaffen werden können.

Hilde 3;8. „Wenn man ihr irgendeine Arbeit aufträgt, so bleibt sie sich des Auftrages während einer längeren Zeitdauer bewußt und führt ihn aus. Vor wenigen Tagen verließ ich Hilde mit der Mahnung, sie solle die zahllosen Papierschnitzel die sie beim Spielen verstreut hatte, von der Erde in einen Korb sammeln; wenn ich nach Haus käme, wollte ich alles aufgeräumt wiederfinden. Als ich nach einer Stunde wiederkehrte, lief sie mir sogleich mit der Mitteilung entgegen, daß sie alles zusammengeräumt habe. – Komme ich in ähnlichen Fällen während der Arbeit

[1] Dies Wort darf natürlich nur mit dem S. 395 geäußerten Vorbehalt gebraucht werden. Es bedeutet nur ein Analogon, eine Keimform zu dem, was beim Erwachsenen als Pflichtbewußtsein auftritt.

zu ihr herein, um mich zu überzeugen, ob sie beim Werke sei, dann ruft sie mir, ganz durchdrungen von der Aufgabe, zu: *Bleib nur noch draußen, ich bin noch nicht fertig.*"

Den Sieg dieses Pflichtgefühls über die Neigung zeigt folgende Probe:

Scupin 3;5. „Neuderings entfaltet Bubi einen großen Eifer beim Einräumen seiner tagsüber benutzten Spielsachen; er verweigert die Annahme seines Abendbrotes, ehe er nicht alle Spielsachen wieder an ihre Plätze gebracht hat. Wir hielten ihm heute ein Stück Apfel hin, den er sonst sehr schätzt; in seinem Gesicht spielte sich ein kurzer Kampf ab zwischen dem Begehren nach dem Apfelstück und dem Pflichtgefühl, aber bald siegte das letztere, und Bubi sagte ruhig: *Nein nachher; erst muß ich die Kletzel alle einräumen*" (II, 42.).

Freilich dürfen an die Selbstüberwindung nicht gar zu hohe Ansprüche gestellt werden. Hält die Versuchung, die das Kind von seinem Vorsatz abzulenken geeignet ist, längere Zeit an, so gewinnen schließlich doch die primitiveren Motive wieder die Oberhand. Es ist ebenso ergötzlich wie psychologisch interessant, zu beobachten, wie die zunächst triumphierende Tugend allmählich erschlafft, und wie aus dem kleinen vier- bis fünfjährigen Asketen wieder ein echtes triebhaftes Kind wird.

Günther 4;7. „Zu Mittag gab es heute Backpflaumen, die er sehr gern ißt, Trotzdem behauptete er, er wolle sie sich zum Abendbrot aufheben – ein heroischer Entschluß! Ich blinzelte ihm ein paarmal ermutigend zu, er möge doch getrost essen – er blieb fest. Dann spielte er mit dem Löffel, warf ihn hin, bat, man möge ihn aufheben; Vater sagte erstaunt: ‚Wozu denn? er wolle ja nicht essen!' Wir gaben ihm den Löffel, ‚zum Spielen', wie er sagte. Vater meinte, es würde schon dunkler, ein klein bißchen wäre es schon Abend – da weinte er beinahe und beharrte, er wolle bis zum richtigen Abend warten. Nun ließen wir ihn unbehelligt. Plötzlich sagte er: *Oder ich esse zur Vesper.* Wir schlugen ihm vor: ‚Sieh mal, unsere Vesper steht schon auf dem Tisch (wir Erwachsenen saßen beim Kaffee), da kannst du ja bei unserer Vesper essen.' G.: *Nein, ich meine zur richtigen Vesper, wenn wir vespern.* Nun räumte das Mädchen ab, und ich sagte: ‚Heben Sie Gs. Pflaumen zur Vesper auf' – da plötzlich ergriff er den Löffel, als sei eine Erleuchtung über ihn gekommen, und machte uns das große Zugeständnis: *Na ja, da wer' ich eben zu eurer Vesper essen* – und er ließ sich's schmecken! Hilde lachte von Herzen; sie hatte schon vorher gemeint: *Wir wollen mal sehen, wenn Günthers Abend ist.*"

Scupin 4;8. „Bubi hatte ein paar Marzipanwürstchen geschenkt erhalten. Er brach sofort ein Würstchen los, steckte es wieder in die Tüte und erklärte, es sei für Lottchen. Nicht lange aber, nachdem er sein Würstchen verzehrt hatte, packte er die Tüte wieder auf und begann mit Lottchens Würstchen zu spielen. Wir ließen ihn absichtlich gewähren, um zu sehen, ob er seiner ersten Absicht auch ohne Beeinflussung treu bleiben würde. Plötzlich brach Bubi das Würstchen mitten durch und sagte: *Ach, das is dorchgebrochen! da wer' ich noch das kleine Stückel essen, und die Lottel kriegt das große.* So tat er und legte die größere Hälfte wieder in die Tüte zurück. Hierauf begann er mit Stühlen und Fußbänken Eisenbahn zu spielen. Er durchmustert seine Spielsachen, um Passagiere für seine Eisenbahn aufzusuchen, da fiel plötzlich sein Blick auf die Tüte. Er legte sie neben sich auf die Stuhlleiste und bestimmte: *Lottels Würstel kann auch mitfahren.* Beim Mitfahren allein blieb es leider nicht; Bubi packte die Tüte wieder auf, holte das Würstchen heraus und brach noch ein Stückchen los: *Mama kann ich bloß noch ein kleines Pimperle essen?* Die Mutter tat, als höre sie nicht, und Bubi, froh, kein Veto zu hören, aß es rasch auf. Als Lottchen nachmittags endlich kam, befand sich nur noch ein Krümchen Marzipan, etwa von der Größe einer Haselnuß in der Tüte, aber Bubi hielt sie triumphierend seinem Besuch entgegen: *Hier, Lottel, haste; das hab' ich dir extra aufgehoben.*" (II, 135/36.)

Aber auch hier kommt mit den Jahren die größere moralische Stärke:

Günther 5;11½. „Gestern abend zeigte er mir vier Kirschen, die er sich zum kommenden Morgen aufheben wollte. Er brachte das Kunststück auch richtig fertig, obgleich er die Kirschen als ständige Versucher am Fußende seines Bettes liegen hatte."

4. Über Freiheit und Selbständigkeit in der frühen Kindheit

Die Entwicklung der Selbständigkeit des Wollens durchläuft, wie der vorige Abschnitt zeigte, bereits in der frühen Kindheit eine gewisse Strecke; aber es ist doch nur eine kleine Teilstrecke bis zum Ziel der innerlich selbständigen und nur vor sich selbst verantwortlichen Persönlichkeit. Erst wenn dieses Ziel erreicht ist, ist der Mensch wirklich „frei". Daraus ergibt sich für die Erziehung gewiß die Forderung, für die Freiheit der Zöglinge zu sorgen; es muß ihr Ideal sein, sich selbst allmählich auszuschalten, in dem Maße, in welchem die innere Selbstbestimmung des heranwachsenden Menschen an die Stelle äußerer Beeinflussung zu treten vermag. Aber dies Sich-Zurückziehen der Erziehungsmächte kann nur ein ganz schrittweises sein. so wie ja auch die seelische Natur des Kindes sich nur in kleinen Schritten dem Ziel der Selbständigkeit nähert. Mit anderen Worten: Freiheit ist das Ziel, nicht aber das alleinige Prinzip der Erziehung[1].

Man erkennt, worauf diese Betrachtung hinaus will. In der modernen Pädagogik begegnet uns oft ein Freiheitsbegriff anderer Art; für die Frühkindheit wird er vor allem von Maria Montessori vertreten. Freisein heißt hiernach: der eigenen Natur überlassen sein, äußeren Einflüssen, insbesondere von Autoritätspersonen möglichst entzogen sein. Die Erziehung soll sich darauf beschränken, in reservierter Bereitschaft zu stehen, den Kindern das Milieu zu schaffen, in dem sich die natürlichen Entwicklungstendenzen von selber betätigen und üben können, und die Einflüsse fern zu halten, die man der Natur

[1] Vgl. die verwandten Gedankengänge bei Muchow IV. – Dagegen Gerhards S. 38f.

des Kindes nicht angemessen findet (z. B. bei Montessori: Puppen, Märchen usw.).

Die begeisterte „Montessorimutter" D. C. Fisher schreibt wörtlich (S. 64): „Der Grundpfeiler des Systems Montessori, auf dem jedes kleinste Stück der Lehrmittel, jede technische Einzelheit fest ruht, ist die volle Anerkennung der Tatsache, daß kein menschliches Wesen von irgendeinem anderen erzogen werden kann. Jeder muß es selbst tun, oder es geschieht nicht."

Man kann nun diesem Standpunkt eine scheinbar paradoxe These gegenüberstellen. Das Kind soll „seiner eigenen Natur überlassen werden"; gut. Aber diese eigene Natur des Kleinkindes besteht eben darin, noch weitgehend der Unfreiheit zu bedürfen; Abhängigkeit und Anlehnungsbedürfnis, das Verlangen nach Anregung, Leitung, Förderung sind wesentliche Züge dieses Entwicklungsstadiums. Und zwar sind es positive Züge, durch welche langsam der Weg zur Verselbständigung des Wollens und der Gesinnung gebahnt wird. Vernachlässigt man jene Bedürfnisse des Kindes einem falschen Freiheitsbegriff zu Liebe, so setzt sich ganz automatisch ein anderer – und nun vielleicht pädagogisch weniger wertvoller – Zwang an die Stelle, wie wir es früher bei Besprechung der „Atmosphäre des Montessorihauses" gefunden hatten (s. S. 194/5).

Man mißdeute diese Sätze nicht. Wie weitgehend mir selbst die freie Entfaltung der kindlichen Kräfte am Herzen liegt, zeigt das ganze Buch, insbesondere aber die Besprechung des kindlichen Spielens: hier, wo das Kind in seiner Welt lebt, soll wirklich von außen nur Gelegenheit und Anregung, Beispiel und Anleitung, niemals aber Zwang und Befehl gesetzt werden. Hier scheint mir eine viel unbeschränktere Freiheit geboten, als sie Montessori kennt.

Es gibt dann ein zweites Gebiet, auf dem die Emanzipation des Kleinkindes von der Erwachsenenhilfe in höherem Maße möglich und wünschenswert ist, das sind die Alltagsverrichtungen des Sich-An- und -Auskleidens, des Sich-Säuberns, des Essens, des Ordnunghaltens in den Spielsachen usw. In der Erziehung zu dieser Selbständigkeit liegt eines der größten Verdienste des Montessorisystems. Das Vorbild der Heimgenossen und die tägliche Übung bewirkt, daß diese Kinder sich selbstverständlich und allein die Hände waschen, wenn sie mit dem Essen fertig sind, daß sie sich allein die Mäntel anziehen, die gebrauchten Spielsachen wegpacken, daß einige Beauftragte für die ganze Schar den Tisch decken usw. Zahlreiche Abhängigkeiten, in denen anderwärts das Kleinkind vom Erwachsenen (und dadurch der Erwachsene vom Kinde) steht, sind hier wesentlich verringert.

Aber diese Selbständigkeit bezieht sich auf Gewöhnungen, nicht auf Entscheidungen. Oder anders ausgedrückt; auf das alltäglich Gleiche, nicht auf das von Tag zu Tag neu zu Gestaltende und höher hinauf zu Bildende.

Daß diese Unterscheidung nicht gemacht wird, ist vielleicht der Grundfehler in der Psychologie und Pädagogik Montessoris. Wo Gewöhnung an feste Verhaltungsweisen sich vorbereitet oder schon erworben ist, kann der Erzieher sich weitgehend ausschalten; wo Hinaufbildung zu höheren Geistes- und Willensstufen gefordert wird, muß der Erzieher sich noch lange weitgehend einschalten.

Über die Unzulänglichkeit der Montessorischen Freiheit zur Geistesbildung ist an anderer Stelle dieses Buches das nötige gesagt worden (S. 191 f.).

Bezüglich der Willensbildung hat unsere Entwicklungsschilderung (S. 401 ff.) gezeigt, wie notwendig hier die Konvergenz ist zwischen den innerlich angelegten ungeregelten Trieben sowie den ersten Keimen eines geregelten Willen einerseits, den äußeren Einwirkungen der Erwachsenen andererseits; und spätere Kapitel: über Suggestion, Strafen, Lügen werden weiteres Material bringen. Soll denn wirklich der reife, seiner Pflichten gegen das Kind bewußte Mensch weniger Anrecht haben, als Faktor der Entwicklung mitzuwirken, als ein Satz von Zylindern verschiedener Dicke?

Sicherlich hat lange Zeit bei der Willenserziehung des Kleinkindes ein Zuviel an Gängelung und Zwang geherrscht und in vielen Kreisen herrscht es noch heute; die moderne Freiheitspädagogik ist die verständliche und in weitem Maße segensreiche Reaktion hiergegen. Aber nun sollte dieser Segen nicht durch ein Zuwenig an Erziehung in Frage gestellt werden[1].

Kapitel XXXII

Die Suggestion

Suggestion ist Erweckung einer gleichsinnigen Stellungnahme mit Hilfe einer inneren Nachahmung. Es gehört somit zur Verwirklichung jeder Suggestion ein Übermittler und ein Nachahmer; daher kommt

[1] Sehr bemerkenswert ist es, daß jetzt gerade bei den radikalen Vertretern der Freiheitspädagogik auf dem Gebiete der Schule die Einsicht erwacht, daß sie in der Ausschaltung eigentlicher Erziehungsmaßnahmen und in der Proklamierung des ungestörten Waltenlassens kindlicher Natur zu weit gegangen waren. Diese Wendung findet einen starken Ausdruck in der vortrefflichen Schrift, in der E. Zeidler, ein Führer in der Bewegung der Hamburger Gemeinschaftsschulen, „Die Entdeckung der Grenze" schildert.

dem Vorgange eine aktive und eine passive Seite zu. Die Wirksamkeit der Suggestionsgebung heißt Suggestivität, die Empfänglichkeit für Suggestionen Suggestibilität. Die Mutter wirkt z. B. stark suggestiv, das Kind ist ihr gegenüber sehr suggestibel. Soviel zur Klarstellung der Hauptbegriffe.

Die Menschen, welche das Kind umgeben, vollziehen fortwährend Stellungnahmen in der Form von Urteilen, Gefühlen und Willensentscheidungen, die sich durch die Sprache oder durch die Tat nach außen kundgeben. Diese Stellungnahmen wirken nun auf das Kind als Reize. Solange der Reiz lediglich die Folge hat, daß das Kind jene seelischen Prozesse auffaßt und versteht, ist noch nicht von Suggestion die Rede. Erst dann wirkt meine Stellungnahme als Suggestion auf das Kind, wenn sie in ihm imitativ die entsprechende Stellungnahme hervorruft – aber ohne daß das Kind etwas um den bloßen Nachahmungscharakter weiß. Es glaubt, selbst eine Strebung zu erzeugen – und übernimmt sie doch nur. Nun ist sein Urteil nichts anderes als das mir abgelauschte Urteil, sein Gefühl das mir nachgeahmte Gefühl, sein Wollen eine Kopie des meinigen.

Die Nachahmung, durch welche eine Suggestion übernommen wird, setzt eine höhere geistige Entwicklungsstufe voraus, als die rein körperliche Nachahmung. Für diese ist es nur nötig, daß das Kind äußere Bewegung wahrnehmen und selber ausführen kann. Die Suggestion aber verlangt, daß das Kind durch die äußeren Symptome des anderen, durch seine Worte, Ausdrucksbewegungen, Handlungen hindurchdringe zu den dahinterliegenden Urteils-, Gefühls- und Willens-Stellungnahmen. Es ist nur physische Nachahmung, wenn das kleine Kind zu schreien anfängt, sobald es andere Kinder schreien hört; dagegen liegt Suggestion vor, wenn es beim Anblick eines weinenden Menschen die dadurch geäußerte Traurigkeit auffaßt und nun selbst traurig wird (Gefühlssuggestion). Es ist nur Nachahmung, wenn das Kind, das mich in die Hände klatschen sieht, seinerseits in die Hände klatscht; es ist dagegen Suggestion, wenn beim Kampfspiel die Begeisterung und der Mut, die den Anführer beseelen, ansteckend wirken und sein Entschluß, loszustürmen, von allen Mitspielern übernommen wird (Willensuggestion).

Man sieht schon an diesen Beispielen, daß die Übergänge zwischen dem bloß körperlichen Nachmachen und dem psychischen Übernehmen sehr fließende sind; auch wir Erwachsenen wissen oft genug nicht, ob die uns mitfortreißende Wucht des Beifalls im Theater mehr darauf beruht, daß die Bewegung des Klatschens unsere Nachahmung anreizt, oder darauf, daß die darin sich äußernde Begeisterung der Zuschauer suggestiv die unsrige entzündet. Häufig wird sogar die zunächst nur physische Nachahmung als das Eingangspförtchen dienen, durch welches dann die eigentliche Suggestion einschlüpft. All dies gilt vom Kinde in erhöhtem Maße, weil bei ihm die physische Nachahmung eine so allgegenwärtige Rolle spielt, und weil zugleich physische Äußerung und psychisches Innenleben noch viel weniger geschieden sind als beim Erwachsenen.

Wie bei der Imitation ist auch bei der Suggestion das Kind wählerisch in bezug auf die Person, deren Beeinflussung angenommen wird. Die stärksten Suggestiveinflüsse übt ausnahmslos die Mutter aus; was sie schön und häßlich, recht und unrecht findet, findet das Kind ebenso; was sie glaubt, wird für das Kind zum Dogma; was sie ernsthaft will, vermag sie mit pädagogischem Instinkt in den Willen des Kindes hinüberzuführen, so daß dieses nicht anders meint, als daß es sein eigener Wille sei. Daneben aber wirken auch andere Suggestivkräfte: der Vater, Verwandte, Kindergärtnerinnen, Dienstboten. Oft ist es gar nicht begrifflich klarzustellen, warum irgendeine einzelne Person eine besonders starke Suggestivbeziehung zu einem Kinde gewonnen habe, während andere trotz redlichster Bemühung und trotz pädagogischer Begabung die Brücke nicht finden. Hier spielen letzte persönliche Imponderabilien mit, die sich bis jetzt ganz der Psychologie entziehen. Auch der Spielgefährten und vor allem der älteren Geschwister darf nicht vergessen werden; sie waren es ja, die das Nachahmen namentlich beim Spiel in so intensiver Weise erweckten; sie sind es zugleich, die für die spezifisch kindlichen Willens-, Gefühls- und Urteilsweisen die Hauptsuggestoren abgeben.

Die suggestiven Einflüsse, die von allen diesen Personen ausgehen, sind nur zum kleineren Teile beabsichtigt. Wieder drängt sich der Vergleich mit der Nachahmung auf. Das Kind imitiert nicht nur, was ihm absichtlich vorgemacht wird, sondern alles mögliche, und oft mit sonderbarer Hartnäckigkeit gerade weniger Wünschenswertes: Grimassen, dialektische Fehler usw. Und ebenso greift es in seiner starken Suggestibilität auch alle möglichen Stellungnahmen der Anderen auf und macht sie zu der seinigen; hier schnappt es ein Urteil aus dem Gespräch der Erwachsenen auf und bringt es – das rechte enfant terrible – an der ungeeignetsten Stelle als sein eigenes Urteil vor; dort läßt es sich von einem sinnlosen Gespensteraberglauben oder von Gewitterfurcht der Dienstboten anstecken; dann wieder übernimmt es von älteren Geschwistern Spiel- oder Sammelinteressen, die seinem Alter noch ganz unangemessen sind und daher nichts von der sonstigen Spontaneität kindlichen Spielens zeigen usw. So wogen in den Suggestionsphänomenen der Kindheit pädagogisch gewollte und ungewollte, moralisch wertvolle und wertwidrige ungeschieden durcheinander.

In einem sehr wichtigen Punkte aber unterscheidet sich die Suggestion von der physischen Nachahmung: die Stellungnahme, die das Kind in sich nachbildet, hat es an dem anderen nicht wirklich wahrgenommen – denn sie ist ja ein innerer Akt –, sondern nur erdeutet. Deshalb ist es gar nicht nötig, daß der andere die Stellungnahme wirklich vollziehe; sobald das Kind sie nur bei ihm voraussetzt, ist der suggestive Erfolg möglich. So können denn geheuchelte und gespielte Stellungnahmen den realen an Suggestivkraft gleichkommen. Wer dem Kind in recht ausdrucksvollem Tone Schauergeschichten erzählt, ohne selbst eine Spur von Furcht dabei zu empfinden, kann dem Kinde doch den stärksten Furchtaffekt damit „suggerieren". Ferner kann das Kind aus irgendeinem Verhalten des anderen eine versteckte Stellungnahme herauslesen, die vielleicht nur unbewußt mitgespielt hat. Hierher gehört das weit ausgedehnte Gebiet der Suggestivfragen. Frage ich: „Hatte der Mann nicht einen Stock?", so legt das Kind mir bereits die Meinung unter, daß er wohl einen Stock gehabt habe, und diese mir zugeschobene Stellungnahme kann dann den bekannten Suggestionserfolg der falschen Antwort haben.

Die nun folgende kleine Blütenlese von Beispielen gelungener Suggestionen möge beginnen mit dem Wegsuggerieren von negativen Stellungnahmen: Schmerzen, Abneigungen usw.

Der Widerwille der Kinder gegen kalte Umschläge wurde schon S. 405 erwähnt. Es ist aber gar nicht immer nötig, daß man, wie es dort beschrieben wurde, die Selbstbeherrschung des Kindes durch Anrufung seines Ehrgefühls erwecke; wenn das Kind noch kleiner ist, kann man ihm geradezu suggestiv einreden, daß der Umschlag etwas ganz besonders Angenehmes und Erstrebenswertes sei.

So ließ sich Scupins Sohn 2;3½ einen Umschlag, der den Kopf in eine unangenehme Zwangslage brachte, freudig gefallen, weil gesagt worden war: „Bubi war artig und bekommt jetzt zur Belohnung einen Umschlag." Bewegungslos lag er da und sagte glücklich vor sich hin: *„ei Umschlagerle.*' (I, 124.) – Der meist so verabscheute Lebertran hat bei dem von Elsa Köhler beobachteten Mädchen (um 2;6) die Rolle des „guten Saftes" bekommen, der nach getaner Eß-Arbeit als Belohnung gegeben wird. (S. 41.) – Scupins Knabe kam 4;4 einmal „mit allen Zeichen des Abscheus angerannt, um uns mitzuteilen, daß am Fenster ein häßlicher Wurm kroch. Es handelte sich um eine Kellerassel, die der Vater nun behutsam mit den Worten in die Hand nahm: „Was das doch für ein hübsches kleines Tierchen ist!" Sofort verschwand die Miene des Abscheus bei dem Kinde; es näherte sich begierig, nahm das Tier lächelnd in die Hand und verfolgte interessiert jede seiner Bewegungen. (I, 109.) Gerade die Scheu der Kinder vor dem Anfassen gewisser Tiere (Frösche, Käfer usw.) kann auf dem Wege des suggestiven Beispiels sehr wirksam bekämpft werden.

Eine besonders große Rolle spielt in jedem Kinderzimmer die Suggestivkur, um die vielen kleinen Leiden und Schmerzen, die sich die Kinder durch Hinfallen, Stoßen, Ritzen, Klemmen usw. zuziehen, zu heilen. Bei uns war es das „Pusten“ auf die Unfallstelle, das Jahr für Jahr Wunder tat.

Hilde 2;0. „Ich erziele mit dem ‚Gesund-Pusten‘ die schönsten Heilerfolge. Entstanden im Spaß, ist diese Pusterei jetzt völliger Ernst für H. geworden. Ich pflegte zu pusten, wenn sie sich ein bißchen gestoßen hatte. H. hat sich nun so daran gewöhnt, daß sie mit jedem ‚*wäwä*‘ zu mir oder dem Vater gelaufen kommt ‚*wäwä, pußen*‘ ‚*Bauchel wäwä . . .*‘ ‚*Fieße wäwä*‘ und was der vielen Wehwehs sonst noch sind. Ich brauche nicht einmal aus großer Nähe zu pusten, kaum hab' ich ungefähr in die Fuß- oder Bauchgegend mein Pusten gerichtet, dann bekomme ich auch schon auf meine Frage ‚nun ist alles wieder gut, nicht wahr?‘ ein vergnügtes *Ja* zur Antwort.

Dieselbe Methode ist auch noch 3;5 bei Hilde in vollster Wirkung; sie ist andererseits bereits bei dem 1½jährigen Günther von Erfolg: „das arme Kerlchen schlägt sich unzählige Male am Tage; das Geschrei verstummt fast immer, wenn man ihn pustet.“

Wir stehen hier an der Quelle aller Suggestiv-Therapie, bei der es nicht auf die spezifischen Heilfaktoren des Mittels, sondern allein auf den Glauben an seine gesundmachende Kraft ankommt. Auch der erwachsene Mensch darf nicht zu verächtlich auf jene kleinen Heilwunder des Kinderzimmers herabsehen; denn welche Rolle spielt noch bei ihm der suggestiv erweckte Glaube an ein Mittel, an eine berühmte Autorität, an eine wundertätige religiöse Stätte! Vom Gesund-Pusten zum Gesund-Beten ist nur ein Schritt.

Dem Wegsuggerieren unangenehmer Gefühle steht nun aber leider auch ihr Ansuggerieren gegenüber, und so gibt es zu allen bisher genannten Beispielen die Gegenbeispiele. Ein Kind, das sich bei einem Fall oder Stoß kaum wehe getan hat, kann erst durch das aufdringliche Mitleid und die ängstliche Umsorgung seitens der Mutter dazu gebracht werden, sich selber einen größeren Schmerz einzureden und noch lauter und ausdauernder zu weinen; häufen sich solche Einzelfälle, so wird allmählich eine regelrechte Wehleidigkeit dem Kinde ansuggeriert werden. Am verheerendsten aber wirkt das Ansuggerieren in bezug auf Furcht und verwandte Affekte. Das Widerspiel zu dem (S. 415) genannten Beispiel mit der Kellerassel bilden die zahlreichen Fälle, in denen die Erwachsenen ihre unsinnige Angst vor der Berührung gewisser Tiere, wie der Frösche und Käfer, auch vor den Kindern nicht verbergen.

Und nun erst die unausrottbaren Versuche des „Fürchtenmachens“: das Drohen mit dem schwarzen Mann, das Erzählen von Gespenstern, die hinterm Ofen hocken, der Ausruf: „Ach, jetzt kommt gleich der Schutzmann und nimmt dich mit“, und wie die tausend Variationen dieser negativen Erziehungskunst heißen mögen! Daß der Erzähler selbst an all diese bösen Dinge nicht glaubt, merkt das Kind nicht; eine gewisse Disposition zur Furchtsamkeit ist ihm von Natur eigen, und so unterliegt es rettungslos solchen Furchtsuggestionen. Es ist wohl nicht zuviel gesagt, daß die ersten Lebensjahre eines Kindes durch keine äußere Einwirkung so sehr vergällt werden können, wie durch derartige Einschüchterungen. Selbst harte Strafen bringen doch nur augenblickliche Leiden, suggerierte Furchtaffekte aber peinigen das Kind chronisch; jedes Alleinsein, jeder Aufenthalt in der Dunkelheit oder in einer ungewohnten Umgebung kann ihm so zur Qual werden.

Es ist daher dringlichste Aufgabe für alle Eltern, sich selbst derartiger Furchtsuggestionen zu enthalten und sie älteren Geschwistern, Spielgefährten, vor allem den Dienstboten, die sehr dazu neigen, streng zu untersagen.

Uns selbst ist dies gelungen, so daß wir erfreulicherweise über keine eigenen Beispiele dieser Art der Suggestion verfügen. – Auch Scupins hatten sich gleiches vorgenommen, doch nicht mit vollem Erfolg. Kurz vor 2;0 war dem Kinde von den Dienstboten eingeredet worden, daß im Ofen ein Gespenst, der Bubu, sitze; und 1;11 heißt es: „Leider ist dem Kinde doch wieder vom ‚Bubu‘ erzählt worden. Immer, wenn jetzt ein ihm unerklärliches Geräusch ertönt, macht es große entsetzte Augen und fragt: *Bubu?* Oft, wenn wir den Knaben schlafend glaubten, saß er noch im Bettchen und zeigte, wenn wir hereinkamen, auf den Ofen: *Ofen Bubu tommt! nein, nein tommt nis!* Wahrscheinlich haben ihm die Dienstmädchen erzählt, daß der Bubu aus dem Ofen käme und die ungezogenen Kinder strafe.“ (I, 95/96.)

Nun folge wieder ein Beispiel für die günstige Erziehungswirkung der Suggestion; und zwar handelt es sich jetzt nicht um eine Stellungnahme des Gefühls- und Affektlebens, sondern um eine solche des Willens. Der alte Erziehungssatz: Beispiel wirkt mehr als Lehre, ist ja im Grunde nichts anderes als eine Anwendung des Suggestionsprinzips auf das Handeln.

Scupins 5;2. Bei einem Ausflug „wurde eine Tüte Konfekt verzehrt. Da stand am Wege ein zerlumptes Mädchen; der Vater schenkte ihm ein Konfektstückchen, wozu Bubi ein recht erstauntes Gesicht machte, dann blickte er nachdenklich immer wieder auf die beiden letzten Pralinees in seiner Hand. Als er von weitem einen kleinen Dorfjungen kommen sah, riß er sich plötzlich von Vaters Hand los: *Ich wer' ihm auch eins schenken*, und drückte dem fremden Kinde ein Konfektstück in die Hand; nachträglich machte er eine verlegen lächelnde Miene, als schäme er sich halb seiner Tat. Sicher wäre eine bloße Aufforderung, dem Kinde etwas zu schenken, gänzlich vergeblich gewesen." (II, 171).

Autosuggestion. Bei allen bisher betrachteten Suggestionsvorgängen waren der aktive und der passive Faktor auf zwei verschiedene Individuen verteilt; es gibt aber auch Fälle, wo Suggestions-Geber und -Empfänger in einer Person vereinigt sind. Bei dieser „Autosuggestion"[1] übernimmt das Individuum eine Stellungnahme seiner selbst, aus einem Zeitpunkt in einen anderen oder aus einem Seelengebiet in ein anderes. Ein Kind hat z. B. ein Furchtgefühl vor dem Dunkeln; diese gefühlsmäßige Stellungnahme beeinflußt nun auch sein urteilendes Stellungnehmen derart, daß die spontanen Grundlagen des Urteils, ruhige Beobachtung und Überlegung nicht zur Geltung kommen; aus der Furcht wird die Erwartung, Schlimmes zu sehen, aus dieser die Überzeugung, daß in einer Ecke ein unheimliches Etwas sitze – die Autosuggestion ist vollkommen.

Eine andere Abart der Autosuggestion zeigt der folgende Fall:

Hilde 4;11½. Günther 2;8½. Beide Kinder spielten oft miteinander: „der Löwe kommt" oder „der Hund kommt" o. dgl. „Eines kriecht dann auf allen vieren durchs Zimmer, und das andere läuft scheinbar furchtsam fort. Der Löwe oder Hund macht nun nicht einmal greulichen Lärm oder zeigt gar die Zähne oder Tatzen – es sind sehr zahme Tiere – nichtsdestoweniger fängt der Verfolgte oft so ängstlich an zu schreien und kommt so gehetzt zur Mutter geflüchtet, daß man vollkommen unter dem Eindruck steht: das ist nicht nur ‚gespielte' Angst, hier kommt durch Autosuggestion etwas von wirklicher Angstempfindung hinzu." (Vgl. auch die ähnliche Notiz über Hilde S. 243.)

Kontrasuggestion. Noch mehr von der eigentlichen Suggestion scheint sich die sogenannte Kontrasuggestion zu entfernen; in Wirklichkeit ist sie ihr aber aufs engste verwandt. Hier wird eine Stellungnahme gewählt, die der des Vorbildes entgegengesetzt ist; an Stelle der Hingebung tritt also die ausgesprochene Opposition, welche diktiert ist von einem heftigen Selbständigkeitsstreben des Kindes. Ihre Ausführung zeigt aber die völlige Unselbständigkeit; denn die Stellungnahme ist ja nicht aus dem eigenen inneren Erleben des Kindes abgeleitet, sondern lediglich durch das Vorbild hervorgerufen, genau so wie bei der direkten Suggestion; das einzige, sehr dürftige Eigene, was das Kind hinzutut, ist, daß es seiner Stellungnahme das entgegengesetzte Vorzeichen gibt. Die Kontrasuggestibilität

[1] Auch diese hat ihre Parallele im Gebiet der rein körperlichen Nachahmung, vgl. die Selbstnachahmung, S. 64.

ist also nichts als ein Wolfsfell, daß das Lamm sich umhängt, die Fiktion einer Stärke, die nur das Bewußtsein der Schwäche verhüllen soll.

Charakteristisch für diese verhüllte Schwäche ist der Umstand, daß bei Umkehrung der suggerierenden Stellungnahme (also bei scheinbarem Eingehen auf die entgegengesetzte Strebung des Kindes) flugs auch die Stellungnahme des Kindes umschlägt, sei es, weil die Opposition gar nicht ernst gemeint war, sei es, weil die Kampfstellung um jeden Preis weiter markiert werden soll. Es gibt einen trefflichen Münchener Bilderbogen, der besser als theoretische Erörterungen diesen Tatbestand illustriert. Ein Bauer will ein junges Schwein ins Schlachthaus bringen. Das Schwein ist störrisch und übt vor dem Eingang zum Schlachthause Widerstand. Während der Bauer es vorwärtsziehen will, strebt es mit gleicher Kraft rückwärts, und es ist kein Ende des Kampfes abzusehen. Da wendet sich der Bauer mit dem Schwein um 180°, zieht also das Tier mit aller Gewalt vom Schlachthaus hinweg – und das Schwein, das in der Kontrasuggestion beharrt, zerrt sich selbst, zur Schadenfreude des Bauern, ins Schlachthaus hinein! Die Geschichte ist nicht nur für das Tier, sondern auch für den Menschen psychologisch wahr – und pädagogisch lehrreich. So manchmal kann ein Kind, das sich eigensinnig sträubt, irgend etwas Verlangtes zu tun oder zu nehmen, schnell dahin gebracht werden, indem man es ihm scheinbar verbietet oder vorenthält.

Die hierher gehörigen Verhaltungsweisen scheinen sich im fünften Lebensjahre stärker zu entwickeln[1]. Günther 4;7: „Wenn wir etwas schön finden und er auch, so wird er doch zunächst meist sagen: *Find' ich gar nicht schön*, oder *Schmeckt mir gar nicht*. Erst wenn wir scheinbar die Folgerung zu ziehen beginnen und ihm die Speise fortnehmen, gesteht er ein: *Schmeckt doch schön*.

Scupin 4;11. „Will er einmal ein bestimmtes Gericht nicht essen, so hat es sich völlig verfehlt erwiesen, ihm die neue Speise irgendwie aufdrängen zu wollen; verweigert er das Gericht, so bekommt er etwas anderes, und kommt später einmal das gleiche Gericht auf den Tisch, so wird ihm davon gar nicht erst angeboten, und er bekommt eine andere Speise vorgesetzt. Gewöhnlich bittet er dann von selber, einmal von dem anderen kosten zu dürfen; wird dieser Wunsch von uns gar noch etwas zögernd und mit bedenklicher Miene erfüllt, so haben wir sicher gewonnenes Spiel: Bubi ist dann der festen Überzeugung, daß es sich um etwas ganz besonders Gutes handle – und ißt die vordem verschmähte Speise nunmehr mit besonderer Leidenschaft." (II, 152.)

---

[1] Daß aber schon sehr viel früher Andeutungen des kontrasuggestiblen Verhaltens möglich sind, scheint aus folgender Beobachtung Alfred Adlers hervorzugehen (Heilen u. Bilden S. 96): „Ich sah einen 13 Monate alten Knaben, der kaum stehen und gehen gelernt hatte. Setzte man ihn in seinen Sessel, so stand er auf. Sagte man ihm „Setz' dich nieder", so blieb er stehen und sah schelmisch drein. Seine 6jährige Schwester rief ihm bei einer solchen Gelegenheit zu: ‚Bleib stehen!' und das Kind setzte sich nieder."

Die Eigenschaft der Suggestibilität ist in hohem Maße vom Alter abhängig. Da die Zugänglichkeit für Suggestionen eine gewisse geistige Reife voraussetzt, so muß sie in der allerersten Lebensphase (in der es schon körperliche Nachahmung gibt) noch fehlen. Sobald aber die inneren Vorbedingungen, vor allem das Verständnis für die Stellungnahme der anderen, vorhanden sind – etwa von der Mitte des zweiten Jahres an – treten Suggestionsphänomene auf; und in kurzer Zeit erhält nun die Suggestibilität eine bedeutende Stärke. Gerade die große Abhängigkeit des Kindes von seiner Umgebung, das völlige Vertrauen zu dieser, der Mangel an Kritik, die Bequemlichkeit, Stellungnahmen fertig übernehmen zu können, zu deren eigener Schöpfung das Kind noch gar nicht oder doch nur mit großem Kraftaufwand fähig wäre – all dieses macht die Suggestibilität zu einer der hervorstechendsten Eigenschaften gerade der frühen Kindheit. Das Wachstum der Spontaneität mit steigenden Jahren aber, das wir im vorigen Kapitel behandelten, muß sich auch den Suggestionen gegenüber geltend machen; denn je mehr spontan Stellung genommen wird, um so stärker wird die Selbständigkeit und die Kritik; um so weniger bedarf das Kind des Übernehmens fremder Stellungnahmen, und um so weniger begnügt es sich mit ihnen. So ist die Abnahme der Suggestibilität eines der sichersten Gesetze der kindlichen Entwicklung.

Abgesehen vom Alter variiert die Suggestibilität stark von Individuum zu Individuum. Dabei darf man nicht an eine einfache Beziehung zur Intelligenz glauben, derart, daß etwa das weniger intelligente Kind immer das suggestiblere wäre. Denn die Suggestibilität ist zum Teil Temperamentssache. Wenn ein Kind aus großer Lebhaftigkeit gern zu allem Möglichen Stellung nimmt, wenn der Ehrgeiz es dazu treibt, das zu tun und zu glauben, was die anderen tun und glauben, wenn seine Vertrauensseligkeit noch nicht zu sehr von Kritik und Oppositionslust angekränkelt ist, so kann es, unbeschadet seiner Intelligenz, recht suggestibel sein.

Die große Zahl von Beispielen, die Scupins gerade über Suggestion bringen, läßt schließen, daß bei diesem Knaben eine ziemlich starke Suggestibilität bestand. Umgekehrt konnten wir bei unserer jüngsten Tochter schon in recht früher Zeit deutliche Widerstandskraft gegen Suggestionen bemerken. Neben den Proben, die hierfür die Aussageexperimente enthalten (s. S. 224ff.), möge folgendes Beispiel die Asuggestibilität dieses Kindes beleuchten:

Eva 2;11. „Als sie neue Stiefel anprobierte, die nach ihrer Aussage nicht drückten, gelang es uns nicht, durch noch so suggestive Fragen, wie: ‚aber, nicht wahr, hier drückt noch der Schuh ein ganz klein bißchen?' sie zu einem Zugeständnis des Drückens zu bewegen. – Wir spielten mit ihr Zahlenlotto; sie vermochte bereits die Spielmarken mit den Ziffern auf die entsprechenden oder ähnlich aussehenden Ziffern der Karten zu setzen; wollten wir sie nun suggestiv veranlassen, eine Spielmarke auf eine Ziffer zu setzen, bei der sie keine Ähnlichkeit erkannte, so wies sie dies Ansinnen zurück."

Was ist nun von der erziehlichen Bedeutung der Suggestion in der frühen Kindheit zu halten?

Ihre auffälligsten Wirkungen sind ja zweifellos unerfreulicher Natur; man denke an die Suggestion falscher Aussagen, an die Furchtsuggestion. Auch für die allgemeine Charakterentwicklung ist übermäßige Suggestibilität bedenklich; denn sie bedeutet Unselbständigkeit. Man darf aber auch die Gegenrechnung nicht übersehen. Daß das Wegsuggerieren (von Schmerzen, Befürchtungen, Abneigungen) ein wohltätiges, oft geradezu unersetzliches pädagogisches Hilfsmittel ist, wurde schon erwähnt. Noch wichtiger ist aber die Bedeutung der Suggestion dort, wo es gilt, wertvolle Dauer-Tendenzen der Stellungnahme im Kinde zwanglos und unmerklich hervorzurufen und zu fixieren, unerfreuliche Richtungen des Wertens zu unterdrücken. Es ist ja gerade in der frühen Kindheit eine bare Unmöglichkeit, überall das Kind selbst seine Urteile, Gefühlsbetonungen und Willensentscheidungen ganz aus sich erzeugen zu lassen; und so wird auf allen Gebieten der Wertung, möge es sich um religiöse, ethische, ästhetische, nationale, theoretische Gefühle und Überzeugungen handeln, die Suggestion ihren rechtmäßigen Platz in der Frühpädagogik haben.

Allerdings muß sich der Erzieher darüber klar sein, daß die Suggestion als pädagogisches Mittel eine mit steigendem Alter abnehmende Größe sein muß. Denn die wachsende Spontaneität macht es möglich, und das Ideal der Charaktererziehung fordert es, daß das Kind mehr und mehr in die Lage versetzt wird, sein Fühlen und Wollen, sein Urteilen und Werten auf selbsterarbeitete innere Stellungnahmen zu gründen.

Kapitel XXXIII

Die Verdrängung

Es wird stets eines der bedeutendsten Verdienste der Psychoanalyse, insbesondere Freuds bleiben, den Tatbestand der „Verdrängung" festgestellt und ihre Bedeutung gewürdigt zu haben; aber die besondere Art, in welcher der Verdrängungsbegriff nun gerade auf die frühe Kindheit angewandt wird, ist wissenschaftlich unhaltbar.

Nach psychoanalytischer Theorie arbeitet schon im Kleinkind unterhalb einer trügerischen Bewußtseinsoberfläche und abseits von den Äußerungen unbefangenen Augenblickserlebens ein vielseitiger und dauerhafter Mechanismus verdrängter Strebungen – derart, daß alle Unmittelbarkeit kindlichen Tuns und Bewußtseins an Bedeutung weit zurücktritt hinter diesem verborgenen Seelenbinnenleben, in welchem erst der eigentliche Mensch stecken soll. Wir sprachen hiervon schon mehrfach an jenen Stellen, wo wir es mit den vermeintlichen symbolischen Äußerungen verdrängter Komplexe in Spiel, Traum- und Wachphantasie zu tun hatten. Jetzt aber steht die Existenz der verdrängten Strebungen selbst und ihre angebliche Bedeutung für die personale Lebensstruktur zur Erörterung.

Es wird behauptet, daß in den unbewußten Tiefen der frühkindlichen Psyche schon die ganze Erotik und Sexualität mit all ihren Abarten stecke (Freud) –, daß jedes Kind bei aller Ahnungslosigkeit eine elementare Verbrechernatur mit sich herumtrage (Stekel) –, daß ein Machtstreben und eine feindselige Angriffshaltung zur Welt unter andersartigen Verhüllungen ihr unbewußtes Wesen treibe (Adler) – usf.

Des weiteren wendet sich die Psychoanalyse den Wirkungen zu, welche von diesen Verdrängungen ausgehen sollen. Ich möchte die Wirkungen in die drei Gruppen der Momentan-Wirkungen, der primären Nachwirkungen und der sekundären oder Spät-Wirkungen gliedern.

Die erste liegt dort vor, wo eine – durch äußere oder innere Anlässe geweckte – Strebung infolge von Bewußtseinswiderständen von vornherein im Unbewußten stecken bleibt, sich deshalb nur indirekt in symbolischen Erlebnisformen und Handlungsweisen äußert, zugleich aber durch diese Äußerungen abreagiert wird. Sie bildet also einen akuten, schnell erledigten Tatbestand. Hierher gehören z. B. manche Erscheinungen des Eigensinns, der Pose, der Scham, von denen später zu sprechen sein wird.

Von primärer Nachwirkung sprechen wir dort, wenn ein verdrängter Affekt sich im Unbewußten hartnäckig festsetzt, und von einer unangreifbaren Position aus seine störenden Ausfälle in andere Gebiete des persönlichen Lebens macht – auch in das Gebiet des Bewußtseins, hier jedoch unter immer wechselnden, schwer durchschaubaren Verhüllungen. Aber diese Bekundungen führen nicht ohne weiteres zur Erledigung; das „Abreagieren" kann unter Umständen erst nach ziemlich langer Zeit mit Hilfe natürlicher oder künstlicher Befreiungsmittel, bisweilen auch gar nicht gelingen. So können neurotische Erkrankungen verschiedener Art, vor allem krankhafte Angstzustände (Phobien) durch solche im Unbewußten festgefahrenen und eingeklemmten Affektzustände hervorgerufen werden; aber auch viele, noch ganz im Gebiet des Normalen liegende Verhaltungsweisen, Unarten, schlechte Gewohnheiten, Absonderlichkeiten des Spielens und Sich-Gebärdens, unverständliche Vorlieben und Idiosynkrasien sollen ihren eigentlichen Ursprung in diesen untergründigen Verdrängungssystemen haben.

Endlich aber kann die Verdrängung eine so vollkommene sein, daß ihr Objekt auf lange Zeit überhaupt nicht zu irgendeiner Bewußtheit oder äußeren Bekundung gelangt. Daß man dann trotzdem nicht von einem endgültigen Erledigtsein (Vergessensein) sprechen darf, erweist sich erst in den nach Jahren oder Jahrzehnten einsetzenden Spätwirkungen. Es treten dann nämlich in der späteren Kindheit, in der Reifezeit oder auch erst in der Erwachsenheit neurotische Erscheinungen, sexuelle Abirrungen[1] usw. auf, deren Erklärung die Psychoanalyse auf verdrängte und inzwischen nie wieder realisierte Affekterlebnisse der frühen Kindheit gründet; ihre Erledigung erfolgt dann dadurch, daß man die verhängnisvollen Kindheitskomplexe durch Bewußtmachung endgültig zur Abfuhr bringt. Freud spricht in diesem Zusammenhang von der „infantilen Amnesie“ als einem Tatbestand von großer positiver Wichtigkeit. Jene allgemeine Unfähigkeit des Menschen, sich an seine ersten Lebensjahre zu erinnern, beruhe nicht etwa auf bloßem Abblassen und schließlichem Verschwinden der frühesten Erlebniswirkungen, sondern sie sei eine Schutzvorrichtung des Menschen gegen die Gleichgewichtserschütterungen, die vom Bewußtbleiben der erotisch-sexuellen Früherlebnisse ausgehen könnten. Das Kind wolle und dürfe in den späteren Jahren nichts davon wissen, daß es schon ein solches erstes Stadium starken Trieblebens absolviert habe, und so werde die ganze Epoche ins Unbewußte abgedrängt.

Dies sind einige Hauptzüge der psychoanalytischen Verdrängungstheorie, soweit sie auf die frühe Kindheit Bezug hat. Die Kritik muß sich auf den grundsätzlichen Nachweis beschränken, daß die Psychoanalyse bei diesen Lehren größtenteils den entwickelungs-psychologischen Gesichtspunkt vernachlässigt hat.

So wie das Bewußtsein selbst sich erst aus Dumpfheit und Ein-

[1] Vgl. z. B. das umfangreiche Buch Stekels über „Psychosexuellen Infantilismus“.

förmigkeit langsam zu größerer Klarheit, innerer Vielgestaltigkeit des Inhalts und Nachhaltigkeit des Wirkens hinaufarbeitet, so geht es auch mit dem Inhalt und der Funktion der unbewußten Persönlichkeitssphäre und mit dem Verhältnis beider Sphären zueinander. Wohl mag im Unbewußten manches schon vorweggenommen werden, wozu das Bewußtsein noch nicht reif ist (vgl. die früher besprochene vorwegnehmende Bedeutung der unbewußten Spieltendenzen); dennoch aber besteht eine Korrelation zwischen den Entwicklungslinien beider Sphären; und es ist absurd, dem höchst unvollkommenen Bewußtseinszustande des kleinen Kindes eine so perfekte, inhaltsreiche und gegliederte Unbewußtheit gegenüberzustellen, die eigentlich gar keiner Entwicklung mehr fähig wäre; denn das unbewußte Menschlein von zwei bis drei Jahren ist ja nach dieser Meinung schon mit all jenen Trieben, Affekten, Wünschen, Begierden, Lastern (und vielleicht auch Tugenden) besetzt, die uns auf der Höhe der Entwicklung beim reifen Menschen entgegentreten[1].

Daß auch für das Verhältnis von Bewußtsein und Unbewußtsein dasselbe gilt, wurde schon oben erwähnt: die feindselige Spannung zwischen beiden ist erst Ergebnis, nicht Ausgangspunkt der Entwicklung. Beides – Bewußtes wie Unbewußtes – ist beim kleinen Kind noch ganz überwiegend dem sensumotorischen Grundverhalten eingeordnet; im Augenblicksleben ist meist Erleben und Erledigen zusammengedrängt. Das Innenleben muß erst in ständigem Kontakt mit den von außen kommenden Eindrücken und den nach außen gerichteten motorischen Entladungen eine gewisse Fülle und Stabilisation gewonnen haben, ehe es sich zu einem selbständigen „Binnenleben" zu verselbständigen vermag. Die Verdrängungstheorie dagegen hält es für das Alltägliche, daß sich im unbewußten Teil dieses infantilen Seelenlebens Dauerzustände ausbilden, die sich hartnäckig halten, abseits von äußeren Einflüssen und abseits von motorischen Entladungen, ja nicht nur abseits, sondern im gegensätzlichen Verhältnis zu diesen. Eine solche rein innerlich bleibende Nachhaltigkeit seelischer Erlebnisse ist nun in Wirklichkeit das Haupt-Charakteristikum der Pubertätszeit, mag auch schon in den vorangehenden Jahren der höheren Kindheit eine gewisse Ausdehnung gewinnen; mit dem Persönlichkeitsbilde des Kleinkindes aber ist sie am wenigsten zu vereinbaren[2].

---

[1] Vgl. hierzu, was S. 393/4 über die diffuse und formlose Beschaffenheit der Strebungen in den ersten Kindheitsjahren ausgeführt ist.

[2] Es gibt hier allerdings auch nachhaltige Wirkungen, die wir oben als „Gewöh-

Die Verdrängung und die mit ihr verbundene Spaltung von Unbewußtheit und Bewußtheit ist somit selbst eine Entwicklungserscheinung; sie beginnt nicht, wie Freud meint, beim kleinen Kind mit besonderer Stärke und mit jener verschwiegenen Hartnäckigkeit („infantile Amnesie"), die oft erst beim Erwachsenen ihre Spätwirkung bekundet, sondern sie setzt im allgemeinen nur mit spurenhaften und wenig nachhaltigen Anfängen ein. Mit steigendem Alter nimmt sie immer ausgesprochenere und auch zähere Formen an. Dies gilt zum mindesten von dem normalen Kind; und da wir unsere Betrachtungen auf dies beschränken, werden auch die späteren Einzelbeispiele nur von solchen keimhaften und schnell abklingenden Verdrängungen berichten können[1].

Das Bild, das die Psychoanalyse von den Strebungen der Kindheit entwirft, stellt sich somit dar als eine unberechtigte Rückwärtsprojektion der komplizierten erwachsenen Persönlichkeitsstruktur in die früheren und frühesten Lebensphasen. Und auch die eigentliche Ursprungsstelle dieser Rückwärtsprojektion wird erkennbar: sie besteht in den Kindheitserinnerungen der Neurotiker. Denn es muß immer wieder betont werden, daß nicht am Kinde selbst die Psychoanalyse ihre eigentliche und entscheidende kindespsychologische Überzeugung gewonnen hat, daß sie vielmehr erst nachträglich im Kinde das suchte, was sie auf Grund ihrer Erfahrungen am Erwachsenen dort voraussetzte. Wir müssen deshalb an dieser Stelle noch einmal den Echtheitswert jener späten Kindheitserinnerungen der Neurotiker betrachten, von dem schon in der methodischen Einleitung (S. 23/24) kurz die Rede war.

Das Bedürfnis und die Fähigkeit, sich in die Kindheit zurückzuversetzen, ist nicht nur für den alternden Menschen charakteristisch, sondern für jeden menschlichen Zustand, der irgendeine Annäherung an kindliche Verhältnisse zeigt. Hilflosigkeit und Hilfsbedürftigkeit machen deshalb jeden Kranken in gewisser Hinsicht zum Kinde; gleiches gilt im besonderen Sinn von jener psychischen Erkrankung, die wir Neurose nennen. Gefühle der Schwäche, der Minderwertig-

---

nungen" besprachen; aber sie sind nur durch häufige und immer erneute Wiederholung der äußeren Einwirkung und durch ständige Verankerung im psychophysischen Tun denkbar, haben nicht jene selbständige Innerlichkeit wie die behaupteten „Verdrängungszustände".

[1] Bei Kindern von psychopathischer Anlage oder bei akuten psychopathischen Zuständen sonst normaler Kinder (z. B. Phobien) mag die Verdrängung schon relativ früh eine größere Rolle spielen. Aber auch hier scheint mir der Begriff von den Psychoanalytikern in exzessiver Weise ausgenutzt zu werden – was wiederum nur durch ihre früher besprochene Symboldeutung möglich wird.

keit, des Nichtalleinfertigwerdens mit den Anforderungen der Welt und den Verantwortungen des Lebens, Anlehnungsbedürfnis, der Wunsch, sich aus der Verwickeltheit und Raffiniertheit des Daseins in Simplizität zu flüchten – und dann wieder, als Überkompensation dieser Strebungen: Eigensinn und Trotz, das Verlangen, seine Macht zu markieren, andere zu tyrannisieren – all dies erfüllt den Neurotiker. Solche Tendenzen müssen ihm die Kindheit wie ein verlorenes Paradies erscheinen lassen, von dem er sich wenigstens einen Widerschein wahren möchte. Und so schwelgt er bald bewußt in Kindheitserinnerungen, bald spielen infantile Einstellungen und Erlebnisreste in seinem unbewußten Gehaben eine Rolle und sind durch psychoanalytische Methoden ins Bewußtsein zu heben. Nun sind aber diese Reminiszenzen so tief eingebettet in das Gegenwarts-Erleben und -Verhalten der Erwachsenen, daß eine reinliche Scheidung gar nicht möglich ist. Vor allem wird die Affektbetontheit von dieser Verschmelzung betroffen. Denn in jene wiederbelebten diffusen Kindheitsstimmungen gehen jetzt die konkreten Affekte und Strebungsinhalte ein, die der Erwachsenheit als solcher eigen sind, und werden ahnungslos mit in die Vergangenheit projiziert. Wenn ein Neurotiker z. B. bei bestimmten sexuellen Perversionen erinnert wird an kindliche Verhaltungsweisen (z. B. an die Lust, den anderen zu schlagen), so schreibt er jener Kindeslust auch die jetzt bei ihm damit verbundene Sexualkomponente zu; und wenn man diese Erinnerungen für bare Münze nimmt, erscheint der frühkindliche „Sadismus" und eine über Jahrzehnte reichende Verdrängung desselben als erwiesen.

Man sieht, daß es vor allem gewisse formale Affekteigentümlichkeiten sind, durch welche ein Erwachsener Kindheitszustände in sich erneuern kann. Es sind jene, die Adler besonders betont und als Mindert wertigkeitsgefühl und männlichen Protest bezeichnet hat; aber selbshier ist es sehr fraglich, inwieweit eine wirkliche Neubelebung gelingt, und ob nicht vielmehr nur ein vager Anklang vorliegt. Je mehr nun aber die Strebungen inhaltlich determiniert sind, um so weniger ist Erinnerungstreue möglich. Aus dem Gegenwartsaffekt der Eifersucht oder der erotischen Grausamkeit läßt sich nicht mehr der gleiche Kindheitsaffekt herausdestillieren; sondern hier wird in die unbestimmten Kindheitsstimmungen etwas Unkindliches hineinprojiziert. Und durch diese Übertragung wird nun das konkrete Kindheitserlebnis selbst umgeformt und auch in seinem gegenständlichen Gehalt so verändert, daß Wahrheit und Dichtung nicht mehr zu sondern sind.

Wir finden diese Gedanken mit scharfer Pointierung ausgesprochen in folgendem Zitat: „Jene Szene .... wird nicht eine Erinnerung L.'s sein, sondern eine Phantasie, die er sich später gebildet und in seine Kindheit versetzt hat. Die Kindheitserinnerungen des Menschen haben oft keine andere Herkunft; sie werden überhaupt nicht, wie die bewußten Erinnerungen aus der Zeit der Reife, vom Erlebnis fixiert und wiederholt, sondern erst in späterer Zeit, wenn die Kindheit schon vorüber ist, hervorgeholt, dabei verändert, verfälscht, in den Dienst späterer Tendenzen gestellt, so daß sie sich ganz allgemein von Phantasien nicht streng scheiden lassen[1]."

Diese Sätze sind deshalb so bemerkenswert, weil sie von keinem anderen als von Freud[2] stammen. Sie stehen aber vereinsamt und wirkungslos wie ein Fremdkörper in der psychoanalytischen Literatur. Wären sie folgerichtig berücksichtigt worden, dann wäre die psychoanalytische Kindesseelenkunde ihres hauptsächlichsten Materials verlustig gegangen.

Kapitel XXXIV

Das kindliche Ich

Das Ich-Problem wurde in älteren Kindespsychologien meist so behandelt, daß man nach dem Auftreten der ersten bewußten Ich-Vorstellung forschte und als den Termin hierfür das Auftauchen der richtig gebrauchten Ich-Wörter ansetzte. Hierin stecken mehrere Fehler. Erstens ist die sprachliche Beherrschung der Wörter „ich", „mein" usw. von der Entwicklung der Sprechfertigkeit und von Umgebungseinflüssen in höherem Maße abhängig als vom Ichbewußtsein. Zweitens ist das Suchen nach der Ich-Vorstellung viel zu intellektualistisch; denn gerade in den Frühphasen der Entwicklung ist das Ichbewußtsein nicht in erster Linie ein Wissen um sich selbst, sondern ein triebhaft-gefühlsmäßiges Erleben seiner selbst. Aber – drittens – auch die Ich-Gefühle sind ihrerseits erst bedeutsam als

---

[1] Von mir gesperrt.

[2] Eine Kindheitserinnerung Leonardo da Vincis, S. 22. – Freud sucht den sich aufdrängenden negativen Folgerungen dieser Feststellung dadurch zu entgehen, daß er nun die vermeintliche Kindheitserinnerung, die doch nur eine Phantasie des Erwachsenen über seine Kindheit ist, dennoch als eine unbewußte symbolische Umdeutung tatsächlicher Triebrichtungen des Säuglings ansieht. – Der Bericht Leonardos lautet: „Als ich noch in der Wiege lag, ist ein Geier zu mir herabgekommen, hat mir den Mund mit seinem Schwanz geöffnet und viele Male mit diesem seinem Schwanz gegen meine Lippen gestoßen."

Niederschläge der unmittelbar personalen Strebungen, die dem eigenen Selbst gelten. Diese unbewußte Zielgerichtetheit muß unser Ausgangspunkt sein; von ihr aus werden erst die Bewußtseinsphänomene des Ich-Erlebens verständlich.

1. Selbstbejahung und Selbstbehauptung

Die unmittelbarste, ungebrochenste Ichstrebung ist die Selbstbejahung. Das Kind betätigt, verhält und erfaßt sich als lebendige Ganzheit, als einheitliches Kraftzentrum. Es will nicht nur hier eine Lust erreichen, dort eine Unlust meiden, sondern es will sich, sein Dasein, sein Sosein, seine Geltung im Lustbegehren bejahen und steigern, in der Unlustabwehr schützen[1].

Es wird oft gesagt, daß das Kleinkind ein absoluter Egoist sei, nur sich selbst kenne, nur jenen Trieben folge, die der eigenen Selbsterhaltung und Lebenssteigerung dienen. Die Frage, ob jene Bezeichnung und die in ihr liegende moralische Bewertung gerechtfertigt sei, kann uns erst später beschäftigen. Hier aber muß man jedenfalls zugeben, daß die dem eigenen Selbst geltenden Zielsetzungen ursprünglich mit einer viel größeren Intensität und Mannigfaltigkeit auftreten als solche Strebungen, deren Ziele außerhalb des Ich liegen. Das ist auch ganz selbstverständlich; denn der Lebensbereich des Kindes, in dessen Mittelpunkt sein Ich steht, weitet sich erst ganz allmählich; zunächst muß es sich selbst festigen und sichern, um dann fähig zu werden, zu seiner Umwelt und deren fremden Zielen in lebendige Beziehung zu treten. So sind denn auch die Triebrichtungen, die zuerst zur Ausbildung kommen, ganz überwiegend selbstischer Natur. Sie wollen das Selbst erhalten: so der Nahrungstrieb, das Verlangen nach gesunder Betätigung der Glieder, der Abwehr- und Hinwendungstrieb, das Bedürfnis nach Schutz, Hilfe und Pflege. Und sie wollen an der Höherentwicklung des Selbst mitwirken: so vor allem der Spielinstinkt, die Wißbegierde, der Lern- und Nachahmungstrieb und endlich das Geltungs- und Machtverlangen.

Sofern die Selbstbejahung sich ungehindert auswirken kann, spiegelt sie sich im Bewußtsein als Selbstgenuß. Dieser ist das naive lustvolle Hingegebensein an das eigene Dasein, Erleben und Können,

---

[1] Alle Theorien, die den „Lustgewinn" als das eigentliche Ziel kindlichen Tuns hinstellen, verwechseln die Bewußtseinsbegleitung mit dem eigentlichen Lebenssinn des Tuns. Selbst die Psychoanalyse, die doch sonst die Bedeutung des Unbewußten so stark betont, ist an dieser Stelle Bewußtseinspsychologie geblieben.

ein An-sich-selbst-Freude-haben. Hierbei sind sinnliche und geistige Lustmomente aufs innigste miteinander verschmolzen. Wenn das zweijährige Kind im Adamskostüm jubelnd herumtollt, sich bewundernd vor den Spiegel stellt, dann wieder auf dem Rücken liegend strampelt, an seinem Körper entlangpatscht, inbrünstig an den Fingern lutscht usw. – dann ist dieser Daseinsüberschwang erfüllt von Neugier und Staunen, von Augen-, Tast- und Bewegungslust, und von dem Verlangen, all diese Lust am eigenen Ich möglichst lange fortzusetzen. Ist es aber angebracht, eine solche Erlebnisweise wegen der daran beteiligten Sinneslust als eine sexuelle Gefühlsbetontheit anzusehen? Nicht nur beim Säugling[1], sondern auch in den weiteren Jahren der Frühkindheit fehlt hierzu im allgemeinen der Rechtsgrund. Der sogenannte „Narzißmus", die Verliebtheit in sich selbst, kann viel später als direkte Vorform oder auch als Ersatz für den hetero-erotischen Affekt auftreten und ist dann zweifellos sexualbetont. Aber hier gilt wirklich für das Kleinkind: wenn zwei dasselbe tun, ist es nicht dasselbe. Schon die bloße Anwendung der für geschlechtsreife Menschen bestimmten Ausdrücke „Auto-Erotik", „Narzißmus", „Selbstverliebtheit" fälscht von vornherein das Bild des kindlichen Gemütszustandes, das angeblich durch die Worte adäquat beschrieben werden soll.

Es soll nicht geleugnet werden, daß vereinzelte Fälle eines wollustbetonten Selbstgenusses schon in den ersten 6 Jahren vorkommen können. Insbesondere wird berichtet, daß zuweilen onanistische Manipulationen zu schlechten Gewohnheiten werden können. Manche Ärzte erklären dies freilich lediglich als Abwehrbewegungen gegen Juckreize, die durch Ekzeme oder Würmer an den Geschlechtsteilen hervorgerufen werden; andere Beobachter, so namentlich die Psychoanalytiker, sind von dem sexualähnlichen Lustcharakter dieser Handgriffe überzeugt. Sollte die letzte Deutung zutreffen, so wird es sich wohl kaum um normale und gesunde Kleinkinder handeln; möglich, daß seelische Störungen und geistige Defekte eher hierzu disponieren. Der Umstand, daß die Psychoanalytiker als Ärzte vorwiegend neurotische Kinder kennen lernen, legte ihnen eine Verallgemeinerung der hier gemachten Beobachtungen nahe.

Das primitive sich bejahende Ich findet sich nun in einer Welt, zu der es ein Verhältnis gewinnen muß. Es ist einerseits eine Sachwelt: ein Chaos von Dingen, Geschehnissen, Zuständen, die hemmend oder fördernd das Ich beeinflussen, es bedrohen und beängstigen, es erfreuen und erheben. Es ist aber andererseits eine Personwelt: ein System von anderen Ichen, die dem eigenen Ich als individuelle geltungheischende Willenszentren gegenübertreten. Nun gibt es für

---

[1] s. S. 100.

das Kind nur zwei Möglichkeiten: entweder die Selbstbejahung zur kämpfenden Selbstbehauptung zu steigern, oder das eigene Selbst in die Gemeinschaft der anderen Iche einzubetten.

Hier soll nur von der ersten Streberichtung die Rede sein. Sie hat zunächst eine Voraussetzung negativer Natur, nämlich den feindlichen Charakter der Welt.

Die Welt der fremden Sachen und Personen wirkt auf das Kind direkt als eine Einengung der Selbstgeltung, die sich im Bewußtsein als Störung des Selbstgenusses, als Gefühl der Ich-Schwäche und Minderwertigkeit bekundet. Das Kind stößt ja an allen Ecken und Enden auf Grenzen und Hemmungen seiner Begehrungen; Verbote, Befehle, Zwangsmaßnahmen bedrängen es von außen her; Hilflosigkeit, körperliche Unfähigkeit, Verständnislosigkeit bewirken von innen her, daß es nicht kann, was es möchte, nicht begreift, was es zu wissen verlangt, mit der Welt nicht fertig wird. Eine der unmittelbarsten Auswirkungen dieses Schwächeerlebnisses ist die Furchtregung und die – spezifisch kindliche – Disposition der Ängstlichkeit, mit der wir uns in einem späteren Kapitel beschäftigen.

Besonders bemerkenswert ist nun die individuelle Färbung dieser Ich-Schwäche und des Minderwertigkeitsgefühls beim einzelnen Kinde; hier verdanken wir der „Individualpsychologie“ Alfred Adlers und seiner Mitarbeiter wertvolle Anregungen. Adler hat ja die Theorie entwickelt, daß gerade die Stellen besonderer Schwäche zu Knotenpunkten für die Persönlichkeitsgestaltung werden können. Er neigt sogar dazu, alles von diesem Punkte aus erklären zu wollen und für jedes Individuum eine Grundschwäche aufweisen zu wollen, die zum Leitmotiv seiner Lebenslinie wird. Man braucht solchen Übersteigerungen des Prinzips nicht zuzustimmen, um doch seine Bedeutsamkeit anerkennen zu können.

Diese loci minoris resistentiae sind von verschiedener Art. Da sind körperliche Mängel: etwa ein Sprachfehler, Hinken, Inkontinenz der Blase –, psychische wie Schüchternheit, leichte Neigung zum Weinen, Widerwillen gegen bestimmte Tiere, Nahrungsmittel usw. – diese drängen sich dem Kind auf als ständige Quellen von Beeinträchtigungen und Verlegenheiten, als Zwänge zu bewußter Beachtung und damit als Ansatzstellen der Entwertung des eigenen Ich.

Bei anderen Kindern kann die Distanz vom Erwachsenen, das Noch-Klein-Sein und Noch-Dumm-Sein zu einem solchen Gärungskeim werden. Hiermit hängt dann die, von Adler besonders betonte, Unsicherheit über den eigenen Geschlechtscharakter zusammen; die kindliche Neugier wendet sich bald den Unterschieden von Knaben und Mädchen, von Vater und Mutter zu; und die Unfähigkeit, sich hierüber völlig klar zu werden, führt zu Minderwertigkeitsbefürchtungen für die eigene Person.

Typische Beschränkungen der Selbstgeltung ergeben sich ferner aus der „Position" des einzelnen Kindes innerhalb der Reihe der Geschwister. Die Konkurrenz bedroht hier nämlich die volle Durchsetzung der Selbstbejahung in sehr verschiedener Weise. Das bisher einzige Kind empfindet das Erscheinen eines jüngeren Geschwisters leicht als eine Minderung seines bisher unbestrittenen Anrechts auf die Elternliebe; in den folgenden Jahren wird von dem Älteren verlangt, daß es dem Jüngeren abgibt, ihm seine Spielsachen überläßt, es beaufsichtigt, seine Herrschgelüste ihm gegenüber eindämmt usw. Das jüngere Geschwister wiederum empfindet fortwährend, daß es weniger kann und darf als das ältere, daß dies seine körperliche und geistige Überlegenheit zum Tyrannisieren benutzt.

Daß auch die Zugehörigkeit zu einer Klasse eine starke Quelle von Minderungsgefühlen werden kann, betont besonders Rühle bezüglich des proletarischen Kindes. Der Umstand, daß dieses Kind durch Vererbung und Umwelt an eine Menschengruppe gebunden ist, in der körperliche Unzulänglichkeit und sozialer Tiefstand herrschen, wirkt nach Rühle schon sehr früh auf das junge Wesen im Sinne eines kollektiven Minderwertigkeitserlebens, das dann durch geeignete kollektive Einstellungen kompensiert wird. Fraglich ist freilich, ob diese Ressentimenthaltungen des Proletarierkindes schon in dem uns angehenden frühen Alter bemerkbar sind.

Wie verhält sich nun das Kind zu diesen – bald akuten, bald chronischen – Beeinträchtigungen seiner Selbstbejahung? Es reagiert darauf, wie jedes lebende Wesen, durch Abwehrakte: es übt Selbstbehauptung. Ein völlig passives Sich-Preisgeben an die feindselige Macht widerspräche dem Begriff der Person, die sich aktiv in ihrer individuellen Ganzheit zu wahren strebt. Und so kann das noch so hilflose Kind Kraftreserven in Bewegung setzen, um in mehr oder minder zweckmäßiger Weise dem störenden Eingriff zu begegnen, ja es kann zuweilen in der Abwehr eine Willensstärke und eine Zähigkeit zeigen, die in Erstaunen setzen.

Nun aber verläuft die Selbstbehauptung nicht immer so einfach, daß der Willensaufwand den Störungsfaktor wirklich aus der Welt schafft. Es gibt ja jene oben angedeuteten chronischen Beeinträchtigungen des Ich, die sich nicht beseitigen lassen; wie wird das Kind mit ihnen fertig? Hier erweist sich wieder die innere Zweckstruktur der menschlichen Persönlichkeit: die Schwächen selbst erhalten die Funktion von Stärken.

Wir stoßen damit auf den zweiten Teil der Adler'schen Theorie, den er mit dem – nicht sehr zweckmäßigen – Namen der Lehre vom „männlichen Protest" belegt hat. Die Bekundung einer Stärke ist hiernach die versuchte Überkompensation einer Schwäche. Gerade weil sich das Kind beeinträchtigt fühlt – und auf dem Gebiet, auf welchem es sich beeinträchtigt fühlt – ist es bestrebt, Kraft zu markieren und im Genuß eines Kraftbewußtseins das Minderwertigkeitsgefühl zu übertäuben. Weil es sich für die Defensive zu schwach fühlt, kommt es ihr durch Aggression zuvor; für das ständige Gehorchenmüssen rächt es sich durch das Streben, zu tyrannisieren. Das sind ganz selbstverständlich funktionierende Selbstschutz- und Sicherungstendenzen, nicht etwa bloß geheuchelte Strebungen[1].

Die Mittel, zu denen das Kind greift, um sich auf diesem Wege zu behaupten, sind sehr verschieden nach Art und Wert: von dem bloßen Trotz, der noch ganz inhaltlos ist, bis zum Sich-Hineinphantasieren in machtbetonte Rollen, von einer gelegentlichen Kraftpose bis zu der Gewohnheit, sich gerade durch seine Schwächen, Krankheiten und Ängste zum Despoten seiner Umgebung zu machen, von einer Augenblicksausrede bis zur systematischen Verlogenheit. Beispiele sind uns teils schon früher begegnet (vgl. S. 281), teils folgen sie in den nächsten Seiten.

Es ist schwer, das Wirkungsgebiet dieser paradoxen Kraftbetonung richtig abzugrenzen; denn ihre Bekundungen sehen den Äußerungen ursprünglicher Willenskraft zunächst recht ähnlich. Jedenfalls aber wäre es verfehlt, nun in jedem kindlichen Starrsinnsverhalten oder Geltungsbedürfnis nichts als versteckte Überkompensation von Minderwertigkeitserlebnissen sehen zu wollen; es gibt doch eben auch die Abwehrreaktion aus unmittelbarer Stärke heraus. Im ganzen werden jene paradoxen Strebungen ihren eigentlichen Schwächecharakter dem schärferen Blick nicht verhüllen können; es fehlt ihnen eben die Echtheit und der Tiefgang wahrer Kraftbekundungen. Deshalb erscheint es auch unwahrscheinlich, daß sie in dem von Adler behaupteten Maße normalerweise die Leitlinien der sich gestaltenden Persönlichkeit bestimmen. Groß ist zweifellos die Rolle solcher Sicherungen bei Neurotikern, und zwar bei Erwachsenen wie bei Jugendlichen, – ferner bei Menschen mit ausgesprochenen Gebrechen. Bei gesunden Kindern kommt jene paradoxe Strebung höch-

[1] Vgl. hierzu § 4 dieses Kapitels über die Pose.

stens als eine Teillinie innerhalb des persönlichen Gesamtbildes in Betracht[1]. –

Die neuere Fortbildung der individualpsychologischen Theorie hat dann zu folgenden psychologischen und zugleich pädagogischen Konsequenzen geführt. Die kindlichen Minderwertigkeitsgefühle, vielleicht zunächst aus den im Kinde selbst wurzelnden Unzulänglichkeiten entstanden, werden durch unzweckmäßige Einwirkungen der Umgebung fixiert oder gar versteift. Zu hohe Ansprüche, die nicht erfüllt werden können, Vorwürfe und Strafen, zuweilen auch falsche Verzärtelung, treiben das Kind in eine tiefe Entmutigung hinein, die wiederum den Ansporn zu eigener gradliniger Leistung unterdrückt. Wird dem Kind immer wieder vorgehalten, wie schwach, dumm, ungezogen usw. es sei, so übernimmt es diese Suggestion um so bereitwilliger, als ja nun der so stigmatisierte Zustand eine Zuflucht gegen die höheren Ansprüche der Welt ist. „Ich bin eben so, wie ihr mich haben wollt, also müßt ihr mich so nehmen". So etwa ist die unbewußte Motivation für die Art, wie das Kind nun sein Leben organisiert. Gegenüber diesem heillosen Zirkel der Erziehung gibt es nur ein Mittel: Ermutigung. Das Kind muß wieder Zutrauen zu dem, was ihm an Kräften und Möglichkeiten innewohnt, es muß Mut zu sich selber gewinnen – und viele Minderwertigkeiten, ja nicht nur diese, sondern auch die unerfreulichen Deck- und Sicherungsverfahren, die das Kind sich angeeignet hat, werden von selbst verschwinden.

Zweifellos ist hier eine sehr wertvolle Erziehungsmaxime ausgesprochen, die namentlich allen jenen Kindern gegenüber weitgehende Anwendung verdient, bei denen irgend etwas seelisch verrenkt ist: also bei den Verprügelten und Verzärtelten, den geistig Schwächeren, den Psychopathen, den Krüppeln usw. Bei manchen, die zu den schwer erziehbaren oder ganz unerziehbaren Kindern zu gehören scheinen, wird die Weckung ihres Lebens- und Schaffensmutes Wunder tun können. Und man wird es den Individualpsychologen zugute halten müssen, wenn sie durch einseitige Betonung des Mutprinzips den Erziehern, insbesondere den Heilerziehern ihrerseits den Mut zu pädagogischem Optimismus machen wollen. Aber als Psychologe darf man doch gewisse Übertreibungen des neuen Prinzips nicht unwidersprochen lassen. Neigen doch die Individualpsychologen dazu, schließlich fast alle individuellen Unterschiede der Kinder nur auf

---

[1] Auch Erismann unterscheidet in seiner Monographie über den Trotz die beiden Formen des Trotzes aus übersteigertem Eigenwillen und des Trotzes aus mangelnder Widerstandsfähigkeit.

Verschiedenheiten ihres Mutes zum Leben und Leisten hinzustellen, also als Unterschiede, welche durch richtige pädagogische Ermutigungseinwirkung ausgeglichen werden können. Gewiß wird ein Kind, das immer hören muß, wie dumm es sei, dadurch in der Entwicklung seiner individuellen Fähigkeiten noch mehr gehemmt werden, als es durch seine angeborene Anlageschwäche bedingt wäre; aber darum zu sagen, daß ursprüngliche Begabungsunterschiede gegenüber jenem Mutfaktor ganz unerheblich seien, bedeutet eine gewaltige Unterschätzung eines unbestreitbaren psychologischen Tatbestandes (wobei vielleicht das politische Ideal von der Gleichheit der Menschen nicht ganz unbeteiligt sein mag). Übrigens: Ist denn die Fähigkeit zum Mut nicht auch eine angeborene Anlage, die von Mensch zu Mensch sehr verschieden sein kann?[1]

Wir besprechen nun einige Hauptformen, in denen das Kind seine eigene Ich-Geltung zum Ziel seines Strebens macht.

2. Der kindliche Eigensinn

Die primitivste Form der Ichbetonung ist der Eigensinn. Er tritt andeutungsweise schon im ersten Lebensjahre auf; vom zweiten an entwickelt er sich schnell und spielt im Leben aller gesunden und einigermaßen willenskräftigen Kinder eine mehr oder minder beträchtliche Rolle.

Scupin 1;1½. „Der Knabe empfindet einen unwiderstehlichen Drang, unseren Verboten entgegenzuhandeln. Will er beispielsweise Unerlaubtes in den Mund stecken, so sieht er sich erst scheu nach uns um. Droht man ihm dann: Du, du! nein nein! so wiederholt er schelmisch lachend: *nei-nei!* zögert einen Augenblick – und steckt mit plötzlicher Entschlossenheit den Gegenstand doch in den Mund. Heute schlug ihn der Vater jedesmal aufs Händchen, wenn er den Kamm in den Mund stecken wollte; die Klapse wurden immer derber, das Kind immer wütender und eigensinniger; manchmal wurde es zwar durch den Drohblick des Vaters etwas eingeschüchtert, so daß es mitten auf dem Wege zum Munde zögerte, aber der Trotz siegte, bis wir ihm schließlich den Kamm wegnahmen." (I, 58.)

Der Affekt des trotzigen Eigensinns kann zuweilen so heftig werden, daß er sogar ein so starkes Elementarmotiv wie die Eßbegier übertönt.

Eva 2;5. Auch dieses meist so sonnige Kind hatte hie und da seine Trotzaufwallungen. „So kommandierte E. einmal bei Tisch: *Vater, heb' auf Löffel.* Wir fragten: ‚Wie soll die Eva sagen?' Sie verstand ganz genau, daß sie ‚bitte' sagen sollte, aber sie zog ein Mäulchen und wollte das Gewünschte nicht aussprechen. Wir entzogen

---

[1] Vgl. zu obigem Gina Kaus und andere Beiträge im „Handbuch für Individualpsychologie".

ihr nun ein Gericht nach dem anderen – erfolglos. Sie weinte zwar jedesmal heftig, wenn wieder ein gefüllter Teller hinausgeschickt wurde, ohne daß sie ihn hatte berühren dürfen – aber sie blieb hart.“

Man ist zunächst vielleicht erstaunt, daß der Eigensinn gerade in einer Zeit vorherrscht, in der so wenig „eigener Sinn“, d. h. wirkliche Selbständigkeit des Denkens, Wollens und Handelns vorliegt, daß er aber gerade mit steigender Reife und Selbständigkeit nachläßt. Allein das Wesen des Eigensinns besteht ja eben darin, daß er nicht auf dem eigenen Wollen eines wertvollen Zieles beruht, sondern lediglich auf dem fortgesetzten Wollen des eigenen Wollens. Das kindliche Ich fühlt sich identisch mit der zufälligen Willensrichtung des Augenblicks und würde den Verzicht hierauf, das „Um-Wollen“ als eine Ich-Minderung empfinden. Und so kommt es zu jener inhaltlosen Selbstbejahung.

v. Hattingberg, der der Psychologie des kindlichen Eigensinnes eine interessante psychoanalytische Studie gewidmet hat, unterscheidet nach den grundlegenden Motiven drei Arten.

Der aktive Eigensinn – wir können ihn auch „Starrsinn“ nennen – ist bestrebt, an einem Ziel, welches das Kind sich selbst gesetzt hat, unter allen Umständen festzuhalten, selbst dann, wenn die Unmöglichkeit der Erreichung klar oder das Ziel selbst aus irgendeinem Grunde sinnlos geworden ist. Hierher würde etwa das Verhalten des kleinen Jungen gehören, der sich in den Kopf setzt, einen Apfel vom Baum herunterzuholen; obgleich seine Kletterkunststücke Versuche mit untauglichen Mitteln sind, ja obgleich ihm ein bequem erreichbarer Apfel dargeboten wird, haftet er an seinem Vorsatze, nur um sich und den andren nicht einen Mißerfolg eingestehen zu müssen und sich in seinem Geltungsbewußtsein nicht erniedrigt zu fühlen.

Der reaktive Eigensinn wendet sich gegen die Aufzwingung eines anderen Willens. Zunächst mag noch irgendein gegenständliches Motiv das Kind bewegen, etwas Verbotenes zu tun, etwas Vorenthaltenes zu verlangen oder etwas Befohlenes zu unterlassen. Aber im weiteren Verlauf des Abwehraffekts geht die inhaltliche Motivation ganz verloren, und die bloße Form des Verbots oder Gebots selber wirkt als Motiv; der Machtwille des andren wird als Eingriff in das Selbst empfunden und der „Trotz“ ist geboren. Dabei kann der augenblickliche Anlaß ganz geringfügig sein. Das trotzende Kind sträubt sich gar nicht so sehr gegen das einzelne zufällige Verlangen des Erziehers, sondern gegen dessen Machtkompetenz überhaupt; es will ihn seine eigene Macht fühlen lassen. Daher ist der Trotz so stark von der Person des anderen abhängig. Er kann besonders aufgestachelt werden durch Personen, zu denen das Kind sonst im Verhältnis der Liebe und Hingebung steht; denn hier ruft die Gefahr, sich zu verlieren, eine um so energischere Reaktion des Geltungsbedürfnisses hervor. Und hat das Kind erst mehrmals damit Erfolg gehabt, z. B. bei der Mutter – dann wird es sich dieses Machtmittels nur allzugern wieder bedienen.

v. Hattingberg bringt hierzu lehrreiche Beobachtungen, die er in der Kinderklinik gemacht hat (S. 21). „Dasselbe Kind, das sich in Gegenwart der Mutter blaurot schreit, sich mit Händen und Füßen im höchsten Affekt gegen jede Untersuchung sträubt, bei dem kein gütliches Zureden, auch nicht die Schokoladenschachtel, keine Drohung etwas fruchtet, dasselbe Kind kann mit zauberhafter Plötzlichkeit verstummen, wenn man z. B. nach energischer vorheriger Ankündigung die Mutter wirklich hinausschickt und erklärt, sie dürfe nicht früher herein, bis das Kind brav sei. Dieses Experiment wirkt oft wirklich verblüffend, besonders bei 2–3jährigen, denen man so viel Verständnis und Dirigierbarkeit der Affekte gar nicht zutrauen würde. Es ist erstaunlich, wie ruhig dann und ohne Angst derartige Kinder die Untersuchung über sich ergehen lassen. In vielen Fällen genügt freilich das Wiedererscheinen der Mutter, um neue Affektausbrüche heraufzubeschwören."

Erismann weist in seiner oben erwähnten Trotz-Studie auf die gelegentliche Verwandtschaft dieser Erscheinung mit der Kontrasuggestion (s. S. 418) hin. Das Kind hatte vielleicht gar nicht an eine bestimmte Handlung gedacht; aber die Schroffheit des Verbotes suggeriert erst die Möglichkeit einer solchen Tat und legt ihre Ausführung als nachträglichen Protest gegen den beabsichtigten Zwang nahe.

Noch auf einen anderen pädagogischen Mißgriff macht Erismann aufmerksam. Der Erwachsene reagiert oft genug auf eine Trotzwallung nicht mit erziehlichen Maßnahmen, sondern selber mit Trotz. Auch ihm kommt es nun nicht darauf an, ein bestimmtes gegenständliches Ziel zu erreichen, sondern sich als Willenssubjekt gegenüber dem feindlichen Willen durchzusetzen. Im Kampf steigern sich beiderseits die Trotzausbrüche; und wenn schließlich der Erwachsene „den Trotz des Kindes gebrochen hat", dann hat er wohl gesiegt, aber nicht erzogen.

Die dritte Eigensinnsform, der passive Eigensinn, besteht in einem zunächst rein negativen Verhalten. Das Kind tut nichts, verstummt absolut, weigert sich die einfachsten Handgriffe zu tun, zeigt einen eigentümlichen Zustand der Starrheit. Sofern auch hier ein wirklicher, auf das Nichts-Tun gerichteter Wille vorliegt, unterscheidet sich der Fall nicht grundsätzlich von den vorangegangenen. v. Hattingberg ist aber überzeugt, daß man es hier meist nicht mit einer bloßen „Verstocktheit" zu tun hat, sondern mit Willenslähmungen, die auf tiefere, nur psychoanalytisch aufzuklärende Hemmungen zurückgehen. Der passive Eigensinn rückt dadurch in große Nähe zu den Erscheinungen der Scham und der Angst, von denen weiter unten die Rede sein wird.

Der Eigensinn ist die unvollkommenste Form, in der das Ich sein Selbstrecht zu sichern sucht. Wird er auf höheren Entwicklungsstufen noch festgehalten, dann verrät er eine konstitutionelle Schwäche des Ich. Denn die Opposition nur um der Opposition willen, das Sich-Verschließen gegen sinnvolle Aufforderungen, nur um das eigene Festbleiben zu genießen, zeugt von einem sehr geringen Zutrauen des Ich zu sich selber und von einer Engstirnigkeit seiner Zielsetzungen. Der eigentlich „eigensinnige Charakter" stellt deshalb – wie Adler und v. Hattingberg mit Recht betonen – nicht einen starken, sondern einen schwachen Charaktertypus dar. Hier ist in der Tat der Eigensinn vornehmlich die Kulisse, die der Kraftmangel vor sich selber errichtet.

3. Ehrgefühl und Ehrgeiz

Eine feinere, früh auftauchende Form des Persönlichkeitsbewußtseins ist das Ehrgefühl. Schon das $^5/_4$jährige Kind verrät gelegentlich Spuren eines solchen, und zwar gerade in Situationen, bei denen man es am wenigsten erwartet. Bekanntlich wird die Anwendung körperlicher Züchtigung bei kleinen Kindern oft damit gerechtfertigt, daß andere Strafen, insbesondere solche, die die Kinder an der Ehre packen sollen, nicht verstanden werden, und daß daher körperliche Schmerzen die einzigen eindrucksvollen Denkzettel seien. Es zeigt sich aber, daß Kinder, die nicht von vornherein durch häufige und heftige Anwendung von Schlägen gegen diese abgestumpft sind, deren psychische, d. h. entehrende Bedeutung unabhängig von den physischen Schmerzen empfinden. Bei unseren Kindern, die im allgemeinen nicht geschlagen wurden, haben wir Beobachtungen gemacht, die sich nicht anders deuten ließen.

Hilde 1;3. „H. schlug in neckischer Weise nach der Mutter; da gab ihr der Vater einen leichten, spaßhaft gemeinten Backenstreich, und die Mutter schlug sie sanft auf die Händchen. Sie nahm das augenscheinlich für Ernst, denn sie bekam einen außerordentlichen Weinanfall, warf sich zornig hinten über und war schwer zu beruhigen. Wehe getan hatten die leichten Streiche keinesfalls; H. kann also nur seelisch durch sie verletzt worden sein. Woher aber hat das Kind schon das Bewußtsein für das Entehrende von Schlägen?" – Ganz Entsprechendes wurde bei Günther 1;3½ notiert.

In den folgenden Jahren wird das Ehrgefühl für immer feinere Eingriffe in die Sphäre der Persönlichkeit empfindlich. So kann z. B. die Ausschließung aus der Gemeinschaft der anderen (in die Ecke gestellt, ins andere Zimmer geschickt werden) sehr lebhaft als eine Erniedrigung empfunden werden; wie dies Gefühl der Pädagogik des Strafens dienstbar gemacht werden kann, wird im Kapitel XXXVII erörtert.

Die steigende Reizbarkeit des kindlichen Ehrgefühls hängt natürlich wiederum damit zusammen, daß das Kind seine eigene Schwäche und Unzulänglichkeit immer deutlicher zu empfinden beginnt. Wer so vieles noch nicht kann, legt um so mehr Wert darauf, nicht an seine Schwäche gemahnt zu werden, und das, was er wirklich kann, anerkannt zu sehen, ja womöglich sich und anderen ein noch größeres Können vorzutäuschen. Beeinträchtigungsfurcht, Beachtungswunsch und eigentlicher Ehrgeiz sind die verschiedenen Äußerungen dieses Strebens.

So kann schon das 2–3 jährige Kind auf Ausgelacht-, Angeführt-, Nicht-ernst-genommen-werden in zorniger Weise reagieren, weil es darin eine Geringschätzung seiner Person empfindet; auch durch tadelnde Worte fühlt es sich gekränkt. Andererseits ist es ihm ein Bedürfnis, für seine kleinen Leistungen nicht nur die Teilnahme, sondern den Beifall der Umgebung zu suchen. Ohne den Sonnenschein dieses Lobes und die damit verbundene Ermunterung zu immer neuem Tun gedeiht kein Kind.

Schon 1;9 rief Hilde uns stolz zu: *sia sia* (sieh mal), wenn sie ihr Stühlchen selber schob oder die Tasse allein in der Hand hielt. – Gleicher Stolz sprach noch aus dem Mienenspiel Günthers (5;6½), als er uns von einem seiner ersten pädagogischen Erfolge berichtete: *Ich habe die Eva Handschuhe gelehrt anziehen.*

In seiner Naivität sucht das Kind seine kleine Person auch durch Eigenlob ins rechte Licht zu setzen.

So sagte Günther (2;6), als er aus eigenem Antrieb einen Stuhl für die Schwester an den Eßtisch geschleppt hatte: *das ĕ Hildes Stuhl*; *hüßer Junge* – er nannte sich selbst zur Belobigung einen „süßen Jungen"! – 4;3½. „G. fühlt sich als Kraftbold; er erzählt prahlerisch, was für Heldentaten er vollbringe, wie er die Großmutter oder den Vater umgerissen habe, wie er auf Bäume geklettert sei."

Sogar moralisches Selbstlob kommt zur Äußerung.

„Hilde klebte 5;3 Bilder in ein Heft, das sie einem ihr nur wenig bekannten Mädchen schenken sollte. Dazu sagte sie: *Das ist doch gut von mir, wenn ich das tue; gelt ja, wenn mir Menschen was schenken, das ist gut von ihnen; und wenn ich was schenke, das ist gut von mir. Aber das ist doch noch besser von mir, gelt ja, weil die Menschen mich kennen, und ich schenk' was fremden Menschen, die ich früher nicht kannte.*"

Man kann wegen solcher Selbstbelobigungen dem Kinde nicht böse sein; nur vor dem Übermaß muß es behütet werden und vor der faulen Selbstzufriedenheit, die der Feind jedes Weiterstrebens ist. Zum Glück besteht ja gegen diese Gefahr eine lebhafte Gegentendenz in einer anderen Seite des Persönlichkeitsbewußtseins, im Ehrgeiz.

Von Ehrgeiz sprechen wir dort, wo das Bedürfnis nach Betonung der eigenen Persönlichkeit den Menschen zu einem Höchstmaß von Kraftanstrengung antreibt. Er ist im Kinde frühe und stark entwickelt. Da es in so vielen Punkten auf die Hilfe der Erwachsenen angewiesen ist, so ist sein Wunsch um so brennender, wo immer es nur angeht, dieser Hilfe entraten zu können. *Allein machen! allein laufen! allein bauen!* usw. ertönt es bei jeder Gelegenheit.

Der Ehrgeiz hängt aufs engste mit dem oben besprochenen Beachtungsbedürfnis zusammen. Ein Kind, das für sich allein ist, wird aus bloßer Freude am Können zwar auch zuweilen eine gewisse Leistungshöhe erstreben; aber der Ansporn hierzu ist doch beträchtlich stärker, wenn es weiß, daß es ein anteilnehmendes Publikum oder einen Konkurrenten hat. Unter Umständen ist das höhere Gefühl des Ehrgeizes stark genug, um sinnliche Unlustgefühle zu übertäuben.

Scupin 3;3. Der Knabe kletterte an einer Mauer, indem er auf einen in 70 cm Höhe hervorstehenden Stein stieg und heruntersprang. Dabei fiel er jedesmal auf die Hände, wobei er sich kleine Hautabschürfungen zuzog, biß sich auch einmal auf die Zunge, aber sofort kletterte er wieder hinauf und sprang wieder ab, 32 mal hintereinander. „Vor jedem Absprung aber stieß er einen lang gezogenen Quietschton aus, der unsere (der Eltern) Aufmerksamkeit erregen sollte. Wir saßen in einiger Entfernung auf der Wiese, und Bubi war so stolz auf seine Heldentat, daß er unbedingt ein zuschauendes Publikum haben mußte, dem er zutraute, daß es seinen Mut zu würdigen verstände; unser Lob spornte ihn immer mehr an; er achtete nicht der abgeschürften Hautstellen." (II, 27.)

Seltsame Blüten treibt dieser Ehrgeiz zuweilen dort, wo andere etwas vollbringen, was das Kind selbst tun könnte oder wollte. Dann mag nämlich das „Selber-Tun" dem Kinde so wichtig werden, daß es den vom anderen schon erreichten Erfolg rückgängig macht, bloß um die Handlung selbständig ausführen zu können.

Günther spielt 3;1½ am Strande. „Will er nicht nach Hause gehen und holt ihn nun das Mädchen mit Gewalt, so sträubt er sich schreiend und verlangt: *Allein laufen*; er windet sich vom Arm des Mädchens herunter und geht noch einmal zum Ausgangspunkt zurück, um nun ohne Zwangsgewalt allein zu handeln. Sag' ich ihm: „Bring den Eimer für die Eva", und ein anderer ist schneller oder bereitwilliger und bringt ihn, dann trägt er ihn tief beleidigt an Ort und Stelle zurück, um ihn selber herzubringen."

Scupin 3;6½. „Irgendwelche Arbeitsleistungen, die man ihm einmal überlassen hat, reklamiert er dann auch stets für alle folgenden Male . . . Wird einmal versehentlich dieses Reservatrecht nicht respektiert, so ist das Unglück groß und es ist schon vorgekommen, daß ihm Unterbeinkleider und Strümpfe wieder angezogen wurden, nur damit er zu seinem einmal eingeräumten Rechte komme und sich diese Kleidungsstücke eigenhändig ausziehen könne." (II, 56.)

4. Pose und Scham

Die Abhängigkeit des Persönlichkeitsgefühls von einem Publikum führt nun noch zu zwei weiteren Formen der Stellungnahme.

Unter Pose soll hier im weitesten Sinne diejenige Veränderung des Verhaltens verstanden werden, die durch die Rücksicht auf eine erwartete Resonanz bei anderen veranlaßt wird. Oft ruft das Bewußtsein von der Anwesenheit eines Zuschauers ganz automatisch Ausdrucksbewegungen oder sonstige Verhaltungsweisen hervor, die das zugrunde liegende Erlebnis an und für sich nicht in solcher Form oder Stärke erzeugen würde. Zwischen diesem ganz unwillkürlichen und unbewußten Wechsel des Benehmens und dem absichtlichen Heucheln liegt eine Stufenleiter von halb bewußten, halb naiven Übergangsformen. Es ist derselbe Zwischenzustand zwischen Sein und Schein, der ja auch beim Spiel des Kindes und beim erwachsenen Schauspieler bekannt ist. Das Kind mag in der Tat halb und halb glauben, anders zu fühlen, wenn zu dem bisherigen Erlebnis noch das Bewußtsein des Beachtetwerdens hinzukommt; es macht nicht nur den anderen, sondern auch sich selbst eine Fiktion vor.

Einige charakteristische Beispiele dieses Posierens finden sich bei Scupins Sohn.

2;4½. „Zürnen wir ihm, dann weint er oft still vor sich hin, ein Schniefen und Schluchzen ertönt aus seiner Ecke; fühlt er sich beobachtet, so zieht er sofort eine noch viel kläglichere Grimasse, ja, wir bemerkten schon mehrmals, daß er ganz vergnügt sich im Zimmer umsah, als er aber unsere Blicke fühlte, sofort wieder in Schluchzen verfiel.“ (I, S. 132.)

Sehr viel später findet sich noch eine ganz ähnliche Schmerzpose diesmal bei körperlichen Schmerzen. Bemerkenswert ist dabei, wie die mit dem Schmerz verbundene Beeinträchtigung geradezu in einen Lustgewinn verwandelt und zur Akzentuierung des eigenen Persönlichkeitswerts benutzt wird – ein anschauliches Beispiel für die Ambivalenz der Gefühle. Von den zwei bei Scupins genannten Beispielen geben wir das erste wieder:

5;7½. Eine kleine Freundin hatte ihn etwas wund gekratzt. „Bubi redete mehr als nötig von diesem Geschehnis, erzählte immer wieder, wie unartig Lottchen doch sei, wollte das Pflaster tagelang nicht abwaschen lassen, tat, als schmerze die Wunde außerordentlich, zuckte zusammen und jammerte, wenn jemand daran stieß. Er fühlte sich in seiner Rolle als Märtyrer sichtlich wohl und wollte sie so lange als möglich spielen.“ (II, 201.)

Ganz anderer Art ist die bei Kindern sehr häufig zu findende Pose des Mutes. In irgendeiner dem Kinde unbehaglichen oder beängstigenden Situation kann die Anwesenheit von Publikum bewirken, daß das Kind zwar nicht die Furcht selbst, aber doch ihren Ausdruck zu hemmen und den mehr oder minder echten Willen zum Mut wenigstens in Mimik und Haltung zu bekunden sucht.

Scupin 5;4. Gelegentlich eines Landaufenthaltes fühlte der Knabe beim Zusammensein mit Dorfkindern eine gewisse Scheu, die er aber nicht zeigen wollte. „Heute zog er sich stumm in einen Winkel zurück, als zwei Dorfkinder seines Alters ins Zimmer traten. Schließlich steckte er beide Hände in die Schürzentaschen und ging pfeifend auf und ab. Das sollte sehr mutig aussehen, war aber im Grunde nur der Ausdruck heftiger Verlegenheit. Bubi genierte sich sichtlich vor den barfüßigen Mädchen, suchte aber seine Befangenheit hinter möglichst gleichgültigem Auftreten zu verbergen.“ (II, S. 179.)

Die Scham bildet insofern einen Gegensatz zur Pose, als hier das Persönlichkeitsgefühl eine Abwendung vom Publikum vollzieht. In jedem Ich steckt, ebenso wie das Bedürfnis nach Hingabe und Resonanz, auch das entgegengesetzte, sich selbst anzugehören und gewisse Daseinsweisen für sich allein zu behalten, sie nicht den anderen Menschen preiszugeben.

Die Frage nach den natürlichen und inneren Bedingungen des Schamgefühls im Kinde ist in unseren Zeiten schwer zu beantworten, da ja zum mindesten bestimmte äußere Formen der Scham dem Kinde sehr frühe durch die Erziehung aufgedrängt werden. Der bald scherzhaft, bald ernsthaft gebrauchte Ausdruck: „schäm' dich“ ist in den Kinderstuben sehr häufig zu hören; und daß gewisse Verrichtungen nur in möglichster Abgeschlossenheit vollzogen werden dürfen, lernt das Kind ebenfalls zeitig. Selbst die naive Freude an dem gänzlich ungebundenen Gebrauch der Glieder im Zustande der Nacktheit wird viel zu frühe durch Wort und Maßnahme ungeschickter Erzieher getrübt.

Dennoch ist es bei genauerer Beobachtung möglich, auch die angeborene Komponente des Schamgefühls festzustellen, und da ergibt sich, wie es scheint, dreierlei: 1. Die Neigung zur Scham ist – auch abgesehen von den Einflüssen der Erziehung – individuell außerordentlich verschieden. 2. Die ersten Entwicklungsstadien der Scham haben beim normalen Kinde in keiner Weise – weder direkt noch indirekt – mit der Sexualsphäre etwas zu tun, wie die Psychoanalytiker um Freud behaupten, sondern beziehen sich auf völlig andere Gebiete. 3. Die Scham äußert sich in angeborenen natürlichen Ausdrucksbewegungen, welche die Abwendung von der Umgebung, das Sich-Zurückziehen in sich selbst, markieren.

Das früheste „Sich-schämen“ des Kindes zeigt sich gewöhnlich als Scheu vor fremden Gesichtern. Zuweilen kann es sich hier um einfache Furcht handeln, namentlich dort, wo das Kind fortstrebt aus der Nähe des Fremden und zu weinen beginnt. Hiervon aber unterscheidet sich deutlich ein wirklich „schämiges“ Verhalten. Das einjährige Kind, das auf dem Arm der Mutter einem Fremden genähert wird, wendet den Kopf ab und sucht sich an der Brust der Mutter zu verkriechen, um im nächsten Augenblick wieder verstohlen nach dem anderen hinüberzublicken; kaum aber scheint dieser den Blick zu bemerken, so wird das Köpfchen wieder abgewandt. Das Kind strebt also, den anderen zu sehen (Neugier), will sich ihm aber selbst so wenig wie möglich exponieren. Hier hat das Kind noch nichts, um dessentwillen es sich schämt. Bald aber tauchen spezifische Schammotive auf.

Das ist eine Scheu vor dem Zuschauer. Bei solchen seelischen und körperlichen Funktionen, die für das Kind noch eine gewisse Neuheitsqualität haben, deren Vollzug also noch nicht ganz ins unbewußt-Selbstverständliche abgesunken ist, wird die Bewußtheit dadurch gesteigert, das man sich von anderen beobachtet und kontrolliert fühlt. Gesteigerte Bewußtheit heißt hier aber Rückfall in größere Unsicherheit; die schon halb gewonnene Naivität des Tuns geht verloren; Bedenken und Überlegungen drängen sich zwischen Impuls und Ausführung, wirken entmechanisierend, erschwerend, verschlechternd – und unter Umständen unüberwindlich hemmend auf den Vollzug.

Günther 1;3½. Der Knabe lernt laufen. „Von den ersten Laufbemühungen bis zum wirklichen Alleinlaufen hat es ziemlich lange gedauert. Kürzlich nun begann er, wenn er sich unbemerkt glaubte, d. h., wenn sich niemand um ihn kümmerte, sich von Tischen oder Stühlen loszulassen und vorwärtszulaufen."

Um 2;2 gerät der Knabe öfter, wenn er ein neues, bisher noch nicht gebrauchtes Wort zum ersten Male anwendet, in eine Art von Verschämtheit. Versucht man dann, ihn zur Wiederholung zu veranlassen, so ist es erfolglos; man hat den Eindruck, er „geniere" sich.

Ganz nahe kommt diese Art der Scham dem eigentlichen „Lampenfieber" im folgenden Falle aus 3;1½: „G. spielte mit seiner Schwester, wie so oft, Theater. Sie stellten Hänsel und Gretel dar; H. sagte dem Bruder stets vor, was er zu sprechen habe. Während sie es sonst ganz für sich zu spielen pflegten, saßen heute die Eltern frühstückend im gleichen Zimmer. Plötzlich kam dem Knaben die Anwesenheit der Zuschauer zum Bewußtsein, und sofort streikte er, die Hände vor das Gesicht schlagend. Es ist dies die stets von ihm angewandte Schambewegung, die er von keinem gelernt hat. Seine Scham war hartnäckig; er ließ sich nicht bewegen, weiter zu spielen."

In allen diesen Fällen schämte sich also das Kind nicht wegen einer Schlechtigkeit, sondern im Gegenteil wegen irgendeines positiven Könnens. Nahe verwandt damit ist die Scham bei Lob.

Günther 4;10½. „Wenn er gelobt wird, müßte man eigentlich eine kinematographische Aufnahme machen; denn dann zeigt er eine unbeschreibliche Mischung von Stolz, Freude, Scheu, Verlegenheit und dem Wunsche, dies alles zu verbergen.

Aus dem Verlangen, seine Gefühle nicht sehen zu lassen, entstehen zuweilen die seltsamsten Grimassen."

Die andere Art der Scham ist hierzu recht gegensätzlich; sie entsteht im Anschluß an etwas, was das Persönlichkeitsgefühl herabsetzt. Hat das Kind irgend etwas begangen, so will es die Berührung mit der Mitwelt möglichst beseitigen oder doch vergessen machen, weil es sich selber im Urteil der anderen getadelt sieht und dadurch sein eigenes Unzulänglichkeitsbewußtsein noch gesteigert fühlt. Zuweilen führt dieses Motiv der moralischen Scham zu einer Art Vogel-Strauß-Politik.

Günther 3;3 ½. „G. war bei Tisch unartig; die Mutter sieht ihn streng an. Da kneift er fest die Augen zu und wendet sich ab. Mutter: „Warum kneifst du die Augen zu?" G.: *ĕ* (= weil ich) *dich nicht sehen will.* „Warum willst du mich nicht sehen?" *ĕ* (= weil) *du so schimpfst, ĕ dich nicht sehen will.* (Der Knabe pflegte auch das vorwurfsvolle Blicken ganz ohne Worte „schimpfen" zu nennen)."

Scupin 2;11. Der schon sauber gewöhnte Knabe hatte Rückfälle in die Unsauberkeit gezeigt, wofür er bestraft worden war. „Der Knabe schämte sich nun jedesmal außerordentlich seines Vergehens, senkte den Kopf tief auf die Brust, spielte verlegen mit den Fingern und wagte kaum, wieder den Blick zu erheben." (I, 193). – Auch 3;5 kam vereinzelt ähnliches vor; wie stark sich dann die Scham in seinem Verhalten ausdrückte, zeigt folgende Notiz: Wird er morgens deswegen gescholten, „so senkt er den Kopf tief herab und überläßt sich der ihn ankleidenden Mutter willenlos mit schlappen, schwer herabhängenden Gliedern; er liegt wie ein Sack auf ihrem Arm und gibt das Bild eines vollständig resignierten, apathischen Menschen. Nur ein verhaltenes, wehes Zucken um die Mundwinkel verrät, daß das Ehrgefühl des Kindes schmerzlich verletzt ist." (II, 43.)

Da von dieser Art der Scham der Weg zur Reue und zu Gewissensbissen nicht mehr weit ist, so hat ihr Auftreten für die moralische Entwicklung des Kindes zweifellose Bedeutung.

Aber nicht nur Vergehungen, sondern auch andere Minderungen des Persönlichkeitsbewußtseins, Gefühle der Schwäche oder der Weichheit, rufen Scham hervor. So schämte sich Scupins Sohn 5;1 seiner eigenen Rührung, die er bei Ermahnungen der Mutter empfand, oder der Enttäuschungstränen, die er nicht unterdrücken konnte, als er bei einem Besuch seine kleine Spielgefährtin nicht antraf. (II, 163.)

So ist denn die seelische Scham schon zu einer relativ hohen Ausbildung gelangt, ehe sich die Anzeichen einer spontanen körperlichen Scham einstellen. Bei gesunden Kindern – und bei gesunder Erziehung – scheint dies kaum vor Vollendung des fünften Jahres der Fall zu sein. Scupins berichten 5;1:

„Sieht der Knabe eine nackte Marmorfigur oder ein nacktes Englein auf einem Bilde, so findet er in dieser Nacktheit durchaus nichts Besonderes, sondern äußert höchstens die Befürchtung, der Engel könne sich erkälten. Nacktheit ist ihm etwas höchst Gleichgültiges, Belangloses. Bubi hat sich auch noch niemals seines entblößten Körpers geschämt; und die gleiche harmlose Unbefangenheit, mit der er am Seestrande nur mit Badehöschen bekleidet oder auch splitternackt umhersprang, hat er sich bis heutigen Tages erhalten. Er freut sich immer auf den Moment, wo er als „Nackefrosch" in die große Badewanne springen kann; und treten einmal zufällig Verwandte oder bekannte Personen ins Badezimmer, so kennt sein Übermut keine Grenzen, er springt wie toll im Wasser umher, patscht mit beiden Händchen seinen Leib, bespritzt die Zuschauer und zeigt ihnen stolz, daß er „schwimmen" kann. Es kommt ihm gar nicht in den Sinn, sich seiner Leibesnacktheit zu schämen. Jedoch hat er in bestimmten Fällen eine Scheu vor Entblößung und sucht sich bei gewissen Verrichtungen den Blicken der Umgebung zu entziehen. Hierbei handelt es sich aber nicht um ein angeborenes Schamgefühl, sondern um eine anerzogene Auffassung von der Unschicklichkeit der öffentlichen Entblößung in solchen Fällen." (II, 162/63.)

Von unsern Kindern zeigte Günther am frühesten spontane Schamregungen, die sich auf die körperliche Entblößung bezogen, aber auch erst im Laufe des sechsten Jahres. Er begann nämlich beim Ausgezogenwerden die Nähe des Fensters zu meiden, aus Furcht, daß man aus der gegenüberliegenden Wohnung hineinblicken könne.

Zum Schluß ein Beispiel für eine Gefühlskomplikation, in der Pose und Scham über das Posieren unmittelbar verknüpft waren. Das Beispiel stammt freilich aus der Rückerinnerung eines Erwachsenen, hat aber (wenn man von möglichen Ausschmückungen absieht) sicherlich einen echten Kern. Albert Schweitzer schreibt in seiner Selbstbiographie[1]:

„Weiter erinnere ich mich aus meiner frühsten Kindheit, wie ich mich zum erstenmal mit Bewußtsein und von mir aus geschämt habe." (Während der Vater am Bienenstock arbeitete, saß das Kind in der Nähe und wurde plötzlich von einer Biene gestochen.) „Auf mein Geschrei lief das ganze Haus zusammen, jedermann bedauerte mich ... Da ich durch mein Unglück so interessant geworden war, weinte ich mit Genugtuung, bis ich plötzlich merkte, daß ich Tränen vergoß, ohne mehr Schmerz zu verspüren. Mein Gewissen sagte mir, jetzt aufzuhören. Aber um weiter interessant zu sein, fuhr ich mit Jammern fort und nahm weitere Tröstungen entgegen, die ich nicht mehr brauchte. Dabei kam ich mir aber so schlecht vor, daß ich tagelang darüber unglücklich war. Wie oft hat mich dieses Erlebnis gewarnt, wenn ich als Erwachsener in Versuchung kam, mich mit dem, was mir widerfuhr, wichtig zu tun."

Kapitel XXXV

Furcht und Angst

Mit den Worten Furcht und Angst bezeichnen wir zwei nahe verwandte Gemütszustände – oder besser zwei verschiedene Seiten einer einheitlichen Gemütsverfassung. Bei „Furcht" wird in erster Reihe

[1] Zitiert nach Reinhardt, S. 334.

an das Objekt gedacht, das die Gemütserregung hervorruft, bei „Angst" an das Subjekt, das eine – primär gegebene – Stimmungslage sekundär an gewisse Sachverhalte heftet, zuweilen sogar „gegenstandslos" erlebt. Daher sagen wir: ich fürchte „etwas", aber: ich ängstige „mich".

1. Die Furcht[1]

Die Furcht bezieht sich auf objektive Sachverhalte: Dinge und Menschen, Vorgänge und Zustände, mit denen der Mensch eine nähere Beziehung zu vermeiden strebt. Der erwachsene Mensch beschränkt diese Furchtreaktionen im allgemeinen auf solche Objekte, von denen er glaubt, etwas „be"-fürchten zu müssen, d. h. von denen er eine künftige Unlust oder Beeinträchtigung erwartet. Dies Erwartungsbewußtsein ist durch Erfahrung erworben, sei es durch direkte (so wenn man den erneuten Besuch beim Zahnarzt fürchtet), sei es durch indirekte, wie durch Hörensagen, Lektüre usw. (so, wenn man sich vor einer Feuersbrunst oder der Cholera fürchtet). Daher möchte man zunächst glauben, daß das Bewußtsein der Bedrohlichkeit die notwendige Vorbedingung jedes Furchtgefühls sein müsse. Das kleine Kind zeigt uns aber, daß diese Voraussetzung irrig ist. Denn die Mehrheit seiner Furchtregungen stammt nicht aus direkten oder indirekten Erfahrungen, sondern aus anderen Quellen. Das zwei- und dreijährige Kind hat noch kaum Gelegenheit gehabt, Bedrohlichkeiten kennenzulernen und deshalb zu befürchten; dennoch ist diese Zeit nicht frei oder auch nur arm, vielmehr oft sogar besonders reich an Furchtregungen.

Zu deren Erklärung wird daher nichts anderes übrigbleiben, als eine angeborene Furchtanlage anzunehmen, die sich bei bestimmten Anlässen äußert, ohne daß irgendein Wissen von deren bedrohlichem Charakter bestände. Wir müssen also der Erfahrungsfurcht eine Instinktfurcht gegenüberstellen (deren jede noch in zwei Unterformen auftritt) und ihr gegenseitiges Verhältnis so ausdrücken: In den frühesten Phasen der Kindheit überwiegt die instinktive Furcht. Je älter das Kind wird, um so mehr wächst der Umkreis seiner Erfahrungen. Infolgedessen mehren sich einerseits die Fälle von Erfahrungsfurcht; andererseits nimmt die Instinktfurcht ab, da die bisher instinktiv gefürchteten Objekte durch die Erfahrung als harmlos erkannt werden.

---

[1] Die psychologisch bedeutendste Untersuchung ist diejenige von Karl Groos im „Seelenleben des Kindes", 5. Aufl. S. 268ff., „Die Furchtemotionen". Ferner sind zu nennen: Preyer, Kap. VII.; Sully, Kap. VI.; Major, Ch. IV.; Compayré, V. Kap.; Hirschlaff. – Weitere Literatur s. S. 445f.

1. Die eigentliche Erfahrungsfurcht ist ein beliebtes Paradebeispiel in psychologischen Lehrbüchern, um die Stiftung von Assoziationen zwischen Vorstellungen und Gefühlen zu erläutern. Ist irgendein Erlebnis einmal oder mehrmals von einem starken Unlustaffekt begleitet gewesen, so ist auch späterhin die Vorstellung des Objekts oder Vorgangs mit einer Erinnerung des Unlustgefühls verbunden. Wird nun das Ereignis vorgestellt als etwas Wiederzuerwartendes, so wird das damit assoziierte, erinnerte Gefühl auch als erwartetes Unlustgefühl in die Zukunft projiziert. Die Vorwegnahme künftiger Unlust bleibt nicht eine bloße Vorstellung, sondern hat schon eine gegenwärtige Gemütswirkung, eben das „Furchtgefühl". Die Volksweisheit hat diesen psychischen Vorgang in ein bekanntes Sprichwort zusammengedrängt, welches der Kindespsychologie entlehnt ist; „Gebranntes Kind scheut das Feuer". Die folgende Beobachtung illustriert dieses Sprichwort.

Scupin 1;5. „Trotz Warnung griff das Kind an die heiße Ofentür und verbrannte sich die Finger. Jammernd kam es zur Mutter gelaufen, die ihm erklärte, daß die Tür „heiß" sei, und auf die wunden Finger blies. Jetzt stellte Bubi sich scheu in einiger Entfernung vom Ofen und blies gegen das Feuer; schon nach wenigen Minuten ertönte jedoch ein zweiter Schmerzensschrei – er hatte doch noch einmal die Ofentür angefaßt, die zuerst gemachte Erfahrung war also noch nicht schmerzlich genug gewesen, um die Neugier und Experimentierungslust des Kindes zu überwinden. Seitdem aber geht es nur im Bogen am Ofen vorbei und sagt ängstlich: *heiß*." (I, S. 70.)

Bei einem noch viel jüngeren Kinde hat Watson (S. 278f.) untersucht, wie sich diese Erfahrungsfurcht entwickelt. Einem weiblichen Säugling wurde in der Zeit von 0;5 bis 0;7 oftmals eine brennende Kerze langsam genähert. Anfangs löste sie immer wieder Greifreflexe aus, obwohl das Kind jedesmal nach Hineinfassen in die Flamme die Hand zurückzog. Später hat das Kind zu Beginn jedes Versuchstages noch Greifbewegungen gemacht, aber dann weiterhin auf Grund der eben erlebten peinlichen Hitzeempfindung nochmaliges Zugreifen unterlassen oder im Ansatz unterdrückt. Es waren im ganzen etwa 150 Wiederholungen des Versuchs nötig gewesen, um nur dieses unvollkommene Funktionieren der erfahrungsmäßigen „Meide-Reaktion" (avoiding reaction) zu bewirken.

Die indirekte Erfahrungsfurcht ist die Suggestionsfurcht. Wie diese auf suggestivem Wege dem Kinde beigebracht wird und welches Unheil damit angerichtet werden kann, ist früher im Kapitel Suggestion erörtert worden (s. S. 417).

2. Die instinktive Furcht. Von ihren beiden möglichen Formen hatte man früher nur die erste beobachtet und, wie sich jetzt herausstellt, in ihrer Bedeutung erheblich überschätzt.

Es ist dies

a) Die spezielle Erbfurcht. Eine solche würde vorliegen, wenn ein inhaltlich bestimmter Gegenstand oder Vorgang Furcht erregt, weil zwar nicht das Individuum selbst, wohl aber seine Vorfahren die Bedrohlichkeit dieses Gegenstandes (Vorganges) kennen gelernt und nun die Scheu vor ihm ihren Nachkommen vererbt haben.

Die Annahme einer solchen speziellen, erblich überkommenen Furchtreaktion stützt sich vor allem auf Beobachtungen an Tieren. Es sollen neugeborene Tiere dem Erbfeinde ihrer Art (z. B. junge Tauben dem Habicht) eine angeborene Antipathie entgegenbringen, so daß sie bei dessen Annäherung mit allen Zeichen des Entsetzens flüchten – ohne doch die von ihm ausgehende Gefahr schon durch Erfahrung kennengelernt zu haben. Diese Annahmen sind allerdings, wie Groos und Bühler mitteilen[1], auf Grund neuerer Tierstudien wieder zweifelhaft geworden, so daß sich kindespsychologische Behauptungen keinesfalls hierauf berufen können.

Das Vorhandensein einer speziellen Erbfurcht beim Menschen ist von Preyer, von Darwin, vor allem aber von Stanley Hall behauptet worden. Dieser begnügt sich sogar nicht einmal damit, die erbliche Furchtanlage des Kindes auf seine unmittelbaren Vorfahren zurückzuführen, sondern er leitet sie, in Anwendung des biogenetischen Grundgesetzes, aus weit zurückliegenden Stufen der Ahnenreihe ab, aus den Zeiten des Naturzustandes, ja aus den tierischen Vorstadien der Menschwerdung. Die instinktiven Furchtregungen des Kindes sollen nichts anderes als Atavismen sein.

Stanley Hall erörtert z. B. ernsthaft die Möglichkeit, daß die Furcht vor dem Wasser ein Erbstück jener Urzeiten sei, da die Tierreihe aus dem Stadium der reinen Wasserwesen zu dem der Landwesen überging, die nun das früher vertraute Element meiden und scheuen mußten. Er vermutet ferner (wenn auch mit Vorbehalt), daß die weit verbreitete instinktive Furcht vor Tieren aller Art aus der Zeit stamme, da die Ahnen – als Urmenschen oder selbst noch als Tiere – auf steter Hut vor gewissen Tieren sein mußten, und da auch die jetzigen Haustiere noch in ungezähmtem Zustand das Leben bedrohten. Ähnlich sollen in der Furcht vor der Dunkelheit, vor dem Gewitter usw. Gemütszustände nachspuken, die vor einer langen Reihe von Generationen eine reale, zur Lebenserhaltung wertvolle Grundlage besessen haben.

Ehe man sich entschließt, ein derartiges Maß von Vererbung seelischer Eigenschaften zuzugeben, müssen erst alle anderen Möglichkeiten der Erklärung erschöpft sein und sehr starke positive Argumente vorliegen. Beides gilt aber hier nicht.

Von erblich überkommenen Eigenschaften, die aus so uralten Schichten der menschlichen oder gar vormenschlichen Erbmasse

---

[1] Groos, I, S. 293/94. Bühler, I, S. 50.

stammen, wäre zu erwarten, daß sie an jedem Kinde wirksam würden; eine derartige Allgemeingültigkeit ist indessen für keine der angeblichen Erbfürchte nachzuweisen. Wir belegen das Fehlen dieser Furchtformen durch Beispiele von unseren und anderen Kindern:

Furchtlosigkeit gegenüber der Dunkelheit.

Hilde 1;6. „Wenn abends, nachdem sie zu Bett gebracht ist, das Gaslicht mit dem üblichen Ausruf „1, 2, 3 butz" ausgedreht wird, so folgt meist ein Lachen über das „butz", höchstens ein kurzer Ton des Unmuts, weil sie mich das Zimmer verlassen hört. Kaum ist die Tür hinter der Mutter geschlossen, so ist und bleibt alles ruhig". – 1;7: „H. lief nachmittags mehrmals aus dem gaserhellten Schlafzimmer ins dunkle Eßzimmer, natürlich ganz furchtlos, war es doch ihr freier Wille." – 1;7: „Gestern blieb H. nach dem Zubettgebrachtwerden ausnahmsweise lange munter. Sie lag wohl schon 3/4 Stunden im Bett, als wir sie noch immer zwitschern und plappern hörten, und zwar in den vergnügtesten Tönen. Niemand war bei ihr im stockfinsteren Zimmer, und doch dies äußerste Behagen!"

Die Unbekümmertheit um das Dunkle blieb auch weiterhin bestehen und wiederholte sich bei den anderen Kindern. Eine kleine ganz vorübergehende Furchtanwandlung bei Eva erfolgte in einem viel späteren Alter und zeigte deutlich einen nicht-instinktiven Ursprung:

Eva 4;2½. „Etwas, was ich bei den anderen Kindern nie erlebte, bemerkte ich bei Eva. Sie hat eine unbestimmte Angst vor dem Dunkeln, besonders vor dem Alleinsein im Dunkeln und vor ungewohnten Geräuschen. Kürzlich war sie abends bei mir in der hellen Küche; auf dem Korridor brannte das Gas nicht, er wurde nur dürftig durch die Treppenflamme erhellt. Ich schickte sie nun mit einer Bestellung ins Kinderzimmer – sie weigerte sich furchtsam, es sei ja dunkel auf dem Korridor. Zudem hörte sie von der Treppe her laute Stimmen heimkehrender Kinder; obgleich sie die Kinder kannte, war ihr das Stimmengewirr augenscheinlich unbehaglich – sie äußerte, sie wolle nicht gehen, solange man die lauten Stimmen hörte. Ich verlangte nun in ernstem Ton Gehorsam, und sie überwand sich. – Ebenso wollte sie nie mehr allein ins Badezimmer gehen. Als mir das auffiel, verlangte ich es von ihr – bei Tage und abends – mit Erfolg. Ich machte mich ein bißchen lustig über sie: „Bist du denn ein Baby?" – sie glaubt längst aus dem Babystadium heraus zu sein – dann war die Kur beendet; sie ging stets allein, auch im Dunkeln. Die ersten Male ging ich mit ihr hinein, um ihr zu zeigen, daß gar nichts zum Fürchten vorhanden sei, und verließ sie dann."

Diese Furchtanwandlungen hatten zweifellos in erworbenen Vorstellungen vor unbestimmten Bedrohungen oder Unannehmlichkeiten ihren Grund; darum traten sie auch erst in einem Alter auf, in dem das Kind über einen größeren Vorstellungsreichtum verfügte und sich Möglichkeiten von Gefahren usw. einigermaßen ausmalen konnte. Hier darf man also nicht mehr von einem erblich überkommenen Furchtreflex sprechen.

Furchtlosigkeit Tieren gegenüber.

Scupins Sohn ist im zweiten Lebensjahr oft in den zoologischen Garten geführt worden und zeigte auch bald sehr reges Interesse für die Tiere, dagegen zunächst keine Furcht. Auch der Elefant weckte 1;2 lediglich seine Neugier. Nur als der Wärter dem Tier eine Trompete zum Blasen gab, erschrak Bubi vor dem ungewohnten Ton. (I, 59.) – 1;5 zeigte er Furcht vor den Kamelen und Ziegen, die ihm wohl zu nahe kamen, dagegen nicht vor Löwen und Bären (I, 71). – 1;10 wurde er auch nur durch plötzliche Annäherung eines Kamels und eines kreischenden Kondors erschreckt, nicht aber durch den Anblick der Tiere als solcher. Auch bei späteren Besuchen des zoologischen Gartens war keine Tierangst zu bemerken; nur die Scheu vor dem Kamel, die wohl durch den Zufall jener einmaligen plötzlichen Annäherung entstanden ist, blieb einige Zeit bestehen.

Hilde machte 2;1 ihren ersten Besuch im zoologischen Garten. Sie freute sich über die Sprünge der Äffchen, das Känguruh fesselte sie, den Elefanten benannte sie richtig; aber das erwartete große Staunen blieb aus, und auch von Furcht zeigte sie bei keinem der Tiere eine Spur. – Beim zweiten Besuch 3;2 verhielt sie sich etwas anders. Die Löwen, Tiger, Bären, Affen betrachtete sie ohne jedes Unbehagen; dagegen war ihr der Aufenthalt im Vogelhaus beängstigend, so daß sie nach Hause verlangte; und beim Anblick des Nilpferdes, welches das ungeheure Maul öffnete, bekam sie einen heftigen Schreck.

Wieder sieht man, daß es nicht der Anblick der Tiere an und für sich war, der instinktive Furcht erweckte, sondern bestimmte unheimliche Einzelvorgänge, die mit ihnen verbunden sind. Die Papageien, welche sich im Freien befanden, machten ihr Freude; dieselben Tiere setzten sie in Furcht, als ihr Kreischen im engen Vogelhaus fast betäubend auf sie einstürmte. Und das geöffnete Riesenmaul des Nilpferdes erfüllt auch noch Erwachsene mit Schauder, obgleich dieses Maul, welches nur Pflanzennahrung aufnimmt, der ganzen Ahnenreihe des Menschen niemals Gefahr gebracht hat![1]

Furchtlosigkeit bei Gewitter:

Die folgende Notiz, die geschrieben wurde, als Günther 4;11 war, hat für alle Altersstufen unserer drei Kinder Gültigkeit: „Bei mehreren Gewittern haben unsere

[1] Watson schildert experimentelle Prüfungen, die er an einem Säugling (0;5 bis 0;6) vornahm, um die etwaige Existenz ererbter Furchtreaktionen auf Tiere festzustellen. Verschiedene Tiere (Hund, Katze, Kaninchen, Ratte, Taube) wurden in die Nähe des Kindes gebracht; das Kind zeigte Greif- und Hinwendungsreaktionen, zuweilen auch keine Reaktion, aber nicht Abwehr- und Furchtreaktionen. Selbst wenn die festgehaltene Taube wild flatterte und den Kopf des Kindes berührte, oder wenn der Hund bellend an das alleingelassene Kind herankam, blieben die Furchtbekundungen aus. Ebenso wenig zeigten sie sich im zoologischen Garten, selbst wenn manche Tiere mit dem Kopf in unmittelbare Nähe des Kindes kamen. – Auch Feuerangst fehlte völlig; als ein Zeitungsblatt dicht vor dem Kinde angezündet wurde, betrachtete das Kind das Schauspiel bis zum Erlöschen mit Interesse – ohne Greif- aber auch ohne Abwendungsreaktion.

Kinder keine Spur von Ängstlichkeit gezeigt; im Gegenteil, sie bewunderten mit uns gemeinsam die Erleuchtung, das Sturmesbrausen, das Rauschen der Bäume. Bei ihnen liegt also sicher kein Grund vor, eine angeborene Gewitterfurcht anzunehmen. G. steht dem Gewitter lediglich als Naturfreund gegenüber."

Scupin 1;2. „Der Knabe erlebte das erste heftige Gewitter und fürchtete sich nicht im mindesten, trotzdem er allein im Zimmer war. Wenn es donnerte, machte er *hubu!* Es machte den Eindruck, als glaube er, der Spektakel würde eigens ihm zuliebe gemacht." (I, 59.) – 3;0: „Ein Gewitter erregte heute den Knaben sehr, er rannte von einem Fenster zum anderen, übersprudelte von erregten Fragen und wartete kaum unsere Antworten ab. Beim Blitz fragt er: *Wo is denn das Geplitze hergekommen?* Vom Donner sagte er: *Und wenn der Donner kommt, da kommt er so über Mamas Kopp, und da macht er bumbum, und da hat die Mama sich geslagen.* Diese Aufgeregtheit war also durch den Reiz der Neuheit hervorgerufen und hatte mit Gewitterangst nichts zu tun." (II, 3.)

Wenn die erwähnten Kinder von der Erbfurcht vor Dunkelheit, wilden Tieren und Gewitter frei waren, so ist zum mindesten die Allgemeingültigkeit jener instinktiven Furchtarten widerlegt. Wir haben aber noch mehr gewonnen. Denn für die vorübergehenden Furchtanwandlungen, die sich doch einstellen, ließen sich Erklärungen finden, die nichts mit einer speziellen Erbfurcht zu tun haben; und wir dürfen vermuten, daß dieselben Erklärungen auch ausreichen werden für diejenigen Fälle, in denen Kindern sehr intensive Furchtreaktionen auf Dunkelheit usw. zeigen. Teilweise handelt es sich um die wohlbekannte Erfahrungs- und Suggestionsfurcht, zum anderen Teil aber um eine Furchtform, die ebenfalls instinktiven Charakter hat, sich jedoch nicht auf einen bestimmten festgelegten Inhalt, sondern auf ein formales Verhältnis der Reize bezieht.

b) Die Furcht vor dem Unheimlichen. Die besondere Bedeutung dieser Furchtform gerade in der frühen Kindheit ist den älteren Kindespsychologen noch entgangen; sie ist neuerdings von Groos und von uns festgestellt worden[1].

[1] Von Groos 1911 in der 3. Auflage seines „Seelenleben des Kindes". Von uns bereits 1903 in den Aufzeichnungen über Hilde. Da diese noch ungedruckt sind, so sei es gestattet, hier einige Stellen im Wortlaut zu geben, um zu zeigen, wie der gleiche Gedankengang völlig selbständig an zwei verschiedenen Stellen entstehen konnte. 23. 6. 03 notierte meine Frau: „Schwieriger zu erklären und zu ergründen sind Fürchte vor Dingen, deren rein sinnliche Qualität nicht furchterregend ist, deren eventuelle Gefährlichkeit aber ebenfalls noch nicht bekannt sein kann." (Folgen Beispiele.) „Vielleicht läßt sich dies mit anderen beobachteten Ängsten zusammenfassen als Furcht vor dem Rätselhaften, Unheimlichen. Während H. also dem gänzlich Fremden indifferent oder harmlos neugierig, jedenfalls aber furchtlos gegenübersteht (z. B. dem Feuer, scharfen Instrumenten, wie Messer, Schere, fremden Tieren, wie Bär, Löwe), ängstigt sie hier gerade die ungewöhnliche Verbindung oder Situa-

„Die Scheu vor dem Ungewohnten scheint ursprünglicher zu sein als die Scheu vor dem als gefährlich Bekannten" (Groos, 5. Aufl., S. 284). Tritt dem Kinde etwas entgegen, das gar nicht in die ihm vertraute Verlaufsform seines Vorstellens paßt, so ist dreierlei möglich. Entweder ist der Eindruck so fernliegend, daß er einfach als Fremdkörper abgestoßen wird; das Bewußtsein nimmt keine Notiz von ihm. Oder die Unterbrechung des gewohnten Vorstellungsverlaufs ist lebhaft genug, um die Aufmerksamkeit auf sich zu lenken, aber nicht so heftig, daß sie als eine Störung empfunden würde: es ist das Staunen, die Wißbegier, der Anfang alles Denkens, Urteilens, Forschens. Oder endlich das Neue bricht mit Plötzlichkeit und heftiger Intensität in das Altgewohnte hinein, wirft vertraute Einstellungen unerwartet über den Haufen, ohne daß sofort eine angemessene Neueinstellung möglich wäre; dann erfolgt ein Chok mit starker Unlustbetonung: die Furcht vor dem Unheimlichen.

Groos hat nun feinsinnig darauf hingewiesen, daß auch diese Furcht vor dem Unheimlichen eine ausgesprochen *instinktive* Grundlage habe; sie entspricht einer biologischen Notwendigkeit, deren Funktionsweise sich erblich von Individuum auf Individuum überträgt. Gerade weil das Neue die Wißbegier und das Streben des Menschen in so hohem Grade anzieht, besteht zunächst die Tendenz, daß er sich allem Neuen ohne Prüfung und ohne Vorsicht hingebe. Darum braucht er als Selbstschutz eine Gegentendenz, eine negative Stellungnahme zum Neuen, die ebenso treffsicher angeboren ist, wie die positive Stellungnahme der Wißbegier und der Neugier. Diese *Schutzaufgabe* hat die Furcht vor dem Ungewohnten zu leisten.

Es wird nun weiter verständlich, daß das Neue gerade dann unheimlich und nicht anziehend wirkt, wenn es unter gewissen *formalen* Bedingungen steht; wir nannten oben schon als solche: Plötzlichkeit des Eintretens und starke Intensität des neuen Eindrucks. Weiter kommt in Betracht ein unerwartet enger Anschluß des *Neuen* an *alt*vertraute Vorstellungsmomente, weil hier die Unterbrechung am stärksten empfunden wird. Ähnliche Erfolge hat das *isolierte* Auftreten von Eindrücken, die sich sonst stets nur als Glieder von Gesamtgestalten darbieten, jetzt aber in keine solche einzufügen sind. Endlich kann irgendein fremdartiges Objekt, das zunächst noch

---

tion, in der sie ihr vertraute Personen oder Objekte sieht. Der natürliche assoziative Fortgang erhält einen Chok, und die Angst ist geboren. Hingegen können wir von einer unempirischen Furcht im Sinne der Vererbung früher gemachter Erfahrungen nichts bemerken." – Hiermit vergleiche man die im Text gebrachten Gedankengänge von Groos.

keine Furcht erregt, sofort diese Wirkung haben, wenn es in schneller Annäherung auf das Kind hin begriffen ist; denn hierdurch bricht es aus der Sphäre des bloßen Betrachtetwerdens in die praktische Lebenssphäre des Individuums ein; es scheint irgendeine Stellungnahme zu fordern, zu der das Kind im Augenblick sich nicht entscheiden kann, und so erfolgt der Chok.

Es seien nun eine Reihe typischer Fälle mitgeteilt.

Beispiele für die Schreckwirkung der Nähe oder Annäherung[1]:

Günther 1;5½. „Ein neuer Regenschirm wurde im Zimmer dicht bei ihm plötzlich aufgespannt. Da lief der Knabe angstvoll schreiend von uns fort und stellte sich so ans Fenster, daß er uns und dem Schirm den Rücken kehrte. Einige Zeit später bei Wiederholung dieselbe Wirkung.

Günther 1;8. „Der Knabe, der vergnügt in der Kinderbadewanne saß, fing furchtbar an zu schreien, als Hilde zu ihm gesetzt wurde, und war durch nichts zu beruhigen. Die sonst so geliebte Schwester wurde ihm plötzlich durch ihre Nacktheit und vor allem durch die ungewohnte unentrinnbare Nähe zu einem Furchtobjekt.

Beispiele für die Furchtwirkung isolierter Sinneseindrücke, die sich bekannten Vorstellungszusammenhängen nicht einfügen lassen:

Scupin 2;8⅓. „Von der Hand des Knaben sollte ein Gipsabdruck gemacht werden, aber der weiche Gipsbrei erregte ein solches Entsetzen, daß das Kind sich, die Hände auf den Rücken haltend, in die äußerste Ecke flüchtete. (I, S. 157.)

Eva 4;2½. „In dem Stockwerk über uns wurde renoviert, und man hörte mehrere Tage lang häufig hämmern und klopfen. Diese geheimnisvollen Geräusche, denen gar nichts Sichtbares entsprach, beängstigten Eva so, daß sie bei Tage nicht ins Bett gehen wollte. Aber da ich ruhig darauf beharrte, daß sie ins Bett gegen müsse, und ihr die harmlose Ursache der Klopftöne erklärte, überwand sie ihre Furcht."

Es liegt sehr nahe, auch die Furcht vor langgezogenen Tönen, die wir schon im ersten Lebensjahr beobachteten (s. S. 102), wenigstens zum Teil aus dieser Isoliertheit des Eindrucks abzuleiten. Während sonst der gehörte Einzelton seinen Platz in einer Melodie, einem Sprachzusammenhang, einer technischen Tätigkeit hat, steht der langgezogene Ton einsam und fremd abseits von allen vertrauten Ein-

[1] Auf die furchterregende Bedeutung der Nähe hat vor allem Groos hingewiesen; aber wieder besteht hier die Duplizität der Gedankengänge. In den Aufzeichnungen meiner Frau vom 31. 8. 06 ist erwähnt, daß Eva 1;8 vor Hühnern und Kaninchen Angst habe, wenn sie ihr nahe sind. Dann heißt es: „Von weitem streut sie den Hühnern Futter, von nahem sind sie ihr furchterregend. Ich konnte mir diese „vererbte" Furcht so erklären: Durch viele Generationen ist nicht eine bestimmte Furcht vor diesem und jenem gefahrbringenden Tier aufgespeichert worden – das Menschengedächtnis arbeitet großzügiger, genereller: es hat die relative Furcht vererbt. Je näher Mensch und Tier sich kommen, um so wahrscheinlicher ist der Konflikt."

drucksgestalten. So erschrak Eva 3;8 heftig beim Hören des Nebelhorns eines Dampfers. Allerdings kommt hier wohl noch eine rein sinnliche Unlustwirkung hinzu.

Aber auch Objekte, die als Bestandteile eines größeren Strukturzusammenhangs wohl bekannt sind, können, wenn sie aus diesem herausgelöst auftreten, durch ihre ungewohnte Isolierung erschrecken.

Hilde 2;7. „Das Kind wich ängstlich vor seinem Spielschub mit den Worten *Scheck gekommt* (Schreck bekommen) zurück. Was war der Grund? Ein Paar durch einen Steg zusammengehaltene Puppenaugen, die aus einer zerbrochenen Puppe herausgefallen waren. Ich nahm die Augen aus dem Schub, guckte sie mir vor Hilde ganz genau an und sprach auch zu ihnen, um H.'s Angst zu beseitigen. H. aber wollte sie nicht anfassen und warf sie mir aus der Hand auf die Erde. Ich befahl ihr, sie aufzuheben, und drohte bei Weigerung mit Entziehung ihres Puppenwagens. Zögernd und ängstlich, aber gehorsam näherte sie sich den Augen, wich wieder vor ihnen zurück, immer ihr *Scheck gekommt* wiederholend, ging nochmals auf sie los, hin und her, bis sie endlich Mut faßte und zugriff. Da war der Bann gebrochen. Wie sie selber die Augen in der Hand hatte und sah, daß sie ganz harmlos waren, wich die Angst vollkommen, sie brachte sie mir, lachte, bat sie sich wieder aus und nannte sie *gute Guckelis*."

Ein sonst vertrautes Objekt wirkt durch irgendeine nicht zu ihm passende Besonderheit furchterregend.

Hierher gehört in erster Linie die häufig vorkommende Furcht vor mechanisch bewegten Spielzeugen. Das Kind lernt sehr frühe den Unterschied zwischen lebendigen Körpern, die sich selbst bewegen, und unbelebten Gegenständen verstehen; seine gewöhnlichen Spielsachen gehören zur zweiten Gruppe, sie sind passiv den Hantierungen des Kindes hingegeben und bewegen sich nur, wenn das Kind ihren Ort verändert. Und nun fängt plötzlich ein solches Spielzeug ganz allein an zu laufen, zu rattern, zu tönen, sich zu drehen – etwas Unheimlicheres kann es für das Kind nicht geben.

„Günther erhielt 1;10 einen kleinen Metallhund, der aufgezogen munter umherlief. Der Knabe begann fürchterlich zu schreien und flüchtete vor dem Tier; dagegen nahm er es gern in die Hand, wenn es in Ruhe war. In noch viel größere Erregung und Furcht versetzte ihn ein aufziehbarer, choralspielender Kreisel. Er wußte gar nicht, wie er sich vor dem Angstobjekt retten sollte, und weinte selbst auf meinem Arm bitterlich."

Für Scupins Knaben war 2;10 eine Kuckucksuhr, obgleich ihn ihre Spielmechanik fesselte und entzückte, doch zugleich der Gegenstand der Angst; er wagte es nicht, allein im Zimmer zu bleiben, wenn sie zu spielen begann. (I, 186.)

Es gibt jedoch noch andersartige Beispiele dafür, daß die Vereinigung von nicht zusammengehörigen Elementen zu einem ungewohnten Gesamtgebilde starke Furcht hervorruft.

Hilde 3;3. „Die Eltern machten sich den Scherz, einen Elefanten darzustellen, indem sie eine große Decke über sich warfen, schweren Trittes hereintraten und einen Arm als Rüssel hin und her bewegten. Obgleich dem Kinde vorher gesagt worden war, die Eltern würden einen Elefanten machen, brach es bei dem Anblick in angtserfülltes Weinen aus, so daß die Eltern sich gleich zeigten. H. beruhigte sich, als man ihr die Verkleidung erklärte, halb und halb, fragte aber später noch mehrmals: *Aber keinen Elefanten mehr machen, nein?* Vor dem wirklichen Elefanten hat sie bekanntlich niemals Furcht gezeigt; es ist also nur das Unheimliche als solches, das sie erschreckt hatte."

Die Furcht vor dem Unheimlichen wird uns später noch einmal begegnen, wenn wir die Furcht für andere zu besprechen haben (Kap. XXXVI, 4).

2. Die Angst

Wenden wir nun den Blick von den furchterregenden Objekten zu den furchterlebenden Menschen, so stellen sich einige weitere bemerkenswerte Gesichtspunkte ein. Bei ihrer Besprechung werden wir Anregungen der Psychoanalyse verwerten und abwandeln.

Wie schon früher erwähnt, sprechen wir von „Angst" (im Unterschied von „Furcht") dann, wenn wir die allgemeine Stimmungslage einer geminderten Selbstsicherheit ausdrücken wollen. Eine Stimmung braucht nicht eindeutig an einen bestimmten furchterregenden Gegenstand gebunden zu sein, ja kann unter Umständen ganz objektlos auftreten. Gerade beim kleinen Kind ist dieser Gemütszustand stark ausgebildet, was sich aus seinem selten ganz zu unterdrückenden Schwäche- und Minderwertigkeitsgefühl ohne weiteres verstehen läßt. In dieser Periode wächst sich sogar leicht die Stimmung zu einer chronischen Disposition, der „Ängstlichkeit" aus, welche als eine spezifisch infantile Eigenschaft betrachtet wird.

Aber mit der einfachen und direkten Beziehung zum allgemeinen Minderwertigkeitsgefühl ist nicht alles erklärt; es kommen vielmehr dem Angstaffekt gewisse Zwiespältigkeiten (Ambivalenzen) zu, die das Bild sehr verwirren. Wir wiesen schon auf das Bestreben hin, gegen die ängstliche Schwäche innerlich zu protestieren, und die Mutpose (S. 440) begegnete uns als die nächstliegende Form des „männlichen Protestes". Aber es gelingt nicht immer, auf diesem einfachen Wege die Angst los zu werden; so tritt eine andere Ambivalenz ein: die Angst selbst wird in den Dienst des Geltungsbewußtseins gestellt, indem die Gefahren phantastisch übersteigert werden; gerade in der Bedrohtheit durch Geister, Gespenster, unheimliche Tiere usw. fühlt das Kind sein Phantasie-Ich selbst mit besonderen Wichtigkeitsakzenten behaftet; und wenn es sich nun vor solchen respektablen

Gefahren weinend zur Mutter flüchtet, braucht es sich in seiner Hilfsbedürftigkeit nicht mehr so jämmerlich klein vorzukommen. Es ist sehr wahrscheinlich, daß derartige Zusammenhänge bei Angstaffekten häufig mitspielen[1].

Wexberg macht noch auf eine weitere Beziehung der Angst zum Geltungsbewußtsein aufmerksam: durch seine Ängstlichkeit wirft sich das Kind zum Tyrannen seiner Umgebung auf. Genügt doch ein Angstanfall, um das bisher unbeachtete Kind plötzlich zum Zielpunkt der Betreuung zu machen; und wenn ein Kind nachts mit Angstaffekten aufwacht und durch sein schreckhaftes Weinen die Mutter weckt und an sein Bettchen zwingt, dann mag in das Geborgenheitsgefühl auch ein wenig von dem Machtkitzel mit hineinklingen, nun die Mutter zu seiner Verfügung zu haben. Zu größerer Stärke wird diese Komponente leicht bei Kindern mit nervöser Ängstlichkeit anschwellen, die es allmählich lernen, ihre Erregungszustände zur Dienstbarmachung der anderen auszunutzen, und es dadurch in der Hand haben, sich je nach Wunsch zum Mittelpunkt der Szene zu machen[2]. Hier wird geradezu ein positiver Lustgewinn aus dem Angstzustand gezogen.

Auch noch von anderen Seiten her kommen wir zu dem scheinbar paradoxen Begriff der Angstlust. Daß die Angst nicht immer eindeutig unlustbetont sein muß, weiß man aus dem „Gruseln", aus dem Mischgefühl, mit dem man Schauergeschichten hört, unheimliche Örtlichkeiten betritt usw. Manche Menschen suchen geradezu Situationen, in denen sie Angstlust empfinden können: das Klettern auf schwindelerregende Stellen, Gehen auf dünnen Stellen des Eises, Spielen mit dem Feuer usw. Auch bei kleinen Kindern finden sich solche Verhaltungsweisen, die mit den Bezeichnungen Unvorsichtigkeit oder Tollkühnheit psychologisch nicht genügend charakterisiert sind.

Eine sehr anschauliche Schilderung der Angstlust eines Kindes und des Verlangens nach ihrer Wiederholung gibt Rosegger in einer Skizze „Ums Vaterwort", die ich nach von Hattingberg (II, S. 252) zitiere.

R. erzählt, daß in seinen Kinderjahren der Vater sich mit ihm nur abgegeben habe, wenn er schlimm gewesen sei. „Es war ein eigenartiges Zittern in mir, ein Reiz- und Lustgefühl, wenn das Donnerwetter so recht auf mich niederging. Es kamen mir die Tränen in die Augen, sie rieselten mir über die Wangen, aber ich stand wie ein Bäumlein und schaute den Vater an und hatte ein unerklärliches Wohl-

[1] Wexberg, der zunächst auf sie hinwies, scheint mir freilich zu weit zu gehen, wenn er (S. 270) den Satz als allgemeingültigen ausspricht: „Die phantastische Angst ist das notwendige Korrelat zu dem phantastischen Größenwahn des Kindes".

[2] Von solchen nervös ängstlichen Kindern geht auch die Analyse Wexbergs aus.

gefühl, das in dem Maße wuchs, je länger mein Vater vor mir wetterte". Waren dann wieder ein paar Wochen vergangen, ohne daß er etwas heraufbeschworen hatte, weshalb der Vater wieder still an ihm vorüberschritt, dann „begann in mir allmählich wieder der Drang zu erwachen und zu reifen, etwas anzustellen, was den Vater in die Wut bringe. Das geschah nicht, um ihn zu ärgern, denn ich hatte ihn überaus lieb; es geschah gewiß nicht aus Bosheit, sondern aus einem andern Grunde, dessen ich mir damals nicht bewußt war".

Worauf beruht diese Lustbedingtheit des an sich Unlustvollen? Die schon erwähnten Lustquellen des Machtkitzels (des Wagemuts usw.) spielen wohl mit, genügen aber nicht allein, weil es sich nicht um ein nur geistiges, sondern um ein mehr sinnliches Lustgefühl handelt. Wir müssen auf die körperlichen Begleiterscheinungen der Angst zurückgehen, die ja mannigfaltig genug sind. Am auffälligsten sind die Änderungen der Blutzirkulation, die sich in verstärktem und beschleunigtem Puls, Herzklopfen usw. bekunden; daß solche Erregungszustände bei nicht zu starker Intensität lustvoll empfunden werden können, ist leicht möglich. Auch die – gerade von Kindern in Angstzuständen fast stets gesuchte – Anschmiegung an einen anderen Menschen, das sanfte Gestreichelt- und Geliebkostwerden bringt eine starke Lustkomponente in das Gesamterlebnis hinein. Zu alledem aber glaubt die Psychoanalyse wollustartige Gefühle zu bemerken, und von Hattingberg schiebt die Angstlust ganz auf sie. Diese Lustgefühle sollen vornehmlich an die Analzone, aber auch an die Genitalzone geknüpft sein. Bald ist es die gewaltsame Zurückhaltung der Entleerung, bald die Entleerung selbst (z. B. bei nächtlichem Bettnässen), die den gemischten Erregungszustand der Angst und der Wollust hervorrufen soll. – Nun steht wohl fest, daß in späteren Kinderjahren Angstaffekte zuweilen von verfrühten sexuellen Erregungen begleitet sind; zu einer entsprechenden Annahme beim kleinen Kind scheinen mir die vorliegenden Materialien nicht auszureichen.

Schließlich noch ein Wort über die ausstrahlende Bedeutung der Angst. Angstquelle und Angstgegenstand brauchen durchaus nicht immer identisch zu sein. Die Angstquelle kann in bestimmten körperlichen Zuständen (z. B. Herzbeschwerden, Verdauungsstörungen) bestehen; sie kann auch aus seelischen Tiefen entspringen, ohne daß die hierzu gehörigen Vorstellungen im Bewußtsein verharren müßten (in höheren Altersstufen wirkt z. B. die Sorge um einen Angehörigen, Furcht vor einer Krankheit, Scheu vor einer verantwortlichen Handlung, vor einer bevorstehenden Lebenswendung in diesem Sinne). Ist nun aber aus einer solchen Quelle erst ein Angstzustand entsprungen, dann ergreift er den ganzen Menschen und strahlt über auf andere Regionen des Seelischen, die ursprünglich gar nichts damit zu tun haben mochten. Und schließlich klammert sich das diffuse Gefühl an irgendeinen konkreten Vorstellungsinhalt, der nun zum Angstgegenstand wird. Hier fixiert sich die Angst; hier sucht sie ihrer Unbestimmtheit eine feste Gestalt zu geben, um sich vor sich selbst zu rechtfertigen. So entstehen jene zahlreichen, scheinbar sinnlosen oder geradezu widersinnigen Ängste, wie sie im normalen Leben eines jeden vorübergehend vorkommen (man denke an die Hundeangst vieler Kinder), unter Umständen aber pathologisch ausarten und als „Phobien“ das seelische Gleichgewicht erheblich stören können.

Die Psychoanalyse hat diese Anheftung eines Affektes an einen sekundären Gegenstand richtig durchschaut, den Vorgang aber, wie mir scheint, in zu enge Beziehungen zur „Verdrängung“ gebracht; sie setzt nämlich voraus, daß die sekundäre Angstvorstellung notwendig für eine andere zurückgedrängte Vorstellung eintritt, sie gleichsam symbolisch vertreten muß. Gerade beim kleinen Kinde ist es aber sehr wohl möglich, daß eine allgemeine, ursprünglich überhaupt gegenstandslose – nämlich aus dem Minderwertigkeitsgefühl oder physiologischen Zuständen entspringende – bloße Stimmungslage nun nach einem Objekt sucht; es braucht also nicht erst ein anderes Objekt „verdrängt“ zu sein, um nun auf den „Hund“ oder das „Pferd“ seine phobische Affektnote auszustrahlen. Ein Kind schrecke z. B. aus einem Angsttraum auf, ein Pferd habe es verfolgt. Dann ist es denkbar, daß die – an sich affektlose – Traumvorstellung eines Pferdes erst durch eine anderweitige vorstellungsfreie Angstquelle (etwa Verdauungsbeschwerden) ihre Angstbetontheit erhalten hat, wodurch nun auch der weitere Vorstellungsverlauf des Traumes schreckhafte Formen (Verfolgung) annimmt. Und wie im Traum, so kann auch im Wachleben eine Hundeangst die Konkretisierung eines unbestimmten Gemütszustandes der Ängstlichkeit sein. Ja selbst dort, wo ein Angstaffekt ursprünglich durch ein konkretes, gegenständliches Einzelerlebnis[1] ausgelöst worden war, später aber an einen ganz anderen Gegenstand geknüpft wird, braucht nicht eine „Verdrängung“ des ersten stattgefunden zu haben. Vielmehr kann der vorstellungsmäßige Inhalt jenes „Traumas“ abgeklungen und wirklich vergessen und erledigt sein, während die emotionelle Nachwirkung in Form einer allgemeinen Ängstlichkeit dauerhafter ist und sich dann bei irgendeiner Gelegenheit an einen neuen Gegenstand klammern kann. Es würde also dann der sekundäre

[1] Ein „Trauma“ nach psychoanalytischer Bezeichnung.

Angstgegenstand zum primären nicht in einem geheimen symbolischen Verhältnis stehen müssen[1].

Als Beispiel für die psychoanalytische Deutungsweise dieser Vorgänge sei der von Jung berichtete Fall eines vierjährigen Mädchens erwähnt[2]. Das Kind hatte eben die Geburt eines Brüderchens erlebt; mancherlei Fragen und Äußerungen verrieten direkt und indirekt, daß es sich viel mit dem Problem der Herkunft der Kinder beschäftigte. Jung nimmt nun an, daß die innerliche Unruhe, in welche das Kind durch die hierher gehörigen Fragen (auch in bezug auf sein eigenes späteres Kinderbekommen) versetzt war[3], noch weit größer war, als sich äußerlich verriet; denn es setzte gleichzeitig eine Phobie ein mit ganz anderem Inhalt, aber, wie er glaubt, in ursächlichem Zusammenhang mit jenen seelischen „Konflikten". Die Kleine hatte nämlich von dem eben geschehenen Erdbeben in Messina gehört und war von diesem Augenblick an auf längere Zeit von einer nervösen Erdbebenangst heimgesucht. Diese war namentlich abends und nachts heftig; die Mutter mußte immer an ihrem Bett sitzen und sie beruhigen. Am Tage suchte sie ihre Angst abzureagieren durch eine nervöse Wißbegier, vieles über Erdbeben zu hören und Bilder davon zu sehen.

Jung nimmt nun nicht an, daß das Erlebnis „Erdbeben" an sich die eigentliche Angstquelle bildete (obgleich ein regsames Kind durch den starken Eindruck, den die Katastrophe auf seine Umgebung ausübte, sehr wohl beeinflußt sein konnte); sondern er sieht in der Angst einen Kompensationsvorgang. Das Kind empfinde – so meint er – die ihm bisher vorenthaltene Aufklärung über die Frage der Kinderherkunft als eine Feindseligkeit und Heimlichkeit und bringe seinen Widerstand dagegen in die Form, daß es nun auf anderem Gebiet die Liebe der Eltern erzwingen wolle (nämlich durch die nächtlichen Angstzustände). Zugleich sei die ängstliche Erdbebenwißbegier eine „konvertierte Libido", d. h. eine Umwandlung jener sexuell betonten Herkunftswißbegier.

Die Erdbebenfurcht klang nach einiger Zeit ab. Aber auch dies wird von Jung nicht einfach mit der natürlichen Überwindung des Affekts durch die gesunde Natur des Kindes erklärt, sondern wieder mit dem anderen Vorstellungskomplex in Verbindung gebracht. Das Aufhören der Phobie wurde nämlich in denselben Tagen bemerkt, in welchen dem Kinde auf seine wiederholten Herkunftsfragen die Aufklärung gegeben worden war, daß das Brüderchen in der Mutter gewachsen und aus ihr gekommen sei. Die sexuelle Wißbegier, so deutet Jung, war befriedigt und bedurfte nun nicht mehr der symbolischen Deckform der Erdbebenangst. Mir scheint eine andere Erklärung für das Zusammenfallen beider Momente näher zu liegen: das Kind hatte in der Geburtsaufklärung nun einen neuen Interessenstoff gewonnen, der es (wie Jung berichtet) eifrigst beschäftigte; kein Wunder, daß nun das ältere (Erdbeben-)Interesse, das ohnehin nicht mehr mit der ursprünglichen Wucht der Neuheit wirkte, in den Hintergrund trat[4]

---

[1] Freud, Bernfeld u. a. gehen sogar soweit, alle Angstzustände des Menschen aus dem Ur-Trauma der Geburt und aus der dabei erlebten Ur-Angst abzuleiten. Vgl. insbes. Bernfeld, S. 187ff.

[2] Über Konflikte der kindlichen Seele, S. 6.

[3] Vgl. S. 352 dieses Buches.

[4] Die berühmt gewordene Phobie-Psychoanalyse, die Freud (V) an einem fünfjährigen Knaben angestellt hat, würde eine so ausführliche Besprechung verlangen, daß dadurch der Raum dieses Buches gesprengt würde. Ich muß daher auf meine eingehende kritische Auseinandersetzung verweisen, die ich an anderer Stelle (V) gegeben habe. (Vgl. auch S. 260 des vorliegenden Buches.)

Kapitel XXXVI

Das Kind und der Andere

1. Allgemeines

Die bisherigen Kapitel haben die Strebungen des Kindes in einer weitgehenden – wenn auch aus methodischen Gründen zunächst notwendigen – Abstraktion dargestellt. Sie haben nämlich nur von jenen Regungen und Begehrungen gehandelt, in denen das Kind sich auf sein eigenes Selbst richtet, welches bejaht, genossen, behauptet gesichert werden soll. Dabei wurde also vorausgesetzt, daß es so etwas wie ein isoliertes, auf sich selbst bezogenes Dasein eines Individuums überhaupt gebe; und bekanntlich ist diese Voraussetzung von vielen dahin vergröbert worden, daß die Ichbeziehung die einzige elementare sei, und daß alle anderen Strebungen im Grunde egoistischer Natur oder zum mindesten egoistischer Herkunft seien. Eine solche Konstruktion entfernt sich weit von der Wirklichkeit. Vom ersten Tage an ist das Eingebettetsein in eine Gemeinschaft eine fundamentale Lebenstatsache, der „Andere" gehört zum Dasein des Kindes nicht minder wesentlich, als das eigene Selbst, und die Regungen und Begehrungen, welche diese „Anderen" zu Zielpunkten haben, stehen vielleicht an Intensität und Umfang, nicht aber an Ursprünglichkeit und Unmittelbarkeit den selbstischen Strebungen nach[1].

Wir hatten ja bereits mehrfach in den vorhergehenden Kapiteln auf die Rolle der anderen Menschen hinzuweisen; aber sie interessierten dort zunächst nur als – positive oder negative – Mittel für selbstische Zwecke: als Faktoren der Beeinträchtigung, gegen welche sich die Selbstbehauptung aufbäumte, oder als Zufluchtstellen und Hilfstruppen, wenn das Kind für sein eigenes Ich fürchtete. Vergeistigter war bereits die Rolle des Anderen bei den Phänomenen des Ehr-

[1] A. A. Grünbaum hat neuerdings obigen Gedanken dahin zugespitzt, daß die Grenzen zwischen dem Individuum und seiner Umwelt ursprünglich überhaupt noch unklar und verschwommen sind. „Das Kind erlebt die Welt nicht in einer kategorialen Trennung von seinem Ich, erlebt die Welt nicht als etwas Fremdartiges, vollzieht noch nicht den Unterschied zwischen Ich und Es . . . sondern kennt zunächst nur eine Art von Wir, in dessen Bindungen Ich und das Andere dieselbe Struktur haben und einander gegenseitig tragen." (S. 457/8.) Ferner: „Es ist so als ob das Kind ursprünglich nicht in Wechselwirkung mit der leblosen Welt der äußeren Reize stände, sondern durch diese hindurch in einer viel innigeren, wenn auch primitiven Gemeinschaft mit seiner personalen Umgebung." (S. 449.) – Vgl. auch Grünbaums Stellung zum Problem der Nachahmung, dieses Buch S. 68/69.

geizes, der Pose, der Scham: hier war der Mitmensch als Publikum von Bedeutung; d. h. das eigene Ich bedarf zum Bewußtsein und zur Bejahung seiner selbst zugleich des Bewußtseins, daß es auch für andere da ist und von diesen bejaht werde.

Nunmehr aber kommen wir zu jenen Strebungen, deren unmittelbare Objekte andere Menschen sind (oder allgemeiner: andere Lebewesen; denn auch Tiere gehören hierher). Kurz, wir behandeln das kleine Kind als soziales Wesen.

Man kann den Ausdruck „soziale Beziehung" in doppeltem Sinne verstehen. Einmal als „syntelische"[1] Beziehung, die bestimmten Nebenmenschen gilt, sodann als „hypertelische" Beziehung, die einer übergeordneten Gemeinschaft als solcher gilt. Beim reiferen Menschen können beide Arten sozialen Verhaltens in deutlicher Scheidung vorhanden sein; charakteristisch für das kleine Kind ist es dagegen, daß die zweite Form noch fast ganz in die erste eingeschmolzen ist. Es liebt oder haßt, bemitleidet oder mißhandelt diesen oder jenen konkreten Einzelnen, tritt als Ich zum „Du" oder zu einer Mehrheit von „Du's" in Fühlung; das Abstraktum „Gemeinschaft" liegt ihm noch fern. Selbst die kleinen Gemeinschaftsgebilde, denen es bereits angehört – Familie, Spielgruppe – haben noch viel weniger durch ihre Totalität, als durch die persönlichen Einzelbeziehungen Gemütsbedeutung für das Kind. Vermutlich kommen hypertelische Strebungsformen im engeren Sinne bald hinter unserer Altersgrenze zu stärkerer Ausbildung; ist doch die Schule, die nun beginnt, ein solches soziales Ganzes, zu dem das Kind ein dauerndes Gefühlsverhältnis der Zugehörigkeit und Unterordnung gewinnt.

Erich Stern hat das Verhalten des Kindes in der Gruppe einer Sonderbetrachtung unterzogen. Auch er betont, daß das Kleinkind zunächst jenes bei älteren Kindern so starke Gruppenbewußtsein noch nicht kennt. Es fühlt sich nicht – wie jene – mit seinen Spielgenossen zu einem festen Ganzen zusammengeschmiedet, das seine eigenen Gesetze, Rechte, Geheimnisse hat, und demgegenüber ein anderes Kind als Fremdling und Außenseiter betrachtet wird. Nach dem vierten Jahr beginnen ja Gruppenregungen zu erwachen, aber sie bleiben noch sehr in den Anfängen stecken. Ein allgemeines Gesellungsbedürfnis treibt das Kind zu einer spielenden Kinderschar; doch Vorliebe und Abneigung, Vertrautheits- oder Fremdheitsgefühl gegenüber dem Einzelnen bestimmen noch vorwiegend sein Verhalten. Von dem, was später als Klassengeist, Pennalismus, Gefühl der Gruppensolidarität, Gemeinschaftspflicht eine so bedeutende Rolle spielt, sind in den ersten sechs Lebensjahren kaum Spuren zu bemerken. – Als positives Moment ist die Abneigung gegen den Ausschluß aus der Gruppe zu verzeichnen; das Kind, das in die Ecke gestellt ist, sucht deshalb durch allerlei Grimassen und Geräusche die Aufmerksamkeit der Anderen zu erregen, und so indirekt seinem Gesellungstrieb zu genügen[2].

[1] Vgl. W. Stern, X, S. 45.
[2] Über den Ausschluß aus der Gruppe als Strafmaßnahme vgl. Kap. XXXVII.

Selbstverständlich sind die ersten Regungen des Gruppenbewußtseins stark von Einflüssen der Umgebung abhängig. Hat die Familie, in der das Kind aufwächst, weniger Zusammenhalt oder herrschen gar in ihr Zwistigkeiten, so fehlt einer der suggestivsten Einflüsse auf das erwachende Gemeinschaftsgefühl; hier kann unter Umständen die sozialethische Entwicklung des Kindes einen nicht wieder gutzumachenden Schaden erleiden.

Sehr bemerkenswert ist ferner die Verschiedenartigkeit der sozialpsychischen Beeinflussung, die von den beiden Kindergemeinschaften: dem Fröbelkindergarten einerseits, dem Montessoriheim andererseits, auf das einzelne Kind ausgeübt wird. Martha Muchow macht in ihrer vergleichenden Studie (IV) hierauf aufmerksam.

Die Kinderschar im Montessorihaus ist ungegliedert. Da jedes Kind sich im wesentlichen nur mit sich selbst zum Zweck der Sinnes- und Körperübungen beschäftigt, so leben die Insassen des Heims bei- und nebeneinander, aber nicht eigentlich miteinander. Selbst bei den gemeinsamen Bewegungsübungen (z. B.: mit einem Glas Wasser vorsichtig auf einem Kreidestrich laufen) besteht nur Gleichzeitigkeit der Beschäftigung, aber nicht ein Zusammenschluß aller zu einem gemeinsamen Sinnvollzug, wie etwa bei den Reigen- und Bewegungsspielen im Kindergarten. Sozialität ist für Montessori eigentlich nichts anderes als Gewöhnung an Rücksichtnahme auf seine Gefährten und Übernahme gewisser Gemeinschaftsaufgaben, wie Tischdecken, Milcheingießen usw. Solche Gewöhnungen sind gewiß wertvoll, aber eigentlich soziales Fühlen kann mit einer so abstrakten Art der Gemeinschaftspflege beim Kleinkind noch nicht verbunden sein. Die Montessoriklasse bleibt daher ein loses und relativ gleichgültiges Beieinanderleben individualistisch eingestellter Kinder in Gegenwart einer Lehrerin, die bewußt vermeidet, soziale Führerin zu sein.

Der Fröbelkindergarten faßt das Problem ganz anders – und zweifellos viel richtiger an. Da das Kleinkind, wenn überhaupt, nur ganz kleine Gruppen mit seinem erst aufkeimenden sozialen Fühlen zu umfassen vermag, wird die Schar eines Kindergartens in eine Anzahl solcher engsten Gemeinschaften untergeteilt. Jede dieser Gruppen hat einen familienhaften Charakter und ermöglicht durch wirklich gemeinsames Tun eine Interessen- und Gefühls-Bindung stärkerer Art. Auch hat oft die einzelne Gruppe ihren Bereich und Wirkungskreis, ihr eigenes Eckchen, ihren Schrank, ihre Blumen usw. Zugleich aber vertritt die Kindergärtnerin in diesem familienähnlichen Gebilde die Mutter und trägt ihrerseits viel dazu bei, die affektiven Beziehungen der Gruppengenossen untereinander zu verstärken[1].

Die Du-Beziehung zum einzelnen Mitmenschen ist einfacher als die Gruppenbeziehung; aber auch sie tritt beim kleinen Kind selten in Reinheit auf, meist geht sie enge Verschmelzungen mit der Ich-Beziehung ein. Darum lassen sich beim Kleinkind Altruismus und Egoismus, Hingebung und Selbstgenuß noch nicht so säuberlich scheiden wie beim Erwachsenen. Wir werden alsbald sehen, daß es hier zu seltsamen Verschränkungen kommt. Bald trägt die Liebesregung zum Anderen unmittelbar bei zu einer Erhöhung der selbstischen Gefühle; bald wieder ruft die Anziehungskraft der Liebe eine um so stärkere Abwehrreaktion der engeren Selbstbehauptung hervor. Aber auch in den letzten Fällen – z. B. denen des Hasses, der Eifersucht – ist doch die Feindseligkeit selber überhaupt nur auf dem Grund einer ursprünglichen Hingebungsregung möglich, hat nicht primären Charakter.

Die egoistischen Einschläge in dem kindlichen Verhalten zu anderen Menschen geben uns deshalb nicht das Recht, im Kinde einen reinen Egoisten zu sehen, oder gar seine Natur als eine grundsätzlich asoziale und antisoziale zu betrachten. Die alte Lehre von der Erbsünde ist psychologisch ebenso unzulänglich, wie die entgegengesetzte These Rousseaus, daß der Mensch „gut“ geboren und erst durch die Kultur verbösert werde. Das Dogma von der angeborenen Schlechtigkeit des Menschen ist in moderner Form erneuert worden von manchen Psychoanalytikern, die sich nicht damit begnügen, die Selbstliebe zur alleinigen Wurzel kindlichen Verhaltens zu machen, sondern geradezu von der „Verbrecher“-Natur des Kindes sprechen (Stekel). Möglich wird dies nur dadurch, daß flüchtige Regungen und phantastisch-spielerische Wunschäußerungen des Kindes[2] so angesehen werden, als ob nun regelrechte Zielsetzungen vorlägen, die aus einer bestimmten Charakterdisposition hervorgehen. Vergessen ist hier ganz jene Diffusität der kindlichen Strebungen, die durch Anwendung von Ausdrücken der Erwachsenen, wie „Kriminalität“, unerlaubt verschärft wird; vergessen auch jene Unbestimmtheit der kindlichen Anlagen, aus der sich erst im Laufe der Jahre unter ständiger Mitwirkung der Umwelteinflüsse feste Charaktereigenschaften

---

[1] Vgl. auch das verschiedene soziale Verhalten der Kinder in zwei ukrainischen Kindergärten, das Doroschenko schildert. (Dieses Buch S. 287/8.)

[2] Beispiele werden uns später begegnen.

entwickeln. Hiervon wird in Abschnitt 3 dieses Kapitels näher die Rede sein.

2. Liebe

Schon bei Besprechung des Säuglingsalters konnte auf das Erwachen von Liebesregungen im Kinde hingewiesen werden (S. 107). Diese gewinnen in den folgenden Jahren an Stärke und Mannigfaltigkeit. Der Hauptgegenstand der kindlichen Liebe und Zärtlichkeit ist und bleibt die Mutter; aber der Kreis erweitert sich: der Vater, die Geschwister, nahe Verwandte, die Pflegerin oder das Kindermädchen, später auch die Kindergärtnerin und Spielgefährten werden einbezogen. Man darf wohl sagen, daß im allgemeinen die Menschen, mit denen das Kind durch häufigen Umgang verbunden ist, von ihm auch mit Zuneigungsgefühlen umfangen werden, die nun freilich sehr verschiedene Stärke und Färbung haben können. Die Liebe ist also – in ganz anderem Maße und Sinn als später – stark von der Gewöhnung, der Vertrautheit, der Selbstverständlichkeit des Zusammengehörens abhängig[1]. Kaum in Andeutungen vorhanden sind Züge, die in höheren Altersstufen für die erotisch betonte Liebe charakteristisch werden; die individualisierende Wahl, die jedes andere Liebesobjekt ausschließt; das Verlangen, sich durch ein fremdes, noch unbekanntes Wesen zu ergänzen, die Nachhaltigkeit und Treue, die, auch über lange Abwesenheit hinaus, das Gefühl aufrecht erhält. Wie schnell gewöhnt sich das Kleinkind an ein neues Kindermädchen, selbst wenn es an dem früheren mit starker Zuneigung gehangen hatte; wie wenig vermißt das Kind – vielleicht nach kurzem Trennungsschmerz – die verreisten Eltern, ein ihm lieb gewordenes Tier usw.[2]

Die enge Beziehung der Liebe zur Gewohnheit bedeutet natürlich einen gewissen egoistischen Einschlag; die geliebten Menschen sind zugleich diejenigen, die das kindliche Bedürfnis nach Schutz und Hilfe, nach Zärtlichkeit und Geborgenheit befriedigen. Beides verschmilzt hier eben noch zu einem einheitlichen Gefühl – ohne daß wir aber nun den Schluß ziehen dürfen: die Befriedigung selbstischer Lust durch den anderen Menschen sei die alleinige Quelle der Liebe zu diesem anderen. Wenn z. B. eine große Freude, die dem Kinde von der Mutter bereitet wird, besonders stürmische Zärtlichkeitsbezeugungen auslöst, so sieht das recht egoistisch aus; aber das Kind begrüßt doch darin nicht nur die Mutter als Spendemaschine,

[1] Hierzu Beispiele auf S. 205/6.

[2] D. u. R. Katz (II S. 264ff.) schildern anschaulich die verschiedene Färbung der kindlichen Liebe zur Mutter und zum Vater.

sondern hat ein Gefühl für deren schenkende Liebe, für deren Mitfreude an seiner Freude, und so empfindet das Kind in diesem Augenblick auch stärker seine eigene liebende Verbundenheit mit der Mutter; wir stehen hier an der Quelle des Dankbarkeitsgefühls.

Für die nicht-egoistische Natur der kindlichen Zärtlichkeit spricht auch ihre Äußerung bei solchen Gelegenheiten, bei denen das Kind am wenigsten für sich erwarten kann – oder solchen Individuen gegenüber, denen sich das Kind überlegen fühlt. Die Zärtlichkeit zu Haustieren, zu ganz kleinen Babys (auch die schon erwähnte Liebe zu Puppen usw.) entspringt viel mehr der Freude, etwas hingeben, als etwas empfangen zu können. Die weiteste Entfernung vom Egoismus gewinnt die kindliche Liebe endlich in jenen – zwar nicht häufigen, aber sicher vorhandenen Fällen, in denen es zu ausgesprochenen Handlungen des verzichtenden Altruismus kommt – doch davon später.

Die Liebe und Zärtlichkeit des kleinen Kindes ist keine rein geistige Regung, sondern stark mit körperlichen Momenten verknüpft. Der Mensch liebt eben als ganzer Mensch, als psychophysisch-neutrale Person; und gerade für das kleine Kind ist ja Geistiges und Körperliches noch so wenig geschieden, daß ihm auch sprachlich noch liebhaben und liebkosen identisch ist[1]. Und so ist die Liebe des Kindes mit körperlichen Hinwendungsinstinkten durchsetzt; das Kind sucht möglichste Annäherung an das geliebte Wesen: es will auf den Arm oder auf den Schoß genommen werden, schmiegt sich an die Brust oder lehnt sein Gesicht an das der Mutter, streichelt ihre Hände und Wangen oder läßt sich streicheln[2]. Damit erhält die Liebkosung eine sinnliche Reizwirkung, die sich unter Umständen stark in den Vordergrund drängen mag: das Kind genießt dann den körperlichen Kontakt als Organlust, deren Fortsetzung um ihrer selbst willen angestrebt wird.

Auf die Bedeutung dieses sinnlichen Moments in der frühkindlichen Liebe haben uns die Psychoanalytiker aufmerksam gemacht;

---

[1] Vgl. S. 341.

[2] Nur eine körperliche Liebesbezeugung hat nicht diesen elementar instinktiven Charakter: der Kuß; er muß gelernt werden, und es dauert oft ziemlich lange, bis diese schwierige Technik richtig geübt werden kann. Lange ahmt das Kind den Kuß des andern unbeholfen nach durch Annäherung des weit geöffneten Mundes. – Auch aus völkerpsychologischen Beobachtungen läßt sich schließen, daß der Kuß ein erst ziemlich spät zur Entwicklung gelangtes Liebeszeichen ist; er ist durchaus nicht bei allen Völkern vorhanden, während andere körperliche Annäherungsformen (Anschmiegen, Streicheln usw.) allgemein menschlich zu sein scheinen.

aber soll man jede Liebe, die mit körperlichem Annäherungsbedürfnis und Lust am Berühren und Berührtwerden verbunden ist, als „Sexualität" bezeichnen? Es wird durch diese Begriffserweiterung der grundlegende Unterschied der frühkindlichen Liebe gegenüber der von der Pubertät an mächtig werdenden neuen Form des Liebesgefühls verwischt.

Das scheint mir besonders deutlich hervorzutreten bei der Inzesttheorie der Psychoanalytiker. Die kindliche Sexualität, so lehren sie, tritt früh aus der Phase reiner Autoerotik heraus und sucht ein Liebesobjekt in einem anderen Menschen. Als solches bietet sich naturgemäß die Mutter dar. Sie ist die erste „Geliebte" des Kindes; sie gewährt ihm nicht nur Hilfe, Nahrung, Spiele, sondern auch körperliche Lustgefühle – durch ihre Zärtlichkeiten ebenso wie durch die Körperpflege, die ja zu fortwährenden Berührungen der „erogenen" Zonen, der Genitalien, des Anus usw. Anlaß gibt. Sie verschafft dem Kinde die Möglichkeit, seine sexuelle Neugier durch Betasten ihres Körpers zu befriedigen (z. B. wenn sie es zu sich ins Bett nimmt) und seiner Schaulust zu genügen (z. B. wenn sie vor dem Kinde sich entkleidet, wäscht usw.). An diesen Darstellungen mag viel richtig sein – bis auf die Eingruppierung der kindlichen „Liebeserlebnisse" unter den Begriff Sexualität. Aber es handelt sich hierbei nicht nur um eine unzutreffende Bezeichnung; sie führt vielmehr zu verhängnisvollen Folgerungen. Denn es wird nun angenommen, daß das Kind für das eigentlich Unnatürliche und Unerlaubte dieser Gefühlsweisen ein Bewußtsein bekomme und sie daher verdränge. Es richtet die „Inzest"-Schranke auf, aber wird nun um so mehr im Unbewußten von diesen Regungen heimgesucht, die dann nur in der Form scheinbar harmloser Symbolvorstellungen an die Oberfläche seiner Seele gelangen.

Nach den kritischen Erörterungen, die wir früher an die psychoanalytischen Symboldeutungen und Verdrängungstheorien geknüpft haben, können wir uns eine spezielle Besprechung dieser Inzest-Theorie ersparen. Sie zeigt uns aber wieder, wie nötig es ist, an den Lehren der Psychoanalyse die sehr wertvollen – früher ungebührlich vernachlässigten – Tatsachenfeststellungen von den daran geknüpften Deutungen zu trennen.

Über die Gefühlsbeziehungen, die das Kleinkind mit seinen Geschwistern und seinen Spielgefährten verbindet, ist z. T. Verwandtes zu sagen. Auch hier gibt es Zuneigungen von sehr verschiedener Stärke, gibt es Zärtlichkeitsverlangen und Zärtlichkeitsbezeugung mit mannigfachen körperlichen Berührungen. Aber einige neue Momente kommen hinzu.

Zunächst das gemeinsame Spielen. Den Kindern kann ja alles zum Spielzeug werden, so auch der eigene Körper oder der des Mitspielers. Wenn Geschwister gemeinsam im Bett liegen und sich aneinanderkuschen oder nur mit dem Hemdchen bekleidet mit einander tollen – dann ist es gar nicht anders möglich, als daß es zu zahlreichen körperlichen Berührungen kommt und daß die Kinder die damit verbundenen Organempfindungen kennenlernen. Davon können auch u. a. die Genitalien und das Gesäß betroffen werden; gerade weil den Kindern naturalia noch nicht turpia sind, fühlen sie sich nicht veranlaßt, bei den Spielen mit ihren Körpern gerade an diesen Stellen halt zu machen. Vielleicht wirkt es sogar noch anreizend auf sie, daß diese Körperzonen im allgemeinen verdeckt gehalten werden und daß die Erwachsenen sie als etwas betrachten, wovon man nicht spricht und nach dem man nicht fragt. Sie haben keine Ahnung, warum und weshalb hier dies „Tabu" besteht; aber der Reiz des Geheimnisvollen und Verbotenen kann wohl geeignet sein, auch ohne jede sexuelle Gefühlsbetonung das Interesse an solchen Spielen zu verstärken. Und so kommt es zu Erscheinungen, von denen uns namentlich Ärzte mehrfach berichten: zur Schaulust, die den Anblick der Geschlechtsorgane und ihrer Verrichtungen beim anderen Kinde – namentlich bei dem anderen Geschlecht – sucht, zu gegenseitigem Spielen an den Geschlechtsorganen („mutueller Onanie"), ja zur Nachahmung des Koitus. Freilich wissen wir über die Verbreitung dieser Verirrungen in der frühen Kindheit nichts; denn die in der psychoanalytischen Literatur zu findenden Mitteilungen beziehen sich nur auf ganz vereinzelte Beobachtungen (die leicht verallgemeinert werden) oder auf die sehr fragwürdigen Erinnerungen erwachsener Neurotiker. Was den Zeitpunkt anlangt, in dem solche Gebarungen beginnen, so mag eine neurotische Disposition zu einer gewissen Verfrühung von Instinkten führen, deren spontanes Erwachen beim normalen gesunden Menschen sicher erst jenseits des sechsten Jahres einzutreten pflegt.

Allerdings scheinen auch gewisse äußere Einflüsse mitbeteiligt zu sein, und hier ist der Punkt, der die pädagogische Aufmerksamkeit der Eltern und Erzieher fordert. Wie gern spielen Kinder „Vater und Mutter"; groß zu sein und es den Eltern gleichtun zu können, ist ja eine stille Sehnsucht jedes Kindes. So erstreckt sich ihr Nachahmungstrieb auf alles, was sie bei den Eltern wahrgenommen haben; und leider geben manche Eltern den Kindern

Gelegenheit zu Wahrnehmungen, die ihnen verborgen bleiben sollten. Gerade die kleinen Kinder schlafen ja meist bei den Eltern; aber sie schlafen nicht immer wirklich, wenn die Eltern es glauben; und was im Dunkeln vor sich geht, reizt durch die Dunkelheit und die Unbegreiflichkeit die Phantasie des Kindes erst recht zur Nachahmung. – Sodann kann die eigentliche Verführung eine Rolle spielen: ältere Kinder bedienen sich der kleineren, um in sich selbst Lustempfindungen zu erwecken, die schon dem sexuellen Fühlen nahestehen können; und die ahnungslosen Kleinen, die sich zu diesem Spiel hergeben, werden vorzeitig mit einer Überreizung der Genitalzone bekannt gemacht[1].

Das folgende Zitat zeigt diese Einflüsse; es stammt aus den „Bekenntnissen einer Patientin", die W. Liepmann in seinem Buch über „Psychologie der Frau" wiedergibt: „Mein erstes Erlebnis auf sexuellem Gebiet hatte ich mit 6 Jahren. Mein damals 8jähriger Bruder nahm sich abends im Halbdunkel das Nachbarmädchen von 6 Jahren vor, knöpfte ihr die Höschen ab und spielte mit den Fingern am Geschlechtsteil herum, wie es auch viele der anderen Kinder heimlich machten. Wir nannten das damals „Väterchen und Mütterchen spielen". Das Mädel ließ es sich auch gefallen, legte sich dabei lang auf den Rücken und schien mächtigen Spaß daran zu haben . . ." „Vor einigen Tagen traf ich mittags auf der Bodentreppe einen 7jährigen Knaben und ein 5jähriges Mädel, die es auch taten. Auf meine Frage, was sie tuen, antworteten sie lachend: ‚Wir spielen'. Als ich darauf sagte, das wäre doch verboten, und wenn es die Eltern erführen, bekämen sie Prügel, sagte mir der Junge mit frechem Gesicht: ‚Das tut mein Vater doch mit der Mutter'."

3. Haß, Eifersucht, Grausamkeit

So stark das Bedürfnis des kleinen Kindes ist, Liebe zu geben und zu empfangen, so kennt es doch auch sehr wohl die entgegengesetzten Gefühle. Aber freilich: die Stärke und die unableitbare Ursprünglichkeit wie die Liebe scheinen sie nicht zu besitzen. Wenn moderne Kindespsychologen (namentlich wieder die Psychoanalytiker) gerade diese negativen Regungen aufzudecken und in ihrer Bedeutung zu würdigen suchen, so war dies vielleicht nötig gegenüber einem allzu rosigen Bilde vollendeter Harmlosigkeit und fleckenloser Lieblichkeit, das man früher vom kleinen Kinde entworfen hatte; aber sie verfielen in das entgegengesetzte Extrem, und jetzt ist es wiederum erforderlich, die Darstellungen zu berichtigen, die aus dem Kinde einen verbissenen, mit Kriminalität geladenen Menschenfeind machen wollen.

Die Regungen des Hasses gegen bestimmte Individuen sind im

[1] Leider mißbrauchen ja öfters auch halberwachsene oder ganz erwachsene Kindermädchen die ihnen anvertrauten Kleinen auf solche Weise.

allgemeinen beim Kind überhaupt keine primären Gefühle, sondern aus Regungen anderer Art ableitbar[1]. Und unter diesen Regungen steht gerade die Liebe obenan. Wir sahen ja schon früher (S. 436), daß sich die Aufwallung feindlichen Trotzes gegen die Abhängigkeit wendet, in welche man gerade durch die Liebesbeziehungen geraten ist. Nirgends tritt die Ambivalenz der Gefühle so deutlich hervor wie hier – und zwar nicht nur beim kleinen Kinde. Auch für den Erwachsenen ist Haß zum großen Teil verdrängte enttäuschte Liebe. Und das Sprichwort: „Es gibt keine andere Rettung gegen den Haß als die Liebe" wird gerade vom Kinde immer wieder wahr gemacht, wenn es sich nach einer Trotzszene mit doppelter Zärtlichkeit und Hingabe wieder der Mutter zuwendet.

Während der Trotz keinen bestimmten Inhalt hat, ist das Vergeltungsverlangen inhaltlich determiniert. Irgendein akuter Eingriff des Erwachsenen: eine Bestrafung, die Entziehung einer Spielsache, ein Verbot wird durch eine momentane Gegenwirkung des Kindes beantwortet, die nicht immer auf das Seelische beschränkt bleibt, sondern zu tätlichem Losgehen auf den „Gegner" führen kann. Es sind dies spontane Äußerungen des Racheinstinkts, die durchaus nicht im Widerspruch mit der sonst empfundenen Liebe stehen. Daß solche Attacken sogar zuweilen von der ausdrücklichen Kriegserklärung begleitet sind: „Ich hab' dich gar nicht mehr lieb!", darf man nicht wörtlich nehmen, zumal es sich hierbei oft nur um die Nachahmung einer unpädagogischen Redensart handelt, die von Erwachsenen bei Widerspenstigkeiten des Kindes gebraucht wird. Glücklicherweise ist das Kind noch so sehr Augenblickswesen, daß es nicht lange nachträgt; die Aufwallung schwindet meist mit dem Anlaß, und der chronische Untergrund zärtlicher Zuneigung bleibt davon unberührt. Es sind doch nur seltene Ausnahmefälle, in denen diese natürliche Liebesbeziehung durch Vernachlässigung oder schlechte Behandlung dauernden Schaden nimmt und die Feindseligkeitsstimmung nun chronisch wird. Aber selbst hier ist beim Kinde wohl mehr das instinktive Feingefühl wirksam, daß seine Liebe nicht auf Widerhall stoße, als eine direkte Wirkung der ihm zugefügten Unlust; denn wirklich liebevolle Erzieher und Eltern müssen ebenfalls oft genug den Kindern eine Unlust zufügen, sie bestrafen, ihnen etwas entziehen, ohne daß dadurch die Anhänglichkeit des Kindes im mindesten verringert würde.

---

[1] Eine Ausnahme bilden höchstens gewisse Idiosynkrasien gegen einzelne Menschen, die sich bisher noch der Erklärung entziehen.

Das Rachegefühl ist nicht nur gegen Menschen gerichtet; es kann sich gegen beliebige Objekte wenden, welche dem Kinde Unlust bereiten, so gegen das Tischbein, an dem es sich gestoßen, gegen Tiere usw.

Scupin 4;1. „Bubi ist sehr aufgebracht über einen *unatjen Floh*, der ihn im Bette belästigt. Der Rücken des Knaben muß gerieben werden, aber das Jucken will nicht aufhören. Da zieht Bubi plötzlich die Steppdecke über den Kopf, wälzt noch ein Kopfkissen darüber, und auf die Frage, warum er das alles tue, ruft er rachsüchtig aus einem Spalt der Steppdecke heraus: *Der Floh soll kein Atem kriegen.*" (II, 93.)

Andere Formen der Antipathie entspringen daraus, daß das Kind einen Vorteil, den der andere genießt, als Beeinträchtigung der eigenen Person empfindet. Wir können hier noch Neid, Mißgunst und Eifersucht unterscheiden.

Neid liegt vor, wenn man den Vorteil, den der andere besitzt, für sich selbst erstrebt, aber nicht erreicht.

Mag es sich um ein Spielzeug handeln, mit dem das Kind ein anderes spielen sieht, oder um eine Liebesbezeugung, welche die Mutter dem Geschwisterchen und nicht ihm selbst zukommen läßt, oder darum, daß der ältere Bruder schon auf einen Ausflug mitgenommen wird, während es selbst zu Hause bleiben muß – überall ist schnell das Gefühl der Nebenbuhlerschaft gegen den Bevorzugten erweckt.

Zur Mißgunst ist nicht einmal nötig, daß die Bevorzugung des anderen mit einer eigenen Strebung kollidiert. Man kann auch jemandem etwas mißgönnen, was man für sich gar nicht haben möchte, ja was vielleicht gar nicht eigenes Willensziel sein kann; der bloße Umstand, daß der andere es hat, wird als Beeinträchtigung des eigenen Geltungsbewußtseins empfunden. Diese Mißgunst bildet zugleich die eine – freilich sehr egoistische – Wurzel des Gerechtigkeitsgefühls; die Machtverschiebung zugunsten des anderen wird als unerträglich empfunden; man will ihm in bezug auf die Vorteile (und damit in bezug auf Geltung) mindestens gleichstehen.

Günther 5;6½. Als er noch nicht Schlittschuh lief, sollte Hilde eines Sonntags mit dem Vater laufen. „G. war außerordentlich erregt bis zum Weinen, daß Hilde so etwas „Schönes" habe und er nicht. Ich (die Mutter) tröstete ihn, indem ich ihm versprach, am Nachmittag mit ihm die große Bilderbibel anzusehen. Erleichtert und etwas triumphierend berichtete er das der Schwester und schloß mit den Worten, daß H. sie natürlich nicht mit ansehen würde. Ich machte ihm klar, daß ihm doch nichts abginge, wenn H. mit zuschaute, aber er rief weinend: *Da hat doch die Hilde zwei Schönes und ich bloß eins!* Kinder sind in dieser Hinsicht gute Rechner. Ich versuchte, ihm das Unethische des Nicht-Gönnen-Wollens verständlich zu machen; und da ähnliche Situationen mehrfach vorgekommen sind und ich ihnen immer gleichmäßig begegne, hoffe ich Erfolg zu haben. Ich glaube sogar, er bemüht sich schon, gegen die aus der Kindernatur heraus verständliche, aber minderwertige Eigenschaft zu kämpfen."

Auch diese Mißgunstregungen sind beim normalen Kinde und unter günstigen Verhältnissen nur Augenblickswallungen, die im allgemeinen die sonst gehegten Sympathiegefühle gegen die gleiche Person nicht beeinträchtigen. Aber hier ist freilich die Gefahr der Fixierung des Gefühls recht groß. Ein Kind, das häßlicher oder dümmer oder schwächlicher ist als seine Geschwister oder Spielgefährten, wird überempfindlich für deren Können und Gelten und vermag hierauf in seiner Ohnmacht nur durch Mißgunst zu reagieren. Und selbst ohne solche offenkundigen Minderwertigkeiten gibt es Fälle, in denen eine Mutter oder Erzieherin in ungleicher Verteilung ihrer Sympathien ein Kind dauernd hinter anderen zurücksetzt. Daraus können sich schon relativ früh chronische Haßgefühle gegen den glücklicheren Nebenbuhler entwickeln, und das Gefühl nähert sich der Eifersucht.

Die eigentliche Eifersucht ist stets mit einem Monopolanspruch auf die Liebe einer dritten Person verbunden. Der Nebenbuhler wird feindselig betrachtet und behandelt, weil er ebenfalls Anteil an der Liebe – z. B. der Mutter – hat, die das eifersüchtige Kind ganz für sich allein genießen will. Es will z. B. nicht leiden, daß die Mutter mit ihm zugleich die Schwester auf den Schoß nimmt und ihre Liebkosungen beiden zukommen läßt.

An die unbestreitbare Tatsache, daß es Eifersucht schon in der frühen Kindheit gibt, hat die Psychoanalyse wiederum ihre bekannten Gedankengänge angeknüpft, aber dabei übersehen, daß die typisch kindliche Eifersucht sich aufs stärkste von der erotischen Eifersucht der späteren Altersstufen unterscheidet. Die erotische Eifersucht ist eine Regung, die von der Gegenwart der geliebten Person ganz unabhängig, ja in ihrer Abwesenheit um so stärker ist. Der bloße Gedanke, daß der geliebte Mensch anderweitig lieben oder geliebt werden könnte, ist für die monopolistische Einstellung des Liebenden schlechthin unerträglich. Von alledem ist im kleinen Kinde normalerweise nichts zu finden. Sein Monopolanspruch gilt eigentlich immer nur der einzelnen Liebesbezeugung, sei es eine gegenwärtige oder eine zu erhoffende. Da stößt es das Brüderchen weg, das sich in seiner Liebebedürftigkeit den Platz nahe bei der Mutter gesichert hat. Da freut es sich, daß der Vater weggeht, weil die Mutter sich ihm (dem Kinde) nun ganz widmen kann. Aber daß es dies Begehren nach Alleinbesitz nun auch aus der Ferne und aus einer nie zur Ruhe kommenden Phantasiebetätigung heraus aufrecht erhielte, hat keinerlei Wahrscheinlichkeit für sich.

Wir haben damit die Grundlage für die Beurteilung der „Ödipus-Theorie" der Psychoanalyse gewonnen[1]. So wie die Liebe zur Mutter als sexuell betont angesehen wird, so die Eifersucht gegen den Vater. Es soll sich dabei nicht etwa um vorübergehende Regungen handeln, sondern um eine Strebungsform, die das Persönlichkeitsleben des Kindes weitgehend beeinflußt. Es ist eine schicksalshafte Urfeindschaft des Kindes gegen seinen Erzeuger, denn dieser ist von Anfang an der Nebenbuhler um die Gunst der Mutter, empfängt von dieser Liebesbeweise, die – wie das Kind unbestimmt ahnt – ganz anderer Natur sind als die Liebeszeichen, die die Mutter ihm gönnt. Freilich tritt diese Feindseligkeit gewöhnlich nicht in manifester Bewußtseinsform auf; nur selten kommt sie in Haßäußerungen gegen den Vater, in Todeswünschen unmittelbar zum Ausdruck. Meist aber wird das Gefühl, dessen Unerlaubtheit das Kind sehr früh ahnt, ins Unbewußte abgedrängt, und nur aus symbolischen Deckvorstellungen kann man erdeuten, wie stark und nachhaltig es ist. Dies der Grundgedanke der psychoanalytischen Lehre.

Die Ödipus-Theorie steht in engster Beziehung zu der soeben besprochenen Inzest-Theorie. Wie dort, können wir auch hier verweisen auf unsere früheren kritischen Erörterungen über den Wert und Unwert der angewandten Symboldeutungen, über die Unzulässigkeit, das Verdrängungsprinzip so weitgehend auf die Frühkindheit anzuwenden, und über die unbewußten Erinnerungsfälschungen erwachsener Neurotiker. Was übrigbleibt, sind die oben besprochenen Eifersuchtsregungen, die in mehr oder minder großer Stärke auftreten können, aber weder notwendig mit Sexualität etwas zu tun haben müssen, noch jene nachhaltige unterirdische Bedeutung besitzen, die ihnen die Psychoanalyse beimißt.

Ein schlagendes Beispiel dafür, daß ein Verhalten des Kindes die Deutung auf erotische Eifersucht ganz nahelegen kann und doch nichts damit zu tun hat, wird mir von zuverlässiger Seite über einen Knaben (2;4) berichtet.

Es ist frühmorgens. Der (schon fertig angezogene) Vater bringt den Knaben aus dem Kinderzimmer zur Mutter, die noch im Bett liegt. Das Kind legt sich zur Mutter in Schlafstellung (mit Finger im Mund), sagt *teitei* (Ausdruck für Schlafen) und erklärt dann kategorisch: *Papa raus!*

Erklärung: Die Eltern hatten, wenn der Knabe zu Bett gebracht war, öfters gesagt: „So, jetzt gehen wir raus und Bübchen macht schön teitei." Dies hatte er

---

[1] Siehe auch S. 247.

aufgenommen und sich gewöhnt, immer wenn er schlaffertig war, und doch noch jemand im Zimmer sich beschäftigte, diesen hinauszuweisen; sobald er im Bett liegt, müssen alle, die nicht im Bett liegen, „raus". *Mama raus, Hertha raus* (Kindermädchen) wurde dann kommandiert.

Genau die gleiche Situation lag jetzt vor; es war ein Zufall, daß die Ausweisung diesmal den Vater betraf, da dieser schon angekleidet dastand – während die Mutter, die noch im Bett lag, hierfür nicht in Betracht kam.

Hier ist die geeignete Stelle, um noch einmal einen Blick zu werfen auf die Theorie von der ursprünglichen Kriminalität jedes Kindes. Wenn man mit der Psychoanalyse glaubt, daß in den Untergründen der Kinderseele die Haß- und Eifersuchtsgefühle, Rache- und Neid-Instinkte dauernd eine vorherrschende Rolle spielen, dann muß man freilich auch annehmen, daß sie den Willen maßgebend in antisozialem Sinne bestimmen müssen; dann muß dem Kind jedes Mittel recht sein, um die gehaßten Mitmenschen zu schädigen, zu mißhandeln, ja zu beseitigen. In der Tat begnügen sich die Vertreter dieser Anschauung denn auch nicht mit dem Hinweis auf jene offenkundigen Verhaltungsweisen des Kindes, die als unsittlich beurteilt zu werden pflegen, wie Lügen, Heucheleien, Grausamkeiten, sondern sie machen sie darüber hinaus zu Gedankensündern großen Stils. Wenn ein Kind davon träumt oder spricht – oder durch Deckvorstellungen symbolisiert – daß es den Vater los sein, das kleine Brüderchen kochen und verspeisen möchte[1], dann soll sich darin seine urtümliche Mörder- und Kannibalennatur verraten[2]. – In Wirklichkeit haben solche kindlichen Äußerungen entweder den Charakter spielerisch hingeworfener Bemerkungen, deren Sinn von ihnen selbst kaum verstanden wird, oder es sind interjektionsartige Entladungen einer momentanen Aufregung; aber man kann sie nicht einmal als eigentliche Wunschäußerungen, geschweige denn als ernstgemeinte dauernde Willensrichtungen betrachten. Nur dadurch, daß man das geduldige „Unbewußte" mit jenem hypothetischen Haß- und Vernichtungsstreben belädt, ist es möglich, den kriminellen Zug als ein allgemeines Merkmal der Frühkindheit zu konstruieren.

Anders liegt die Frage natürlich, wenn man sie differentiell-psychologisch stellt. Daß es einzelne Kinder gibt, in denen schon verhältnismäßig früh besondere Anlagen zu moralisch minderwertigem Verhalten merkbar sind, läßt sich selbstverständlich nicht bestreiten. Die hier auftretenden Probleme: psychische und psychopathologische Struktur der moralischen Minderwertigkeit, biologische und soziale Bedingungen ihres Auftretens – sind wichtig genug, fallen aber aus dem Rahmen des vorliegenden Buches.

---

[1] Vgl. das Beispiel S. 247 .

[2] In der Tat werden zwischen jenen Äußerungen des Kindes und dem Kannibalismus primitiver Völker genetische Parallelen gezogen.

An einer konkreten Gruppe von Eigenschaften sei noch kurz gezeigt, daß nähere psychologische Analyse manches, was zunächst sehr bösartig aussieht, anderweitig verständlich machen kann.

Herzlosigkeit und Grausamkeit werden oft dem kleinen Kinde zugeschrieben. Wie steht es damit?

Zunächst ziehen ja in der Tat Fälle eines unerwarteten Gefühlsmankos die Aufmerksamkeit auf sich: gerade dort, wo der Erwachsene ganz von einem schmerzlichen Vorgang erfüllt ist und eine Teilnahme des Kindes erhofft oder gar beansprucht – z. B. bei Trauerfällen in der Familie, bei schweren Krankheiten oder heftigen Schmerzen von Angehörigen – wird man oft durch das Ausbleiben jeder Gefühlsresonanz beim Kinde peinvoll überrascht. Ferner wirkt die Gleichgültigkeit, mit der zuweilen lebende Tiere behandelt, Fliegen zerdrückt, Käfer zertreten, Schmetterlinge zerzupft werden, geradezu als Gegenstück des Mitleids, als grausame Freude an der Qual eines anderen Geschöpfes. Und nicht nur Tiere, auch Menschen (z. B. jüngere Geschwister) werden nicht selten von den kleinen Peinigern gehänselt, gezwickt oder sonstwie gequält.

In vielen Fällen ist die Teilnahmlosigkeit nichts anderes als mangelndes Verständnis. Das Geheimnis des Todes ist der frühen Kindheit verschlossen; was es bedeutet, für immer von einem lieben Angehörigen getrennt zu sein, kann dem ganz in der Gegenwart lebenden Kinde noch nicht aufgehen. Dazu kommt die geringe determinierende Tendenz und die große Vergeßlichkeit des Kindes; es ist nicht fähig, sich wie der Erwachsene stunden- und tagelang von einer Idee, einer Gefühlsregung völlig beherrschen zu lassen. So kommt es, daß das Kind auch im Trauerhause oder im Krankenzimmer dem momentanen Spiel seiner wechselnden Aufmerksamkeit viel mehr anheimgegeben ist, daß es wirklich vergißt, was die anderen ganz erfüllt; seine Teilnahmlosigkeit braucht also nicht auf Gefühlsstumpfheit zu beruhen. Natürlich gibt es auch Fälle der wirklichen Verkümmerung – oder der verspäteten Entwicklung – des Mitgefühls.

Erscheint die Teilnahmlosigkeit mehr als Lücke, so die Grausamkeit als positiver Flecken im kindlichen Gefühlsleben. Aber auch hier darf der äußere Schein nicht unkritisch als psychologische Wirklichkeit hingenommen werden. Die meisten der als „grausam“ anmutenden Taten beruhen auf uns wohlbekannten Motiven anderer Art, die an sich nicht unmoralisch sind und die erst durch die Verbindung mit der kindlichen Ahnungslosigkeit jene Wirkung haben (vgl. S. 108). Der hemmungslose Bewegungsdrang des Kindes, seine

Zerstörungsliebe, seine Neugier, die in das Innere aller Dinge eindringen will, all dies wird mit echt kindlicher Unbekümmertheit um die Folgen betätigt, mag es sich um irgendein Spielzeug oder um ein lebendes Tier handeln; und in solchen Momenten des restlosen Ausgefülltseins ist jedes Bewußtsein von den etwa dadurch hervorgerufenen Qualen ausgeschaltet. Der beste Beweis, daß es sich hier bei normalen Kindern nicht um einen angeborenen Charakterzug, sondern nur um mangelndes „Darandenken" handelt, liegt in der Möglichkeit, dies Verhalten pädagogisch zu beeinflussen. Ernsthafte Belehrung und Warnung, das Vorbild der Erzieher, die sich jeder Tierquälerei und jeder überflüssigen Tiertötung peinlichst enthalten, evtl. auch eine kleine Demonstration am eigenen Leibe des Kindes: wie weh es tue, wenn man gezwickt oder am Bein gerissen wird, können hier erfolgreich wirken.

Vielleicht ist es in diesem Zusammenhang nicht überflüssig, darauf hinzuweisen, daß die Anleitung zum Anlegen zoologischer Sammlungen (von Schmetterlingen, Käfern usw.) bei allem bildenden Wert doch auch ihre moralpädagogischen Schattenseiten hat. In diesen frühen Jahren zum mindesten ist das Kind noch zu klein, um zwischen erlaubten und unerlaubten Eingriffen in das Leben der Tiere zu unterscheiden, und in seinem Gemüt zu ungefestigt, um nicht leicht in seinen Mitleidsregungen gegen die Tiere abgestumpft zu werden.

Neben den aus Unverstand zu erklärenden scheinbaren Grausamkeiten gibt es nun auch solche Tier- und Menschenquälereien, die aus einer gewissen Neckfreude hervorgehen. Die Lust am Necken, das nichts anderes als eine Art des Kampfspiels ist, erwacht schon sehr frühe; das neckende Kind genießt spielend sein Machtbewußtsein, seine Überlegenheit gegenüber dem Gehänselten. Freilich sind ja nun beim Kinde, wie wir wissen, die Grenzen zwischen Spiel und Ernst noch nicht scharf gezogen; deshalb ist das Necken nicht vor Ausartung geschützt. Die spielerische Freude an dem Schaden des anderen kann zur realen Freude werden; der Selbstgenuß der Macht kann die Einfühlungsfähigkeit in die Unlust des anderen abstumpfen, und die an sich harmlose Necklust rückt nahe an wirkliche Grausamkeit und Schadenfreude heran[1]. Der Erzieher sei daher auf der Wacht, um rechtzeitig eine überwuchernde Lust am Hänseln einzudämmen und die Ausbildung eines herzlosen Charakterzuges zu verhindern.

Zu den bisher genannten Quellen grausamer Handlungen – Verständnislosigkeit, motorische Hemmungslosigkeit, ausgeartete Neck- und Hänsellust – kann nun der soziale Einfluß kommen. Denn ver-

[1] Erich Stern bringt Beispiele hierfür.

wahrloste und Verbrecherkinder, Kinder, deren Väter die Mutter mißhandeln, werden nur allzu leicht das, was sie täglich vor sich sehen, nachahmen. Fraglich erscheint es dagegen, ob auch ein sexualpsychisches Grausamkeitsmotiv, das die Psychoanalyse in den Vordergrund schiebt, schon in dieser Frühzeit eine Rolle spielt. Man versteht unter „Sadismus" bekanntlich die Tendenz, sich durch Mißhandlung eines anderen Menschen wollüstig zu erregen. Aber der kleine Junge, der mit seiner Peitsche wütend auf einen Spielgefährten einschlägt, ist nicht deshalb schon ein Sadist, weil bei sexuellen Abirrungen Erwachsener die Peitsche öfters die Rolle eines Anreizmittels spielt.

4. Mitgefühl und Altruismus

Führt schon die Analyse minderwertiger Kindeseigenschaften dazu, daß man die These von der absolut egoistischen, ja kriminellen Natur des Kleinkindes zurückweisen muß, so wird das Bild noch deutlicher durch den Nachweis der positiven Rolle, welche nichtegoistische Regungen und Begehrungen in diesem frühen Alter spielen. Von der Liebe sprachen wir schon; jetzt soll vom Mitgefühl und Altruismus die Rede sein. Die Bekundungen dieser Streberichtungen sind vielleicht nicht so auffällig wie die eben erwähnten gegenteiligen Erscheinungen, aber darum nicht minder bedeutsam.

In der Tat: schon das Kind von zwei und drei Jahren besitzt die Fähigkeit der Einfühlung in das Leid der anderen, nicht nur in dem Sinne, daß es durch die Gefühle des anderen angesteckt, mit ihm traurig oder ängstlich, durch sein Weinen ebenfalls zum Weinen veranlaßt wird – das wäre bloße Gefühlssuggestion –, sondern in dem höheren Sinne, daß es sich in den anderen hineinversetzt, sich mit dessen Leid, Schmerz, Angst identifiziert, ihn zu trösten, ihm zu helfen oder gar ihn zu rächen sucht.

Es gibt über das Mitleid bei Kindern eine Massenuntersuchung von W. Boeck; die angewandte Methode freilich ist an Exaktheit absolut nicht der Beobachtung einzelner Kinder vergleichbar. B. sandte nämlich Fragebogen an eine größere Reihe von Eltern mit der Bitte, „Fälle von deutlich hervortretendem Mitleid bei Kindern" womöglich mit Einzelheiten über Gegenstand, Anlaß und Ausdruck des Mitleids einzusenden. Bei diesem Verfahren ist es weder möglich, ein Urteil über die psychologische Fähigkeit der Mitarbeiter zu bilden, noch zu kontrollieren, ob die Fälle auf Grund frischer Beobachtungen oder vager Erinnerungen berichtet wurden. Immerhin vermag die Untersuchung wenigstens eine ungefähre Vorstellung von der Mannigfaltigkeit und der statistischen Verteilung der bei Kindern vorkommenden Mitleidsäußerungen zu geben.

Über das uns angehende Alter von 1;0–6;0 umfaßt die Statistik Boecks 408 Fälle, die sich folgendermaßen auf die Jahrgänge verteilen:

2.	3.	4.	5.	6.	Lebensjahr
66	95	94	93	60	Fälle.

Etwas skeptisch wird man gegen die Zuverlässigkeit der Beobachtungen durch die unwahrscheinlich zahlreichen Fälle von Mitleid aus dem zweiten Lebensjahr gestimmt.

Interessanter ist die Verteilung nach den Gegenständen des Gefühls. Das Mitleid bezog sich nämlich auf

Familienmitglieder	in 145	Fällen	= 35½%	aller Fälle
Andere Menschen	„ 59	„	= 14½%	„ „
Tiere	„ 88	„	= 21 %	„ „
Leblose Gegenstände, Puppen, Pflanzen	„ 56	„	= 14 %	„ „
Abgebildete oder in Erzählungen geschilderte Menschen und Tiere	„ 60	„	= 14½%	„ „

Genau die Hälfte aller Mitleidsfälle gilt somit lebenden Menschen. Unter diesen stehen die Familienmitglieder obenan; aber es zeigt sich doch, daß mit steigendem Alter immer mehr auch andere Menschen in den Gesichtskreis, oder besser Gefühlskreis des Kindes treten. Von Jahr zu Jahr sinkt die Häufigkeit des Mitleids mit leblosen Gegenständen; es steigt die des Mitleids mit Tieren.

Die Fähigkeit des Kindes, sich in das Leid eines anderen hineinzuversetzen, hängt ursprünglich aufs Stärkste von den sonstigen Gemütsbeziehungen ab, die das Kind mit jenem anderen verbinden. Das Fühlen für jemand ist die Vorbedingung des Fühlens mit ihm; auf dem Resonanzboden der Liebe und Zärtlichkeit ist jenes instinktive Mitschwingen des eigenen Gefühls mit dem des anderen am leichtesten möglich. So ist es denn verständlich, daß die stärksten Mitleidsregungen in den frühen Jahren der Mutter gelten.

Günther 3;0. „Die Mutter ist über Stufen gestrauchelt, die von einem Zimmer ins andere führen. G. versucht sofort, der am Boden liegenden Mutter aufzuhelfen, pustet wie zu Heilungszwecken und fragt unausgesetzt ängstlich: *wieder gut wäden?* Um die Kinder ihre heftigen Schmerzen nicht merken zu lassen, geht die Mutter in ein anderes Zimmer. Da nimmt sich G. eine Fußbank, klettert an der Tür herauf, klinkt sie auf und ruft in zärtlichem Tone immer von neuem: *wieder gut wäden?* Dann kehrt er zum Ort des Falles zurück und nimmt einen dort stehenden Eimer fort, in dem er die Ursache des Strauchelns sieht, mit Worten, die zeigen, daß er ähnlichen Unfällen vorbeugen will."

Die Beziehung von Mitleid und Liebe besteht aber auch in umgekehrter Richtung: das Mitleid kann die Liebe steigern.

Hilde 4;7. „Eine Unpäßlichkeit der Mutter löste bei Hilde doppelte Zärtlichkeit aus; oft bedauerte sie die Kranke: *arme Mutter*, fragte, ob sie ihr etwas zu trinken bringen könnte, umarmte und küßte sie öfter als sonst."

Hilde 5;7. „Neulich fühlte sich die Mutter nicht wohl und sagte, sie würde sich hinlegen müssen. Da wurde Hilde sogleich zärtlich und anschmiegsam und sprach die bedeutsamen Worte: *Mutter, wenn de krank bist, habe ich dich viel lieber*"[1].

---

[1] Diese Bemerkung ist auch deshalb interessant, weil sie zeigt, daß ausnahmsweise schon ein 5½jähriges Kind zu spontaner Selbstbeobachtung fähig ist.

Bei dieser gesteigerten Zärtlichkeit liegt eine eigenartige Gefühlskomplikation vor: es sind nämlich die altruistischen Regungen mit mehr oder minder versteckten selbstischen verschränkt. Ist die Unpäßlichkeit der Mutter keine allzu große, dann weiß das Kind, daß es Stunden stiller Gemütlichkeit gibt, in denen es am Bett der Mutter sitzen und von dieser sich erzählen oder vorlesen lassen kann. Das eigene Gesundsein und Helfenkönnen steigert das Persönlichkeitsgefühl des Kindes; die Rollen zwischen der Hilfebedürftigen und der Hilfespendenden sind ja plötzlich vertauscht. – Zu alledem kommt dann noch die reizvolle Sensation, die in der Krankheit und der Ungewöhnlichkeit der Begleitumstände liegt.

Wie diese, meist verborgen bleibenden Motive doch zuweilen naiv geäußert werden, dafür zwei Beispiele.

„Bei Gelegenheit der erstgenannten Krankheit der Mutter sagte Hilde 4;7 eines Abends mit ausgesprochen vergnügtem und hoffnungsfreudigem Tonfall: *Muttel, wenn de morgen noch krank bist, da wer ich dir Schnitte* (= Butterbrot) *machen.*" – „Kurz vor jener Zeit waren wir mit H. im zoologischen Garten. Sie hatte gehört, daß ein Affe krank war und ließ sich plötzlich zu unserer Verblüffung vernehmen: *Ich will mal sehen, wie der Affe schön krank ist.* Hier ist das Mitleid gänzlich von der Sensationslust verschlungen worden."

Das Mitgefühl mit Angehörigen äußert sich übrigens nicht nur bei schon vorhandenen Leiden, sondern auch bei möglichen oder für möglich gehaltenen; und so sind denn auch die Furchtaffekte des Kindes nicht immer egoistischer Art. Die ersten Spuren dieser Furcht für andere haben große Ähnlichkeit mit der früher geschilderten Furcht vor dem Unheimlichen, nur daß dies Unheimliche jetzt nicht das Kind selbst bedroht.

Hilde sah (2;3) zum ersten Male, wie das neugeborene Brüderchen an die Brust der Mutter gelegt wurde; da wurde sie ängstlich, sagte *leich fettig* (die Sache solle gleich fertig sein) und begann zu weinen. Ähnliches wird übrigens auch von anderen Kindern erzählt, die da glaubten, das Baby beiße die Mutter. – 2;5 Als eine Tante sich auf eine Wippe setzte und auf und nieder wippte, rief Hilde ängstlich: *laß sein, laß sein*; ferner sorgte sie sich um den Vater, als dieser auf einem umgestürzten Baumstamm balancierte, und dann wieder, als er auf eine hohe Böschung des Weges hinaufkletterte usw. – Man vergleiche auch Günthers Angst um die Schwester bei der Zirkusszene S. 212.

Dem familiären Mitleid tritt weiterhin eine andere Form zur Seite. Die Grundlage aller eigentlich sozialen und caritativen Tätigkeit ist ja das Bewegtwerden von dem Leid und der Not anderer Geschöpfe, ohne Ansehen der Person und ohne Rücksicht auf sonstige

Gefühlsbeziehungen – und da ist es doch bemerkenswert, daß auch dies soziale Mitleid schon in den frühen Kinderjahren in ersten Spuren erkennbar wird.

Hilde 3;6½. „Gelegentlich einer Unterhaltung war davon die Rede, daß manche armen Kinder keine Schuhe und Strümpfe besäßen. Da sagte H.: *Ach, da sind Kinder's Füße kalt*; (freudig:) *da müssen wir für Kinder Schuhe und Strümpfe kaufen und Handschuhe auch* – und sie zählte noch mehreres auf, was wir kaufen müßten."

Boeck hat bei seiner Umfrage 11 Beispiele erhalten für das Mitleid kleiner Kinder mit Krüppeln, 22 Beispiele für das Mitleid mit dem sozialen Elend; in diesen Fällen wird fast immer wie auch im obigen der Wunsch geäußert, durch Geschenke die Leiden zu mildern.

Natürlich ist hierbei auch die Belehrung durch die Eltern nicht unwirksam. Indem diese das Kind auf die Zeichen der Armut und Bedürftigkeit aufmerksam machen, selbst ihr Bedauern äußern, die Spottlust des Kindes rügen, das Kind zum Beschenken und zu rücksichtsvollen Hilfeleistungen anhalten, wird das soziale Mitleid sehr verstärkt (vgl. das Beispiel von Scupins Sohn S. 417/8).

Die Spontaneität des kindlichen Mitleids zeigt sich besonders deutlich dort, wo kein Vorbild der Erwachsenen wirken kann. Dies gilt von vielen Fällen des Mitleids mit Tieren (die nach Boecks Statistik den fünften Teil aller vorkommenden Mitleidsfälle ausmachen). Bald setzt das Kind in falscher Vermenschlichung Leiden und Entbehrungen beim Tiere voraus, die dieses gar nicht hat; bald aber empfindet das Kind dort noch naiv, wo wir Erwachsenen abgestumpft sind, z. B. bezüglich der Tiere, die uns zur Nahrung dienen.

Scupins Sohn sah 2;8½, wie einem Truthahn die Federn ausgerupft wurden, so daß bereits ein Teil der Brust nackt war. Da sagte der Knabe vorwurfsvoll zur Köchin: *Ach, Anna, du mußt nicht das Kleidel von die armen Truthahn ausßien – das ist so kalt.* (I, 161.) – 5;11 trug er einen verletzten, am Boden liegenden Schmetterling vorsichtig zu einem Baumstumpf und sagte: *Komm, arme Nonne, daß dich die Hasen nicht fressen.* (II, 173.)

Derartige Fälle, die ähnlich bei allen Kindern vorkommen, beweisen zugleich, wie falsch es ist, die Grausamkeit gegen Tiere als einen allgemeinen und konstanten Zug der frühen Kindheit hinzustellen.

Die letzte bei Boeck genannte Gruppe von Mitleidserregungen bezieht sich auf unwirkliche Individuen, also auf abgebildete oder in Erzählungen vorkommende Menschen und Tiere. Gerade weil sich beim Kinde die Grenzen zwischen Schein und Sein so leicht verwischen, gewinnen die Gefühle für solche fiktiven Wesen oft eine Intensität, die dem Mitgefühl mit wirklichem Leid nur wenig nachsteht. „Furcht und Mitleid", das Gefühlspaar, das, wie schon Aristoteles fand, die Vorbedingung für alle poetische Wirkung ist, ist also beim kleinen Kinde schon vorhanden; es fühlt mit Rotkäppchen nich viel weniger, als wenn ihm eben von einem in der Nachbarschaft wirklich geschehenen Unglück erzählt worden wäre.

Einer von Boecks Fällen lautet (S. 89): „So oft einem 5 ½ Jahre alten Knaben aus seinem Bilderbuch die Geschichte vom König Nußknacker und dem armen Reinhold vorgelesen wird, worin Reinholds Vater tot ist und die Mutter allein für das kranke Kind sorgen muß, verbirgt er die Tränen und schützt jedesmal vor, es sei ihm etwas ins Auge gekommen, und liebkost seine Eltern; beim Betrachten des Bilderbuchs sucht er die betreffende Stelle stets zu übergehen."

Eine besondere Verwicklung der Mitleidsregungen bedarf noch der Erwähnung: diejenigen Fälle, in denen die Sympathie mit dem Leidenden zur Antipathie gegen den Urheber des Leides führt. Dasselbe Bedürfnis der Abwehr, welches das Kind gegenüber den Beeinträchtigungen seiner eigenen Person hat, erfüllt es auch gegen die (wirklichen oder vermeintlichen) Bedrücker anderer; und so wohnen denn hier die weichen Gefühle des Mitleids und die harten des Hasses oder der Rache merkwürdig dicht beieinander. Man erkennt, wie tief der Sühneinstinkt dem Menschen angeboren sein muß, wenn er sich so frühe regt, und zwar auch bei Gelegenheiten, bei denen das eigene Wohl und Wehe gar nicht beteiligt ist.

Boeck berichtet eine Reihe von Fällen, in denen ein Geschwister für ein anderes, das geschlagen wird, eintritt und selbst gegen den Züchtiger handgreiflich wird.

Scupin 3;11½. „Sehr böse wird Bubi immer, wenn der Vater im Scherz so tut als wolle er der Mutter etwas zuleide tun. Dann steht Bubi bereit, wie ein grimmiger kleiner Bulldogg, stürzt sich im geeigneten Moment auf den Vater, knurrt ihn an und sucht ihn mit allen Mitteln zurückzuhalten." (II, 88.)

Auch die anderen Formen des Mitleids (mit Tieren, mit fingierten Wesen) können sich mit dem Rachebedürfnis verbinden; hierbei geht der Haßaffekt zuweilen, wie einige Beispiele Scupins zeigen, geradezu ins Maßlose und steht in gar keinem Verhältnis mehr zum Gegenstand des Mitleids; die Kampfeslust des Knaben wird zum Selbstzweck.

Scupin 3;11. Er sah Kieler Sprotten und ließ sich von deren Fang erzählen. „Das Schicksal der Tiere ging ihm nun so zu Herzen, daß er in größter Erregung auf die beiden Männer schalt, die solche niedlichen Fische gefangen hatten; dabei entwickelte er eine recht grausame Phantasie: *Das sind aber unatjen Männer, wenn se die armen Fischerle so tot machen, – da hau' ich se aber und ßersäg' se und schneid'n Kopp ab und de Brust und de A(r)men und ßerstech'n de Augen und die Stücklein schmeiß' ich ins Wasser, und da kommen die Swän und fressen se auf.*" (II, 84.)

Scupin 4;7. „Als er heute ein Bild betrachtete, das eine Kriegsszene darstellte, in der ein Soldat gerade einen anderen erschossen hatte, ging das dem Jungen sehr zu Herzen; er holte sofort sein Gewehr, legte die Mündung des Laufes genau auf den Kopf des feindlichen Soldaten, drückte den Hahn ab und – atmete erleichtert auf: *So, jetzt hab' ich den auch totgeschossen, weil er den andern Soldaten totgeschossen hat.*" (II, 126.)

Daß Kinder schon früh Gefühle für andere hegen, steht fest; sind sie aber auch altruistischer Taten fähig?

Hier müssen wir wieder zwischen verschiedenen Arten des altruistischen Handelns unterscheiden.

Gewisse Handlungen sind nichts anderes als unmittelbar instinktive Ausdrucksbewegungen eines starken Gefühls; und da die Hemmungen der Ausdrucksbewegungen beim Kinde durchschnittlich weit geringer sind als beim Erwachsenen, so müssen wir die hierher gehörigen Handlungen bei ihm in erhöhtem Maße erwarten. In der Tat setzt sich das Mitleid oft unmittelbar um in Versuche zu trösten, in Bemühungen zu helfen oder auch in einen Abwehrakt gegen den Bedränger des anderen – wir haben zu allen diesen Verhaltungsweisen schon früher Beispiele gebracht.

Altruismus in eigentlichem Sinne ist dies noch nicht; denn es fehlt noch das Bewußtsein des Konfliktes zwischen den eigenen und den fremden Interessen und die Entscheidung zugunsten der fremden. Gerade das Hilfeleisten ist ein Beispiel dafür; die Freude an der Selbsttätigkeit, das frohe Bewußtsein des Könnens wirken oft ebenso stark mit bei diesen Handlungen wie das Mitgefühl mit dem Hilfsbedürftigen (vgl. das Beispiel S. 476).

Eine andere Form des noch keimhaften Altruismus ist das „Abgeben", das schon im zweiten Lebensjahr geübt wird. Das Bedürfnis, andere an einem Genuß teilnehmen zu lassen, den man selbst hat, ist offenbar ganz elementar. So sagte Hilde 1;2 nach jedem Löffel voll Suppe, den die Mutter ihr reichte: „*Mama essen*" und öffnete den Mund zum nächsten Löffel nicht eher, als bis auch die Mutter scheinbar davon genommen hatte. Und wie gern die Kleinen ihren Kuchen oder ihre Semmel den anderen zum Abbeißen darreichen, ist ja bekannt. Für sie ist also auch bereits „geteilte Freude doppelte Freude".

Hiermit kann sich aber ebenfalls schon sehr früh ein primitives Gerechtigkeitsgefühl verbinden, das verletzt wird, wenn ein anderer nicht das gleiche erhält, wie das Kind selbst. Namentlich dort, wo Geschwister gewöhnt sind, alles gemeinsam zu tun und zu genießen, wird es dem Kinde, das etwas empfängt, zur Selbstverständlichkeit, für Bruder oder Schwester das gleiche zu verlangen[1]. Darum sind für „einzige" Kinder die Bedingungen zur Entwicklung des Altruismus weniger günstig als für Geschwister.

Günther 1;10½. „Gibt man ihm ein Stück Kuchen oder Schokolade, so ertönt stets sofort sein fragendes *Hildä?* Und wenn er daraufhin ein zweites Stück bekommt, so denkt er nicht daran, es für sich zu behalten, sondern bringt es gleich der Schwester."

Es dauert aber nicht lange, und aus diesen Vorbereitungsstadien entwickelt sich echter Altruismus; aus dem gefühlsmäßigen Handeln für andere wird ein bedachtes; das Kind vermag sein eigenes Interesse, obwohl es ihm bewußt ist, zurückzusetzen, um dem anderen eine Freude zu machen oder ihm etwas Unangenehmes zu ersparen. Natürlich handelt es sich hier noch nicht um schwere Verzichte und große Opfer; alles spielt sich noch in den Miniaturausmaßen des kindlichen Lebens ab; und gegen egoistische Anfechtungen ist dieser Altruismus, namentlich wenn er längere Zeit hindurch standhalten soll, nur schwach gewappnet – wofür wir ja schon auf Seite 409/10 ein drastisches Beispiel gebracht haben. Dennoch bleibt als Hauptsache bestehen, daß bewußter tätiger Altruismus schon vom dritten Jahre an existiert.

So äußerte sich Günthers Uneigennützigkeit um 2;6 mehrmals in folgender Weise: „Man saß bei Tisch, irgendeine Leckerei war aufgegeben worden, und Günther begann bereits zu essen. Da klagte jemand: ‚Ach, ich habe keinen Löffel!' – und flugs, ohne jede Aufmunterung, hörte G. mit Schmausen auf und gab seinen Löffel fort. Er mußte noch einige Minuten lang zusehen, wie die anderen es sich gutschmecken ließen, wurde aber nicht ungeduldig, verlangte auch nicht einen anderen Löffel, sondern wartete vergnügt, bis ihm ein solcher gebracht wurde."

Hilde 3;11. „Die Mutter fischte aus der Suppenterrine alle Mohrrüben heraus und tat sie auf H.'s Teller. Darauf H.: *Günther soll doch auch Mohrrüben haben, Hilde muß doch nicht alle haben,* und sie ließ sich willig einen Teil der Rüben für den Bruder wieder fortnehmen." – „Die Mutter äußerte, sie wolle, wenn H. ausgetrunken hätte, aus deren Glas trinken, forderte aber das Kind nicht auf, sich zu beeilen. Da trank H. sofort in einem Zuge ihr Glas leer und sagte: *Jetzt kann Mutter trinken, darum hab ich doch so schnell getrunken.*"

Ist erst überhaupt einmal der Gesichtspunkt dem Kinde aufgegangen, daß es aus Rücksicht auf andere seine eigenen Wünsche

---

[1] Es wird zuweilen die Frage aufgeworfen, ob es ein „angeborenes Rechtsgefühl" gebe; die Kinderpsychologie scheint zu lehren, daß dies aus mehreren Wurzeln entspringt. Wir nennen: den Vergeltungsinstinkt (S. 468), das Verlangen nach Geltungsgleichheit für sich selbst (S. 469), den Sühneinstinkt (S. 479, 491), und das Verständnis für die immanente Logik der Strafe (S. 488), endlich die oben erwähnte Anerkennung des gleichen Anspruchs der Andern.

zurückstellen, oder auf Angenehmes, was es besitzt, verzichten müsse, dann können auch erziehliche Maßnahmen wirksam werden, um das Kind zur Übung des Altruismus anzuhalten.

„Hilde hatte 4;8½ wegen eines unbedeutenden Wehs in der Nacht zu weinen angefangen; ich war schon mehrmals aus dem Bett gesprungen und zu ihr ins Nebenzimmer gegangen. – H. seufzte und ächzte immer wieder und rief nach mir. Endlich sagte ich bei ihr am Bett stehend: ‚Gut, ich werde jetzt hier bleiben, wenn ich auch sehr müde bin und wenn ich auch sehr friere, bis die Hilde selbst sagt, daß Mutter ins Bett gehen kann. Nach zwei bis drei Minuten klang es aus den Kissen: *Muttchen, jetzt kannst du ins Bett gehen, ich will artig sein.* Und sie schlief ruhig ein."

Scupin 5;2½. Bubi wurde einige Male mitgenommen, „wenn einer sehr armen Familie abgelegte Kleidungsstücke mitgebracht wurden. Vor dem ersten derartigen Besuch wurde der Knabe aufgefordert, den drei armen Kindern der Familie etwas von seinem Spielzeug mitzunehmen. Aber da sträubte er sich zuerst und meinte, das wären doch seine Sachen, die brauche er noch, und ließ sich schließlich herbei, einige schadhafte oder ältere längst vernachlässigte Spielsachen herauszusuchen. Als er dann aber sah, wie sich die Kinder noch darüber freuten, machte ihm das Geben selbst Vergnügen. Das nächste Mal war er schon weit generöser, suchte aus freiem Antriebe Spielsachen heraus und hüpfte schon in der Vorfreude des Gebens fröhlich umher, sich die Freude der armen Kinder ausmalend. Gestern mahnte er ganz von selbst, daß es wieder an der Zeit sei, den armen Kinder etwas hinzutragen, und es gelang sogar, ihn zur Herausgabe eines Spielzeuges zu bewegen, von dem er sich anfangs gar nicht trennen wollte." (II, 170/171.)

An dieser Stelle sei anhangsweise ein Thema berührt, daß durch das neue Buch des Ehepaars Katz über „Gespräche mit Kindern" angeschnitten worden ist. Es handelt sich um das Beichtproblem. Die psychologischen Fragen lauten: Sind Kinder fähig über gute und schlechte Handlungen sich und anderen noch nachträglich Rechenschaft zu geben? Haben sie das Bedürfnis hierzu? Wie wirkt ein solches „Beichten" auf die Kinder selbst? Die pädagogische Frage lautet: Sollen die Eltern schon im frühen Alter solche Beichtäußerungen der Kinder veranlassen und das Bedürfnis danach in den Kindern großziehen?

D. und R. Katz bejahen beide Fragen. Unter den von ihnen veröffentlichten Gesprächen befinden sich eine ganze Reihe von solchen „Beichtgesprächen", die gewöhnlich abends unmittelbar vor dem Schlafen der Kinder geführt wurden. Es wurde Wert darauf gelegt, daß die Kinder sich nicht nur auf ihre kleinen Vergehen, sondern auch auf ihre Guttaten besinnen sollten, um nicht ein einseitiges Sündenbewußtsein zu provozieren, ferner darauf, daß nicht etwa noch nachträgliche Bestrafungen erfolgten. Der kleinere 3½jährige Knabe hatte diesen Unterhaltungen erst allmählich ein gewisses Verständnis entgegengebracht; bei dem älteren Bruder, der im 6. Lebensjahr stand, war nach Ansicht der Eltern das volle Verständnis für diese Gespräche und die volle psychische Wirksamkeit der seelischen Entlastung durch die Beichte vorhanden. Wir geben zunächst eine Probe.

T. 5;1. J. 3;5.

Mutter: Hast du was Unrechtes getan?

T.: *Ich habe Tante O. gehauen.*

M.: Warum hast du denn Tante O. gehauen?

T.: *Weil sie unseren Bahnhof kaputt gemacht hat. Dann mußte sie ihn doch wieder ganz genau so aufbauen.*

M.: Warst du auch häßlich gegen die Großmutter?

T.: (Schweigen, nach einer Pause) *Ich weiß nicht.*

M.: Hast du noch etwas Schlimmes getan, warst du vielleicht ungehorsam?

T.: *Was ist denn ungehorsam?*

M.: Ungehorsam ist z. B., wenn Tante O. dich ruft und du gehst nicht hin.

T.: *Mami, ich war Tante O. davongelaufen und da hat mich Papi abgewiesen, und da war ich zu dir gelaufen.*

M. Warst du heut am Vormittag ungehorsam?

T.: (langes Besinnen). *Nein.*

M.: Hast du deine angefangene Arbeit heute zu Ende geführt?

T.: *Ja, ich habe doch den Herd gemacht.*

M.: Hast du auch alles eingepackt?

T.: *Ja, ich habe den Baukasten gut eingepackt.*

M.: Hast du deinen Teller leer gegessen?

T.: *Nicht ganz, aber die Speise habe ich ganz aufgegessen.*

(Die Mutter geht zu J.)

M.: Warst du unartig heute?

J.: *Nein.*

M.: Wolltest du dich waschen lassen?

J.: (Verlegenes Lachen). *Nein.*

M.: Hast du deinen Teller leer gegessen?

J.: *Ja.*

T.: (Kommt angekrochen, zwinkert mit den Augen.) *Er hat nicht leer gegessen. Mami, ich hab heute die Großmutter mit dem Stock geschlagen.*

M.: Das ist bös, das darfst du nicht.

T.: *Aber Großmutter war doch frech, sie hat das Brett von der Spielsachenborte entzwei gemacht.*

M.: Man darf so etwas nicht von der Großmutter sagen, sie hat das Brett nicht mit Absicht entzwei gemacht. – (Längeres Schweigen.)

T.: *Mami, warum fragst du uns denn?*

M.: Damit ihr einseht, was ihr Böses getan habt und das nicht wieder tut.

T.: *Aber Mami, dann wollen wir einmal einen Tag nicht fragen und sehen wie es dann wird.*

M.: Ich frage euch ja auch nicht jeden Tag, manches Mal, wenn ich fortgehen muß, dann frage ich ja auch nicht.

Da mir selbst keine Erfahrungen über solche Beichtgespräche mit Kindern zur Verfügung stehen, vermag ich kein endgültiges Urteil über den Wert dieser Methode abzugeben. Aber einige Erwägungen seien doch angestellt.

Daß Beichten für Kinder – wie für alle Menschen – eine beglückende Befreiung von seelischem Druck bedeuten können, ist nicht zu bezweifeln; und wo Kinder spontan das Bedürfnis fühlen, eine kleinere oder größere Sünde oder Unfolgsamkeit durch Geständnis abzureagieren, da sollen die erwachsener Erzieher alles tun, um diesen Prozeß zu erleichtern. Ja, sie sollen sogar von sich aus die Beichte vorsichtig einleiten, wenn sie zu merken glauben, daß das Kind seelisch belastet ist, aber noch nicht den Mut und den Weg findet, sich spontan zu äußern. Jedoch von diesen erzieherischen Maßnahmen bis zu regelmäßigen abendlichen Beichtgesprächen ist noch ein weiter Weg. Drei Hauptbedenken drängen sich auf:

1. Die Beichte wird meist provoziert in einer Situation, in der das Kind gar nicht mehr innerlich mit der – schlimmen oder guten – Tat beschäftigt ist, die es nennen soll. Oft bedarf es längerer Besinnung, die zeigt, daß es sich um seelisch erledigte Dinge handelt[1]. Die Beichte ist also unorganisch.

2. Das Beichtgespräch kann leicht wie ein schulmeisterliches Examinieren wirken. Denn die Eltern fragen großenteils nach Vorgängen, die sie selbst schon wissen, von denen sie nur feststellen wollen, ob die Kinder sie noch wissen und mit dem gehörigen Wertungsakzent daran denken. Der kleine T. hat gar nicht so unrecht, wenn er seinerseits an die Mutter die verwunderte Frage richtet: *Mama, warum fragst du uns denn?* Die Antwort, die die Mutter darauf gibt, führt nun zu den folgenden Bedenken.

3. Die Beichte ruft eine Bewußtheit hervor, die dieser Altersstufe noch nicht angemessen ist. Wenn auch hier und da schon kleine Kinder im engen Zusammenhang mit einer Tat ein Gefühl ihrer Erlaubtheit und Unerlaubtheit haben, Zeichen von Selbstzufriedenheit oder Gewissensbissen verraten, so sollte man diese Keime der Selbsterkenntnis und Selbstbeurteilung langsam wachsen lassen, aber nicht durch ein, viele Stunden später einsetzendes, Wiederbewußtmachen treibhausartig züchten. Es verleitet frühzeitig zum Grübeln und Reflektieren, kann manche Kinder dazu führen, daß sie unnötig schwer an ihren kleinen Vergehen tragen, kann andere pharisäisch machen,

---

[1] Verdrängung dürfte bei diesen Kleinkindersünden wohl nur ganz selten vorliegen.

indem sie ihre Guttaten gewissenhaft registrieren – kurz, kann sie in moralischer Beziehung vorzeitig unnaiv machen.

Die Kraft dieser Bedenken hängt augenscheinlich stark von der Natur der Kinder und von der Art der elterlichen Gesprächsführung ab. D. und R. Katz sind der Überzeugung, daß sich das Beichtgespräch bei Kindern von der Struktur der ihrigen als ausgezeichnetes Erziehungsmittel bewähre; aber eine Verallgemeinerung dieser pädagogischen Methode auf beliebige Kinder und ihre Anwendung durch Eltern und Erzieher ohne besondere psychologische Feinfühligkeit könnte leicht zu einer Verkehrung der Wirkung führen.

Kapitel XXXVII

Bedingungen und Wirkungen der Strafe

Hätten wir hier eine Pädagogik der frühen Kindheit zu schreiben, so würde dieses Kapitel eines der ausführlichsten werden müssen. In einer Psychologie dürfen wir uns kurz fassen. Denn die psychologischen Tatbestände, auf welche sich die Pädagogik des Strafens bezieht, sind uns in ihrer Mannigfaltigkeit schon an den verschiedensten Stellen des Buches begegnet; wir haben sie nur in einer zum Teil neuen Beleuchtung zu gruppieren und eine Reihe von Ergänzungen anzufügen.

Das schöne Wort Schleiermachers „Die Strafe muß eine abnehmende Größe in der Erziehung sein" gilt ontogenetisch und phylogenetisch. Im Leben des einzelnen Kindes hat mit steigendem Alter mehr und mehr das negative Erziehungsmittel der Strafe hinter den positiven – Beispiel, Suggestion, Willensübung, Belehrung, Anleitung zu eigenem Urteilen – zurückzutreten; demnach wird die Frühpädagogik gewisse Strafmittel am wenigsten entbehren können. Im Leben der Menschheit aber ist die Einschränkung des Strafens geradezu ein Index für die Höhe der sittlichen Kultur; darum wird heute weniger und verständiger gestraft als in früheren Jahrhunderten, in höher kultivierten Schichten weniger als in niedrigeren. Betrachten wir kurz, unter welchen Umständen Strafen in der frühen Kindheit nötig sind, und in welcher Form sie den Forderungen der psychischen Wirksamkeit und pädagogischen Berechtigung am besten entsprechen.

1. Bedingungen des Strafens im frühen Kindesalter

Bestrafung ist zunächst unentbehrlich, um unzweckmäßigen Handlungen zu begegnen, deren Zweckwidrigkeit das Kind nicht verstehen und würdigen kann. Gründe der Lebenssicherung, der Gesundheit, der Sauberkeit, der Ordnung und Sparsamkeit, Hausvorschriften und Polizeivorschriften verlangen, daß viele Betätigungen, welche das Kind in ahnungsloser Naivität zu vollführen geneigt ist, mit der Marke „unerlaubt“ versehen werden. Das Kind soll nicht am Finger lutschen, nicht häßliche Grimassen schneiden, nicht die eben gesäuberte Stube beschmutzen, nicht wertvolle Sachen – Taschenuhren, Glasgeschirr – wie Spielzeug behandeln, hinwerfen, auseinandernehmen, nicht auf den Rasen treten, sich nicht zum offenen Fenster hinauslegen usw. Und da das bloße, wenn auch ständig wiederholte Verbieten bei der Vergeßlichkeit des Kindes und bei seinem Aufgehen im Gegenwartsaffekt nicht ausreicht, so müssen stärkere Hemmungsmechanismen geschaffen werden durch assoziierte Unlustaffekte. Hier hat also die Strafe noch keine moralische Bedeutung, sondern bloß abschreckenden Zweck; sie soll künstlich eine ähnliche Wirkung erzeugen, wie sie in natürlicher Form durch den Satz „Gebranntes Kind scheut das Feuer“ gekennzeichnet ist. Dies Ziel der Abschreckung kann freilich dadurch leicht illusorisch gemacht werden, daß mit der Strafe nicht sparsam umgegangen wird. Wenn ein Kind von einem ganzen System von Verboten umgeben und für jede der dadurch bedingten zahllosen Übertretungen streng bestraft wird, kann es ja gar nicht mehr die Unlust der Strafe mit bestimmten Handlungsformen assoziieren und diese so meiden lernen; vielmehr wird als eine allgemeine Reaktion Abstumpfung statt der erhofften Abschreckung erzielt werden. Das Vorgehen mancher Erzieher, die überall dort aufs heftigste zuschlagen, wo das Kind in seiner Ahnungslosigkeit etwas anrichtete, hat nur noch wenig mit Bestrafung zu tun; oft genug ist es nichts anderes als die hemmungslose Entladung des Ärgers über den vom Kinde verursachten Schaden, oder der Machtinstinkt, der sich am widerstandslosen Objekt betätigt.

Ein zweites Strafmotiv liegt vor beim Zusammenstoßen von Erzieherwillen und Kindeswillen. Die Überwindung des kindlichen Eigenwillens und Trotzes (s. S. 434ff.) ist erforderlich, nicht nur weil das Ziel des Erzieherwillens durchschnittlich das wertvollere ist und gerade im Interesse des Kindes erreicht werden muß, sondern auch deshalb, weil das Kind zur Selbstbeherrschung und zur Fügung unter eine Autorität fähig werden muß. So ist auch hier Bestrafung nicht zu vermeiden. Freilich soll man sich dessen bewußt bleiben, daß auch Eigenwillen und Auflehnung nur Zerrbilder einer an sich wertvollen Anlage des Kindes, nämlich seines Selbständigkeitsstrebens sind; und da die Erziehung zum Gehorsam nicht Selbstzweck, sondern nur Vorbereitung und Vorbedingung für die höheren Zwecke: der Erziehung zur Selbstverantwortlichkeit ist, so muß man sich hüten, aus der Bekämpfung des Eigenwillens eine Ertötung des eigenen Wollens zu machen. Selbst für die frühe Kindheit darf Kadavergehorsam und mechanisch geregelter Drill nicht als Inbegriff der Erziehungsziele gelten[1].

Das dritte Objekt der Bestrafung endlich sind solche Handlungen, die als Anzeichen minderwertiger Charakterzüge – der Naschhaftigkeit, der Unaufrichtigkeit, der Grausamkeit usw. – aufgefaßt werden. Hier hat die Strafpädagogik besondere Vorsicht zu üben. Zunächst nämlich ist es schon irreführend, beim kleinen Kinde von „Charakterzügen" zu sprechen. Wohl bringt das Kind gewisse Anlagen mit, aber diese sind ursprünglich noch nicht eindeutig determiniert, sondern entwickeln sich erst – unter dem fortwährenden Einflusse der Umgebung – nach dieser oder jener Richtung zu dauernden Eigenschaften. Unter den mitwirkenden Umgebungseinflüssen aber ist die Strafe selbst einer der bedeutendsten. Sie kann bei zu großer Häufung und Härte dem Kinde das einzige ihm zur Verfügung stehende Abwehrmittel, die Geheimhaltung und Leugnung, nahelegen und so Neigung zur Verstecktheit und Verstocktheit erst erwecken oder zum mindesten verstärken. Unpädagogische Bestrafung fördert also unter Umständen das, was sie bekämpfen soll. Selbstverständlich soll damit nicht dem „laisser faire, laisser aller" das Wort geredet werden. Nur sollte der Wert der anderen positiven Erziehungsmittel stets höher bewertet werden, und die Strafe, wo sie nötig ist, den Charakter einer auch für das Kind verständlichen, milden Sühnung nicht verleugnen. Daß die Kinder dafür ein feineres Gefühl besitzen, als die Erwachsenen meist glauben, wird bald durch Beispiele belegt werden.

Eine weitere Schwierigkeit für die Bestrafung moralwidriger Handlungen liegt in der Deutung dieser Handlungen. Denn der Erwachsene beurteilt nur gar zu leicht das Tun des Kindes nach dem Maßstabe seiner eigenen Moral, nennt z. B. Lüge, was die äußere Form der Unwahrheit trägt, und gibt sich nicht davon Rechenschaft, daß die psychologischen Bedingungen dieser Erscheinung beim Kinde völlig andere sein können, als er sie aus der Psyche der Erwachsenen kennt. Hier führt also mangelnde psychologische Erkenntnis zu einem verfehlten Rigorismus, der vom Kinde Tugenden fordert, zu denen

[1] Gegen die Überschätzung des Gehorsams als einer Kardinaltugend wenden sich auch D. und R. Katz I S. 96/97.

es noch gar nicht fähig ist, und ihm Laster vorwirft und anrechnet – mit denen es zum Teil erst durch diese Vorhaltungen verfrüht bekannt gemacht wird. Wie viele Kinder würden noch lange im Paradieseszustande der Lügenfremdheit durch die Welt gehen, wenn ihnen nicht vorzeitig durch den Verdammungsspruch „du lügst ja!" mitdarauffolgender Strafe erst aufgedrängt worden wäre, daß es so etwas wie Lüge gibt.

2. Kindgemäße Formen der Bestrafung

Schon früher erwähnten und bekämpften wir die weitverbreitete Meinung: daß gerade beim kleinen Kinde die körperliche Züchtigung in weitem Umfange Anwendung finden müsse, weil das Kind feineren Strafmethoden noch nicht zugänglich sei. Ein wirklich empfindlicher körperlicher Schmerz scheint als Strafe eigentlich nur in einem Falle berechtigt: nämlich als Abschreckungsmittel dort, wo das Kind von der Wiederholung lebensgefährlicher Betätigungen (z. B. des Kletterns am offenen Fenster) zurückgehalten werden muß.

Überall dort aber, wo die Strafe nicht nur abschrecken, sondern zugleich erziehen soll, ist es das erste Erfordernis, daß das Kind die Strafe als solche verstehe. Dies Verständnis entwickelt sich aus dem Bewußtsein, daß die Strafe der Tat als ihre natürliche Konsequenz folgt. Man könnte von der zu fordernden „Logik der Strafe" sprechen.

In diesem Sinne kann wohl ein Klaps auf die Hand gerechtfertigt erscheinen, wenn – wie ja in so vielen Fällen – die Hand das sündigende Organ war; aber hier kommt es nicht mehr auf den zugefügten körperlichen Schmerz an, sondern nur auf die symbolische Ahndung des Übergriffes, den jenes Organ sich hat zuschulden kommen lassen[1]. Wie früh dem Kinde das Verständnis hierfür aufgeht, zeigt das Beispiel auf S. 437; aus einer etwas späteren Zeit stammt folgende Probe:

Eva 2;8. „Eva, die eine Vorliebe für Butter hat, versuchte heute mit dem Finger von meiner Semmel Butter fortzunehmen. Ich verbot es, sie tat es wieder, nun gab ich auf die unartige Hand einen schwachen Klaps – und weinend kauerte sie sich ins Sofa und wollte ein Weilchen nichts mehr von mir wissen."

Als natürliche Konsequenz einer Tat empfindet das Kind aber auch ihre soziale Rückwirkung: wer sich in das Zusammenleben mit anderen nicht fügt, wird aus diesem Zusammenleben ausgeschlossen.

[1] Ganz ähnlich äußern sich D. u. R. Katz (I S. 114f.) über den „symbolischen Klaps", der durchaus unter der Schwelle der physischen Schmerzhaftigkeit liegt und doch das Kind tief treffen kann.

Daher gehört die „Verbannungsstrafe“ zu den erfolgreichsten Strafformen; sie hat bei unseren Kindern Jahre hindurch beste Wirkung getan, gerade in solchen Fällen, in denen andere Eltern ohne Schläge nicht auskommen zu können glauben.

Hilde 1;8½. „Wenn das Kind einmal trotzig ist und sich mit Güte nicht zureden läßt, dann stelle ich sie allein ins Nebenzimmer, wo sie sich ausweint. Nach sehr kurzer Zeit gehe ich an die Tür und frage: „Will die Hilde wieder artig sein und zu Vater und Mutter kommen?“ – worauf stets ein *Ja* ertönt; ich nehme sie dann wieder zu uns, und meist ist der Trotz dann auch überwunden.“ – 1;9: „Ein Fingerzeig auf das Nebenzimmer, in welches H. schon öfters verbannt worden war, genügte heute ohne jede gesprochene Drohung zweimal, um das Kind augenblicklich vom Weinen zur Ruhe und sofort auch zur Beschäftigung zu bringen.“

In etwas höherem Alter können auch schon viel leisere soziale Rückwirkungen einer Tat vom Kinde als Strafe empfunden werden. Das Bewußtsein, daß auf die harmonisch heitere Liebesbeziehung zu den Eltern ein Schatten gefallen ist, vermag im vierten Jahre dem Kinde aufrichtigen Schmerz zu bereiten. Solche Erscheinungen haben freilich zur Voraussetzung, daß die feineren seelischen Töne im Verhältnisse zwischen Eltern und Kind nicht durch häufige und harte Strafen übertäubt worden sind.

Hilde 3;9. „Bei Ungehorsam nützt noch immer die Drohung mit dem anderen Zimmer, oder auch nur die Art, wie ich mit Worten oder schweigend das Kind strafe. Nichts ist ihr schrecklicher, als wenn sie mich *„getrübt‘* sieht, und sie fleht dann fast weinend: *Du siehst aber so getrübt aus, sei doch wieder gut!* Und wenn ich nicht mehr traurig aussehe, ruft sie freudig: *Bist du nicht mehr getrübt?* und vergißt schnell ihre eigenen Kümmernisse. Seit ein paar Tagen fragt sie, wenn sie etwas verbrochen hat: *Aber liebhaben darf ich noch, Muttel?*“ – „Oft schelte ich die Kinder nicht einmal, wenn sie ungebärdig sind, sondern sehe sie nur strafend oder traurig an, um die Umwandlung zu vollbringen. Beide Kinder können nicht zwei Minuten die Mutter traurig sehen – *ich bin artig* ertönt es unter Schluchzen, und so kommt es nie dazu, daß eine Mißstimmung vorhält; auf Regen folgt Sonnenschein.“

Die Strafe als natürliche „Konsequenz der Handlung“ kann auch noch ganz andere Formen annehmen, als wir bisher betrachtet haben; hier ist es dem Taktgefühl des Erziehers anheimgegeben, dem besonderen Falle die Strafart so anzupassen, daß sie dem Verständnisse und Gefühle des Kindes recht eingeht. Selbst paradox scheinende Maßnahmen, können hier manchmal Wunder wirken Die Mannigfaltigkeit möglicher Strafformen, die rein psychisch wirken können, ist eben unendlich reicher, als sich die mechanische Schlagpädagogik träumen läßt.

Hilde 3;11. „Hilde hatte gesehen, daß die Mutter für das Dienstmädchen Keks hingestellt hatte. Diese standen noch einige Zeit später auf dem Tische, und Hilde, in ungehemmter Eßlust, ergriff vor unser aller Augen einen Kuchen und biß ein Stück ab. Ich schalt sie und befahl ihr in strafendem Tone diktatorisch: ‚Zur Strafe ißt du nun den angebissenen Keks von Bertha ganz auf! Schnell, iß auf!' Eine Sekunde große Verblüfftheit (ich selbst erwartete erregt, ob die beabsichtigte Wirkung auch eintreten würde), dann großer Jammer und Weinen: *Nein, ich will ihn nicht essen, das ist Berthas Keks*; weit hielt sie den Kuchen von sich gestreckt, ohne zu wagen, ihn wegzuwerfen. Ich zwang sie nicht zum Essen, – denn die Strafe hatte ja ihre Wirkung getan."

Das Normale freilich wird es sein, daß man nicht durch den Zwang zu etwas Gutem, sondern durch dessen Vorenthaltung straft. In den ersten Jahren kann vor allem die Entziehung von Leckereien oder von bestimmten Gerichten bei den Mahlzeiten recht eindrucksvoll werden (vgl. S. 434/5). Späterhin spielen neben den bloßen Gaumenfreuden auch andere Genüsse beim Kinde eine solche Rolle, daß der erzwungene Verzicht auf sie recht empfindlich werden kann (z. B. zu Hause bleiben müssen an Stelle des erhofften Spazierengehens, Entziehung eines Spielzeuges usw.). Aber es brauchen gar nicht immer Genüsse zu sein, deren Vorenthaltung als Strafe wirkt, auch beliebige an sich indifferente Formen des Lebens, die dem Kinde durch feste Gewohnheit vertraut und selbstverständlich geworden sind, können zum gleichen Zwecke verwendet werden.

Günther 4;7. „Gestern abend durfte er nackt im Zimmer umherlaufen – ‚Aber nicht in den kalten Salon!' hatte ich gemahnt. – Da spielte Vater im Salon Kinderlieder, es war eine große Verlockung. Er hatte wohl auch die Mahnung vergessen – wupp, war er im Salon. Ich ergriff ihn, warf ihn ins Bett und sagte: ‚Zur Strafe wirst du nun heute nicht gewaschen. Das war ihm schrecklich. Immer wieder beteuerte G., er wolle artig sein; ich gab aber nicht nach, und er mußte sich fügen. Ein Schlag wäre rasch verwunden gewesen; das Nichtgewaschenwerden bekümmerte ihn tief."

Die Forderung, daß die Strafe verständlich sein müsse, ist nicht immer so leicht zu erfüllen. Wenn in den bisher geschilderten Fällen das Kind wohl den Zusammenhang zwischen Tat und Strafeffekt begriffen hat, so gibt es doch andere Fälle, in denen man sich über die Auffassungsfähigkeit des Kindes täuscht; dann kann die Strafe ihre Wirkung verfehlen.

Humoristisch mutet diese Ahnungslosigkeit in dem folgenden Beispiel an:

Günther 2;6½. „Heute, während ich Eva nährte und dem dicken Günther gegenüber machtlos war, kletterte dieser trotz meines Verbotes auf einen Stuhl und holte sich vom Büffett einen Apfel, in den er nach einigem Zögern, meiner Warnung entgegen, biß. Der zu Hilfe gerufene Vater gab dem Knaben einen tüchtigen Klaps auf die ungezogene Hand, wobei Günther kurz aufschrie; dann befahl er ihm, gleichsam um die Untat wieder rückgängig zu machen, das abgebissene Apfelstück aus dem Munde zu geben. Mit etwas Nachhilfe wurde ein Teil des Bissens zutage gefördert, den Rest aber verzehrte Günther behaglich, und noch kauend sagte er im ernsthaften Tone: *gut* (= schmeckt gut). Als die Mahlzeit beendet war, fühlte er mit der linken Hand die bestrafte Rechte an und meinte nun nachträglich: *aua*. Und dabei soll man ernst bleiben!"

Eine besondere Schwierigkeit bereitet es dem Kinde, eine Strafe zu verstehen, die nicht bloß in einer augenblicklichen Reaktion auf das Vergehen besteht, sondern länger andauert oder gar noch dann Geltung behält, wenn das Kind seine momentane Aufwallung überwunden hat.

Hilde 3;3. „Ihr war beim Mittagessen verboten worden, ihren Teller mit Blaubeerkompott anzufassen; trotzdem zieht sie ihn eßbegierig an sich heran. Strafe: „Hilde bekommt zu Mittag keine Blaubeeren." Da fängt sie heftig an zu schreien, wird ins andere Zimmer gestellt, ruft bald von dort ihr *artig sein!* und will nun ihr Kompott haben. „Nein; wenn du artig bist, bekommst du es zum Abendbrot.' *Bin ja atig, bin ja wieder atig!* Sie begriff also noch nicht, daß es sich um zwei Strafen handelte, Entziehung des Kompotts, weil sie den Teller angefaßt hatte; Verbannung ins Nebenzimmer, weil sie geschrien hatte. Die zweite Strafe war durch ihr „Artigwerden erledigt, das aber die erste weiter bestehen bleiben mußte, ging ihr noch nicht auf."

Die Empfänglichkeit des Kindes für Strafen macht schon innerhalb der frühen Kindheit eine sehr deutliche Entwicklung durch. Die früheste Stufe ist die rein assoziative: die Strafe wirkt lediglich als eine mit der Tat assoziierte Unlust und schreckt dadurch von Wiederholung ab. Die zweite Stufe ist die logische: die Strafe wird verstanden als eine aus der Handlung hervorgehende natürliche Konsequenz. Die dritte, moralische, Stufe ist dort erreicht, wo die in der Strafe liegende Sühnung zum Bewußtsein kommt, hier steht das Kind der Strafe nicht mehr bloß leidend gegenüber: seine Spontaneität macht sich geltend, indem es eine Bestrafung als berechtigt anerkennt, ja geradezu selbst das Bedürfnis nach einer solchen verspürt[1]. Diese höchste Form des Straffälligkeitsbewußtseins ist in den ersten sechs Lebensjahren natürlich nur in Spuren vorhanden. Aber auch schon diese Spuren sind wichtig genug; denn sie zeigen, auf welch falschem Wege alle Strafpädagogik und Strafpolitik ist, welche

---

[1] Die positive Stellung des Kindes zur Strafe kann freilich noch in einem ganz anderen psychologischen Motiv wurzeln, nämlich in einem perversen Lustgefühl am Empfangen von Schmerzen. Das auf diese Weise Züchtigungen bestimmter Art zu vorzeitiger Weckung wollustartiger Regungen beim Kinde führen und zugleich das künftige Sexualleben auf unnatürliche Bahnen führen können, dafür legt ja Rousseau in seinen „Confessions" Zeugnis ab. Freilich war er schon nicht mehr in der ersten Kindheit, als er zum ersten Mal die Lustwirkung jener Züchtigung fühlte; dennoch müssen auch Erzieher des Kleinkindes an solche möglichen Folgen von körperlichen Bestrafungen denken und sich dadurch zur Vorsicht mahnen lassen.

die Strafe nur als ein aufzuerlegendes Zwangsübel und Abschreckungsmittel, nicht als ein Mittel der moralischen Selbsterziehung zu verwerten weiß.

Eine Probe für das „Anerkennen" der Strafe brachten wir auf S. 406 von der 4;3 alten Hilde; als Parallele sei hier ausnahmsweise ein Beispiel aus dem siebenten Lebensjahr erwähnt.

Günther 6;9. „Die Kinder waren eingeladen; Günther durfte nicht hingehen, weil er tags zuvor allerlei Unnützes sich hatte zuschulden kommen lassen. Hilde bettelte für ihn, ich solle ihn doch mitgehen lassen – darauf Günther: *Nein, ich darf nicht mitgehen, ich muß doch eine Strafe haben.* Das sagte er nicht etwa, um gelobt zu werden, er brachte es zwar etwas zerknirscht, aber kategorisch heraus. Ähnlich hatte er sich schon öfters geäußert.

Das spontane Sühnebedürfnis äußert sich dann aber noch entschiedener darin, daß das Kind hier und da schon den Willen und die Fähigkeit bekundet, selbst den Vollzug der Strafe zu übernehmen. Diese Selbstbestrafung ist uns in verschiedenen Formen begegnet.

Bezüglich der Verbannungsstrafe heißt es von Hilde 1;10: „H. war heute ungezogen. Beide Eltern hatten sie durch strenges „Hilde!" ermahnt und waren ihren Blicken mehrere Sekunden lang mit ernsten, strengen Gesichtern begegnet. Da verschwand das Kind lautlos im Nebenzimmer, als hätte sie die stille Aufforderung dazu in unseren Augen gelesen, oder als sei sie sich ihrer Schuld bewußt geworden. – 2;2½. „Wenn H. trotzig ist, weint oder schreit, wird sie immer noch ins andere Zimmer oder in die „Ecke" gestellt. Manchmal kommt es aber vor, daß sie in solchen Momenten selbst verlangt: *Ecke stellen.* Neulich, als sie diesen Wunsch weinend äußerte und sich wirklich von selbst in einen Winkel begab, fragte ich: „Ist denn die Hilde unartig? Antwort: *ja.* Nach einem Weilchen rief sie wie gewöhnlich mit sanfter Stimme: *Mama, Mama!* Ich fragte: „Will die Hilde artig sein? Antwort: *ja.* Ich erlaubte ihr herauszukommen und mit den Worten: *Kommt de atje Hilde!* lief sie vergnügt herbei.

Bei demselben Kinde waren wir im vierten Jahre sogar imstande, ihr die Bestrafung durch Klapse selbst zu überlassen.

3;5. „H. straft ihre kleinen Ungezogenheiten jetzt oft dadurch, daß sie sich auf unsere strafenden Blicke oder auf unsere Aufforderung hin auf die Finger schlägt. Entstanden ist dies so, daß ich ihr einmal sagte: „Die Mutter will dich nicht schlagen, gib dir selbst einen Klaps." Diese Art der Selbstbestrafung wurde schnell von ihr angenommen; sie kommt unseren eventuellen Strafabsichten manchmal zuvor, indem sie sagt: *Ich wer' mich schon allein hauen*; und sie wendet immerhin etwas Energie an und nimmt die Sache ernst. So sühnt sie durch eigenes Tun die eigene Tat und stellt damit den seelischen Gleichgewichtszustand wieder her. (Früher verlangte sie öfter, daß ich ihr einen Klaps geben sollte, wenn sie ihn als verdient empfand.)"

Kapitel XXXVIII

Zum Thema Lüge

Im Rahmen dieses Buches müssen wir uns mit einigen wenigen Andeutungen zum Lügenthema begnügen. Als Rechtfertigung diene, daß derselbe Gegenstand von uns sehr ausführlich an anderer Stelle behandelt worden ist, auf welche der Leser verwiesen sei[1].

Wenn die Diskussion über Lüge und Verlogenheit der Kinder in der praktischen Pädagogik (auch der Frühzeit) einen so großen Raum einnimmt, so zeigt eine nähere Analyse das Merkwürdige, daß das Thema der Kindeslüge mindestens ebenso sehr wie in die Kindespsychologie in die Psychologie der Erwachsenen hineingehört. Denn zu einem bedeutenden Teile ist das, was man beim Kinde Lüge nennt, eine irrige Auffassung der erwachsenen Beurteiler; zu einem zweiten Teil sind die tatsächlichen Lügen des Kindes Erzeugnisse der von den Erziehern ausgeübten Einflüsse; und nur ein relativ kleiner Rest bleibt, der in der Seele des Kindes selbst seinen spontanen Ursprung hat.

Lügen sind bewußt falsche Aussagen, welche dazu dienen, durch die Täuschung anderer bestimmte Ziele zu erreichen. Zur wirklichen Lüge gehören also, im Unterschied von anderen Arten der Falschaussage, drei Merkmale: das Bewußtsein der Falschheit, die Absicht der Täuschung, die Zweckhaftigkeit. Durch die ersten beiden Merkmale unterscheidet sich die Lüge von der Erinnerungstäuschung, durch das dritte Merkmal von der phantastischen Aussagefälschung. Das Vorhandensein aller drei Merkmale setzt schon einen relativ hohen Stand der seelischen Entwicklung voraus; es muß das Urteilen so weit vorgeschritten sein, daß es den Unterschied von wahr und falsch erfassen und das Falsche mit dem „Als ob“-Stempel der Wahrheit versehen kann; und es muß die determinierende Tendenz des Willens schon so weit gediehen sein, um dem angestrebten Ziele die Täuschungsabsicht und dieser wiederum die zur Durchführung der Täuschung nötigen Teilhandlungen ein- und unterzuordnen. Schon aus diesem Grunde dürfen wir nicht zu früh das Auftreten

---

[1] In der Monographie von C. u. W. Stern: Erinnerung, Aussage und Lüge in der frühen Kindheit. Aus ihr ist einiges in das vorliegende Kapitel wörtlich übernommen worden. – Aus der neueren Literatur nennen wir: Franziska Baumgarten (Massenstatistik und psychologische Analyse der Lügen von Schulkindern, auf Grund von Selbstaussagen der Kinder; Bibliographie); Otto Kaus (psychoanalytische Studie über die Entstehung der Kinderlüge, im Sinne der Adler'schen Theorie; Lüge als Versuch einer Kompensation des Minderwertigkeitsgefühls); Reiningers Beitrag in dem Sammelwerk „Die Lüge“ (Bericht über Erhebungen bei Schulkindern).

wirklicher Lügen für möglich halten. Das, was in den ersten Lebensjahren nach solchen aussieht, sind größtenteils entweder Scheinlügen (d. h. Verhaltungsweisen, die nur äußerlich wie Lügen anmuten) oder Lügenkeime (d. h. momentane Ansätze zu Lügen, die aber im nächsten Moment einer anderen determinierenden Tendenz weichen).

Wie falsch es ist, die rein spielerische Aussagefälschung als Lüge zu brandmarken, haben wir schon S. 300 erwähnt. Andererseits mußten wir freilich (S. 254) darauf hinweisen, daß ein Überwuchern der Phantasie das Kind allzusehr gegen die notwendige Unterscheidung von Schein und Sein abstumpfen und dadurch indirekt in ihm auch eine Neigung zum Lügen begünstigen kann.

Ein beträchtlicher Teil der Scheinlügen beruht darauf, daß Sprechen und Denken des Kindes sich noch in einem Schwebezustand zwischen affektiv-willensmäßigem und sachlich-konstatierendem Verhalten befindet, in den wir Erwachsenen uns nur schwer einfühlen können. Jene Mittel der Sprache, die uns zum Behaupten und Negieren von Tatsachen dienen, werden nun vom Kinde oft lediglich gebraucht, um seine Affektstellung auszudrücken; und so klingt als Behauptung, was nur ein Wunsch – als Ableugnung, was nur eine Abwehr ist.

Oft werden Fälle berichtet, daß ein- bis zweijährige Kinder ein Bedürfnis vorzutäuschen scheinen, um aus dem Bettchen oder vom Stuhle aufgenommen zu werden. Dies beruht darauf, daß das Bedürfniswort gar nicht in seiner eng umschriebenen Bedeutung aufgefaßt wird, sondern durch häufige Assoziation den Wert eines Signals erhalten hat, auf Grund dessen stets die gewünschte Abwechslung erfolgte – und so ruft der bloße Abwechslungswunsch rein assoziativ das Wort hervor.

Analog mag es bei der scheinbaren Vorspiegelung von Schmerzen liegen. So ist wohl in dem folgenden Falle, den der Berichterstatter Ament[1] als Lüge anspricht, keine solche vorhanden gewesen:

Ein Mädchen hatte 1;9 bei den Schafblattern jede ihm schmerzhafte Berührung mit *wewe* beantwortet und war daraufhin in Ruhe gelassen worden. Infolgedessen sagte es auch späterhin oft unwillig: *nein, wewe,* wenn es, eifrig mit seinem Spiele beschäftigt, nicht angerührt sein wollte. Das *wewe* sollte nicht behaupten: „ich habe Schmerzen", sondern nur abwehren: „laß mich zufrieden".

Das Bestreben, Peinvolles von sich abzuschütteln, wird besonders oft in das Wort n e i n gekleidet, das dann wie eine lapidare Ableugnung dasteht, ohne eine solche sein zu müssen.

---

[1] A m e n t, II, S. 82.

Hilde hatte 2;6 den Bruder schmerzhaft gekniffen. Als sie später daran erinnert wurde: „Du hast dem Brüderchen ja weh getan", rief sie mit unwilligem Gesichtsausdruck: *nein, nein* – womit sie nicht bestreiten wollte, dem Bruder Schmerz zugefügt zu haben, sondern nur den Wunsch ausdrückte: Ich will nichts davon hören, nicht daran erinnert werden[1].

Aus diesen Abwehrreaktionen entwickeln sich dann in den folgenden Jahren Verhaltungsweisen, die man nun wohl schon als Lügenkeime bezeichnen kann. Jeder Mensch hat in Situationen, deren Folgen er fürchtet, zunächst die Tendenz, das Unangenehme einfach von sich abzuschütteln, als ob es nicht vorhanden wäre. Der Erwachsene vermag diesen Wunsch meist innerlich zu überwinden; nicht so der unentwickelte Mensch. Er entlädt sein Abwehrstreben nach außen bald in Ausdrucksbewegungen, bald in negierenden Worten – bei denen zum mindesten nachträglich das Bewußtsein erwacht, daß sie im Widerspruche zur Wirklichkeit stehen. Hier ist also die Lüge keimhaft vorhanden; und nun liegt es zum großen Teil am Erzieher, ob er die Keime erstickt oder durch ungeeignete Maßnahmen ihr Wachstum fördert. Denn wenn das Kind erst einmal die Abwehr abreagiert hat, ist es sehr wohl der Korrektur und Selbstkorrektur zugänglich; diese Tendenz zur sofortigen Zurücknahme kann unterstützt und dadurch die Ausbildung der konsequenten Angstlüge verhindert werden.

Günther 3;4½. „Ich bemerkte, daß ein Stückchen Tapete abgerissen an der Wand hing; davorstehende Stühle waren so gerückt, wie es G. in seinen Spielen stets zu tun pflegte, so daß der Täter unverkennbar war. Ich fragte Hilde und Günther: „Wer hat das Stück Tapete abgerissen?" H. antwortete in sicherem Tone: *Ich nicht.* G. blieb abgewendet und sagte ebenfalls: *Ich nicht.* Ich forderte ihn ruhig auf: „Komm mal her." G. versteckte die Hände hinter dem Rücken: *aber nicht hauen!* Das war ja schon ein Eingeständnis, denn er hatte nie einen Klaps bekommen, den er nicht ehrlich verdient hätte. Ich: „Nein, ich werde dich nicht hauen. Nun komm, mein Junge. Sieh mal, hast du das abgerissen?" G.: *Ja.* Ich nahm die Gelegenheit wahr, ihm klarzumachen, daß gute Kinder immer gleich sagen, was richtig ist. Die Furcht vor einer, wenn auch kleinen Strafe hatte G. zunächst zu Abwehräußerungen veranlaßt; als er merkte, daß nichts zu fürchten war, trat an Stelle der Abwehr die ruhige, korrekte Aussage. Bei so jungen Kindern, die erst zu Charakterfestigkeit erzogen werden sollen, ist es vor allem nötig, daß man ihnen das Hinwegkommen über die Abwehr leicht mache. Es ist in diesem Alter ja noch gar nicht zu verlangen, daß ein Kind eine so starke Selbstüberwindung ununterstützt zustande bringe."

Wir kommen nun zu den echten Lügen, bei denen über die momentane triebhafte Aufwallung der Abwehr hinaus eine ernsthafte Durchführung der Täuschung versucht wird. Die Ernsthaftigkeit ist entweder erkennbar an der Beharrlichkeit, mit der das Kind

---

[1] Einen lehrreichen Parallelfall berichten Scupins II, 72.

die falsche Angabe festhält, oder an der Überlegtheit, mit der es die Täuschung vorbereitet und durchführt, oder an beidem. Wir dürfen uns nicht verhehlen, daß solche echten Lügen im frühen Kindesalter vorkommen, bei dem einen Kinde nur vereinzelt, bei anderen häufiger, bei wenigen – wohl stets infolge abnormer psychischer oder erzieherischer Bedingungen – gewohnheitsmäßig.

Überblickt man die Beispiele, die für solche ernsten Kindeslügen angeführt werden, so fällt – bei allen Verschiedenheiten in Details – doch eine große Gleichförmigkeit im Typus auf; sie sind nämlich ganz überwiegend Angstlügen. Schon durch diesen Umstand wird der kausale Zusammenhang zwischen Lüge und Strafstrenge erwiesen. Wir geben drei Proben:

Scupins 1;10. „Heute hörte der Vater, wie das im Nebenzimmer sich aufhaltende Kind mit einem Glase klirrte. Er rief: „Bubi". Keine Antwort. Sonst kommt der Junge stets freudig herbeigeeilt, aber diesmal fürchtet er für sein Glas. Energisch befahl nun der Vater: „Bringe sofort das Glas her." *Nein!* widersprach Bubi, aber sehr leise. Der Befehl wurde dringlicher wiederholt, da kam schließlich das Kind mit einem hölzernen Spielzeug herbeigeeilt: *Da!* Es wollte dem Vater sichtlich vortäuschen, daß es mit einem hölzernen Spielzeug, nicht aber mit dem verbotenen Glase gespielt habe. Es war dies wohl der erste schlimmere Akt der Unredlichkeit, den der Knabe beging. Richtig stand das Glas auf dem Stuhle, und auf erneuten, sehr energischen Befehl brachte er es widerwillig herbei." (I, S. 89.)

Der nächste Fall ist bemerkenswert durch die Spontaneität in der Anwendung der Lüge; das Kind suchte der zu erwartenden Rüge oder Strafe durch die falsche Aussage zuvorzukommen.

Scupin 2;5½. „Ganz ausnahmsweise versuchte er heute eine Verheimlichung. Er rief aus dem Bettchen der Mutter entgegen: *Bubi war atig, hat ssön deslafen, Bubi hat nicht Winderle naßmacht .... Bubi war atig.* Diese übereifrige Selbstbelobigung und die großen, angstvollen Augen kamen der Mutter gleich verdächtig vor, und der Verdacht war gerechtfertigt." (I, S. 139.)

Die schwerste Form der kindlichen Angstlüge liegt dort vor, wo nicht nur für die eigene Person etwas geleugnet oder geheuchelt wird, sondern auch unschuldige andere durch falsche Beschuldigungen hineingezogen werden[1]. Bei dem folgenden Beispiele ist

[1] Freilich gibt es daneben auch eine ganz harmlose Form der Falschbeschuldigung, bei der das eigene Interesse des Kindes ganz unbeteiligt ist. Sie geht aus dem logischen Bedürfnis hervor, zu einem Geschehnis eine Ursache zu denken, die nun in die wahrscheinlichste Person hineinprojiziert wird. Ein Beispiel dazu bot Eva 3;6: „Eva fand ihren Bergstock zerbrochen in der Nähe der Köchin. Wer anders konnte also den Stock entzweigemacht haben? Das Kind klagte mir: *Die Toni hat mein Stock kaputt gemacht.* Dies traf nicht zu. Und ich fragte Eva ernst: „Hast du gesehen, daß Toni deinen Stock kaputt gemacht hat?" Beschämt sagte sie *nein,* und ich ermahnte sie, immer nur zu sagen, was sie wirklich gesehen habe. Wie erfolgreich die Warnung gewesen war, bestätigte sich gleich darauf; sie erzählte dem eintretenden Kindermädchen: *Sieh mal, Else, mein Stock ist allein kaputt gegangen.*"

es allerdings zweifelhaft, ob es noch ganz innerhalb der Grenze der Normalität liegt; in dem Kinde sollen später stark hysterische Züge zur Entwicklung gekommen sein.

Mädchen Z. 4;6. „Einmal, als Z. sich allein in der Küche befand, zerbrach sie ein Glas. Man beobachtete, wie sie die Scherben heimlich ins Ofenloch steckte und dann hinausging. Nach einiger Zeit kamen die Dienstboten in die Küche. Z. folgte ihnen, schippte die Scherben aus dem Loche hervor und fragte: *Na, wer von euch hat das gemacht?* Die Mädchen sagten ihr auf den Kopf zu, daß sie es getan habe; sie stritt es ab und behauptete jetzt sogar, sie habe gesehen, welches der Mädchen das Glas zerbrochen habe. Erst nach längerer Einwirkung seitens der Vertreterin der Mutter gestand sie die Lüge ein und schämte sich sehr."[1]

Nur als Ausnahmefälle sind, wie schon erwähnt, jene Lügen zu betrachten, die nicht der Angst vor Strafe, sondern einem anderen Motiv entspringen. Auch hierfür ein Beispiel:

Marcinowski berichtet von seiner Tochter, die eine Abneigung gegen Reisspeisen hatte, folgendes (Alter des Kindes nicht angegeben, sicherlich unter vier Jahren): Sie bekommt die Leibschmerzen mit gesetzmäßiger Regelmäßigkeit schon während des Genusses der verschiedenen Reisspeisen, während sie bei Schokolade, Pudding und ähnlichen Dingen, welche ihr gewöhnlich Durchfall und Kolik bereiten, ebenso gesetzmäßig und regelmäßig ohne die berühmten Leibschmerzen bleibt."

Das gelegentliche Verfallen in Lügen ist noch nicht Verlogenheit; und die psychologische Analyse ergibt zweifellos, daß die Behauptung von der Lügenhaftigkeit als einer allgemeinen und normalen Eigenschaft der Kindheit falsch ist. Mit Recht weist Lowinsky darauf hin, daß die Lügenhaftigkeit eine gewisse Korrelation zur „Unangepaßtheit" habe; d. h., sie stellt sich dort als Waffe und Schutzmittel ein, wo der Mensch in schwankenden, unklaren, allzu verwickelten und schwer zu ertragenden Umweltverhältnissen steht. So begreift man, warum Kinder, die besonders streng behandelt werden, besonders zum Lügen neigen. Man versteht ferner, daß das Schulkind, das so vielen Reibungen und Zwängen ausgesetzt ist, mehr Anlaß zum Lügen hat als das kleine Kind, das in der einfachen Durchsichtigkeit der häuslichen Verhältnisse aufwächst.

Selbstverständlich ist trotzdem das Naturell des Kindes nicht ohne Belang; dieselben Anlässe, welche ein labiles und der Selbstüberwindung wenig fähiges Kind schon zur Lüge bewegen würden, können bei einem anders veranlagten Kinde noch ganz wirkungslos bleiben. Jedenfalls sind diejenigen Fälle, in denen geradezu von einer angeborenen Verlogenheit gesprochen werden könnte, sehr viel seltener, als man gemeiniglich glaubt, und legen den Verdacht des Pathologischen nahe; ihnen stehen die gar nicht so seltenen Fälle einer

[1] Näheres über diesen Fall in C. und W. Stern, Monographie II, S. 120/121.

vollständigen oder fast vollständigen Lügenfremdheit gegenüber, deren Existenz wir erfreulicherweise aus eigener Erfahrung feststellen können. Bei unseren Kindern ist außer ganz seltenen, sofort überwundenen „Lügenkeimen“ (s. die obigen Beispiele) nie etwas beobachtet worden, was in unsere Rubrik gehörte. Und auch Scupins, die aus den ersten drei Lebensjahren ihres Sohnes vereinzelte Lügenfälle berichten mußten, haben in der Zeit vom vierten bis sechsten Jahre so gut wie nichts zu verzeichnen gehabt.

Von unserer Hilde heißt es um 4;0: „H. versucht nie, vermittels Erweckung falschen Glaubens eine Schuld auf andere abzuwälzen, einer Strafe zu entgehen, sich selbst in ein besseres, andere in ein schlechteres Licht zu setzen; sie ahnt in diesen ersten Jahren noch gar nicht, daß es etwas gibt außer der naivsten Offenheit. Ja mehr noch, sie gesteht, ganz ohne daß sie gefragt würde, irgendwelche kleinen Vergehen, Untugenden usw. ein. So läuft sie dem heimkehrenden Vater entgegen und erzählt ihm, sie hätte die Mutter so gequält, oder sie kommt zur Mutter, um ihr zu berichten, daß sie das Brüderchen gehauen habe.“

Das hier zutage tretende Bedürfnis nach Wahrhaftigkeit ist zweifellos dem normalen und nicht verängstigten Kinde zwischen vier und sechs Jahren viel natürlicher als das Lügen; ja, wenn das Kind den Lügenbegriff zu verstehen beginnt, ihn aber noch nicht in seiner Schärfe faßt, kann sich geradezu ein Wahrheitsfanatismus, eine Lügenangst ausbilden, die der Erzieher wiederum vorsichtig behandeln muß.

Günther 5;4. „G. ist augenblicklich so streng gegen sich, daß er oft seinen Aussagen hinzufügt: *glaube ich wenigstens*. Irgendeine von ihm gemachte gutgläubige Aussage kann ihn hinterher quälen. So hat er einmal einem Onkel erzählt, er habe zwei Schachteln mit Buntstiften; mehrere Stunden später machte er sich selbstquälerische Vorwürfe, weil nur in der einen Schachtel Buntstifte, in der anderen bunte Ölkreiden gewesen seien.“

Eine falsche Erweiterung des Lügenbegriffs zeigt folgendes gleichzeitige Beispiel:[1]

„G. rief mich abends: *Muttchen, ich habe doch in Berlin bei Tante W. gesagt, ich will Onkel Doktor (Arzt) werden. Nun will ich doch aber gar keiner werden, das ist doch eine Lüge*. Ich beschwichtigte ihn und erklärte ihm, er habe nicht gelogen, da er ja damals wirklich ein Onkel Doktor werden wollte; jetzt habe er sich nur anders besonnen, und ich würde es der Tante schreiben, daß er keiner werden wolle.“[2]

---

[1] Parallele Beobachtungen machten wiederum Scupins II, S. 75 u. 97.

[2] Hug-Hellmuth versucht den Wahrheitsfanatismus unseres Sohnes psychoanalytisch zu deuten (I, S. 145/6). Er soll einmal auf einer Art Überkompensation gegenüber der gerade bei diesem Kinde starken Neigung zu Phantastik beruhen. Daran wird wohl etwas richtiges sein. Aber da es ohne Sexualpsychologie nicht abgehen darf, so wird ein zweites Motiv an den Haaren herbeigezogen: „das kindliche Verlangen, durch eigene vollständige Aufrichtigkeit auch die der Umgebung, natürlich in bezug auf sexuelle Dinge zu erzwingen.“

Für das Erziehungsproblem scheint sich aus dem Vorangehenden vor allem eine wichtige Folgerung zu ergeben: Nicht Therapie, sondern Prophylaxe der Lüge muß die Hauptaufgabe der frühkindlichen Pädagogik sein. Man beginne nicht erst durch Strafen und Vorwürfe am Kinde herumzudoktern, wenn die Lügenkrankheit da ist, sondern man sorge dafür, daß überhaupt kein Nährboden für sie vorhanden ist. Die in unserer Monographie ausführlich behandelten Maßnahmen dieser Prophylaxe mögen hier nur in Thesenform zusammengefaßt werden:

Man sei selbst dem Kinde gegenüber wahrhaftig auch im kleinen. Die so beliebten Vorspiegelungen, wie „Wenn du artig bist, bekommst du Schokolade“ (ohne daß das Versprechen gehalten wird) oder „sieh mal, dort läuft eine Katze“ (um das schreiende Kind auf andere Gedanken zu bringen) erscheinen ja recht harmlos; aber in ihnen lernt das Kind erst die Möglichkeit kennen, jemanden absichtlich zu täuschen; und sein starker Nachahmungstrieb mag es dann zu Ähnlichem veranlassen. Auch wird dadurch in die so vertrauensvolle Kinderseele Mißtrauen gegen die Erzieher gesät.

Besonders verderblich wirkt es, wenn man die Kinder ausdrücklich zum Lügen anhält (z. B. bei unliebsamem Besuch: sie sollen sagen, daß die Eltern nicht zu Hause seien).

Man vermeide die Rigorosität beim Strafen, die nichts anderes als systematische Lügenzüchtung ist; man bahne selbst bei momentanen triebhaften Lügenwallungen durch Milde eine goldene Brücke zur Selbstkorrektur und Aufrichtigkeit.

Man unterlasse andererseits übertrieben ängstliche Umsorgung und Verwöhnung des Kindes; denn dadurch wird das Kind veranlaßt, durch Angabe irgendwelcher erdichteten Schmerzen jeden Wunsch durchzusetzen.

Man vermeide überflüssiges Inquirieren; denn die Ausfragerei führt nicht nur zu unbewußten Erinnerungsfälschungen, sondern schließlich auch zu bewußten Unwahrheiten. Der Frager scheint ja durchaus eine Antwort haben zu wollen – so tut ihm das Kind den Gefallen und sagt irgend etwas, was dem unbequemen Verhör ein Ende macht.

Man dränge dem Kinde nicht zu frühzeitig den Begriff der Lüge auf und unterstreiche ihn nicht gar noch in moralisierender Weise. Man hüte sich, jede harmlose Erinnerungsfälschung, Phantasterei oder Entgleisung mit einem „du lügst ja“ zu brandmarken; und selbst wirkliche Einzelfälle von Lügen soll man nicht zu sehr aufbauschen und zu Staatsangelegenheiten machen – wie es überhaupt in der Frühpädagogik gelten sollte, daß man gerade kleine Vergehen nicht durch ständige Betonung erst recht in die Kinderseele eingrabe.

Man mache das Kind zum aktiven Mitkämpfer gegen die Lüge durch Entwicklung der Selbstverantwortlichkeit und Spontaneität. Das Leben erspart dem Kinde auch in der behütetsten Umgebung nicht die Bekanntschaft mit den Lügen anderer und nicht die Versuchung zum Selbstlügen. Ein Kind, das im allgemeinen von den Eltern auf die Bedeutung des Sich-Selbst-Beherrschens hingeführt worden ist, das gelernt hat, seinen Zorn zu mäßigen, auf eine Freude zugunsten anderer zu verzichten, ein Unrecht einzugestehen, ja, eine gewisse Genugtuung zu empfinden, wenn es seiner selbst Herr geworden ist, wird auch der Versuchung zur Lüge eher Herr werden können.

Verzeichnis

der erwähnten und benutzten Literatur
zur Psychologie der frühen Kindheit

nebst

Namenregister

Abkürzungen:

ZAngPs = Zeitschr. f. angewandte Psychol. Hrsg.: Stern und Lipmann, Lpz., Barth.

Bhft ZAngPs = Beiheft zu obiger Zeitschrift.

ZPdPs = Zeitschr. f. pädagogische Psychol. Hrsg.: Scheibner, Stern, Fischer. Lpzg., Quelle & Meyer.

ZPs = Zeitschr. f. Psychologie. Hrsg.: Schumann. Lpzg. Barth.

Fett gedruckte Ziffern geben bei Zeitschriften die Nummer des Bandes an.

Das **Namenregister** ist durch eckige Klammern gekennzeichnet. Die in solche Klammern eingeschlossenen kursiven Ziffern beziehen sich auf die Seiten unseres Buches, auf denen der Name des betreffenden Verfassers genannt ist.

Adler, A., Siehe auch „Heilen und Bilden" und „Handbuch" – *[12, 263, 281, 419, 422, 426, 430, 437.]*

I. Das Zärtlichkeitsbedürfnis des Kindes. In: Heilen und Bilden. S. 50–54.

II. Trotz und Gehorsam. Ebenda S. 54–73.

III. Praxis und Theorie der Individualpsychologie. München und Wiesbaden, Bergmann 1920.

Ament, W. – *[5, 6, 15, 494.]*

I. Fortschritte der Kindesseelenkunde. 1895–1903. Arch. f. d. ges. Psychol. **2** (4), Literatur S. 69–136. 04. Auch in: Sammlg. v. Abhdlgen zur ps. Päd. (Meumann) **1** (2). – Auch separat Lpzg., Engelmann. 1904, 68 S.

II. Die Entwicklung von Sprechen und Denken beim Kinde. Lpz. 1899.

III. Die Seele des Kindes. Eine vergleichende Lebensgesch. Stuttg., Kosmos, o. J. 96 S.

Bäumer, Gertrud und Droescher, Lili. Von der Kindesseele. Beiträge z. Kinderps. aus Dichtung und Biographie. Lpzg., Voigtländer. 1908. 428 S.

Baker, H. J., and Kaufmann, H. J. Detroit Kindergarten Test. Yonkers-on-Hudson (New York). World Book Co. 1922. – *[385.]*

Baldwin. – *[64.]*

Baldwin, Bird J. and Stecher, Lorle J. The Psychology of the Preschool Child. New York and London, Appleton 1925. 305 S. – *[304, 386.]*

Baumgarten, Franziska. Die Lüge bei Kindern und Jugendlichen. Bhft ZAngPs **15**. 2. Aufl. 1926. – *[493.]*

Beckmann, H. Die Entwicklung der Zahlleistung bei 2–6jährigen Kindern. ZAngPs 22, S. 1ff. 1923. – *[340, 374ff.]*

Belaiew-Exemplarsky. Das musikalische Empfinden im Vorschulalter. ZAngPs **27**, S. 177–216. 1926. – *[304.]*

Bergemann-Könitzer, Martha. Das plastische Gestalten des Kleinkindes. ZAngPs **31**. S. 202-258. 1928. – *[312.]*

Bernfeld, S. Psychologie des Säuglings. Wien, J. Springer 1925. 272 S. – *[8, 11, 41ff., 98, 100, 102f, 458.]*

Beyrl, F. Die Größenauffassung bei Kindern. ZPs **100** S. 334–371. 1926.

– Konzentration und Ausdauer im frühen Kindesalter ZPs **107**, S. 189–236 Enthalten in: Ch. Bühler IV).

Binet. – *[151, 176, 379, 384f.]*

Boeck, W. Das Mitleid bei Kindern. Ergebnisse einer Umfrage. Gießen 1909. 106 S. – *[108, 475f., 478f.]*

Buchholz, Frieda. Versuch einer kritischen Betrachtung des Montessori-Systems. ZPdPs **26**, S. 442–448. 1925.

Buchner, M. Die Entwicklung der Gemütsbewegungen im ersten Lebensjahre. Beitr. z. Kinderforschung u. Heilerziehung. Heft 60. 1900. (Mit Abbildungen.) – *[96]*.

Bühler, Charlotte. – *[8f., 25, 40, 108f., 293f.]*

I. Das Märchen und die Phantasie des Kindes. 3. Aufl. mit Nachtrag. Bhft ZAngPs **17**. Leipzig, Barth. 1929. 88 S.

II. Die ersten sozialen Verhaltungsweisen des Kindes. (Enthalten in: Bühler u. Hetzer, Tudor-Hart S. 1–102.) 1926.

III. Der Sechsjährige in psychologischer Beleuchtung. In: Handb. f. d. Anfangsunterricht. Wien 1926.

IV. Kindheit und Jugend. Genese des Bewußtseins. Leipzig, Hirzel 1928. 307 S. [Erschien erst nach Drucklegung unseres Buches; daher im Text nicht berücksichtigt.]

V. (Herausgegeben von Ch. B.) Zur Psychologie des Kleinkindes. Exp.-psychol. Arbeiten. ZPs **107**, S. 1–254. 1928.

Bühler, Charlotte; Hetzer, Hildegard; Tudor-Hart, Beatrix. Soziologische und psychologische Studien über das erste Lebensjahr. Heft 5 der: Quellen und Studien zur Jugendkunde. Jena, Fischer. 1926.

(s. a. die einzelnen Namen.)

Bühler, Charlotte u. Hetzer, Hildegard. Inventar der Verhaltungsweisen des ersten Lebensjahres. (Enthalten in vorstehendem Buch S. 125ff.) 1926. – *[71, 55, 98.]*

Bühler, Karl. – *[7, 20, 39, 46, 59, 61, 63, 85, 164, 237, 241, 293f, 313, 320, 328, 331, 336f, 338, 343, 368, 447.]*

I. Die geistige Entwicklung des Kindes. Jena, G. Fischer. 4. Aufl. 1924. 484 S.

II. Abriß der geistigen Entwicklung des Kindes. 2. Aufl. Leipzig, Quelle & Meyer. 152 S. (Wissenschaft u. Bildung Nr. 156.)

Burkhardt, H. Veränderungen der Raumlage in Kinderzeichnungen. ZPdPs **26**. S. 352–371. 1925. – *[318.]*

Canestrini. Über das Sinnesleben des Neugeborenen. Monographien a. d. Gesamtgebiet der Neurol. u. Psychiatrie. Heft 5. 1913. – *[49.]*

Carus. – *[213.]*

Claparède, E.

I. Psychologie de l'enfant et pédagogie expérimentale. 5. Aufl. Genf 1916. 563 S.

II. La conscience de la ressemblance et de la différence chez l'enfant. Archives de Psychol. **17** (Nr. 65). 1918.

Compayré, G. Die Entwicklung der Kindesseele. Dtsch. v. Ufer. Altenburg, Bonde, 1900. 460 S. – *[5, 445.]*

Cramaussel, E. Le premier éveil intellectuel de l'enfant. 2. éd. Paris, Alcan, 1911. 201 S. – *[5].*

Cuneo. – *[381.]*

Czerny. – *[278f.]*

Decroly, O. et Degand, J. Observations relatives au développement de la notion du temps chez une petite fille. Archives de Psychol. **13** Nr. 50, 1913. 113–161. – *[168, 335, 374.]*

Delacroix, H. Le langage et la pensée. Paris, Alcan. 1924. 600 S. Insbes.: Livre III Chap. I. Le langage de l'enfant. S. 261–361.

Descoeudres, Alice. Le développement de l'enfant de deux à sept ans. Recherches de psychologie expérimentale. Éditions Delachaux et Niestle, Neuchatel et Paris. Ohne Jahr (1921). 327 S. – *[21, 151ff., 168, 374, 376f., 380, 384f.]*

Deville, G. Notes sur le développement du langage. Rev. de linguistique et de philol. comparée **23** und **24**. 1890/91. – *[205.]*

Dix, K. W. Körperliche und geistige Entwicklung eines Kindes. Leipzig, Wunderlich. – *[5, 15, 48, 90, 313, 323.]*
I. Instinktbewegungen. 1911. 78 S.
II. Die Sinne. 1912. 176 S.
III. Vorstellen und Handeln. 1914. 148 S. IV Gemütsleben. 1923. 181 S.

Döring, M. – *[222.]*

Doroschenko, Olga. Der Einfluß des Milieus auf den Inhalt und Aufbau frei entstehender Kollektive im vorschulpflichtigen Alter. ZAngPs **30**, 150–167. 1928. – *[287, 462.]*

Dyroff, A. Über das Seelenleben des Kindes. 2. Aufl. Bonn, Hanstein. 1911. 211 S. – *[5, 6.]*

Egger. – *[5.]*

Ehrlich, Toni. Vom Erwachsen des ästhetischen Empfindens. Der Säemann 1912, S. 509–513. – *[210, 311.]*

Eliasberg, W. Psychologie und Pathologie der Abstraktion. Eine exper. Untersuchung über aufgabefreie Beachtungsvorgänge. Bhft ZAngPs. **35**. Leipzig, Barth. 1925. 186 S. – *[360, 372f.]*

Eljasch, Minna. Neue Abstraktionsversuche bei vorschulpflichtigen Kindern. ZPs **105**, S. 1–42. 1927. – *[370.]*

Eng, Helga. Kinderzeichnen. Vom ersten Strich bis zu den Farbenzeichnungen des Achtjährigen. Bhft ZAngPs **39**, 1927. 198 S. 147 Abb. u. 8 farb. Tafeln. – *[313.]*

Erismann, Th. Der Trotz. (Eine psychol.-pädag. Studie.) Verstehen und Bilden **1**. 1926. – *[433, 436.]*

Faulwasser, A. Der pädagogische Gehalt früher Kindheitserinnerungen. ZPdPs **28**. 1927. S. 152–169, S. 220–232.

Filbig, J. Untersuchungen über die Entwicklung von Zahlvorstellungen. ZPdPs **24**. S. 105–113. 1923. – *[376f.]*

Fisher, Dorothee C. Eine Montessori-Mutter J. Hoffmann, Stuttgart 1927. 220 S. – *[191, 196, 411.]*

Flechsig. – *[51.]*

Frank, H. Untersuchung über Sehgrößenkonstanz bei Kindern. Psychol. Forschg. **7**, S. 137–145. 1925. – *[95.]*

Franke, E. Die geistige Entwicklung der Negerkinder. Beitr. z. Kultur- u. Universalgesch. hrsg. v. Lamprecht, Heft 35. Leipzig, Voigtländer. 1915. 304 S. – *[25.]*

Freud, S. – *[11, 42f., 99, 100, 258f., 280, 397, 421ff., 427, 441, 458.]*

I. Vorlesungen zur Einführung in die Psychoanalyse. Lpzg. u. Wien, Heller. 1916.

II. 3 Abhandlungen zur Sexualtheorie. 4. Aufl. Leipzig und Wien, F. Deuticke 1920. (Insbes.: Die infantile Sexualität. S. 48–70.)

III. Über infantile Sexualtheorien. In: „Sammlung kleiner Schriften zur Neurosenlehre."

IV. Eine Kindheitserinnerung des Leonardo da Vinci. 2. Aufl. Leipzig und Wien, Deuticke. 1919. 76 S.

V. Analyse der Phobie eines 5jährigen Knaben. Jahrbuch f. psychoanal. Forschg. **1**. 10–109. 1909.

Fröbel. – *[4, 461.]*

Fouqué.

Furtmüller siehe „Heilen und Bilden".

Gaupp, R. Psychologie des Kindes. (Aus Natur und Geisteswelt 213) 4. Aufl. Lpzg., Teubner, 1918. – *[6.]*

Gennep, A. van. Dessins d'enfant et dessin préhistorique. Archives de Psychol. **10**. Nr. 40. 1911. 327–337. – *[324.]*

Gerhards, K. Zur Beurteilung der Montessori-Pädagogik. E. Auseinandersetzung mit ihren heutigen Kritikern (Stern, Hessen, Spranger, Muchow). Leipzig, Quelle & Meyer. 1928. 40 S. – *[191f., 194, 410.]*

Gesell, A. The Mental Growth of the Pre-School-Child. 447 S. New York. The Macmillan Company. 1925.

Gheorgov. – *[5.]*

Giese, F. Kinderpsychologie. (Handb. d. vergleich. Psychologie, hrsg. v. Kafka, Bd. I, Abt. 3) Reinhardt, München. Ohne Jahr (1922). S. 323–526.

Goethe. – *[22.]*

Goodenough, Florence L. The Kuhlman-Binet Tests for Children of Preschool Age. The University of Minnesota Press. Minneapolis 1928. 146 S. – *[383.]*

Groos, K. – *[6, 7, 70, 201, 261, 264, 269, 298, 343, 356, 445, 447, 450ff.]*

I. Das Seelenleben des Kindes. Vorlesungen. Berlin, Reuther & Reichard. 5. Aufl. 1921.

II. Die Spiele der Menschen. Jena, Fischer. 1899.

III. Der Lebenswert des Spieles. Jena, Fischer. 1910.

IV. Die seelische Entwicklung des Kleinkindes; in: „Kinderfürsorge". Leipzig, Teubner.

Grosse. – *[215.]*

Grünbaum, A. A. Die Struktur der Kinderpsyche. ZPdPs **28**. S. 446–463. 1927. – *[9, 68f., 459.]*

Hall, Stanley. Ausgew. Beitr. z. Kindespsychol. u. Pädag. Altenburg 1902. – *[261f. 280, 447.]*

Handbuch der Individualpsychologie, in Gemeinschaft mit Alfred Adler usw., herausg. von E. Wexberg I/II. München, Bergmann. 1926.

Hartlaub, G. F. Der Genius im Kinde. Zeichnungen und Malversuche begabter Kinder. Breslau, Hirt. 1922. (Mit 81 Abb.) 187 S. – *[313.]*

Hattingberg, H. v. – [435ff., 456.]
I. Zur Psychologie des kindlichen Eigensinns. Zeitschr. f. Pathopsychol. Ergänzungsband I (Ber. d. Verhdlg. d. intern. Vereins f. med. Psychol.) S. 65 bis 108. 1913.
II. Analerotik, Angstlust und Eigensinn. Internat. Ztschr. f. Psychoanalyse **2**. S. 244–258. 1914.
Hebbel. – [215.]
Heilen und Bilden. Ärztl.-päd. Arb. des Vereins f. Individualpsychol., hrsg. v. Adler und Furtmüller. München 1913.
Herbart. – [4, 189, 327.]
Hessen, S. Fröbel und Montessori. Die Erziehung **1**. Heft 2. 1925 und 1927. – [191.]
Hetzer, Hildegard. Die symbolische Darstellung in der frühen Kindheit. (Wiener Arbeiten z. päd. Psychol. Hrsg. v. Charlotte Bühler und V. Fadrus, **3**.) Wien, Lpzg., New York. Deutscher Verlag f. Jugend und Volk. 1926. 92 S. – [243, 282, 313.]
Hetzer, Hildegard u. Reindorf B. Sprachentwicklung und soziales Milieu. ZAngPs **29**. S. 449–462. 1928. – [154.]
Hetzer, Hildegard und Tudor-Hart, B. H. Die frühesten Reaktionen auf die menschliche Stimme. (Enthalten in: Bühler; Hetzer; Tudor-Hart S. 103–124) 1926. – [50, 107.]
Hirschlaff, L. Über die Furcht der Kinder. ZPdPs 1901/02. – [445.]
Hogan, Louise E. A Study of a Child. New York and London 1900, Harper and Brothers. (Mit 500 Zeichnungen.)
Hoyer, Arnulf u. Galina. Über die Lallsprache eines Kindes. ZAngPs **24**. S. 363 bis 384. 1924. – [113.]
Hug-Hellmuth, H. von. – [11, 100, 212, 247, 258f.]
I. Aus dem Seelenleben des Kindes. Eine psychoanalyt. Studie (Heft 15 der Schriften z. angew. Seelenkunde. Hrsg. v. Freud.) Lpzg. und Wien, Deuticke. 2. Aufl. 1921. 164 S.
II. Analyse eines Traumes eines 5½jährigen Knaben. Zentralbl. für Psychoanalyse **2**, S. 122.
III. Kinderträume. Ztschr. f. Psychoanalyse I. S. 470.
IV. Vom wahren Wesen der Kinderseele. (Kleine Beiträge), Imago, Zeitschr. f. Anwendung der Psychoanalyse **2**, S. 78ff. (1913). **5**, S. 121. (1917.)
Hune.
Huth, A. – [21, 324, 386f.]
I. Formauffassung und Schreibversuch im Kindergartenalter. ZPdPs **15**. S. 566 bis 592. 1914.
II. Beiträge zur Untersuchung der seelischen Geschlechtsunterschiede im vorschulpflichtigen Alter. (Pädag. Magazin, Heft 1060) Langensalza, H. Beyer und Söhne. 1926. 107 S.
Idelberger, H. Hauptprobleme der kindlichen Sprachentwicklung. ZPdPs **5**, 241–297 u. 425–456. 1903. – [77, 109.]
Jaensch, E. R. Die Eidetik und die typologische Forschungsmethode. ZPdPs **26**, 1925. Auch separat: Lpzg. Quelle & Meyer, 1925. 90 S. – [158, 211.]
Jespersen, O. Die Sprache, ihre Natur, Entwicklung und Entstehung. (Übers. a. d. Engl. von Hettmair und Waibel.) Heidelberg, Winter. 1925. Insbes.: Buch II. Das Kind. S. 81–170.
Jung, C. G. Über Konflikte der kindlichen Seele. Jahrbuch f. psychoanal. Forschg. **2**. 1910. 26 S. – [11, 458.]

Katz, D. – *[20, 109, 366.]*
I. Studien zur Kinderpsychologie. Wiss. Beitr. z. Päd. u. Psychol. (hrsg. v. Deuchler u. Katz), Heft 4. Lpzg. 1913. 86 S.
II. Ein Beitrag zur Kenntnis der Kinderzeichnungen. ZPs **41**, S. 241–256. 1906.
Katz, David u. Rosa. – *[9, 13, 15, 143f., 146f., 191, 243, 246, 247, 256, 257, 293, 296, 327, 346, 354f., 362, 364, 365, 400f., 463, 482ff., 487f.]*
I. Die Erziehung im vorschulpflichtigen Alter. (Wissenschaft u. Bildung 217.) Lpzg. Quelle & Meyer, 1925. 134 S.
II. Gespräche mit Kindern. Untersuch. z. Sozialpsychol. u. Pädagogik Berlin, Springer. 1928. 298 S.
Kaus, O. Über Lügenhaftigkeit beim Kinde. In: Adler und Furtmüller, Heilen u. Bilden. S. 207–225. – *[434, 493.]*
Kaus, Gina. Die seelische Entwicklung des Kindes. In: Handbuch der Individualpsychologie, hrsg. von Wexberg. Bd. I. S. 137–168. 1926.
Keller, Helen. – *[127, 133.]*
Kerschensteiner. – *[312, 316f.]*
Kik, C. Die übernormale Zeichenbegabung bei Kindern. ZAngPs **2**, S. 92–149 (mit 17 Tf.) – Wieder abgedruckt in: Das freie Zeichnen und Formen des Kindes. Sammlg. v. Abhandlg. hrsg. von Großer und Stern, Leipzig 1913. – *[322.]*
Köhler, Elsa. Die Persönlichkeit des dreijährigen Kindes. (Psychol. Monographien, hrsg. v. K. Bühler, 2.) Lpzg. Hirzel. 1926. 240 S. – *[8f., 40, 140, 174, 394.]*
Köhler, W. Intelligenzprüfungen an Anthropoiden I. – Abhdlg. d. Pr. Akad. d. Wiss. in Berlin. Jhrg. 1917. Physikal.-Math. Kl. Nr. 1. – *[7f., 39, 61f., 68, 163.]*
König, A. Die Entwicklung des musikalischen Sinnes bei Kindern. Die Kinderfehler 8, S. 49–61, 99–110. 1903.
Koffka, K. Die Grundlagen der psychischen Entwicklung. Eine Einführung in die Kinderpsychologie. Osterwiek, Zickfeld. 2. Aufl. 1925. 299 S. – *[8, 25, 27, 39, 46, 63, 80, 85, 92, 134, 164, 336.]*
Krause, P. Entwicklung eines Kindes von der Geburt bis zum Eintritt in die Schule. Leipzig. 1914.
Krötzsch, W. Rhythmus und Form in der freien Kinderzeichnung. Mit 82 Abb. Leipzig, Haase. 1917. 133 S. – *[313ff.]*
Kroh, O. Subjektive Anschauungsbilder bei Jugendlichen. Göttingen, Vandenhoek u. Rupprecht. – *[211.]*
Kuenberg, M. v. Über Abstraktionsfähigkeit und die Entstehung von Relationen beim vorschulpflichtigen Kinde. ZAngPs. **17**, S. 270–312. 1920. – *[367ff.. 370f.]*
Kussmaul. – *[4, 49.]*
Lewin, K. Kindlicher Ausdruck. ZPdPs **28**. S. 510–526. 1927. – *[96.]*
Lichtenstein, Judith. Fragebogen zu psychol. Ermittlungen im Kindergarten. ZPdPs **20**. S. 315–327. 1919. – *[15, 271.]*
Lindner, G. Beobachtungen und Bemerkungen über die Entwicklung der Sprache des Kindes. Kosmos **6**, 1882. – *[340.]*
Liepmann, W. – *[467.]*
Lipmann, Otto, u. Wendriner, Emmi. Aussageexperimente im Kindergarten. Beitr. z. Psychol. d. Auss. (Stern) Bd. II Heft 3, S. 132–137. – *[229f.]*
Loewenfeld, B. Systematisches Studium der Reaktionen der Säuglinge auf Klänge und Geräusche. ZPs **104**. S. 62–96. 1927. – *[50, 78.]*
Major, D. R. First Steps in Mental Growth. New York, Macmillan 1906. – *[5, 67, 184, 340, 445.]*

Marcinowski. Zur Frage der „Lüge der Kinder unter vier Jahren". ZPdPs **7**, S. 201–205. 1905.

Meumann, E. – *[5, 25, 121.]*

I. Die Entstehung der ersten Wortbedeutungen beim Kinde. Wundts Philos.-Stud. 20. – Auch sep. Lpzg. 1902. 69 S.

II. Vorl. z. Einf. in d. exp. Pädagogik. 2. Aufl. I. 1911.

(Meyer, Toni.) Aus einer Kinderstube. Tagebuchblätter von Clara Stern. Bearbeitet von Toni Meyer. 2. Aufl. Lpzg. 1921. 156 S.

Moll, A. Das Sexualleben des Kindes. Hermann Walter, Berlin 1909. 313 S. – *[12.]*

Montessori, Maria. Selbsttätige Erziehung im frühen Kindesalter. Dtsch. v. O. Knapp. Stuttgart, J. Hoffmann. 1913. 347 S. – *[9ff., 21f., 147f., 178, 189, 191ff., 240, 378, 410ff., 461.]*

Moore, K. L. The mental Development of a Child. Psychol. Review, Monogr. Suppl. Nr. 3. 1896. – *[5.]*

Muchow, Martha. – *[14, 32, 145f., 191, 195f., 325f., 410.]*

I. Pädag.-psychologische und entwicklungspsychologische Betrachtungsweise in der Psychologie der Kindheit. ZPdPs **26**. S. 316–321, 346–352. 1925.

II. Kindespsychologische Studien im Kindergarten. Kindergarten **66** (11) Nov. 1925; **67** (4) April 1926; **67** (10) Okt. 1926.

III. Beiträge zur psychol. Charakteristik des Kindergarten- und Grundschulalters. (Päd.-psychol. Schriftenreihe des Allg. Deutschen Lehrerinnenvereins, Heft 3.) Berlin, Herbig. 1926. 63 S.

IV. Das Montessori-System und die Erziehungsgedanken Friedrich Fröbels (in: Hecker und Muchow: Friedrich Fröbel und Maria Montessori, Bücherreihe d. Deutschen Fröbelverbandes. Reihe B, Bd. II, S. 57–198). Leipzig, Quelle & Meyer. 1926.

Mumford, s. Read Mumford.

Netschajeff, A. Psychol. Untersuchungen an Kindern im Alter von 4–8 Jahren, ZAngPs **29**, S. 375–392. 1927.

Neugebauer. – *[347.]*

I. Über die Entwicklung der Frage in der frühen Kindheit. ZAngPs **8**, S. 145 bis 153. 1913.

II. Aus der Sprachentwicklung meines Sohnes. ZAngPs **9**, 1914.

III. Sprachliche Eigenbildungen meines Sohnes. Ztschr. f. Kinderforschg. 1913 (3), 1914 (4/5).

Oakden, E. C. and Mary Sturt. The development of the knowledge of time in Children. British Journal of Psychology. **12**, Heft 4. S. 309ff. 1922.

Otto, B. Von der Helga. Großlichterfelde 1910. 175 S. – *[142, 190.]*

Pavlovitch, Milivoie. Le langage enfantin. Acquisition du Serbe et du Français par un enfant Serbe. (Paris, Champion. 1920.)

Peiser, J. Prüfung höherer Gehirnfunktionen bei Kleinkindern. Jhrb. f. Kinderheilk. 91 (III. Folge Bd. 41). S. 182–200. 1920.

Pérez, B. La psychologie de l'enfant. Les trois premières années de l'enfant. 1878. 6. Aufl. 1902. – *[5.]*

Pfeifer, S. Äußerungen infantil-erotischer Triebe im Spiele. (Psychoanalyt. Stellungnahme zu den wichtigsten Spieltheorien.) Imago, Ztschr. f. Anwendung der Psychoanalyse **5**. S. 234ff. 1917. – *[248f.]*

Pfister, O. – *11, 271.]*
I. Das Kinderspiel als Frühsymptom krankhafter Entwicklung. Abgedruckt in: Zum Kampf um die Psychoanalyse. (Intern. psychoanalyt. Bibliothek **8.**) Wien 1920. S. 429ff.
II. Die psychoanalyt. Methode. Pädagogium Bd. I. Lpzg. u. Berlin, Klinkhardt. 1913. (Insb. Kap. 7. Die infantilen Wurzeln der Verdrängung.)
Piaget, Jean. – *[9, 32, 143ff., 283, 335, 348f., 353.]*
I. Le langage et la pensée chez l'enfant. Neuchatel et Paris 1923. 318 S.
II. Le jugement et le raisonnement chez l'enfant. Neuchatel et Paris 1924. 342 S.
III. La représentation du monde chez l'enfant. Paris, Alcan 1926. 424 S.
Pintner, R. und Cunningham, B. V. The Problem of Group Intelligence Tests for Very Young Children. Journal of Educational Psychol. **13.** 1922. S. 465–476. – *[385.]*
Platt, William. Child-Music. A Book of Childrens Own Tunes. London (ohne Jahr). – *[309.]*
Preyer, W. – *[4f., 15, 49, 52f., 91, 105, 115, 252, 445, 447.]*
I. Die Seele des Kindes. 1882. 6. Aufl., bearb. v. Schäfer, Lpzg. 1905.
II. Die geist. Entwicklung in der ersten Kindheit. 1893. – (Anleitung f. Mütter z. Führung von Kindertagebüchern.)
Prüfer, J. Kleinkinderpädagogik. (Die Pädagogik der Gegenwart VIII.) Lpzg. Nemnich. 1913. 251 S.
Rank, O. Das Trauma der Geburt und seine Bedeutung für die Psychoanalyse. 1924. – *[43.]*
Rasmussen, W. – *[342, 360.]*
I. Die seel. Entwicklung des Kindes in den ersten vier Lebensjahren. A. d. Dänischen übersetzt v. Albert Rohrberg. Essen.
II. Psychologie des Kindes zwischen vier und sieben Jahren. A. d. Dänischen übersetzt von A. Rohrberg. Lpzg. F. Meiner 1925. 262 S.
Read Mumford, Edith. The Dawn of Character in the Mind of the Child. London 1925. 242 S.
Reichardt, H. Die Früherinnerung als Trägerin kindlicher Selbstbeobachtungen in den ersten Lebensjahren. Halle, Marhold. 1926. 367 S. – *[23, 213, 216.]*
Reininger, K. Die Lüge beim Kind und beim Jugendlichen als psychol. u. pädag. Problem. In dem Sammelband „Die Lüge", hrsg. v. Lipmann u. Plaut, Lpzg. Barth. 1927, S. 351–395. – *[493.]*
Reuter, Gabriele. – *[216.]*
Révész, Géza. – *[12f., 194, 368.]*
I. Üb. spontane u. systematische Selbstbeaobachtung bei Kindern. ZAngPs **21** S. 334–341. 1923.
II. Ordnung und Reihenbildung. The Call of Education **2** (3) 1925.
Ricci, C. L'Arte dei Bambini. Dtsch.: Kinderkunst. (Übers. v. Roncali.) Lpzg. Vogtländer. 1906. 61 S. – *[313.]*
Ronjat, J. Le développement du langage observe chez un enfant bilingue. Paris 1913, Champion. 155 S. – *[129.]*
Rosegger. – *[455]*
Rousseau. – *[2 60, 462, 491.]*
Rühle. Die Seele des proletarischen Kindes. Dresden 1925. – *[431.]*
Rupp, H. Über die Prüfung musikal. Fähigkeiten. ZAngPs **9**, S. 1ff. 1915
Russell, B. On Education especially in early childhood. London Allan and Unwin. 249 S. 1926.

Ruttmann. Ergebnisse der bisherigen Untersuchungen zur Psychologie des Zeichnens. Leipzig, Wunderlich 1911. 52 S. – *[312.]*

Schäfer, K. L. Kommen Lügen bei den Kindern vor dem vierten Jahre vor? ZPdPs **7**, S. 195–201. 1905.

Schäfer, P. – *[116.]*

I. Die kindliche Entwicklungsperiode des reinen Sprachverständnisses nach ihrer Abgrenzung. ZPdPs **22**, S. 317–325. 1921.

II. Beobachtungen u. Versuche an e. Kind in der Entwicklungsperiode des reinen Sprachverständnisses. ZPdPs **23**, S. 269–289. 1922.

Schiller. – *[260.]*

Schober, G. und A. Über Bilderkennungs- und Unterscheidungsfähigkeit bei kleinen Kindern. In: Hamb. Arbeiten zur Begabungsforschung 2 (Bhft ZAngPs **19**). S. 94–137. 1919. – *[165ff.]*

Schweitzer. – *[444.]*

Scupin, E. u. G.

I. Bubis erste Kindheit. Lpzg. Grieben. 263 S. 1907.

II. Bubi im 4.–6. Lebensjahre. Ebda. 1910. 272 S.

Shinn, M. W. – *[5, 15, 49, 82, 160.]*

I. Notes on the Development of a Child. Univ. of California Publications (Abteilung Education). I. 424 S. 1893–1899. II. Development of the Senses. 258 S. 1907. Berkeley, Univ. Press. – (Bd. I deutsch: Körperliche und geistige Entwicklung eines Kindes in biograph. Darstellung. Bearb. u. hrsg. v. Glabbach u. Weber. Langensalza, Greßler 1905. 645 S.)

II. The Biography of a Baby. Boston and New York o. J. Houghton, Mifflin Comp. 247 S.

Sigismund, R. Kind und Welt. 1856. Neu hrsg. v. Ufer. Braunschweig 1897. – *[4.]*

Silverstolpe, G. Westin. Zur Frage der „Urmelodie". ZAngPs **27** 1926. – *[305, 306.]*

Spencer. – *[70, 261, 267, 269.]*

Sperber. – *[209.]*

Stekel, W. – *[11, 100, 258f., 422f., 462.]*

I. D. Sprache d. Traumes. Wiesbaden, Bergmann 1911. (Insbes.: Kap. 28.)

II. Psychosexueller Infantilismus. Urban u. Schwarzenberg. Berlin und Wien 1922. 616 S.
(Insbes.: Kap. II. Das Seelenleben des Kindes
Kap. III. Das Geschlechtsleben des Kindes.)

Stern, Erich. Das Verhalten des Kindes in der Gruppe. Beobachtungen im Kindergarten. ZAngPs **22**. 1923. S. 271–286. – *[460, 474.]*

Stern, Clara, siehe Meyer.

Stern, Clara u. William. – *[An vielen Stellen.]*

I. Monographien über die seel. Entwicklg. d. Kindes. Lpzg., Barth. Erster Band: Die Kindersprache. 4., neubearbeitete Auflage. 1928. 436 S. (Mit vollständ. Bibliographie.) – *[111f, 330, 337.]*
Zweiter Band: Erinnerung, Aussage u. Lüge in d. frühen Kindheit. 4. Aufl. erscheint 1930. – *[182, 200ff., 217ff., 493ff]*

II. Anleitung zur Beobachtung d. Sprachentwicklg. bei normalen vollsinnigen Kindern. ZAngPs **2**, 313–337. 1909. – Auch abgedruckt in der 3. Aufl. der Monographie Kindersprache. – *[18.]*

III. Die zeichnerische Entwicklung e. Knaben vom 4. bis zum 7. Jahre. (M. 12 Tf.) ZAngPs **3**, 1–31. 1909. Wiederabgedruckt in: Das freie Zeichnen und Formen des Kindes. Sammlg. v. Abhandlungen. Hrsg. v. Grosser u. Stern, Lpzg., Barth. 1913. – *[313, 321.]*

Stern, W.

I. Die Aussage als geistige Leistung u. als Verhörsprodukt. Leipzig, Barth. 1904. – *[337.]*

II. Tatsachen und Ursachen der seelischen Entwicklung. ZAngPs **1**, S. 1–43. 1908. – *[25, 37.]*

III. Die Entwicklung der Raumwahrnehmung in der ersten Kindheit. ZAngPs **2**, S. 412–423. 1909. – *[85ff., 158ff.]*

IV. Über verlagerte Raumformen. Ein Beitrag z. Psychol. d. kindl. Raumdarstellung und -Auffassung. ZAngPs **2**, S. 498–526. 1909. – *[163, 318.]*

V. Die Anwendung der Psychoanalyse auf Kinder und Jugendliche. (Nebst einem Anhang: C. u. W. Stern, Kritik einer Freudschen Kindes-Psychoanalyse.) ZAngPs **8**, S. 71–101. 1913. – *[260, 458.]*

VI. Helen Keller. Die Entwicklung u. Erziehung einer Taubstummblinden als psychol., pädag. und sprachtheoret. Problem. Ziehen-Zieglersche Sammlung 8, Heft 2. Auch separat: Berlin 1905. 76 S. – *[127, 133.]*

VII. Die differentielle Psychol. in ihren method. Grundlagen. 3. Aufl. Lpzg., Barth 1921. 545 S.

VIII. Die Intelligenz der Kinder und Jugendlichen und die Methoden ihrer Untersuchung. 4. Aufl. Lpzg., Barth 1928. – *[379.]*

IX. Neue Testeichungen für die frühe Kindheit. (Kritische Besprechung des Buches von Alice Descoeudres.) ZAngPs **20**, S. 226–234. 1922. – *[154.]*

X. Die menschliche Persönlichkeit (Bd. II von „Person und Sache"). Lpzg., Barth. 3. Aufl. 1923. 270 S. – *[25, 389, 460.]*

XI. Jugendliche Zeugen in Sittlichkeitsprozessen. Lpzg. Quelle & Meyer. 1926. – *[221.]*

XII. Zur Entwicklungspsychologie der Kindersprache. ZPdPs **29**, S. 132–143. 1928.

XIII. Über Zweisprachigkeit in der frühen Kindheit. ZAngPs **30**, S. 168–172. 1928.

Stern, W. u. Wiegmann, O. Methodensammlung zur Intelligenzprüfung von Kindern und Jugendlichen. 3. Aufl. Lpzg. Barth 1926. 514 S. – *[379.]*

Stifter. – *[78f.]*

Stumpf, C. – *[5, 15, 124, 132, 134, 137.]*

I. Zur Methodik der Kinderpsychologie. ZPdPs **2**, S. 1–21. 1900.

II. Eigenartige sprachliche Entwicklung eines Kindes. ZPdPs **3**. S. 419–447. 1901.

Stutsman, Rachel. Performance Tests for Children of Pre-School Age. Genetic Psychology Monographs **1** (1). Clark University, Worcester, Mass. 1926. – *[385.]*

Sully, J. Untersuchungen über d. Kindheit. Dtsch. bearb. v. Stimpfl. 3. Aufl. Lpzg., Wunderlich 1909. 343 S. – *[5, 313, 445.]*

Suttner. – *[214.]*

Terman Lewis, M. – *[380ff., 384f., 386.]*

I. The Measurement of Intelligence. Boston. 1916.

II. The Intelligence of School Children. London, G. Harrap & Co. 1919. (Insbes. Kap. III: Individual Differences among Kindergarten Children.)

Tiedemann, D. Beobachtungen über d. Entwicklung d. Seelenfähigkeiten bei Kindern. 1787. Neu hrsg. v. Ufer. Altenburg 1897. 56 S. – *[4.]*

Tobie, H. Die Entwicklung der teilinhaltlichen Beachtung von Farbe und Form im vorschulpflichtigen Alter. Bhft ZAngPs **38**. Leipzig, Barth. 1926. – *[369.]*

Zusatz zum Literaturverzeichnis

zusammengestellt für die 6. Auflage (1928–1929)

Bassov, M. J. Typen vorschulpflichtiger Kinder. ZPdPs **29**. S. 356–384. 1928.
Berger, Thea. Der Einfluß der Krankheit auf das Verhalten des Kleinkindes. ZAngPs **32**. S. 343–390. 1928.
Bühler, Charlotte. Kindheit und Jugend. Leipzig. Hirzel. 1928. 307 S.
– Die seelische Entwicklung des Kindes und Jugendlichen. Handbuch der Pädagogik. Herausg. v. Nohl und Pallat. S. 155–175. 1929.
– Zwei Grundtypen von Lebensprozessen. ZPs **108**. S. 222–239. 1928.
– und **Hetzer**, Hildegard. Zur Geschichte der Kinderpsychologie. Beitr. z. Problemgesch. d. Psychol.; Festschr. zu Karl Bühlers 50. Geburtstag. Jena. Fischer. S. 173–203. 1929.
Busemann, A. Über das sogenannte „erste Trotzalter" des Kindes. ZPdPs. **29**. S. 42–49. 1926.
– Über die Ursachen des ersten „Trotzalters" und der Erregungsphasen überhaupt. ZPdPs. **30**. S. 77–85. 1929.
Gesell, A. Infancy and Human Growth. The Macmillan Comp. New York. 418 S.
Guillaume, P. L'Imitation chez l'enfant. Bibliothèque de Psychol. de l'Enfant et de Pédagogie. Paris. Alcan. 235 S. 1925.
– Les débuts de la phrase dans le langage de l'enfant. Journal de Psychol. **24**. S. 1–25. 1927.
– Le développement des éléments formels dans le langage de l'enfant. Journal de Psychol. **24**. S. 203–229. 1927.

Hetzer, Hildegard. Entwicklungsbedingte Erziehungsschwierigkeiten. ZPdPs. **30**. S. 77–85. 1929.

Katz, D. Neue Gespräche mit Kindern. Bericht üb. d. 4. Kongr. f. Heilpädagogik. (11.–15. April 1928.) Berlin. Springer. 1929. S. 303–309.

Kern-Hallowell, Dorothy. Mental Tests for Pre-School Children. Psychol. Clinic **16**. S. 235–276. 1928.

Köhler, Elsa. Kindersprache und Begriffsbildung. In: Beiträge zur Problemgeschichte der Psychol. Festschrift zu K. Bühlers 50. Geburtstag. Jena 1929. S. 173–203.

Muchow, Martha. Psychol. Probleme der frühen Erziehung. Veröffentlichungen der Akademie in Erfurt Nr. 19. Erfurt 1929. 86 S.

Neugebauer, Hanna. Materialien zur Kindespsychologie. (Traum, Humor.) ZAngPs. **32**, S. 294—320. 1928.

— — Gefühl und Wille meines Sohnes. Materialien zur Kindespsychologie. ZAngPs. **34**. S. 279–310. 1929.

Piaget, J. La première année de l'enfant. British Journ. of Psychol. **18**. S. 97–120. 1927/28.

— — La causalité de l'enfant. British Journal of Psychol. **18**. S. 276–301. 1927/28.

Richter, Fr. Die Entwicklung der psychologischen Kindersprachforschung bis zum Beginn des 20. Jahrhunderts. Münster 1927. 116 S.

Seham, Max u. Grete. The Tired Child. Philadelphia, Lippincoth 1926. 342 S.

Simoneit, M. Erziehung auf Grund der seelischen Entwicklung des Menschen. I. B: Erziehung des Kindes im 1., 2., 3. Lebensjahr. Berlin 1928.

Valentine, C. W. Reflexes in early Childhood. Brit. Journal of med. Psychol. **7**. S. 1–35. 1927.

Volkelt, H. Neue Untersuchungen über die kindliche Auffassung und Wiedergabe von Formen. Bericht über den 4. Kongreß für Heilpädagogik (11.–15. April 28). Berlin, Springer 1929. S. 17–61.

Sachregister

S

W

Z